Allgemeines
Geschichte

Reisepraktisches

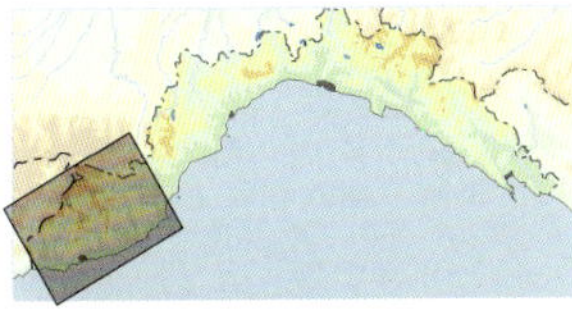

Die Riviera di Ponente/
Blumenriviera

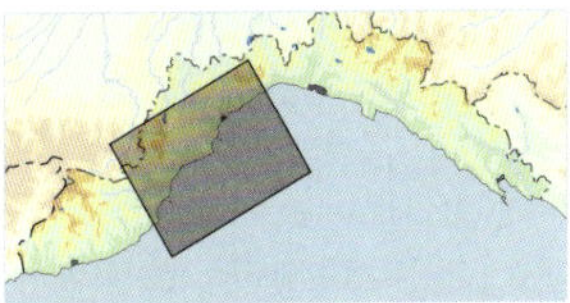

Die Riviera di Ponente/
Palmenriviera

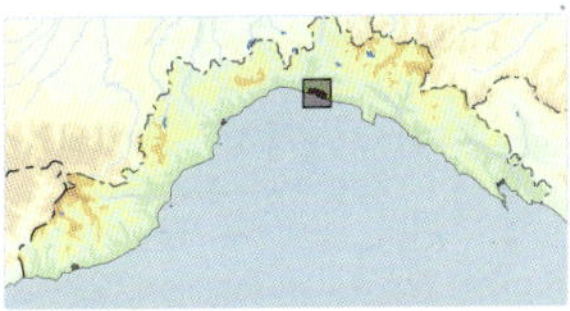

Genua

Die Riviera di Levante

Die Cinque Terre

Golfo di La Spezia
Val di Magra

Text und Recherche: Sabine Becht & Sven Talaron
Lektorat: Horst Christoph, Sabine Senftleben
Redaktion und Layout: Sven Talaron
Karten: Judit Ladik, Hana Gundel, Joachim Bode
Fotos: siehe Fotonachweis unten
Covergestaltung: Karl Serwotka
Covermotive: oben: Noli (Klaus Vogt)
unten: Portofino (Sabine Becht)
Seite 3: Cinque Terre (Sven Talaron)

Fotonachweis

enit: 113 • **Sabine Becht**: 33, 34, 38, 40, 43, 46, 47, 48, 52, 55, 56, 59, 71, 77, 78, 83, 84, 85, 88/89, 90, 91, 93, 99, 100, 102, 108, 111, 116, 119, 122, 128, 132, 134, 140, 141, 142, 159, 174, 176, 177, 178, 181, 184, 189, 192, 197, 198, 199, 209, 211, 213, 214, 223, 231, 233, 239, 241, 246, 248, 249, 252, 253, 255, 256, 261, 263, 267, 269, 281, 285, 287, 299, 305, 309, 339, 340, 341, 345, 347, 349, 352, 353, 355, 361, 363, 367, 371, 375 • **Florian Fritz**: 15, 20, 60, 92, 104, 106, 127, 154, 161, 171, 201, 204, 215 • **Sven Talaron**: 9, 10/11, 12/13, 14, 16, 17, 19, 24, 25, 26, 27, 29, 31, 51, 63, 64, 67, 74, 81, 87, 160, 164, 167, 170, 172, 182, 183, 191, 206, 216, 219, 235, 237, 243, 244, 245, 247, 264, 265, 270, 275, 276, 277, 278, 279, 291, 295, 297, 301, 303, 307, 311, 313, 317, 318, 321, 322, 323, 324, 328, 329, 335, 337, 342, 351, 356, 357, 364, 369, 373

Die Autoren danken ganz herzlich allen Lesern, die mit ihren wertvollen Tipps und Hinweisen die Neuauflage des Reisehandbuches unterstützt haben.

Besonderer Dank geht an Florian Fritz für seine wertvolle Mitarbeit bei der Aktualisierung dieses Buches im Gebiet „Riviera di Ponente".

Im Namen von Florian Fritz danken wir herzlich Silvia Morano und Pier Luigi Catto vom Campingplatz Villaggio dei Fiori für ihre umfangreiche Unterstützung, die zahlreichen Informationen, Tipps und Kontakte, sowie Giampiero Borgna aus Ospedaletti für seine wertvollen Informationen und Tipps zum Hinterland.

ISBN 978-3-89953-549-5

 Druck: Stürtz GmbH, Würzburg.

2. komplett überarbeitete und aktualisierte Auflage 2010

LIGURIEN

Italienische Riveria
Genua
Cinque Terre

Sabine Becht
Sven Talaron

INHALT

Ligurien erleben ... 12

Geografie und Klima ... 15
Baukunst und Kulturlandschaften ... 17
Flora und Fauna ... 19
Feste und Veranstaltungen ... 22
Kunsthandwerk ... 24

Geschichte Liguriens ... 25

Vor- und Frühgeschichte ... 25
Antike ... 26
Mittelalter und Neuzeit ... 27
Französische Revolution und italienische Vereinigung ... 30
Vom späten 19. bis ins 21. Jahrhundert ... 30

Anreise ... 33

Mit dem eigenen Fahrzeug ... 33
Mit der Bahn ... 41
Mit dem Flugzeug ... 44
Mit dem Bus ... 44
Mitfahrzentralen ... 45
Mit dem Fahrrad ... 45

Unterwegs in Ligurien ... 46

Mit dem eigenen Fahrzeug ... 46
Mit der Bahn ... 49
Mit dem Bus ... 51
Mit dem Schiff ... 51

Übernachten ... 52

Grandhotels, Alberghi, Pensioni und Locande ... 53
Ferienhäuser und -wohnungen ... 55
Privatzimmer ... 56
Jugendherbergen ... 57
Ferien auf dem ligurischen Bauernhof ... 57
Camping ... 58

Essen und Trinken ... 59

Italienisches Frühstück ... 60
Essen gehen ... 61
Lokale ... 62
Ligurische Spezialitäten ... 64
Ligurischer Wein ... 66
Sonstige Getränke ... 68

Wissenswertes von A bis Z ... 69

Adressen ... 69
Ärztliche Versorgung ... 69
Baden ... 70
Barrierefrei ... 73
Diplomatische Vertretungen ... 73
Einkaufen ... 74
Eintrittspreise ... 75
Feiertage ... 75
Geld ... 76
Hunde ... 77
Informationen ... 78
Internet ... 79
Kartenmaterial ... 79
Kinder ... 79
Kirchen ... 80
Literatur ... 80
Museen ... 81
Notruf ... 81
Öffnungszeiten ... 82
Post ... 82
Rauchen ... 82
Rechnungen ... 83
Reisedokumente ... 83
Sport ... 84
Sprache/Sprachkurse ... 85
Strom ... 86
Telefonieren ... 86
Zeitungen/Zeitschriften ... 87
Zoll ... 87

Riviera di Ponente ... 90

Blumenriviera ... 93

Ventimiglia ... 93
Die Hanbury-Gärten (Giardini Hanbury) ... 100
Grotte dei Balzi Rossi mit Museo nazionale preistorico ... 101
Von Ventimiglia ins Hinterland ... 103
Roia-Tal ... 103
Im „Tal der Wunder" ... 104
Nervia-Tal ... 105
Dolceacqua ... 106
Apricale ... 107
Perinaldo ... 109
Pigna ... 109
Castel Vittorio ... 110
Baiardo ... 111
Bordighera ... 112
Vallecrosia ... 117
Ospedaletti ... 117
San Remo (Sanremo) ... 119
San Romolo und Monte Bignone ... 130
Ceriana ... 131
Bussana Vecchia ... 131
Arma di Taggia ... 132
Taggia ... 133
Castellaro und das Santuario di Lampedusa ... 134
Im Hinterland von Taggia – Valle Argentina ... 135
Badalucco und Umgebung ... 135
Molini di Triora ... 136
Triora ... 137
Loreto ... 138
Wandern auf dem Sentiero degli Alpini ... 138
Passstraße von Molini di Triora nach Pieve di Teco ... 138
Pieve di Teco ... 139
Die Küste von Arma di Taggia bis Imperia ... 140
Riva Ligure ... 140
Santo Stefano al Mare ... 141
San Lorenzo al Mare ... 141
Imperia ... 142
Dolcedo ... 147
Valloria ... 148
Chiusavecchia und umliegende Orte ... 149
Diano Marina ... 149
Diano Castello ... 152
San Bartolomeo al Mare ... 152
Cervo ... 152

Palmenriviera ... 154

Marina di Andora und Umgebung ... 154
Laigueglia ... 155
Alassio ... 160
Albenga ... 165
Wanderung 1: Auf der Römerstraße von Albenga nach Alassio ... 172
Insel Gallinara ... 174
Im Hinterland zwischen Albenga und Loano ... 174
Colletta di Castelbianco ... 174
Zuccarello ... 175
Castelvecchio di Rocca Barbena ... 176
Balestrino ... 176
Die Küste zwischen Albenga und Finale ... 177
Ceriale ... 177
Loano ... 178
Die Höhlen von Toirano (Le Grotte di Toirano) ... 179
Pietra Ligure ... 180
Borgio Verezzi ... 181
Finale Ligure (Finale Marina, Finalpia, Finalborgo) ... 183
Perti ... 190
Calizzano und Bardineto ... 191
Varigotti ... 191

Wanderung 2: Von Varigotti über die Hochebene Le Manie nach Finale Ligure 193
Noli 195
Spotorno 198
Vado Ligure 200
Savona 200
Altare 206
Val Bormida und Parco Naturale Piana Crixia 206
Albisola (Albissola Marina und Albisola Superiore) 207
Sassello 208
Badia di Tiglieto 209
Celle Ligure und Piani 210
Varazze 211
Parco Naturale del Monte Beigua 212
Arenzano 213
Pegli 214

Genua 216

Via Garibaldi (Strada Nuova) 232
Via Balbi 236
Im Hafenviertel der Altstadt (Quartiere del Porto antico) 238
Am Alten Hafen 240
Via San Lorenzo, Dom und Umgebung 244
Doria-Piazza San Matteo 246
Castello-Viertel (Quartiere Santa Maria di Castello) 247
Piazza De Ferrari und Via XX Settembre 249
Via Roma und Parco Villetta Di Negro 250
Wanderung 3: Prachtstraßen und Gassengewirr – Stadtspaziergang durch Genua 250
In der Oberstadt 251
Cimitero di Staglieno – Genuas Friedhof 253
Im Hinterland – von Genua nach Casella 254

Riviera di Levante 256

Nervi 258
Bogliasco 261
Recco 262
Halbinsel von Portofino (Il Promontorio di Portofino) 263
Camogli 265
Südlich von Camogli 269
Auf dem Portofino Vetta 269
San Rocco 270
Punta Chiappa 270
Wandern auf der Halbinsel von Portofino 271
Wanderung 4: Von Camogli zur Punta Chiappa 272
Wanderung 5: Von Camogli nach San Fruttuoso 274
Wanderung 6: Von Portofino nach San Fruttuoso 275
Die Bucht von San Fruttuoso 277
Kloster von San Fruttuoso 278
Santa Margherita Ligure 279
Paraggi 284
Portofino 284
Rapallo 286
Santuario di Montallegro 290
San Michele di Pagana 291
Zoagli 291
Im Hinterland von Rapallo – das Val Fontanabuona 292
Cicagna 292
Sentiero dell'Ardesia (Schieferlehrpfad) in San Salvatore 292
Chiavari 293
Wallfahrtskirche Madonna delle Grazie 296
Basilica San Salvatore dei Fieschi 296
Lavagna 297
Cavi 297

Von Chiavari nach Santo Stefano d'Aveto ... 297
Santo Stefano d'Aveto ... 298
Von Santo Stefano d'Aveto Richtung Emilia-Romagna ... 299
Sestri Levante ... 299
Im Hinterland – über Varese Ligure zum Passo di Cento Croci ... 304
Varese Ligure ... 304
Wandern am Passo di Cento Croci ... 305
Riva Trigoso ... 306
Zwischen Monoglia und Levanto ... 306
Moneglia ... 307
Deiva Marina ... 309
Auf Umwegen nach Bonassola – über Framura ... 310
Bonassola ... 312
Levanto ... 313
Levanto/Umgebung ... 318
Wanderung 7: Levanto – Monterosso ... 319

Cinque Terre ... 322

Unterwegs in den Cinque Terre ... 325
Baden an der Cinque-Terre-Küste ... 329
Wandern in den Cinque Terre ... 329
Wanderung 8: Monterosso – Vernazza ... 329
Wanderung 9: Vernazza – Corniglia ... 331
Wanderung 10: Corniglia – Riomaggiore ... 332
Monterosso (al Mare) ... 334
Santuario Nostra Signora di Soviore ... 338
Vernazza ... 338
Santuario della Madonna Nera di Reggio ... 341
Corniglia ... 343
San Bernardino und Santuario Nostra Signora delle Grazie ... 343
Manarola ... 343
Groppo und Volastra ... 346
Auf der Via dell' Amore ... 346
Riomaggiore ... 347
Santuario Madonna di Montenero ... 350
Biassa, Campiglia und Le Grazie ... 350

Golfo di La Spezia ... 352

Portovenere ... 352
Die Inseln Palmaria, Tino und Tinetto ... 356
La Spezia ... 357
Vezzano ... 362
Am Ostufer des Golfo di La Spezia ... 363
Lerici und San Terenzo ... 364
Zwischen Lerici und Tellaro/Fiascherino ... 368
Tellaro ... 368
Wandern im Naturschutzgebiet Parco di Montemarcello ... 370
Montemarcello ... 370
Bocca di Magra ... 371
Im Val di Magra (Magra-Tal) ... 371
Ameglia ... 372
Fiumaretta und Marinella di Sarzana ... 372
Ausgrabungsgelände von Luni (Zona archeologica Luni) ... 373
Sarzana ... 374
Castelnuovo di Magra ... 376

Etwas Italienisch ... 378
Register ... 380

Kartenverzeichnis

Riviera di Ponente .... Umschlag/vorne
Riviera di Levante .... Umschlag/hinten

Alassio 162/163
Albenga 168/169
Blumenriviera 94/95
Bordighera 114/115
Diano Marina 150/151
Finale Ligure 186/187
Genua Übersicht 224/225
Genua 228/229
Cinque Terre und Golfo di La Spezia 327
Imperia 144/145
La Spezia 358/359
Levanto 315
Palmenriviera 156/157
Rapallo 288/289
Riviera di Levante: Von Genua bis Levanto 258/259
San Remo 124/125
Santa Margherita Ligure 282/283
Savona 202/203
Ventimiglia 96/97

Verzeichnis der Wanderungen

Wanderung 1: Auf der Römerstraße von Albenga nach Alassio 172/173
Wanderung 2: Von Varigotti über die Hochebene Le Manie nach Finale Ligure 193–195
Wanderung 3: Stadtrundgang Genua 250/251
Wanderung 4: Von Camogli zur Punta Chiappa 272–274
Wanderung 5: Von Camogli nach San Fruttuoso 274
Wanderung 6: Von Portofino nach San Fruttuoso 275/276
Wanderung 7: Levanto – Monterosso 319/320
Wanderung 8: Monterosso – Vernazza 329/330
Wanderung 9: Vernazza – Corniglia 331/332
Wanderung 10: Corniglia – Riomaggiore 332–334

Mittels **GPS kartierte Wanderungen** Waypoint-Dateien zum Downloaden unter:
www.michael-mueller-verlag.de/gps

Zeichenerklärung für die Karten und Pläne

Bundestraße
Hauptstraße
Landstraße
Piste
Fußweg
Wanderung
Fähre
Eisenbahn
Landesgrenze mit Genzübergang
Erhebung
Aussichtspunkt
Start Beginn der Wanderung
1 GPS-Punkt
Badestrand
Leuchtturm
Schloss/Burg
Kirche
Sehenswürdigkeit
Sporthafen
Campingplatz
Mühle
Museum
Taxistandplatz
Bushaltestelle
Flughafen
Parkplatz
Information
Post

Was haben Sie entdeckt?

Haben Sie eine freundliche Trattoria weitab vom Trubel entdeckt, ein nettes Hotel mit Atmosphäre, einen schönen Wanderweg oder eine lauschige Badebucht? Wenn Sie Ergänzungen, Verbesserungen oder neue Tipps zum Buch haben, lassen Sie es uns bitte wissen!

Schreiben Sie an:

Sabine Becht, Sven Talaron
Stichwort „Ligurien“
c/o Michael Müller Verlag GmbH
Gerberei 19
D – 91054 Erlangen
becht.talaron@michael-mueller-verlag.de

▲ Baia del Silenzio – die Bucht der Stille in Sestri Levante

Willkommen in Ligurien

Ligurien erleben 12
- Geographie und Klima 15
- Baukunst und Kulturlandschaft 17
- Flora und Fauna 19
- Feste und Veranstaltungen 22
- Kunsthandwerk 24

Geschichte 25
Anreise 33
Unterwegs in Ligurien 46
Übernachten 52
Essen und Trinken 59
Ligurischer Wein 66
Wissenswertes von A bis Z 69

Das pittoreske Ende der Levante ...

Ligurien erleben

Palmen- und Blumenriviera, zusammengefasst zur Riviera di Ponente im Westen und zur Riviera di Levante im Osten, oder einfach: die Italienische Riviera mit solch prominenten Orten wie Portofino, Rapallo und Sestri Levante, dazu die Cinque Terre und Genua ... viel versprechende Namen, die oft bekannter sind als die Region, in der sie sich befinden: Das ist Ligurien, die zwischen Berge und Meer gedrängte Ecke im Nordwesten Italiens.

Seit über hundert Jahren ist die Italienische Riviera der Inbegriff für Urlaub in Italien: eine wildromantische Badeküste mit exotisch-mediterraner Vegetation und Temperaturen wie im Süden des italienischen Stiefels. Mitte des 19. Jh. entdeckte der betuchte nordeuropäische Adel den Rivierabogen für sich – die Geburtsstunde des Rivieratourismus war damit eingeläutet. Zur Jahrhundertwende erlebte die ligurische Küste ihre erste Blütezeit. Friedliche Fischerdörfer entwickelten sich zu eleganten Ferienorten mit gepflegten Badestränden und buschigen Palmenpromenaden. Obwohl das Zeitalter des Massentourismus mittlerweile deutliche Spuren hinterlassen hat, ist der unverwechselbare Riviera-Charme bis heute nicht verblasst.

An der Küste ...

Eigentlich macht es keinen Unterschied, ob man Ligurien von Westen oder Osten her bereist, denn es gibt nur eine Hauptroute, und die führt fast immer dicht an der Küste entlang. Die topografische Struktur der Region lässt einfach keine andere Fahrtroute zu als die Riviera, den schmalen ligurischen Küstensaum. Dennoch bleibt Urlaubern die Wahl des Einstiegs: Egal, ob mit Auto oder Bahn, die wichtigs-

... Portovenere, der „Hafen der Venus“

ten Anreiserouten führen nach Genua, Savona, La Spezia und Ventimiglia. Wir haben die gesamte Riviera von der französischen Landesgrenze bis zur toskanischen Regionalgrenze abgefahren; diese komplette Route ist ca. 300 km lang und führt durch weit über 50 Küstenorte – so weit die Zahlen. Aber welche Schönheit in dieser Strecke steckt, das lässt sich kaum beschreiben, das muss man erleben. Allein die Cinque-Terre-Küste verspricht auf ihren 15 km Länge einen schier endlosen landschaftlichen und architektonischen Hochgenuss.

Im Hinterland ...

Kein Zweifel, ein Ligurienurlaub wäre ohne Abstecher ins Hinterland der Riviera nicht komplett. Aber das ligurische Bergland erweist sich als besonders sperrig, ein gemütliches Bummeln ist hier geradezu unmöglich. Im bergigen Hinterland fehlen oftmals Querverbindungen, immer wieder muss man zur Küste zurück, um von dort aus über Stichstraßen in die Seitentäler gelangen zu können. Deshalb sollte man Abstecher in die ligurische Bergwelt gezielt unternehmen. Auch wer mit öffentlichen Verkehrsmitteln unterwegs ist, braucht auf diese Abstecher nicht zu verzichten, denn Linienbusse verkehren fast überall.

... und in Genua

Nicht zu vergessen Genua, die ligurische Metropole in der Mitte des Rivierabogens. In ihrer Glanzzeit hieß die prächtige Stadt *La Superba*, die Stolze. Doch als die Touristen begannen, die Reize der Riviera zu entdecken, verlor sie vielleicht nicht ihren Stolz, aber viel von ihrer Pracht – lange Zeit wurde die etwas heruntergekommene Hafenstadt von Ligurienreisenden möglichst weiträumig umfahren. Heute hingegen ist Genua eine lebendige Großstadt, die unbedingt einen Besuch wert ist. Die Faszination, die von der alten Seefahrerstadt ausgeht, hat einen wichtigen Grund:

In Riomaggiore: Drei Tenöre (links) geben ein spontanes Ständchen – das Publikum (rechts) zeigt sich begeistert

Genuas *Centro storico* ist das größte Italiens (neben dem der alten Rivalin Venedig), ein labyrinthisches, vielgestaltiges Gassengewirr, über das sich keine Museumsstille ausbreitet. Auf engstem Raum finden sich hier prächtige Palazzi (z. B. entlang der gesamten Via Garibaldi), faszinierende Museen (wie das Meerwasseraquarium und das neue Schifffahrtsmuseum am Hafen), eindrucksvolle Kirchen (allen voran der Dom San Lorenzo) und natürlich das unverwechselbar lebhafte Flair einer italienischen Großstadt.

Ligurien auf einen Blick

Topografie: Mit 5421 km² ist Ligurien die drittkleinste Region Italiens, nur die Molise und das Aostatal sind kleiner. Die Küstenlänge beträgt gut 300 km, ins Landesinnere zur nördlichen Grenze an das Piemont sind es jedoch selten mehr als 30 km. Nordöstlich grenzt Ligurien an die Emilia-Romagna, östlich und südöstlich an die Toskana. Höchster Berg ist der 2200 m hohe Monte Saccarello ganz im Nordwesten an der Grenze zum Piemont und zu Frankreich. Nach Osten hin flacht das Gebirge etwas ab: der Ligurische Apennin ist max. 1800 m hoch.

Einwohner: Die meisten der 1,61 Millionen *Liguri* wohnen in Genua und Vororten, mit etwa 880.000 Einwohnern (Großraum) die mit Abstand größte Stadt. Die Bevölkerungsdichte liegt bei 298 Einwohner/km², damit gehört Ligurien nach Kampanien, der Lombardei und Latium zu den vier am dichtesten besiedelten Regionen Italiens.

Verwaltung: Ligurien ist in vier Provinzen mit 235 Gemeinden unterteilt, von denen Genua die mit Abstand größte und bevölkerungsreichste ist. Es folgen Savona und Imperia, die kleinste Provinz ist La Spezia.

Badebucht an der Rivieria di Ponente: in Cervo

Geografie und Klima

Nirgendwo sonst im Mittelmeerraum ist der Zusammenprall von Bergen und Meer so kompromisslos wie an der Riviera – dort, wo das Wasser endet, fangen auch schon die Berge an. Ligurien lebt vom Reiz dieser Extreme und vom milden Klima gleichermaßen.

Wer das erste Mal von Norden nach Ligurien reist und auf einer der Anreiserouten durch das Hinterland kurvt, wird sich angesichts der erdrückenden *Bergwelt* fragen, wann die ersehnte Küste nun endlich ins Blickfeld rückt. Doch die Fahrt bergauf und bergab scheint endlos. Tatsächlich bedecken Berge und Hügel über 99 % der Gesamtfläche Liguriens; die kleinen *Schwemmlandebenen* an den Mündungstrichtern der Flüsse machen weniger als 1 % der Fläche aus. Eine extremere Struktur bietet keine andere Region Italiens: Zwei zerfurchte Gebirgsmassive, die *Alpi Marittime* (Seealpen) und der *Appennino Ligure* (Ligurischer Apennin), stoßen direkt an den schmalen Küstenstreifen der Riviera. Und die Gebirgsausläufer setzen ihren Sturz unter Wasser fort. Vor allem an der spektakulären Riviera di Levante östlich von Genua fällt das Land extrem steil ins Meer ab.

Am Ufer der Wärme speichernden Küstengewässer, im Schutz der aufragenden Berghänge, herrscht ein erstaunliches *Mikroklima*, das für die sprichwörtlich milden Temperaturen am Rivierabogen sorgt. Eine bodennahe Klimazone beherrscht nahezu die gesamte ligurische Küste und verursacht in besonders geschützten Ecken regelrechte Warmluftkammern. Sehr deutlich ist das z. B. an Herbsttagen zu spüren, wenn die ersten Tramontana-Nordwinde über den ligurischen Gebirgsrücken rauschen. Diese kalten Luftströmungen fegen über die küstennahen Sonnenhänge hinweg, ohne die Warmluft, die sich in den Buchten und Seitentälern der

Zum Baden ideal: Alassio

Küstenorte gespeichert hat, übermäßig abzukühlen. Ein Klimaphänomen, das zu wundersamen Temperaturunterschieden führen kann: Wenn der Tramontana-Wind in Portovenere wegen der ungeschützten Lage schon Gänsehaut verursacht, kann es durchaus sein, dass die Temperatur im wenige Kilometer entfernten Cinque-Terre-Ort Riomaggiore über 10 °C höher liegt und die Leute sich unbeeindruckt vom Nordwind in der Sonne aalen.

Auch im Winter sorgt Liguriens Klima für angenehm milde Küstentemperaturen. Deshalb zog es die Nordeuropäer schon im 19. Jh. an die Riviera. Vor allem betuchte Engländer kehrten ihrer nasskalten Insel allzu gerne den Rücken, um in den Grandhotels der Rivieraorte zu überwintern. Nur in den regenreichen Monaten November und März, wenn kräftige Schauer niedergehen, ist es an der Riviera auch heute noch nahezu menschenleer. Die konkurrenzlos beste *Reisezeit* ist natürlich der Frühling und der Frühsommer, dann steht die artenreiche Küstenvegetation in voller Blüte, und die Temperaturen sind am angenehmsten. Hinzu kommt die Freundlichkeit der Gastgeber, die im Frühjahr noch frisch am Anfang ihrer langen Arbeitssaison stehen (wohingegen im September/Oktober schon eine leichte Erschöpfung zu spüren ist). Im sonnigen, aber nicht allzu heißen Hochsommer erreicht der Tourismus dann seinen Höhepunkt. Später, wenn Luft und Wasser immer noch herrlich warm sind, beginnt wieder eine Reisezeit für Genießer.

Das Wetter

	Wasser-temperatur	Tages-temperatur	Nacht-temperatur	Sonnenschein-stunden	Tage im Monat mit Niederschlag
Jan.	13	11	6	4	7
Febr.	12	12	6	5	7
März	13	14	9	5	8
April	14	18	12	6	8
Mai	15	21	15	8	9
Juni	20	25	19	8	8
Juli	23	27	22	10	5
Aug.	23	28	22	9	7
Sept.	20	25	19	7	5
Okt.	19	20	15	6	7
Nov.	16	15	11	4	8
Dez.	14	12	7	4	7

Prächtig: der Palazzo Rosso in der Strada Nuova in Genua

Baukunst und Kulturlandschaften

Die natürliche Beschaffenheit Liguriens hat die Besiedlung alles andere als begünstigt: an der Küste fast überall steile Hänge und im Hinterland nichts als Hügel und Berge. Die Entstehung der Küstenorte und Bergdörfer kommt deshalb oftmals einem Geniestreich auf engstem Raum gleich. Ebenso abenteuerlich vollzog sich auch die Urbarmachung der steinigen Hänge – das bewundernswerte Resultat ist eine einzigartige Terrassenlandschaft.

Eingezwängt zwischen Meeresbrandung und Gebirge konzentrierte sich die Besiedlung Liguriens ursprünglich auf den schmalen Küstenstreifen. Noch heute leben fast 90 % der Liguri (insgesamt rund 1,6 Mio.) im Küstengebiet, allein die Hälfte davon im Großraum von Genua. An der *Riviera di Ponente* jedoch, wo das Ufer etwas sanfter verläuft und sich in zahlreiche Buchten gliedert, haben die Küstenorte längst das Stadium der Zersiedlung erreicht. Auch an der *Riviera di Levante* prägt dort, wo es die Natur erlaubt, eine wild wuchernde Bebauung die Hänge der Küste. Wer heute die organische Geschlossenheit der ursprünglichen Küstenorte erleben will, muss oft von der neuzeitlichen Bebauung und Zersiedlung absehen können.

Die *Cinque Terre* bieten da ein vergleichsweise ursprüngliches Bild: Ihre fünf Küstenorte erwecken den Anschein von Wohnskulpturen, die in die Steilhänge gemeißelt wurden. Die frühen Bewohner hatten sich die verborgensten Winkel an der schroffen Ostküste ausgesucht und mit unvorstellbaren Anstrengungen kleine Kunstwerke geformt, die jeglicher Veränderung zu trotzen scheinen. Aber auch andere Orte der Riviera di Levante, wie etwa Camogli, Portofino und Tellaro, sind eindrucksvolle Beispiele einer ursprünglichen *Küstenarchitektur*, die auf den widerspenstigen Uferformationen wahre Kleinode geschaffen hat. Die Wohnhäuser dieser weitgehend intakten Orte wirken durch ihre Hanglage oftmals wie übereinander gestapelt und scheinen sich gegenseitig Halt zu geben, während ihre farbenfrohen Fassaden frei auf das offene Meer gerichtet sind.

Im bergigen Hinterland setzt sich diese kompakte Bauweise fort. Zumeist auf spitzen Bergkegeln oder schmalen Felsgraten thronen die anmutigen ligurischen *Bergdörfer* in organischer Geschlossenheit. Die Faszination, die ihr Anblick auslöst, mischt sich mit Respekt gegenüber den Baumeistern. Höhenunterschiede von 50 m zwischen Ortsanfang und Ortsende sind keine Seltenheit, überwunden werden sie mit Treppen, Gewölbegängen, Mauern, Fundamenten, Stützarkaden und den bizarren Giebel- und Dachkonstruktionen. Das absolut sehenswerte Bergdorf *Apricale* im Hinterland der Riviera di Ponente ist eines der eindrucksvollsten Beispiele dieser Architektur – aus der Ferne wirkt es wie ein kubistisches Gemälde.

So tollkühn wie die Baukunst, so verwegen mutet auch die Landwirtschaft auf den steilen Hängen an. Mangels ebenerdiger Felder mussten die Sonnenhänge in mühseliger Arbeit terrassiert werden. Mit dem Bau von Stützmauern aus übereinander geschichteten Steinbrocken und aufgeschütteter Erde erschufteten sich die Ligurer kilometerlange Anbauterrassen, so genannte *Strisce* (Streifen), die sie mit Weinstöcken, Oliven- und Obstbäumen bepflanzten. Die breiteren Terrassengrundstücke wurden für Gemüsegärten und kleine Äcker reserviert. Eine der größten zusammenhängenden *Kulturlandschaften* dieser Art liegt im Cinque-Terre-Gebiet, wo ganze Hangreihen bis zu den Kuppen hinauf mit ebenmäßigen Terrassen durchzogen sind. Eine wahre Bilderbuchlandschaft, die mittlerweile jedoch stellenweise wieder von der Natur zurückerobert wird. An den meisten Küstenabschnitten der Riviera sind die Terrassenkulturen zwar etwas weniger spektakulär, immer aber zeugen sie von den fast übermenschlichen Anstrengungen der Urbarmachung.

Eine Ausnahmeerscheinung unter den ligurischen Kulturlandschaften ist die *Riviera dei Fiori* (Blumenriviera) zwischen San Remo und Imperia. Dort stürzen die Berge nicht ganz so steil ins Meer, und die Terrassen der Sonnenhänge sind deutlich breiter geraten. In diesem Gebiet der endlosen Beete und Gewächshäuser blüht die Wirtschaft wortwörtlich: Ungefähr 20.000 Tonnen beträgt die jährliche Schnittblumenproduktion, das sind etwa 80 % aller in Italien gezüchteten Schnittblumen. Viele davon gehen über den Markt von San Remo ins Ausland. Der Anblick der Terrassen an der Blumenriviera ist für den Durchreisenden allerdings nicht so atemberaubend, da die Blumenzucht meist in Gewächshäusern stattfindet; Strohmatten, Plastikplanen und Scheiben versperren dann oft den Blick auf die Blütenpracht. Hobbybotaniker und Blumenliebhaber sollten aber unbedingt mal einen der Gartenbaubetriebe von innen besichtigen.

Spricht man von zeitgenössischer Architektur in Ligurien, fällt unweigerlich der Name *Renzo Piano*. Der Stararchitekt, der unter anderem den Potsdamer Platz in Berlin und das Auditorium in Rom gestaltete, hat auch in seiner Heimatstadt Genua Spuren hinterlassen: Dort entwarf er das *Acquario*, das große Meerwasseraquarium, zudem ist er für die Umgestaltung des *Porto Antico* mitverantwortlich. Ohnehin empfiehlt sich die ligurische Metropole für einen „Spaziergang durch die Architekturgeschichte“: Im mittelalterlichen Gassengewirr finden sich romanische und gotische Kirchen, Renaissancepalazzi und barocke Prachtbauten. Höhepunkt ist zweifellos die *Strada Nuova* (Via Garibaldi), die dank ihrer repräsentativen Palazzi aus dem Cinquecento seit 2006 zum Weltkulturerbe der UNESCO zählt.

In Ligurien sind sogar die Hunde seefest

Flora und Fauna

Der ligurische Gebirgsbogen und seine zum Meer hin abfallenden Ausläufer zerfurchen die Landschaft in ein ständiges Auf und Ab, deren Tier- und Pflanzenwelt sich in Höhenstufen erfassen lässt: Auf die Küstenregion folgt die Hügelstufe, die ihrerseits von der Gebirgszone überragt wird. In diesen drei Stufen herrscht ein sehr unterschiedliches Klima, das die Artenvielfalt entsprechend prägt.

Die *Küstenregion* war wegen des besonders milden Mikroklimas einst die artenreichste Zone – doch die vergleichsweise starke Besiedlung an der Küste blieb nicht ohne Auswirkungen auf die Pflanzenwelt. Die mittelmeertypische immergrüne *Macchia* ist heute nur noch streckenweise verbreitet, doch dort, wo sie gedeiht, findet man alle charakteristischen Pflanzen wieder: Ginster, Wolfsmilchgewächse, Zistrosen, Steineichen, Mastixsträucher, Erdbeerbäume, Myrte, Aleppokiefern und aromatische Kräuter wie Rosmarin oder Thymian. Alle Macchiagewächse sind genügsame Pflanzen, die lange Trockenzeiten unbeschadet überstehen können. Ein farbenprächtiges, duftendes Ereignis ist es, wenn die Macchia im Frühsommer (Mai/Juni) in Blüte steht.

Neben der wilden Flora sind es vor allem die *Zierpflanzen*, die die Riviera verzaubern. Besonders die Riviera di Ponente gleicht bisweilen einem Paradiesgarten – um die Küstenorte zu verschönern, war den Gartenarchitekten in der zweiten Hälfte des 19. Jh. kein Aufwand zu groß. Aus den entferntesten Gegenden importierten sie die exotischsten Pflanzen für die küstennahen Gartenanlagen: Palmen, Magnolien, Zitrusgewächse, Rhododendren, Agaven, Kakteen und zahlreiche andere tropische und subtropische Gewächse. Bald zierten blühende Gärten, schattige Palmenalleen und duftende Zitronenhaine die ohnehin schon malerischen Küstenorte. Dort, wo diese üppige Pflanzenpracht erhalten werden konnte, ist sie noch immer eine Augenweide – beispielsweise im Garten der Villa Hanbury bei Ventimiglia (→ S. 100).

Die typische *Tierwelt der Küstenregion* ist heute so gut wie nicht mehr vorhanden. Geblieben sind als unangefochtene Herrscher der Küste nur noch die anspruchslosen Silber- und Lachmöwen, die schreiend über dem Rand des leer gefischten Mit-

Immer wachsam: das Murmeltier

telmeers kreisen und sich mittlerweile bis in die Städte wagen, sogar bis ins Zentrum von Genua.

In der *Hügelstufe* gedeiht mit dem Olivenbaum eine der kostbarsten Nutzpflanzen der Region. Dieser knorrige, das ganze Jahr über silbriggrün schimmernde Ölbaum ist im gesamten Mittelmeerraum verbreitet, nimmt aber in Ligurien besonders bizarre Formen an. Die Ernte beginnt im November, dann werden die reifen Oliven von den Zweigen gekämmt bzw. in die ausgebreiteten Netze geschüttelt.

Das dünn besiedelte Hinterland ist, abgesehen von wenigen landwirtschaftlichen Nutzflächen, nahezu vollständig bewaldet. Hier wachsen nicht nur typisch mediterrane Bäume wie etwa die Pinie oder die Wärme liebende Esskastanie, sondern auch im restlichen Europa bekannte Baumarten wie Eiche, Buche, Esche und Birke. Über Jahrhunderte hinweg bildete das waldreiche Gebiet zusammen mit dem großen Olivenbaumbestand die natürliche Lebensgrundlage der Bevölkerung. Die Esskastanie – auf Italienisch *Castagno*, nicht zu verwechseln mit der Rosskastanie – spielte dabei eine ganz besondere Rolle. Als kohlehydratreiches Grundnahrungsmittel ersetzte sie das fehlende Getreide. Noch heute schwärmen die Ligurer zur Kastanienzeit in die Wälder aus, denn Röstkastanien sind nach wie vor ein beliebter Gaumenschmaus. Zu den begehrten Waldfrüchten gehören auch die vielen Pilzarten. Im Spätsommer/Herbst sieht man zahlreiche Pilzsammler durch die Wälder streifen, und in so manchem Dorf gibt es Märkte und Feste rund um die Pilzsaison.

Liguriens Naturschutzgebiete

Sowohl im Küstenbereich als auch im Hinterland gibt es mehrere Naturparks und ausgewiesene Naturschutzgebiete. Diese *Parchi naturali* und *Riserve naturali* verdanken ihre Entstehung den frei organisierten Naturschutzverbänden und der recht strengen Gesetzgebung zum regionalen Landschaftsschutz, und immer wieder kommen neue Schutzgebiete hinzu. An der Küste sind vor allem die Macchiaflächen, kleine Sumpfgebiete an den Flussmündungen und die Möwenkolonien geschützt. Im Hügel- und Bergland hingegen uralte Mischwälder, Seen, seltene Feuchtgebiete, Rotwildbestände etc. In den Gebirgsparks stehen meist geologisch-mineralogische Schutzmaßnahmen im Vordergrund (z. B. von besonderen Gesteinsformationen). Die National- und Naturparks sind in der Regel zugänglich und zum Teil sogar mit einem Wegenetz erschlossen.

Im Reiseteil stellen wir folgende Naturparks bzw. Naturschutzgebiete ausführlicher vor: *Parco Naturale Regionale di Portofino, Parco Naturale Regionale del Beigua, Parco Naturale Regionale di Piana Crixia*, den *Parco Nazionale delle Cinque Terre* und den *Parco Naturale Regionale di Montemarcello-Magra*.

Wer durch die Täler und Lichtungen des bewaldeten Hügel- und Berglands streift, stößt im Frühsommer auf eine überraschende Blütenpracht mit Orchideen, Liliengewächsen und Narzissen.

Die *Tierwelt des Hinterlands* ist im Gegensatz zur Küstenregion recht vielfältig, die Mischwälder sind Heimat des Kleinwilds: Fuchs, Dachs, Marder, Eichhörnchen, Hase. Den noch zahlreich vorhandenen Eulen und Greifvögeln wie Adler, Bussard, Falke, Milan, Habicht und Sperber winkt also reiche Beute. Daneben sind in waldreichen Gebieten zuweilen Damwild, Rehe und auch Wildschweine zu entdecken. Unter den Schlangenarten gibt es auch Giftschlangen, wie z. B. die Aspisviper (Vorsicht beim Wandern).

Die *Gebirgszone* Liguriens umfasst die *Alpi Marittime* (Seealpen) und den anschließenden *Appennino Ligure* (Ligurischer Apennin). Von Ost nach Westen wird der Gebirgsbogen immer höher. Mit der Höhe nehmen auch die bewaldeten Flächen zu, und neue Baumarten tauchen auf. Der Mischwald wird langsam vom Nadelwald (Kiefer, Eibe, Rottanne) abgelöst. Ausgedehnte Lärchenwälder ziehen sich in den höheren Lagen bis hinauf zur Baumgrenze, wo Bergwiesen die höchsten Erhebungen bedecken. Auch in dieser alpinen Zone tummelt sich eine recht artenreiche Fauna. Bergfasane und Berghühner werden von Mardern und Wieseln gejagt. Murmeltiere und Hermeline verstecken sich in den Hochtälern. Sogar Steinadler kreisen vor kahlen Felswänden. Und im hochalpinen Bereich leben der Alpensalamander und die Bergeidechse.

Wale vor Liguriens Küste

Die Wale in den ligurischen Gewässern hielt man lange Zeit für verirrte Brüder und Schwestern der nordatlantischen Wale. Mittlerweile ist aber davon auszugehen, dass zahlreiche Arten im Mittelmeer heimisch sind, besonders im Gebiet zwischen Ligurien und Korsika. Unter anderem finden hier Finn- und Pottwale sowie Delfine ihren Lebensraum.

Der Fortbestand der massigen Säugetiere ist jedoch auch im Mittelmeer in Gefahr. 1999 einigten sich Frankreich, Monaco und Italien auf die Einrichtung eines 85.000 km^2 großen Schutzgebietes, das 2001 geschaffen wurde: das *Santuario Internazionale dei Cetacei.* Es spannt sich in einem Dreieck von der südfranzösischen Küste über die Nordspitze Sardiniens bis zur toskanischen Küste. Neben dem Schutz und der Erforschung der Meeressäuger soll es auch den sanften Tourismus fördern.

Derzeit gibt es in Ligurien nur einen Betreiber, der die Lizenz für Walbeobachtungen in dem Schutzgebiet hat: Das *Consorzio Liguria Viamare* mit Sitz in Genua, das auch Forschungsprojekte durchführt und dabei eng mit dem *Acquario* von Genua kooperiert. Es besitzt ein Ausflugsschiff, mit dem es in abwechselndem Turnus von Genua aus Varazze, Savona, Loano, Alassio, Andora und Imperia anfährt und von den jeweiligen Häfen aus halbtägige Walbeobachtungstouren startet (pro Person 33 €/Kinder 18 €). Die kleineren Häfen werden dabei nur im Juli und August angefahren. Die Abfahrtstage, Zeiten und Tarife sind im Internet (www.whalewatchliguria.it) und unter den oben genannten Orten im Reiseteil dieses Buches zu finden.

Consorzio Liguria Viamare, Via Sottoripa 7/8, 16124 Genova, ✆ 010-265712 oder ✆ 010-256775, ✆ 010-2518956, www.whalewatchliguria.it.

Feste und Veranstaltungen

Fast jede ligurische Ortschaft feiert in jedem Jahr mehrere Feste, die meist einen historischen oder religiösen Ursprung haben. Besonders intensiv gefeiert wird das Fest des jeweiligen Schutzpatrons. Viele Festtraditionen basieren auf Legenden, einige davon lassen sich bis in vorchristliche Zeit zurückverfolgen.

Der italienische Volksmund sagt den Ligurern nach, sie seien zurückhaltend und verschlossen, doch diese Typisierung passt so gar nicht zur Ausgelassenheit, wie sie auf ligurischen Volksfesten herrscht. Allein die lange Liste der Feierlichkeiten zeugt eher von italienischem Temperament. Ständig wird in Ligurien irgendwo gefeiert, und wer da zufällig hineingerät, sollte diese Gelegenheit unbedingt wahrnehmen.

Am 15. August, an Mariä Himmelfahrt, feiert Ligurien wie ganz Italien *Ferragosto*. Dieser Tag ist Italiens größtes Familienereignis und der Höhepunkt der Urlaubssaison. Überall gibt es an diesem Tag volkstümliche Straßenfeste, während in den religiösen Zentren natürlich die traditionellen Prozessionen stattfinden. Das ausgelassenste aller ligurischen Ferragosto-Feste soll auf den Straßen von *Dolceacqua* steigen, wo abends im Lichterregen eines Feuerwerks getanzt wird (→ S. 106).

Insgesamt dominieren die Feste mit religiösem Hintergrund. Um die Weihnachtszeit, in der Karwoche, an Ostern, Pfingsten und Fronleichnam ballen sich die Kirchenfeiern. Ihr Ablauf ist jedoch keineswegs nur streng religiös, sondern immer mit viel weltlicher Lebensfreude verbunden. Eine Ausnahme sind naturgemäß die zahlreichen Karfreitags- und Fronleichnamsprozessionen, bei denen oft auch kostbare Gewänder und Sakralgegenstände zu bewundern sind, die sonst unter Verschluss gehalten werden.

Besonders das *Fest des Schutzheiligen* der Gemeinde ist immer ein großes Ereignis. Die obligatorischen Prozessionen auf diesen Patronatsfesten gipfeln vielerorts in kulinarischen Volksfesten, bei denen hausgemachte Spezialitäten angeboten werden und der Wein in Strömen fließt. Nicht selten nimmt, in farbenfrohe Trachten gekleidet, die ganze Dorfgemeinschaft teil und schwingt das Tanzbein. Andere Volksfeste gehen z. B. auf die Legende der Ortsgründung zurück oder auf historische Großereignisse; die Erinnerung an lokale Helden liefert ebenfalls gute Gründe zum Feiern. Daneben gibt es zahlreiche weniger tiefgründige Anlässe für ein Dorffest. Da genügt oft schon die Eröffnung oder das Ende einer Ernte- oder Jagdsaison, um eine *Sagra* (Kirchweih) zu feiern, auf der natürlich die Gaumenfreuden im Mittelpunkt stehen. Spektakulärstes Ereignis dieser Art ist das *Fischfest in Camogli*, bei dem die Fische in der angeblich größten Frittierpfanne der Welt gebrutzelt werden (→ S. 267).

Neben den Volksfesten gibt es eine stattliche Anzahl von *internationalen Musik-, Tanz-, Theater- und Sportveranstaltungen*, die in kleineren Orten wie auch in den Provinzhauptstädten zum regelmäßigen Programm gehören. Das Angebot ist dreistellig und reicht vom bekannten Schlagermusikfestival in San Remo bis zum kleinen Straßenrockfest in Monterosso, vom Radrennklassiker Milano–San Remo bis zum Mountainbikertreffen in Monterosso. Die ebenso zahlreichen Kulturveranstaltungen finden häufig in elegantem Rahmen statt und werden nicht selten in historischen Gemäuern abgehalten. Auf einige dieser Veranstaltungen weisen wir im Reiseteil hin, ansonsten bitte vor Ort in den I.A.T.-Büros nach den aktuellen Veranstaltungen fragen.

Einige Hauptfeste

Hier die wichtigsten Kirchen-, Volks- und Erntefeste im Überblick, mehr dazu in den jeweiligen Ortskapiteln. Da die meisten Feste an Wochenenden stattfinden oder sich die Termine von Jahr zu Jahr leicht verschieben, sollten Sie das genaue Datum noch einmal vor Ort erfragen.

San Remo, Mitte Februar: *Corso fiorito,* ein Frühlingsfest, das ganz im Zeichen der Blumenzucht steht. Die Festmeile ist über und über mit Blüten geschmückt.

Savona, Karfreitag: *Processione del venerdi santo.* In der eindrucksvollen Schweigeprozession werden lebensgroße Heiligenfiguren, die von den begabtesten Holzschnitzern Liguriens gefertigt wurden, durch die Stadt getragen.

Camogli, 2. Maiwochenende: *Sagra del pesce.* Am Samstagabend dümpeln beleuchtete Fischerboote in der Bucht von Camogli, während am Strand kleine Freudenfeuer brennen. Am Sonntag werden in einer Pfanne mit 4 m Durchmesser rund zwei Tonnen Fisch frittiert und gratis an die Feiernden verteilt.

Baiardo, Pfingstsonntag: *Festa della barca.* Das Volksfest (an dem auch der Erdbebenopfer von 1887 gedacht wird) geht auf eine Legende zurück: Eine Tochter des genuatreuen Grafen von Baiardo hatte sich unsterblich in einen pisanischen Seemann verliebt und wurde deshalb enthauptet. Das Volk erhob sich daraufhin gegen den Grafen. Die tragische Geschichte wird als Ballade auf dem Dorfplatz vorgetragen.

Ventimiglia und **San Remo,** im Juni: Die *Battaglie dei fiori* („Blumenschlachten") der beiden Städte sind die größten und farbenprächtigsten Blumenfeste an der Blumenriviera.

Taggia, Mitte Juli: *Festa della Maddalena.* Den Höhepunkt dieses Jahrhunderte alten Fests bildet die Inszenierung eines Totentanzes mit musikalischer Begleitung. Die vermeintlich heidnische Nähe der „Danza della morte" hatte schon heftige Proteste seitens der Amtskirche zur Folge.

Camogli, 1. Sonntag im August: *Stella Maris.* Im Rahmen einer Bootsprozession von Camogli zu den Klippen der Punta Chiappa wird vor den aufgereihten Booten die Messe gefeiert. In Camogli wartet man derweil geduldig auf die Rückkehr der festlich geschmückten Fischer- und Ausflugsboote.

La Spezia, 1. Sonntag im August: *Palio del Golfo.* Auf der historischen Ruderregatta bei La Spezia im Golfo dei Poeti treten die 13 Gemeinden am Golf gegeneinander an; großes Volksfest und Feuerwerk.

Lavagna, 14. August: *Torta dei Fieschi.* Das Volksfest erinnert an die Hochzeit des Grafen Opizzo Fieschi und der sienesischen Schönheit Bianca dei Bianchi im Jahre 1240. Auf der Hauptpiazza von Lavagna wird am Abend bei Musik und Tanz eine über 1000 kg (!) schwere Torte Stück für Stück an das wartende Volk verteilt.

Noli, Mitte September: *Regata dei rioni.* Historischer Ruder- und Geschicklichkeitswettkampf der vier „Rioni" (Stadtteile) von Noli; zudem Trachtenumzug.

Riomaggiore, 3. Septemberwoche: *Sagra dell'uva,* das größte und stimmungsvollste Weinfest im Cinque-Terre-Gebiet.

Molini di Triora, letzter Sonntag im September: *Festa della lumaca.* Das alljährliche Schneckenfest lockt viele Gäste in das idyllische Bergdorf – die langsamen Tierchen sind eine Spezialität der Gegend.

Kunsthandwerk

Anspruchsvolle Souvenirjäger werden in Ligurien zwar noch fündig, müssen sich aber in Sachen Kunsthandwerk meist auf die Suche ins Hinterland begeben. An der Küste dominieren dagegen moderne Ateliers, in denen oft nichts sagende Massenware angeboten wird.

Alteingesessene Handwerksbetriebe, in denen die traditionellen Kunstfertigkeiten der Region noch gepflegt werden, findet man heute nur noch an einigen wenigen Orten. Dort werden, wie zu alter Zeit, zum Teil hochwertige Auftragsarbeiten für Privatkunden erledigt. Zum Beispiel in *Altare,* wo man sich seit alters her dem *Glas* widmet und ein kleines Museum an die einstige Bedeutung der lokalen Glasmacherkunst erinnert (→ S. 206).

Der kleine Ort *Zoagli* an der Riviera di Levante war im 18. und 19. Jh. ein wichtiges Zentrum der *Samtweberei.* Heute gibt es dort nur noch ein paar Kleinstbetriebe, zu deren prominenter Kundschaft sogar schon der Papst gehörte.

Die *Kunstschreiner* von *Chiavari* sind vor allem für ihre hochwertigen Arbeiten aus Hartholz bekannt (→ S. 293). Zu ihren typischen Produkten gehören üppig verzierte Bilderrahmen sowie Stühle aus Nuss- und Kirschbaum bzw. Olivenholz, die so genannten *Chiavarine.*

Gebrauchsgegenstände aus Olivenholz findet man auch in *Dolceacqua* (→ S. 106). Gegen Ende des 19. Jh. gab es im Hinterland von Ventimiglia und San Remo ein enormes Angebot an Olivenholz – die alten Ölbäume wurden abgeholzt, um Platz für die Blumenzucht zu schaffen. Das war der Ursprung der bis heute lebendigen *Olivenholzverarbeitung* von Dolceacqua.

Das größte Kunsthandwerkszentrum Liguriens befindet sich zweifellos in *Albisola,* dessen *Keramikproduktion* sich einst mit den berühmten internationalen Manufakturen messen konnte (→ S. 207). Kacheln und Fliesen aus Albisola waren damals ein Markenzeichen. Heute ist das lokale Keramikangebot immer noch groß, doch besteht es vorwiegend aus Massenware: bunt und manchmal auch ein wenig geschmacklos.

Hält immer noch: der mittelalterliche Ponte Grecino in Varese Ligure

Geschichte Liguriens

Vor- und Frühgeschichte

Auf Suche nach bewohnbaren Höhlen und Grotten in Meeresnähe verschlug es schon in der *Steinzeit* Menschen in die Küstenregion des heutigen Ligurien – die ältesten Spuren, die diese Jäger und Sammler in ihren Zufluchtsstätten hinterließen, reichen über 200.000 Jahre zurück. Aufschlussreiche Funde aus der *Altsteinzeit* wurden in den Tropfsteinhöhlen von Toirano und den Balzi-Rossi-Höhlen bei Ventimiglia entdeckt. Aus der *Mittleren Steinzeit* (Mesolithikum; ca. 8000–5000 v. Chr.) gibt es bislang kaum archäologische Zeugnisse. Erst für die *Bronzezeit* (ca. 1800–1000 v. Chr.), als sich im Nordwesten Oberitaliens und im östlichen Südfrankreich ein neuer Kulturkreis herausbildete, gibt es wieder relevante Funde. Von großer Bedeutung sind hier die Tausende von Ritzzeichnungen an den Felswänden des Monte Bego („Tal der Wunder", → S. 104).

Seit dem Beginn des 1. Jt. v. Chr. entwickelte sich der nordwestliche Mittelmeerraum zu einer weiträumigen, neuen Zivilisation mit immer effektiveren Methoden im Ackerbau, der Viehzucht und im Handwerk – Handel und kultureller Austausch erreichten ein hohes Niveau. Die ersten ligurischen Stämme, die *Ingauni, Sabatier* und *Tigullier,* gründeten feste Siedlungen. Das damalige Siedlungsgebiet reichte von der westlichen Poebene bis hinüber zur Rhônemündung.

Doch schon zwischen dem 8. und dem 6. Jh. v. Chr. wurden die Ligurerstämme auf den heutigen schmalen Riviera-Bogen zurückgedrängt: im Norden von den einfallenden Kelten, im Süden von den kolonisierenden Griechen bzw. den benachbarten Etruskern. Im Zuge dieser territorialen Verschiebungen setzten sich keltische bzw.

indogermanische Einflüsse durch. Vor allem die historische Sprachwissenschaft fand eindeutige Belege für den keltischen Einfluss in Ligurien. Trotz des recht kleinen Siedlungsgebiets wichen die bedrängten Ligurer damals nicht auf das Meer aus, um gewissermaßen in die einzige offene Richtung zu expandieren. Sie blieben, jedenfalls vorläufig, ihrer Tradition als Ackerbauern treu. Schutz vor Angriffen boten ihnen die *Castellari*, die befestigten Fluchtburgen im bergigen Hinterland. Doch auch hier waren sie vor dem expandierenden Römischen Reich nicht dauerhaft sicher.

Sehenswertes aus der Vor- und Frühgeschichte

Tropfsteinhöhlen von Toirano (*Le Grotte di Toirano* → S. 179): Mit ihren konservierten Fußabdrücken zählen die Toirano-Höhlen zu den größten prähistorischen Attraktionen Liguriens.

Balzi-Rossi-Höhlen (*Grotte dei Balzi Rossi* → S. 101): Hier blieben einige der ältesten handwerklich-künstlerischen Relikte aus der Steinzeit Liguriens erhalten – Ritzzeichnungen, Steinwerkzeuge sowie Schmuck und Kultgegenstände (Grabbeigaben).

Überreste der römische Nekropole bei Albenga

Beiden Höhlensystemen sind kleine archäologische Museen angeschlossen.

Die wissenschaftlichen Erkenntnisse zur Frühgeschichte Liguriens stützen sich im Wesentlichen auf zwei Fundorte, die knapp außerhalb der Grenzen der heutigen Region Ligurien liegen:

Tal der Wunder (*Valle delle Meraviglie*, franz. *Vallée des Merveilles* → S. 104): Abertausende von Ritzzeichnungen dokumentieren hier das Bronzezeitalter der ligurischen Frühgeschichte.

Lunigiana: Die Stelen aus dem Gebiet der ehemaligen Region Lunigiana (Grenzgebiet zur Toskana) dienten in der Frühgeschichte vermutlich als Gebietsmarkierungen. Die eindrucksvollen Stelen sind im Archäologischen Museum von **La Spezia** zu bewundern (→ S. 361).

Antike

Das expandierende Römische Reich stieß in Ligurien auf starken Widerstand. Die römischen Geschichtsschreiber schildern voller Stolz, welche militärischen Mühen es brauchte, um die ligurischen Stämme zu unterwerfen (ab 238 v. Chr.). Die *Romanisierung* des Riviera-Bogens endete schließlich mit der Zwangsumsiedlung eines Großteils der Ligurer im Jahr 180 v. Chr., denn Rom wollte entlang seiner Heerstraßen nach Gallien keine Störenfriede tolerieren. Den heftigsten Widerstand erlebten die Römer im *Zweiten Punischen Krieg* (218–201 v. Chr.), als die Ligurer auf Seiten Karthagos kämpften und Rom kurzzeitig zurückdrängen konnten. Anders als die ligurische Provinz schlug sich die damals noch bedeutungslose

Hafenstadt Genua auf die Seite der Römischen Republik. Die Belohnung dafür fiel allerdings bescheiden aus. Zwar beteiligte sich Rom am Wiederaufbau der im Zweiten Punischen Krieg zerstörten Stadt, doch vom architektonischen Glanz, der ansonsten im Imperium strahlte, blieb Genua ausgeschlossen. Trotzdem entwickelte sich das bündnistreue Genua im römischen Zeitalter Schritt für Schritt zu einer ansehnlichen Handels- und Hafenstadt – der Rest Liguriens verharrte dagegen im Zustand der Bedeutungslosigkeit. Diese unterschiedliche Entwicklung von Hauptstadt und Provinz prägte auch den weiteren Verlauf der ligurischen Geschichte.

Sehenswertes aus der Antike

Römerstadt Luni (→ S. 373): Die spannenden Überreste der im wahrsten Sinn des Wortes versunkenen Stadt befinden sich an der ligurisch-toskanischen Grenze. Das angeschlossene Museum präsentiert zahlreiche Ausgrabungsfunde.

Amphitheater von Ventimiglia (→ S. 100): Nicht ganz so imposant wie Luni, aber eines der wenigen interessanten antiken Monumente an der Riviera di Ponente.

Die Fracht zweier römischer Schiffe (gesunken im 1. Jh. v. Chr.) wurde in den 1950ern und 1970ern geborgen

Mittelalter und Neuzeit

Die große Gefahr, die den ligurischen Küstenstädte im frühen Mittelalter drohte, waren die *sarazenischen Piraten*, die beinahe den gesamten Mittelmeerraum bedrohten und es auch auf die Handelswege am Rivierabogen abgesehen hatten. Genua wurde mehrfach geplündert und gebrandschatzt, aus Angst vor Überfällen zog die Küstenbevölkerung vorübergehend sogar ins sichere Hinterland. Erst im 11. Jh. konnte eine militärische Allianz aus ligurischen, toskanischen und provenzalischen Mittelmeeranrainern, angeführt von Genua, Pisa und Marseille, dem Treiben der Piraten zeitweise Einhalt gebieten.

Nach der erfolgreichen Verteidigung der heimischen Küste sah sich Genua zu Größerem berufen – die junge Seemacht beteiligte sich an den Kreuzzügen ins Heilige Land. Die geschäftstüchtigen *Genueser Kreuzfahrer* wurden für diese Mission mit florierenden Handelsniederlassungen im östlichen Mittelmeerraum belohnt. Fortan spielte Genua neben Venedig und Pisa eine wichtige Rolle im stark umkämpften Mittelmeerhandel. Genueser Kaufleute drangen über den Vorderen Orient bis in den asiatischen Raum vor und waren eine feste Größe im Handel mit orientalischen Luxusgütern. Chinesische Seide, exotische Gewürze, arabische Teppiche und afrikanische Edelmetalle wurden auf genuesischen Seglern in die Heimat befördert. Auch im Sklavenhandel mischte Genua kräftig mit.

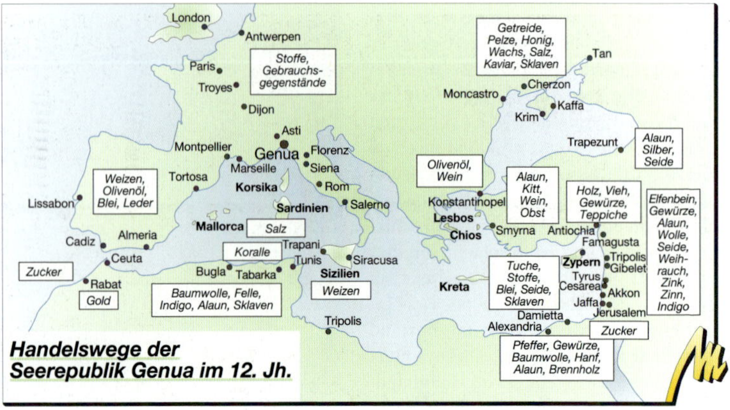

Handelswege der Seerepublik Genua im 12. Jh.

Die ständigen Konflikte mit Pisa und Venedig in Sachen Welthandel führten bald zu kriegerischen Auseinandersetzungen. Dabei bewies die Genueser Flotte mehrfach ihre Überlegenheit. Bildete die genuesische Handels- und Kriegsflotte die Grundlage der wirtschaftlichen und militärischen Macht, sorgten die großen Navigatoren der Stadt für Ruhm und Ansehen, allen voran *Christoph Kolumbus* (Cristoforo Colombo), der Entdecker der „Neuen Welt".

Die Drahtzieher des genuesischen Außenhandels waren lange vor Kolumbus die heimischen Bankiers gewesen. Wie in anderen norditalienischen Städten florierten auch in Genua schon früh die Kapitalgeschäfte. Wohlhabende Patrizier- und Adelsfamilien traten als Finanziers in Erscheinung und förderten die Handelsaktivitäten Genuas. Bald führten diese Geldgeschäfte zur Gründung von Bankhäusern, 1405 wurde die *Banco di San Giorgio,* die größte Bank der Stadtrepublik, gegründet, im Welthandel zirkulierte eine eigene Genueser Goldwährung – Genua war schon in der frühen Neuzeit eine durch und durch kapitalistisch strukturierte Handelsmetropole.

Im Lauf des 15. Jh. geriet der Orienthandel nicht nur für die Genueser in eine Krise: Das Osmanische Reich fiel über die christliche Mittelmeerwelt her und besetzte zahlreiche Kolonien und Handelsniederlassungen der italienischen Seerepubliken. Im 16. Jh. stand Genua erneut im Zentrum des internationalen Fernhandels. Die Säulen der neu aufblühenden Stadt waren wie schon zuvor Warenaustausch, Seefahrt und Finanzwesen. In der Person des genuesischen Admirals und Staatsmanns *Andrea Doria* kam jetzt eine neue Komponente hinzu. Auf der Basis einer oligarchischen Verfassung und einer klugen Bündnispolitik gelang dieser bedeutendsten Figur der Genueser Stadtgeschichte ein genialer Schachzug: Genua kooperierte zum richtigen Zeitpunkt mit Spanien, der kommenden europäischen Großmacht.

Das Zentrum des Welthandels hatte sich inzwischen vom Mittelmeer nach Westen verlagert. Mit der Orientierung zur Neuen Welt wurden neue Handelswege erschlossen, wodurch der bis dahin alles beherrschende Orienthandel rapide an Bedeutung verlor. Während die meisten italienischen Regionen sich enorm schwer taten, mit dieser wirtschaftlichen Veränderung umzugehen und die Verluste zu kompensieren, hatte sich Genua durch den spanischen Schulterschluss eine goldene Zukunft geebnet. Als unentbehrliche Finanziers genossen die Genueser die Gunst der neuen Weltmacht, als Bankiers profitierten sie vom Welthandel der Spa-

Eines der ältesten Bankhäuser der Welt: Banco di San Giorgio in Genua

nier. Und ebenso unentbehrlich waren wieder einmal die traditionsreichen Genueser Werften und die erfahrenen Navigatoren. Bis ins 18. Jh. trug die von Andrea Doria begonnene Kooperation Früchte – Genua wurde in dieser Zeit zur reichsten Stadt Europas!

Mehr zur Geschichte Genuas in der Neuzeit und zu Andrea Doria im Genua-Kapitel S. 220 und S. 221.

Die Entwicklung der *ligurischen Provinz* war dagegen vom ausgehenden Mittelalter bis ins späte 18. Jh. hinein von der Geschichte Genuas völlig verschieden. Während die Handelsmacht an den Geschehnissen der immer größer werdenden Welt aktiv teilnahm, igelte sich die Provinz in den engen Landesgrenzen ein.

Nachdem mit den Sarazenen die ärgsten Feinde des späten Mittelalters von der Bildfläche verschwunden waren, erholte sich die ligurische Provinz wieder. Aber abgesehen vom schmalen Küstensaum hatte der Riviera-Bogen seinen Bewohnern nur steile Hänge und Bergland zu bieten. Trotz dieser widrigen Bedingungen setzten die Ligurer ihre Tradition als Bauern fort, Fischfang und Seefahrt blieben für die Landbevölkerung von geringer Bedeutung. Die überlieferten Geschichten berichten immer wieder von der notgedrungenen Bescheidenheit der Ligurer und von einem bäuerlichen Leben in Armut.

Im 18. Jh. gab es bereits eine stattliche Anzahl von Bergdörfern und Küstenorten. Doch, ob Ponente oder Levante, allesamt kennzeichnete sie der Entwicklungsstand sich selbst versorgender, isolierter Gemeinschaften. Abgesehen von einigen Ausnahmen mit ausgeprägter Seefahrertradition (z. B. *Noli* und *Camogli*), blieben die Orte von den Errungenschaften der Neuzeit für lange Zeit weitgehend abgeschnitten.

Französische Revolution und italienische Vereinigung

1794 besetzte Napoleons Revolutionsarmee einen Großteil der westlichen ligurischen Provinz. Der neue Wind der Französischen Revolution löste in den bis dahin rückständigen Gebieten eine Welle der Politisierung aus. Die Bevölkerung nahm die neuen Herrschaftsverhältnisse, die ihnen da in den Alltag geplatzt waren, allerdings nicht durchweg an – die neue Politik spaltete ganze Dorfgemeinschaften. Die Befürworter feierten die Revolution wie eine Befreiung aus Jahrhunderte langer Lethargie, die Gegner, misstrauisch gegenüber allem Neuem, priesen die alten Zeiten, auch wenn diese fast immer eine Bevormundung durch Genua bedeuteten. Doch noch bevor sich tatsächlich etwas änderte, war der revolutionäre Spuk schon wieder vorbei.

Nach dem Sturz Napoleons, der aus der Stadtrepublik Genua die von Frankreich abhängige *Repubblica Ligure* (Ligurische Republik) gemacht hatte, unterstellte der Wiener Kongress 1815 im Rahmen der politischen Neuordnung Europas (die faktisch eine Wiederherstellung der alten, feudalen Verhältnisse war) Ligurien als *Herzogtum Genua* dem Königreich Sardinien-Piemont. Aufstände gegen das Königshaus wurden von österreichischen Truppen unterdrückt.

Die folgenden Jahrzehnte sind von der italienischen Unabhängigkeits- und Einigungsbewegung, dem so genannten *Risorgimento* (Wiedererstehung), geprägt. Einer ihrer führenden Köpfe war der in Genua geborene *Giuseppe Mazzini* (1805–1872), der eine konstitutionelle Monarchie anstrebte. Unter dem Königshaus Piemont, dem einzigen liberalen Verfassungsstaat im damaligen Italien, ist Italiens Einigung als Nation 1861 endlich vollendet. Die Hauptrolle in diesem Werk spielt *Giuseppe Garibaldi*, ein in Nizza geborener Abenteurer und Freiheitsheld. Garibaldi war von Genua aus mit seinem legendären Freiwilligenheer – dem so genannten „Zug der Tausend“ – nach Süden aufgebrochen und erkämpfte den Anschluss ganz Unteritaliens an das neue Königreich Italien, an dessen Spitze *Vittorio Emanuele II von Savoyen* stehen sollte.

Vom späten 19. bis ins 21. Jahrhundert

Der politischen Einigung Italiens folgte ein wirtschaftlicher Aufschwung, der vor allem die im Nordwesten gelegenen Landesteile erfasste. Ligurien, zum piemontesisch-lombardischen Einflussbereich gehörend, profitierte von der frühen industriellen Entwicklung der beiden Nachbarregionen. So erlebten Genua, wie später auch Savona und La Spezia, im Zuge der norditalienischen *Industrialisierung* einen rapiden Aufschwung, denn die neuen Wirtschaftszentren Mailand und Turin waren auf die Häfen an der ligurischen Küste angewiesen. In Genua entstanden die größten Werften Italiens, Bahnstrecken und neue Straßen wurden gebaut. An der Wende zum 20. Jh. hatte der ligurische Küstenstreifen Anschluss an die Moderne gefunden.

Die wirtschaftliche und verkehrstechnische Erschließung der Küste hatte tief greifende Auswirkungen auf das Hinterland. Das geschlossene Sozialgefüge der bäuerlichen Ortschaften geriet in Bewegung, die neuen Industrien lockten mit neuen Chancen. Viele ligurische Bauern und Handwerker zogen zu den Fabriken und Großbetrieben der Küstenstädte – und hinterließen sterbende Bergdörfer. Bald verstärkte eine zweite Landfluchtwelle diesen Aderlass: die *Emigration* seit den 1920er Jahren. Zahllose Familien der ansonsten so heimatverbundenen Bevölkerung verließen zwischen den beiden Weltkriegen nicht nur ihre Dörfer, sondern auch ihr Land in Richtung Amerika.

Neben der Industrialisierung bekam der wirtschaftliche Aufschwung um die Wende zum 20. Jh. ein zweites Standbein: Die ersten *Touristen* aus dem Ausland entdeckten die Reize der Riviera. Vorwiegend waren es reiche Engländer, Russen und Deutsche, die sich wochen- und monatelang an der Riviera di Ponente niederließen. Hauptorte dieses frühen Fremdenverkehrs waren San Remo und Bordighera, und die ganze Region setzte, die Gunst der Stunde witternd, auf die Entwicklung dieser Zukunftsbranche. Bald erfasste der Ausbau der touristischen Infrastruktur beide Rivieras, Ponente und Levante. Schon in den 1930er Jahren verfügten die Urlaubsorte an der Riviera di Ponente über mehr als 2500 Hotelbetten, und Rapallo, Sommerseebad und Winterkurort der Levante, zählte zu dieser Zeit fast 100.000 Übernachtungen im Jahr.

Hat den Esel im Weinberg längst ersetzt: die Ape

1901 war ein gewisser Benito Mussolini noch Volksschullehrer im ligurischen Porto Maurizio. Zwei Jahrzehnte später ist der Provinzpauker zur zentralen Figur des italienischen Faschismus geworden – und (bis in die 1930er Jahre) ein Vorbild für Adolf Hitler. 1922 wird Mussolini nach dem *Marsch auf Rom* vom Parlament mit diktatorischen Vollmachten ausgestattet: Die politischen und wirtschaftlichen Eliten Italiens hatten nach der blutigen Niederlage im Ersten Weltkrieg und dem innenpolitischen Chaos Mussolini als „nationalen Erlöser" unterstützt – und unterschätzt.

1934 trifft der „Duce" den „Führer": Als Mussolini Hitler erstmals bei Venedig begegnet, behandelt er den österreichischen Emporkömmling noch geringschätzig. Das sollte sich ändern: Die ideologische Verwandtschaft und die Expansionsgelüste der deutschen Nationalsozialisten und der italienischen Faschisten führte 1936 zur „antikommunistischen" *Achse Berlin-Rom*. Nach den schnellen deutschen Siegen über Polen (1939) und Frankreich (1940) tritt Italien im Juni 1940 in den Zweiten Weltkrieg ein und erklärt zuerst dem benachbarten Frankreich den Krieg. Für die Grenzregion Ligurien hagelt es daraufhin Angriffe aus der Luft und von See. Besonders Genua, Savona und La Spezia werden dabei schwer beschädigt. Auch insgesamt gestaltet sich der Kriegsverlauf für Italien ungünstig und offenbart an nahezu allen Fronten eine geringe militärische Kampfkraft. Die Unterstützung im Volk bröckelt, der „Duce" wird im Juli 1943 gestürzt und verhaftet.

Im September 1943 von deutschen Fallschirmjägern befreit, kehrt Mussolini auf die italienische Bühne zurück und gründet in Norditalien unter deutschem Protektorat die Republik von Salò. Diese Gegenregierung von Hitlers Gnaden spaltet das Land in einen von Deutschland besetzten faschistischen Norden und einen von den alliierten Truppen befreiten Süden. Der Vormarsch der Alliierten wird in Norditalien von einer starken antifaschistischen Widerstandsbewegung unterstützt, der *Resistenza*, der etwa 200.000 Partisanen angehören. Der Guerillakampf der italienischen Partisanen gegen die deutschen Besatzungstruppen tobt in Ligurien besonders heftig und zieht blutige Vergeltungsschläge gegen die Zivilbevölkerung seitens der Deutschen nach sich. Im Oktober 1943 erklärt Italien dem einst verbündeten Deutschland den Krieg.

Im April 1945 wird der „Duce" von Partisanen gestellt und ohne Gerichtsverfahren erschossen, im Mai ist der Zweite Weltkrieg für Italien (und Deutschland) beendet, im Juni 1946 stimmen die Italiener für die Abschaffung der Monarchie. Seitdem hat es die demokratische Republik Italien auf über *60 (!) Regierungen* gebracht. 45 Jahre lang hielten sich die Christdemokraten (DC) mit wechselnden Koalitionspartnern an der Macht, während die Kommunistische Partei Italiens (PCI) als zweitstärkste Partei die Oppositionspolitik prägte. Erst die Aufdeckung der allumfassenden politischen Korruption löst 1993 eine Regierungskrise ohnegleichen aus – die Republik ist moralisch und politisch bankrott.

Nach dem Skandal verändert sich die italienische Parteienlandschaft vollständig, hochkarätige Politiker und Unternehmer werden in Aufsehen erregenden Prozessen der Bestechlichkeit bzw. Bestechung überführt und verurteilt. Der mittlerweile verstorbene *Bettino Craxi,* ehemaliger Ministerpräsident, flüchtet ins tunesische Exil und entzieht sich so der drohenden Gefängnisstrafe. Und der Prozess um die Mafiakontakte des greisen *Giulio Andreotti* (dreißigfacher Minister, siebenmal Ministerpräsident) lässt auch die Gutgläubigsten an der Integrität der italienischen Politik verzweifeln (erst 2003 endet der Prozess in letzter Instanz mit einem Freispruch Andreottis – aus Mangel an Beweisen).

1994 wird *Silvio Berlusconi,* der politische Newcomer, Medienmogul und Italiens reichster Mann, quasi über Nacht zum Regierungschef. Doch die von Berlusconi versprochene Million an Arbeitsplätzen ist nach seiner Amtszeit so fern wie eh und je und auch dieser Traum zerplatzt. Im Frühjahr 1996 wählt Italien wieder einmal neu, was die politische Wende bringt: Erstmals in der Nachkriegsgeschichte kommt in Italien ein Mitte-Links-Bündnis an die Macht, das sich unter dem symbolischen Namen *L'Ulivo* (Olivenbaum) gebildet hatte. Erster Ministerpräsident der Olivenbaum-Koalition wird der Ex-Christdemokrat und inzwischen parteilose *Romano Prodi,* ein Wirtschaftsprofessor aus Bologna. Prodi gelingt es, die öffentliche Verschuldung mit eiserner Sparpolitik herunterzuschrauben, bis er – die Linke verweigert ihm die weitere Unterstützung – zurücktreten muss.

2001 meldet sich *Silvio Berlusconi* als Ministerpräsident zurück, dessen zweite Regierungszeit von Skandalen gekennzeichnet ist. Angriffe auf die Unabhängigkeit der Justiz, auf die Meinungsfreiheit, Behinderung der Korruptionsbekämpfung und persönliche Vorteilnahme sind nur einige der vielen Vorwürfe, die gegen den Großunternehmer erhoben werden.

2006 tritt *Romano Prodi* ein zweites Mal gegen Berlusconi an – und wird zum zweiten Mal Ministerpräsident. Diesmal steht hinter Prodi ein breites Mitte-Links-Bündnis, das im Parlament über eine klare Mehrheit verfügt – im Senat ist sie allerdings hauchdünn. Im Januar 2008 zerbricht Prodis Neun-Parteien-Gebilde nach nicht einmal 20 Monaten im Amt. Die Parlamentswahlen im April 2008 gewinnt Berlusconi mit seinem neu benannten Parteienbündnis „Popolo della Libertà" deutlich, und zu den bisherigen politischen Skandalen um den Ministerpräsidenten (s. o.) gesellen sich nun auch noch einige pikante.

Präsident der Region Ligurien ist seit den Regionalwahlen 2005 der gebürtige Genueser *Claudio Burlando* von dem 2007 neu formierten, sozialdemokratischen *Partito Democratico (PD),* dem größten Gegner von Berlusconis „Popolo della Libertà". Die nächsten Regionalwahlen stehen im Frühjahr 2010 an.

An der italienisch-französischen Grenze

Anreise

Ligurien ist relativ nah, deshalb fällt die Entscheidung meist für das eigene Fahrzeug. Wer Zeit und Muße hat, kann auch auf einer der vielen reizvollen Alternativstrecken zum Ziel kommen. Landschaftliche Highlights bietet vor allem die Reise auf den Schweizer Nebenstrecken.

Wer nicht nur am Strand liegen will, sondern auch Ausflüge ins abgelegene Landesinnere plant, kommt ohne eigenes Fahrzeug nur mühsam über die gängigen Hinterlandrouten hinaus. Eine überlegenswerte Alternative ist die Anreise mit Bahn oder Flugzeug und das Mieten eines Leihfahrzeugs vor Ort – teilweise sind diese erstaunlich günstig zu haben. Gegen die Anreise mit dem eigenen Fahrzeug spricht zudem das immense Verkehrsaufkommen v. a. an Hochsommer-Wochenenden, von entspanntem Reisen kann dann sicher keine Rede sein; hinzu kommen die hohen Autobahngebühren in Italien (auch Österreich und die Schweiz bitten per Vignette zur Kasse) sowie die beständig hohen Spritpreise vor allem in Italien. Wer mit der Bahn reist, tut schließlich auch der Umwelt etwas Gutes. Eine umweltverträgliche Anreisealternative kann auch der Autozug sein, der zwar nicht gerade billig, sicher aber entspannt zum Ziel kommt. Der einzige größere Flughafen der Region ist Genua, der aus Deutschland, Österreich und der Schweiz allerdings kaum angeflogen wird – wer mit dem (Billig-)Flieger anreisen will, kommt meist nur bis Mailand.

Mit dem eigenen Fahrzeug

Von Süddeutschland, Österreich und der Schweiz kommt man in nur wenigen Stunden über die Alpen, das Straßen- und Autobahnnetz ist hervorragend ausgebaut, und das eigene Fahrzeug verschafft vor Ort die größtmögliche Beweglichkeit. Je nach Ausgangspunkt und Reiseziel führt die Route entweder über den Brenner oder über die beiden Hauptstrecken durch die Schweiz. Wer aus dem östlichen Österreich kommt, reist am bequemsten über Tarvisio und dann – wie auf den anderen Routen auch – durch die brettflache Po-Ebene, bevor man schließlich auf einer von vier Autobahnstrecken den Apennin überqueren muss, um an die ligurische Küste zu gelangen. Eindrucksvolle Alternativen bieten die zahlreichen kleineren Passstraßen über die Alpen (→ S. 37).

Autozüge

Wer sich die lange Tour durch Deutschland und über die Alpen nicht zumuten will, für den bietet der Autozug eine Alternative. Einen direkten Zielbahnhof in Ligurien gibt es zwar nicht, doch sind es vom Zielbahnhof **Alessandria** im Piemont nur noch 88 km an die Küste nach Genua (Autobahngebühren 5 €).

Die Züge verkehren zwischen Anfang April und Ende Oktober je einmal wöchentlich ab Düsseldorf, Hamburg, Hildesheim und sogar zweimal wöchentlich ab Neu-Isenburg nach Alessandria – ein stressfreier, wenn auch nicht ganz billiger Einstieg in den Urlaub. Dabei sind die Kosten je nach Reisedatum höchst unterschiedlich – eine vierköpfige Familie muss in der Hochsaison jedoch mit 430–590 € rechnen (im Liegewagen, mit Kinderermäßigung bis 14 Jahre), ab Hamburg sind es 540–760 € (jeweils einfache Fahrt). *Achtung*: max. Höhe des Fahrzeugs inkl. Dachaufbauten 183 cm, Gepäckmitnahme auf dem Fahrzeug ist nicht erlaubt. Details in der Broschüre „Mit dem Autozug über Nacht durch den Sommer", der in den DB-Reisezentren ausliegt. Weitere Infos unter www.bahn.de/autozug oder unter ✆ 01805-996633.

Tipps für Motorradfahrer

Im Sommer ist der Straßenbelag wegen der Hitze oftmals aufgeweicht – extreme Rutsch- und Sturzgefahr in Kurven! *Motorräder müssen immer mit Licht fahren!* Ein Problem für Zweiradfahrer können auch die streng geregelten Öffnungszeiten

Das Aostatal ist durchaus einen Zwischenstopp wert: hier das Matterhorn

der Tankstellen (i. d. R. 7–12.30 Uhr und 15.30–19.30 Uhr) sein. Auf Langstrecken zwingt der relativ geringe Aktionsradius einer Tankfüllung zu häufigem Nachtanken. Autobahntankstellen sind rund um die Uhr geöffnet, aber auf Landstraßen sollte man immer gut kalkulieren bzw. genügend unbeschädigte 10-Euro-Scheine für die Self-Service-Tankstellen bei sich haben, sonst sitzt man unter Umständen einige Stunden auf den Trockenen.

Achtung: Viele Zweiradfahrer benutzen die **alte Brennerstraße** (B 182), um zur Grenze zu gelangen. Diese Strecke ist natürlich wesentlich reizvoller als die benachbarte Autobahn, erfordert jedoch mehr Geschick und Erfahrung. Sie ist kurvenreich, sehr schmal und für das Verkehrsaufkommen in keiner Weise geeignet. Immer wieder ereignen sich hier schwere Unfälle.

Alle Infos rund um den italienischen Verkehr → S. 47.

Anreiserouten

Je nachdem, aus welcher Ecke Deutschlands man kommt, führt der Weg über die Alpen entweder über Österreich oder die Schweiz. In beiden Fällen sind die Möglichkeiten vielfältig, ebenso die landschaftlichen Eindrücke. Auch ein Zwischenstopp kurz vor oder nach der italienischen Grenze kann überaus reizvoll sein, z. B. im einsamen schweizerischen Bergell oder im idyllischen Aostatal.

Das Autobahnnetz in den Alpen ist zwar hervorragend ausgebaut, jedoch fallen erhebliche Mautgebühren an durch die Vignettenpflicht in Österreich und in der Schweiz. Wer sparen will, sollte die Autobahnen gezielt meiden. Einige reizvolle Varianten und Alternativen zu den Hauptrouten sind in den folgenden Routenbeschreibungen aufgeführt, daraus resultieren jedoch immer längere Fahrtzeiten.

Verkehrsbestimmungen Österreich/Schweiz

In **Österreich** beträgt die Höchstgeschwindigkeit auf Autobahnen 130 km/h, von 22–5 Uhr nachts auf der Inntalautobahn (A 10) und der Brennerautobahn (A 12) 110 km/h; eine *Warnweste* muss mitgeführt werden; darüber hinaus ist auch tagsüber mit *Abblendlicht* zu fahren (auch innerorts).
In der **Schweiz** liegt die Höchstgeschwindigkeit außerorts bei 80 km/h, auf Schnellstraßen bei 100 km/h, auf Autobahnen bei 120 km/h.

Tipp: Seit Jahren schon tankt man in Österreich deutlich günstiger als in Deutschland und in Italien, einigermaßen günstig sind die Spritpreise auch in der Schweiz.

Aus Österreich über die Alpen

Hauptroute über den Brenner: Eines vorneweg: Zu Ferienterminen ist diese Strecke extrem stauanfällig! Von München zunächst auf der A 8 Richtung Salzburg. Ab Inntaldreieck die A 93 zum Grenzübergang Kiefersfelden/Kufstein nehmen. Nach Innsbruck dann auf der A 12, von der Olympiastadt führt der schnellste Weg nach Italien über die Europabrücke. Ab der Anschlussstelle Innsbruck/Süd ist die Brennerautobahn trotz bereits bezahlter Vignette gebührenpflichtig (Pkw, Kleinbusse und Motorräder einfach 8 €, Anhänger bis 3,5 t frei, über 3,5 t zahlt man 31 €!).

Ab dem Brennerpass (1374 m, österr./ital. Grenze) geht es in zügiger Talfahrt die lang ausgleitenden Südtiroler Täler entlang. Zwischen Weinfeldern, Obstbaumkulturen und schroffen Felshängen kleben beidseitig der *Autostrada del Brennero* (A 22) Ritterburgen wie aus dem Bilderbuch. Sommerliche Staugefahr besteht besonders an der Mautstelle von Sterzing/Vipiteno, der ersten Mautstation südlich des Brenners.

Über Bozen und Trento geht es schnell nach Verona und weiter in die Po-Ebene, wo man sich – je nach Zielort in Ligurien – für eine der vier Autobahnstrecken über den Apennin an die Küste entscheiden muss (→ S. 40).

Autobahngebühren Österreich: Alle österreichischen Autobahnen und Schnellstraßen sind gebührenpflichtig. Die Zehntages-Vignette für Pkw kostet 7,70 €, Zweimonatsvignette 22,20 €, Jahres-Vignette 73,80 € (Motorrad 4,40 €, 11,10 € und 29,50 €). Tipp: Für einen Aufenthalt, der länger als zehn Tage dauert, nicht die Zweimonatsvignette nehmen, sondern für Hin- und Rückreise je eine Zehntages-Vignette. Vignetten sind bei den Automobilclubs, an grenznahen Raststätten und an der Grenze erhältlich (für die Rückreise auch auf Südtiroler Seite). Fahrzeuge ab 3,5 t müssen für Österreichs Autobahnen statt der Vignette für 5 € eine so genannte „Go-Box" erwerben, die die Gebühren elektronisch erhebt. Die Verrechnung erfolgt entweder von einem in der Box gespeicherten Guthaben (Pre-Pay) oder der Betrag wird im Nachhinein von einer Debit-, Kredit- oder Tankkarte abgebucht (Post-Pay). Erhältlich ist sie an denselben Verkaufsstellen wie die Vignetten. Weitere Informationen unter www.go-maut.at oder ✆ 0800-40011400.

Autobahngebühren Italien: Brenner-Verona 15,30 €, Brenner-Genua 27,60 €.

Varianten

Wer mehr von der Landschaft sehen und gleichzeitig Autobahngebühren sparen will, kann sich für folgende Strecken entscheiden:

München–Innsbruck via Garmisch: Wer aus Richtung Nürnberg kommt, kann kurz vor dem Autobahnende in München den Abzweig Richtung Garmisch nehmen. Auf dem Mittleren Ring fährt man westlich ums Münchner Zentrum herum und dann auf der *Starnberger Autobahn* (A 95) nach Garmisch – gut ausgebaut, mit etlichen Rastplätzen und herrlichem Alpenpanorama. Autobahnende kurz vor Garmisch; auf der Landstraße (B 23) mit oft zäh fließendem Verkehr weiter zum Grenzübergang Mittenwald/Scharnitz. Dann geht es in abenteuerlicher Fahrt den Zirler Berg hinab nach Innsbruck (15 % Gefälle). Alle paar hundert Meter bieten steile Auslaufspuren Rettung in letzter Not, falls die Bremsen versagen. Fantastischer Blick auf das Inntal und die Olympiastadt!

München–Innsbruck via Tegernsee: Auf der Salzburger Autobahn bis zur Ausfahrt Holzkirchen, von dort die B 318 weiter Richtung Tegernsee. Über Wildbad Kreuth hinauf zum *Achenpass* (20 % Gefälle). Vorbei am Achensee ins Inntal und weiter nach Innsbruck.

Ulm–Innsbruck: Auf der A 7 bis Autobahnende, dann Landstraße zum Grenzübergang Pfronten-Reutte. Danach über den *Fernpass* (1209 m) und auf der B 171 parallel zur Autobahn nach Innsbruck.

Innsbruck–Brenner über die alte Brennerstraße: Auf dieser Strecke spart man die Extra-Maut für die Brennerautobahn. Etwa eine Stunde länger als die Autobahn dauert die Fahrt über die alte Brennerstraße (B 182):

Die Inntalautobahn in Innsbruck Süd verlassen und blaue Hinweistafeln (Brennerpass/B 182) beachten. Die Fahrt auf der alten Brennerstraße führt mehr oder minder parallel zur Autobahn durch das reizvolle Silltal: sehr kurvenreich, schmale Ortsdurchfahrten, gemütliche Rasthäuser und imposante Panoramen – anfangs der Blick zurück auf Innsbruck und die Olympiaschanze; später aus der Froschperspektive die mächtige Europabrücke mit ihren gewaltigen Pfeilern. Beherzigen Sie Geschwindigkeitsbeschränkungen und Überholverbote, die Polizei kontrolliert hier gerne und oft. In den Ortschaften außerdem unbedingt Fuß vom Gaspedal, die Bewohner leiden unter dem ständigen Durchgangsverkehr!

Spartipps: Wer es eilig hat und trotzdem etwas sparen will, nimmt die Brennerautobahn nur bis Ausfahrt Stubaital (2,50 € für Pkw). Dort hat man das steilste Stück hinter sich und fährt dann gemütlich die alte Brennerstraße zur Grenze hinauf, ca. 20 Min. Wer die Brenner-Maut und auch die Österreich-Vignette sparen will, muss ab Zirl/Ost auf die Landstraße B 171 und dann durch den Stadtverkehr von Innsbruck zur alten Brennerstraße.

Brenner–Gardasee–Brescia: Neben der gebührenpflichtigen Autobahn lässt sich diese Strecke auch auf Staatsstraßen (SS 12 vom Brenner bis Bozen) zurücklegen; aber in den Ortschaften und Städten verhindern oft Staus an den Ampeln eine zügige Durchfahrt, Ortsumfahrungen sind eher selten.

Alternativrouten I

Von Garmisch-Partenkirchen oder Kempten/Füssen kommend umfährt man das Zugspitzmassiv westlich und hält sich in Richtung Fernpass (1209 m). Nach dem Pass kurvt die steile Bergstraße hinunter zum *Schloss Fernstein* am gleichnamigen See, eine dunkelgrüne Wasserfläche inmitten von Nadelwäldern.

In Nassereith rechts ab, über Imst und Landeck ein Hochtal hinauf nach Nauders (zwischen Imst und Landeck-Autobahn). Kurz vor Nauders in die Schweiz (Unterengadin) abzweigen, auf der Landstraße 27 das lange Inntal mit Silvretta-Panorama entlang und über Zernez (bester Ausgangspunkt für Abstecher in den Schweizer Nationalpark) in den weltberühmten Skikurort *St. Moritz* am gleichnamigen See. Dann vorbei an zwei schönen Oberengadiner Seen zum eindrucksvollen Malojapass (1815 m) und in steilen Haarnadelkurven hinunter in die italienische Schweiz.

Das einsame, waldreiche *Bergell* (ital. *Val Bregaglia*) südlich von St. Moritz mit seinen hübschen Ortschaften aus Bruchstein und verwitterten Schindeldächern ist etwas für Genießer. In *Stampa*, dem Geburtsort des Bildhauers und Grafikers *Alberto Giacometti* (1901–1966), befindet sich ein kleines Heimatmuseum mit separater Giacometti-Abteilung (nur nachmittags geöffnet). Wer Zeit und Muße hat, kann sich im benachbarten *Soglio* kurz vor der italienischen Grenze eine Übernachtung im romantischen Ritterschloss *Hotel Salis* gönnen (EZ ab 100 CHF, DZ ab 200 CHF, ✆ 0041-81-8221208, 📠 8221600, www.palazzosalis.ch).

Über Chiavenna gelangt man dann rasch zum Nordende des *Comer Sees.* Von Como über Mailand nach Genua am besten die Autobahn nehmen (ca. 200 km, Autobahngebühren Como–Genua 12,10 €).

Anreise

Vom Brenner nach Sterzing auf kurviger Landstraße mit starkem Gefälle; Sterzing–Bozen schmale Straße mit schlechten Überholmöglichkeiten; Bozen–Trento breit und tadelloser Fahrbahnbelag. Wahlweise von Trento (S 45 b) bzw. von Rovereto (S 240) die Nordspitze des Gardasees ansteuern. Abenteuerliche Straße von Riva am Westufer des Gardasees entlang bis nach Salò und weiter nach Brescia. Für den Beifahrer ein herrliches Erlebnis, für den Lenker weniger – zahllose Tunnels und zumeist dichter Verkehr.

Brescia–Cremona–Piacenza: Eine landschaftlich wenig reizvolle Fahrt durch die endlose Weite der Po-Ebene (hier sollte man sich die Autobahn Brescia–Piacenza gönnen, Autobahngebühren 4,10 €). In Piacenza muss man sich entscheiden, welche Strecke man über den Ligurischen Apennin zur Küste man nehmen will (→ S. 40).

Aus der Schweiz über die Alpen

Hauptroute über die Rheintalautobahn und den St. Gotthard: Für alle, die aus dem Westen Deutschlands kommen, ist die Autobahn Frankfurt–Basel (A 5) ideal, um in den italienischen Nordwesten zu gelangen.

Ab Basel geht es auf der A 2 in weiten Kurven und mit leichten Steigungen über Luzern die schöne Strecke am Vierwaldstätter See entlang und anschließend durch den St.-Gotthard-Tunnel (mit 16,9 km längster Straßentunnel durch die Alpen; keine Extra-Maut). Er ist als Wetterscheide bekannt. Selbst wenn es am nördlichen Tunneleingang Bindfäden regnet, am südlichen Ausgang lacht meist die Sonne.

Über die Alpen und drunter durch

Autobahngebühren Schweiz: Alle Schweizer Autobahnen und autobahnähnlichen Straßen (Nationalstraßen) sind gebührenpflichtig. Pauschal werden 40 CHF (zurzeit 27,50 €) für eine Vignette (Plakette) erhoben. Die Vignette ist nicht übertragbar und jeweils für 14 Monate gültig (1. Dezember bis 31. Januar des übernächsten Jahres). Anhänger benötigen eine zusätzliche Vignette. Die Plaketten sind an den Grenzen und auf jeder Schweizer Poststelle erhältlich, man kann sie aber bereits vor der Fahrt bei einem Automobilclub kaufen.

Autobahngebühren Italien: Como–Milano 3,10 €, Como–Genova 12,10 €.

Weiter auf herrlicher Strecke über den Luganer See (Dammbrücke) zum schweizerisch-italienischen Grenzübergang Chiasso. Unmittelbar dahinter liegt Como am fjordartigen Comer See.

Nach Mailand zügige Autobahnfahrt; auf dem Autobahnring um die Millionenstadt herrscht allerdings fast immer erheblicher Verkehr! Über Tortona geht es dann auf der A 7 weiter nach Genua, durch die flache Po-Ebene und das urwüchsige Scrivia-Tal (→ S. 41).

Varianten

Über Luzern zum Sankt Gotthard: Autobahn A 81 von Stuttgart über Rottweil bis Autobahnkreuz Singen, weiter über Schaffhausen nach Zürich, von dort nach Luzern, wo man auf die oben in der Hauptroute beschriebene A 2 durch den St.-Gotthard-Tunnel trifft (von Singen bis Winterthur nur teilweise Autobahn).

Über Bregenz zum San Bernardino: Von Ulm über Lindau/Bregenz nach Chur; Pfändertunnel (6,7 km, an der deutsch-österreichischen Grenze, vignettenpflichtig), Alternative ist die Stadtdurchfahrt Bregenz, hier stehen Sie erfahrungsgemäß aber fast immer im Stau; bei St. Margarethen kommt man dann auf die Autobahn

Alternativrouten II

Wen es in den äußersten Westen Liguriens zieht, um die Italienische Riviera von der französischen Grenze aus aufzurollen, der kann folgende Strecke in Erwägung ziehen: Von Basel nach Bern, dann weiter auf der Autobahn (A 12) zum *Genfer See.*

Dort die A 9 bis Martigny nehmen und anschließend die Landstraße 21 zum *Großen Sankt Bernhard.* Die Passstraße über den Großen Sankt Bernhard führt ins tief eingeschnittene Aosta-Tal nach Italien. Diese landschaftlich großartige Bergstrecke ist ca. 20 km lang und in etwa 40 Minuten zu bewältigen. Aber: Der Große St. Bernhard ist fast 2500 m hoch, besitzt Steigungen bis zu 10 % und ist nur vier Monate im Jahr – von Juni bis September – befahrbar! Ansonsten kann man den 5,8 km langen Tunnel durch den Großen St. Bernhard nehmen (ganzjährig Tag und Nacht befahrbar, aber erhebliche Extra-Maut: Pkw 18,70 €, Motorrad 11 €, Wohnmobil/Kleinbus 29 €, jeweils einfach). Zoll- und Passkontrolle bei der Einfahrt.

Nach der Besichtigung des ländlichen italienischen Alpenstädtchens *Aosta* am besten auf der Autostrada (A 5) nach *Turin*; dort zwecks Großstadtumgehung unbedingt den Autobahnring bis zum Autobahnkreuz A 21/A 6 benutzen, auf der A 6 gelangt man dann nach Savona an der Riviera di Ponente.

Variante: Von Bern auf der A 6 zum Thuner See und weiter nach Kandersteg. Dort besteht die Möglichkeit der Autoverladung beim Lötschberg-Tunnel: In Kandersteg mit dem Auto auf den Zug, 15 Minuten später ist man in Goppenstein. Der Spaß kostet für einen Pkw bzw. Wohnmobil/Kleinbus (inkl. aller mitfahrenden Personen) 13 € (am Wochenende 16 €), Wohnwagen ebenfalls 13 € (16 €), Motorrad 9,50 € (auch am Wochenende). Abfahrten zwischen 6 und 22 Uhr alle 30 Min., ab 22 Uhr bis Mitternacht stündlich, zusätzliche Abfahrten an Wochenenden und während der Hauptreisezeit. Anschließend geht es das idyllische Rhônetal hinunter nach Martigny und weiter wie oben beim Großen St. Bernhard beschrieben. Oder über die Simplonpassstraße (mittlerweile bestens ausgebaut) zum Lago Maggiore und auf der A 26 zur Riviera di Ponente.

Liegen auf dem Weg: die Weinberge südlich von Turin

(A 13). Ohne Extra-Maut geht es durch den San-Bernardino-Tunnel (6,6 km) ins Tessin nach Bellinzona, z. T. aber nur eine Fahrspur in jeder Richtung. Weiter über Como und Mailand nach Genua (A 7).

Hauptrouten an die ligurische Küste

Je nach Anreiseroute über Österreich oder die Schweiz und dem Zielort an der Riviera di Ponente oder der Riviera di Levante bieten sich gleich vier Hauptrouten an.

Von Turin nach Savona bzw. Genua: Die A 6 von Turin durch die Po-Ebene und über die Seealpen ist streckenweise altersschwach, aber mit zahlreichen spektakulären Viadukten versehen. Sie endet in Savona, hier Anschluss an die Küstenautobahn A 10. Für Ziele südlich von Savona empfiehlt es sich, schon in Ceva/Piemont abzufahren und dort die S 28 nach Imperia zu nehmen. Die A 26 vom Lago Maggiore/Alessandria endet in Voltri/Genua.

Von Turin über Cuneo (Piemont) nach Ventimiglia: Die S 20 von Turin über Cuneo nach Ventimiglia ermöglicht den westlichsten Riviera-Einstieg und ist eine interessante Alternative zur A 6. Anfangs durchquert man die flache Po-Ebene, erst hinter Cuneo wird es landschaftlich reizvoll, und in vielen Kurven geht es die Seealpen hinauf. An der italienisch-französischen Grenze durchfährt man am Colle di Tenda (ca. 1300 m ü. d. M.) einen über 3 km langem Straßentunnel: einspurig, mit Ampelregelung, oft Staubildung an beiden Einfahrten, bereits an der südlichen Stadtausfahrt von Cuneo signalisieren elektronische Anzeigetafeln, ob der Colle-di-Tenda-Tunnel befahrbar ist *(Transito regolare!)*. Hinter dem Tunnel dann eine herrliche Strecke auf französischem Boden nach Tenda (frz. Tende) und Saint Dalmas de Tende. Diese beiden Bergdörfer staffeln sich großartig die steilen Hänge hinauf, Tenda wird noch von einer Burgruine überragt. Außerdem bietet sich hier auch die Gelegenheit für einen interessanten Zwischenstopp im französischen *Vallée des Mer-*

veilles (→ S. 104). Ein weiterer hübscher Ort an der S 20 ist das französische Breil-sur-Roya. Nach der erneuten Grenzüberquerung dann weiterhin schöne Kurvenfahrt durch das tief eingeschnittene Flusstal des Roia hinunter nach Ventimiglia.

Von Mailand/Piacenza nach Genua und weiter: Von Mailand führt die A 7 direkt nach Genua; diese teilweise etwas schmale, aber nur selten überfüllte Autobahn schlängelt sich durch das Scrivia-Tal. Die ab Serravalle Scrivia parallel laufende S 35 ist kurvenreich und langwierig und auch landschaftlich nicht unbedingt aufregend. Vor Genua folgt dann der Verteilerkreis zur *Küstenautobahn*.
Alternativ bietet sich ab Piacenza die zeitraubende, aber streckenweise herrliche Fahrt auf der S 45 über den Ligurischen Apennin nach Genua an.

Von Parma direkt zum Golf von La Spezia: Die A 15 von Parma nach La Spezia bringt den östlichsten Riviera-Einstieg mit Ziel Golfo di La Spezia und Cinque Terre.
Eine überlegenswerte Alternative zur A 15 bietet die S 62 über den ligurischen Apennin (Passo di Cisa, 1041 m). Hinter dem Pass geht es in teils sehr steilen Serpentinen hinunter nach Pontremoli und weiter nach La Spezia.

Mit der Bahn

Angesichts der immer noch recht günstigen italienischen Tarife eine lohnende Angelegenheit. Italien ist ein ausgesprochenes Bahnland mit hervorragend ausgebautem Schienennetz und häufigen Verbindungen. Doch auch ab Deutschland kann man bei entsprechend früher Buchung relativ günstig nach Italien reisen.

Die Anreise erfordert allerdings ein gewisses Maß an Geduld und gutes Sitzfleisch obendrein. Die schnellste Bahnverbindung (tagsüber) an die ligurische Küste führt fast immer über Mailand nach Genua (dort muss man dann umsteigen an die Riviera di Levante): Von München mehrmals täglich via Brenner in 9–11 Stunden (umsteigen in Verona und Mailand), von Stuttgart über die Schweiz in 9–10 Stunden nach Genua (umsteigen in Basel oder Zürich und in Mailand). Wer an die Riviera di Ponente will, kann auch die Route über Turin ins Auge fassen (ab Turin mehrmals täglich nach San Remo, Imperia und Savona, Fahrtdauer 2,5–4,5 Std.). Wer zur östlichen Riviera di Levante und in die Cinque Terre möchte, kann auch von München auf der Brennerroute über Bologna und Parma (jeweils umsteigen) nach La Spezia fahren (ca. 10,5–11,5 Std.). Von Mailand bestehen mindestens stündliche Verbindungen nach Genua (Fahrtdauer 1,5–2 Std.). Achtung: Wer in der Hochsaison fährt, sollte unbedingt Sitzplätze reservieren (maximal zwei Monate vor Reisebeginn möglich).

Auch von Deutschland, Österreich und der Schweiz gibt es ein paar günstige Tarife nach Italien. Mit dem *City Night Line-Tarif* der Deutschen Bahn zahlen Frühbucher im Nachtzug (ab München) nach Italien ab 43 € pro Person im Sitzwagen, 59–69 € im Liegewagen und 99 € im Zweier-Schlafwagen. Nachteil: Die Reise wird bereits am frühen Morgen in Florenz unterbrochen, von dort geht es weiter nach La Spezia bzw. Genua. Einen Nachtzug von Deutschland nach Mailand gibt es nicht mehr. Selbstver-

Wer aus Österreich oder der Schweiz anreist, kann auch hier diverse Sondertarife nutzen: In Österreich bietet die ÖBB (www.oebb.at) mit der **EuroNight** günstige Nachttarife von Wien nach Mailand oder Florenz. Auch in der Schweiz werden bei entsprechend früher Buchung im Internet günstige Tarife für Europa angeboten (www.sbb.ch).

ständlich sind die Angebote kontingentiert, man sollte einige Wochen vor der Reise buchen (Informationen und Buchungen unter ✆ 01805-996633, www.bahn.de/citynight line, bei den Reisezentren der Deutschen Bahn und den Reisebüros mit DB-Lizenz).

Bahnsparen

• *DB-Preise* **Europa-Spezial**, je nach Zielort in Italien für 39–59 € pro einfache Strecke, hinzu kommen 4 € Reservierungszuschlag (1. Klasse 5 €). Die Europa-Spezial-Tarife sind auch in den Nachtzügen gültig, hier kommen pro Person 10 € hinzu für den Schlafsessel, je nach Belegung 20–30 € für den Liegewagen bzw. 40–60 € für den Schlafwagen (Einzelbelegung 100 €). Auch hier ist das Angebot kontingentiert, d. h. man sollte sich so früh wie möglich um einen Platz kümmern. Nicht ganz so günstig sind die **Globalpreise** für internationale City-Night-Line-Verbindungen (München–Florenz): im Abteil 119–125 €, im Liegewagen 135–145 €, im Schlafwagen 155–175 € pro Person und Strecke, die Einzelbelegung im Schlafwagen kommt auf 215 €. Die Bahncard (25 oder 50) vergünstigt den Globalpreis um ca. 25 %.

Den Normalpreis kann man durch die beiden **BahnCard-Varianten 25 bzw. 50** und durch die beiden Frühbuchertarife, den **Sparpreis 25** und **Sparpreis 50**, reduzieren, sie bieten jeweils 25 bzw. 50 % Rabatt auf den Normalpreis. Infos auch im Internet unter www.bahn.de.

Weiterrreise in Italien

Der Normaltarif Florenz – Genua beträgt je nach Zugart 21,70–27,70 € in der 2. Klasse; Mailand – Genua 9,10–16,50 € (2. Klasse).

• *Sondertarife in Italien* Ab einem Mindestpreis von 30 € pro Ticket (2. Klasse) können auch in Italien nach einem ähnlichen System wie den deutschen Sparpreisen die Kosten reduziert werden.

Carta verde: Mit dieser ein Jahr gültigen Karte bekommen Reisende unter 26 Jahren 10 % Ermäßigung auf alle Bahnfahrkarten. Gegen Vorlage eines Ausweisdokuments an allen größeren italienischen Bahnhöfen zum Preis von 40 € erhältlich.

Carta d'argento: Das Pendant zur „Grünen Karte" für Reisende über 60 Jahre kostet 30 € und bietet ein Jahr lang 15 % Rabatt auf alle Bahnfahrkarten (jeweils Normaltarif).

Informationen auch im Internet unter **www.trenitalia.it**.

Hauptstrecken über die Alpen

Brenner-Linie: München–Kufstein–Innsbruck–Brennero–Bozen–Trento–Verona – eine der wichtigsten Nord-Süd-Verbindungen über die Alpen; die Züge sind im Sommer oft voll bis überfüllt.

Teilweise sehr schön ist die Streckenführung mit Tunnels und Stützmauern am Fluss Sill entlang. Nach Innsbruck bei Patsch am Fuß des Patscherkofel öffnet sich dann ein toller Blick ins Stubaital. Die Grenzstation Brennero kommt kurz nach dem kleinen dunkelgrünen Brennersee (meist längerer Aufenthalt am Brenner). Es folgt eine herrliche Fahrt durch das idyllische Eisacktal hinunter nach Oberitalien.
Von Verona führt dann eine Bahn-Hauptstrecke über Mailand nach Genua (tagsüber stündlich Verbindungen, außerdem ICs im 2-Stunden-Takt).

Gotthard-Linie: Basel–Luzern–Arth/Goldau–Göschenen (Gotthard-Tunnel)–Airolo–Bellinzona–Lugano–Chiasso–Como–Mailand. Die wohl berühmteste Alpenstrecke durchsticht mit einem 15-km-Tunnel das 3000 m hohe Gotthardmassiv.
Ab Luzern führt die Strecke am verzweigten Vierwaldstätter See entlang. Ab Erstfeld beginnt die Bergstrecke mit Tunnels, Viadukten und herrlichen Ausblicken! Bei Wassen eine raffinierte Doppelkehrschleife mit mächtigen Viadukten, man sieht das Dorf mit seinem herausragenden Kirchturm gleich dreimal, jedes Mal aus einer anderen

Der Brückenbau hat in Ligurien Tradition

Perspektive. Ab Göschenen wird dann der gewaltige Gotthard-Tunnel durchfahren. Weiter geht es durch das Tessin, über Bellinzona und den Nobelkurort Lugano am gleichnamigen See zum Grenzort Chiasso und über Como am Comer See nach Mailand. Insgesamt hat die Strecke über 80 Tunnels!

Lötschberg-/Simplon-Linie: Bern–Spiez–Brig–Domodossola–Arona–Mailand. Von der Westschweiz nach Italien führt diese wichtige Schweizer Bahnlinie. Es geht durch den Lötschbergtunnel (15 km), über Brig ins Wallis und durch den Simplontunnel (20 km, auch Autoverladung) hinüber nach Italien (Domodossola).

Albula- und Bernina-Linie: Chur–Sankt Moritz–Tirano–Mailand. Der Bernina-Express ist ein absoluter Höhepunkt! Die Strecke führt durch den höchsten Alpentunnel (Albula) und an phänomenalen Gletscherformationen vorbei. Südlich von Sankt Moritz bewältigt die Bahn extreme Höhenunterschiede. Es verkehren teilweise Züge mit offenen Panoramawagen!

Weiter Richtung Genua: Egal, welche Alpenüberquerung bzw. Streckenkombination Sie gewählt haben, von Mailand zur ligurischen Eisenbahndrehscheibe Genua geht es mindestens im Stundentakt weiter.

Für Bahnfans

Tolle Ausblicke bietet die private **Centovalli-Bahn**. In Bellinzona nach Locarno umsteigen, von dort führt eine Nebenstrecke durch die märchenhaften Tessiner Alpentäler nach Domodossola (etwa zehnmal täglich). Die unvergessliche Fahrt dauert knapp 2 Stunden. In Domodossola haben Sie Anschluss an das Netz der italienischen Staatsbahn (etwa stündlich nach Mailand). Weitere Infos unter www.centovalli.ch.

Alle Informationen rund um den inneritalienischen Bahnverkehr → S. 49.

Mit dem Flugzeug

Die Anreise per Flugzeug mit Mietwagen vor Ort ist die ideale Kombination für alle, die ihr Reiseziel möglichst schnell erreichen und im Urlaub trotzdem mobil sein wollen.

Der ligurische Zielflughafen Genua heißt *Aeroporto Cristoforo Colombo* (www.airport.genova.it). Linienflüge nach Genua gibt es nonstop nur von München (Dauer 1,5 Stunden) mit Lufthansa 3x täglich und mit Air Dolomiti bis zu 4x täglich; mit Alitalia muss man immer Umsteigen – entweder in Mailand oder Rom. - Wer zeitlich flexibel ist, kann die Sondertarife von Lufthansa, Air Dolomiti und der Alitalia in Anspruch nehmen, die teilweise mit den Bahnpreisen konkurrieren können bzw. diese sogar unterbieten. Als Alternative ist ein Flug nach Mailand eine Überlegung wert, die norditalienische Metropole wird nicht nur von Lufthansa, Alitalia, Swiss und Austrian Airlines angeflogen, sondern auch von Air Berlin (ab zahlreichen deutschen, vier österreichischen Flughäfen und Zürich). Wer in die Gegend um La Spezia und Cinque Terre möchte, kann auch Pisa als Zielflughafen in Erwägung ziehen: Von dort sind es gerade mal 80 km nach La Spezia, angeflogen wird Pisa von Air Berlin (ab sechs deutschen Flughäfen und Klagenfurt), Ryanair (ab fünf deutschen Flughäfen) sowie von Air Dolomiti ab München. Infos zu Flugplänen und Preisen bei den jeweiligen Gesellschaften im Internet, die günstigsten Tarife müssen in der Regel online gebucht werden.

Mietwagen online: Mit einer Vorab-Buchung fährt man oft günstiger als mit einer Anmietung vor Ort. Und auch der juristische Aspekt ist zu bedenken, denn der Gerichtsstand ist immer in dem Land, in dem das Auto gemietet wurde. Einer der derzeit preiswertesten Anbieter ist www.autoeurope.de, andere Adressen sind z. B. www.sungo.de, www.sunnycars.de, www.economycarrentals.com und www.billiger-mietwagen.de (listet Angebote verschiedener Verleihfirmen im Vergleich). Bei den **Billigfluglinien** kann man zusammen mit der Flugbuchung auch einen vergünstigten **Mietwagen** ordern, Abholung am Ankunftsflughafen.

Mit dem Bus

Die Deutsche Touring steuert mit ihren Europabussen von verschiedenen deutschen Großstädten aus Mailand an. Eine direkte Verbindung nach Ligurien bzw. Genua gibt es nicht, am besten fährt man ab Mailand mit der Bahn weiter an die Riviera.

Längere Busfahrten gehören sicherlich nicht zu den bequemsten Fortbewegungsarten. Zwar hat man seinen gepolsterten Sitzplatz, darf ihn aber nur selten verlassen, um sich die Beine zu vertreten.

Abgefahren wird etwa dreimal wöchentlich am Abend ab Frankfurt/M. (Zubringer dorthin), Ankunft in Mailand am frühem Morgen (Fahrtdauer Frankfurt–Mailand ca. 11 Std.).

• *Information* Auskünfte und Buchung in allen DER-Reisebüros, DB-Reisebüros, DB-Reisezentren sowie den Niederlassungen der Deutschen Touring GmbH, Am Römerhof 17, 60486 Frankfurt, ✆ 069-7903501, www.touring.de.

• *Preisbeispiel* Von Frankfurt/M. nach Mailand einfach 60 €, hin/zurück 108 €.

Kinder unter 4 Jahren erhalten 80 % Ermäßigung, unter 12 Jahren 50 %, Jugendliche unter 26 Jahren, Studenten und Senioren über 60 Jahren 10 %. Zwei Gepäckstücke im Koffermaß und das Handgepäck sind frei. Mehr Gepäck (gegen Gebühr) ist nur erlaubt, wenn noch Stauraum frei ist. Eine Fahrradmitnahme ist nicht möglich.

- *Vertretung in Italien* Eurolines Italia, Via S. G. Mercadante 2/B, 50144 Firenze, ✆ 055-357059, 📠 055-350565.

Mitfahrzentralen

Preisgünstige Lösung für Fahrer und Mitfahrer. In Deutschland gibt es rund 100 Mitfahrzentralen (MFZ), die Fahrer und Mitfahrer vermitteln, zu finden im Telefonbuch (zum Großteil unter der einheitlichen Telefonnummer ✆ 19440). Auch wenn man mit der Mitfahrgelegenheit vielleicht nicht ganz bis ans Ziel kommt, lohnt die gemeinsame Strecke z. B. bis Verona oder Mailand, von wo aus man dann mit dem Zug weiterfahren kann. Für die Fahrt werden auch Sonderwünsche berücksichtigt: Mitfahrt nur bei Frauen oder Paaren, Nichtrauchern etc.

Der Preis für die Fahrt errechnet sich zum einen aus dem von der MFZ festgelegten **Benzinkostenanteil**, der an den Fahrer zu zahlen ist. Darüber hinaus ist eine von der Entfernung abhängige **Vermittlungsgebühr** an die MFZ zu zahlen. Mitfahrer können über die MFZ eine günstige **Pannen- und Unfallversicherung** abschließen. Gegen Vorlage der Quittungen wird damit die Bahnfahrt ab Unfall- bzw. Pannenort zum Reiseziel erstattet.

Tipp: Die komfortabelste Art, sich über Nachfrage und Angebot zu informieren, bietet das Internet unter **www.mfz.de**.

Mit dem Fahrrad

Eine schöne Sache, wenn man erst mal den Brenner hinter sich hat, denn anschließend geht es bis in die brettflache Po-Ebene ständig bergab. Unterwegs bieten sich viele attraktive Stopps an.

Italien ist zwar ein klassisches Land des Radsports, markierte Radwege gibt es allerdings nur stellenweise. Die meisten Straßen in Oberitalien sind jedoch problemlos zu befahren. Italienische Autofahrer verhalten sich im Allgemeinen entgegen ihrem Ruf rücksichtsvoll, hupen vor dem Überholen kräftig und machen einen großen Bogen um den Radler. Hupen ist hier als wohlgemeinte Warnung gedacht!

- *Bahn & Bike* Wer nicht über die Alpen und durch Oberitalien strampeln will, hat in durchgehenden Zügen nach Italien die Möglichkeit der **Fahrradmitnahme**. Hierfür muss zum Preis von 10 € (im Nachtzug nach Italien 15 €) eine *Internationale Fahrradkarte* erworben werden, verbunden damit ist eine Reservierung für einen Radstellplatz. Eine frühzeitige Buchung ist in jedem Fall anzuraten! In Italien ist eine Reservierung nicht möglich. Ein Fahrrad als *Gepäckstück* aufzugeben und es dann einige Tage später am Zielbahnhof abzuholen, ist nur nach Südtirol möglich (ca. 32 €, inkl. Verpackungskosten). Problemlos ist der Transport in speziellen *Fahrradtaschen* (110 x 80 x 40 cm), die in Italien in vielen Zügen mitgenommen werden dürfen, allerdings ist auch dafür eine Fahrradkarte notwendig.

Die DB bietet auf ihrer Internetseite (www.bahn.de) Fahrradinformationen unter „Services", außerdem unter ✆ 01805-996633.

Infos bekommt man auch bei den Geschäftsstellen des **Allgemeinen Deutschen Fahrradclubs (ADFC)** in jeder Großstadt. Hauptstelle des ADFC: Grünenstraße 120, 28199 Bremen, ✆ 0421-346290, 📠 0421-3462950, www.adfc.de. Mit vielen hilfreichen Tipps rund um Radreisen in Europa.

Zeit für eine Pause

Unterwegs in Ligurien

Mit dem eigenen Fahrzeug

Wenig Platz – das ist wohl das Hauptmerkmal des ligurischen Straßenbaus. Auf einem dünnen Küstenstreifen drängen sich die quasi immer überlastete Via Aurelia und über weite Strecken auch die Bahnlinie – die Autobahn parallel zur Küste hat man ein Stück landeinwärts gelegt. Neuralgischer Punkt ist der Großraum Genua.

Entlang der Ponente-Küste von Ventimiglia nach Genua: Die „Blumenautobahn" *Autostrada dei fiori* (A 10) zwischen dem westlichsten Ort und der Hauptstadt Liguriens (165 km) ist einer der aufwändigsten Autobahnabschnitte Italiens und wurde erst 1971 fertig gestellt. Gestützt von gigantischen Brückenkonstruktionen und mit unzähligen langen Tunnels gespickt, zieht sich die A 10 eindrucksvoll um und durch die Küstenhänge der westlichen Riviera. Doch das schnelle Vorankommen hat seinen Preis, für die Strecke Ventimiglia–Genua zahlt man immerhin 14,50 €. Wesentlich gemächlicher geht es hingegen auf der alten *Via Aurelia,* der Küstenstraße S 1, zu. Im quälenden Schneckentempo hangelt man sich dort von Küstenort zu Küstenort, 20 km können da zu Stoßzeiten schon mal zwei Stunden kosten. Trotz der reizvollen Streckenabschnitte, die die Aurelia zwischen Ventimiglia und Genua zu bieten hat, empfiehlt sich ab und zu ein gezieltes Ausweichen auf die A 10, auch wenn man – je nach Autobahnauffahrt – zunächst ein gutes Stück landeinwärts fahren muss.

Entlang der Levanteküste von Genua nach Süden: Zwischen Genua und Sestri Levante rollt der Verkehr auf der *Aurelia* (S 1) wegen der häufigen Ortsdurchfahrten nur sehr zähflüssig. Die Küstenautobahn A 12 und die parallel verlaufende Aurelia halten zwischen Sestri Levante und La Spezia einen recht großen Abstand zur Küste. In diesem Bereich gibt es nur zeitraubende Stichstraßen zu den Küstenorten. Wer einigermaßen zügig von Genua nach La Spezia fahren möchte, dem seien die rund 110 Autobahnkilometer auf der A 12 empfohlen (Autobahngebühr 9,90 €).

Rund um den italienischen Verkehr

Fahrzeugpapiere/Versicherung: Mitzuführen sind selbstverständlich der nationale Führerschein *(patente di guida)* und der Fahrzeugschein *(libretto di circolazione)*, im Schadensfall leistet außerdem die Grüne Versicherungskarte (*carta verde*) gute Dienste. Auch ein Auslandsschutzbrief ist empfehlenswert (Hilfsleistungen bei Panne, Unfall oder Diebstahl), den alle Automobilclubs und Versicherer anbieten; Jahrespreis zwischen 30 und 50 €. Bei neuen Fahrzeugen ist außerdem eine vorübergehende Vollkaskoversicherung zu überlegen, da die Deckungssummen italienischer Haftpflichtversicherer sehr niedrig sind. Bei Diebstahl springen Voll- und Teilkasko ebenfalls ein.

Straßenkarten: Für die Hauptrouten durch Österreich und die Schweiz reicht jeder Straßenatlas aus. Automobilclub-Mitglieder können sich ein kostenloses Paket mit Karten, Streckenführung, Gebühreninformation etc. zusammenstellen lassen. Wer sich für eine längere Anreise auf abgelegenen Nebenstrecken entscheidet, sollte entsprechend detaillierte Karten mitnehmen. Empfehlenswerte Ligurienkarten finden Sie auf S. 79.

Tankstellen: Es gibt *benzina senza piombo* (Bleifrei), *super senza piombo* (Super) sowie *gasolio* (Diesel). Die Preise liegen ein wenig höher als in Deutschland und deutlich höher als in Österreich. Tankstellen sind an den Autobahnen 24 Std. durchgehend geöffnet, in Ortschaften meist 7–12.30 Uhr und 15–19.30 Uhr. Manche Tankstellen haben einen Ruhetag, meist der Sonntag. An vielen Zapfautomaten können Sie aber im „Self-Service"-Verfahren mit unzerknitterten (!) Euroscheinen tanken. Kreditkarten werden häufig, aber nicht immer akzeptiert.

Italienische Verkehrsschilder: *rallentare* = langsam fahren, z. B. wegen *lavori in corso* (Bauarbeiten) oder wegen *pericolo* (Gefahr, oft vor Steigungen und Kreuzungen); *accendere i fari* = Licht einschalten; *attenzione uscita veicoli* = Vorsicht Ausfahrt; *deviazione* = Umleitung; *divieto di accesso* = Zufahrt verboten; *temporamente limitato al percorso* = Durchfahrt vorübergehend verboten; *strada interrotta* = Straße gesperrt; *inizio zona tutelata* = Beginn der Parkverbotszone; *parcheggio* = Parkplatz; *senso unico* = Einbahnstraße; *strada senza uscita* = Sackgasse; *tutte le direzioni* = alle Richtungen; *zona disco* = Parken mit Parkscheibe; *zona a traffico limitato (Z.T.L.)* = Bereich mit eingeschränktem Verkehr; *zona pedonale* = Fußgängerzone; *zona rimorchio* = Abschleppzone.

Höchstgeschwindigkeit: innerorts 50 km/h; außerorts: Pkw, Motorräder und Wohnmobile bis 3,5 t 90 km/h, Wohnmobile über 3,5 t 80 km/h, Pkw mit Anhänger 70 km/h; **Schnellstraßen** (zwei Spuren je Fahrtrichtung): Pkw, Motorräder und Wohnmobile bis 3,5 t 110 km/h, Wohnmobile über 3,5 t 80 km/h, Pkw mit Anhänger 70 km/h; **Autobahnen**: Pkw/Motorräder 130 km/h, auf dreispurigen Autobahnen bei entsprechender Beschilderung auf der linken Spur 150 km/h, Wohnmobile 100 km/h, Pkw mit Anhänger 80 km/h. Motorräder unter 150 ccm sind auf der Autobahn verboten!

Pannenhilfe/Notrufe: Notrufsäulen stehen in Abständen von 2 km an den Autobahnen. Der Straßenhilfsdienst des italienischen Automobilclubs **ACI** (www.aci.it) ist in ganz Ita-

Man kann, muss aber nicht mit dem eigenen Ferrari unterwegs sein

lien rund um die Uhr unter ✆ 803116 erreichbar (aus Mobilfunknetzen unter ✆ 800116800). Die Pannenhilfe ist kostenpflichtig, auch für Mitglieder von Automobilclubs.

Polizeinotruf ✆ 112, **Straßenpolizei** ✆ 113, **Unfallrettung** ✆ 118, **deutschsprachiger Notrufdienst des ADAC** in Mailand: ✆ 02-661591 (rund um die Uhr erreichbar).

Stadtverkehr und Parken: Die historisch gewachsenen Stadtzentren Italiens mit ihren engen und verwinkelten Gassen sind dem hohen Verkehrsaufkommen in keiner Weise gewachsen. Fast überall hat man inzwischen drastische Maßnahmen ergriffen: Ganze Altstadtzentren sind zeitweise oder ständig für den Autoverkehr gesperrt (*zona a traffico limitato*), nur autorisierte Fahrer und Anwohner dürfen dort parken. Ärger und Kosten vermeidet man, indem man sich eine Parklücke außerhalb des „Centro storico" sucht und zu Fuß hineinläuft bzw. einen Bus nimmt. In Fußentfernung zu den Sehenswürdigkeiten gibt es in vielen Städten auch oft gebührenpflichtige (und meist bewachte) **Parkplätze** (ca. 1–2 €/Std., bei längerem Parken wird es billiger). Im Zentrum kann man entweder an Gebührenautomaten oder gratis mit Parkscheibe in der **zona disco** parken. Während der Siestazeit ist das Parken an Stellplätzen mit Parkuhren meistens gratis. **Parkverbot** besteht an schwarz-gelb gekennzeichneten Bordsteinen sowie auf gelb markierten Parkflächen (hier dürfen nur öffentliche Verkehrsmittel halten); blaue Markierung steht für einen gebührenpflichtigen Parkplatz, weiße Markierung für freies Parken. Urlaubern ist es gestattet, mit dem Pkw vor Altstadthotels vorzufahren und auszuladen. Manchmal bekommt man vom Hotel einen **Anwohner-Parkausweis** ausgehändigt. Über eigene Garagen verfügen meist nur Hotels ab der Drei-Sterne-Kategorie aufwärts.

> **Wenn Sie zugeparkt wurden**, z. B. durch ein Auto in zweiter Reihe, drücken Sie ein paar Mal kräftig auf die Hupe. Meist kommt dann der Fahrer eilends aus der nächsten Bar und fährt sein Vehikel aus dem Weg. Dieses Gebaren ist keine Unhöflichkeit, sondern wegen des Mangels an Parkplätzen gängige Praxis – also verständnisvoll lächeln.

Unfälle: An der Windschutzscheibe eines in Italien zugelassenen Wagens ist ein Aufkleber mit der Adresse der Versicherungsgesellschaft und der Versicherungsnummer angebracht. Diese sollte man im Schadensfall unbedingt notieren.

Wichtige Verkehrsvorschriften: **Abblendlicht** ist auch tagsüber auf allen Autobahnen und Landstraßen vorgeschrieben, für Zweiräder gilt generell „Licht an"; **privates Abschleppen** auf Autobahnen ist verboten; **Straßenbahnen** haben grundsätzlich Vorfahrt. Die **Promillegrenze** liegt bei 0,5. Achtung, die Strafen bei Alkohol am Steuer sind sehr hoch, neben einem Bußgeld von bis zu 6000 € (!) droht auch der sofortige Entzug des Führerscheins. Das Telefonieren während der Fahrt ist nur mit einer **Freisprechanlage** gestattet; im **Kreisverkehr** gilt grundsätzlich rechts vor links.

Dachlasten und Ladungen, die über das Wagenende hinausragen, müssen mit einem reflektierenden, 50 x 50 cm großen, rot-weiß gestreiften **Aluminiumschild** (kein Kunststoff!) abgesichert werden (erhältlich im deutschen Fachhandel, in Italien an Tankstellen). Fahrrad- oder Lastenträger mit Heckleuchten und Nummernschild, die im Kfz-Schein eingetragen sind, sind von dieser Regelung ausgenommen.

Für den Fall, dass man z. B. wegen Unfall oder Panne auf einer Autobahn das Auto verlässt, muss im Auto eine reflektierende **Sicherheitsweste** zur Hand sein. Erhältlich ist sie bei uns in Tankstellen, Baumärkten etc.

Die **italienischen Bußgelder gehören zu den höchsten in Europa!** Parkverstöße, Alkohol am Steuer und Geschwindigkeitsüberschreitungen werden deutlich strenger geahndet als in Deutschland. Die Mindestgebühr für einfaches Falschparken beträgt 35 €, Geschwindigkeitsüberschreitungen 370–2000 € (Übertretungen ab 70 € werden seit 2010 rigoros auch im Heimatland eingetrieben). Mit Radarkontrollen muss überall gerechnet werden. Bei stark überhöhter Geschwindigkeit und Überschreiten der Promillegrenze können auch Fahrverbote ausgesprochen werden.

Autobahnen

Autostrade

Die italienischen Autobahnen sind bis auf die obligaten Teilstücke, an denen ständig ausgebessert wird, in einem guten Zustand. Besonders im Nordwesten des Stiefels ist das Autobahnnetz engmaschig. Fast alle italienischen Autobahnen sind gebührenpflichtig. Die Autobahnhinweisschilder sind übrigens grün.

Autobahngebühren: Motorräder und Pkw mit einer Höhe bis 1,30 m an der Vorderachse zahlen denselben Preis. Vom Brenner bis Verona werden 15,30 €, von Como nach Genua 12,10 € berechnet; eine Liguriendurchquerung von der französischen Grenze bis nach La Spezia (insgesamt 260 km) kostet 24,20 €. Mit einachsigem Wohnwagen verdoppelt sich die Summe, und mit zweiachsigem Wohnwagen werden nochmals ca. 60 % aufgeschlagen. Die Gebühren summieren sich schnell zu ansehnlichen Beträgen. Wer es nicht eilig hat, sollte ab und an auf die Staatsstraßen (gekennzeichnet mit einem „S“) ausweichen, die häufig parallel zur Autobahn verlaufen.

Alt stazione! Mit diesen Worten werden *Mautstellen* angekündigt. Dort verrichtet meist ein Automat die Ticketausgabe. Beim Verlassen der Autobahn – und zwischendurch – wird zur Kasse gebeten. Geld, Kreditkarte oder die *Viacard* (Mautkarte) griffbereit halten.

Barzahler werden von den Damen und Herren in den Kassenhäuschen abgefertigt. Einfacher und vor allem schneller ist der Zahlungsverkehr mit der magnetischen *Viacard*, erhältlich im Wert von 25 und 50 € beim heimischen Automobilclub, an Grenzübergängen und großen Autobahnraststätten. Für Kartenbesitzer gibt es an den meisten Zahlstellen Extraspuren, dort werden die Beträge automatisch abgebucht. Sie müssen das Ticket und Ihre Viacard nacheinander in den Automaten einführen. Auf ausreichende Deckung achten bzw. eine zweite Viacard mitführen und gegebenenfalls nachschieben, denn eine Aufzahlung mit Bargeld ist nicht möglich. An den meisten Zahlstellen werden auch die gängigen *Kreditkarten* akzeptiert (oft eine eigene Spur).

Mit der Bahn

Genua ist Dreh- und Angelpunkt des Bahnnetzes der ligurischen Küste. Von und nach Mailand verkehren IC-Züge nahezu im Stundentakt (Fahrtdauer ca. 1,5 Std.). Eine weitere Bahn-Hauptstrecke verbindet Turin mit Savona (ebenfalls fast stündlich, Dauer 2,5 Std.); etwa stündliche Verbindungen gibt es auch auf der Strecke Florenz–La Spezia (Fahrtdauer gut 2 Std.). Die wichtige Bahnlinie zwischen Genua und La Spezia verbindet nahezu alle Küstenorte miteinander; einziger Nachteil sind die häufigen Tunnels, die so manchen herrlichen Ausblick abrupt beenden.

Rivierastrecke zwischen Ventimiglia und Genua: Die Bahnlinie verläuft auf weiten Strecken dicht am Meer. Die Steiluferumgehungen auf dieser wichtigen Regionalstrecke bieten landschaftliche Höhepunkte, während andererseits zahlreiche Tunnels jegliche Aussicht verhindern. Zentral gelegene Bahnhöfe in vielen Küstenorten machen beliebige Zwischenstopps jederzeit möglich – doch hat die *neue Streckenführung zwischen Ventimiglia und Imperia* zu erheblichen Veränderungen geführt! In einigen Orten und Städten sind neue Bahnhöfe (z. T. unterirdisch mit Zubringertunnel vom Zentrum aus) entstanden, während andernorts keine Haltestellen mehr existieren. Mehr dazu in den jeweiligen Ortskapiteln.

Achtung: Trotz der überzeugenden Argumente für die Reise mit der Bahn sollte bei der Planung berücksichtigt werden, dass drei der schönsten Orte an der Riviera di Levante, nämlich Portofino, Portovenere und Lerici, keinen Bahnanschluss haben (jedoch gute Bus- und Fährverbindungen). Ebenso dürftig sind die Bahnstrecken im bergigen Hinterland Liguriens verteilt.

Ferrovie dello Stato (FS) heißen die italienischen Staatsbahnen. In Norditalien ist ihr Streckennetz sehr gut ausgebaut; praktisch alle größeren Orte sind per Bahn schnell und zuverlässig zu erreichen. Ausnahmen bilden lediglich die Alpen- und Apennin-Regionen, deren wenige Bahnlinien zugleich aber zu den schönsten gehören.

Häufigstes Fortbewegungsmittel auf Italiens Schienen sind die Nahverkehrszüge *Treni Regionali (R)* – sie sind langsam und stoppen an jeder Station. Etwas flotter bewegen sich die *Diretti (D)*, die aber ebenfalls häufig halten. Mit den *Espressi (E)* kommt man dagegen durchwegs zügig voran. Am schnellsten fahren die *Intercitys (IC)*, die meist zuschlags- und gelegentlich platzkartenpflichtig sind. Auf vielen Hauptstrecken rollen auch die deutlich teureren Hochgeschwindigkeitszüge *Eurostar Italia (ES)*.

Außer dem staatlichen Streckennetz gibt es noch ein paar *Privatbahnen*, z. B. die berühmte Tenda-Bahn. Sie schlängelt sich von Cuneo über die Seealpen nach Ventimiglia (→ S. 103).

• *Information* Mehr zu den italienischen Staatsbahnen finden Sie im Internet unter **www.ferroviedellostato.it**.

Wichtig: Bevor man in den Zug einsteigt, muss man sein Bahnticket an einem der Automaten entwerten *(convalidare)*. Andernfalls gilt man als Schwarzfahrer, und das kann kosten.

• *Fahrpläne* Die Ferrovie dello Stato (FS) gibt kostenlose Hefte mit den wichtigsten Fahrplanauszügen heraus, erhältlich an allen italienischen Bahnhöfen.

• *Gepäckaufbewahrung* Schließfächer gibt es aus Sicherheitsgründen nicht mehr, allerdings kann man sein Gepäck in größeren Bahnhöfen zum **Deposito bagagli** bringen: 5 Stunden kosten pro Gepäckstück ca. 4–5 €, ab der sechsten Stunde wird es deutlich günstiger. In größeren Städten meist lange Schlangen, daher Zeit und Geduld mitbringen.

• *Zuschläge und Platzkarten* Zuschlagspflichtige IC-Züge sind auf den Fahrplänen mit gestrichelter Linie gekennzeichnet (Zuschlag = *Supplemento*). Für die ES-Züge gelten noch mal höhere Preise.
Eine Platzkartenpflicht ist auf Fahrplänen mit fettem **R** vermerkt.

• *Schlaf- und Liegewagen* Italienische Schlafwagen *(Carrozza letti)* haben in der ersten Klasse Ein- oder Zweibettabteile, in der zweiten Klasse zwei oder drei Betten. Liegewagen *(Carrozza cuccette)* haben in der ersten Klasse vier, in der zweiten Klasse sechs Liegeplätze. Viel Komfort darf man nicht erwarten, dafür sind diese Leistungen in Italien preiswert.

Mit dem Bus

In den Provinzen Imperia und Savona an der Ponente-Küste gibt es jeweils mindestens eine Busgesellschaft, die sowohl an der Küste als auch im Hinterland verkehrt. Die Busse der *Riviera Trasporti* (*R.T.*) bedienen das Gebiet von der französischen Grenze bis Marina di Andora mit großen Busbahnhöfen in Imperia, San Remo und Ventimiglia (weitere Infos unter www.rivieratrasporti.it). Anschließend verkehren *S.A.R.–Busse* (www.sar-bus.com) zwischen Marina di Andora und Savona, während *ACTS-Busse* (www.acts.it) zwischen Finale Ligure und Varazze pendeln. Für den Großraum Genua ist *AMT-Trasporti* zuständig (www.amt.genova.it).

Die Busgesellschaft *Tigullio* (www.tigulliotrasporti.it) bedient von Varazze (noch Ponente-Küste) über Genua die gesamte Levante-Küste bis hinunter nach Levanto sowie das gesamte Hinterland. Große Busbahnhöfe gibt es in Santa Margherita, Rapallo, Chiavari und Sestri.

Im anschließenden Cinque-Terre-Gebiet existieren nur spärliche Busverbindungen – die Bahn und Schusters Rappen sind dort ohne Konkurrenz.

Die Busgesellschaft *ATC* (www.atclaspezia.it) hat ihren zentralen Busbahnhof in La Spezia und versorgt den gesamten Golfo di La Spezia einschließlich Hinterland (mit Abstechern an die Küste nach Monterosso, Levanto und Sestri Levante).

Mit dem Schiff

An der Halbinsel von Portofino, entlang der Cinque-Terre-Küste und im Golfo di La Spezia gehören die in den Sommermonaten häufig verkehrenden *Pendelfähren* zu den wichtigsten – und obendrein schönsten – Nahverkehrsmitteln; leider ein nicht ganz billiges Vergnügen. Vielerorts ergänzen *Ausflugsboote* den Pendelverkehr. Details dazu sind in den Ortskapiteln zu finden.

Eine brauchbare Fortbewegungsalternative, hier bei der Halbinsel Portofino

Schick: Hotelpool mit Meerblick

Übernachten

Vom edlen Grandhotel bis zum einfachen Campingplatz in Strandnähe ist alles zu haben. Landeinwärts warten sorgfältig hergerichtete Agriturismo-Höfe und Landvillen auf ihr Publikum, im Cinque-Terre-Gebiet gibt es dagegen überdurchschnittlich viele Privatzimmer. Das Preisniveau ist recht unterschiedlich, je nachdem wie „hoch" ein Ort gehandelt wird.

Wer im Hochsommer und ohne vorherige Buchung in Ligurien unterwegs ist, muss damit rechnen, an der Rezeption mit einem freundlichen *tutto completo* wieder weggeschickt zu werden. Juli und August sind die Unterbringungskrisenmonate, dann macht ganz Italien Urlaub, und zwar am liebsten vor der eigenen Haustür, in den schönsten heimischen Ferienorten. Wer also unliebsame Juli/August-Überraschungen vermeiden will, kann nur durch rechtzeitige *Zimmerreservierung* vorbeugen. Hilfreich dabei sind unsere Übernachtungstipps (in den jeweiligen Ortskapiteln) sowie die bei den italienischen Fremdenverkehrsämtern in Deutschland, in der Schweiz und in Österreich erhältlichen, meist alljährlich aktualisierten Unterkunftsverzeichnisse, die *Annuari degli Alberghi* der verschiedenen Provinzen (→ „Information", S. 78). Darin sind alle registrierten Hotels – oft auch Campingplätze, Jugendherbergen, Agriturismo-Höfe und Privatzimmer – mit Adresse, Preisangaben, Öffnungszeiten und Hinweisen zur Ausstattung verzeichnet. Außerhalb der Hochsaisonmonate ist die Lage relativ entspannt, wer im Mai und Juni kommt, findet in größeren Badeorten sicher die passende Unterkunft, ebenso im September. Ausnahme sind einige Orte der Levanteküste wie z. B. Santa Margherita Ligure oder Sestri Levante, besonders aber die Cinque-Terre-Orte sowie Portovenere: Hier empfehlen wir auch in der Zwischen- bzw. Nebensaison (also Mai, Juni, September) eine vorherige Reservierung, und sei es nur ein bis zwei Tage vor Ankunft.

Reservierung: am sichersten und einfachsten *per E-Mail* oder *Fax*. Fragen Sie zunächst telefonisch an, ob zum gewünschten Termin etwas frei ist, und wickeln Sie die verbindliche Reservierung dann per Fax bzw. E-Mail ab. In der Regel wird die Kreditkartennummer (und deren Ablaufdatum) verlangt; manchmal auch eine Anzahlung von einer Nacht, die am einfachsten per Auslandsüberweisung vorgenommen werden kann (geringe Gebühr).

Unterkunftssuche im Internet: Auf der offiziellen Website der Region – *www.turismoinliguria.it* – sind zahlreiche Hotels in Ligurien abrufbar (auch auf Deutsch). Buchungen sind ebenfalls möglich. Außerdem sind viele Campingplätze, Agriturismo-Betriebe, Privatzimmer, Ferienhäuser und -wohnungen gelistet.

Grandhotels, Alberghi, Pensioni und Locande

Die stilvollen Grandhotels aus den Zeiten, als der Nobeltourist noch an der Riviera weilte, sind für die meisten Ligurienurlauber wohl unerschwinglich. Diese Prachtbauten aus der Belle Époque gehören einschließlich ihrer Gäste eher zu den Sehenswürdigkeiten der mondänen Küstenorte. Wer diese legendäre Kategorie dennoch ausprobieren möchte, kommt auch in der Nebensaison nicht unter 250 € fürs Doppelzimmer weg. Auch die altehrwürdigen Pensionen in den herrschaftlichen Villen zählen, bis auf wenige Ausnahmen, nicht unbedingt zu den erschwinglichen Rivierahotels.

Achtung: Neben der normalen Hochsaison gibt es ganz im Westen der Riviera di Ponente nahe der Grenze zu Frankreich noch eine weitere „altissima stagione": das Wochenende des **Formel 1 Grand Prix** von Monte Carlo, meist am dritten Sonntag im Mai. Für die Zeit um dieses Wochenende schnellen die Zimmerpreise kräftig in die Höhe, Mindestaufenthalt meist vier Tage.

Der Gast mit dem durchschnittlichen Geldbeutel muss sich zumeist mit den soliden Alberghi im **- bis ***-Bereich begnügen, die auch die größte Hotelkategorie bilden. Gesichtslose Großhotels und kasernenartige Bettenburgen gibt es an der gesamten Riviera zum Glück fast keine, allerdings wartet so manches Haus schon seit längerem auf Renovierung. Begrenzte Hotelkapazitäten haben wir im ligurischen Hinterland und in einigen Cinque-Terre-Orten festgestellt.

Klassifizierung nach Sternen/Preise: Die italienischen Hotels werden von den regionalen Tourismusbehörden in fünf Kategorien unterteilt (1–5 Sterne). Wir haben diese Einteilung bei den Hotelbeschreibungen jeweils angegeben, obwohl sie nicht immer etwas über Zustand, Ausstattung, Service, Freundlichkeit etc. des Hauses aussagt – und auch nicht immer über den Preis! Die in Italien praktizierte Sternevergabe ist nämlich nicht an festgesetzte Preisgrenzen gekoppelt. Die Hoteliers dürfen die Preise so hoch ansetzen, wie es ihnen beliebt – sie müssen dann nur noch von der zuständigen Tourismusbehörde registriert werden. Das kann dazu führen, dass z. B. stilvolle alte Drei-Sterne-Hotels in schöner Lage teurer sind als standardisierte moderne Vier-Sterne-Hotels. Alljährlich werden die Preise neu festgelegt, wobei es in der Regel zu geringen Preiserhöhungen kommt.

Die Zimmerpreise müssen für die Gäste an der Rezeption eines jeden Hotels einzusehen sein und auch in den Zimmern selbst deutlich sichtbar aushängen (meist an der Innenseite der Tür). Der Aushang muss offiziell bestätigt sein, z. B. mit dem Behördenstempel.

***** Renommiertes **Grandhotel** oder moderner Hotelneubau der **Luxusklasse**; höchster Komfort und Service, stilvolle Ausstattung, manchmal traumhaft gelegen; vornehmes Restaurant; Swimmingpool und/oder Privatstrand, Tennis und mehr; oberstes Preisniveau. DZ auch in der Nebensaison kaum unter 200–250 €, in der Hochsaison mind. 300–350 €.

**** **First-Class-Hotel**, ebenfalls für gehobene Ansprüche; nicht wirklich luxuriös, der obersten Kategorie in Komfort und Service aber zum Teil durchaus ähnlich. Preise schon ab 170–200 € fürs DZ, meist jedoch weit darüber.

*** **Mittelklassehotel**, sehr verbreitet; in der Regel solide bis geschmackvoll ausgestattet; Zimmer immer mit eigenem Bad und TV. Qualitätsunterschiede sind aber durchaus festzustellen; häufig handelt es sich um alte Villen und vornehme Stadthäuser mit geringer Zimmerkapazität. Preise (mit Schwankungen nach unten und oben) ab ca. 120 €.

** **Untere Mittelklasse**, die Kategorie mit den extremsten Qualitätsunterschieden; je nach Besitzer viel persönliche Atmosphäre oder völlig anonym; Zimmer oft wahlweise mit oder ohne eigenem Bad. DZ mit Bad größtenteils um 80–120 €.

* **Einfache Herbergen**, zumeist in größeren Küstenorten anzutreffen; an die Ausstattung darf man keine Ansprüche stellen, aber unerfreuliche Überraschungen müssen einkalkuliert werden. DZ mit Bad um 50–70 €.

Die Preisangaben im Reiseteil dieses Buchs sind ungefähre Preise und beziehen sich auf das Einzelzimmer (EZ) und das Doppelzimmer (DZ) mit Bad, wobei das Frühstück nicht immer inbegriffen ist (der eventuelle Extrapreis wird eigens genannt). Zimmer ohne eigenes Bad sind als solche vermerkt, in der Regel steht hier eine Etagendusche zur Verfügung.
Ist eine Preisspanne angegeben (z. B. 80–120 €), bezieht sich diese in aller Regel auf verschiedene Zimmertypen (z. B. Landseite/Meerseite, Standard/Komfort etc.); generell gelten diese Preise für die Hochsaison (Juli/August, Ostern, Brückentage etc.). Sollten die Preise in der Nebensaison deutlich von den Hochsaisonpreisen abweichen (über 40 % weniger), wird dies bei der Hotelbeschreibung ebenfalls angemerkt.

Frühstück (Colazione): Das Frühstück ist oftmals im Zimmerpreis inbegriffen, darf aber eigentlich nur serviert werden, wenn der Gast es auch wünscht. Dieser Preis unterliegt keiner Kontrolle. Immer vorher nach dem Frühstücksaufpreis fragen, um unliebsame Überraschungen zu vermeiden. In den letzten Jahren hat sich – zumindest ab dem 2- bis 3-Sterne-Bereich aufwärts – fast überall das Frühstücksbuffet durchgesetzt: in aller Regel mit einem Hang zum Süßen, die Auswahl an Kuchen und Keksen übersteigt die an Käse und Wurst bei Weitem. Butter, Marmelade und Honig kommen im Portionspäckchen, dazu gibt es fast überall auch Joghurt, Müsli und etwas Obst sowie einen Saftspender.

Pensionspflicht/Mindestaufenthalt: In den Küstenorten herrscht in der Hochsaison in praktisch jeder Unterkunft Pensionspflicht, das heißt Übernachtung mit Frühstück und mindestens einer Mahlzeit (Halbpension = *mezza pensione).* Außerdem muss man vielerorts mindestens drei Nächte bleiben. Auch Übernachtung mit Frühstück treibt die Preise oftmals in die Höhe. Anders in der Nebensaison, dann purzeln die Preise, und die Hoteliers sind froh, wenn sie ihre Zimmer voll belegt bekommen.

Einzelzimmer/Zustellbetten: Einzelzimmer sind in vielen Hotels nicht vorhanden. Falls Einzelreisende ein Doppelzimmer zugewiesen bekommen, ohne es verlangt zu haben, werden dafür in der Regel nur der Einzelzimmerpreis bzw. bis zu 85 % des Doppelzimmerpreises berechnet. Ein Extrabett im Doppelzimmer darf den Zimmerpreis um max. 35 % erhöhen.

Die „Villa Angst" in Bordighera – einst eine Nobeladresse, dann blieben die Gäste aus, nun ist sie halb verfallen ... warum nur?

Hotelrechnung aufbewahren: Abreisende Hotel- und Pensionsgäste sollten immer eine Rechnung *(Ricevuta fiscale)* verlangen und nicht leichtfertig abwinken. Ebenso wie im Restaurant (→ „Essen und Trinken", S. 61) ist das kurzfristige Aufbewahren dieser Rechnung in Italien Pflicht. Die *Guardia di finanza* macht in der Urlaubssaison mitunter stichprobenartige Kontrollen, wobei zum Vorzeigen der *Ricevuta* aufgefordert wird. Das Fehlen derselben kann unangenehme Folgen für Gast und Hotelier gleichermaßen haben, denn die vorgesehenen Bußgelder sind gesalzen. Kontrollen sind zwar selten, aber nicht grundsätzlich auszuschließen.

Ferienhäuser und -wohnungen — Case e Appartamenti per vacanze

Diese Alternative zu den oft kostspieligen Hotels wird von einigen auf Italien spezialisierten Reiseagenturen angeboten. Eine Ferienwohnung bietet Vorteile, vor allem für Familien oder Kleingruppen verringern sich die Aufenthaltskosten erheblich, und der Komfort wächst. Mit dem eigenen Herd kann man zudem die relativ hohen Restaurantpreise umgehen und lernt obendrein etwas über die italienischen Einkaufsgepflogenheiten in den *Supermercati* und auf den Wochenmärkten – ein echtes kulinarisches Vergnügen.

Die angebotenen Ferienhäuser und -wohnungen liegen mitunter abseits, deshalb sollten Sie sich bei der Buchung unbedingt nach der genauen Lage bzw. der Entfernung zum nächsten Ort, Strand etc. erkundigen; wer im *Centro storico* eines Ortes unterkommt, sollte sich über Zufahrts- und Parkmöglichkeiten informieren. Bezüglich der Qualität gibt es natürlich diverse Standards, die sich jeweils im Preis bemerkbar machen. Der *Mindestaufenthalt* liegt bei einer Woche, im Juli/August sind es manchmal auch zwei.

• *Anbieter/Information* Interessant sind u. a. die Angebote der größeren **Reiseagenturen**, deren deutschsprachige Kataloge telefonisch oder übers Internet angefordert werden können.

In den Wochendausgaben der überregionalen deutschen Tageszeitungen, in denen **private Anbieter** ihre Kleinanzeigen aufgeben, lassen sich ebenfalls Ferienwohnungen in Ligurien finden; dort inserieren oft auch Agenturen, die sich auf Italien spezialisiert haben.

Unter **www.turismoinliguria.it** finden Sie ebenfalls ein großes Angebot an Ferienhäusern und -wohnungen in Ligurien (mit Buchungsmöglichkeit).

Besonders benutzerfreundlich sind die Websites von **www.interhome.de** und **www.interchalet.com**.

Darüber hinaus kann man es noch unter **www.sempre-italia.de** und **www.fewo-direkt.de** versuchen – beide mit großem Angebot zu Ligurien.

Hotel Helvetia in Sestri Levante

Besonders exklusive Ferienhäuser und -wohnungen ausschließlich in Ligurien bietet **Sommerfrische**, Trautenwolfstr. 6, 80802 München, ✆ 089-38889290, 📠 089-38889291, www.sommerfrische.it.

Exklusive und sehr schöne Villen und Ferienhäuser – oft in traumhafter Lage – vermietet auch **Siglinde Fischer GmbH & Co. KG**, Ahornweg 10, 88454 Hochdorf, ✆ 07355-93360, 📠 07355-933666, www.siglinde-fischer.de.

• *Buchung* ist mittlerweile bei fast allen Anbietern übers Internet möglich. Egal aber, auf welchem Reservierungsweg: für Juli/August unbedingt rechtzeitig buchen, d. h. am besten ein halbes Jahr vorher!

In der Vor- und Nachsaison können Kurzentschlossene dagegen auch **direkt vor Ort** fündig werden, entweder über die Informationsbüros der Ferienorte oder bei einer ortsansässigen *Agenzia turistica*. Die Suche vor Ort hat den Vorteil, dass man die Objekte genauer unter die Lupe nehmen kann, bevor ein Vertrag abgeschlossen wird.

• *Preise* Die Wochenpreise – bei sehr günstigen Anbietern in der NS ab 400–500 € für ein 4-Personen-Appartement – können im Juli/August spielend auf weit über 800–900 € klettern. Luxusobjekte erzielen dann sogar Wochenpreise von 1500 € und mehr. Beim Wälzen der Kataloge sowie bei Verhandlungen vor Ort sollte man auch an die Nebenkosten für Strom, Wasser, Gas und Endreinigung denken.

Privatzimmer

Affittacamere

Private Anbieter machen mit *Affittacamere*-Schildern auf sich aufmerksam. Die örtlichen I.A.T.-Büros verfügen in der Regel über Anbieterlisten der Privatunterkünfte. Die beste Möglichkeit, um an Privatzimmer zu kommen, bieten zentral gelegene Bars und kleinere Geschäfte; die Besitzer oder Kunden haben häufig Tipps parat und sind gern behilflich. Vor allem im Hinterland, wo die Hotelauswahl begrenzt ist, sollte man in jedem Fall sein Glück versuchen und nach Privatzimmern herumfragen. Die Preise liegen ungefähr bei 60 € fürs DZ, allzu viel Komfort sollte man allerdings nicht erwarten. In den Küstenorten wird gelegentlich ein Mindestaufenthalt von einigen Tagen verlangt. Gute Chancen haben Privatzimmersuchende in den Cinque-Terre-Orten, die dortigen Angebote liegen allerdings über dem durchschnittlichen Preisniveau (ab ca. 90 €), man sollte rechtzeitig reservieren.

Die offizielle regionale Website www.turismoinliguria.it bietet auch eine große Auswahl an Privatzimmern und Bed & Breakfast-Unterkünften.
Bed & Breakfast: Vermittlung und Buchung von Privatunterkünften in ganz Italien durch *B&B Italia*, Zentrale in Rom, ✆ 06-6878618 (auch in Deutsch), www.bbitalia.it.
B&B e Affittacamere d'Italia, Zentrale in Venedig, Buchungen in Italien unter ✆ 199-441119 oder im Internet unter www.anbba.it.

Jugendherbergen — Ostelli per la gioventù

In Ligurien gibt es derzeit noch fünf Jugendherbergen, sie befinden sich in Genua, Levanto, Corniglia und Manarola (beide Cinque Terre) sowie in La Spezia. Alle vier *Ostelli* sind wegen ihrer attraktiven Lage empfehlenswert, Näheres dazu finden Sie in den jeweiligen Ortskapiteln.
Die Übernachtung mit Frühstück kostet um die 18–20 € pro Person im Mehrbettzimmer (kleinere und größere Schlafsäle), es gibt auch Doppelzimmer, doch sind diese entsprechend teurer. Geöffnet wird nachmittags gegen 15 Uhr, abendliche Schließzeit ist in der Regel 23 oder 24 Uhr, gegen 10 Uhr morgens muss man die Herberge verlassen. Die Jugendherbergen verfügen z. T. über eine Mensa und eine Bar; Abendessen auf Wunsch ca. 10 €. Das Publikum ist international. Eine Reservierung ist nicht nur für Juli/August sinnvoll. In den Herbergen sollte man ein Auge auf sein Gepäck haben und Wertsachen nach Möglichkeit an der Rezeption deponieren!

Der *Internationale JH-Ausweis* wird verlangt und kann zu einem geringen Preis (12,50 € für Junioren bis 26 Jahre, 21 € für Senioren und Familien, ein Jahr gültig) auch vor Ort in den italienischen Ostelli erworben werden.

Ferien auf dem ligurischen Bauernhof — Agriturismo

Urlaub auf dem Lande – in einer *Azienda agrituristica* – ist in Ligurien längst nicht so verbreitet wie in der Toskana und in Umbrien. Dennoch ist eine steigende Zahl von „touristischen" Bauernhöfen zu verzeichnen, auf denen Urlauber unmittelbar mit dem bäuerlichen Alltag in Berührung kommen. Um die in der Regel offene, familiäre Atmosphäre auf diesen Agriturismo-Höfen besser genießen zu können, sollte man schon ein paar Sprachkenntnisse mitbringen, aber es geht natürlich auch ohne. Wer allerdings die Erntezeit durch tatkräftige Mithilfe hautnah erleben will, kann dies nur auf einer Azienda agrituristica, wo Landarbeit (*Partecipazione attività agricola*) auch ausdrücklich vorgesehen ist.

Auf dem *Speiseplan* jeder Azienda stehen in erster Linie die eigenen Erzeugnisse, denn die behördliche Zulassung ist strikt an eine aktive Landwirtschaft und die Bewirtung der Gäste mit vorwiegend eigenen Produkten gebunden – per Gesetz dürfen nur 49 % aller Einnahmen eines Betriebes aus dem Geschäft mit den Gästen stammen. Zum Freizeitprogramm gehört immer häufiger *Maneggio* (Reiten), aber den größten Erlebnis- und Erholungswert, den diese Urlaubsform zu bieten hat, ist sicher die viel beschworene Ruhe auf dem Lande. Und natürlich brauchen Landurlauber in Ligurien keineswegs auf das Meer zu verzichten, denn die Bauernhöfe liegen zumeist im küstennahen Hinterland.

Wer bei Agriturismo an eine Billiglösung denkt, irrt jedoch, man muss ungefähr mit Hotelpreisniveau rechnen, aber dafür gibt es schließlich einen soliden Gegenwert mit oftmals hervorragender *Cucina casalinga*.

• *Informationen* In den allgemeinen Unterkunftsverzeichnissen, die bei den **Fremdenverkehrsämtern** (→ S. 78) erhältlich sind, sind die *Aziende agrituristiche* der Region zwar zum Teil verzeichnet, aber nur recht unzureichend beschrieben.

Unsere kommentierten **Agriturismo-Empfehlungen** finden Sie im Reiseteil in den jeweiligen Orts- und Gebietskapiteln.

Im Internet findet man ein umfangreiches Angebot mit Buchungsmöglichkeit u. a. bei: www.turismoinliguria.it, www.agriturismo.com, www.agriturismo.it, www.agriturist.it, www.agriturist.com und www.agriligurianet.it.

Camping

Campeggio

Zwar verfügt Ligurien über kein flächendeckendes Campingplatzangebot, doch gibt es an der Küste kaum einen größeren Ort, der nicht wenigstens einen Zeltplatz zu bieten hat. An der felsigen Steilküste der Riviera fehlt schlichtweg der Platz für größere Campinganlagen, die liegen zum Teil aber im küstennahen Hinterland (oft in den größeren Ebenen der Flussmündungen). Eine absolute Ausnahme bildet das Cinque-Terre-Gebiet, wo völlige Campingflaute herrscht; Camper müssen dort auf die Plätze von Levanto und Umgebung ausweichen. *Wild zelten ist in ganz Italien verboten!*

Im Juli und August ziehen neben den ausländischen Urlaubern auch viele italienische Familien aus den Großstädten mit Sack und Pack ans Meer, dann wird es eng auf den Plätzen, vor Duschen, Toiletten und Waschplätzen bilden sich Warteschlangen, und natürlich ist es laut. Mai, Juni und September sind dagegen vergleichsweise entspannte Campermonate.

Grundsätzlich werden zwei Arten von Campingplätzen unterschieden, die *Campeggi* und die *Parchi vacanze*. Letztere vergeben vorwiegend feste Jahresplätze an italienische Gäste, während die Campeggi nur ein kleines Platzkontingent an Dauercamper vergeben dürfen, also mehr Plätze für Kurzurlauber zur Verfügung halten müssen. Häufig stößt man auf die Zusatzbezeichnung *Villaggio turistico*. Auf diesen Campingplätzen werden auch Bungalows angeboten, zum Teil zu attraktiven Preisen.

• *Ausstattung* Große Unterschiede! Häufig gibt es eine Bar und einen kleinen Lebensmittelladen, ein platzeigenes Restaurant ist nicht die Regel. Sportmöglichkeiten sind auch nicht unbedingt vorhanden, ein Swimmingpool ist sogar Luxus. Duschen und Waschmaschinen funktionieren größtenteils mit *Gettoni* (Wertmünzen, die an der Rezeption verkauft werden). Auf vielen Plätzen kann das eigene Fahrzeug bis zum Stellplatz gefahren werden.

• *Öffnungszeiten* Die Saison beginnt im Mai/Juni. Am Saisonende wird manchmal entgegen der angegebenen Zeiten rigoros zugemacht, wenn die Nachfrage nachlässt. Nicht selten sind die Plätze bereits Ende September geschlossen. **Nur wenige Plätze bleiben ganzjährig geöffnet.**

• *Preise* Die ligurischen Campingplätze sind relativ teuer! Zwei Erwachsene mit Zelt und Auto müssen in der Hauptsaison mit mindestens 30 € pro Tag rechnen, mancherorts auch über 35 €. In der Nebensaison sinken die Preise meist recht deutlich. Verwirrung stiftet manchmal die Zusammensetzung der Preise – mal sind Auto und Stellplatz im Personenpreis inbegriffen, mal geht alles extra, und nicht selten wird ein Preisunterschied zwischen großen und kleinen Zelten gemacht (*tenda canadese* = kleines Zelt).

Urlaub pur: Ristorante und Bar über dem Meer

Essen und Trinken

Gut essen und trinken, das machen uns die Italiener vor, gehört mit zu den größten Lebensfreuden des Landes – mit seinen vielen regionalen Spezialitäten und Weinen ist Ligurien da keine Ausnahme.

Führt man sich die geografischen und klimatischen Verhältnisse Liguriens einmal vor Augen, lässt sich schon erahnen, was die einheimische Küche so alles zu bieten hat. An Fischen (Barsche, Brassen, Barben, Makrelen, Sardinen etc.) scheint es – obwohl das Mittelmeer hoffnungslos überfischt ist – keinen wirklichen Mangel zu geben. Nur teuer sind sie geworden, diese begehrten Delikatessen aus dem Wasser. Auch Meeresfrüchte und kleine Tintenfische werden noch tonnenweise aus den Küstengewässern gezogen.

Die Küstenhänge und die fruchtbaren Täler Liguriens sind seit Generationen mit kleinen Garten- und Ackerflächen überzogen, auf denen u. a. die schmackhaftesten Zucchini, Artischocken, Auberginen, Tomaten, Peperoni und Fenchelknollen reifen. An den sonnenreichen Hängen des Rivierabogens und in den kleinen Schwemmlandebenen gedeihen Aprikosen, Orangen, Pfirsiche, Kirschen, Feigen, während das bewaldete Hinterland nach wie vor eine unerschöpfliche Menge an Waldfrüchten (Pilze, Beeren, Esskastanien etc.) liefert. Hinzukommt eine Vielzahl wilder und gezüchteter Kräuter wie Basilikum, Salbei, Rosmarin oder Thymian. Kohlenhydratreiche Kichererbsen, Mais und Kartoffeln, die in früheren Zeiten neben der Esskastanie das fehlende Getreide ersetzten, bilden die Grundlage für viele ligurische Spezialitäten. Unangefochten über allen Nutzpflanzen thront jedoch der Olivenbaum. Das weltweit begehrte kalt gepresste ligurische Olivenöl ist besonders vitaminreich und bekömmlich. Unverfälscht ist es jedoch nur, wenn die Herkunftsbezeichnung DOP (Denominazione di Origine Protetta) auf dem Etikett steht.

Dolci in Reih und Glied

Aus diesem Nahrungsmittelreichtum haben die ligurischen Hausfrauen zahllose kulinarische Köstlichkeiten gezaubert. Die würzige *Minestrone* (Gemüsesuppe), die quadratischen *Ravioli* (gefüllte Nudelteigtaschen) und das leuchtend grüne *Pesto* (Soße auf Basilikumbasis) sind wohl die drei bekanntesten ligurischen Spezialitäten, die zum Renommee der italienischen Küche beigetragen haben. Ligurienurlauber können sich aber noch auf viele andere regionaltypische Gerichte freuen; z. B. Gemüsetorten, pizzaähnliche *Sardenaira* und *Focaccia* oder die besondere Kichererbsenmehlspeise *Farinata*. Fleisch hingegen spielt eher eine untergeordnete Rolle.

Italienisches Frühstück — Colazione

Wer morgens noch etwas verschlafen und ohne Frühstück aus dem Hotel kommt, sollte ohne Umwege eine *Bar* – am besten mit angeschlossener *Pasticceria* (Konditorei) – aufsuchen und ein italienisches Frühstück zu sich nehmen, eine schnelle und unkomplizierte Angelegenheit. Man sucht sich in der Glasvitrine seine *Pasta* (namensgleich mit dem Nudelteig, der eigentlich „Pastasciutta" heißt) aus; das kann ein trockenes oder gefülltes Hörnchen *(Cornetto, Brioche)* sein oder auch ein cremiges Tortenstück *(Torta)*. Wer sich morgens noch nichts Süßes zumuten mag, findet eine große Auswahl an *Panini* (belegte Brötchen) und *Tramezzini* (dreieckige Weißbrotschnitten) vor. Dazu bestellt man sich den ersten *Cappuccino* des Tages oder gleich einen *Caffè* (= Espresso) – und das italienische Frühstück ist komplett.

In der Regel zahlt man zuvor an der Kasse und gibt den *Scontrino* (Kassenbon) bei der Bestellung am Tresen ab. Umgekehrt macht es nur die Stammkundschaft, die rennt direkt zur Theke und stillt erst einmal den morgendlichen Kaffeedurst. In Bars ohne Pasticceria muss man sich mit einer wesentlich kleineren Auswahl an Hörnchen, Tortenstücken, Brötchen und Weißbrotschnitten zufrieden geben.

Viele Italiener machen sich übrigens recht wenig aus der ersten Mahlzeit des Tages. Ihnen scheint ein Hörnchen und ein hastig hinuntergekippter Kaffee bis zum Mittagessen zu reichen.

Essen gehen

Auf *Pranzo* (Mittagessen) und *Cena* (Abendessen) legen die Italiener großen Wert, und die Essenszeiten werden pünktlich eingehalten: mittags gegen 13 Uhr, abends ab 20 Uhr. Es handelt sich dabei um reichhaltige Mahlzeiten mit mehreren Gängen, wobei das Abendessen im Vergleich zum Mittagessen noch etwas üppiger ausfällt.

Im Ristorante oder der Trattoria beginnt eine komplette Mahlzeit mit der Vorspeise *(Antipasto)*, die manchmal auch auf Vitrinentischen irgendwo im Lokal zur Selbstbedienung steht. Danach geht es weiter mit dem ersten Gang *(Primo piatto)*, entweder einem Nudelgericht *(Pasta)*, einem Reisgericht *(Risotto)* oder einer Suppe *(Minestra, Minestrone)*. Das anschließende Hauptgericht *(Secondo piatto)*, Fisch oder Fleisch, wird durch eine separat zu bestellende Beilage *(Contorno)* ergänzt. Käse *(Formaggio)* schließt bekanntlich den Magen. Der Nachtisch, Obst *(Frutta)* oder eine Süßspeise *(Dolce)*, setzt den Schlusspunkt. Danach helfen nur noch *Caffè* und *Grappa* ...

Wem das alles zu viel ist, der kann gezielt kombinieren. Der Wirt erwartet zwar, dass eine komplette Mahlzeit verzehrt wird, toleriert aber individuelle Kombinationen. So kann der Gast kann z. B. auf die Vorspeise, die Beilage und die Nachspeise verzichten. Eine der Vorspeisenvarianten sowie ein Hauptgericht mit Beilage (und/oder Salat) sowie zum Nachtisch zumindest Caffè sollten es aber schon sein. Als Alternative bleibt die Pizzeria, in der man getrost nur Pizza und Getränk bestellen kann.

Nach dem Essen folgt die Bitte um die *Rechnung*: „Il conto, per favore!" Der Preis für eine komplette Mahlzeit im Restaurant oder in einer Trattoria liegt je nach

Restaurant-Tipps: Beim Restaurantbesuch wartet man im Eingangsbereich, bis man vom Kellner einen Tisch zugewiesen bekommt. Selbstverständlich kann man Wünsche äußern.

Die Originalfassung der Speisekarte *(La Lista)* kann sich für Fremdsprachler als ein Buch mit sieben Siegeln entpuppen, manche Gerichte sind sogar im Dialekt geschrieben und somit auch mit Italienischkenntnissen kaum zu erahnen. Eine Hilfe bieten unsere kulinarischen Tipps in den Ortskapiteln sowie der Überblick „Ligurische Spezialitäten" → S. 64.

Die bei uns typische Höflichkeitsfrage, ob es denn geschmeckt habe, ist in ganz Italien im Allgemeinen nicht üblich. Dafür wird vor dem Abräumen mit „Posso, Signori?" um Erlaubnis gefragt. Vorher werden jedoch immer erst Obst, Dessert und Kaffee angeboten: „Desidera altro – frutta, dolce, caffè?"

Die Rechnung kommt verdeckt auf einem Tellerchen, man legt sein Geld darauf und erhält das Wechselgeld zurück. Es schadet nicht, gelegentlich die Preise anhand der Speisekarte zu überprüfen, dabei aber nicht die Extras (Brot und Gedeck, manchmal auch „Servizio") vergessen. Trinkgeld lässt man beim Gehen auf dem Tellerchen liegen.

Unbeliebt ist die Angewohnheit, getrennt zu zahlen. In Italien heißt das u. a. „Pagare alla romana" und macht den meisten Kellnern wenig Freude. Wenn es keinen besonderen Grund gibt, getrennt zu zahlen, kann man die Gesamtrechnung später untereinander teilen.

Lage und Qualität zwischen 25 und 40 € (teurer geht es natürlich auch). Darin sind die Posten *Servizio* (15 % Bedienung) sowie *Pane e Coperto* (1–2,50 € Pauschale für Brot und Gedeck) enthalten; beide sind auf der Rechnung in der Regel separat aufgeführt. *Trinkgeld* gibt nur ein zufriedener Gast (5–10 %). *Die Rechnung muss unbedingt eine Weile aufbewahrt werden*, um sie bei eventuellen Kontrollen der Finanzpolizei vorzeigen zu können. Achten Sie darauf, dass Ihnen nicht einfach ein Zettel als Rechnung untergejubelt wird, bestehen Sie auf einer *Ricevuta fiscale* oder zumindest auf dem *Scontrino*, dem Bon (→ Wissenswertes von A bis Z, Rechnungen, S. 83).

Lokale

Früher waren die Bezeichnungen *Ristorante, Trattoria* und *Osteria* noch eindeutig. Wer eine Osteria aufsuchte, konnte sicher sein, dass es sich um ein volkstümliches und preisgünstiges Lokal handelte. Da sich die Unterschiede der Speiselokale heute jedoch zusehends verwischen, kann man sich auf diese Bezeichnungen nur bedingt verlassen (siehe Auflistung unten). Doch wo zusätzlich mit *Cucina tipica* (lokaltypische Gerichte) oder mit *Cucina casalinga* (Hausmannskost) geworben wird, werden in der Regel schmackhafte Speisen zu ehrlichen Preisen serviert.

In den stark frequentierten Urlaubsorten stößt man immer häufiger auf Lokale, die ein *Menu turistico* zum Festpreis anbieten. In der Regel handelt es sich dabei um 2- bis 3-Gänge-Mahlzeiten von durchschnittlicher Qualität, häufig inkl. Wein, Wasser und Caffè.

> Die *Preisangaben* im Reiseteil dieses Buchs sind Durchschnittspreise und beziehen sich auf ein 3-Gänge-Essen à la carte (Antipasto oder Primo piatto, Secondo piatto mit Contorno und Nachspeise) ohne Getränke. Der Einfachheit halber heißt es in unseren Restaurantbeschreibungen dann beispielsweise: Menü ca. 25 € oder ab 18 € oder 25–30 €. Gibt es ein Menu turistico (s. oben), wird der Preis dafür ebenfalls genannt.

Ristorante: häufig das vornehme Speiselokal mit gestärkter, gebügelter weißer Tischdecke und gut ausgebildetem Kellner. Hier essen Italiener bei festlichen Anlässen mit Freunden oder führen ihre Geschäftspartner aus. Serviert werden regionaltypische und nationale Gerichte, zudem stehen vorzügliche regionale und überregionale Flaschenweine auf der Karte. Ein gutes Ristorante kann sehr teuer sein. Kein Grund jedoch, prinzipiell an einem Lokal mit dieser Aufschrift vorbeizugehen, denn es gibt zahlreiche Ristoranti, die in punkto Preis und Qualität ausgewogen sind. Am besten erst die Karte vor der Tür anschauen und dann entscheiden. Wenn keine zu sehen ist, darf ruhig der Verdacht auf hohe bis überhöhte Preise aufkommen.

Trattoria: dem Ursprung nach ein Speiselokal, das sich den Traditionen der lokalen Küche verpflichtet fühlt. In der Regel ist es ein gemütlicher Familienbetrieb, in dem die Mamma im Verborgenen kocht, der Padrone auf die Zufriedenheit der Gäste achtet und der Nachwuchs bedient. Eine solche Trattoria ist meist rustikal eingerichtet und hat eine persönliche Note, und sei es nur das vergilbte Gründungsfoto, auf dem die Urgroßeltern zu sehen sind. Manchmal sind die Wände mit Trophäen voll gehängt, weil Papa und seine Freunde gern zur Jagd gehen. In größeren Städten sollte man in Marktnähe nach einer Trattoria Ausschau halten, da findet man die urigsten und preiswertesten.

Osteria: einst die volkstümliche Variante der Trattoria, wo der kleine Angestellte die Mittagspause verbrachte und seinen Viertelliter Wein *(Quartino)* trank. Die echte Nachbarschaftsosteria hat heute Selten-

Trattoria La Locanda di Lò in Finalborgo

heitswert, der Name besagt nichts mehr – heute kann sich hinter einer „Osteria" auch ein edel gestyltes Restaurant verbergen. Zuerst mal einen Blick hineinwerfen, bevor man sich hinsetzt.

Pizzeria: für alle, die kein Risiko eingehen und etwas Vertrautes essen möchten. Die Auswahl ist in der Regel groß – ob Pizza Margherita oder Pizza Gigante, in jedem Fall kommt sie aus dem mit Holz beheizten Steinofen. Meist trifft man auf die Kombination Pizzeria/Ristorante, dann gibt es außer Pizza auch Nudel- und Hauptgerichte. Nicht selten werden solche Lokale von Familien und Jugendlichen frequentiert, sind also u. U. entsprechend lebhaft bis laut.

Tavola calda: eigentlich eine kleine Garküche mit wenigen Tischen und Stühlen, in der deftige Leckereien zu Pane e Vino gebrutzelt werden.

Spaghetteria: eine noch relativ junge Erscheinung im Gewirr der italienischen Speiselokale, zumeist in größeren Städten sowie lebhaften Ferienorten anzutreffen und auf jüngere Kundschaft zugeschnitten. Aber auch hier gibt es nicht nur Spaghetti.

Birreria: eine Art Kneipe, in der nicht nur Bier getrunken wird, sondern auch Snacks bzw. ganze Mahlzeiten serviert werden. Es gibt verschiedene Fass- und zahlreiche internationale Flaschenbiere. Treffpunkt für das junge Publikum.

Rosticceria: eine Imbissstube der besonderen Art, zumeist ohne Sitzmöglichkeit. Mittags und abends stehen die Leute Schlange, um Gegrilltes sowie Beilagen und dampfende Nudelgerichte mit nach Hause zu nehmen. Auch Getränke und Nachspeisen werden verkauft.

Self Service: moderne Erscheinung in der großstädtischen Fastfood-Gastronomie; einer Mensa ähnlich, meist aber auf deutlich höherem Qualitätsniveau.

Bar/Caffè/Pasticceria: gibt es an jeder Straßenecke. Hier frühstückt man auf Italienisch (s. o.) und kehrt tagsüber im Vorübergehen ein, um den x-ten Caffè oder Cappuccino am Tresen zu trinken, ein Gläschen Wein oder je nach Jahres- und Tageszeit einen Prosecco, Amaro oder Campari. Im Gegensatz zur Bar bietet das Caffè gemütliche Sitzgelegenheiten, oft ist auch eine Pasticceria (Konditorei) angeschlossen, und den ganzen Tag über werden Snacks bereit gehalten. In Urlaubsorten avanciert so manche Bar zum beliebten Treffpunkt, serviert abends auch Cocktails und ist lange geöffnet.

Achtung: Ob Bar oder Café, im Sitzen erhöhen sich die Preise!

Gelateria: die Eisdiele. Italienisches Gelato gilt weltweit als das beste; *Gelato artigianato* heißt keineswegs künstlich hergestellt – sondern kunstfertig.

Auf dem Ökomarkt in Genua: Käsespezialitäten aus dem Hinterland

Ligurische Spezialitäten

Im Folgenden einige ligurische Gerichte und Leckereien, die Sie probieren sollten. Allerdings hält nicht jedes beliebige Speiselokal solche anspruchsvollen Spezialitäten wie beispielsweise *Torta pasqualina, Lasagne al pesto, Cappon magro* oder *Cima ripiena* bereit.

Snacks aus der Backstube (Forno, Focacceria)

Farinata	Kichererbsenmehlbrei, in Öl knusprig gebacken, manchmal auch mit Zwiebeln belegt
Focaccia	pizzaähnlicher Brotfladen, mit Käse überbacken oder mit Tomaten, Zwiebeln und anderen Zutaten belegt
Sardenaira	flaches Blechpizzabrot, mit reichlich Tomaten, Kräutern, Sardellen, Knoblauch und schwarzen Oliven belegt
Castagnaccio	Esskastanienmehlkuchen, mit Rosinen und Pinienkernen bzw. Mandeln und Rosmarin belegt
Sfogliate	Blätterteigkuchen mit verschiedenen Füllungen, würzig oder süß

Antipasti

Torta di verdura	Gemüsetorte, je nach Saison mit Spinat, Mangold, Kartoffeln, Artischocken usw.
Torta pasqualina	wörtlich übersetzt: Ostertorte; üppig geschichtete Blattspinattorte mit zahllosen Zutaten
Alici marinato	In Olivenöl und Zitronensaft marinierte Sardellenfilets mit Kapern
Bottarga	getrockneter Thunfischrogen
Musciame	luftgetrocknete Thunfischfilets in dünnen Scheiben
Lardo	luftgetrockneter Speck

Primi

Minestrone verde	dicke Gemüsesuppe
Pasta e fagioli	Gemüsebrühe mit kleinen Nudeln und weißen Bohnen
Mesciua	dicke Suppe aus Getreidekörnern, weißen Bohnen und Kichererbsen
Zuppa di cozze	Miesmuschelsuppen
Ciuppin	passierte Fischsuppe
Zumin	Kichererbsensuppe mit Kräutern
Zuppa di castagne	Esskastaniensuppe mit Kräutern
Lasagne al pesto	Pesto-Lasagne, die ligurische Spezialität schlechthin
Lasagne con funghi porcini	Steinpilz-Lasagne
Ravioli alla genovese	Teigtaschen mit einer Füllung aus Kalbfleisch, Bries, Ei und Parmesan
Pansot(t)i con salsa di noci	eine Art Ravioli, gefüllt mit Borretsch, Ricotta und Kräutern, in Walnusssoße serviert
Trenette col pesto	schmale Bandnudeln, mit Pestosoße angemacht
Trof(f)ie con salsa di funghi	spätzleartige Mehlspeise mit pikanter Pilzsoße

Secondi

Cappon magro	ein reichhaltiger Eintopf mit viel Gemüse, verschiedenen Fischsorten und (bestenfalls) mit Austern und einer Languste obenauf
Buiabessa (Buridda)	Fischragout mit Gemüse und Kräutern
Baccalà (Stoccafisso)	Stockfischeintopf (gesalzener und getrockneter Kabeljau) mit Gemüse und Kräutern
Moscardini	kleine Tintenfische, meist im Kräuter-Tomaten-Sud
Fritto misto	kleine fangfrische Fische, in Olivenöl frittiert
Branzino in tegame	Seebarsch in Weißweinsoße
Cima ripiena alla genovese	Kalbsbrust, mit Innereien, Gemüse, Käse und vielen anderen Zutaten gefüllt
Coniglio al rossese	Kaninchen, mit Tomaten, Knoblauch, Rosmarin und Oliven in Rossese-Wein gedünstet
Lumache alla ligure	Schnecken mit einer Soße aus Tomaten, Steinpilzen, Wein, Knoblauch und Kräutern
Spezzatino con zucchine	Kalbsragout mit Zucchini

Contorni

Peperoni alla brace	gegrillte Paprikaschoten
Fiori di zucchini ripieni	gefüllte Zucchiniblüten
Condiglione (Condijon)	frischer Salat oder Gemüsesalat, manchmal mit Sardellenfilets
Funghi porcini alla brace	gegrillte Steinpilzköpfe

Fagiolini alla genovese	grüne Bohnen mit Kräutern und Sardellenfilets
Scorzonera fritta	ausgebackene Schwarzwurzeln
Fritelle di verdura	im Teigmantel gebackenes Gemüse

Formaggi

Pecorino fresco	weicher, milder Schafskäse
Presciusena	säuerlicher Frischkäse

Dolci

Friscoi dolci	eine Art Pfannkuchen
Canestrelli	Mandelgebäck
Latte dolce fritto	gebackene süße Creme
Castagnone	Esskastanientorte
Ravioli dolci	Teigtaschen mit gehaltvoller süßer Füllung

Ligurischer Wein

Viele verschiedene Rebsorten reifen an den steilen Hängen der Küste und im Hinterland, zu Bekanntheit über die Grenzen der Region hinaus haben es jedoch nur die wenigsten ligurischen Weine gebracht. Angeblich liegt das daran, dass die Liguri ihren Wein am liebsten selbst trinken ...

Der ligurische Weinanbau hatte niemals eine große wirtschaftliche Bedeutung, obwohl er auf eine reiche Tradition zurückblickt. Über die Jahrhunderte konnten die Weinbauern dem Küstenstreifen und dem Hinterland nur kleine Flächen abtrotzen. Mit rund 7000 ha Rebfläche – weniger als 1 % der Anbaufläche Italiens (ca. 800.000 ha) – ist Ligurien nach dem Aostatal heute die zweitkleinste Weinregion des Landes. Hinzu kommt, dass die zumeist terrassierten Weinhänge wenig ertragreich und vor allem schwer zu bewirtschaften und zu pflegen sind. Doch führte der kleinflächige Anbau zu einer enormen *Vielfalt an Rebsorten* (über hundert) – das erstaunliche Resultat einer über lange Zeit auf Eigenbedarf ausgerichteten Weinbaukultur.

Eine Besonderheit hinsichtlich Lage, Qualität und Anbaubedingungen ist der *Cinque-Terre-Wein*. Die schmalen Weinterrassen an den extremen Steilhängen des Küstenstreifens zwischen Monterosso und Riomaggiore wurden mit einem ungeheueren Aufwand angelegt und sind nur mit viel Mühe zu erhalten. Auch zur Erntezeit ist der Arbeitseinsatz um ein Vielfaches höher als in den anderen Weinanbaugebieten der Region. Teilweise können die Körbe nur auf dem Rücken transportiert werden, früher setzte man in den küstennahen Lagen sogar Ernteboote ein. Heute erleichtert der Einsatz von Transportschienen zwar die Ernte, dennoch bleibt die meiste Arbeit Handarbeit. Kein Wunder, dass der Gesamtertrag des ausgezeichneten Cinque-Terre-Weißweins von Jahr zu Jahr schrumpft, und im gleichen Verhältnis wie sich die Anbauflächen reduzieren, erobert die Natur die einst mühevoll angelegten Terrassen wieder zurück.

Die produzierten Mengen ligurischer Weine sind manchmal so klein, dass es nicht einmal zur Abfüllung in etikettierten Flaschen kommt. Um einen solch seltenen Tropfen probieren zu können, bedarf es schon gezielter Suche oder eines glücklichen Zufalls.

Hier wächst der gute Cinque-Terre-Wein

Die wenigen namhaften Weine der Region kommen von der Riviera di Ponente und der Riviera di Levante, wobei die Weißweine (Bianco) etwas stärker vertreten sind als Rotweine (Rosso). Insgesamt zählt Ligurien sieben DOC-Anbaugebiete. Die bekanntesten Rebsorten heißen *Albarola, Bosco, Dolcetto, Pigato, Rossese* und *Vermentino*. Hier eine repräsentative Auswahl ligurischer Weine:

Rossese di Dolceacqua (DOC): Dieser rubinrote, fruchtige und zugleich würzige, rustikale Rotwein reift im Bergland von Ventimiglia, Bordighera und San Remo; größtes Winzerzentrum ist der Weinort Dolceacqua. Die Legende erzählt, der Rossese sei Napoleons Lieblingswein gewesen.

Ormeasco: Dieser rote ligurische Dolcetto macht sogar den berühmten piemontesischen Weinen aus der Dolcetto-Traube Konkurrenz.

Vermentino: Die hellgelben Weißweine aus der Vermentino-Traube werden vor allem in der Umgebung von Finale Ligure und Imperia gekeltert sowie im ligurisch-toskanischen Grenzland, dem kleinen DOC-Gebiet *Colli di Luni*.

Pigato: Der vollmundige Weißwein aus Pigato-Trauben stammt vorwiegend aus den Anbaugebieten von Albenga und Imperia.

Cinque Terre (DOC): Der mühevoll erzeugte Weißwein aus dem gleichnamigen Gebiet hat eine strohgelbe bis grünlich schimmernde Farbe und ist im Idealfall trocken. Er wird aus Bosco-, Albarola- und Vermentino-Trauben gekeltert. Cinque-Terre-Wein gibt es in DOC-Qualität, aber auch als einfachen Vino da Tavola, dann heißt er *Muretto*.

Sciacchetrà: Der weltberühmte Cinque-Terre-Dessertwein mit dem eigenwilligen Namen hat mindestens 17 % Alkohol und schimmert goldbraun – eine echte Rarität für Liebhaber und leider sehr teuer.

Colline di Levanto (DOC): milder Weißwein, aus den gleichen Trauben gekeltert wie die Cinque-Terre-Weine; seltener gibt es ihn als Rosso aus Sangiovese- und Ciliegiolo-Trauben. Die Lagen dieses jungen ligurischen DOC-Gebiets sind 400 m über dem Meer; Winzerzentrum ist Levanto.

Golfo del Tigullio (DOC): jüngstes, zwischen Rapallo und Sestri Levante gelegenes DOC-Gebiet. Der Weiße aus Vermentino- und Bianchetta-Trauben ist ein ausgesprochener Sommerwein, und auch der Rote aus Dolcetto- und Ciliegiolo-Trauben gehört eher zu den leichten Weinen.

Weinkauf

Wer ein paar Flaschen Wein mit nach Hause nehmen will, um den Urlaub nachklingen zu lassen, dem bieten sich mehrere Einkaufsmöglichkeiten.

Enoteca: Enoteche gibt es in vielen größeren Städten und Ferienorten. In den auf Weine und Spirituosen spezialisierten Fachgeschäften findet man viele Spitzenweine der Region. Eine Verkostung ist allerdings nicht in jeder Enoteca möglich.

Vendita diretta: Natürlich kann man auch direkt beim Winzer kaufen – zu günstigeren Preisen. Die ligurischen Winzergenossenschaften unterhalten in den Hauptorten ihrer Anbaugebiete Verkaufsstellen, z. B. in Dolceacqua, dem bekanntesten Ponente-Weinort (→ S. 106), oder im Bergdorf Groppo, wo die Genossenschaft der Cinque Terre ihren Sitz hat (→ S. 324).

Sonstige Getränke

Wein ist zwar das klassische Getränk Italiens, aber längst nicht mehr das einzige, das eine Mahlzeit begleitet. Sogar in vornehmen Ristoranti sind immer häufiger italienische Gäste zu sehen, deren Tische mit Coladosen und Bierflaschen voll gestellt sind.

Mineralwasser (Acqua minerale): Die obligatorische Frage im Restaurant lautet *Gasata o naturale?* – mit oder ohne Kohlensäure?

Bier (Birra): Landesweit steigt der Bierkonsum, während der Weinkonsum nachlässt. *Moretti*, *Peroni* und *Nastro Azzurro* sind die bekanntesten italienischen Marken, bei jungen Italienern besonders beliebt sind die namhaften internationalen Importbiere. In Bars und Birrerie wird oft auch *Birra alla spina* (Fassbier) ausgeschenkt. Importbier (zumal deutsches) ist meist ziemlich teuer.

Limonade (Spuma, Gassosa): Das beliebte Erfrischungsgetränk gibt es in den Bars in allen erdenklichen Farben und Geschmacksrichtungen.

Fruchtsaft (Spremuta): Orangensaft *(Spremuta d'arancia)* wird in den Bars häufig frisch gepresst.

Schnäpse (Grappe): Die hochprozentigen Tresterschnäpse erfreuen sich vor allem bei deutschen Urlaubern großer Beliebtheit. Die Marken *Julia* und *Nardini* sind in den Bars sehr verbreitet, in den Restaurants sind sie oft besser und milder, und die noch milderen *Acquavite* (Branntweine) sind etwas für Genießer.

Magenbitter (Amari): Lange vor dem singenden *Eros Ramazzotti* gab es den gleichnamigen schon in der Flasche. Beliebt ist auch die Marke *Averna*.

Zitronenschnaps (Limoncino): Wird als Digestif getrunken und ist zumeist hausgemacht. So mancher Wirt lässt es sich nicht nehmen, einen Limoncino gratis zu kredenzen.

Caffè – ein Lebensgefühl

Den Espresso bestellt man einfach, klein und schwarz als *Caffè*, doppelt als *Caffè doppio*, besonders stark als *Caffè ristretto*, mit etwas mehr Wasser als *Caffè lungo* bzw. *Caffè alto*, mit einem Schuss Milch als *Caffè macchiato*, magenschonend als *Caffè hag*. Mit Milchschaum serviert nennt er sich *Cappuccino*, mit einem Schuss Schnaps ist es ein *Caffè corretto* ...

Wissenswertes von A bis Z

Adressen 69
Ärztliche Versorgung 69
Baden 70
Barrierefrei 73
Diplomatische Vertretungen 73
Einkaufen 74
Eintrittspreise 75
Feiertage 75
Geld 76
Hunde 77
Informationen 78
Internet 79
Kartenmaterial 79
Kinder 79
Kirchen 80
Literatur 80
Museen 81
Notruf 81
Öffnungszeiten 82
Post 82
Rauchen 82
Rechnungen 83
Reisedokumente 83
Sport 84
Sprache/Sprachkurse 85
Strom 86
Telefonieren 86
Zeitungen/Zeitschriften 87
Zoll 87

Adressen

Viele italienische Straßennamen und Platzbezeichnungen erinnern noch an die Zeit von *L'Unità,* der nationalen Vereinigung Italiens im 19. Jh. Es gibt wohl kaum eine italienische Ortschaft, die keine Piazza Vittorio Emanuele, Via Risorgimento oder Via Garibaldi vorweisen kann. In Ligurien stößt man natürlich besonders häufig auf *Giuseppe Garibaldi*. Dieser Abenteurer und Freiheitsheld wurde 1807 in Nizza geboren, das damals noch nicht zu Frankreich gehörte. Auch *Giuseppe Mazzini,* der aus Genua stammende Vordenker der Risorgimento-Bewegung, ist häufig Namensgeber für Straßen.

Das Suchen bestimmter Adressen schickt den Urlauber oft auf einen Zickzackkurs, zumal die Beschilderung im Gegensatz zum deutschen Schilderwald nicht gerade üppig ist. Wer versucht, sich durchzufragen, erhält nicht selten ein ahnungsloses Schulterzucken als Antwort, da man sich hier nicht unbedingt an den offiziellen Straßen- und Platznamen orientiert.

Bezeichnungen: *Via, Strada* = Straße; *Viale* = breite Straße, Boulevard; *Piazza* = Platz; *Piazzale* = großer Platz; *Vicolo, Viuzza, Carrugio* = Gasse, Weg; *Lungomare* = Uferstraße, Uferpromenade; *Numero di casa* = Hausnummer.

Ärztliche Versorgung

Der offizielle Weg zu ärztlicher Hilfe führt für gesetzlich Versicherte zunehmend über die European Health Insurance Card (EHIC), die den Auslandskrankenschein in den nächsten Jahren komplett ersetzen wird. Mit der EHIC kann man im europäischen Ausland direkt zum Arzt gehen, ohne dabei die Kosten vorstrecken zu müssen. Theoretisch zumindest, denn viele Ärzte behandeln nicht im Rahmen des staatlichen Gesundheitssystems, sodass man die Behandlung oftmals bar bezahlen muss. Gegen Vorlage einer detaillierten Quittung *(ricevuta)* des behandelnden Arztes einschließlich Übersetzung werden die Kosten allerdings zu Hause erstattet. Nähere Auskünfte erteilen die Krankenversicherungen. Wer ganz sicher gehen will, sollte eine – in der Regel sehr günstige – *private Auslandskrankenversicherung* abschließen. Sie deckt neben den Arzt- und Arzneimittelkosten auch den Rücktransport nach Hause ab

Im akuten Fall ist für Bürokratie ohnehin keine Zeit und man ist gezwungen, die Kosten vorzustrecken. Erste-Hilfe-Behandlungen in staatlichen Krankenhäusern sind kostenlos. In größeren Touristenorten (v. a. an der Küste) gibt es in den Hochsommermonaten oft auch eine Erste-Hilfe-Station der *Guardia Medica Turistica*, bei der man Bagatellfälle gegen einen geringen Betrag behandeln lassen kann. Diese Erste-Hilfe-Stationen wechseln jährlich, man wende sich im jeweiligen Ort an die Tourist-Information (oder die Hotelrezeption etc.), dort wird Ihnen die aktuelle Adresse genannt.

Apotheken: Die *Farmacia* kann bei kleineren Problemen den Arzt ersetzen. Viele Medikamente sind rezeptfrei erhältlich. Die Apotheken sind in der Regel Mo–Fr 9–12.30 Uhr und 16–19.30 Uhr geöffnet (oder 17–20.30 Uhr).

Farmacia di turno: die Not- und Wochenenddienste sind an jeder Apotheke angeschlagen.

Notruf (Soccorso pubblico di emergenza): ✆ **112** wählen (in ganz Italien), die Adresse nennen und um Hilfe *(Pronto soccorso)* bitten – die Polizia am anderen Ende der Leitung schickt dann die Ambulanz. Notarzt und Krankenwagen unter ✆ **118**.

• *Privatversicherung* Falls Sie privat versichert sind, müssen Sie anfallende Rechnungen selbst bezahlen. Gegen genau ausgefüllte, quittierte Rechnungen erstattet die Kasse nach Rückkehr die ausgelegten Beträge – allerdings nur soweit, wie sie der italienische Gesundheitsdienst ebenfalls getragen hätte. Prüfen Sie, ob Ihre Kasse auch etwaige Rücktransportkosten übernimmt.

Baden

Das Badevergnügen an der Riviera ist ein ganz besonderes – es spielt sich vorwiegend an den *Stadtstränden* ab. Zumeist sind diese Badestrände von breiten Palmenpromenaden gesäumt, die das Strandleben vom quirligen Stadtleben abschirmen. Gleich hinter der Uferpromenade rauschen oftmals Durchgangs- und Bahnverkehr vorbei, gelegentlich durchpflügt (oder überspannt) sogar eine Bahntrasse Ufer und Promende. Doch wurden in den letzten Jahren die teils recht unansehnlichen Bahnanlagen in einigen Orten schon abgebaut, teilweise befinden sich auf dem alten Bahndamm heute erfreulich strandnahe Parkplätze, die Gleise samt Bahnhof hat man mit großem Aufwand ein Stück ins Landesinnere verlegt.

Wer für Ligurien einen reinen Badeurlaub plant, ist an den lang gezogenen und oft recht breiten Sandbuchten an der *Riviera di Ponente* genau richtig. An der Blumenriviera (*Riviera dei Fiori*) bietet z. B. Diano Marina einen schönen Strand, weiter östlich an der Palmenriviera (*Riviera delle Palme*) laden der fast noch beschauliche Ort Laiguéglia, das quirlige Alassio und die Urlauberhochburg Finale Ligure mit schönen und gepflegten Stränden zum Bad. Auch in Varigotti, Noli und Spotorno gibt es sehr gute Sandstrände. Je mehr man sich jedoch Richtung Osten Genua nähert, desto weniger attraktiv sind die Badestrände, oft prägen Industrie oder Handelshäfen das Bild. Im Großraum Genua pflegt man ohnehin eher selten ins Meer zu steigen. An der *Riviera di Levante* sind es vor allem die kleinen Buchten der *Halbinsel von Portofino* und die beiden Sandbuchten von Sestri Levante, die zu einem Strandgang einladen. Auch weiter südlich finden sich noch einige schöne Strände, z. B. in Levanto, dem Tor zu den Cinque Terre. Im *Cinque-Terre*-Gebiet selbst sind die Bademöglichkeiten naturgemäß eingeschränkt, doch findet man auch hier einen attraktiven, langen Sandstrand (bei Monterosso), zudem weitere Kies-/Steinstrände und Badestellen am Fels. In und um La Spezia sind die Bade-

In der Vorsaison gibt es noch freie Platzwahl

möglichkeiten eher bescheiden, nette Badebuchten finden sich dagegen wieder an der Ostseite des *Golfo di La Spezia*.

Die Strandqualität reicht von feinsandig bis steinig. Laut Gesetz sind alle Strände der ligurischen Küste frei zugänglich. Tatsächlich sind die schönsten Badestrände jedoch von den gebührenpflichtigen Badeanstalten, den so genannten *Stabilimenti balneari* oder *Bagni,* besetzt. Mit ihren Sanitäranlagen, Umkleidekabinen und Liegestuhl-Sonnenschirm-Reihen nehmen sie oft den größten Teil der verfügbaren Strandfläche ein. Zu zahlen sind pro Tag ca. 17–22 € für die Benutzung aller Serviceeinrichtungen, inklusive der Miete zweier Liegestühle und eines Sonnenschirms; der *Bagnino* (Bademeister) weist die Plätze zu und beaufsichtigt das Geschehen. Mit dem Bekanntheitsgrad des Badeorts steigt in der Regel auch die Strandmiete. Wochen- und Monatsabonnements sind möglich. Während der Saison werden diese Strände täglich gesäubert und geharkt. Wer bis zum letzten Fleckchen durchorganisiertes und gebührenpflichtiges Strandleben nicht mag, wird an der Riviera nur bedingt auf seine Kosten kommen. Ab September nimmt der Rummel aber spürbar ab, und auch die mobilen Badeanstalten räumen allmählich das Feld.

Abgesehen von den Stadtstränden findet man entlang der Küste immer wieder Zugang zum Wasser. In der Regel handelt es sich dabei um Strände direkt an der Küstenstraße, aber auch um kleine Felsbuchten, die weitaus weniger frequentiert sind als die Stadtstrände. Auf einsame, abgelegene Badereviere muss man an der Riviera allerdings fast ganz verzichten. Einige besondere Badetipps finden Sie in den jeweiligen Orts- und Gebietskapiteln.

Wasserqualität: Die italienische Umweltbehörde kontrolliert die Badegewässer regelmäßig und zeichnet die besten Strände alljährlich mit der *Bandiera blue* (blaue Fahne) aus. 16 ligurische Urlaubsorte wurden 2009 mit der begehrten Flagge geadelt (italienweit Platz 1, den sich Ligurien mit den Marken und der Toskana teilt, gefolgt von den Abruzzen mit 13 ausgezeichneten Stränden).

Von Algen und Quallen

Während sich das eine Problem endlich in Wohlgefallen aufzulösen scheint, ist das nächste schon im Anmarsch: Jahrelang quälte man sich in Ligurien mit der tropischen Grünalge *Caulerpa taxifolia* herum, die seit den 1970er Jahren in Europa besonders wegen ihrer kräftigen Farbe gerne in Aquarien eingesetzt wurde. Dummerweise entwich sie 1984 aus dem Ozeanographischen Institut von Monaco ins Mittelmeer und verbreitete sich rasant an der französisch-italienischen Küste, wurde aber auch vor Mallorca gesichtet. Die gefräßige „Killeralge" verdrängte jedes andere Leben in ihrer Umgebung, insbesondere die wichtigen Seegraswiesen – Kinderstube von Krebsen, Fischen und Weichtieren; für den Menschen jedoch blieb sie ungefährlich, wenn auch Caulerpa taxifolia das Badevergnügen deutlich schmälerte. Sämtliche Versuche, die großflächigen Algenteppiche von Tauchern ausreißen zu lassen, mit stark salzhaltigem Wasser quasi „auszutrocknen" oder sie einfach abzudecken, schlugen fehl, bis im Frühjahr 2006 gemeldet wurde, dass sich die Alge überraschenderweise selbst zurückbilde.

Gegen ihre Nachfolgerin *Ostreopsis ovata* war die Killeralge jedoch nachgerade harmlos. Diese winzig kleine, giftige Tropenalge wurde zwar schon 1989 im Mittelmeer nachgewiesen, trat aber erst im Sommer 2005 an der ligurischen Küste in Erscheinung – dies aber deutlich. Insgesamt 180 Badende mussten bei Genua nach Hautkontakt mit Ostreopsis ovata wegen allergischer Reaktionen behandelt werden, und auch in den darauffolgenden Sommern war die Alge im aufgeheizten Tyrrhenischen Meer wieder anwesend. Wissenschaftler gehen davon aus, dass die Klima- und die daraus resultierende Meereserwärmung – auf bis zu 30° C! – Schuld am rasanten Ausbreiten der Alge tragen, die vielfach auch durch den regen Schiffsverkehr auf den Weltmeeren ins Mittelmeer eingeschleppt wurde, u. a. durch das so genannte Ballastwasser, das in einem anderen Ozean aufgenommen wird und beim Ablassen die verschiedensten Mikroorganismen ins Mittelmeer leitet. Außer noch strengeren Wasserkontrollen und einem Badeverbot an den Stränden Genuas im Hochsommer konnten die Behörden bisher keine Lösung des Problems anbieten; die weitere Entwicklung bleibt abzuwarten.

Nicht ganz so neu ist die Verbreitung von *Quallen* (ital. *Medusa*) im Tyrrhenischen Meer. Experten gehen davon aus, dass das Quallenaufkommen im Mittelmeer generell steigen wird, nicht zuletzt durch die Klima- und Meereserwärmung und das dadurch veränderte Ökosystem. Die Nesseltiere kommen im seichten Wasser in Strandnähe vor, die fast transparenten Quallen mit teilweise meterlangen Tentakeln sind schwer zu sehen, oft bemerkt man sie erst bei der überaus schmerzhaften Berührung. Heftige Hautreaktionen, teilweise auch Schwindel, Übelkeit, Kopfschmerz und Kreislaufprobleme sind die Folge. Bei großflächigem Hautkontakt sollte man einen Arzt aufsuchen, kleinere und leichtere Verbrennungen können selbst behandelt werden: Die betroffene Stelle mit Meerwasser begießen (auf keinen Fall Süßwasser!), dann trocknen lassen, eventuelle Reste der Tentakel mit einer Pinzette entfernen oder mit einer Kreditkarte o. Ä. abkratzen (auf keinen Fall mit der bloßen Hand!), danach die Haut mit Eis kühlen.

Auch die Umweltorganisation *Legambiente* prämiert Jahr um Jahr ligurische Strände. Um in deren „Blauen Führer" (*Guida Blu*) mit fünf Segeln (*vele*) ausgezeichnet zu werden, sind Kriterien wie Sauberkeit und Umweltverträglichkeit, Wasserqualität, landschaftliche Reize und die „Verwaltung" des Strandes, außerdem die touristische Infrastruktur entscheidend. Die maximale Segelzahl (fünf) räumten 2009 wieder einmal die Strände der Cinque Terre ab, gefolgt von den Stränden bei Levanto und Portovenere mit je vier Segeln.

Wenn an Küstenabschnitten der Riviera einmal ein kurzfristiges Badeverbot ausgesprochen werden muss, werden meist ungeeignete Kläranlagen, fehlende Gelder und chronischer Personalmangel als Gründe angeführt. Manchmal handelt es sich aber schlicht und ergreifend um Übernutzung. Betroffen sind besonders Strände in der Nähe von Flussmündungen und in Ballungszentren, z. B. Genua und Savona. Badeurlauber sollten sich vor allem im Hochsommer nach der aktuellen Strand- und Wasserqualität erkundigen.

Eine *rote Fahne* am Strand signalisiert Gefahr durch hohen Wellengang, starke Strömungen etc.

Information zur Wasserqualität Die jährlich neu bewerteten besten Strände Italiens findet man unter www.legambiente.it, die mit der Blauen Fahne ausgezeichneten Strände sind unter www.feeitalia.org aufgeführt.

FKK ist in Italien nicht üblich, oben ohne schon eher; aber es gibt öffentliche Strände in den Orten, wo auch oben ohne nicht unbedingt für Begeisterung sorgt. Am besten orientiert man sich an den italienischen Badegästen. Außerhalb der Dorf-/Stadtstrände ist oben ohne kein Problem.

Barrierefrei

An den flachen Küstenorten westlich von Genua findet man generell einfachere Bedingungen als in den steilen Cinque-Terre-Orten oder den entlegenen Bergdörfern, die oft nur mühsam über Treppengassen zu begehen sind. Wer sich von der ENIT (→ S. 78) ein Unterkunftsverzeichnis zum gewünschten Reisegebiet zuschicken lässt, findet darin barrierefreie Hotels mit einem entsprechenden Symbol gekennzeichnet. Mit öffentlichen Verkehrsmitteln kommt man nicht allzu weit, wobei die italienische Bahn sicher noch das empfehlenswerteste Fortbewegungsmittel ist (besserer Service in ICs, weniger in Regionalzügen), die meisten Busse sind nicht barrierefrei. Dagegen sollen die Fähren der Gesellschaft „Navigazione Golfo dei Poeti" (verkehren an der Riviera di Levante) nach eigenen Angaben rollstuhlgerecht ausgestattet sein.

Diplomatische Vertretungen

In Notfällen, z. B. bei Verlust sämtlicher Reisefinanzen, kann man sich an die Auslandsvertretung seines Heimatlandes wenden. Überbrückungshilfe für die sofortige Heimreise wird jedoch nur gewährt, wenn keine Angehörigen, Freunde etc. einspringen können. Im akuten Notfall gibt es in der Regel eine Bahnkarte plus etwas Verpflegungsgeld für unterwegs. Selbstverständlich sind alle Auslagen unverzüglich zurückzuzahlen.

Deutsches Honorarkonsulat, Ponte Morosini 41, I-16126 Genova, ✆ 010-2715969, 📠 010-2715966, www.mailand.diplo.de.

Österreichisches Honorarkonsulat, Via Assarotti 5/6, I-16122 Genova, ✆/📠 010- 8393983, www.aussenministerium.at.

SchweizerGeneralkonsulat, Piazza Brignole 3/6, I-16122 Genova, ✆ 010-545411, 📠 010-54541240, www.eda.admin.ch/genova.

Italienische Botschaften: *Deutschland* –Hiroshimastr. 1, D-10785 Berlin, ✆ 030-254400, 📠 030-25440116, www.ambberlino.esteri.it.

Wissenswertes von A bis Z

Österreich – Rennweg 27, A-1030 Wien, ☏ 01-7125121, 📠 01-7139719, www.ambvienna.esteri.it.

Schweiz – Elfenstr. 14, CH-3006 Bern, ☏ 031-3500777, 📠 031-3500711, www.ambberna.esteri.it.

Einkaufen

Gebrauchsgegenstände, Kleidung etc. wechseln in Italien überwiegend in kleineren Fachgeschäften den Besitzer. Kaufhäuser wie *UPIM* oder *Standa* findet man nur in größeren Städten, sie rangieren im unteren Qualitätsbereich.

Funghi – frisch aus dem Wald und auf den Markt

Supermärkte wie *Coop* oder *Conad* sind auch in ländlichen Gebieten verbreitet und für Lebensmitteleinkäufe sehr zu empfehlen. Günstige Preise darf man jedoch nirgendwo erwarten, außer auf einem bunten *Wochenmarkt (Mercato settimanale)*, wo fliegende Händler vor allem Haushaltswaren und Kleidung, aber auch Lebensmittel anbieten. Die Zeiten, als an den Marktständen um Preise gefeilscht wurde, sind lange vorbei. Trotzdem kann man hier immer noch ein Schnäppchen machen, z. B. die neue Badehose, die modische Sonnenbrille, Zubehör für die Campingausrüstung oder die neueste Italo-Pop-CD.

Auch die städtischen *Markthallen* (*Mercati coperti*, nur vormittags geöffnet) sind ideal für Selbstversorger: Fleisch, Fisch, Käse, Schinken und Wurst, Obst und Gemüse – frische Waren werden im Vergleich zum Einzelhandel erheblich günstiger angeboten, wobei einige Sprachkenntnisse beim Einkaufen durchaus nützlich sind. Der Bummel durch die Markthalle ist außerdem ein deftig-sinnliches Erlebnis, also nicht unbedingt etwas für geruchsempfindliche Mitmenschen.

Zum *Kunsthandwerk* in Ligurien → S. 24.

- Tipp für Mode- und Preisbewusste: Der **Schlussverkauf** (*saldi*) im Juli/August und Februar bringt Preisnachlässe von bis zu 50 %.
- Wer über die A 7 (Mailand-Genua) an- bzw. abreist, sollte evtl. einen Zwischenstopp in Serravalle Scrivia erwägen: Im **Designer Outlet Serravalle Scrivia** bieten über 140 namhafte Firmen ihre Waren zu meist deutlich vergünstigten Preisen an (tägl. 10–20 Uhr, www.mcarthurglen.it).

Eintrittspreise

Der Zugang zu den Kunstschätzen und Baudenkmälern Liguriens ist bezahlbar, die Eintrittspreise für Museen und historische Bauten sind moderat – Ausnahmen sind das Aquarium in Genua, das mit 18 € zu Buche schlägt (Kinder 12 €) wie auch das ganz neue und überaus sehenswerte Galata Museo del Mare (10 €), ebenfalls am Hafen von Genua. Ermäßigungen gibt es in staatlichen Museen für Studenten zwischen 18 und 25 Jahren (50 %), Jugendliche unter 18 und Rentner über 65 Jahren haben in der Regel freien Eintritt. In kleineren ländlichen Museen heißt es aber generell recht häufig *Ingresso libero* (Eintritt frei). Bei profaneren Vergnügen wie Disco, Clubs, Kino etc. sind die Preise allerdings relativ hoch.

Kirchen: erfreulicherweise immer frei, Sakristei, Krypta und Kirchenschatz kosten meistens eine Kleinigkeit. Bitte darauf achten: Der Besuch der Gotteshäuser ist nur „angezogen" erlaubt – also keine Shorts, bauchfrei und/oder nackte Schultern!

Internettipp: Die Website der italienischen Museen: www.museionline.it; und das Internet-Portal der Museen Genuas: www.museidigenova.it.

Museen/Gemäldegalerien: Der Eintritt richtet sich nach der Bedeutung der Sammlung und liegt um die 2–4 €. Lediglich die großen Museen und Gemäldegalerien von Genua (s. auch oben) und La Spezia sind eine Ausnahme (bis 8 €). Dagegen ist bei kleineren Museen *Ingresso libero* keine Seltenheit.

Parks/Höhlen: liegen preislich z. T. deutlich über dem Durchschnitt für Museen.

Diskotheken: teuer, unter 12–15 € läuft selten etwas (manchmal ist ein Getränk frei).

Musikclubs: In den größeren Städten wird oft eine Mitgliedskarte verlangt, die so genannte *Tessera*. Meist kostet sie nur wenige Euro. Eintritt ohne Tessera wird nur gelegentlich gewährt.

Kinos: In den Zentren größerer Städte gibt es oft mehrere Kinos (*cinema*) mit internationalem Programm. In den Urlaubsorten werden im Sommer mitunter Freilichtkinos eingerichtet (Eintritt ca. 5–7 €).

Feiertage

Wichtigster Feiertag ist Mariä Himmelfahrt am 15. August, an dem das ganze Land *Ferragosto* feiert. Kaum jemand bleibt an diesem Tag in den heißen Städten, das öffentliche Leben liegt lahm, Behörden, Geschäfte, Restaurants sind geschlossen, halb

Gesetzliche Feiertage

Weihnachten *(Natale)* 25. Dezember

Neujahr *(Capodanno)* 1. Januar

Dreikönigstag *(Epifania)* 6. Januar

Karfreitag *(Venerdì santo)* ist kein Feiertag, **Ostermontag** *(Lunedì di Pasqua)* jedoch wie gewohnt

25. April, Tag der Befreiung von der deutschen Besatzung *(Anniversario della Liberazione)*

1. Mai, Tag der Arbeit *(Festa del Lavoro)*

2. Juni, Republikgründung (Fondazione della Repubblica);

Pfingsten, nur der Sonntag (Pentecoste)

15. August, *Ferragosto* (s. o.)

1. November, Allerheiligen *(Ognissanti)*

8. Dezember, Mariä Empfängnis *(Festa dell'Immacolata).*

Italien tummelt sich am Meer oder entspannt in den Bergen. Traditionell wird der Sommerurlaub italienischer Familien um den 15. August herum geplant, entsprechend voll ist es überall etwa im Zeitraum vom 10. bis 25. August. Ferragosto ist übrigens keine katholische Erfindung, auch wenn man das wegen des zeitgleichen Kirchenfestes Mariä Himmelfahrt vermuten könnte. Die *feriae Augusti* („Ferien des Augustus") sind aus dem Lateinischen abgeleitet – Mitte August feierten schon die alten Römer unter Kaiser Augustus ihre Feste und fuhren ans Meer oder in die Berge.

Zu *Festen und Veranstaltungen* in Ligurien → S. 22.

Geld

In Sachen Geld und Devisen hat die Eurozone natürlich vieles vereinfacht. In allen größeren Orten an der Küste und auch im Hinterland gibt es Geldautomaten (*Bancomat*), wo man mit der EC-/Maestro-Karte und Geheimnummer rund um die Uhr täglich bis ca. 400 € erhält (Bedienungshinweise meist auch in Deutsch). Eine Abhebung kostet mit EC-Karte ca. 4 €, mit Kreditkarte 4 % des Betrages, mindestens aber 5 €. Tipp: Mit der „Postbank SparCard 3000 plus direkt" sind ersten zehn Abhebungen im Jahr gratis.

Wer aus Sicherheitsgründen keine größeren Summen mit auf die Reise nehmen oder sich nicht ausschließlich auf die Geldautomaten verlassen will, sollte zu *Traveller-Cheques* greifen, die u. a. von American Express, Thomas Cook und Visa angeboten werden (die Kaufquittung ist getrennt von den Schecks aufzubewahren, bei der Auszahlung in der Bank wird ein Ausweis verlangt). Wer nicht aus der Eurozone kommt, wechselt nach wie vor am besten bei der Bank (i. d. R. Mo–Fr 8.30–13.30 Uhr und 14.45–16.30 Uhr). Wechselstuben gibt es in Italien kaum noch, in Hotels und an Campingplätzen werden für den Geldwechsel oft hohe Gebühren erhoben.

Wechselkurs Schweiz (Stand Frühjahr 2010): 1 € = 1,46 CHF 1 CHF = 0,68 €

Auch die gängigen *Kreditkarten* werden als Zahlungsmittel in vielen Hotels, gehobenen Restaurants und Geschäften sowie an größeren Tankstellen akzeptiert. Seit Einführung des Euro ist dabei das bisherige Auslandsentgelt von 1 % entfallen.

Im Notfall: Sperrung der Kreditkarte

Bei Verlust von Geldkarte, Kreditkarte, Reiseschecks etc. sollte man diese sofort telefonisch sperren lassen, nach Deutschland unter der Notrufnummer ✆ **0049-116116** (leitet den Fall an das jeweilige Geldinstitut weiter) oder beim zentralen Sperrannahmedienst, ✆ **0049-1805-021021**; wer auf Nummer sicher gehen will, kann die aktuelle Sperrnummer schon vor der Reise bei der heimischen Bank erfragen. Auskunft über die Sperrnummern erteilen auch die Botschaften und Konsulate (→ S. 73).

Weitere Infos auch unter www.kartensicherheit.de

Weitere Notrufnummern: Für in Österreich ausgestellte EC-/Maestro-Karten gilt ✆ 0800-2048800. Schweizer UBS-Karten sperrt man unter ✆ 0041-848888601, Credit-Suisse-Karten unter ✆ 0041-800800488. Weitere Sperrnummern für Österreich: Visa, ✆ 0043-1-71111-770; MasterCard, ✆ 0043-1-717014500; Diners Club, ✆ 0043-1-501350. Für die Schweiz: Diners Club, ✆ 0041-44-8354545; Visa und MasterCard, ✆ 0041-44-2008383.

Im Fall eines Geld-Totalverlustes kann man sich über „Western Union Money Transfer" von einer Kontaktperson zu Hause innerhalb weniger Stunden Geld überweisen lassen. Einzahlung u. a. bei allen Filialen der Postbank. Dieses Verfahren funktioniert auch ohne einen eventuell abhanden gekommenen Ausweis. Auszahlung bei Postfilialen, bestimmten Banken und Reisebüros. Aber es entstehen hohe Gebühren. Näheres unter www.westernunion.com.
Etwas günstiger ist die Überweisung über „Money Gram" (www.moneygram.com), die Annahme- und Ausgabestellen sind aber deutlich dünner gesät.

Hunde

Die Akzeptanz für Hunde – zumal wenn sie wohlerzogen, gepflegt und freundlich sind – ist zwar höher als vielfach angenommen, doch kann es in Italien bekanntlich im Sommer ziemlich heiß werden und für den Hund somit eine Quälerei. Erlaubt sind Hunde in der Regel auf Campingplätzen und in Gartenrestaurants, allerdings nur in einigen wenigen Hotels und Appartements. In den Unterkunftsverzeichnissen der Fremdenverkehrsämter weist das Hundesymbol auf tierfreundliche Quartiere hin. An Stränden mit Strandservice sind Hunde verboten, hier muss man an einen der wenigen „freien" Strände ohne Einrichtungen ausweichen. Ebenso verboten sind Hunde in vielen Restaurants, z. T. dürfen sie aber auf die Terrasse (falls vorhanden). Maulkorb und Leine sind immer mitzuführen.

Bei der Einreise nach Italien braucht der Hund ein Tollwut-Impfzeugnis, das mind. 30 Tage und max. zwölf Monate vor Einreisedatum ausgestellt sein muss, zudem einen EU-Heimtierausweis und eine Identitätskennung: entweder Mikrochip unter der Haut oder Tätowierung im Ohr.

Generell besteht in Italien eine erhöhte Ansteckungsgefahr mit der gefährlichen *Leishmaniose*, einer von Sandflöhen übertragenen Parasitenerkrankung, die in fast allen Mittelmeerländern vorkommt. Darüber hinaus wird auch vor der relativ häufigen *Babesiose* (Hundemalaria) und noch einigen selteneren, durch Zecken oder Mücken übertragenen Krankheiten gewarnt.

Sollten Sie vorhaben, mit der Bahn anzureisen, sollte Ihr Hund (oder auch Katze) möglichst weniger als 6 kg wiegen – dann darf er nämlich im geschlossenen Transportkörbchen auf ihrem Schoß reisen. Wiegt er mehr, wird es kompliziert: Hund und Halter dürfen nur in einem gesonderten Abteil reisen (i. d. R. im letzten Waggon, extra ausgewiesene Plätze), der Hund muss an der Leine sein und einen Maulkorb tragen, neben dem Internationalen Impfpass (EU-Heimtierausweis) ist auch eine Steuerbescheinigung (bzw. Steuermarke) für den Hund mitzuführen. Das Hundeticket kostet 50 % des regulären Fahr-

Was für ein Hundeleben – ligurischer Vierbeiner hält Siesta

preises, Blindenhunde fahren kostenlos. Während der Hauptpendlerzeiten Mo–Fr 7–9 Uhr morgens sind Hunde nicht gestattet. Generell nicht mitfahren dürfen Kampfhunde und als gefährlich eingestufte Rassen (u. a. Mastino, Rottweiler, Pitbull, Bullterrier, amerikanische Bulldogge).

Informationen

Das staatliche Fremdenverkehrsamt ENIT betreibt in Deutschland zwei, in Österreich und der Schweiz jeweils ein Büro. Vor der Reise können Sie dort oder über die unten stehende Webadresse Prospekte bestellen.

Lassen Sie sich schon vor der Reise von der ENIT allgemeine Informationen über Ligurien und das angepeilte Zielgebiet, eine Regionalkarte und bei Bedarf die Unterkunftsverzeichnisse schicken. Vor Ort kann man dann gezielter nachfragen und je nach Interesse das Infomaterial ergänzen – davon gibt es in den Büros vor Ort mehr als genug.

Jede der vier ligurischen Provinzen (Genua, Imperia, La Spezia und Savona) besitzt ein Verkehrsamt, das für die jeweilige Provinz zuständig ist und in allen Städten und touristisch bedeutsamen Orten Informationsstellen, die so genannten *I.A.T. (Informazione e Accoglienza Turistica),* betreibt; in kleineren Orten heißen die Informationsbüros manchmal auch *Pro Loco*. Vor allem die größeren Büros sind in der Regel bestens mit Prospekten, Broschüren und Infos jeglicher Art ausgestattet. Erhältlich sind u. a. Stadtpläne und Umgebungskarten, Hinweise zu Sehenswürdigkeiten, Tipps für Sport und Freizeit, Veranstaltungskalender sowie Unterkunftslisten. Fragen Sie auch nach Wander- und/oder Radwegkarten zur Umgebung. Oft sprechen die Mitarbeiter Deutsch (Details in den jeweiligen Ortskapiteln).

Tourismus mit Tradition

> **Achtung**: Die Infobüros dürfen aus Wettbewerbsgründen keine Unterkünfte empfehlen! Man kann jedoch bei der gewünschten Unterkunft für Sie anrufen und nach einem freien Zimmer fragen.

ENIT in Deutschland, Barckhausstraße 10, 60325 Frankfurt, ✆ 069/237434, ℻ 069/232894, frankfurt@enit.it.

Prinzregentenstr. 22, 80538 München, ✆ 089/531317, ℻ 089/534527, enit-muenchen@t-online.de.

ENIT in Österreich, Kärntner Ring 4, 1010 Wien, ✆ 01/5051639, ℻ 01/5050248, info@enit.at.

ENIT in der Schweiz, Uraniastraße 32, 8001 Zürich, ✆ 043/4664040, ℻ 043/4664041, info@enit.ch.

> **Im Internet**: www.enit-italia.de, www.enit.at oder www.enit.ch

Internet

Neben den Websites der Tourismusämter gibt es eine Vielzahl weiterer Seiten mit Informationen über Ligurien, die mit den einschlägigen Suchmaschinen einfach und unkompliziert zu finden sind. Einige Seiten sind im Reiseteil unter den jeweiligen Orten aufgeführt, ebenso auf der Website www.michael-mueller-verlag.de unter „Reiselinks". Nahezu alle offiziellen Webseiten sind mehrsprachig und auch in Deutsch abrufbar. Eine Auswahl:

www.turismoinliguria.it: Umfangreiches Tourismusportal der Region Ligurien.

www.regione.liguria.it: Allgemeine Infos zur gesamten Region, mit Rubrik „Turismo", außerdem Wetterbericht.

www.ambienteinliguria.it: Weitere Website der Region Ligurien mit Infos zu Natur, Geologie, Wirtschaft.

www.rivieradeifiori.org: Offizielle Seite des Tourismusverbandes für die Blumenriviera.

www.inforiviera.it: Offzielle Website des Tourismusverbandes für die Palmenriviera.

www.comune.genova.it: Website der Stadt Genua.

www.turismo.comune.genova.it: Umfangreiches Tourismusportal der Stadt Genua und der Vororte.

www.turismoprovincia.laspezia.it: Offizielles Internetportal der Provinz La Spezia.

www.cinqueterre.it: Website des Tourismus-Konsortiums der Cinque Terre.

www.parconazionale5terre.it: Nationalpark-Infos zur Cinque Terre.

www.golfodeipoeti.com: Offizielle Website des Tourismus-Konsortiums Golfo dei Poeti (für La Spezia, Portovenere, Lerici etc.).

www.ferroviedellostato.it: Zugverbindungen der italienischen Bahn online.

www.meteoliguria.it: Das Wetter in Ligurien.

www.museionline.it: Italiens Museen, nach Regionen sortiert.

www.museidigenova.it: Internetportal der Museen der Stadt Genua.

Kartenmaterial

Straßenkarten zu Ligurien gibt es jede Menge, die meisten sind gut, absolut genau ist keine – man hat die Qual der Wahl. Wanderkarten sind dagegen nur wenige im Handel. Eine Auswahl:

Freytag & Berndt, „Italienische Riviera – Genua", Auto + Freizeitkarte (1:150.000), mit Stadtplänen und Ortsregister, 8,95 €.

Kümmerly & Frey, „Ligurien – Riviera" (1:200.000), mit Ortsregister, sehr genau, die Karte stammt vom *Touring Club Italiano*, 7,90 €.

Michelin, Straßenkarte „Ligurien" (1:200.000), 7,50 €.

Kompass, Wanderkarten Nr. 641 "Alassio, Imperia", 642 "Ligurische Küste", Nr. 644 „Cinque Terre/La Spezia"; Gebietswanderkarten mit zweisprachigem Begleitheft (Italienisch/Deutsch); 7,50 €.

Vor Ort sind zahlreiche Wanderkarten im Maßstab 1:50.000 und 1:25.000 erhältlich, u. a. von den **Edizioni Multigraphic** (www.edizionimultigraphic.it) und vom Turiner **Istituto Geografico Centrale** (*IGC*), in vielen Buchhandlungen entlang der Riviera, Preis jeweils um 6 €.

Letztere kann man in Deutschland u. a. bei der Versandbuchhandlung Jürgen Schrieb beziehen (Schwieberdinger Str. 10/2, D-71706 Markgröningen, ✆/℻ 07145-26078, www.karten-schrieb.de, karten.schrieb@t-online.de). Erhältlich sind z. B. die Karten „Cinque Terre" (1:25.000) von Levanto bis zum Golfo di La Spezia und „Golfo del Tigullio" von Nervi bis Deiva Marina – beide aus der Kartenreihe *Carta dei sentieri e rifugi*. Für die Riviera di Ponente gibt es eine Wanderkartenserie von *IGC* (1:25.000 und 1:50.000).

Kinder

Die Kinderfreundlichkeit der Italiener ist sprichwörtlich. Daran hat sich nichts geändert, auch wenn Italien mittlerweile ans Ende der europäischen Geburtenstatistik gerutscht ist: Dominierte früher die kinderreiche Großfamilie, hat sich heute die statistische 1,3-Kinder-Kleinfamilie durchgesetzt (zum Vergleich in Deutschland: 1,4 Kinder). Wer jedoch mit Bambini in den Stiefel reist, kann es bestätigen: Die kleine *principessa* der deutschen Gäste wird vom Personal im Hotel und Restaurant verwöhnt, wo es nur geht, und auch der *figlio* geht nicht leer aus und wird am Strand in die weltmeisterlichen Künste beim Kicken eingeweiht.

Die meisten Rivieraorte eignen sich aufgrund der gepflegten Strände für einen *Badeurlaub mit Kindern* besonders gut, vor allem die Riviera di Ponente mit ihren weiten Sandstränden ist wie geschaffen zum Sandburgenbauen. Und sollte es den Kleinen doch mal langweilig werden, locken diverse Attraktionen auch abseits der Küste. Für Kinder unbedingt interessant ist ein Besuch der *Höhlen von Toirano* (S. 179) und auch des nahe gelegenen Bergdorfes *Balestrino* (S. 176), in dessen verfallenen Mauern der Film „Tintenherz" gedreht wurde. Ein weiteres Highlight ist das *Acquario* in Genua (S. 241), eines der größten seiner Art in Europa. Ein besonderes Erlebnis sind auch die *Whale-Watching-Ausflüge*, die u. a. ab Imperia (S. 143), Alassio (S. 161) und Genua (S. 223) angeboten werden. Den einzigen *Aquapark* Liguriens mit riesigen Rutschen und diversen Spaßbecken findet man bei Ceriale (S. 178). Weitere Attraktionen sind die *Giardini Hanbury* mit ihrer tropischen Pflanzenpracht und nettem Café (S. 100) und die nahe liegenden Höhlen *Balzi Rossi* mit eindrucksvollen Ausgrabungen im dazugehörigen Museum (S. 101), beide nahe der französichen Grenze gelegen.

Kirchen

Viele italienische Kirchen sind mit Kunstschätzen geradezu gesegnet – Ligurien macht hier keine Ausnahme. Die Besichtigung der Kirchen in Dörfern und Städten ist in der Regel den ganzen Tag über möglich (mit Ausnahme der Siesta von ca. 12–16 Uhr), zu Gottesdienstzeiten allerdings unpassend. Beachten Sie bitte, dass auf angemessene Kleidung allergrößter Wert gelegt wird: Frauen sollten Schultern und Bauch bedeckt haben und einen mindestens knielangen Rock tragen, Männer lange Hosen und ein Hemd oder zumindest ein T-Shirt. Wer sich in abgelegenen Gegenden eine Kirche vom Kustoden aufschließen und zeigen lässt, sollte die *Spende* für den Klingelbeutel nicht vergessen.

Literatur

Wer sich eingehender mit seinem Reiseziel beschäftigen will, dem stehen verschiedene belletristische und Sachtitel zur Auswahl. Einige Empfehlungen:

• *Belletristik* Der Riviera-Liebesroman „Doktor Antonio" von Giovanni Ruffini, der Mitte des 19. Jh. in England veröffentlicht wurde und die touristische Entdeckung der Riviera di Ponente auslöste, wurde nicht ins Deutsche übersetzt. Die englische Originalfassung und die italienische Übersetzung gibt es als historischen Reprint der Originalausgabe von 1855 beim Verlag Atene Edizioni in Arma di Taggia (www.ateneedizioni.com).

Die surrealistischen Prosatexte und Gedichte des an der Riviera di Levante aufgewachsenen Nobelpreisträgers für Literatur (1975) *Eugenio Montale* wurden nur vereinzelt ins Deutsche übersetzt, sind aber antiquarisch z. T. noch erhältlich.

Italo Calvino, „Wo Spinnen ihre Nester bauen" (dtv-Taschenbuch, 9,50 €). Die lesenswerte Erzählung des in San Remo aufgewachsenen Schriftstellers spielt zur Zeit des Partisanenkampfs gegen die deutschen Besatzungstruppen und schildert die Verwirrungen eines ligurischen Jungen, der zwischen die Fronten gerät.

Friedrich von Schiller, „Die Verschwörung des Fiesco zu Genua" (Reclam). Historisches Drama über Graf Fiesco, der 1547 gegen die

Genueser Dorias putschte. Der Klassiker zum Genua-Wochenende.

Antonio Tabucchi, „Der Rand des Horizonts" (dtv-Taschenbuch, 6,50 €). In der Leichenhalle wird ein junger Mann eingeliefert, der bei einer Hausdurchsuchung erschossen wurde. Spino, der gescheiterte Medizinstudent und Amateurdetektiv, macht sich auf die Suche nach seiner Identität und durchstreift dabei Genua.

Dorette Deutsch, „Gebrauchsanweisung für Genua und die italienische Riviera" (Piper, 12,90 €). Die deutsche Autorin, die schon lange in Ligurien lebt, erzählt von ihren Begegnungen mit Weinbauern, Blumenzüchtern, Olivenbauern und Geschichtsprofessoren.

Dorette Deutsch/Wolfgang Krammer, „Ligurien – Küstenland zwischen Cinque Terre und Seealpen" (Carinthia, 9,90 €). Ein schöner Bild-Textband mit ungewöhnlichen Aufnahmen.

Rolf Legler, „Die italienische Riviera", DuMont Kunstreiseführer. Nur noch antiquarisch (z. B. auch gebraucht übers Internet) erhältlich, aber für wahre Kunstinteressierte immer noch sehr lesenswert.

• Wanderführer Im Sommer 2010 erscheint im Michael Müller Verlag der Wanderführer *MM-Wandern Ligurien* (192 Seiten, 14,90 €, ISBN 978-3-89953-5747).

Funktioniert noch immer, ignoriert aber die Sommerzeit

Museen

Zahllose Museen warten auf interessierte Besucher, oft präsentieren sie ihre Schätze vorbildlich und werden mit viel Engagement geleitet. Während man sich bei den wichtigeren Museen meist auf ganzjährige Öffnungszeiten einstellen kann (Gleiches gilt für die Museen in größeren Städten), sollte man bei kleinen Einrichtungen in abseitigen Gegenden damit rechnen, dass nur im Juli und August (und auch hier manchmal nur an den Wochenenden) geöffnet ist. Die meisten Museen sind jedoch zumindest von April bis Oktober zugänglich; die Eintrittspreise halten sich im Rahmen – Ausnahme ist Genua, wo die hochkarätigen Museen mit 10 € und mehr zu Buche schlagen. Größere und bedeutendere Museen öffnen ihre Pforten meist ganztägig von 9 bis 19 Uhr, sind aber grundsätzlich montags geschlossen. Dieser Ruhetag gilt auch für die kleineren Museen, Details zu den Öffnungszeiten in den Ortskapiteln. Im Internet kann man sich auch vorab unter www.museionline.it (oder speziell für Genua: www.museidigenova.it) informieren.

Notruf

Polizeinotruf in ganz Italien unter ✆ 112 (auch über Handy), Unfallrettung unter ✆ 118. Für Pannenhilfe (*Soccorso stradale*) sorgt der italienische Automobilclub *ACI* (*Automobil Club d'Italia*), landesweite Rufnummer ✆ 803116, vom Handy die

✆ 800116800 wählen. Die deutschsprachige ADAC-Notrufstation in Mailand ist unter ✆ 02-661591 ganzjährig und rund um die Uhr erreichbar.

Öffnungszeiten

Die mediterrane Siesta ist das Grundprinzip – etwa von 13 bis 16 oder 17 Uhr schließen die meisten Geschäfte und sonstigen Einrichtungen. Dafür ist abends, wenn die Hitze nachlässt, immer lange geöffnet: in der Regel mindestens bis 20 Uhr, vor allem in touristischen Gebieten und Badeorten oft auch länger und auch an Wochenenden. Abgesehen von den Urlaubsregionen sind viele Geschäfte einen Nachmittag in der Woche geschlossen sowie oft auch am Montagvormittag.

Geschäfte: in der Regel Mo–Fr vormittags ca. 8/8.30–12.30/13 Uhr, nachmittags ca. 16/17–19.30/20 Uhr, Sa 9–13 Uhr. Vor allem Souvenirläden und andere Geschäfte mit touristischem Bedarf schließen ihre Pforten erst spät abends und haben oft auch am Sonntag geöffnet.

Kirchen sind in der Regel von 7 Uhr früh bis 12 Uhr mittags geöffnet. Dann wird meist gegen 15, oft erst 16 Uhr wieder aufgemacht, geöffnet ist bis 19 oder 20 Uhr. Sonntags während der Messen ist keine Besichtigung möglich. Manche Kirchen sind durchgängig geschlossen und öffnen nur einmal pro Woche zum Gottesdienst ihre Pforten, andere sind gar nicht zu besichtigen.

Museen und Sehenswürdigkeiten: Die Öffnungszeiten sind nicht selten verwirrend. Oft sind die Zeiten je nach Saison unterschiedlich und werden mehrmals jährlich geändert. Einzige Konstante: staatliche Museen sind montags fast immer geschlossen, geöffnet sind sie meist Di–Fr (oder Sa) vormittags 9–14 Uhr und So 9–13 Uhr, bedeutendere Museen oft Di–So 9–19 Uhr. Details dazu in den Ortskapiteln.

Banken und **Post** → siehe dort, **Apotheken** → Ärztliche Versorgung.

Post

Die italienische Post genießt nicht den besten Ruf, die Karte an die Lieben daheim braucht Zeit, Briefe laufen etwas schneller. Der Vermerk „Mit Luftpost" (*posta aera*) bringt nichts, da die Post generell mit Luftpost verschickt wird. Trotzdem dauert die Beförderung nach Deutschland etwa sechs bis sieben Tage.

Öffnungszeiten: regional verschieden, meist Mo–Fr 8.30–14 Uhr, Sa 8–13 Uhr. In Städten oft auch nachmittags, meist 16–20 Uhr.

Briefmarken: *francobolli* kann man nicht nur bei der Post erstehen, sondern auch in vielen Tabacchi-Läden und Souvenirshops, die Postkarten verkaufen. Das Porto für eine Postkarte bzw. einen Standardbrief ins europäische Ausland kostet derzeit 0,65 €.

Poste restante (Fermo in Posta): Jedes Postamt nimmt postlagernde Sendungen an. Diese können mit Personalausweis/Reisepass gegen eine kleine Gebühr abgeholt werden. Briefe werden normalerweise bis zu zwei Monate aufbewahrt. Der Absender muss dafür den Empfängernamen (Nachnamen unterstreichen!), das Zielpostamt (bei größeren Orten am besten das Hauptpostamt) und „Fermo in Posta" bzw. „Poste restante" auf den Umschlag schreiben.

Telegrafische Postanweisung: Über „Western Union Money Transfer" oder „Money Gram" kann man sich von einer Kontaktperson zu Hause innerhalb weniger Stunden Geld überweisen lassen (→ S. 77).

Rauchen

Im Jahr 2005 ist in Italien das Unvorstellbare Realität geworden: Rauchen in öffentlichen Räumen ist strikt verboten. Noch unglaublicher: Die Umstellung auf das totale Rauchverbot wurde gelassen hingenommen, Raucher gehen vor die Tür (was bei den Temperaturen ja relativ leicht fällt), und die Nichtraucher freuen sich.

Zu öffentlichen Räumen zählen Restaurants, Bars, Züge, Krankenhäuser, Post, Museen, Wartehallen aller Art (auch Flughäfen und Bahnhöfe), der Arbeitsplatz und Büros mit Publikumsverkehr. Die Zigarette am falschen Ort kann zwischen 27,50 und 275 € Strafe kosten, wer neben einer Schwangeren oder Kindern raucht, muss sogar mit dem doppelten Betrag rechnen. Wird ein Wirt mit rauchenden Gästen erwischt, zahlt er selbst ebenfalls Bußgeld, das zwischen 220 und 2200 € liegt.

Rechnungen

Was Sie auch kaufen oder im Restaurant verspeisen, Sie bekommen eine Rechnung (*Ricevuta fiscale*) oder einen Bon (*Scontrino*). Diesen Beleg muss man laut Gesetz bis 50 m nach Verlassen des Geschäftes behalten. Kontrollen der Finanzpolizei sind zwar recht selten, aber nicht grundsätzlich auszuschließen.

Beschaulich: Postamt in den ligurischen Bergen

Reisedokumente

Für den Aufenthalt in Italien genügt der Personalausweis (*Carta d'Identità*). Wer sicher gehen will, nimmt zudem seinen Reisepass (*Passaporto*) mit und zusätzlich Kopien beider Papiere. Der Vorteil eines zweiten Ausweises: Während ein Papier bei der Hotel- oder Campingplatzrezeption liegt (offiziell nur für 24 Std. erlaubt), kann man mit dem zweiten Schecks einlösen, ein Fahrzeug mieten etc. – oder bei Diebstahl oder Verlust eines Ausweises mit dem anderen weiterreisen. Kinder unter 16 Jahren benötigen einen *Kinderausweis* (ab 10 Jahren mit Lichtbild) oder müssen im Pass der Eltern eingetragen sein. Kinder und Jugendliche, die ohne Erwachsene reisen, benötigen außer ihrem Ausweis eine schriftliche *Vollmacht* der Erziehungsberechtigten, die in Englisch oder Französisch abgefasst sein muss.

- **Diebstahl oder Verlust**: Bei der Polizei bekommt man kurzfristig ein Ersatzpapier (Kosten ca. 25 € und zwei Lichtbilder). Kopien des verloren gegangenen Papiers sind nützlich und helfen der Polizei bei der Identitätsüberprüfung (Nummer des Passes, ausstellende Behörde etc.).
- **Einreise mit dem eigenen Fahrzeug**: Neben dem nationalen Führerschein (*Patente di guida*) braucht man den Fahrzeugschein (*Libretto di circolazione*), zudem wird noch immer die Grüne Versicherungskarte (*Carta verde*) empfohlen.

Auch als Surfrevier ist die Riviera bekannt

Sport

In den Ferienorten Liguriens gibt es zahlreiche Möglichkeiten, sich sportlich zu betätigen. Ob Segeln, Windsurfen, Tauchen oder Wasserski, an der Küste kann man so gut wie jede Freizeitsportart ausüben und findet dazu die entsprechenden Schulen bzw. Einrichtungen. Das Hinterland bietet vor allem Mountainbikern, Kletterern, Alpinisten und Wildwasserkanuten ein geeignetes Terrain. Die regionalen Sportverbände und das Amt für Tourismusförderung halten diverse Broschüren mit detaillierten Informationen zu den verschiedenen Sportmöglichkeiten bereit, für Wanderer und Mountainbiker z. T. auch mit konkreten Routenvorschlägen. Eine ausführliche Liste der diversen Sportclubs in Ligurien gibt es im Internet unter www.turismoinliguria.it. Fragen Sie auch im I.A.T.-Büro Ihres Urlaubsorts gezielt nach und lassen sich das entsprechende Material sowie Kontaktadressen für die gewünschten Sportarten geben.

Wandern: Ligurien ist ein ideales Wandergebiet. An der Cinque-Terre-Küste und auf der Halbinsel von Portofino finden Sie die schönsten Wanderpfade der Region. Mehr dazu in den Gebietskapiteln, empfehlenswerte Karten außerdem auf S. 79.

In diesem Buch finden Sie **zehn GPS-kartierte Wanderungen** mit genauen Routenbeschreibungen.

Mountainbiker finden fast an der gesamten Riviera ein geeignetes Terrain, besonders reizvoll (und zunehmend ein Treffpunkt deutschsprachiger Mountainbiker) ist das Hinterland von Finale Ligure. Die Infobüros halten Broschüren und Karten mit detaillierten Streckenvorschlägen (v. a. im Hinterland) bereit. Es gibt zudem immer mehr ausgeschilderte Routen.

Klettern: Das Hinterland von Finale Ligure bietet zahlreiche Kletterwände mit über 2000 Routen in allen Schwierigkeitsgraden, auch in den Herbst- und Wintermonaten ist diese windgeschützte Gegend ein gutes Kletterterrain (→ S. 185). Ein weiteres, kleineres Klettergebiet befindet sich im Val Pennavaira landeinwärts von Albenga.

Reiten: Auf einigen Agriturismo-Höfen gehören Reitpferde zum Angebot. Detaillierte Auskünfte bei der *Federazione Italiana Sport Equestri (FISE)* in Genua, ✆ 010-541585, 📠 587907, www.fise.it.

Tennis: Hotels und Campingplätze der höheren Kategorie verfügen zum Teil über Tennisplätze. Mietplätze findet man in fast allen Ferienorten.

Segeln/Windsurfen: Die windigsten Monate der warmen Jahreshälfte sind April und Oktober, gefolgt von Mai und September. Im Hochsommer ist der Wind dagegen weniger segelfüllend. Segel- und Surfschulen sowie Verleiher gibt es in allen größeren Küstenorten.

Tauchen: Tauch-Center bieten fast alle größeren Badeorte an der Riviera di Ponente, passionierte Taucher zieht es aber vor allem an die steile Riviera di Levante. Tauchschulen gibt es u. a. in Levanto, Riomaggiore, Portovenere, Lerici.

Motorboote: Hiefür finden sich an der gesamten Riviera gute Bedingungen. Die Mitnahme von Schlauchbooten ist ohne Grenzformalitäten möglich. Bei Außenbordern über 3 PS ist eine Haftpflichtversicherung Pflicht. Vor Ort sollte man sich bei der *Capitaneria di porto* (Hafenamt) nach eventuellen Vorschriften und Einschränkungen erkundigen.

Wildwasserkanu: Ideale Bedingungen bietet der Sturzbach (*Torrente*) Argentina zwischen Taggia und Triora, im Hinterland der Levante der Torrente Vara. Infos und eine Broschüre zum Wildwassersport sind in den I.A.T.-Büros erhältlich.

Golf: Ganzjährig bespielbare Golfplätze gibt es für Ponente-Urlauber in San Remo, Garlenda (bei Alassio), Arenzano und Genua; an der Levante locht man in Rapallo und Lerici ein. Detaillierte Infos auf der Website www.federgolf.it, die offizielle Seite des Italienischen Golfverbands (*Federazione Italiana Golf*), dort auf „I golf club" klicken, die Auflistung erfolgt nach Regionen.

In der Wand: Liguriens Felsen sind bei Kletterern beliebt

Tipp: Der Höhenwanderweg **Alta Via dei Monti Liguri**, der längste und schwierigste ligurische Wanderweg, führt in 44 Tagesetappen von Ventimiglia über die Seealpen und den Apennin nach Ceparana bei La Spezia. Infos unter www.parks.it/grandi.itinerari/altavia/index.html (in Italienisch, Deutsch und Englisch) sowie unter www.altaviadeimontiliguri.it (die offizielle Seite, nur Italienisch).

Sprache/Sprachkurse

Viele Ligurer sprechen Französisch, einige Englisch und auch etwas Deutsch, sodass die Verständigung eigentlich kein Problem ist. Dennoch sollte sich jeder ein paar Worte Italienisch aneignen, die gängigen Begrüßungs- und Höflichkeitsformeln sitzen schnell – eine Hilfe kann dabei unser kleiner Sprachführer am Ende des Buchs sein. Wem das Italienische am Herzen liegt, kann einen Intensivkurs in Italien buchen. Eine umfangreiche Informationsbroschüre über Sprachreiseveranstalter sowie sämtliche italienischen Sprach- und Hochschulen erhalten Sie bei der *Aktion Bildungsinformation (ABI)*, s. u.

• *Bestelladresse* Aktion Bildungsinformation, Lange Straße 51, D-70174 Stuttgart, ✆ 0711-2021630, 📠 22021640, www.abi-ev.de. Die Broschüre „Italienisch lernen in Italien" kostet inkl. Versand 16 €.

• *Italienischkurse in Ligurien* „La Scuola" veranstaltet Kurse für Schüler und Erwachsene in **San Bartolomeo al Mare** (zwischen Imperia und Alassio → S. 152), pro Woche 150 € (ohne Übernachtungskosten). Rödelheimer Landstraße 144, D-60486 Frankfurt, ✆ 069-7075588, www.la-scuola.com.

Strom

Landeseinheitlich 220 Volt, unsere Schukostecker passen mittlerweile fast überall. Falls nicht, kann man überall Adapter, *spina di adattamento*, oder (umgangssprachlicher) *spina schuko* kaufen bzw. im Hotel ausleihen. Auch bei uns sind sie im Fachhandel erhältlich.

Telefonieren

Fast jeder in Italien hat ein Handy *(telefonino* oder *cellulare)*, mit dem auch pausenlos telefoniert wird. Italienische Mobilnummern sind dreistellig und beginnen mit 3 (z. B. 347, 333 etc.). Achten Sie im Reiseteil darauf – diese Nummern anzurufen, kostet Sie deutlich mehr als ein Anruf ins italienische Festnetz. Funklöcher gehören in aller Regel der Vergangenheit an, nur in abgelegenen Berggegenden kann es mal passieren, dass man mit dem Handy kein Netz hat. Ansonsten gibt es noch immer flächendeckend öffentliche Telefonzellen, die mittlerweile fast ausnahmslos mit *Telefonkarten* funktionieren. Die *carta telefonica* kann man für 5 € in Tabacchi- und Zeitschriften-Läden und in Bars kaufen. Vor Gebrauch muss die obere, perforierte Ecke abgebrochen werden. Die *Tarife* für Gespräche (Festnetz) von Italien nach Deutschland, Österreich und die Schweiz sind höher als umgekehrt. Am günstigsten telefoniert man werktags nach 22 Uhr und sonntags.

Seit Juli 2009 gelten folgende neue EU-Richtlinien für Roaming-Gebühren: Netz- und betreiberunabhängig kosten abgehende Anrufen maximal 0,43 €/Minute, eingehende Anrufe 0,19 €/Minute, abgehende SMS 0,11 € (ankommende SMS gebührenfrei), hinzu kommt jeweils noch die Mehrwertsteuer.

Für alle, die viel telefonieren oder längere Zeit in Italien bleiben, lohnt sich eventuell der Kauf einer italienischen SIM-Karte von einer der italienischen Mobiltelefongesellschaften. Sie kostet ca. 50 €, hat allerdings auch ein Gesprächsguthaben in dieser Höhe. Man bekommt damit eine italienische Nummer und muss die aus dem Ausland kommenden Gespräche nicht mitfinanzieren. Beim Kauf muss man den Personalausweis vorzeigen und eine Adresse (auch Hotel o. Ä.) in Italien haben.

Telefon-Vorwahlen

- **Von Italien ins Ausland**: Deutschland 0049, Österreich 0043, Schweiz 0041. Danach immer die Null der Ortsvorwahl weglassen.
- **Vom Ausland nach Italien**: aus Deutschland, Österreich, der Schweiz 0039. Wichtig: Die Null der Ortsvorwahl ist hier immer mitzuwählen.
- **Innerhalb von Italien**: Telefonieren Sie innerhalb eines italienischen Fernsprechbereichs (Provinz, Großstadt etc.), ist die Ortsvorwahl immer mitzuwählen – auch bei Gesprächen innerhalb eines Ortes.
- **Abend-/Wochenendtarife in Italien**: Werktags zwischen 22 und 8 Uhr sowie an Sonntagen von 0 bis 24 Uhr telefoniert man billiger.

Zeitungen/Zeitschriften

Die meistgelesenen italienischen Tageszeitungen sind der mailändische *Corriere della Sera* (eher konservativ), die römische *La Repubblica* (gemäßigt links) und *La Stampa* (politische Mitte) aus Turin; größte Sportzeitung ist die täglich erscheinende, rosafarbene *Gazzetta dello Sport*. Wir halten es an dieser Stelle für erwähnenswert, dass sich diese Presseerzeugnisse – im Gegensatz zu fast allen italienischen TV-Kanälen – *nicht* im Besitz von Silvio Berlusconi befinden und somit zu den unabhängigen Medien zählen.

Typische Boulevardblätter gibt es fast nicht (diesen Part übernehmen wöchentlich erscheinende Regenbogenblätter wie *Gente*, *Di Più* und *Oggi*), und auch die Vertriebsstruktur unterscheidet sich erheblich von den Gepflogenheiten nördlich der Alpen: Die meisten Zeitungen gehen per Straßenverkauf an ihre Leser, der Anteil der Abonnements liegt bei unter 10 %. Der traditionelle Zeitungskiosk (*edicola*) hat vor einigen Jahren übrigens sein Monopol verloren, Zeitungen gibt es jetzt auch an Tankstellen, in Bars, Supermärkten und Buchhandlungen.

Überregionale deutsche Zeitungen wie die *Süddeutsche* und die *FAZ* gibt es in größeren Orten meist am Erscheinungstag, und auch der *Spiegel* kommt in den ligurischen Zeitschriftenläden und Buchhandlungen pünktlich am Montag heraus.

Zoll

Im Zuge des Binnenmarkts gelten großzügige Richtlinien für die Einfuhr italienischer Waren nach Deutschland oder Österreich. Im privaten Reiseverkehr innerhalb der EU dürfen Waren zum eigenen Verbrauch unbegrenzt mitgeführt werden. Um diese vage Formulierung zu präzisieren und eine Abgrenzung zwischen privater und gewerblicher Verwendung vorzunehmen, gelten folgende Richtmengen pro Person:

800 Zigaretten, 400 Zigarillos, 200 Zigarren, 1 kg Rauchtabak, 10 l Spirituosen, 20 l Zwischenerzeugnisse bis 22 % Alkoholgehalt (z. B. Campari), 90 l Wein, davon max. 60 l Schaumwein und 110 l Bier.

Bei den vorgesehenen stichprobenartigen Kontrollen muss den Zollbeamten im Falle einer Mengenüberschreitung glaubhaft gemacht werden, dass die Waren tatsächlich nur für den privaten Konsum gedacht sind!

Da die *Schweiz* nicht zur Europäischen Union gehört, ist beim Transit eine freiwillige Deklaration der mitgeführten Waren fällig, wenn die in der Schweiz geltenden Freimengen (200 Zigaretten, 50 Zigarren, 2 l Wein und 1 l Spirituosen) überschritten werden. Für Waren, die das Limit überschreiten, muss eine Kaution in Landeswährung hinterlegt werden, die man bei der Ausreise zurückerhält.

Weltmeisterlich: der Nachwuchs trainiert

▲ Traumhafen in der Cinque Terre: Vernazza

Ligurien – die italienische Riviera

Riviera di Ponente 90

Blumenriviera 93

Palmenriviera 154

Genua 216

Riveria di Levante 256

Cinque Terre 322

Golfo di La Spezia 352

Links die Palmen, rechts die Riviera: der Strand von Alassio

Riviera di Ponente

Der Küstenstreifen zwischen der italienisch-französischen Grenze und dem Großraum Genua ist kaum mehr als ein schmaler Saum zwischen Gebirge und Meer. Die sattgrünen Ausläufer der Seealpen und des Ligurischen Apennin stürzen sich hier fast senkrecht in die Fluten des Mittelmeers. In den kleinen Ebenen und schmalen Buchten drängen sich die Küstenorte dicht an dicht – ehemalige Fischer- und Bauerndörfer, die längst zu weitläufigen Ferienorten geworden sind.

Der chronische Platzmangel an der Riviera di Ponente hat vielerorts zu einer hemmungslosen Zersiedlung der Küste geführt. Wohnanlagen ziehen sich die Hänge hinauf, Autobahn- und Eisenbahntrassen durchpflügen das Terrain, auch die Industrieanlagen der Hafenstädte beanspruchen unübersehbar ihren Platz. Doch dazwischen grünt und blüht es überall. Intensive Blumenzucht, üppige Terrassenkulturen, exotisch-mediterrane Gärten, duftende Zitrushaine und buschige Palmenalleen prägen an so manchem Ort den unverwechselbaren Charme der Riviera di Ponente.

Der deutsche Gärtner und Landschaftsmaler *Ludwig Winter* begann um 1870 mit dem Blumenanbau an der Ponente – und fand Nachahmer. Schon um die Jahrhundertwende sprossen auf den früheren Wein- und Oliventerrassen die Schnittblumen, die Küstenhänge waren mit Gewächshäusern überzogen. Bald erstreckte sich die so genannte *Blumenriviera (Riviera dei fiori)* von Ventimiglia bis nach Cervo. Beinahe jeder Küstenort hatte sich der Blumenzucht verschrieben und pflanzte Rosen, Nelken, Margeriten, Gladiolen, Strelitzien, Gerbera und Orchideen für den Export.

Inmitten der Blütenpracht der Jahrhundertwende ließ sich eine exklusive Urlaubergesellschaft aus betuchten, meist blaublütigen Dauergästen aus dem Norden Europas nieder. Die feinen Touristen der ersten Stunde entdeckten die schönsten Ecken der ligurischen Traumküste für sich, errichteten standesgemäße Ferienresidenzen, kauften parkähnliche Küstengrundstücke auf oder logierten in den in diesen Jahren entstandenen Grandhotels. Jahrzehntelang genoss die *Ponente* den Ruf einer vornehmen Urlaubswelt – sowohl die Blumenriviera wie auch die östlich sich anschließende *Palmenriviera (Riviera delle Palme)*, die sich von Alassio bis nach Genua erstreckt.

Mit den Anfängen des organisierten Tourismus nach dem Zweiten Weltkrieg begann sich auch die Riviera di Ponente zu verändern, die glamourösen Tage des Nobeltourismus waren gezählt. Die mondänen Rivieraorte San Remo und Bordighera sind mittlerweile verblasst und verstädtert – ihre noblen Grandhotels und Jugendstilvillen verströmen oft nur noch einen Hauch vom Glanz der Belle Époque, vielfach wurden sie in Eigentumswohnungen umgewandelt.

Heute ist die Riviera di Ponente überwiegend auf Massentourismus eingestellt, viele Küstenorte haben sich zu expandierenden Ferienorten entwickelt, von denen längst nicht mehr alle uneingeschränkt zu empfehlen sind. Allzu häufig bestimmen Zersiedlung und dichter Verkehr das Bild, und allzu häufig verbauen moderne Zweckbauten die alten Ortskerne. Das Strandleben erweist sich im Hochsommer als gnadenlos durchorganisiert und bis auf den letzten Quadratmeter gebührenpflichtig. Die Küstenstraße *Aurelia* quält sich vielerorts durch verstopfte Innenstädte, die sich dabei von ihrer unattraktivsten Seite zeigen. Bahngleise zerschneiden manchen Badestrand und isolieren ihn vom Ortskern, während im Hintergrund gigantische Autobahnbrücken die Täler durchschneiden ...

Ein Highlight an der Riviera di Ponente: die Gärten von Hanbury

Nur in wenigen der einst idyllischen Küstenorte stimmen dann die Proportionen und die Atmosphäre noch, so dass man guten Gewissens von beschaulichen Urlaubsorten sprechen kann: In *Cervo* und *Noli,* den sicherlich ursprünglichsten Ponente-Orten, prägt noch überschaubares mittelalterliches Ambiente das friedliche Stadtbild. *Porto Maurizio* thront anmutig auf einem Küstenhügel, und auch in *Laigueglia* verbirgt sich ein überaus beschaulicher Ortskern hinter einer etwas gesichtslosen Fassade. Eine angenehme Ausnahme ist auch *Finale Ligure,* das viele deutsche Urlauber schätzen; *Varigotti* hingegen ist eine weniger bekannte Küstenperle. Als geschichtsträchtiger, aber untypischer Küstenort und nur im Kern sehenswert, präsentiert sich das

mittelalterliche *Albenga*. Auch das küstennahe *Taggia* besitzt ein lebendiges mittelalterliches Zentrum und obendrein eines der kunsthistorisch bedeutendsten Baudenkmäler der Riviera di Ponente.

Eine echte Bereicherung ist zudem eine Reise in das Hinterland der westlichen Riviera. Gezielte Abstecher in die ligurische Bergwelt führen in die Abgeschiedenheit und Ruhe einer zeitlos erscheinenden Provinz – mehr als eine Flucht aus der Küstenhektik: Schon wenige Kilometer im Landesinneren öffnen sich herrliche Landschaften und Gebirgspanoramen. Weitläufige Olivenbaumplantagen an engen, steilen Talhängen werden in zunehmender Höhe von endlosen und einsamen Steineichen- und Kastanienwäldern abgelöst. Schmale, kurvige Straßen winden sich in Dutzenden Serpentinen auf abgelegene Passhöhen, die mit spektakulären Panoramablicken belohnen. Und immer wieder thronen Adlerhorsten gleich die verschachtelten Silhouetten friedlicher Bergdörfer auf Kuppen, Graten oder an Hänge geschmiegt, allen voran *Apricale, Perinaldo, Triora* und *Dolcedo* sowie das im Tal der Crosia gelegene *Dolceacqua*.

Riviera di Ponente auf einen Blick

Die mondänsten Küstenorte: Bordighera, San Remo

Die ursprünglichsten und schönsten Küstenorte: Cervo, Laigueglia, Finale Ligure, Varigotti, Noli, Porto Maurizio (Imperia), Celle Ligure

Die schönsten Bergdörfer: Dolceacqua, Apricale, Perinaldo, Pigna, Ceriana, Triora, Dolcedo, Valloria, Pieve di Teco, Zuccarello, Castelvecchio di Rocca Barbena, Verezzi

Landschaftliche Höhepunkte: Hanbury-Gärten (exotisch-mediterraner Küstenpark), Sentiero degli Alpini (spektakulärer Höhenweg in den Seealpen), Passo di Teglia (Gebirgspanorama auf ca. 1400 m)

Interessante Höhlen: Grotte dei Balzi Rossi (prähistorischer Höhlenkomplex), Grotte di Toirano (gigantische Tropfsteinhöhlen mit prähistorischen Spuren)

Kunst- und Kultur-Highlights: „Tal der Wunder“ (Tausende von bronzezeitlichen Ritzzeichnungen aus Liguriens Frühgeschichte), Taggia (spätgotisches Dominikanerkloster), Albenga (römische Vergangenheit, frühchristliches Baptisterium, romanische Geschlechtertürme), Noli (Cattedrale San Paragorio), Genuas Baudenkmäler und Museen

Baden/Strände: Arma di Taggia, Diano Marina, Finale Ligure, Alassio (schöne Stadtstrände), Varigotti (Stadtstrand und kleine Badebuchten)

Eher abzuraten: San Lorenzo al Mare, San Bartolomeo al Mare, Borghetto Santo Spirito, Vado Ligure, Genuas westliche Vororte

Der Hausstrand von Imperia

Blumenriviera

Ventimiglia

ca. 25.700 Einwohner

Eine hektische Grenzstadt, die von der Mündung des Flusses Roia in zwei Hälften geteilt wird. In der Neustadt tobt der Durchgangsverkehr, dagegen lädt oben am Hügel die beschauliche Altstadt zum Bummel ein.

Die Sehenswürdigkeiten von Ventimiglia (oder *Xxmiglia*, wie die Stadt offiziell abgekürzt wird; „xx" = „venti" = 20) finden sich fast ausnahmslos im mittelalterlichen Ortskern, einzig die Reste des römischen Amphitheaters liegen ein wenig unbeachtet am östlichen Rand der Neustadt. Von den *Giardini Pubblici,* dem kleinen, mit buschigen Palmen bestandenen Stadtpark in der Neustadt, führt eine Fußgängerbrücke über die Roia-Mündung hinüber zum Altstadthügel.

Der weitgehend erhaltene historische Ortskern ist bis heute bewohnt. Kommt man von Osten, sticht der zunehmende Verfall der verschachtelten Häuserfassaden in der Silhouette der Altstadt ins Auge. Das Innere des *centro storico* wirkt allerdings recht gepflegt. Eine schmale Treppengasse führt von der *Piazza Marconi* am Meer hinauf zur *Cattedrale Santa Maria Assunta* und weiter zur höchsten Aussichtsterrasse unterhalb der Castello-Ruine. Von dort blickt man auf den geradlinigen Küstenverlauf und die Hangterrassen mit ihren weitläufigen Gewächshäusern, in denen vorwiegend Rosen und Mimosen gezüchtet werden. Früher hatte Ventimiglia einen eigenen internationalen Blumenmarkt, mittlerweile wird die hiesige Produktion auf dem Großmarkt von San Remo/Bussana umgeschlagen. Geblieben ist jedoch der berühmte Wochenmarkt mit dem vielleicht eindrucksvollsten Markttreiben ganz Liguriens. Immer freitags ab 7 Uhr früh wimmelt es auf dem Palmenplatz der Neustadt und in den angrenzenden Straßen von Verkaufsständen, die wirklich alles

Erdenkliche anbieten – die französische Kundschaft kommt angeblich bis aus Marseille angereist, um in Ventimiglia ihr Schnäppchen zu machen.

Geschichte

Vermutlich war Ventimiglia schon in der Frühgeschichte besiedelt, als die bronzezeitliche Urbevölkerung des Monte-Bego-Gebiets (→ „Tal der Wunder“, S. 104) den Höhepunkt ihrer Entwicklung erlebte. Viel später, beim Ausbau der römischen Heeresstraße nach Gallien, entstand *Albintimilium,* eine römische Kleinstadt mit Amphitheater, Thermen und Aquädukten. Die antike Arena sowie einige Ausgrabungsfunde aus römischer Zeit können besichtigt werden (→ S. 100). Von den Zerstörungen durch die Goten, Langobarden und Sarazenen erholte sich Ventimiglia erst im späten Mittelalter. 1130 mussten sich die Grafen der Stadt wohl oder übel dem übermächtigen Genua unterordnen. Als Grenzstadt und Genueser Vorposten gegen die Anjou, Savoyer und Grimaldi hatte Ventimiglia bereits ab dem 14. Jh. Bedeutung, wirtschaftliches Gewicht erlangte es durch seine Lage an der *Salzstraße,* dem alten Handelsweg durch das Roia-Tal nach Frankreich. Noch im 17. und 18. Jh. war Ventimiglia immer wieder begehrter Zankapfel der Politik, bis Napoleon die Stadt eroberte und sie 1797 zur französischen Bezirkshauptstadt ernannte.

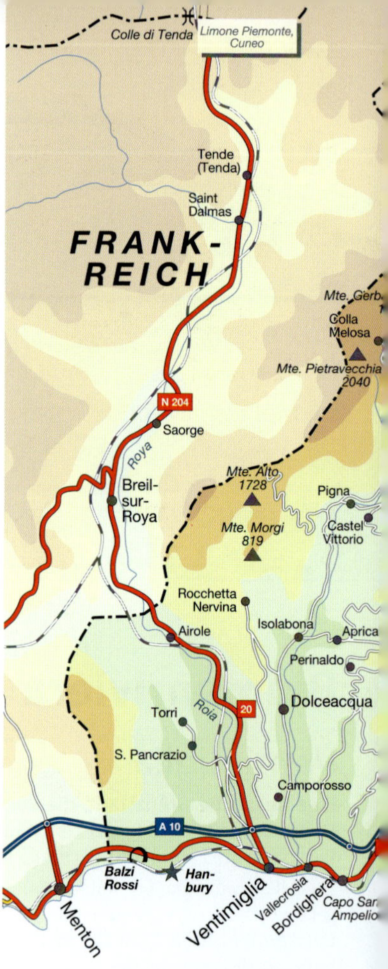

Anfahrt/Verbindungen

• *Auto* Ventimiglia ist die westlichste Abfahrt der *Autostrada dei fiori* (A 10) vor der Grenze nach Frankreich. Die alte Küstenstraße *Aurelia* (S 1) führt quer durch die Stadt und ist zwischen der italienisch-französischen Staatsgrenze und San Remo sehr stark befahren.

Parken: zentraler, gebührenpflichtiger Großparkplatz in der Neustadt, unterhalb der Giardini Comunali (Palmenpiazza) am Flussufer. Von hier führt die oben erwähnte Fußgängerbrücke direkt zum Altstadthügel. Kostenlos Parken kann man an der Piazza Marconi auf der Altstadtseite nahe den Strandhotels Sole Mare und Seagull. Allerdings nur wenige Plätze, die oft belegt sind.

• *Bahn* **Bahnhof** in der oberen Neustadt, Piazza Cesare Battisti, nur wenige Meter oberhalb der Via Cavour. Mindestens stündlich, teils halbstündlich nach San Remo, Imperia, Alassio und weiter nach Savona; etwa stündlich nach Genua (Fahrtzeit je nach Zug 2–3 Std.). Ca. halbstündlich verkehren die Züge der französischen Staatsbahn SNFC zwischen Ventimiglia und Nizza, Fahrtzeit knapp 1 Std. Eine der schönsten Bahnstrecken der Umgebung ist die *Tenda-Bahn* von Ventimiglia durch die Seealpen

Riviera di Ponente: Blumenriviera

ins piemontesische Cuneo. Ab Ventimiglia alle 1–2 Std., Fahrtzeit ca. 2 Std., einfache Fahrt 4,60 €. Näheres zur Tenda-Bahn S. 103.

• *Bus* **Busbahnhof** an der Piazza della Costituente (am Anfang des Corso Francia) auf der Altstadtseite, gleich bei der Roia-Brücke. Hier fahren allerdings nur die Busse Richtung San Remo, wer in die Täler will, muss an einer der Haltestellen in der Via Cavour einsteigen: mehrmals tägl. u. a. nach Dolceacqua, Apricale, Pigna, Castel Vittorio (nähere Infos bei der I.A.T.). Die Linea 1 verbindet Ventimiglia mit der italienisch-französischen Grenzstation Ponte San Luigi mit Halt an den Balzi-Rosso-Höhlen und bei den Hanbury-Gärten. Tickets am Kiosk bzw. In Tabacchi-Laden mit R.T.-Schild (*Riviera Trasporti*).

Diverses

• *Information* **I.A.T.**, in der Via Cavour 61, an der Durchgangsstraße neben dem Kirchlein Sant'Agostino. ✆ 0184-351183, 📠 0184-235934, www.visitrivieradeifiori.it, infoventimiglia@visitrivieradeifiori.it. Im Sommer Mo–Sa 9–12.30 und 15.30–19 Uhr, im Winter Mo–Sa 9–12.30 und 15–18.30 Uhr. So geschlossen.

• *Post* Piazza Cesare Battisti (Bahnhof) und Corso Repubblica 8 (Piazza della Libertà), Neustadt, Nähe Palmenplatz.

• *Einkaufen* **Markthalle (Mercato coperto),** jeden Vormittag (außer So) Lebensmittel- und kleiner Blumenmarkt am Corso Repubblica (Neustadt). **Wochenmarkt**, einer der größten Italiens mit enormem Waren- und Lebensmittelangebot; immer freitags ganztägig im Bereich Lungo Roia G. Rossi, Via Vittorio Veneto und Via Milite Ignoto (rund um die Palmenpiazza) sowie an der Passegiata Oberdan.

• *Feste & Veranstaltungen* **Battaglia di Fiori** im Juni, eines der größten Blumenfeste der Ponente (www.battagliadifiori.com).

Corteo storico, 1. Sonntag im August, historischer Trachtenumzug mit Armbrustwettschießen.

Agosto medievale, Veranstaltungen zu mittelalterlichen Themen den ganzen August über – viel Kulinarisches.

Patronatsfest des Stadtheiligen San Secondo am 26. August.

• *Baden* Die städtischen Kiesstrände an der Passeggiata Marconi in der Altstadt und an der Passeggiata Oberdan bzw. Passeggiata Cavalotti in der Neustadt sind nicht unbedingt badetauglich – die nahe Flussmündung trübt die Wasserqualität. Dennoch Bagni und diverse Restaurants am Strand.

Übernachten & Camping

*** **Sole Mare (9)**, gepflegter Neubau mit Terrasse und Parkplatz, gleich an der Ausfahrt des Altstadttunnels, nur über die Straße zum Meer. Freundliche Einrichtung und ebensolcher Service, alle Zimmer mit Bad, TV und Balkon zum Meer hin. EZ 105 €, DZ 130 €, Dreibett-Zimmer 180 €, Vierbett-Zimmer 220 €, jeweils inkl. Frühstück. Via Marconi 22, 18039 Ventimiglia (IM), ✆ 0184-351854, ℻ 0184-230988, www.hotelsolemare.it.

*** **Sea Gull (7)**, gleich neben Sole Mare, ebenfalls ein komfortabler Neubau mit Terrasse und Vorgarten. Mit Restaurant. EZ 90 €, DZ 130 € inkl. Frühstück. Passeggiata Marconi 24, 18039 Ventimiglia (IM), ✆ 0184-351726, ℻ 0184-231217, www.seagullhotel.it.

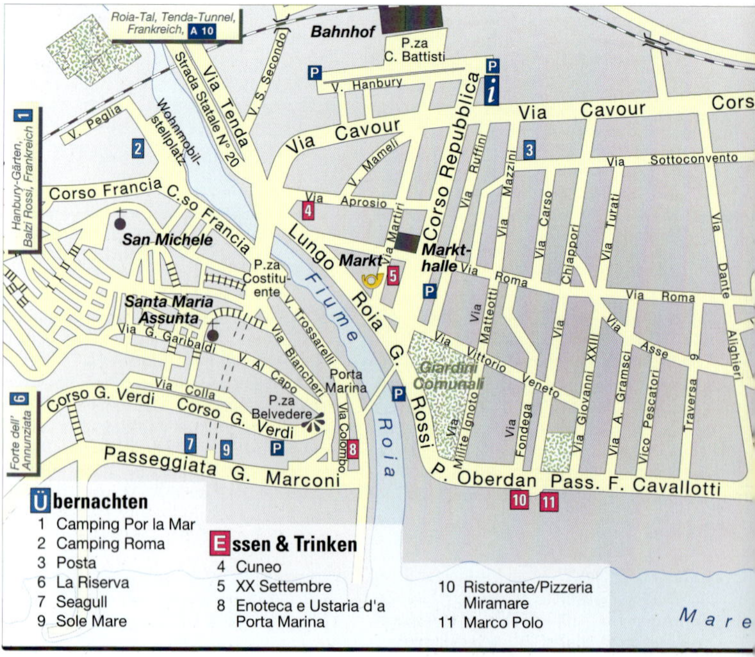

*** **Posta (3)**, modernes, gepflegtes Stadthotel, guter Service; in einer relativ ruhigen Seitenstraße des belebten Viertels um Via Cavour und Via Roma in der Neustadt gelegen. Behindertengerechte Ausstattung, alle Zimmer mit Bad, TV und Klimaanlage. EZ 85 €, DZ 105 € inkl. Frühstück. Via Sottoconvento 15, 18039 Ventimiglia (IM), ✆ 0184-351218, 📠 0184-231600, www.postahotel.net.

• *Außerhalb* *** **La Riserva (6)**, das schönste Hotel der Stadt liegt auf der Spitze des Castel-d'Appio-Hügels weit oberhalb der Altstadt und ein gutes Stück außerhalb – wer sich hier einmietet, sollte unbedingt motorisiert sein. Herrliche Lage und toller Blick (v. a. von der Terrasse des Hotelrestaurants), mit Garten und Pool, ruhig und abgeschieden, freundlicher, hilfsbereiter Service. Sehr empfehlenswertes Hotelrestaurant (s. unten), wenn auch nicht billig. Einziger Nachteil ist die steile, schmale Straße hinauf (ca. 5 km vom Zentrum). Alle Zimmer mit Bad, TV, Klimaanlage, kostenlosem Internetzugang und Balkon/Terrasse, Geöffnet 1. April bis 30. September. Anfahrt: Ab Ventimiglia Alta (gegenüber der Forte Annunziata) führt eine schmale Straße hinauf, beschildert. EZ 110 €, DZ 140–155 €, Suite 200 €, Frühstück 8 €/Pers. La Riserva di Castel d'Appio, 18039 Ventimiglia (IM), ✆ 0184-229533, 📠 0184-229712, www.lariserva.it.

• *Camping* ** **Roma (2)**, Stadtcamping, zentraler geht es kaum: Gleich unterhalb der Altstadt, allerdings unmittelbar am Autobahnzubringer und an den Bahngleisen – also eher laut. Ein kleines Nadel- und Laubwäldchen spendet dürftigen Schatten, insgesamt ein gepflegter Platz; Bar, Terrassenrestaurant, Bungalowvermietung. Freundlicher Service. November und Dezember geschlossen. Person 10 €, Zelt 13 €, Wohnwagen/-mobil 10 €, Auto 6 €. Via Freccero 9, 18039 Ventimiglia (IM), ✆ 0184-239007, 📠 0184-239035, www.campingroma.it.

** **Por la Mar (1)**, an der S 1 Richtung italienisch-französische Grenze in der Ortschaft Latte, links der Straße, beschildert. Terrassiertes Hanggelände, teilweise Baumschatten, relativ ruhig, alles nicht mehr ganz neu. Für Zelte gibt es nicht allzu viele Stellplätze. Bar, Einkaufsmöglichkeiten im Supermarkt von Latte. Ganzjährig geöffnet. Person 8 €, Zelt 7 €, Wohnwagen/-mobil ca. 9 €, Auto 4 €. Corso Nizza 107, 18039 Latte di Ventimiglia (IM), ✆ 0184-229626.

• *Stellplatz* Einen **Wohnmobilstellplatz** findet man schräg gegenüber vom Camping Roma am Flussufer.

Essen & Trinken

Zahlreiche Ristoranti und Pizzerien befinden sich direkt an den Strandpromenaden von Alt- und Neustadt, die Auswahl fällt schwer. Fast überall werden 3- bis 4-gängige Menüs angeboten.

Marco Polo (11), einladendes Holzhaus am Meer mit zwei Palmen davor, hinter dem sich ein vornehmes, aber nicht ungemütliches Strandrestaurant mit sehr schöner Speiseterrasse verbirgt; gute Meeresküche zu leicht gehobenen Preisen. Die Fischerboote am benachbarten Strand passen ins Bild. Tagesmenü 22 €, Antipasti, Primi und Secondi jeweils um 15 €, Fisch kaum teurer. Mittags und abends geöffnet, Mo Ruhetag. Passeggiata Cavallotti 2. ✆ 0184-352678.

Enoteca e Ustaria d'a Porta Marina (8), etwas abseits vom Trubel der Strandpromenade in der Altstadt; kühler Gewölberaum; einige Tische auch draußen direkt am Flussufer. Kleine Karte mit Schwerpunkt

Fisch und Meeresfrüchte; große Weinauswahl; gutes Preis-Qualitäts-Verhältnis: Antipasti und Primi jeweils um 10–13 €, Secondi 14–18 €, Touristenmenü 20 €. Mittags und abends geöffnet, in der Nebensaison Mo Ruhetag. Eingang in der Via Trossarelli 22 (an der Altstadtseite der Fußgängerbrücke). Kommt man über die Via Colombo, ist es die Hausnummer 9a und heißt auf dieser Seite **Le Volte**. Es handelt sich aber um zusammenhängende Räumlichkeiten in ein und demselben Haus. ✆ 0184-351650.

Cuneo (4), beliebtes Restaurant im Herzen der Neustadt, oft voll, Menü um 30 €. Mittags und abends geöffnet, So und Mo abends geschlossen. Via Aprosio 16. ✆ 0184-231711.

Miramare (10), an der Neustadt-Uferpromenade, schöne Lage direkt am Strand (mit eigenem Strandbad), nette Terrasse, innen eher urige Atmosphäre in zwei Gasträumen. Große Pizzaauswahl (ab 6 €), einfaches Touristenmenü 14 €, Antipasti 8–11 €, Primi 7–10 €, Secondi um 12 €, bei Fisch wird es teurer. Im Sommer täglich mittags und abends geöffnet, Di Ruhetag. Passeggiata Oberdan 20. ✆ 0184-239371.

XX Settembre (5), einfaches, typisches und volkstümliches Hotelrestaurant mit hausgemachten Spezialitäten, gegenüber der Markthalle. Schlichter Speisesaal, einige Plätze auch draußen an der Straße. Sehr beliebt bei den Ventimigliesi, Menu della casa 20 € und 26 €, à la carte deutlich teurer, Pizza 7–10 €. Mittags und abends geöffnet, Mo geschlossen. Via Roma 16. ✆ 0184-351222.

• *Außerhalb* **La Riserva (6)**, elegantes Ambiente in den Innenräumen, Traumblick von der Panoramaterrasse hinüber zur Côte d'Azur, dazu gehobene Küche zu ebensolchen Preisen: Das Menü Turistico kostet 42 €, das Degustationsmenü 65 €; Antipasti und Primi 20–22 €, Secondi um die 24 €. Wer sich etwas Besonderes leisten möchte, ist hier richtig. 1. April bis 30. September täglich mittags und abends geöffnet, Reservierung ratsam unter ✆ 0184-229533. Anfahrt → Hotel La Riserva.

Sehenswertes

Die Altstadt

Ein Geflecht aus engen, dunklen Treppenwegen durchzieht den stillen Ortskern, teilweise so verwinkelt, dass man sich verlaufen kann. Hier oben herrscht Ruhe, kaum ein Auto stört die Beschaulichkeit von *Ventimiglia Alta*, dem alten Viertel oben in der Stadt. Massive Teilstücke der mittelalterlichen Stadtmauern begrenzen den Altstadthügel an einigen Stellen abrupt. Die Hauptachse des alten Viertels ist die *Via Garibaldi*, eine belebte Ladengasse mit viel mittelalterlicher Bausubstanz. Mehrere kleine Brunnenplätze öffnen diese dunkle Gassenschlucht, einige herrschaftliche Bürgerhäuser mischen sich unter die meist schmalen Wohnhäuser. Von der *Porta Marina* im unteren Teil der Altstadt führen mehrere Gassen zur Via Garibaldi hinauf. Ihr folgend, passiert man zwangsläufig die bedeutenden Sehenswürdigkeiten der Altstadt: die *Cattedrale Santa Maria Assunta* am Beginn der Via Garibaldi, die *Biblioteca Aprosiana* aus dem Jahr 1649 – eine der ältesten öffentlichen Bibliotheken Italiens – und wenige Schritte weiter das *Oratorio dei Neri* (um 1650), das dem Stadtheiligen San Secondo geweiht ist. Noch ein Stück weiter – jetzt auf der *Via Piemonte* – stößt man schließlich auf die romanische *Chiesa di San Michele*. Folgt man dagegen der Via Garibaldi weiter zur *Porta Nizza*, sind es nur wenige Minuten hinauf zur *Forte dell'Annunziata* mit sehenswertem Museum und herrlichem Ausblick.

Cattedrale Santa Maria Assunta: Die dreischiffige romanische Kirche wurde im 11. Jh. auf den Fundamenten eines Vorgängerbaus aus dem 9./10. Jh. gebaut. Ihre schlichte Fassade wird von einem tief gestaffelten Eingangsportal im frühgotischen Stil beherrscht. Die *Barockkapellen* im linken Seitenschiff stammen aus dem 16./17. Jh. Ebenfalls über das linke Seitenschiff gelangt man in das achteckige romanische *Baptisterium* mit abwechselnd halbrunden und eckigen Nischen (zur Zeit der Recherche wegen Restaurierung geschlossen). Es wurde wie die Kathedrale im 11. Jh. gebaut und befindet sich an der Stelle, an der in der Antike ein römischer Junotempel gestanden haben soll. Abschließend lohnt ein Blick in die *Krypta*, den ältesten Teil der Kathedrale, wo einige frühchristliche Reliefs zu sehen sind.

Tägl. 8–19 Uhr.

Die Cattedrale Santa Maria Assunta

Chiesa San Michele: am nordwestlichen Altstadtrand, neben dem mittelalterlichen Stadttor *Porta Piemonte*. Diese im romanisch-gotischen Mischstil errichtete Kirche (12./13. Jh.) beherbergt eine interessante Krypta, die teilweise von antiken Marmorsäulen und Meilensteinen gestützt wird. Das Weihwasserbecken der Michaelskirche, ebenfalls aus einem antiken Meilenstein gearbeitet, weist noch die Entfernungsangabe nach Rom auf: 590 Meilen.

Nur Sonntag 10.30–12 Uhr.

Museo Civico Archeologico „Girolamo Rossi" im Forte dell'Annunziata: Das Archäologische Museum in der alten Küstenfestung wurde eigens für die Fundstücke aus dem römischen *Albintimilium* eingerichtet (Via Verdi 41, die Straße, die sich um den Altstadthügel zieht). Bei klassischer Musik kann man in aller Ruhe durch die großzügigen und komplett renovierten Räumlichkeiten der Festung schlendern; in den Vitrinen sind Funde aus der antiken Stadt zu sehen: Vasen, Schalen, Tongefäße, Krüge, eine beachtliche Sammlung an Büsten und Marmorköpfen, Reliefs, Grabinschriften, Statuetten usw. Die kostbarsten Gegenstände stammen aus der Nekropole, darunter auch einige filigrane Glasgefäße und Öllämpchen. Das aufschlussreichste Großobjekt ist ein römischer Gedenkstein mit über 50 gut lesbaren Inschriften.

Mo–Sa 9–12.30 und 15–17 Uhr, So 10–12.30 Uhr. Eintritt 3 €. ✆/℻ 0184-351181, www.fortedellannunziata.it.

Forte San Paolo und **Castel d'Appio:** Am *Piazzale Funtanin,* der Panoramaterrasse des Altstadthügels, beginnt ein Fußweg hinauf zur Festung San Paolo, die die Seerepublik Genua Mitte des 13. Jh. als ihren westlichsten Vorposten errichtete. Von der ca. 200 m über dem Meer gelegenen wuchtigen Festungsanlage hat man einen wunderbaren Küstenblick. Weit oberhalb des Forte stand einst das Castel d'Appio (heute Hotel La Riserva, s. o.). An dieser Stelle befand sich in frühgeschichtlicher Zeit bereits ein kleines ligurisches *Castellaro,* das später von den Römern zu militärischen Zwecken ausgebaut wurde.

In der Neustadt

Zona Archeologica (Archäologisches Ausgrabungsgelände): Beim Bau der Eisenbahntrasse stieß man erstmals auf die Grundmauern des römischen *Albintimilium*. Die Ausgrabungsstätte am nordöstlichen Neustadtrand, eingeklemmt zwischen Bahngleisen und Via Aurelia, ist nicht frei zugänglich; von der Hauptstraße aus ist das einst 5000 Zuschauer fassende *Amphitheater* mit den Sitzreihen aus hellen Steinblöcken jedoch einzusehen.

Ventimiglia/Umgebung

Die Hanbury-Gärten (Giardini Hanbury)

Ein Besuch lohnt unbedingt, nicht nur für Hobbybotaniker. Einen Vorgeschmack bietet schon die Küstenstraße zu den Gärten in Richtung italienisch-französischer Grenze. Die Macchia wuchert am bizarren Steilufer, an den Hängen gedeiht zwischen Zitronenbäumen und Palmen eine artenreiche Pflanzenpracht, während an den Straßenrändern üppige Bougainvilleen ranken.

Die mediterran-exotischen Gärten der *Villa Hanbury* ziehen sich am *Capo Mortola* zum schroffen Felsufer hinunter. Mitten im Park steht die herrschaftliche Villa, die im Lauf der Zeit häufig ihre Besitzer wechselte. Seit 1987 befindet sie sich wie auch die Gärten im Besitz der Universität Genua und beherbergt die Parkverwaltung.

Als die britische Upperclass Mitte des 19. Jh. die Riviera zum bevorzugten Urlaubsziel auserkor, verschlug es auch den weit gereisten Geschäfts- und Lebemann *Sir Thomas Hanbury* hierher. Der Brite sicherte sich 1867 das große Küstengrundstück an der damals noch weitgehend unbebauten Riviera und wurde hier sesshaft. Verkäufer war der italienische *Graf Orengo*, der nach zähen Verhandlungen den Grund samt Traumvilla abtrat. Der deutsche Gärtner und Landschaftsmaler *Ludwig Winter* – der Pionier der hiesigen Blumenzucht – trat 1868 in die Dienste des englischen Gentlemans und begann mit der Parkgestaltung. Bereits zur Jahrhun-

Mediterrane Pflanzenpracht in den Hanbury-Gärten

dertwende sprossen über 5000 mediterrane, tropische und subtropische Pflanzenarten auf dem aufgeschütteten Erdboden der 18 ha großen Gartenanlage. Bei Luftangriffen wurde die Villa 1944/1945 stark beschädigt, auf Initiative von Dorothy Hanbury, der Schwiegertochter von Hanbury, aber ab 1946 wieder aufgebaut. 1960 fiel das Anwesen dann an den italienischen Staat.

Nach jahrzehntelanger Aufbauarbeit sprießt hier heute wieder eine unglaubliche Pflanzenpracht. Unter den schirmförmigen Kronen riesiger Aleppokiefern wandelt man durch betörende Duft- und exotische Obstgärten. Die üppige Flora der Giardini Hanbury ist ein augenfälliger Beweis für das milde, fruchtbare Klima der Blumenriviera, in dem sich sogar die empfindliche afrikanische Papyrusstaude wohl fühlt. Weil sich die Blütezeit in diesem botanischen Paradies nicht nur auf Frühling und Frühsommer beschränkt, lohnt ein Besuch das ganze Jahr über.

Am unteren Ende der Giardini, nur durch die Mauer von der Küste getrennt, befindet sich in einem netten, kleinen Steinhaus eine *Snack-Bar* mit Terrasse, daneben eine schattige „Area Picnic" mit Tischen und Bänken.

• Öffnungszeiten/Eintritt 1. März bis 15. Juni tägl. 9.30–17 Uhr (Auslass bis 18 Uhr); 16. Juni bis 15. Sept. tägl. 9.30–18 Uhr (Auslass bis 19 Uhr); 16. Sept. bis 15. Okt. tägl. 9.30–17 Uhr (Auslass bis 18 Uhr), 16. Okt. bis 28. Feb. tägl. 9.30–16 Uhr (Auslass bis 17 Uhr). Eintritt 7,50 €, ermäßigt 6 € (Rentner über 65 Jahre), Familienticket 20 €. Corso Montecarlo 43, La Mortola, 18039 Ventimiglia, ✆ 0184-229507, www.giardinihanbury.com.

• Anfahrt/Verbindung In Ventimiglia-Zentrum am Kreisel auf der Straße Richtung „Francia" bzw. Menton (aber nicht die Autobahn), beschildert; im Ortsteil Latte dann weiter auf der oberen Küstenstraße (ebenfalls beschildert). Der Eingang zu den Giardini befindet sich ziemlich unauffällig links der Straße, geparkt wird am Straßenrand. Ab Ventimiglia etwa stündlich mit dem **Bus Linea 1** zu den Gärten.

Grotte dei Balzi Rossi mit Museo nazionale preistorico

Die „Geburt der Menschheit" lautet der Werbeslogan für die prähistorischen Höhlen bei Ponte San Ludovico. Tatsächlich sind die Funde spektakulär, von den Grotten selbst sollte man aber nicht zuviel erwarten.

Die *Grotte dei Balzi Rossi* befinden sich in unmittelbarer Nähe des ehemaligen italienisch-französischen Grenzübergangs. Vorbei an dem modernen Apartmentkomplex, wo bis in die 1920er Jahre das berühmte Spielcasino Balzi Rossi residierte, gelangt man (nach Kauf des Eintrittstickets am neuen Höhlenmuseum) zu der leicht rötlich schimmernden, fast 100 m hohen Steilwand, die von elf *frühgeschichtlichen Wohnhöhlen* durchlöchert ist. Die ältesten menschlichen Spuren, die in den Höhlen entdeckt wurden, reichen über 200.000 Jahre zurück, die „jüngsten" datieren aus der Zeit um 20.000 v. Chr. Man geht davon aus, dass die Balzi Rossi während dieser gesamten Zeitspanne bewohnt waren. Einige der spektakulärsten Entdeckungen der Höhlen stammen aus der *Barma Grande* (hinter dem alten Museum), einem ziemlich großen Felsspalt, der jedoch nicht zu besichtigen ist. Aus ihr stammt die so genannte „Dreierbestattung" (→ unten), die heute im unteren (neuen) Museum zu besichtigen ist. Östlich davon liegt die ebenfalls nicht zugängliche *Grotta del Principe*, in der die ältesten Überreste steinzeitlicher Besiedlung entdeckt wurden.

Auf einem hölzernen Fußgängersteg gelangt man vom oberen (alten) Museum auf einem Brückchen über die Bahngleise und zu den beiden Höhlen *Grotta del Caviglione* (viele Tauben und entsprechende Exkremente), in der man 1872 die ersten Skelette entdeckte, und zur *Grotta di Florestano*, die der gleichnamige monegassische Fürst von 1846 bis 1857 erforschen ließ.

Hier geht es zur „Geburt der Menschheit“

Die Fundstücke aus den Höhlen sind mittlerweile auf zwei vorbildlich gestaltete Museen verteilt: Im *Vecchio Museo*, dem alten oberen Museum, sind zahlreiche Kleinfunde wie Steinwerkzeuge und Grabbeigaben zu sehen, aber auch Schädelknochen von *Homo erectus* und *Neandertaler*; sehr anschaulich ist der en miniature nachgebaute steinzeitliche Alltag dargestellt. Highlight des kleinen Museums ist die Kopie der Ritzzeichnung eines Urpferdes (Przewalskii-Pferd) aus der *Grotta del Caviglione* (das Original befindet sich in 6 m Höhe an der Grottenwand – man kann es sich von einem der hilfsbereiten Wärter zeigen lassen, braucht aber einige Fantasie, um es zu erkennen).

Das vorn am Eingang gelegene, deutlich größere *Nuovo Museo* präsentiert diverse Skelette, darunter die schon erwähnte „Dreierbestattung“: ein Erwachsener und zwei Jugendliche aus der *Cromagnonzeit* (ca. 30.000–28.000 vor unserer Zeit). Die Grabstätte war mit symbolisch angeordneten Muschel- und Knochenketten sowie behauenen Steinen verziert. Ein weiteres Highlight sind die filigranen weiblichen *Statuetten*; darüber hinaus illustrieren Schaubilder den Meeresspiegel während der verschiedenen Phasen der Steinzeit, die damalige Fauna sowie die Grabungsarbeiten – alles sehr schön und anschaulich, leider aber nur auf Italienisch; ein deutschsprachiger Begleittext erläutert den Rundgang.

• *Anfahrt/Verbindung* **Auto**: Von Ventimiglia die Straße Richtung Francia nehmen (nicht die Autobahn!); im Ortsteil Latte geht es links ab, ein unauffälliges braunes Schild weist den Weg (*confine di stato*). Zunächst ein Stück auf breiter Straße, nach einem Tunnel kommt man zur ehemaligen Grenze (viele Obstverkaufsstände), hier scharf links, mit Parkplatz. An der Schranke durchgehen, an einem Appartementhaus linker Hand entlang gelangt man zum neuen Museum. Kaum beschildert.

Bus: *Linea 1* fährt ab Ventimiglia ca. stündlich nach Ponte San Luigi mit Halt bei den Balzi Rossi.

• *Öffnungszeiten* Ganzjährig Di–So 8.30–19 Uhr (Museum bis 19.30 Uhr), Mo geschlossen. Eintritt 2 €, 18–25 Jahre 1 €, unter 18 und über 65 Jahre frei. Informationen ✆ 0184-38113.

• *Essen/Trinken* **Balzi Rossi**, überaus nobles Feinschmeckerrestaurant am Eingang zu den *Balzi Rossi*. Von der Terrasse schweift der Blick hinüber nach Menton; edles und gediegenes Ambiente, die mit einem Michelin Stern geadelte Fischküche kostet entsprechend: Menü 70 €, Hauptgerichte à la carte 30–40 €, abends immer reservieren. Mittags und abends geöffnet, Mo Ruhetag, Di mittags geschl. Via Balzi Rossi 2. ✆ 0184-38132.

• *Baden* Geht man vom oberen Museum den Schotterweg weiter, erreicht man eine kleine Kiesbucht, schon auf dem Weg laden Klippen und Felsplatten zum Sonnenbad.

Von Ventimiglia ins Hinterland

Hat man die hektische Grenzstadt hinter sich gelassen, wird es schon nach wenigen Kilometern ruhiger. Ventimiglia liegt an der Mündung des *Roia*-Flusses, durch dessen Tal eine der schönsten Bahnstrecken Europas führt (→ unten). Doch auch mit dem Auto lohnt ein Abstecher ins Hinterland, sei es auf der viel befahrenen SS 20 Richtung Breil-sur-Roya (Frankreich) oder aber durchs östlich gelegene Nervia-Tal mit seinen immer noch idyllischen Bergdörfchen.

Mit der Tenda-Bahn durch die Seealpen

Eisenbahnfans sollten sich die eindrucksvolle Streckenführung der Tenda-Bahn mit ihren zahlreichen Viadukten und langen Tunnels durch die zerklüftete Roia-Schlucht nicht entgehen lassen. Von Ventimiglia steigt die Bahn um fast 1000 Höhenmeter an. Zwischenstopps sind u. a. in Breil-sur-Roya, Fontan-Saorge, Saint Dalmas de Tende, Tende (von hier ins „Tal der Wunder" → S. 104), Viève und Limone Piemonte, Endstation ist Cuneo im Piemont. Ab Ventimiglia etwa alle 1–2 Stunden, Fahrtzeit nach Cuneo ca. 2 Std., die einfache Fahrt ist zum Spottpreis von 4,60 € zu haben. Neben dem Zwischenstopp in Tende lohnt auch Limone Piemonte einen Ausflug: eine nette Sommerfrische auf 1009 m Höhe (ab Ventimiglia 80 Min. Fahrtzeit, einfach 3,30 €).

Roia-Tal

In schöner, kurvenreicher Fahrt geht es im tiefen Tal des Roia von Ventimiglia hinauf ins französische *Breil-sur-Roya* und weiter zu den herrlich gelegenen Bergdörfern *Saint Dalmas de Tende* und *Tende* (ital. Tenda) auf über 800 m Höhe, bevor man – nach weiteren fast 500 Höhenmetern – auf schöner Bergstraße durch den 3180 m langen *Tenda-Tunnel* wieder nach Italien ins südliche Piemont nach *Limone Piemonte* gelangt. Zwar führt auch eine überaus spektakuläre Straße über den 1908 m hohen *Colle di Tenda*, doch besteht diese auf der Südseite aus Schotter und ist daher nicht einfach zu befahren.

Information/Übernachten

• *Informationsbüro in Tende* An der Durchgangsstraße, neben dem Museum. Mehrsprachiges Prospektmaterial zum französischen Roya-Tal und zum Nationalpark (Parc National du Mercantour); Wanderkarten sowie Infos zu den Führungen und Geländewagenexkursionen im „Tal der Wunder". Mo–Sa 9–12 und 14–18 Uhr, So 14–18 Uhr, ✆ 04-93047371.

• *Telefon-Vorwahl* Wer aus dem Ausland nach Frankreich telefonieren möchte, wählt zuerst ✆ 0033 und lässt dann bei der Ortsvorwahl die Null weg.

• *Übernachten/Camping* **Le Miramonti**, in Tende, gepflegtes älteres Stadthaus, Zimmer ohne Bad, Hotelrestaurant mit Terrasse. 38 € pro Person mit Waschbecken im Zimmer, 45 € pro Person mit Dusche und WC, Frühstück 5,50 €. 5/7 Rue Antoine Vassalo, 06430 Tende, ✆ 04-93046182, ℻ 04-93047871.

* **Hotel du Centre**, einfache Herberge mit Bar gleich nebenan, insgesamt 17 Zimmer mit

und ohne Bad, geöffnet März bis Ende Okt. DZ 35–39 €, große Zimmer für 3–4 Personen 43 €. 12 Place de la République, 06430 Tende, ✆ 04-93046219, hotel.du.centre@hotmail.fr.

Gite d'Etape Les Carlines, kleine Trekking- und Jugendherberge in Tende, 32 Betten, Küchenbenutzung. Geöffnet Mai bis Okt. Übernachtung ca. 15 €/Person. Chemin Ste Catherine, 06430 Tende, ✆ 04-93046274 oder 06-86485645, 04-93046274 .

Camping Saint Jacques, kleiner Platz in Tende nordöstlich vom Zentrum auf der anderen Seite der Bahnstrecke, günstig; geöffnet ca. Mitte Mai bis Ende Sept. Vallée de la Pia, 06430 Tende, ✆ 04-93047608.

Im „Tal der Wunder"

Die beiden französischen Bergdörfer *Tende* und *Saint Dalmas de Tende* sind ideale Ausgangspunkte für Wanderungen im *Parc National du Mercantour*. Von *Saint Dalmas* führt eine Straße über das Bergdorf *Casterino* (dort Info, Einkehrmöglichkeit und großer Parkplatz) zum Rand des Parks. Die höchste Erhebung dieses wald- und seenreichen Nationalparks im italienisch-französischen Grenzgebiet bildet der Mont Bégo (ital. *Monte Bego*, 2873 m), an dessen Westflanke sich das so genannte „Tal der Wunder" *(Vallée des Merveilles* bzw. *Valle delle Meraviglie)* öffnet. In diesem weitläufigen Gebirgsareal haben die Menschen der Bronzezeit insgesamt ca. 40.000 Ritzzeichnungen auf glatten Felsoberflächen hinterlassen – eine enorme Fülle an gut erhaltenen Felszeichnungen, die weltweit einzigartig ist.

Das zerklüftete Bergmassiv des Mont Bégo war im 2. Jt. v. Chr. vermutlich die zentrale Kultstätte der umliegenden Volksstämme, die neben Ackerbau und Viehzucht auch begannen, sich die Technik Metallverarbeitung anzueignen.

• *Wanderungen* Teile des kulturgeschichtlich interessanten Areals dürfen nur im Rahmen organisierter Touren betreten werden. Es gibt eine begrenzte Zahl lizenzierter Anbieter, die mit Jeeps in den Park fahren und dann mehrstündige Wanderungen durchführen, die den Besuch der spektakulärsten Felszeichnungen beinhalten. Einer von ihnen ist **Giampiero Borgna**, Strada Poggi Terrine, 16, 18014 Ospedaletti, ✆ 0184-683807 oder 333-8570683. Er fährt in einem Landrover mit maximal acht Personen für ca. 200 €/Tag, bei kleineren Gruppen verlangt er entsprechend weniger. Wer am Campingplatz Villaggio dei Fiori in San Remo gastiert, kann auch von dort aus eine Tour buchen (→ Seite 125). Es gibt allerdings auch Gebiete um das Tal der Wunder, die für Wanderer frei zugänglich sind. Auskünfte dazu im Infobüro in Tende oder in Casterino, allgemeine Infos zum Park unter www.mercantour.eu.

Abschüssig: das Tal der Wunder

Wer keine Zeit hat, das mehrere Quadratkilometer große Wundertal per pedes zu entdecken, kann sich im *Musée des Merveilles* in Tende (unübersehbar im Norden der Stadt an der Durchgangsstraße) bequem einen Überblick verschaffen. Der neue Museumsbau mit dem markanten Eingang zeigt zwar nur ein Original der Felszeichnungen, bietet aber zahlreiche originalgetreue Reproduktionen. Außerdem wird die Unmenge der Zeichensymbole für den Laien verständlich sortiert und interpretiert. Neben den Darstellungen der beiden Gottheiten *Dio Toro* bzw. *Lo Stregone* (Stiergott bzw. Zauberer) und *Dea Terra* (Erdgöttin) stellen die stilisierten

Felszeichnungen vor allem Menschen, Tiere, Werkzeuge und Waffen dar. Obendrein sind lebensechte Nachbildungen aus dem bronzezeitlichen Alltag, Stein- und Metallwerkzeuge, Keramikgefäße, Schmuck- und Kultgegenstände zu sehen.

2. Mai bis 15. Okt. tägl. 10–18.30 Uhr (Winter bis 17 Uhr und Di geschlossen). Eintritt frei, ✆ 04-93043250, www.museedesmerveilles.com.

Ecovillaggio Torri Superiore

Im einsamen, bergigen Hinterland von Ventimiglia liegt das Dörfchen Torri mit seinen alten Bauernhäusern. Darüber thront Torri Superiore, ein mittelalterlicher Komplex aus dem 14. Jh. mit ineinander verschachtelten, bis zu fünf Stockwerken hohen Häusern und über 150 Räumen. Anfang der 1980er Jahre begann eine Handvoll ambitionierter Ökologen und Landwirte die seit langem verlassenen Ruinen zu sanieren. 1989 gründeten sie einen Kulturverein zum Erhalt des Orts, mittlerweile leben hier 16 Personen. Im Gästehaus von Torri Superiore kann man in schlichten Zimmern (1–4 Betten, mit oder ohne Bad) auch übernachten, im zugehörigen Restaurant kommen biologische Produkte aus der Umgebung auf den Tisch. Dazu ein buntes Kursprogramm (Yoga, Shiatsu, Kochen, Töpfern etc.), Wander- und Trekkingtouren sowie Seminare zu Ökologie und Nachhaltigkeit. Familiäre, lockere Atmosphäre mit internationalem Flair, man ist unter Gleichgesinnten. EZ 48 €, DZ 86–108 €, Vierbett-Zimmer 140 €, jeweils inkl. Frühstück und Abendessen.

• *Kontakt* Associazione Culturale Torri Superiore, Via Torri Superiore 5, 18039 Ventimiglia (IM). ✆ 0184-215504, 📠 0184-215914, www.torri-superiore.org.

• *Anfahrt* Von Ventimiglia auf der S 20 zunächst Richtung Colle di Tenda/Cuneo, dann Richtung Bevera; von dort ca. 6 km nach Torri (beschildert). 5 x tägl. Busse von und nach Ventimiglia (*Linea 6*).

Nervia-Tal

Eines der schönsten Täler an der Riviera di Ponente, üppig grün, durchzogen vom anmutigen Nervia-Fluss, die Hänge mit Wein- und Oliventerrassen kultiviert. Eine empfehlenswerte Rundfahrt in die abgeschiedene Hügelwelt Westliguriens führt von Ventimiglia durch das untere Nervia-Tal nach *Dolceacqua* mit seiner berühmten Mittelalterbrücke; ein Abstecher führt (bei Isolabona) ins schmalere Seitental des *Merdanzo*, an dessen steilem Hang sich das wunderschöne Dörfchen *Apricale* emporzieht. Nach weiteren 6 km kurvenreicher Straße erreicht man das auf einem Berggrat thronende, lang gezogene Dorf *Perinaldo* mit endlosen verwinkelten Gassen, Geburtsort des Astronomen *Gian Domenico Cassini*, der sich im 17. Jh. mit Forschungen zu den Planeten unseres Sonnensystems einen Namen machte.

Zurück im nun immer schmaler werdenden Nervia-Tal steigt die Straße hinauf nach *Pigna* mit seinem mittelalterlichen Dorfkern und bekannten Heilquellen. Auf dem südlich gegenüber liegenden Hügel springt das exponiert gelegene *Castel Vittorio* ins Auge; von hier geht es auf schmalem Sträßchen und über den *Passo Ghimbegna*, einen beachtlichen, 900 m hohen Bergpass, in südlicher Richtung nach *Baiardo*. Dann entweder über Apricale/Dolceacqua zurück nach Ventimiglia, an der Ostflanke des *Monte Bignone* (1299 m) entlang zur beliebten Sommerfrische *San Romolo* (→ S. 130) und hinunter zur Küste nach *San Remo* (→ S. 119) oder auf einer panoramareichen Straße in das *Valle Armea* und über den pittoresken Ort *Ceriana* (→ S. 131) ebenfalls zurück nach San Remo.

Dolceacqua

ca. 2100 Einwohner

Die üppigen Weinterrassen um den Ort im Nervia-Tal signalisieren: Dolceacqua ist ein wichtiges Zentrum in Sachen Wein. Hier reift vor allem der Rossese di Dolceacqua, ein leichter, fruchtiger Roter.

Die mittelalterliche Ortschaft dehnt sich an einer schwungvollen Flussbiegung aus. Die dunklen Dächer der oberen Altstadt zusammen mit den hellen Hausfassaden am Flussufer und dem alles überragenden *Castello Doria* prägen das Bild. Dolceacquas Wahrzeichen ist die 33 m lange *Spitzbogenbrücke* aus dem 15. Jh., die schon *Claude Monet* in einem Gemälde verewigte. Die Brücke verbindet den Altstadthang *Terra* (den ältesten Ortsteil) mit dem ebenfalls mittelalterlichen *Borgo,* dessen lang gestreckte Straßenpiazza sich an der flachen Uferseite ausbreitet. Im düsteren Pflastergassengewirr des Altstadthügels haben sich einige Ladenwerkstätten und Ateliers eingerichtet, in denen Kunst- und Gebrauchsgegenstände aus Olivenholz u. a. feilgeboten werden (→ „Kunsthandwerk“, S. 24).

Eine schmale Treppengasse führt hinauf zur Burg, die im 12. Jh. von den ortsansässigen Markgrafen errichtet wurde. Später fiel die Festung an die einflussreiche Genueser Familie Doria, die sie zum prunkvollen Burgschloss ausbaute. 1745 im Österreichischen Erbfolgekrieg von der französisch-spanischen Artillerie zerstört und 1887 von einem Erdbeben erschüttert, macht das Castello von Dolceacqua heute einen ziemlich lädierten Eindruck. Der Innenhof der leer stehenden Burgruine wird aber immer wieder für Ausstellungen und andere kulturelle Veranstaltungen genutzt.

Am Wochenende kann die Burg besichtigt werden. Sa/So 10–13 und 14–18 Uhr, letzter Einlass 12.30 bzw. 17.30 Uhr. Eintritt 5 €, Familienticket 12 €.

Sehenswert ist auch die *Pfarrkirche Sant'Antonio Abate* (15. Jh.) an der unteren Hauptpiazza mit Campanile aus dem 17. Jh.; ihre klassizistische Fassade stammt aus dem 19. Jh. Innen beeindruckt der kostbare Flügelaltar „Santa Devota“ von *Ludovico Brea* aus dem 15. Jh. An der gepflasterten Kirchenpiazza zieht der *Palazzo Doria* (16. Jh.) den Blick auf sich, dessen Bauherren in der Krypta der romanischen *Friedhofskirche San Giorgio* am Stadtrand (in Richtung Ventimiglia) ruhen.

Dolceacquas Wahrzeichen, die perfekt geschwungene Brücke

• *Information* **I.A.T.-Büro**, im Borgo Nuovo an der Piazza an der Durchgangsstraße (zwischen neuer und alter Brücke). Im Sommer tägl. 10–12.30 und 15–18 Uhr, in der Nebensaison nur Sa/So und feiertags. Via Barberls Colomba 3. ✆ 0184-206666. Hier auch Infos zum Castello Doria.

• *Verbindung* **Bus**, *Linea 7* ca. 8x tägl. von und nach Ventimiglia, 6x tägl. nach Apricale, 6x nach Pigna, 6x nach Castel Vittorio.

• *Einkaufen* Einige Enoteche und Botteghe verkaufen Weine und andere kulinarische Produkte aus der Umgebung.

Cantina del Rossese di Dolceacqua, die örtliche Winzerkooperative hat ihren Laden gegenüber der Pfarrkirche Sant'Antonio Abate an der Piazza Mauro 3; tägl. (außer Di) 10.30–12 und 15.15–18.30 Uhr, ✆ 0184-205015, www.maixei.it (die Website ist nach einer neuen Produktlinie benannt, die es seit 2007 gibt).

Mercatino di Dolceacqua, Bio- und Alternativmarkt immer am letzten Sonntag im Monat an der Piazza Mauro.

„**La Michetta**" ist die Spezialität des Ortes, ein süßes Gebäck, dem zu Ehren am 15. August ein großes Volksfest stattfindet.

• *Kino* Eine besondere Attraktion ist das Visionarium 3D in der Via Doria gleich unterhalb der Burg. In einem umgebauten Stall aus dem 16. Jh. werden Naturdokumentationen und Reisefilme gezeigt. Alles in 3D (mit aufgesetzter Brille) und speziellen Licht- und Toneffekten. Ganzjährig geöffnet, Eintritt 3,50 €, ✆ 0184-206638, www.visionarium-3d.com.

• *Essen & Trinken* **Tavernetta La Rampa**, im Borgo Nuovo gleich oberhalb der Straßenpiazza, gemütlicher Speisesaal. Leckere Antipasti (Crostini) und Secondi, z. B. Kaninchen (Coniglio) auf ligurische Art oder Spieße (Spiedini) vom Holzkohlengrill, auch Pizza, offener Rossesewein; Menü ab ca. 17 €. Mo Ruhetag. Via Barberis Colomba 11. ✆ 0184-206198.

Weitere Restaurants an der zentralen Piazza an der Durchgangsstraße.

Agrituristica Terre Bianche, kulinarischer und Agriturismo-Tipp: Weingut und Ferienbauernhof in Arcagna, oberhalb von Dolceacqua. Eine etwas abgeschiedene, aber recht komfortable Landherberge mit ausgezeichneter Küche und gut sortierter Enoteca, auch ein hervorragendes Olivenöl wird hier produziert. Reitmöglichkeit. Anfahrt über Rocchetta Nervina und Gouta, ab Dolceacqua ausgeschildert. Im November geschlossen. DZ 90 €, Dreibett-Zimmer 135 €, Vierbett-Zimmer 200 €, jeweils inkl. Frühstück. Loc. Arcagna, 18035 Dolceacqua (IM), ✆ 0184-31426, ℻ 0184-31230, www.terrebianche.com.

Riviera di Ponente – Blumenriviera
Karte S. 94/95

Apricale

ca. 600 Einwohner

Das mittelalterliche Gemäuer stapelt sich den schroffen Steilhang hinauf – ein verschachteltes Häuserlabyrinth mit schmalen und steilen Gassen, ein friedliches Dorf und obendrein absolut autofrei.

Im malerischen Ortskern zwängt sich das italienische Dreiradwunder *Ape* gerade noch durch die Gässchen. Doch eben diese Unzugänglichkeit war es, die in der Vergangenheit die Abwanderung der Menschen beschleunigte. Noch vor wenigen Jahren wirkte Apricale wie ausgestorben, nur die schmale Hauptgasse, die sich zur oberen Piazza hoch windet, war noch weitgehend bewohnt. Dann startete der engagierte Bürgermeister einen Wiederbelebungsversuch, der inzwischen Früchte trug: Der sympathische Ort hat sich langsam wieder bevölkert. Zu den neuen Bewohnern gehören auch einige Deutsche, die sich hier den Traum von einem Häuschen in Ligurien erfüllt haben. Hinzugekommen sind einige Künstlerwerkstätten, etwas Gastronomie und das liebevoll hergerichtete Altstadthotel *Locanda dei Carugi*.

Bunte Wandmalereien schmücken die Fassaden und Mauern entlang der Hauptgasse. Die Wandbilder zeigen vor allem Alltagsszenen aus dem bäuerlichen Leben sowie naive Landschaftsmalerei. Oben öffnet sich die vielleicht schönste Piazza aller Bergdörfer an der ligurischen Ponente-Küste: ein heller, luftiger Platz mit erhöhtem Kirchenvorplatz, eingerahmt von Arkaden, Steinbänken und verwitterten Dächern. Gleich oberhalb des Platzes (Piazza Vittorio Emanuele II) thront etwas baufällig das *Castello della Lucertola* (Eidechsenburg), die mittelalterliche Burg von Apricale, die heute das *Museo della Storia di Apricale* beherbergt; hier gibt es wechselnde kleine Kunstausstellungen und ähnliche Veranstaltungen. Wendet man sich auf der Piazza in die entgegengesetzte Richtung, fällt der Blick auf das ebenfalls etwas erhöht gelegene *Oratorio San Bartolomeo* mit barocker Fassade und einem hölzernen Flügelaltar aus dem Jahr 1544.

Öffnungszeiten/Eintritt **Museo della Storia di Apricale**: Mai/ Juni Di–So 15–19 Uhr, Juli/ August tägl. 16–19 und 20–22 Uhr, Mai bis August So auch 10.30–12 Uhr, im Winter Di–So 14–18 Uhr, So auch 10.30–12 Uhr, Eintritt 3 €.

Im Juli und August, wenn das *Teatro della Tosse* aus Genua hier gastiert, wird die Piazza zur mediterranen Freilichtbühne, dazu kommen Konzerte und Aufführungen anderer Theatergruppen. Am 8. September feiert die Gemeinde hier ihr Marienfest (*festa delle pansarole*), zu dem die leckeren süßen *Pansarole* aus Mürbeteig gebacken werden.

• *Information* Kleines **I.A.T.-Büro** an der zentralen Piazza Vittorio Veneto; Mo–Fr 10.30–12 und 14.30–18.30 Uhr, im Winter nur am Wochenende. Via Roma 1, 18030 Apricale, ✆ 0184-208641, www.apricale.org.

• *Anfahrt/Verbindungen* Die Straße aus dem Nervia-Tal zweigt bei Isolabona nach Apricale ab, dann auf schmalem Sträßchen am Hang des Merdanzo-Tals entlang (knapp 3 km). 6x tägl. **Busse** nach Dolceacqua und Ventimiglia.

• *Übernachten/Essen & Trinken* **Locanda dei Carugi**, einziges Altstadthotel, an der Hauptgasse. Aufwändig restaurierter Häuserverbund, geschmackvoll eingerichtete Zimmer, teils mit historischem Mobiliar. Gemütlicher Frühstücksraum, lauschige Frühstücksterrasse. Ganzjährig geöffnet. EZ 88–108 €, DZ 110–180 € inkl. Frühstück, Reservierung ratsam. Via Roma 12/14, 18030 Apricale (IM), ✆ 0184-209010, ℻ 0184-209942, carugi@masterweb.it.

La Favorita, sehr einladendes rustikales Landgasthaus mit großem Speisesaal und Terrasse. Freundlicher Service, gute Küche, vor allem wegen der Grillspezialitäten beliebt, an Wochenenden viel Betrieb; verschiedene Menüs um 30–40 €. Di geschlossen. Strada San Pietro 1, 18035 Apricale (IM), ✆ 0184-208186, ℻ 0184-208247, www.lafavoritaapricale.com.

La Capanna Da Bacì, Ristorante im Herzen der Altstadt. Gemütliches Ambiente im Gewölbe, im Sommer mit Terrasse. Viel gelobte Küche, das Degustationsmenü kostet 18,50–26 €. Mittags und abends geöffnet, Mo abends, Di und Mi geschlossen. Via Roma 14–16. ✆ 0184-208137. Die freundliche Wirtsfamilie führt auch die **Locanda dei Carugi** nebenan; zur Locanda gehört die **Winebar „Grotte della Locanda"**, ein uriges Gewölbe nur ein paar Schritte unterhalb der zentralen Piazza mit umfassender Auswahl lokaler Weine. Das Degustations-Menü kostet 16 €. Do Ruhetag. Via Roma 1. ✆ 0184-208522.

Apricale da Delio, am Ortseingang (aus Richtung Baiardo kommend), viel gelobtes, vom Gastro-Guide Veronelli prämiertes Restaurant, recht schick, mit Terrasse. Ligurische und ein wenig piemontesische Küche; Degustationsmenü 25 €, großes Menü 35 €. Mittags und abends geöffnet, Di Ruhetag (im Winter auch Mo, Juli/ August tägl. geöffnet). Piazza Vittorio Veneto 9. ✆ 0184-208008, www.ristoranteapricale.it.

Bar an der Piazza Vittorio Emanuele mit einigen Tischen unter den Arkaden.

Blick auf Apricale

Perinaldo

ca. 900 Einwohner

Weithin sichtbar drängen sich die Häuser des Dorfes auf einem lang gezogenen Bergrücken in absoluter Panoramalage.

Doch erst beim Bummel durch die langen, schmalen Gassen werden einem die erstaunlichen Ausmaße des Ortes bewusst. Mehrere Gassen verlaufen parallel zwischen hohen, dicht gedrängten Häuserreihen entlang und geben an den schmalen Torbögen immer wieder überraschende Ausblicke auf das weite Hinterland im Norden und das glitzernde Meer am Horizont im Süden frei. Von den meisten Häusern bröckelt der Putz, viele wirken verlassen. Auf versteckten Bänken in verwinkelten Ecken dösen Katzen vor sich hin, auch umherstreunende Hunde sind zu sehen. Insgesamt wirkt das historische Zentrum von Perinaldo noch, als sei es weitgehend im Dornröschenschlaf versunken. Allerdings weisen einige Klingelschilder mit deutschen Namen darauf hin, dass hier eine neue Dynamik des Zuzugs entsteht.

Größte Sehenswürdigkeit von Perinaldo ist das nur am Wochenende geöffnete Observatorium. Das *Osservatorio Astronomico Comunale G. D. Cassini* ist nach dem hier im Jahre 1625 geborenen Astronomen benannt, der im Laufe seines Lebens u. a. am Hofe Königs Ludwig XIV. in Frankreich seinen Forschungen nachgehen durfte. Berühmt wurde er durch die Entdeckung eines Spaltes in den Ringen des Saturn, der nun seinen Namen trägt.

- *Information* **I.A.T.**, im Zentrum, im August tägl. außer Do 9–12 und 17.30–19.30 Uhr, im Juni und Sept. tägl. außer Do 9–12 Uhr, in der Nebensaison nur Sa/So 9–12 Uhr, Via Arco di Trionfo 2, 18032 Perinaldo (IM), ✆/℻ 0184-672095, www.perinaldo.org.
- *Anfahrt* Von Apricale führt eine schmale und kurvige Straße steil empor nach Perinaldo. Alternativ erreicht man den Ort von San Remo über San Romolo (→ S.130)
- *Verbindung* 7x tägl. **Busse** von Ventimiglia über San Biagio nach Perinaldo.
- *Observatorium* Das Observatorium befindet sich westlich vom alten Zentrum nahe der Durchgangsstraße Via Matteotti. Die genauen Öffnungszeiten variieren und sind auf der Homepage zu finden. Piazza Monsignor Antonio Rossi, 18032 Perinaldo (IM), ✆ 3485520554 (mobil), www.astroperinaldo.it.
- *Übernachten/Ferienwohnung* **Bella Vista**, *Lesertipp*: Eine liebevoll gestaltete Ferienwohnung für 2 Pers. und Kind in einer Villa mit traumhafter Aussicht und schöner Terrasse, inkl. Poolbenutzung. Wird von Anne Kettner aus Deutschland vermietet und ist ausschließlich im Internet zu buchen (Objektnummer 30274), 750 € pro Woche. ✆ 0184-672473, www.fewo-direkt.de.
- *Einkaufen* **Azienda Agricola „Ouca“**, *Lesertipp*: „Hier wird ein sehr schmackhaftes Olivenöl aus Taggiasca-Oliven hergestellt. Der Liter kostet 12 €.“ Via San Michele 2, 18032 Perinaldo (IM), ✆ 0184-672322.

Pigna

ca. 900 Einwohner

Pignas interessante obere Altstadt, deren mittelalterlicher Kern sich über einen Felsvorsprung zieht, ähnelt mit ihrer festungsähnlichen Anlage ein wenig der gleichnamigen Altstadt („La Pigna“) von San Remo.

Vom oberen Parkplatz ist der luftige Vorplatz des Stadttors, die Piazza XX Settembre, schnell erreicht. Gleich dahinter führen Treppen hinunter zur *Loggia della Piazza Vecchia* (15. Jh.), einer großen, offenen Gewölbehalle, die nach schwerer Beschädigung im Zweiten Weltkrieg wieder aufgebaut wurde. Direkt daran schließt ein weit verzweigtes Tunnelsystem aus überdachten Gassen und schmalen, steilen Treppen an, ein faszinierendes Labyrinth, in dem man den Ausgangspunkt nicht unbedingt auf Anhieb wieder findet. Um diesen mittelalterlichen Kern dehnt sich die übrige Altstadt aus. Insgesamt ein sehenswertes Viertel mit skulptierten Portalen und überraschend auftauchenden Plätzen – überall rauscht Wasser aus kleinen Brunnen, Becken und schmuckvollen Wasserspeiern. Viele der oft recht düsteren Gassen führen zum höchsten Punkt des Centro storico, zur *Colla* mit herrlichem Ausblick auf *Castel Vittorio* auf dem gegenüberliegenden Hügel.

Sehenswert ist die *Chiesa San Michele* gleich rechts von der Loggia della Piazza Vecchia. Trotz mehrfacher Zerstörungen und Wiederaufbau der Kirche hat sich die Fensterrose der Fassade samt Fensterglas (von 1450) mit einer Darstellung der *Zwölf Apostel* unbeschadet über die Jahrhunderte gerettet. Weiterer Blickfang ist das Portal mit dem *Erzengel Michael*, der im Kircheninnern ein zweites Mal mit dem besiegten Drachen zu sehen ist. Prunkstück der dreischiffigen Kirche ist der kostbare *Flügelaltar* von Giovanni Canavesio aus dem 15. Jh., dessen 36 goldgrundige Bildfelder neutestamentarische Szenen darstellen (die Kirche ist ganztägig geöffnet).

An der Stadtausfahrt in Richtung Castel Vittorio steht überraschend eine gewaltige Hotelanlage, die so gar nicht zu den sonst eher bescheidenen Maßen von Pigna passt. Das Kurhotel aus dem Jahr 2000 will an die Bädertradition des Ortes anknüpfen, die bis ins 13. Jh. zurückreicht und Ende des 19. Jh. von den Briten neu belebt wurde. Unter dem wuchtigen Baukomplex der *Antiche Terme di Pigna* sprudelt die *Madonna-Assunta-Quelle*. Das schwefelhaltige Quellwasser hat konstante 32 °C und strömt mit 10 Litern pro Sekunde an die Oberfläche.

• *Information* **Pro Loco**, im Zentrum an der Via Parrocchia 1, nur in den Sommermonaten geöffnet. ✆ 0184-241040.

• *Verbindung* **Busse**, 6x tägl. mit *Linea 7* von und nach Ventimiglia (über Dolceacqua).

**** **Grand Hotel Antiche Terme**, modernes, komfortables Kurhotel in herrlicher Lage über dem Fluss, nicht zu übersehen. Mit großem Spa- und Wellnessangebot, In- und Outdoorpool mit Thermalwasser, Sauna, Hammam, Fitness, Massagen, Ayurveda, Kosmetik etc. Schickes Restaurant, jeweils inkl. Frühstück und Benutzung einiger Thermaleinrichtungen. Geöffnet Ende März bis Anfang Nov. DZ als EZ 130–160 €, DZ 220–280 €, Halbpension 20 € pro Person und Tag. Regione Lago Pigo, 18037 Pigna (IM), ✆ 0184-240010, ℻ 0184-240949, www.termedipigna.it.

** **Le Terme**, schlichter Neubau oberhalb der Thermalanlage (von der Straße rechts ab); ruhig gelegen, 17 Zimmer, jeweils inkl. Frühstück. Das Ristorante ist ein beliebtes Ausflugslokal mit einladend rustikalem Speisesaal mit großen Fensterfronten; viel gelobt wird die ligurische Landküche und die große Weinkarte. Degustationsmenü 28 €. Mittags und abends geöffnet, Mi Ruhetag (außer August). EZ 45 €, DZ 60 €. Loc. Terme di Pigna, 18030 Castel Vittorio (IM), ✆/℻ 0184-241046.

Castel Vittorio

ca. 360 Einwohner

Das beschauliche Bergdorf in besonders exponierter Lage fällt schon vom benachbarten Pigna aus in voller Größe ins Auge.

Vom Parkplatz vor dem Ortsaufgang gelangt man ins gemeinsame Wohnzimmer der Dorfbewohner, auf die *Piazza XX Settembre*. Hier treffen sich die Alten zum Plausch, alles wirkt sehr familiär, Fremde fallen immer noch auf. Eine unscheinbare Treppe mit anschließendem Tunnelgang führt hinauf zur engen Kirchenpiazza, wo sich auch der monumentale Glockenturm erhebt. In Sachen Mittelalterarchitektur kann der Ortskern mit den Nachbarorten sicher nicht mithalten, strahlt aber viel dörfliche Ursprünglichkeit aus – das ländliche Italien, wie man es sich vorstellt. Wer etwas länger bleiben will, findet gleich zwei einladende, obendrein günstige Lokale im Centro storico: das *Ristorante Italia* (Via Umberto I 36, ✆ 0184-241089, Mo geschlossen) und die *Osteria del Portico* in der Via Umberto I 6, ✆ 0184-241352, Mo geschlossen). Übernachtungsmöglichkeiten gibt es in Castel Vittorio keine.

Beschauliches Bergdorf im Grünen: Castel Vittorio

Bekannt ist Castel Vittorio für ein tragisches Ereignis im Kampf gegen die deutsche Besatzungsmacht im Zweiten Weltkrieg. Der 1985 am Ortseingang errichtete Gedenkstein und die beiden Marmortafeln an der Brunnenpiazza erinnern an den 3. Dezember 1944, als die deutsche Wehrmacht auf ihrem Rückzug einen Massaker verübte.

Baiardo

ca. 330 Einwohner

Ein Opfer des Erdbebens von 1887, dessen Schäden immer noch sichtbar sind. Dennoch ist Baiardo ein beliebtes Ausflugsziel der Küstenbewohner, die der hochsommerlichen Hitze am Meer entfliehen wollen und die spürbar frischeren Temperaturen auf 900 m Höhe genießen.

Die obere Altstadt ist seit dem Beben mehr oder minder verfallen, unmittelbar davor hat sich das neue Baiardo ausgebreitet. Ein Bummel durch den fast menschenleeren alten Ort (der Beschilderung „Terrazzo sul Mare/Chiesa San Nicolò" folgen) führt hinauf zur Ruine der *Kirche San Nicolò*, in der während des Bebens vom 23. Februar 1887 gerade die Messe gefeiert wurde: Das Kirchendach stürzte ein und begrub über 200 Menschen unter sich. Geht man um die Ruine herum, eröffnet sich an besagtem „Terrazzo sul Mare" ein fantastischer Blick auf die Seealpen. Ein paar Schritte weiter, am hinteren Ortsende, steht eine interessante Mühlsteinkonstruktion *(Frantoio a sangue)* mit eingemauertem Steinbecken und Auslauföffnung. Etwas abseits ist die *Kapelle San Giovanni* zu sehen.

Mit dem Projekt „EcoBajardo" und unterstützt von lokalen Politikern, versucht die Organisation *Bioliguria* (www.bioliguria.com) den fast verlassenen alten Ort wieder zu beleben. Die teilweise schon stark verfallenen Häuser im historischen Kern sollen restauriert werden, noch bestehendes Mauerwerk will man befestigen und sanieren – ein Projekt, in das man sich als künftiger Eigentümer einer Residenz in Baiardo noch einkaufen kann. Seit Februar 2006 laufen die Arbeiten, und für das „neue" Baiardo in altem Gemäuer sind auch ein Hotel, Ferienwohnungen und gastronomische Betriebe vorgesehen. Inzwischen gibt es am südlichen Ortsrand bereits einige sorgfältig restaurierte Häuser zu mieten (→ unten).

Tipp: Wer am Pfingstsonntag in der Gegend ist, sollte auf keinen Fall die weithin bekannte *Festa della barca* verpassen (→ S. 23)!

• *Anfahrt* Von Castel Vittorio führt eine Straße vorbei am *Monte Mera* (1063 m) und durch das Tal des Rio Bonda nach Baiardo. Von hier geht es weiter um den *Monte Bignone* herum und über den Ausflugsort San Romolo (→ S. 130) hinunter nach San Remo (→ S. 119), das man auch auf einer kurvigen Straße über *Ceriana* erreicht (→ S. 131) – oder in westliche Richtung nach Apricale (→ S. 107).

• *Verbindung* 7x tägl. **Busse** nur von und nach San Remo (über Ceriana).

• *Übernachten* **A Retreat with a View**, von England aus geführte Vermietung restaurierter Ferienhäuser im alten Baiardo. Insgesamt 7 teilweise mit historischem Mobiliar ausgestattete Häuser für 2–7 Personen; mit Ausnahme von Küche und Bad sehr einfach. (Mindestaufenthalt 4 Nächte), geöffnet ca. März bis Okt. 2 Pers. ca. 65 €/Nacht. Via Santa Maria, www.aretreatwithaview.com.

Bar und zwei **Lebensmittelgeschäfte** im Ort.

Bordighera

ca. 10.700 Einwohner

Der Nobelort der Belle Époque versprüht noch immer einen Hauch von aristokratischem Charme. Am Küstenhang posieren glanzvolle Jugendstilvillen mit tadellosen Fassaden und exotischen Vorgärten. Eher unscheinbar wirkt dagegen das Centro storico oberhalb des schicken Yachthafens.

An der verkehrsreichen Hauptdurchgangsstraße *Via Vittorio Emanuele* zieht sich der geschäftige Teil der Stadt entlang. Parallel dazu verläuft die erfreulich autofreie Strandpromenade, die von einem schmalen Kies-/Sandstrand gesäumt wird. Hier haben sich die zahlreichen *Bagni* mit einladender Bar und Terrassenrestaurant eingerichtet, wo man es – sei es für einen Drink oder zum ganzen Menü – stundenlang aushalten kann. Der Strand selbst zählt nicht zu den schönsten an der Riviera: schmal und überwiegend Kies, nur einige Abschnitte mit Sand, zumeist Strandbäder, dazwischen aber auch einige freie Abschnitte. Die feine Klientel der örtlichen Grandhotels sonnt sich natürlich im vornehmen Strandbad des „Kursaal-Clubs“. Am *Capo Sant'Ampelio* unterhalb der breiten Uferterrasse findet hingegen jedermann sein Plätzchen am Meer. Doch nach Bordighera kommt man nicht in erster Linie zum Baden, sondern zum Flanieren auf der Uferpromenade – und um noch ein wenig die Noblesse vergangener Zeiten zu schnuppern.

Vermutlich war die Gegend um Bordighera schon von ligurischen Stämmen besiedelt, mit Sicherheit aber von den Römern, worauf Grabfunde an der Via Romana (deren Verlauf heute etwa dem der *Via Julia Augusta* entspricht) hindeuten. Anfang des 5. Jh. n. Chr. soll der Eremit *Ampelio* hier an der Küste gelandet sein, gelebt hat er – der Legende nach – an dem Kap, das später nach ihm benannt wurde. Ende des 17. Jh. befreite sich der Ort mit Genuas Unterstützung von der beherrschenden Macht Ventimiglias, 1815 ging die ganze Region an das Königreich Sardinien.

Wedel für den Vatikan

Wie die Legende erzählt, war es der heilige Ampelio, der im 5. Jh. am Kap von Bordighera seine Einsiedelei einrichtete. Mit im Gepäck hatte er auch die Samen einer ägyptischen Dattelpalme. Die Palmenfülle von Bordighera verleiht dieser Überlieferung durchaus Glaubwürdigkeit, und noch heute genießt die Stadt das Vorrecht, den Vatikan in der Osterzeit mit Palmwedeln *(Palmurelli)* zu beliefern. Die exotischen Dattelhaine gedeihen an den Ufern des stadtnahen Sasso-Wildbachs – sie bilden den nördlichsten Palmenwald Europas!

Seine touristische Entdeckung verdankt Bordighera im Grunde einem Liebesroman, der 1855 in Edinburgh veröffentlichten Geschichte „Doctor Antonio“ von *Giovanni Ruffini* (→ S. 80), deren Handlung größtenteils hier angesiedelt ist. Fortan kamen die britischen Urlaubsgäste in Scharen, bauten sich herrschaftliche Parkvillen v. a. an der Via Romana und gaben dem bis dato bescheidenen Fischerdorf eine ganz neue Gestalt: Den 2000 Einwohnern Bordigheras standen bald 3000 britische (Dauer-)Gäste gegenüber. Zusätzliche Attraktivität erfuhr das Städtchen mit dem Anschluss an das Bahnnetz 1872. Noch heute ziehen Bordigheras besonders mildes Klima (nach Norden ist der Ort durch eine Bergkette geschützt) und seine exotischen Gärten zahlreiche Urlaubsgäste an, auch wenn die Stadt aus Tradition ein eher teures Pflaster ist.

Diverses

• *Information* **I.A.T.-Büro**, im Zentrum an der Hauptstraße. Prospektmaterial, Veranstaltungstipps, Hotel- und Restaurantlisten. Im Sommer täglich 9–12.30 und 15–18.30 Uhr. Via Vittorio Emanuele 172. ✆ 0184-262322, 📠 0184-264455, www.visitrivieradeifiori.it, www.bordighera.it.

• *Anfahrt/Verbindungen* **Auto**, direkter Autobahnanschluss, die A 10 verläuft hier fast an der Küste; auf der *Aurelia* hingegen quält man sich durch den lang gestreckten Ort. Bescheidene Parkmöglichkeiten; unmittelbar an der Ortsgrenze zu Vallecrosia, gegenüber der Ambulanz (*pronto soccorso*) liegt ein größerer, kostenfreier Parkplatz mit Höhenbegrenzung auf 1,90 m; kleiner, gebührenpflichtiger Parkplatz am Kap Ampelio, ebenso an der Porta del Capo, dem Eingang zum *Centro storico*.

Bahnhof, zentral in Ufernähe zwischen *Aurelia* und Strandpromenade gelegen, alle Nahverkehrszüge zwischen Ventimiglia, San Remo und Imperia halten hier, häufig Verbindungen auch nach Genua.

Busbahnhof gleich neben dem FS-Bahnhof, Piazza Eroi della Libertà. Etwa halbstündlich Busse über Ospedaletti nach San Remo; ebenso oft über Vallecrosia nach Ventimiglia.

Taxis vor dem Bahnhof.

• *Post* Am Bahnhofsplatz, hier gibt es auch eine **Bank**.

Die Cappella Sant'Ampelio von Bordighera

• *Einkaufen* **Wochenmarkt** jeden Do am Lungomare Argentina; ansonsten tägl. in der **Markthalle** an der Piazza Garibaldi.

• *Feste & Veranstaltungen* **Città dell'umorismo**, Ende April jeden Jahres verwandelt sich Bordighera in die Stadt des Humors – zahlreiche Veranstaltungen, Programme bei der I.A.T.

Marcia delle palme, am Palmsonntag (letzter So vor Ostern), Prozession über 25 km Distanz, bei der die Gläubigen die *Palmurelli* (gebundene Palmwedel) tragen.

Patronatsfest des heiligen Ampelio am 14. Mai; ausgiebige Festlichkeiten mit abschließendem Feuerwerk.

Übernachten

Großes Angebot, trotzdem ist das Preisniveau vergleichsweise hoch. Die Grandhotels im oberen Stadtteil sind ohnehin eher Sehenswürdigkeiten, es sei denn, man hat 250 € und mehr für eine Übernachtung übrig. Leider fallen immer mehr altehrwürdige Herbergen der Umwandlung in Appartementhäuser zum Opfer.

*** **Piccolo Lido (8)**, hübsches Strandhotel in zartem Rosa, schöne Lage am Kap Sant' Ampelio, nur durch den Lungomare vom Kiesstrand getrennt. Recht komfortable Zimmer mit Balkon; Restaurant, Sonnenterrasse. Geöffnet Jan. bis Ende Okt. sowie an Weihnachten. EZ 135 €, DZ 170 € inkl. Frühstück, Halbpension 110–135 € pro Person. Lungomare Argentina 2, 18012 Bordighera (IM), ✆ 0184-261297, ℻ 0184-262316, info@hotelpiccololido.it.

**** **Parigi (9)**, Grandhotel der alten Schule, nur wenige Meter vom Piccolo Lido, fast direkt am Strand (hoteleigener Abschnitt).

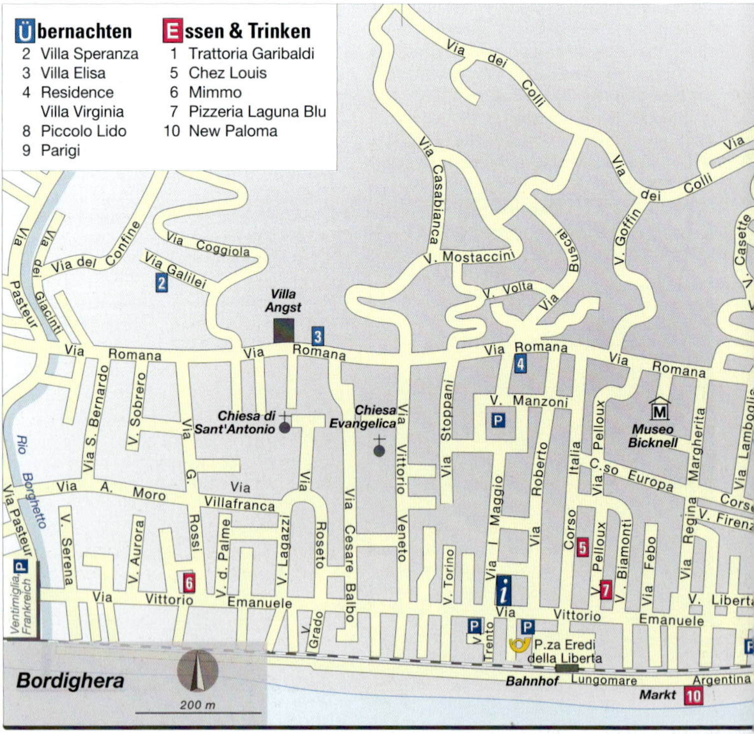

Innen sehr schick, z. T. im historischen Stil eingerichtet, hochmodern dagegen das Wellness-Center und das angeschlossene Restaurant *La Reserve* am Meer. Ganzjährig geöffnet. EZ 133 €, DZ 171–181 € inkl. Frühstück. Lungomare Argentina 18, 18012 Bordighera (IM), ✆ 0184-261405, 📠 0184-260421, www.hotelparigi.com.

*** **Villa Elisa (3)**, *unser Tipp*: Im vornehmen oberen Stadtteil gelegen, gepflegter herrschaftlicher Palazzo in dichtem Grün, nebenan die etwas gruselige Villa Angst (s. u.). Sehr gepflegtes Anwesen, nach vorne herrlicher Blumengarten, nach hinten Pool und Kinderspielplatz. Persönliche Atmosphäre, sehr freundlicher, deutschsprachiger Service, empfehlenswertes Restaurant (mittags und abends geöffnet), geschmackvolle Einrichtung mit Stilmöbeln. Große Zimmer, modernere Einrichtung, z. T. mit Balkon. Nov. und Dez. geschlossen. Auf Anfrage können Wanderungen organisiert werden. EZ 85–115 €, DZ 120–165 € inkl. Frühstück, Halbpension ca. 30 €/Pers. Via Romana 70, 18012 Bordighera (IM), ✆ 0184-261313, 📠 0184-261942, www.villaelisa.com.

*** **Villa Speranza (2)**, schon etwas in die Jahre gekommene, einladende Villa mit üppig grünem Garten in der ruhigen Oberstadt, Nähe Villa Elisa. Familiäre Atmosphäre, sehr kleiner Pool, Terrasse, Ristorante. Nicht ganz so teuer. Ganzjährig geöffnet. EZ 65–85 €, DZ 90–110 € inkl. Frühstück. Via Galilei 3, 18012 Bordighera (IM), ✆ 0184-261717, 📠 0184-262401, www.hotelvillasperanza.it.

** **Residence Villa Virginia (4)**, gepflegte Jugendstilvilla, eingeklemmt zwischen den Prunkfassaden der Nachbarpalazzi. Appartements mit kleiner Einbauküche und Balkon, relativ günstig. Ganzjährig geöffnet. 2–3 Personen 520 €/Woche in der Hochsaison, 3–4 Pers. 600 €. Via Romana 55, 18012 Bordighera (IM), ✆/📠 0184-260447, www.villavirginia.net.

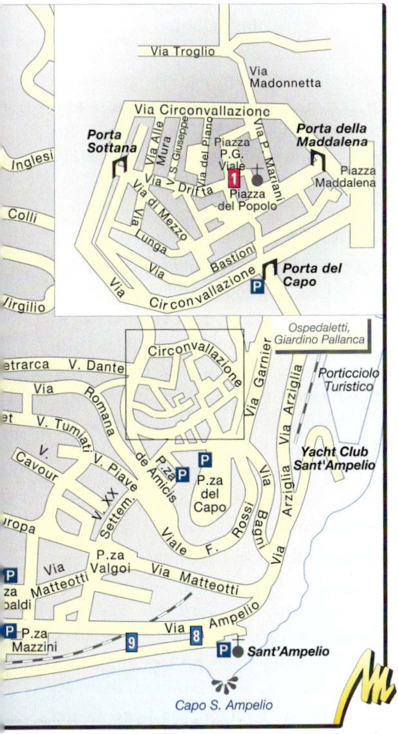

Essen & Trinken

• *In der Neustadt* **Mimmo (6)**, unser Gourmet-Tipp: Etwas zurückversetzt von der Hauptdurchgangsstraße in einem Neubau, daher leicht zu übersehen. Sympathischer Familienbetrieb mit etwas verspielter Einrichtung und nur wenigen Tischen. Raffinierte Meeresküche mit ganz frischen Zutaten, recht hohe, aber angemessene Preise, Menü um 50–60 €. Mi Ruhetag. Via Vittorio Emanuele 302. ✆ 0184-261840.

Chez Louis (5), beliebtes Feinschmeckerlokal am belebten Corso Italia. Lässiges Ambiente, sehr modern und angesagt, gemütliche Terrasse, nachmittags Café. Die Preise variieren stark: Primi ab 8 €, Secondi ab 15 €, Menü um die 40 €. Mittags und abends geöffnet. Corso Italia 30. ✆ 0184-261603, www.chezlouis.it.

Laguna Blu (7), einfache, preiswerte kleine Pizzeria an der belebten Via Vittorio Emanuele 116, mittags und abends geöffnet, Mo Ruhetag. ✆ 0184-261260.

• *Im Centro storico* **Antica Trattoria Garibaldi (1)**, in einem Gässchen in Bordighera Alta, unweit der Piazza del Popolo. Sympathischer Familienbetrieb, netter Innenhof, hier kann man gut und günstig essen: Primi um 7 €, Secondi um 10–13 €. Mittags und abends geöffnet, Mo Ruhetag. Via della Loggia 5. ✆ 0184-262415, www.anticatrattoriagaribaldi.it.

• *Am Lungomare* Hier sammeln sich die teilweise sehr schicken, teuren Restaurants der Strandbäder, oft sind sie auf Pfählen über den Strand gebaut und wirklich einladend. Im **Ristorante Marina Beach** wird z. B. am frühen Abend zum Aperitivo gebeten, und in der urgemütlichen **Kukua-Bar** schlürft man die Cocktails in Liegestühlen bei Karibik-Flair.

New Paloma (10), nett zum Sitzen auf der Terrasse, blau-weiße Einrichtung, viele Fischgerichte, trotz der Lage noch einigermaßen günstig: Primi ab 7 €, Secondi ab ca. 9 €, Fisch teurer. Nur im Sommer mittags und abends geöffnet, Mi geschlossen. ✆ 0184-265254.

Sehenswertes

Altstadt: Hübscher, kleiner historischer Ortskern (*Bordighera alta*) mit drei schmalen Eingangstoren, handtuchbreiten Gassen und einladenden Plätzen. Das älteste Baudenkmal im Centro storico ist das *Oratorio San Bartolomeo degli Armeni* (spätes 15. Jh.), die kleine Kapelle an der Piazza del Popolo.

Cappella Sant'Ampelio: Das Kirchlein steht auf dem gleichnamigen Kap an der Stelle, an der der *heilige Ampelio* seine Einsiedelei errichtete und Ende des 5. Jh. auch starb. Von kunstgeschichtlicher Bedeutung ist seine frühromanische Krypta (leider meist verschlossen).

Museo Biblioteca Clarence Bicknell: Der britische Bordighera-Einwanderer und spätere Ehrenbürger der Stadt *Clarence Bicknell* (1842–1918)war zeitlebens ein passionierter Archäologe und Naturwissenschaftler, der auch die Ritzzeichnungen am Monte Bego im „Tal der Wunder“ (→ S. 104) erforschte. 1888 gründete er das nach ihm benannte Museum, in dem Nachbildungen der bronzezeitlichen Felszeichnungen aus dem „Wundertal“ zu sehen sind. Zu den Exponaten gehören zudem archäologische Fundstücke aus der römischen Antike, Aquarellzeichnungen heimischer Pflanzen, eine Schmetterlingssammlung und vieles mehr – thematisch eine bunte Mischung. Darüber hinaus beherbergt der Palazzo eine über 20.000 Bände umfassende Bibliothek.

Mo, Di, Do, Fr 9.30–13 und 13.30–16.45 Uhr, Eintritt frei. Via Romana 39 bis. ✆ 0184-263694.

An der Küste bei Bordighera

Villa Angst: Einst das größte Grandhotel an der Riviera di Ponente, von einer englischen Familie namens Angst gegründet. Während des Zweiten Weltkriegs wurde es geschlossen und verkam im Lauf der Zeit zu einer morbiden Hotelruine – ein gespenstisch schöner, etwas gruseliger Anblick. Caroline von Monaco und ihr später tödlich verunglückter Mann Stefano Casiraghi wollten es in den 1980er Jahren herrichten, daraus wurde nichts. Via Romana.

Giardino Esotico Pallanca: Nach den Hanbury-Gärten handelt es sich hier um eine weiteres Muss für Pflanzenfreunde. In diesem prächtigen Küstenpark gedeihen und blühen Tausende von Kakteen und Sukkulenten, darunter einige stattliche Riesenexemplare. Direkt an der *Aurelia* in Richtung San Remo, knapp 2 km hinter Bordighera, auf der linken Seite. Parkplatz und Bushaltestelle davor (*Linea 2* San Remo–Ventimiglia).

Di–So 9–12.30 und 14.30–19 Uhr, im Winter Di–So 9–17 Uhr, Mo geschlossen. Von 20.11.–20.12. geschlossen. Eintritt 6 €, Kinder bis 13 Jahre frei. Via Madonna della Ruota 1. ✆ 0184-266347, www.pallanca.it.

Bordighera/Umgebung

Vallecrosia

ca. 7300 Einwohner

Das „Fleißige Lieschen" der Blumenriviera liegt ganz im Schatten des benachbarten Nobelorts Bordighera. Die mehrstöckigen Neubauten an der Durchgangsstraße zerschlagen bereits alle Hoffnungen auf ein idyllisches Küstenstädtchen. Einen alten Ortskern sucht man vergebens, der befindet sich etwa 3 km landeinwärts, in Vallecrosia Alta.

Das vergleichsweise sanfte Hinterland von Vallecrosia hat den Blumenanbau begünstigt und schon früh zur Gründung eines eigenen Blumenmarktes geführt. Terrassen mit Gewächshäusern überziehen die Hänge bis weit ins Landesinnere hinein. Erst in den höheren Regionen verzieht sich der Blumenduft, und Wein- und Olivenpflanzungen fügen sich wieder in die Landschaft; auch hier wird vor allem Rossese-Wein angebaut.

Badefreuden wollen am *Lungomare* von Vallecrosia angesichts des schmalen und groben Kiesstrands nicht recht aufkommen. Im Schutz der vorgelagerten Wellenbrecher, die das Meer hier fast schon zur Badewanne degradieren, tummeln sich manchmal sogar mehr Angler als Badende. Die beliebte Strandbar „Corallo" ist jedoch ein ideales Plätzchen, um das Geschehen eine Weile auf sich wirken zu lassen.

• *Verbindung* Der **Bahnhof** liegt zentral direkt an der Durchgangsstraße; allerdings halten nur wenige Nahverkehrszüge, daher vor einem Zwischenstopp den Fahrplan genau studieren.

** **Camping Vallecrosia**, einer der wenigen Zeltplätze an diesem Küstenabschnitt; direkt an der Strandpromenade, aber schon an der Grenze zum Nachbarort Camporosso gelegen. Gepflegte Anlage, auch einige Bungalows. Geöffnet Mitte April bis 30. Sept. „Mobil Homes" (schlichte Bungalows für max. 4 Pers. ca. 110 €/Tag) werden vermietet. Person 9–10 €, Stellplatz 18 €. Lungomare Marconi 149, 18019 Vallecrosia (IM), ✆/℻ 0184-295591, www.campingvallecrosia.com.

Osteria di Soldano, außerhalb, im ca. 5 km entfernten Bergdorf Soldano (ab Vallecrosia ausgeschildert). Volkstümliche, typische Osteria, herzhafte ligurische Landküche mit Spezialitäten wie Cima alla genovese, Lamm-, Ziegen- und Wildbraten, das Degustationsmenü kostet 25 € – günstig. Mittags und abends geöffnet, Mo Ruhetag. In Soldano an der Hauptstraße, Parkplatz gegenüber. Corso Verbone 61. ✆ 0184-289006. Der Weg lohnt sich!

Ospedaletti

ca. 3700 Einwohner

Trotz schöner Lage an einer harmonisch geschwungenen Bucht kann Ospedaletti mit seinen berühmten Nachbarn nicht mithalten. Das einst so prächtige Casino verfällt, und die Uferpromenade blieb von baulicher Sünde nicht verschont: Hier schneidet der alte Bahndamm den Ort gnadenlos vom Strand ab.

Wegen des bevorzugten Klimas (statistisch gesehen das mildeste an der Riviera, die Temperaturen fallen im Jahresschnitt nie unter 10 °C) wurde die einstige Küstensiedlung Mitte des 19. Jh. zum lukrativen Nobelkurort ausgebaut. Das damals obligatorische *Spielcasino* baute *Sébastien-Marcel Biasini*, einer der großen Architekten der Jahrhundertwende. Noch heute ist das alte Casino in der Oberstadt (an der Durchgangsstraße Corso Regina Margherita) trotz des sträflich baufälligen Zustands die größte Attraktion von Ospedaletti: Hinter üppig-exotischer Pflanzenpracht verbirgt sich hier die *Villa Sultana* aus dem Jahr 1884, in der Italiens erstes Spielcasino eröffnet wurde. Mit drei symmetrisch angeordneten Kuppeln, diversen Giebeln und Marmorfiguren und einem selbst für damalige Zeiten außergewöhnlich edlen Interieur war dieser Palazzo an der Riviera an Prunk kaum zu überbieten. Doch die Pracht hielt nicht lange, schon 1905 musste man die Lizenz zum Spielen an San Remo abgeben. Später diente das Anwesen gar als Militärbehausung und war ab den 1960er Jahren schließlich dem Verfall preisgegeben. Dennoch: Ein Blick durch den Zaun auf die Villa lässt immer noch erahnen, welch illustre Abende hier stattgefunden haben. Gerüchte über eine Restaurierung des Gebäudes durch Investoren gibt es immer wieder, getan hat sich bis heute nichts.

Ansonsten zeigt sich die Ortschaft in den Hanglagen arg zersiedelt. Im unteren Teil bietet sich ein ein weiterer unerfreulicher Anblick, denn dort trennt der alte, hohe Bahndamm das Zentrum rigoros vom Meer. Doch einen Bahnhof sucht man vergebens, der ist der neuen Streckenführung im Hinterland zum Opfer gefallen. Geblieben ist nur dieser Bahndamm, der zum Parkplatz umgebaut wurde. Immerhin, in Ospedaletti gibt es seitdem weniger Parkplatznot als anderswo, was den Ort und die Uferzone aber nicht gerade aufwertet. Der Stadtstrand ist durch Fußgängertunnels zu erreichen, zahlreiche *Bagni* versperren den Blick in die Ferne. Erst an den Ausläufern des nicht besonders attraktiven, schmalen Kiesstrandes findet man freie Liegeflächen. Auch das kleine Centro storico rund um die *Piazza San Giovanni Battista* gibt sich eher unspektakulär und ein wenig langweilig. Einige Bars, Souvenirgeschäfte und Restaurants erstrecken sich entlang der Via XX Settembre am Bahndamm.

• *Information* **I.A.T.-Büro**, an der Durchgangsstraße (etwa gegenüber vom Casino), Mo–Sa 9.30–12.30 Uhr, Corso Regina Margherita 13. ✆ 0184-689085.

• *Verbindung* Nur **Busse**, mehrere Haltestellen an der Hauptdurchgangsstraße; etwa halbstündlich nach San Remo, Bordighera und Ventimiglia.

• *Wandern* In Ospedaletti wohnt Giampiero Borgna, der das Hinterland der Provinz Imperia kennt wie kaum ein Zweiter. Seit 25 Jahren Wanderführer *(Guida Ambientale Naturalistica)*, kurvt er seit nunmehr zehn Jahren mit seinem Jeep bis zu acht Personen durch kleine Orte, auf schwindelerregende Höhen (u. a. in das Tal der Wunder, → S. 104) und in unbekannte Landgasthöfe. Er spricht zwar wenig Deutsch (dafür gut Französisch), aber mit Händen und Füßen kommt man prima klar. Strada Poggi Terrine 16, 18014 Ospedaletti (IM), ✆ 0184-683807, ✆ 333-8570683.

*** **Hotel Firenze**, an der Hauptstraße, schon ziemlich am Ortsausgang Richtung Ventimiglia. Mit sehr einladendem Ristorante *Da Luisa* der mittleren bis leicht gehobenen Preisklasse (mittags und abends geöffnet). Freundlicher Service, 45 gepflegte, moderne Zimmer mit Balkon, z. T. Meerblick, Hunde sind ausdrücklich willkommen! Ganzjährig geöffnet. EZ 80 €, DZ 160 € inkl. Frühstück. Wer nicht im August, an Ostern oder Feiertagen kommt, zahlt fürs EZ 60–70 €, DZ 90–100 €; Halbpension 75–85 €/Pers. Corso Regina Margherita 97, 18014 Ospedaletti (IM), ✆ 0184-689221, 📠 0184-688140, www.firenze.ospedaletti.info.

• *Essen & Trinken* **Il Samaritano**, alteingesessenes, gepflegtes Ristorante an der schmalen Uferstraße (direkt am Bahndamm/Parkplatz); keine schöne Lage, aber wie der Name „Samariter" verspricht, wohltätige Preise. Auch einige Tische im Freien. Solide Hausmannskost, Primi um 10 €, Secondi um 15 €. Mittags und abends geöffnet, Mo Ruhetag. Via XX Settembre 65. ✆ 0184-688132.

Am schönsten gelegen sind natürlich die Restaurants der Strandbäder, z. B. **La Scogliera Beach** mit großer Plattform und Kinderspielplatz. Bietet sich besonders für den Mittagssnack an.

Noch längst nicht „rien ne va plus“: das Spielcasino von San Remo

San Remo (Sanremo)

ca. 56.800 Einwohner

Eine lebendige Stadt mit legendärem Spielcasino und herzzerreißendem Schlagerfestival. Die Lebedame der Belle Époque zehrt bis heute vom Glanz der Jahrhundertwende. Doch die Klientel des Casinos hat sich gewandelt, und der eilige Durchgangstourismus gefährdet die Existenz der zahlreichen Nobelherbergen.

Die Stadt erstreckt sich an der langen Bucht zwischen dem Capo Nero im Westen und dem Capo Verde im Osten, dahinter steigen die Hügel des *Monte Bignone* (1299 m) bald steil an und bescheren San Remo eine geschützte Lage an der ohnehin sonnenverwöhnten Blumenriviera. 10 °Celsius beträgt die Durchschnittstemperatur in der Bucht im Winter, im Sommer sind es angenehme 23° C, an die 3000 Sonnenstunden jährlich werden gezählt. Früher blühten an den Hängen dichte Orangen- und Zitronenhaine, bis sich die Stadt Ende des 19. Jh. ganz der Blumenzucht verschrieb – die Gewächshäuser stapeln sich teilweise den Berg hinauf. Noch heute findet nahe dem benachbarten Bussana in einer riesigen Markthalle täglich der größte Blumenmarkt Italiens statt.

San Remo selbst teilt sich in mehrere höchst unterschiedliche Stadtviertel. *La Pigna*, die Altstadt, erstreckt sich tatsächlich in Form eines Tannenzapfens (ital.: pigna) über den mittleren Stadthügel (gleich östlich der riesigen Piazza Mercato) – sie ist San Remos ältester Teil. Trotz der labyrinthischen Enge und der finsteren, schmalen und oft auch baufälligen Häuser ist La Pigna nahezu vollständig bewohnt. Die Armut in diesem mittelalterlichen Viertel ist dabei deutlich sichtbar, hier herrscht der Alltag der kleinen Leute mit Küchendünsten, Wäscheleine vor dem Fenster und Kindern, die in den Gassen spielen. Am oberen Ende der Altstadt öffnet sich ein etwas verwilderter Park mit schönen Aussichtspunkten auf die Unterstadt, noch ein Stück weiter oben erhebt sich die barocke Wallfahrtskirche *Santuario della Madonna della Costa* (→ S. 127).

Eine zweite, „neuere" Altstadt erstreckt sich zwischen La Pigna und dem Casino rund um die zentrale *Cattedrale San Siro*; auch hier gibt einige schmale, autofreie Gässchen, die zum Bummeln und Shopping einladen (*Via Corradi, Via Palazzo* u. a.), nur wenige Minuten von Casino und Hafen entfernt und direkt an die Haupteinkaufsstraße *Corso Matteotti* angrenzend. Die zweite wichtige Geschäftsstraße im heutigen Zentrum ist die *Via Roma* (untere Parallelstraße zum Corso Matteotti).

Unterhalb davon erstreckt sich San Remos relativ kleines *Hafenviertel.* Tagsüber bieten die Fischhändler hier ihre Ware feil, gegen Abend sorgen dann zahlreiche Fischrestaurants für Stimmung – besonders nett an der beschaulichen *Piazza Sardi.* Am angrenzenden Hafenbecken *Porto Vecchio,* wo man die örtliche Fischkutterflotte beobachten kann, steht die alte *Festung Santa Tecla,* die die Genueser einst als Zwingburg über San Remo errichteten. Östlich des alten Fischerhafens schließt der neuere und ungleich größere Yachthafen *Portosole* an.

Prunkvoll und mondän erscheint San Remo eigentlich nur im *Westteil,* dort ballen sich herrschaftliche Jugendstilvillen und schlossartige Grandhotels in gepflegten Parkanlagen. Die imposanteste und älteste Nobelherberge ist das *Londra,* ein gigantischer Hotelkoloss und – abgesehen vom 5-Sterne-Hotel *Royal* am Corso Imperatrice – die letzte wirklich edle Hotelbastion aus besseren Zeiten. Wer vom Casino den *Corso degli Inglesi* hinauffährt, wird oberhalb des Zentrums einige weitere Villen reicher Engländer aus der Belle Époque entdecken.

Das heutige touristische Leben spielt sich indes um das strahlend weiße Casino und zwischen Corso Matteotti und Corso Imperatrice ab (unterhalb davon der durchaus badetaugliche Stadtstrand mit diversen Strandbädern). Der vor einigen Jahren stillgelegte Bahnhof (neuer Bahnhof unterirdisch bei der Piazza Colombo) verunziert zwar etwas das Stadtbild, doch wurde das Gleisareal zu einem großen Parkplatz direkt im Uferbereich umfunktioniert, der zur Entspannung der Parksituation beiträgt.

Geschichte

Die geschützte Bucht von San Remo war wohl schon vor mindestens 50.000 Jahren besiedelt, darauf weisen Funde in einer Höhle bei Bussana hin. In römischer Zeit war San Remo als *Villa Matutiana* (oder *Matuzia*) bekannt, benannt nach *Matuta,* der Göttin der Morgenröte. Einer der wenigen noch sichtbaren Überreste aus dieser Zeit sind die spärlichen Ruinen einer römischen Villa direkt am Meer im westlichen Stadtteil Foce. Im Mittelalter landeten auch hier die Langobarden und später die Sarazenen, die die Siedlung Mitte des 7. Jh. und im 9. Jh. zerstörten; man zog sich vom Meer zurück in die Hügel, die mittelalterliche Altstadt „La Pigna" entstand als Schutzburg gegen die Piraten. Etwa ab dem Jahr 1000 ging San Remo, dessen Name von *Santo Eremo* stammen könnte, an den Bischof von Genua über. Im 12. Jh. kämpfte die Stadt gemeinsam mit Nizza und Genua gegen Pisa und schloss sich schließlich mehr oder minder freiwillig der Großmacht Genua an. Manche Häuser der Stadt gehen bis ins 13. Jh. zurück, älter ist nur die *Cattedrale San Siro,* deren Ursprünge in frühchristliche Zeit zurückreichen.

Zu einem weiteren wüsten Pirateneinfall kam es 1544 unter Dragut, um 1550 errichtete man zur Abwehr weiterer Angriffe die *Torre Saracena* (auch *Torre della Ciapéla* genannt), die bis heute an der Piazza Mercato steht. 1797 besetzte Napoleon die Stadt, 1815 gliederte der Wiener Kongress Ligurien an das Piemont an.

Seine beste Zeit erlebte San Remo ab 1860, als europäische Adelige (v. a. Briten, Russen und Deutsche) die Stadt als überaus angenehmes Winterdomizil entdeckten. Der Bau der Bahnlinie von Genua nach Ventimiglia (1872) erleichterte die Anreise immens, in Strömen floss der Reichtum in die Stadt, was sich bald in repräsentativen Gebäuden zeigte: Neben den zahlreichen privaten Villen und Grandhotels entlang des *Corso Imperatrice* sind das vor allem das prachtvolle Spielcasino (1905) und die russisch-orthodoxe Kirche (1907), die noch immer einen Eindruck der Noblesse um die Jahrhundertwende geben. Benannt wurde der Corso Imperatrice übrigens nach der russischen Zarin Maria Alexandrowna, die die Stadt 1874 besuchte und ihr eine Palmenpromenade (den heutigen Corso) als Geschenk vermachte. Seit 1906 bereichert San Remo eine weitere Attraktion: Das berühmte Radrennen Milano–Sanremo zählt bis heute zu den berühmtesten in Italien. Auch nach dem Ersten Weltkrieg war die Anziehungskraft San Remos ungebrochen. Einen Einschnitt brachte erst der Zweite Weltkrieg; im Oktober 1944 wurden Teile der Innenstadt durch einen französischen Bombenangriff zerstört.

In der Nachkriegszeit machte die Stadt vor allem durch das berühmte Schlagerfestival von sich reden. Und der Tourismus wandelte sich: Die Reichen und Adligen wanderten mehr und mehr ab, San Remo fand ein breiteres und weniger betuchtes Publikum.

Festival internazionale della canzone italiana

Ganz Italien richtet alljährlich Ende Februar für einige Tage seinen Blick auf das *Teatro Ariston* in San Remo, auf das größte nationale Schlagerfestival des Landes, bei dem schon zahlreiche große Sängerkarrieren aus der Taufe gehoben wurden. In den Anfangsjahren – seit 1951 gibt es das Festival – war es noch eine unspektakuläre Radioshow, doch als der Liederwettbewerb 1955 ins Fernsehen kam, wurde er hitverdächtig. 1958 produzierte das Festival mit *Domenico Modugno* seinen ersten Schlagerstar und mit seinem Lied „Nel blu dipinto di blu“ (besser bekannt als „Volare“) einen echten Welthit. In den Sechzigern dominierten Rebellion und Sex-Appeal mit Interpreten wie *Adriano Celentano, Mina* und *Milva*. Später begannen hier die großen Karrieren von *Eros Ramazzotti, Umberto Tozzi, Zucchero, Jovanotti* und *Andrea Bocelli*.

Doch das Festival wäre kein italienisches, hätte es nicht auch diverse Skandälchen und Skandale hervorgebracht: Ein Schmiergeldskandal erschütterte die Schlagernation 2003, als bekannt wurde, dass sich die jungen Talente ihren Auftritt bei den Veranstaltern mit bis zu 50.000 € „erkaufen“ mussten. Noch härter kam es 2005, als Ministerpräsident und Medienzar Berlusconi in den Texten der Festivalbeiträge subversive Kritik der Linken witterte und die verantwortlichen Posten bei der RAI, die das Festival seit Jahrzehnten ausrichtete, kurzerhand mit seinen Getreuen besetzen ließ – schließlich erreicht das *Festival delle Canzone* allabendlich mindesten zehn Millionen Fernsehzuschauer. Da galt es, das überaus beliebte Event wenn schon nicht regierungstreu, dann doch zumindest unpolitisch (und unkritisch) zu halten. Nach dem skandalträchtigen Auftritt eines jungen Künstlers im Jahr 2009, dessen Beitrag homophobe Anspielungen enthielt, besonders aber durch die Brandrede *Roberto Begninis* am gleichen Abend, der wie gewohnt kein Blatt vor den Mund nahm und gegen Berlusconi wetterte, scheint es mit den unpolitisch-seichten Zeiten in San Remo allerdings schon wieder vorbei zu sein. Wie es mit dem Schlagerfestival weitergehen wird, bleibt abzuwarten.

Diverses

• *Anfahrt/Verbindungen* **Auto**, von der A 10 Abfahrt San Remo Ovest, ca. 5 km westlich von San Remo in Coldirodi. Auf der alten *Aurelia* Stop-and-go-Verkehr fast durch die ganze Innenstadt.

Parken, Tiefgarage u. a. an der Piazza Colombo, Parkplatz an der Piazza Mercato (außer Di und Sa Vormittag) nahe dem Teatro Ariston, in der Innenstadt fast überall gebührenpflichtig. Am Lungomare delle Nazioni (Ufergelände des alten Bahnhofs, Nähe Spielcasino) ebenfalls mit Parkscheinautomat, hier gibt es jedoch auch einen freien Abschnitt (oft belegt).

Bahn, San Remos neuer, unterirdischer Bahnhof liegt etwas dezentral im Ostteil der Stadt am Corso Felice Cavalotti (Via Aurelia). Futuristischer Bau in den Berg hinein, zu den Gleisen muss man einen schier endlosen Tunnel entlanglaufen, daher immer etwas mehr Zeit einkalkulieren! Etwa stündlich Züge von und nach Genua mit Stopp in Imperia, Alassio, Savona sowie zahlreichen kleineren Rivieraorten, Fahrtzeit ca. 2 Std. Außerdem etwa halbstündlich nach Ventimiglia, Fahrtzeit ca. 20 Min.

Markt in San Remo

Bus, Busbahnhof an der Piazza Colombo am Ende des Corso Matteotti. Hier auch Fahrkarten und aktueller Gesamtfahrplan der *Riviera Trasporti (R.T.)*; erhältlich für Busse in Richtung Ventimiglia, Imperia und Baiardo (Hinterland). ✆ 0184-592706.

In der Biglietteria ist auch die Wochenkarte „Travel Card" für 13 € erhältlich (7 Tage gültig auf allen Strecken der Riviera Trasporti, unbegrenzte Fahrten, auch im *Filobus*). Zudem fahren in der Stadt Oberleitungsbusse *(Filobus)*, Fahrkarten in den Tabacchi-Läden.

Taxi, vor dem Spielcasino, an der Piazza Colombo, vor dem Bahnhof oder unter ✆ 0184-541454.

• *Information* **A.P.T./I.A.T.-Büro**, im verschnörkelten *Palazzo della Riviera*, wenige Meter vom Casino. Prospekte zur gesamten Blumenriviera, Veranstaltungshinweise etc.; sehr freundliche, hilfsbereite Mitarbeiter. Ganzjährig Mo–Sa 8–19 Uhr, sonn- und feiertags 9–13 Uhr. Largo Nuvoloni 1, 18038 San Remo (IM). ✆ 0184-59059, kostenlose numero verde ✆ 800813012, ✆ 0184-507649, www.rivieradeifiori.org.

• *Post* Via Roma 156, Nähe Porto Vecchio.

• *Einkaufen* **Markthalle**, an der belebten Piazza Eroi Sanremesi, Nähe Kathedrale.

Wochenmarkt, neben der Markthalle, Di und Sa vormittags 8–13 Uhr.

Mercato dei fiori (Blumenmarkt), im Nachbarort Bussana, östlicher Stadtrand von San Remo. Mo–Fr 5–8 Uhr (nur für Großhändler).

Pasticceria San Romolo, in einer Seitenstraße der Via Roma; köstliche Törtchen, Bonbons und Schokolade in historischem Ambiente. Via Carli 6.

Shopping, am besten am Corso Matteotti, schicke Einzelhandelsgeschäfte und Boutiquen, allerdings flaniert man hier in erhöhtem CO_2-Ausstoß. Etwas beschaulicher geht es in den autofreien Gassen Via Corradi und Via Palazzo zu (beide von der Dompiazza abzweigend).

• *Zweiradverleih* **Piaggio**, Corso Cavalotti 39, Mofa- und Vespaverleih in der östlichen

Neustadt (nahe dem neuen Bahnhof). ✆ 0184-541317.

• *Feste & Veranstaltungen* **Corso fiorito**, letzter Sonntag im Januar – großes Blumenfest mit festlichem Umzug.

Radrennklassiker Milano–San Remo, immer am Samstag um den 19. März; nach dem Giro d'Italia das bekannteste Rennen Italiens; seit 1907, daher auch „La Classicissima" genannt. Knapp 300 km von Mailand durch die flache Ebene des Piemont und an der ligurischen Küste entlang.

Jazz- und Bluesfest im Juli und August.

Rallye di San Remo, Sportwagen-Rennen im Oktober.

• *Golf* **Circolo Golf degli Ulivi**, 18-Loch-Platz oberhalb von San Remo, ab Zentrum beschildert (Richtung San Romolo/Campo da Golf). Via Campo Golf 59, 18038 San Remo (IM). ✆ 0184-557093, ℻ 0184-557388, www.golfsanremo.com.

• *Moutainbike* Rund um San Remo gibt es eine wachsende Zahl von MTB-Routen, Infos erhält man im Tourismusbüro. Alessandro Modolo, ein begeisterter Mountainbiker aus San Remo, hat eine informative Seite ins Netz gestellt , auf der zahlreiche Routen, auch mit GPS-Daten, verzeichnet sind: www.mtbsanremo.it.

• *Bootstouren* Tägl. **Küstenrundfahrten** nach Bordighera und retour, 1½ Std., 15 €, Kinder 6–12 Jahre 8 €.

• *Baden* Der Weststrand am *Lungomare Vittorio Emanuele* ist vollständig mit Strandbädern *(Bagni)* belegt, hier baden u. a. die Gäste der Grandhotels.

Deutlich mehr Action und jüngeres Publikum bietet der *Lungomare delle Nazioni* hinter dem alten Bahnhofsgelände. Der *Oststrand* liegt zwischen den beiden Hafenbecken und ist ebenfalls von Strandbädern in Beschlag genommen.

Übernachten/Camping (siehe Karte S. 124/125)

Die Hotelpreise liegen nur wenig über dem Niveau der anderen Orte an der Blumenriviera. Das Angebot an noblen 4-Sterne-Hotels ist nach wie vor groß, obwohl manche schon etwas angestaubt wirken, andere wurden in Appartementanlagen umgewandelt. Preiswerte Hotels im 3- und 2-Sterne-Bereich sowie Pensionen sind ebenfalls ausreichend vorhanden.

****** Grand Hotel Londra (17)**, die älteste Edelherberge der Stadt wurde 1860 erbaut. Zwei palmengeschmückte Auffahrten führen vor das Portal des ockerfarbenen Prachtbaus. Innen dominiert noch immer eine aristokratische Atmosphäre, im Speisesaal ist Krawatte angesagt; schöner Pool im palmenbestandenen Garten. 125 Zimmer mit Stilmöbeln. EZ 150 €, DZ 190 €, inkl. Frühstück. Corso Matuzia 2, 18038 San Remo (IM), ✆ 0184-65511, ℻ 0184-668073, www.londrahotelsanremo.it.

***** Paradiso (16)**, gepflegter Neubau in ruhiger Lage, oberhalb der Giardini comunali und hoch über der Promenade, zu Fuß aber nur wenige Minuten ins Zentrum. Gut und sehr freundlich geführt, komfortabel, mit Pool und Restaurant, Parkplatz am Haus. Etwas altmodische, aber komfortable Zimmer, alle mit Klimaanlage, z. T. auch mit Balkon und Blick über den Park zum Meer. EZ im DZ 109 € (nicht in der Hauptsaison erhältlich), DZ 198 € inkl. Frühstück. Via Roccasterone 12, 18038 San Remo (IM), ✆ 0184-571211, ℻ 0184-578176, www.paradisohotel.it.

***** Eden (18)**, altehrwürdiger vierstöckiger Großbau mit Prachtfassade oberhalb des verkehrsgeplagten Corso Matuzia, daher nicht ganz ruhig. Die Ausstattung ist eher schlicht, alles schon etwas älter, Zimmer mit Blick aufs Meer. Pool im Vorgarten. Viele Busgruppen. EZ 100 €, DZ 190 €, jeweils inkl. Halbpension. Corso Solaro 4, 18038 San Remo (IM), ✆ 0184-661701, ℻ 0184-666279, www.hoteledensanremo.it.

***** Villa Sapienza (19)**, elegante Villa, wenn auch von außen etwas mausgrau, Parkplatz im Innenhof, schattiger Garten, nur wenige Schritte zum Strand. Angenehme, gepflegte Zimmer (mit Klimaanlage), freundlicher Service; in der Nebensaison deutlich günstiger. Kleine Seitenstraße (Sackgasse) des Corso Matuzia, etwas zurückversetzt und ruhig gelegen. EZ 80 €, DZ 160 € inkl. Frühstück. Corso Matuzia 21, 18038 San Remo (IM), ✆ 0184-6957516, ℻ 0184-667675, www.villasapienza.it.

***** Eletto (13)**, hübscher Stadtpalazzo in ganz zentraler Lage an der Einkaufsmeile. Zimmer teils mit Stilmöbeln. Restaurant, Parkplatz (im Preis inbegriffen). Ein Stockwerk wurde kürzlich renoviert, der Rest ist schon etwas betagt, aber keine schlechte Wahl. EZ 80–95 €, DZ 115–135 € inkl. Frühstück. Corso Matteotti 44, Eingang auch Via Roma 35 (Parkplatz), 18038 San Remo (IM), ✆ 0184-531548, ℻ 0184-531506, www.elettohotel.it.

**** Riviera (7)**, ein großer, gelber Klotz oberhalb des Doms (Treppengasse hoch), erst auf den zweiten Blick einladend. Gepflegtes Hotel in ruhiger Lage, Parkplatz 3–5 €/Tag, Garage 10 €/Tag. EZ 60 €, DZ 95 €, Dreibett-Zimmer 115 €, Frühstück 6 €/Pers. Corso degli Inglesi 86, 18038 San Remo (IM), ✆ 0184-502215, ℻ 0184-502216.

**** Sole Mare (14)**, Pension im vierten Stock eines Neubaus, zentrale Lage, Seitenstraße der Via Roma, Nähe Casino. Parkplatz vorhanden. Alle Zimmer mit Bad und WiFi, EZ 73 €, DZ 130 €, Dreibett-Zimmer 150 €, Vierbett-Zimmer 180 €, jeweils inkl. Frühstück. Via Carli 23, 18038 San Remo (IM), ✆ 0184-577105, ℻ 0184-532778, www.solemarehotel.com.

**** Ambrosiano (12)**, altes Stadthaus mit prunkvollem Treppenhaus, um die Ecke vom Sole Mare. Einfache, ordentliche Zimmer in den oberen Etagen (mit Lift), alle mit Bad und TV. EZ 95 €, DZ 130 €, Dreibett-Zimmer ab 145 €, Vierbett-Zimmer 160 €, Früh-

stück 5 €/Pers. Via Roma 36, 18038 San Remo (IM), ✆ 0184-577189, ✆ 0184-542715, www.hotelambrosiano.it.

*** Buffo (4)**, Etagenpension gegenüber dem Museum, gute Wahl in dieser Kategorie. EZ 50 €, DZ 75 €, Frühstück 5 €. Corso Matteotti 178, 18038 San Remo (IM), ✆/✆ 0184-509650.

• *Camping und Bungalows* ***** Villaggio dei Fiori**, *unser Tipp*: am westlichen Stadtrand, direkt am Meer gelegen. Aufgeschütteter Kiesbereich mit Liegestühlen außerhalb des Geländes. Mit Pool und Whirlpool, Bar, Pizzeria (Supermarkt in etwa 200 m Entfernung vom Gelände), Fahrradverleih und WiFi; vor allem Wohnwagen, Wohnmobile und Bungalows (Vermietung); teilweise kleine, aber schattige Zeltplatzflächen und guter, großteils gepflasterter Boden; ab sieben Tagen Aufenthalt Rabatt. Ganzjährig geöffnet. In den Schulferien, in der Hauptsaison an Wochenenden und an den Feiertagen Reservierung ratsam. Neben dem Eingang findet sich der Infopoint. Silvia Morano, in Deutschland aufgewachsen, bietet hier neben zahlreichen Tipps auch preisgünstige Touren mit einem Kleinbus ins Hinterland an, z. B. nach Dolceacqua, nach Triora, ins Roia-Tal oder auch in das Tal der Wunder. Neben einsamen Landgasthöfen lernt man dabei Weingüter und Olivenbauern kennen und kann sogar, saisonabhängig, Blumenzüchter besuchen oder bei der Olivenernte helfen. Stellplatz für 2 Pers. mit Zelt 38 €, großer Stellplatz für max. 4 Pers. 60 €. Zimmer für 2 Pers. 93 €, Bungalow (3–5 Pers.) 105–144 €, Mobile Homes 152–180 €. Via Tiro a volo 3, 18038 San Remo (IM), ✆ 0184-660635, 📠 0184-662377, www.villaggiodeifiori.it.

** **Blue Beach**, östliche Stadtausfahrt, recht grün, direkt am Ufer des Capo Verde; mit Strand und Pool, nur Bungalowvermietung (recht schlicht): 2 Pers. 78 €/Tag, 3 Pers. 92 €, 4 Pers. ab 145 €. Ganzjährig geöffnet. Via al Mare 183, 18032 Bussana di San Remo (IM), ✆ 0184-513200, 📠 0184-515030, www.bluebeach.it.

Essen & Trinken/Nachtleben (siehe Karte S. 124/125)

San Remo hat etliche Spezialitäten zu bieten: *Baccalà (Stockfisch)* wird mit viel Petersilie und Knoblauch zubereitet und mit gegartem Gemüse serviert. Das „echte" *San-Remo-Kaninchen (Coniglio)* muss zusammen mit zahlreichen Gewürzen, Nüssen und schwarzen Oliven in viel Rotwein schmoren. Das hiesige *Schwertfisch-Carpaccio (Pesce spada)* ist geräuchert, hauchdünn geschnitten und wird mit Öl, Zitrone und frischem Pfeffer serviert.

• *Im Hafenviertel* **Antica Trattoria Nuovo Piccolo Mondo (5)**, *unser Tipp*: in einer autofreien Seitengasse der Via Roma, auch einige Tische draußen, drinnen stilvoll-schlichtes Ambiente. Netter Service, gute ligurische Küche zu angemessenen Preisen; hervorragendes Pesto, knackig-frische Salate und zum Dessert köstlicher Pfirsichkuchen; die Flasche Vino bianco 15 €. Mittags und abends geöffnet, So ganztägig und Mo abends geschlossen. Via Piave 7. ✆ 0184-509012.

Pizzeria 3 Scalini (11), an der lauschigen, mit Orangenbäumen bestandenen Hauptpiazza des Hafenviertels. Dekorativer Steinofen, Tische auch draußen. Mittags und abends geöffnet, Mo Ruhetag. Piazza Sardi 2. ✆ 0184-502301.

Adriano (8), alteingesessener Familienbetrieb ebenfalls an der Hafenpiazza, solide Hausmannskost, reichhaltiges Menu speciale um 20 €. Mittags und abends geöffnet, Mo Ruhetag. Piazza Brescia 18. ✆ 0184-542626.

La Lanterna (15), Traditionslokal am Porto Vecchio, eher teuer, nette Lage. Mittags und abends geöffnet, Do und So Tanzabend. Molo di Ponente. ✆ 0184-525916.

Caffè Ducale (3), neues, geschmackvoll eingerichtetes Café mit Bar und Ristorante, Via Matteotti 145. ✆/📠 0184-1955202.

Caffè per Mare (10), hippes Café, Restaurant und Cocktail-Bar direkt am Porto Vecchio, mit Terrasse – sehen und gesehen werden, vor allem beim Aperitivo; eher teuer. Bereits zum Frühstück geöffnet, dann durchgehend, Via Nazario Sauro 42/44. ✆ 0184-503755.

• *Im Zentrum und in La Pigna* **Quattro Stagioni (9)**, Osteria in Domnähe, zwei kleine Speiseräume und einige Tische im Freien, freundliche Atmosphäre, leise Hintergrundmusik. Etwas fade Pizza aus dem Elektroofen, aber leckere lokaltypische Gerichte, Bier vom Fass und große Grappaauswahl. Relativ teuer, Menü um 30 €. Mittags und abends geöffnet, Mo Ruhetag. Via Corradi 83. ✆ 0184-573262.

Taverna 29 (2), kurz vor der Porta Santo Stefano, dem Eingangstor zur Altstadt La Pigna. Kleiner, heller Speiseraum mit halboffener Küche; Fisch und Meeresfrüchte mit Frischegarantie; Menü um die 35–40 €. Mittags und abends geöffnet, Mo Ruhetag. Via Morardo 8 (Piazza Cassini). ✆ 0184-570034.

L'Airone (6), sympathisches, beliebtes Lokal hinter dem Dom, jeden Abend voll; gute und reichhaltige Küche, auf der Karte stehen 50 verschiedene Pizzen, aber auch hervorragende Pasta mit Meeresfrüchten. Mittleres Preisniveau, mittags und abends geöffnet, Do Ruhetag. Piazza Eroi Sanremesi 12. ✆ 0184-531469.

Il Mulattiere (1), volkstümliche Spaghetteria im Gassengewirr von La Pigna, eng und dunkel wie das Wohnviertel selbst. Rustikal eingerichtet, einfache Hausmannskost, kleine Preise, freundlicher Wirt – eines der preiswertesten Lokale der Stadt! Geöffnet mittags und abends, Mi Ruhetag. Via Palma 11. ✆ 0184-502662.

Am Hafen von San Remo

Forno Maggiorino, beliebte Backstube im Zentrum, immer frische Pizza, Farinata, Sardenaira und Gemüsetorten vom Blech; Stehtische und Take-away, Via Roma 183.

• *Nachtleben* **Bar Melody**, Snacks, Wein, Bier, Cocktails, laute Musik, bis ca. 1 Uhr geöffnet. Corso Matteotti 170.

Disco Loco, karibisches Ambiente, Latinomusik. Mi, Sa und So geöffnet. Corso Imperatrice 18, neben dem Casino.

Pico del Gallo, Caribbean Music Bar und Restaurant, tagsüber Strandbad. Lungomare Vittorio Emanuele II 13.

Caribbean Bar Deco, beim großen Parkplatz zwischen altem Bahnhof und Porto Vecchio; Cocktails und House open-air.

George La Nuit, Pianobar, beliebt bei den Sanremesi, lockere Atmosphäre. Corso Nino Bixio 53.

Sehenswertes

Altstadt (La Pigna): Charakteristisch für San Remos mittelalterlicher Stadtkern sind die schmalen, überbauten Gassen, die *Carrugi*. „La Pigna“ heißt Tannenzapfen, weil die Anordnung der Altstadthäuser der kompakten Schuppenstruktur eines Tannenzapfens gleicht. Man betritt das Viertel bei der Kirche Santo Stefano durch die untere *Porta Santo Stefano,* einen gotischen Torbogen aus dem frühen 14. Jh. Das steil ansteigende Gassenlabyrinth mit den tiefen, düsteren Durchgängen und kleinen Brunnenplätzen will mit Muße entdeckt werden.

Santuario della Madonna della Costa: Die Wallfahrtskirche oberhalb von La Pigna wurde 1630 über einem mittelalterlichen Kirchenbau errichtet. Von der Innenstadt führt ein mühsamer, aber lohnenswerter Aufstieg hier hinauf. Vor der barocken Kuppelkirche erstreckt sich ein breiter, mit großen Kieselsteinen gepflasterter Aufgang. Im Inneren beeindrucken neben der reichen barocken Ausstattung die kunstvollen Kuppelfresken aus dem frühen 18. Jh. sowie die *Madonna con Bambino* aus der Zeit um 1400 (im Presbyterium hinter dem Hauptaltar), vermutlich ein Werk von Nicolò da Voltri aus Genua.

Tägl. 9–12 und 15–18 Uhr.

Cattedrale San Siro: Die große Pfeilerbasilika entstand um 1250 auf den Fundamenten eines frühchristlichen Kirchenbaus. Einziger Blickfang an der ansonsten schmucklosen Fassade ist die kunstvoll gearbeitete *Fensterrose* über dem Hauptportal. Der dreischiffige Kirchenraum mit dem hölzernen Dachstuhl ist von runden und achteckigen Säulenreihen gegliedert. Das schwarze Kruzifix über dem Hauptaltar stammt von *Maragliano*, einem begnadeten ligurischen Holzschnitzer des 15./16. Jh.
Tägl. 8–11.45 und 15–17.30 Uhr, sonn- und feiertags jeweils 1 Std. länger.

Villa Nobel: Die prachtvolle Villa des schwedischen Naturwissenschaftlers und Unternehmers *Alfred Nobel* (1833–1896) steht in einem großen Park im Ostteil der Stadt am viel befahrenen Corso Cavallotti (Hauptstraße). Das Gebäude wurde 1870 im Zuge des wachsenden Oberschicht-Tourismus gebaut, Nobel selbst lebte ab 1890 in der Villa, in der er 1896 auch starb. 1968 kaufte die Provinz Imperia das Anwesen, seit 2003 residiert hier das Alfred-Nobel-Museum, das u. a. das Lebenswerk des Dynamiterfinders dokumentiert.

Im Erdgeschoss und im ersten Stock sind die originalen Möbel Alfred Nobels zu sehen, außerdem befinden sich hier die Veranstaltungsräume und ein Wintergarten, von dem sich ein schöner Blick auf den großzügigen Garten mit seinen fein geharkten Kieswegen und den gepflegten Palmen bietet. Das eigentliche Museum befindet sich im Untergeschoss – eine Zeitreise zu den großen Erfindungen des 19. Jh., natürlich unter besonderer Berücksichtigung des von Nobel erfundenen Dynamits; dazu Dokumentationen zum Bau des St.-Gotthard-Tunnels und des Kanals von Korinth, für ihre Zeit gigantische Bauprojekte, die erst durch den Einsatz von Dynamit möglich wurden. Ein weiterer Teil der Ausstellung widmet sich Nobels Dynamitfabriken, in denen es immer wieder zu verheerenden Unfällen kam. Zu sehen ist auch ein nachgebautes Chemielabor aus Nobels Zeiten sowie eine Liste sämtlicher Nobelpreisträger seit Einführung dieser Auszeichnung im Jahr 1901.
Zuletzt: Di–Sa 10–12.30 Uhr, Fr/Sa auch 15–18 Uhr, So/Mo geschl. Eintritt frei. Corso Cavallotti 116. ✆ 0184-507380, www.villanobel.provincia.imperia.it (hier die aktuellen Öffnungszeiten).

San Remos Villa Nobel

Chiesa San Basilio (Chiesa ortodossa russa): Die russisch-orthodoxe Zwiebelturmkirche schräg oberhalb der Touristinformation wurde 1907 gebaut. Sie erinnert an die vielen Russen, die um die Jahrhundertwende in San Remo weilten und das milde Klima genossen. Auch die Zarin Maria Alexandrowna verbrachte mit ihrem Hofstaat zwei Winter (1874/1875) in San Remo. Sie vermachte der Stadt die Palmen am *Corso Imperiatrice* – heute alles ausgewachsene, mächtige Dattelpalmen. Das Kircheninnere ist nahezu leer. Derzeit finden hier dringend notwendige Restaurierungsarbeiten statt, man kann aber dennoch einen Blick hinein werfen.
Normalerweise tägl. (außer Mo) 9.30–12.30 und 15–18.30 Uhr.

Das Casino Municipale

Die Erfolgsgeschichte des Casinos von San Remo begann im Mai 1905. Zwar gab es hier schon in den 1870ern einen Spielsalon, doch erst das nach den Plänen des Franzosen *Eugene Ferret* ab 1900 gebaute Casino Municipale brachte den Glanz in die Stadt. Das Gebäude aus einem eigentümlichen Stilmix aus Historismus und Jugendstil zog bald die betuchtesten Zocker der europäischen Oberschicht an und bescherte der Stadt an der Riviera weltweit einen Ruf als Spielerparadies. Die Grandhotels von San Remo erfreuten sich regen Zulaufs, zusätzlich trat 1924 ein Gesetz in Kraft, das Glücksspiele in ganz Italien verbot – ausgenommen waren vier Spielcasinos, zu denen auch das von San Remo gehörte.

Auch in der Nachkriegszeit war die Entwicklung der Stadt stark von der Klientel des Casinos abhängig. Die heiligen Hallen des Glücksspiels bewahrten bis in die späten 1960er Jahre hinein ihre Anziehungskraft, die Reichen und Schönen amüsierten sich weiterhin an den Roulette-, Baccara- und Black-Jack-Tischen von San Remo.

Dann plötzlich setzte die Wende ein. Die Spieler verschwanden an die französische Riviera, besonders nach Monte Carlo. Aus Mangel an zahlungskräftigem Publikum begann in den 1970er und 1980er Jahren ein großes Hotelsterben. In den 1990er Jahren versuchte die Stadtverwaltung, dem Aderlass mit eiligen Privatisierungsversuchen gegenzusteuern. Für ein Mindestgebot von damals rund 100 Mio. Mark sollte der Spielbetrieb an private Investoren veräußert werden. Die Mafia war sofort zum Kauf bereit, vermutlich in der Erwartung, eine riesige Geldmenge waschen zu können. Man munkelte von Bestechung und Korruption. Doch mit der italienischen Regierungskrise von 1993, in der zahlreiche Schmiergeldskandale aufgedeckt wurden, wurde auch die Privatisierung des Casino Municipale gestoppt. Der Spielbetrieb wird seitdem vom italienischen Innenministerium kommissarisch verwaltet.

Tägl. 14.30–2 Uhr, freier Eintritt. Strikte Kleiderordnung: Sakkozwang, keine Jeans/Turnschuhe; Leihsakkos an der Kasse für 50 € Pfand. Kostenloser Parkplatz für Gäste. Im **Erdgeschoss** (Seiteneingang) einarmige Banditen, Slot Machines usw., tägl. 10–2 Uhr, Eintritt frei, kein Garderobenzwang. Corso degli Inglesi 18. ✆ 0184-5951, www.casinosanremo.it.

Villa Ormond: Der kleine öffentliche Stadtpark im Ostteil von San Remo (beidseits des viel befahrenen Corso Cavallotti) ist eine grüne Oase mit zahlreichen exotischen Pflanzen. Spielplatz und Bar sind vorhanden, die Villa aus dem Jahr 1889 ist nur bei Ausstellungen und Veranstaltungen zu besichtigen. Der Park ist täglich von 8 bis 19 Uhr geöffnet.

Museo civico archeologico und Pinacoteca civica: Das städtische Museum mit Gemäldegalerie befindet sich im mächtigen *Palazzo Borea d'Olmo*, einst ein mittelalterlicher Palazzo aus dem späten 15. Jh., der im 17. und frühen 18. Jh. im barocken Stil umgestaltet wurde. Die kleine *archäologische Sammlung* umfasst eine vor- und frühgeschichtliche sowie eine antike Abteilung. Die Fundstücke stammen z. T. aus der Umgebung von San Remo, wo prähistorische Grabhügel, vorrömische *Castellari* (Wehrburgen) und römische Villen freigelegt wurden. Die *Pinacoteca* im zweiten Stock zeigt eine Sammlung von Gemälden zumeist ligurischer Künstler aus dem 17. bis 20. Jh. In der historischen Abteilung des Museums sind persönliche Gegenstände aus dem Nachlass des italienischen Nationalhelden Giuseppe Garibaldi sowie Gemälde und Kupferstiche zu sehen.

Di–Sa 9–19 Uhr, So/Mo geschlossen; Eintritt frei. Corso Matteotti 143 (Ecke Via Cavour). ✆ 0184-531942.

Forte di Santa Tecla: Die Festung am alten Hafen wurde von den Genuesern 1753 nach einer Revolte in San Remo gebaut, um die Stadt besser kontrollieren zu können – tatsächlich sind die Schießscharten der Festung auf die Stadt gerichtet, nicht auf das Meer. Bis vor wenigen Jahrzehnten war hier ein Gefängnis untergebracht, heute steht die Festung leer, soll aber in Zukunft als kulturelle Einrichtung genutzt werden.

Villa romana: Die spärlichen Reste einer römischen Villa mit Thermenanlage sind am Ende des Lungomare Vittorio Emanuele direkt am Meer im westlichen Stadtteil Foce zu sehen. Die archäologische Ausgrabungsstätte ist zwar vergittert und verwaist, von außen aber gut einsehbar.

Der Radweg von San Remo nach San Lorenzo al Mare

Vom westlichen Ende San Remos bis nach San Lorenzo al Mare zieht sich über insgesamt 18 km ein dreispuriger, asphaltierter Radweg – die *Pista ciclabile parco costiero*. Sie verläuft in den Teilabschnitten San Remo–Arma di Taggia (8 km), Arma di Taggia–Santo Stefano (4 km) und Santo Stefano–San Lorenzo (6 km). In Arma endet der Weg (derzeit noch) am Bahnhof und geht erst außerhalb des Ortes wieder weiter.

Neben den Spuren für die Biker gibt es auch eine für Fußgänger, die frühmorgens gerne von Joggern und nachmittags von italienischen Müttern und ihren Kindern für eine *passeggiata* benutzt wird. Die breite Piste ist auch mit Rollerblades befahrbar. Sie führt zumeist auf der alten Trasse der Eisenbahnlinie am Meer entlang und dabei auch durch einige beleuchtete Tunnels. Da die Strecke vollkommen eben verläuft, ist sie sehr gut für Familienausflüge geeignet. In den Orten lässt sich dann am Hafen prima rasten, auch kommt man vereinzelt an Badebuchten vorbei. Es sind sogar in unregelmäßigen Abständen Notrufsäulen angebracht – fast wie bei einer Autobahn.

Information Es gibt einen Faltplan zu diesem Radwanderweg, der in den örtlichen Touristenbüros erhältlich ist und noch zusätzliche Wander- und MTB-Varianten entlang der Strecke beschreibt. Geplant ist, die Route irgendwann westlich bis Ospedaletti und im Osten bis Imperia weiter zu führen.

San Remo/Umgebung

San Romolo und Monte Bignone

Der Gipfel des Monte Bignone war noch in den 1980er Jahren mit einer *Funivia* (Kabinenseilbahn) von San Remo aus zu erreichen und galt deshalb als der Hausberg der Küstenmetropole – wer die Straße von San Remo hier hinauffährt, sieht noch die alten Masten an der Strecke stehen. San Romolo selbst besteht aus einigen weit verstreuten, aber durchaus stattlichen Anwesen und einem Ausflugslokal in dichtem Grün. Hier oben im *Parco Naturale San Romolo e Monte Bignone* kann man sehr schön picknicken, Minigolf spielen, wandern, ausreiten und den herrlichen Blick auf San Remo und die Küste genießen. Ein Wanderweg führt von San Romolo auf den 1299 m hohen *Monte Bignone*, von dem der Rundblick noch grandioser ist.

• *Verbindung* **Bus**, vom Busbahnhof in San Remo 4x tägl. hinauf nach San Romolo (Linie 14/11); letzte Fahrt zurück gegen 19.20 Uhr (Fahrzeit 35 Min.).

• *Wandern* Infotafeln (*Punto Informativo*) mit eingezeichneten Wanderrouten durch die Bergwälder (0,9–6,7 km).

• *Ausritte* **Maneggio di San Romolo**, nur nach Anmeldung unter ✆ 0184-669932 oder 329-1213350 (mobil). Ca. 15 €/Std., nur von Mai bis Ende Sept. von 10–19 Uhr, Di geschlossen.

• *Essen & Trinken* **Bar/Ristorante Dall'Ava**, am Parkplatz (Hauptstraße); rustikales Ausflugsrestaurant mit schattiger Terrasse unter Kastanien.

Ceriana

ca. 1300 Einwohner

Am östlichen Stadtrand von San Remo biegt eine schmale Straße landeinwärts zum Weiler Poggio ab. Von dort windet sie sich zunächst in steilen Serpentinen bergauf und im weiteren Verlauf panoramareich oberhalb des westlich gelegenen Valle Armea durch terrassierte Weinhänge. Nach 10 km erreicht sie das mittelalterliche, verschachtelt am Hang gelegene Bergdorf Ceriana.

Hier scheint die Zeit stehen geblieben zu sein. Die Pfarrkirche *SS. Pietro e Paolo* mit ihrer gewaltigen Fassade aus dem 18. Jh. thront an der zentralen Piazza direkt neben der verschlafen wirkenden Durchgangsstraße. Unterhalb des Ortes im Talgrund liegen die *Basilica del Santo Spirito* mit Ursprüngen im 12. Jh. und daneben das spätbarocke *Oratorio di Santa Caterina*. Der Ort selbst, der zu Verteidigungszwecken in konzentrischen Kreisen um einen Hügel angelegt wurde, besteht aus einem babylonischen Gewirr aus verwinkelten Gassen und schmalen Durchgängen, die zum großen Teil niemals das Sonnenlicht erblicken. Viele Häuser wirken verlassen und verfallen. Allerdings finden sich auch hier zunehmend Deutsche und Skandinavier, die Immobilien aufkaufen und renovieren. An der Durchgangsstraße von Ceriana gibt es eine Bar, den *Star Pub* – ein nettes Plätzchen, um nach einem ausgiebigen Ortsrundgang einen Cappuccino zu sich zu nehmen.

Nach Ceriana führt die Straße weiter kurvig und steil durch Olivenhaine und Laubwälder bis hinauf nach Baiardo (→ S. 111).

Bussana Vecchia

Das knapp 300 m über dem Meer gelegene Dorf wenige Kilometer westlich von San Remo wurde 1887 durch ein Erdbeben in weiten Teilen zerstört. Über 50 Menschen wurden in den frühen Morgenstunden im Schlaf überrascht und starben unter den Trümmern, einzig der barocke Kirchturm blieb unversehrt. Die Überlebenden gaben Bussana auf, wanderten ab und gründeten an der Küste *Bussana Nuova*. Das alte Bussana verkam zur Ruinenstadt. Erst in den 1960ern kam neues Leben in den Geisterort, als 1961 die *Künstlerkolonie Comunità Internazionale degli Artisti* gegründet wurde, der sich in den folgenden Jahren rund 30 europäische Künstler aus den verschiedensten Metiers anschlossen. Sie machten einen Teil der pittoresken Trümmerstadt wieder bewohnbar, ließen sie äußerlich aber weitgehend unangetastet. Derzeit leben in der Kolonie etwa 20 Künstler mit ihren Familien. Die friedliche Ruinenatmosphäre in den autofreien Gässchen und die verschiedensten Kunsterzeugnisse, die in den Ateliers angeboten werden, locken immer mehr Neugierige nach Bussana Vecchia. Es gibt mittlerweile mehrere Bars, Restaurants und auch Übernachtungsmöglichkeiten.

• *Anfahrt/Verbindungen* **Auto**, Stichstraße von der *Aurelia* (ca. 3 km), unmittelbar hinter dem Capo Verde, zum Teil sehr schmal.

Bus, mit Linie 14/4 von San Remo (Piazza Colombo), das letzte Stück zu Fuß. Letzter Bus zurück nach San Remo gegen 18 Uhr!

• *Information* www.bussanavecchia.com, www.bussana.com.

Am Eingang zu Bussana Vecchia

• *Übernachten/Essen & Trinken* Bussana Vecchia bietet zwei gemütliche Speiselokale, eine Bar und Gelateria mit hausgemachtem Eis und ein paar Gästebetten.

Apriti Sesamo, only organic food, heißt das Credo im „Sesam öffne Dich", hier kann man gut und sogar günstig vegetarisch und makrobiotisch essen. Auch Gelateria und kleiner Laden. Täglich 12–15 und 17–23 Uhr (abends Reservierung obligatorisch). Im dazugehörigen B&B kann man auch über Nacht bleiben. Kinder und auch Hunde sind willkommen! Schlichtes DZ mit Bad und Frühstück 70 €. Via alla Chiesa, 18038 Bussana Vecchia di San Remo, ✆ 0184-510022 oder 335-231794 (mobil), www.ristorantenaturale.it.

Colin Wilmot, vermietet eine Galerie für 5 Pers. und ein Studio für 3 Pers., weitere Infos in seinem Atelier. Im Juli und August nur wöchentlich zu mieten. Die Galerie kostet 475 € pro Woche, das Studio 450 €. In der Nebensaison 75 € pro Tag. ✆ 0184-510114, colinwilmot@gmail.com.

Osteria degli Artisti, sehr nette Osteria im „Zentrum", gemütliche Terrasse vor dem alten Gemäuer und unter einem Schatten spendenden Weindach. 2009 renoviert. Mittleres Preisniveau, ganztägig geöffnet, ✆ 0184-510756.

Bar Piazzetta Golosa, gleich am Ortseingang, blumengeschmückte Terrasse mit buschiger Palme, Snacks und leckere Kuchen. Ganztägig geöffnet.

Arma di Taggia

Der Küstenableger des gut 3 km landeinwärts gelegenen Städtchens Taggia liegt in der breiten Mündungsebene des *Argentina*-Flusses. Arma di Taggia (wörtlich „Die Waffe von Taggia") erscheint zwar auf den ersten Blick etwas gesichtslos, entpuppt sich aber bald als recht gemütlicher Badeort – nicht spektakulär, aber mit einem schönen, breiten und sauberen Sandstrand, an dem zwischen den vielen *Bagni* immer wieder mal ein Stück „Spiaggia libera" zu finden ist, ebenso ein attraktives Wassersportangebot. Wellenbrecher schützen den Strand.

Während die Neustadt von mehrstöckigen Wohnbauten und Hochhäusern geprägt wird, ist im alten Stadtviertel *San Giuseppe* der Alltag noch einigermaßen beschaulich. Die Hotelpreise liegen ein Stück niedriger als im benachbarten San Remo.

• *Anfahrt/Verbindungen* **Bahn**, moderner Bahnhof am nördlichen Stadtrand, an der Hauptstraße nach Taggia.

Bus, etwa halbstündl. Stadtbusse zum neuen Bahnhof, nach Taggia und nach San Remo.

• *Information* **I.A.T.-Büro** im Zentrum, in der schönen *Villa Bosselli*; auch für Taggia (→ unten) zuständig, freundliche Auskunft. Prospekte, Hotelliste und Stadtplan. Mo–Sa 9–12.30 und 15–18.30 Uhr, So geschlossen. Via Bosselli 5. ✆ 0184-43733, ✆ 0184-43333.

• *Übernachten* *** **Torino**, direkt an der Strandpromenade, nicht mehr ganz neuer Neubau. DZ 70 € inkl. Frühstück, Restaurant im Haus (Halbpension 56 €/Pers.). Via Queirolo 45, 18011 Arma di Taggia (IM), ✆ 0184-43036, ✆ 0184-43037.

** **Ideal**, am unteren Ende der Strandpromenade, einfaches Hotel in wuchtigem Sechziger-Jahre-Bau, relativ ruhig gelegen, freundlicher Service; gleich davor das Strandbad *Il Gabbiano* (gebührenpflichtig). Hotelrestaurant vorhanden. Anfang Okt. bis 23.12. geschlossen. EZ 60 €, DZ 90 €, Frühstück 6 €/Pers. Via Lungomare 25, 18011 Arma di Taggia (IM), ✆/℻ 0184-43070, www.albergoideal.net.

• *Essen & Trinken* **Piccolo Lido**, gute, preisgünstige Strandpizzeria schräg gegenüber vom Hotel Ideal, mit Bagno; hier gibt es auch mittags schon Pizza. Eher günstig und sehr beliebt. Mi Ruhetag. Via Lungomare 70. ✆ 0184-42222.

Wer sich etwas Besonderes gönnen will, geht ein paar Häuser weiter ins piekfeine, für seine Fischküche bekannte und sehr teure **Ristorante La Conchiglia** (Menü um 120 €). Mittags und abends geöffnet, Mi geschlossen. Neben dem Albergo Ideal. Via Lungomare 33. ✆ 0184-43169.

Taggia

mit Arma di Taggia ca. 14.300 Einwohner

Mittelalterliches Vorzeigestädtchen mit viel Atmosphäre. Ein beschilderter Stadtrundgang führt zu den wichtigsten Baudenkmälern. Den kunsthistorischen Höhepunkt setzt das Dominikanerkloster im äußersten Westteil der Stadt. Aber auch der eng bebaute Ortskern mit gotischen Arkadengängen lädt zu Entdeckungen ein.

Ein eindrucksvolles Bild gibt die mittelalterliche, 290 m lange *Bogenbrücke* über den Argentina-Fluss ab, die sich samt Kieselsteinpflasterung in einem erstaunlich guten Zustand befindet. Eine Überquerung gehört zum Pflichtteil eines Taggia-Besuchs. Im Hintergrund schwebt eine gigantische Autobahnbrücke über das Tal – kontrastreicher geht es kaum.

Am Flussufer breiten sich Beete und Felder aus, einfache Strohmatten schützen die Setzlinge vor den Sonnenstrahlen. Auch Taggia hat sich auf Blumenzucht spezialisiert und die alten landwirtschaftlichen Traditionen weitgehend über Bord geworfen. Doch von der andernorts üblichen Monokultur will man hier nichts wissen. Neben Zierpflanzen wird auch viel Gemüse gezogen, und in der Umgebung prägen ausgedehnte Olivenhaine das Landschaftsbild. Hier befand sich bereits im 16. und 17. Jh. das Anbauzentrum der weit verbreiteten ligurischen *Taggiasca-Olive*.

• *Anfahrt/Verbindung* **Auto**, von der *Aurelia* ca. 3 km landeinwärts. **Bus** alle 20 Min. vom neuen Bahnhof am nördlichen Stadtrand von Arma di Taggia ins Zentrum von Taggia (Piazza Garibaldi).

• *Information* **I.A.T.-Büro** in Arma di Taggia (→ oben).

• *Feste & Veranstaltungen* Am 2. und 3. Februar-Wochenende ausgiebiges **Patronatsfest** zu Ehren des heiligen Benedikt mit Feuerwerk und Trachtenumzug.

Festa della Maddalena, am 3. Sonntag im Juli. Während des Kirchenfestes wird der spätmittelalterliche Totentanz *Danza della morte* aufgeführt.

Kirschenfest *(Sagra delle ciliege)*, Taggias kulinarische Festivität im Mai.

• *Übernachten* * **Argentina**, das sehr einfache Stadthotel liegt an der zentralen Piazza d'Eroi. Das Restaurant ist Mi geschlossen. EZ 35–40 €, DZ 48–50 €, Frühstück 4 €. Via Mazzini 37, 18018 Taggia, ✆/℻ 0184-475223.

* **Florida**, ebenfalls sehr einfach. EZ 50 €, DZ 50–57 €, Frühstück 4,50 €. Via Mazzini 38, 18018 Taggia, ✆ 0184-475323, ℻ 0184-477301, info@albergoflorida.biz.

• *Essen & Trinken* Wer nicht mit den Hotelrestaurants vorlieb nehmen will, kann folgendes Lokal ausprobieren, es ist nur rin paar Schritte von der Piazza d'Eroi entfernt: **Castelin**, klein, familiär, traditionelle ligurische Landküche, häufig wechselnde Gerichte, das saisonale Angebot bestimmt, was auf den Tisch kommt. Zu den Spezialitäten des Hauses gehören die Gemüsetorten; ehrliche Preise. Mittags und abends geöffnet, Mo abend und Di geschlossen. Via Roma 9. ✆ 0184-475500.

Sehenswertes

Altstadt: Der weitläufige mittelalterliche Ortskern ist eine wahre Pracht aus Arkaden, Stützbögen, Treppengassen, kleinen Plätzen, einem Castello, Bürgerhäusern und etlichen Kirchen und Kapellen. Am besten folgt man dem ausgeschilderten Rundgang *(Itinerario consigliato)* ab der *Piazza d'Eroi*. In der *Via Lercari* unbedingt auf die skulptierten Hauseingänge achten. Die *Chiesa Santa Maria di Canneto* (12. Jh.) mit dem schlanken Glockenturm ist der älteste Sakralbau der Stadt.

Convento San Domenico: Der spätgotische Klosterkomplex wurde im Jahr 1469 vom Dominikanermönch *Cristoforo da Milano* gegründet. Das imposante Hauptportal schmückt ein marmornes Relief. Der spitz zulaufende Glockenturm stammt aus der zweiten Bauphase von 1490 bis 1525. Die Pfeiler, Gewölbe- und Fensterbögen der einschiffigen Kirche sind durchgehend schwarz-weiß gestreift und geben dem Raum ein eigenwilliges Aussehen, das ein wenig an eine orientalische Moschee erinnert. Am Ende des Langhauses öffnet sich die tiefe Hauptapsis mit den beiden Seitenkapellen, hier werden die sakralen Kostbarkeiten aufbewahrt. In der Mitte, unter dem schlichten Holzkruzifix, steht der berühmte *Flügelaltar* mit der so genannten „Schutzmantelmadonna" im Zentrum (1488), ein Werk von *Ludovico Brea*. Die betenden Würdenträger blicken ehrfürchtig zur übergroßen Muttergottes auf. In der linken Seitenkapelle ein weiteres Werk Ludovico Breas und seines Bruders Antonio: die „Taufe Jesu", ein unversehrter Flügelaltar (1495) mit 40 Heiligendarstellungen. In den Wandnischen befinden sich weitere Tafelbilder und Fresken der Brea-Brüder sowie anderer namhafter Zeitgenossen.

Santuario di Lampedusa

Der von schmalen Rundsäulen gestützte *Kreuzgang* des Klosters ist mit Gewölbefresken geschmückt, die die Lebensgeschichte des heiligen Dominikus, des Gründers des Dominikanerordens, illustrieren. Das angeschlossene kleine *Klostermuseum* beherbergt eine umfangreiche Gemäldesammlung.

Tägl. (außer So) 9.30–12 und 15–17.30 Uhr, im Sommer 9–12 und 15–18 Uhr. Eintritt 5 €, Schüler 2,50 €, Kinder unter 10 Jahren frei. Piazza Beato Cristoforo 6. ✆ 0184-477278. Von der Piazza Garibaldi aus ist das Kloster in 20 Min. zu Fuß über Via Ruffini, Piazza Farini, Via Lercari und Salita San Domenico zu erreichen. Anfahrt mit dem Auto: ab Zentrum beschildert.

Castellaro und das Santuario di Lampedusa

Das hübsche Bergdorf thront oberhalb von Taggia und der Autobahn, die auf einer mächtigen Brücke über das Valle Argentina führt. Von hier oben ist besonders gut zu sehen, wie intensiv jeder Quadratmeter im Tal landwirtschaftlich genutzt wird. Durch die friedliche Ortschaft ziehen sich verschlungene Gassen, alte Leute nicken dem Besucher freundlich zu. Dank der guten Bausubstanz ist der Ortskern noch vollständig bewohnt. Am höchsten Punkt erhebt sich die *Pfarrkirche San Pietro*.

Von Castellaro führt eine Stichstraße hinauf zur Wallfahrtskirche *Santuario di Lampedusa*. Kunstgeschichtlich ist diese heilige Stätte nicht mit dem Dominikanerkloster von Taggia zu vergleichen, aber die einsame Lage in schwindelerregender Höhe mit einer wirklich fantastischen Aussicht lohnt den Besuch. Wie es sich für ein Pilgerziel gehört, ist das Kirchenportal tagsüber geöffnet. Über dem Altar hängt ein Tuch mit einer Madonnenabbildung. Der Legende nach benutzte es ein Bürger von Castellaro im 16. Jh. als Segel, um aus der Gefangenschaft auf Lampedusa (sizilianische Insel) zu fliehen. Historisch gesichert ist dagegen ein wirklich tragisches Ereignis: Für einige Bewohner von Castellaro wurde die Wallfahrtskirche vor über 100 Jahren zur Todesstätte, als ein Erdbeben das Dach während der Messe einstürzen ließ. Gleiches geschah übrigens auch in Baiardo (→ S. 111).

Zurück zur Küste nach *Riva Ligure* (→ S. 140) kann man auch über *Pompeiana* fahren. Die schöne Strecke führt durch uralte Olivenhaine mit altersschwachen Stützmauern. In Pompeiana ist ein spätmittelalterlicher runder Wachturm zu sehen.

Im Hinterland von Taggia – Valle Argentina

Dieser lohnenswerte Abstecher ins Hinterland bietet einige landschaftliche Höhepunkte und führt zu den vielleicht ursprünglichsten Bergdörfern der Ponente. Von Taggia aus verläuft die S 548 durch das fruchtbare *Argentina-Tal*; bis auf über 500 m Höhe stehen hier die ertragreichen Taggiasca-Olivenbäume. Weiter oben macht sich dichte Gebirgsmacchia breit, Buchen- und Kastanienwälder schließen sich an. Ein bei gutem Wetter und entsprechender Fernsicht besonderer Höhepunkt ist die Fahrt über den fast 1400 m hohen *Passo di Teglia* hinüber nach *Pieve di Teco*, dem Hauptort des benachbarten *Valle Arroscia*.

Badalucco und Umgebung

ca. 1250 Einwohner

Eine schmale Bogenbrücke spannt sich am Ortseingang von Badalucco über den Argentina-Fluss, auf ihren mittleren Stützpfeilern steht die *Kapelle Santa Lucia* aus dem 16. Jh. Der kompakte mittelalterliche Ortskern macht einen gepflegten Eindruck, viele Hausfassaden sind mit bunten Keramikbildern von Gegenwartskünstlern verziert. Ein Streifzug durch die überwölbten engen Treppengassen führt unmittelbar in das Dorfzentrum. In Badalucco leben noch viele Familien von der Landwirtschaft, vor allem vom Anbau der kleinen Taggiasca-Oliven. Das schmackhafte, kalt gepresste Olivenöl kann man z. B. bei *Olio Roi* am Ortsrand an der Hauptstraße kaufen – hier gibt es neben hochwertigen Ölen (ab 6 €/0,5 l) auch darin Eingelegtes, Pesto, Bagna Cauda und andere Saucen, Kosmetikartikel auf Olivenölbasis, Kräuter etc. (Via Argentina 1, ✆ 0184-408004, 📠 0184-407800 , www.olioroi.com).

Zahlreiche Gassen in Badalucco tragen die Namen von getöteten *Partigiani* (Widerstandskämpfern); wer mehr über die Resistenza gegen die deutschen Besatzer im Zweiten Weltkrieg erfahren will, kann ins rund 10 km entfernte *Carpasio* fahren und das dortige *Museo della Resistenza* besuchen (nur April bis Okt. Sa/So 10–18 Uhr, Eintritt frei, am besten vorher anrufen, ✆ 0184-650755, www.isrecim.it).

Landeinwärts wird das Argentina-Tal immer schmaler, halb verlassene Bergdörfer kleben an den Hängen der Seitentäler, die eindrucksvolle Bergkulisse rückt immer näher. Die Hauptstraße nach Molini di Triora ist gut ausgebaut und führt hoch über dem Valle Argentina am Hang entlang. Vor *Montalto Ligure* kann man das Flussufer wechseln und ein Stück die schmale Uferstraße in Richtung Triora nehmen. Wer Pause machen will, findet hier geeignete Rast- und Badestellen.

Molini di Triora

ca. 700 Einwohner

Ein uriges Bergdorf mit recht düster wirkendem Ortskern und dicht gedrängten Häusern entlang der Hauptstraße. Seinen Namen bekam Molini di Triora von den zahlreichen Mühlen am Fluss.

An der Ortsdurchfahrt steht eine der herzlichsten Bottegas ganz Liguriens. Wie ein verwunschenes Hexenhäuschen wirkt dieser liebevoll dekorierte Lebensmittelladen, der hauptsächlich lokale Spezialitäten feilbietet. Und dazu zählen vor allem die Schnecken; überall im Ort ist das wie ein Wappentier stilisierte Symbol der *Lumaca* zu sehen. Tatsächlich hat man in Molini aus der Schneckenplage ein kulinarisches Ereignis gemacht, und nicht nur zur *Sagra della Lumaca* (Schneckenfest, s. Kasten unten) am ersten Sonntag im September werden die Weichtiere genüsslich verzehrt. Eine weitere örtliche Spezialität ist das mühlsteinförmige Brot.

Molini wurde als Mühlenort des oberhalb gelegen Triora erst im späten Mittelalter gegründet. Die inzwischen größtenteils stillgelegten *Wassermühlen* sind am Zusammenfluss der beiden Gebirgsbäche am Ortsrand neben der alten Steinbrücke noch zu sehen.

Die Sagra della Lumaca

Sicher nicht jedermanns Geschmack, aber in jedem Falle ein Ereignis der besonderen Art ist das Schneckenfest in Molini di Triora (1. Sonntag im September). Am Vortag werden von den Dorfbewohnern bis zu 500 kg der kleinen, unscheinbaren Tierchen in den umliegenden Wäldern gesammelt und dann in einem kulinarischen Wettstreit zubereitet, gewöhnlich in einer Sauce aus Wein, Zwiebeln, Olivenöl und Knoblauch. Mit Hilfe eines Holzstäbchens befördert man sie dann aus dem Gehäuse heraus in den Mund. Die ganze Gegend scheint sich zum Schneckenfest in der Durchgangsstraße von Molini zu versammeln, es ist ein farbenfrohes und lautstarkes Gewimmel von Menschen, selbst Abgeordnete des Senats aus Rom lassen sich hier blicken, um die Hände ihrer Wähler zu schütteln. Das beste Rezept gewinnt zu guter Letzt die „goldene Schnecke“, die *lumaca d´oro*. Wer die Schnecken von Molini probieren möchte, sollte allerdings spätestens am Mittag aufkreuzen, denn schon am frühen Nachmittag ist hier alles restlos aufgegessen.

• *Verbindung* **Bus**, 4x täglich von und nach San Remo (über Badalucco), der Bus fährt weiter nach Triora.

• *Übernachten/Essen* ** **Albergo Santo Spirito**, urgemütlicher Gasthof an der Ortsdurchfahrt, Familienbetrieb seit 110 Jahren, einfache holzgetäfelte Zimmer. Das Ristorante ist im alpinen, reich dekorierten Wohnzimmerstil eingerichtet. Wenn die deftige Hausmannskost aufgetischt ist, setzt sich auch die Familie zu den Gästen; außer Schnecken kommen natürlich auch andere lokale Spezialitäten auf den Teller. An kühleren Abenden wärmt der Ofen. Menü je nach Größe 8–22 €. Das Restaurant ist mittwochs geschlossen. EZ 48 €, DZ 68 € inkl. Frühstück; wegen der abgelegenen Lage und der guten Küche empfehlen wir Halbpension: EZ 55 €, DZ 94 €. Piazza Roma 23, 18010 Molini di Triora, ✆ 0184-94019, ℻ 0184-94092, www.ristorantesantospirito.com.

• *Einkaufen* **La Bottega di Angela Maria**, Eckhaus gegenüber vom Municipio; der oben schon erwähnte urige Lebensmittelladen mit Herz eignet sich zum Auffüllen der heimischen Vorratskammer ebenso wie für diverse Mitbringsel. Mi geschlossen. Piazza Roma 25. ✆ 0184-94021.

Commestibili, kleines Lebensmittelgeschäft an der Durchgangsstraße; hier gibt es das leckere Mühlenbrot *Pane di Molini*, kleine Käselaibe, Olivenöl aus Badalucco und anderes Regionales.

• *Fest* **Sagra della Lumaca** (Schneckenfest), am ersten Sonntag im September.

• *Wandern* Ein Wanderweg auf einem ehemaligen Eselspfad verbindet Molini mit Triora; über 2 km geht es relativ steil bergauf, ca. 1½ Std. Gehzeit einplanen. Ausgeschildert ab dem oberen Ortsrand.

Triora

ca. 400 Einwohner

Das oberhalb von Molini di Triora auf 765 m gelegene Triora gilt als das Bergdorf der Hexen. Nachweislich gab es hier vor gut 400 Jahren Hexenprozesse und Hexenverbrennungen.

Die in den Kirchenarchiven dokumentierte Inquisitionsfolter, die zahlreiche Frauen und Mädchen des Orts das Leben kostete, ist heute das etwas makabre Aushängeschild von Triora: ein Hexendenkmal, jährliche Hexenkongresse, Hexensouvenirs und das *Museo etnografico e della Stregoneria*, das Museum zur Hexengeschichte. Dieses kleine Heimatmuseum residiert am Ortseingang von Triora an dem winzigen Platz mit der Hexenskulptur. Zu sehen sind bäuerliche Gerätschaften und die Originaldokumente eines Hexenprozesses von 1587 mit den Nachbildungen der damaligen Folterinstrumente.

Mo–Fr 15–18.30 Uhr, Sa, So 10.30–12 und 15–18.30 Uhr, im August tägl. 10.30–12 und 15–18.30 Uhr. Eintritt 2 €, Kinder unter 12 Jahren 1 €, unter 6 J. frei. Corso Italia 1. ✆ 0184-94477.

Die mittelalterliche Dorfanlage ist ein Labyrinth aus harmonisch gestalteten Plätzen und den unglaublichsten Treppenwegen zur Überwindung der Höhenunterschiede. Beim Spaziergang durchs Dorf fallen die Türrahmungen aus schwarzem Schiefer auf; teilweise sind die Schieferplatten über den Eingängen mit Gravuren verziert oder tragen das Familienwappen. Die Platten stammen aus den Schieferbrüchen der Umgebung.

An der lichtdurchfluteten Hauptpiazza mit Loggia und einem Fabelwesen aus Pflastersteinen steht die Pfarrkirche *Santa Maria Assunta* mit klassizistischer Fassade (19. Jh.). Ein schmaler Weg führt hinauf zur *Kirchenruine Santa Caterina.* Von hier überblickt man die unterhalb liegende Neustadt: ein dichtes Konglomerat aus Wohn- und Zweckbauten, umgeben von Terrassengrundstücken.

• *Information* **I.A.T.-Büro**, am Eingang zum autofreien Zentrum neben dem Hexenmuseum, Corso Italia 7. ✆ 0184-94477, ✆ 0184-94164, www.comune.triora.im.it.

• *Anfahrt/Verbindung* 6 km von Molini di Triora, die Straße windet sich den Berg hinauf. **Bus** 4x täglich von und nach San Remo mit Stopp in Badalucco und Molini di Triora.

• *Übernachten/Essen* **** Colomba d'oro**, im unteren Ortsteil, wuchtiger Neubau an der Durchgangsstraße, komfortabel. Im großen Ausflugsrestaurant kostet das Menü 25 €. EZ 52 €, DZ 90 € inkl. Frühstück; inkl. Halbpension 70 € pro Person. Corso Italia 66, 18010 Triora (IM), ✆ 0184-94051, ✆ 0184-94089, www.colombadoro.it.

L'Erba gatta, im alten Triora bei der zentralen Piazza; kleine rustikale Trattoria und Pizzeria, frisch renoviert und nett hergerichtet. Menü ca. 25 €, Pizza gibt es nur abends. Mi Ruhetag. ✆ 0184-94392.

• *Einkaufen* **La Strega di Triora,** Prodotti-tipici-Laden an der Hauptstraße; von Marmelade über Käse, Würste, Olivenöl, Wein, Pesto und eingelegtes Gemüse sind hier allerlei kulinarische Mitbringsel zu recht günstigen Preisen zu haben – alles hausgemacht natürlich; dazu auch Wanderkarten, Hexenbücher und Literatur über die Gegend um Triora, leider meist nur auf Italienisch. Di Ruhetag. Corso Italia 50. ✆ 0184-94278, www.lastregaditriora.it.

• *Fest* **Festa del Fungo** im September; die örtliche Pilzkirmes ist Trioras kulinarische Antwort auf das Schneckenfest von Molini.

Loreto

In Loreto, etwa 2 km hinter Triora, spannt sich eine moderne Brückenkonstruktion 119 m hoch über das tief eingeschnittene Argentina-Tal. Davor ragt eine imposante Steilwand auf. In den Sommermonaten werden hier gelegentlich waghalsige *Bungee-Spektakel* veranstaltet. Um den Ort bieten die Steilwände über dem Argentina-Fluss auch gute Klettermöglichkeiten. An der Straße nach *Verdeggia* befinden sich die bei Triora erwähnten Schieferbrüche.

Wandern auf dem Sentiero degli Alpini

Der Sentiero degli Alpini, einer der spektakulärsten Gebirgspfade in den ligurischen Seealpen, gehört zum verzweigten Wegenetz des Höhenwanderwegs *Alta Via dei Monti Liguri* (→ S. 85). Der Sentiero wurde zwischen 1936 und 1938 für die italienischen *Alpini* (Gebirgsjäger) angelegt, um den französischen Truppen am Westhang des Roia-Tals besser ausweichen zu können. Jahrzehnte lang galt der Weg als gefährlich und war wegen abgerutschter Stellen nur teilweise begehbar. Mittlerweile ist der um den *Monte Pietravecchia* (2038 m) und den *Monte Toraggio* (1973 m) verlaufende Gebirgspfad wieder vollständig instand gesetzt, bleibt aber wegen der schmalen Abschnitte, die zum Teil in senkrechte Steilwände gehauen wurden, schwierig und sollte deshalb nur von erfahrenen Wanderern begangen werden. Idealer Ausgangspunkt für den Rundweg (ca. 6 Std.) ist das *Rifugio Allavena,* das man mit dem Auto von Molini di Triora über *Colla di Langan* erreicht. Im Rifugio gibt es alle Informationen zum Sentiero degli Alpini.

Rifugio Allavena, bewirtschaftete große Berghütte an der Colla Melosa (1541 m). Am besten eigenen Schlafsack mitbringen, ansonsten stehen Decken und Laken gegen Leihgebühr zur Verfügung. Ganzjährig geöffnet; in den Wintermonaten Skihütte. Kartenmaterial usw. erhältlich; auch geführte Wanderungen (meist recht anspruchsvoll). Online-Reservierungen sind möglich. 70 Betten, Übernachtung im Mehrbettzimmer 20 €/Pers. inkl. Frühstück, Halbpension 38 €, Lunchpaket 8,50 €. ✆ 0184-241155 bzw. 335-5211664 (mobil), www.caibordighera.it.

Passstraße von Molini di Triora nach Pieve di Teco

In Molini di Triora beginnt eine unbedingt lohnenswerte Passstraße nach Pieve di Teco. Für die etwa 35 km lange Strecke sollten Sie mindestens eine Stunde einplanen. Die Route führt über den Passo di Teglia (1387 m) und wurde anlässlich des Giro d'Italia 2001 durchgehend asphaltiert.

Anfangs geht es gemächlich hinauf nach *Andagna,* ein einsames Dorf auf dem Nachbarhügel von Triora, und weiter zur kleinen *Wallfahrtskirche Santa Brigida.* Dann schiebt sich der *Hexenfels* ins Bild, ein kahler Felsvorsprung, der abenteuerlich über dem Hang schwebt. Weiter oben, auf ca. 1000 m Höhe, tauchen plötzlich Erdterrassen mit verwilderten Lavendelfeldern (Blütezeit ist im Juli) und die Grundmauern einer verlassenen Siedlung auf. Hier, in *Rocca di Drego,* entdeckten Archäologen die Überreste eines *Castellaro,* einer frühgeschichtlichen Fluchtburg.

Die spektakuläre, recht schmale Passstraße führt am Hang entlang stetig bergauf. Ganz oben am *Passo di Teglia* scheinen die Seealpen zum Greifen nah: Deutlich sind die Gipfel von Monte Saccarello, Monte Monega und Monte Ceppo zu erkennen. An der Nordostseite schlängelt sich die Straße dann durch ein lichtes Waldgebiet hinunter, Blicke weit in die Tiefe zu beiden Seiten sind garantiert. Die einsame Talfahrt führt vorbei an der *Wallfahrtskirche Nostra Signora del Sepolcro* (15. Jh.) und durch das mittelalterliche Bergdorf *Rezzo* nach Pieve di Teco.

Pieve di Teco

ca. 1400 Einwohner

Die im Kern unversehrt gebliebene mittelalterliche Ortschaft liegt an einer alten Handelsstraße zwischen der ligurischen Küste und der Region Piemont.

Bis ins frühe 20. Jh. hinein war Pieve eine wohlhabende Handwerkerstadt; vor allem Gerber, Schuster und Tuchmacher hatten sich hier schon früh niedergelassen. Der Alltag in der arkadengesäumten Hauptgasse der Altstadt, dem *Corso Ponzoni*, pulsiert noch gemächlich im Rhythmus früherer Tage, die viel befahrene Durchgangsstraße verläuft parallel dazu und tangiert das Stadtleben kaum. Ein Bummel durch die breiten Arkadengänge der Hauptgasse ist ein Erlebnis, ursprünglicher sind die zahlreichen Läden und Geschäfte nirgendwo. Und Gelegenheiten zum Einkauf gibt es viele: regionale Weine, Käse und Honig aus der Umgebung, nützliche Kleinigkeiten für den Haushalt.

Sehenswert ist die Pfarrkirche *San Giovanni Battista* (18. Jh.), die man über eine unscheinbare Quergasse von der Arkadenachse aus erreicht. Überraschend tut sich die große Kirchenpiazza auf, und man steht vor einem klassizistischen Kuppelbau, der unter Verwendung mittelalterlicher Bauteile errichtet wurde. Außerhalb der Messe- und Öffnungszeiten gewährt eine Glaswand den Blick ins Innere, zu sehen sind u. a. Gemälde des aus Pieve stammenden Malers *Giulio Benso* (1601–1668).

Nahe der Kirche stößt man auf das *Teatro Salvini* aus dem Jahr 1834. Mit 99 Sitzplätzen ist es das zweitkleinste Theater Italiens und erstrahlt seit einer aufwändigen Restaurierung nun in neuem Glanz.

Von Mai bis Okt. Sa/So 16.30–18.30 Uhr und Nov. bis April Sa/So 15.30–17.30 Uhr für Besichtigungen geöffnet. Im Juli finden auch Aufführungen statt. Infos und Kartenreservierungen unter ✆ 339-640601 oder ✆ 339-7690679. Auskünfte erteilt auch die I.A.T.

Verbindungen/Übernachten/etc.

• *Verbindungen* **R.T.-Busse** von und nach Albenga und Imperia, mit **Viani** außerdem 7x tägl. über Mondovi nach Cuneo (Piemont).

• *Information* **I.A.T.-Büro**, etwas versteckt an der Brunnenpiazza direkt oberhalb der Durchgangsstraße, neben der Post. Mo–Sa 10–12.30 Uhr. Piazza Brunengo 1. ✆ 0183-36453.

• *Einkaufen* **Flohmarkt** am letzten Sonntag im Monat.

• *Übernachten/Essen* **Il Portico**, einfache Trattoria in der Hauptgasse, nett zum Sitzen unter den Arkaden, heller Speiseraum, freundliche Wirtsfamilie, schmackhafte und preiswerte Hausmannskost, gute heimische Weine (der Wirt ist Weinkenner). Ganztägig geöffnet, Mi Ruhetag. Corso Ponzoni 89. ✆ 0183-36387.

Osteria Da Maria, außerhalb, im ca. 7 km entfernten, etwas trostlosen Nachbarort *Vessalico*, an der schmalen Durchgangsstraße. Echte Landküche, Menü ca. 25 €. Mo Ruhetag. Via Manfredi 66. ✆ 0183-31057.

* **Albergo Dell'Angelo**, am Ende der Altstadtgasse an der Kopfsteinpflaster-Piazza, vor etwa 200 Jahren als Poststation errichtet. Der Besitzer ist leidenschaftlicher Antiquitätensammler und hat einige Zimmer mit historischen Möbeln eingerichtet, während die Privatgarage einem Auto- und Motorradmuseum gleicht (Fiat Topolino mit Holzrahmen, zwei Moto Guzzi mit Beiwagen etc. – der freundliche Signore zeigt gerne seine Schätze). Zum Zeitpunkt der Recherche war das Restaurant zwar vorübergehend geschlossen, nachfragen lohnt aber in jedem Fall. EZ 40 €, DZ 65 €, jeweils mit Bad, Frühstück 5 €/Pers. Piazza Carenzi 11, 18026 Pieve di Teco (IM), ✆ 0183-36240.

Karte S. 94/95

Flaute an der Ponenteküste

Die Küste von Arma di Taggia bis Imperia

Riva Ligure

ca. 2900 Einwohner

Im Vergleich zu anderen Küstenorten an der Blumenriviera ist Riva Ligure fast noch ein verträumtes Fischernest – die Proportionen sind überschaubar.

Zwischen dem ausgedienten Bahndamm und der Uferzone erstreckt sich der alte Ortskern. In der langen Fußgängerzone reihen sich kleine Geschäfte für den täglichen Bedarf, Obst- und Gemüsehändler, aber auch schicke Boutiquen. Zentrum und allgemeiner Treffpunkt ist die Obelisken-Piazza mit der angrenzenden, ursprünglich romanischen Pfarrkirche.

Die schön angelegte Palmenpromenade mit diversen Cafés und Restaurants, im Sommer allabendlicher Treffpunkt, führt zum betriebsamen Fischer- und Sporthafen. Daneben erstreckt sich der etwas schmale, im Sommer stets neu aufgeschüttete Sandstrand. Wellenbrecher sorgen dafür, dass nicht noch die letzten Sandkörner weggespült werden. Gut ins Bild passt das dürftige Strandwäldchen am unteren Ende der Uferpromenade. Den Schlusspunkt setzt der efeuberankte Küstenwehrturm. Aufgewertet wird Riva Ligure durch den neu angelegten Radweg von San Remo nach San Lorenzo al Mare (→ S. 130), der viele Tagesausflügler jenseits der steten Autolawinen auf der Umgehungsstraße in den Ort führt.

• *Verbindungen* Die **Busse** der *Riviera Trasporti* fahren etwa halbstündlich nach San Remo (über Arma di Taggia) sowie nach Imperia (Stopp in Santo Stefano und San Lorenzo).

Bahn, der gemeinsame Bahnhof mit dem nahtlos anschließenden Santo Stefano al Mare ist der neuen Bahnstrecke im Landesinneren zum Opfer gefallen. Eine Bahnanbindung gibt es jetzt erst wieder in Imperia.

• *Übernachten/Essen* *** **Del Prado**, hübsche Villa im Landhausstil, etwas abseits an der westlichen Uferpromenade. Die einzige Herberge des Orts, tadelloser Gesamteindruck und bestens geführt, leider kein Restaurant (nur Bar). EZ/DZ 90 €, Dreibett-Zimmer 120 €, Vierbett-Zimmer 145 €, Frühstück 6 €/Pers. Corso Villaregia 120, 18015 Riva Ligue (IM), ✆ 0184-487757, ✆ 0184-487349, www.hoteldelprado.it.

Roberto, an der Uferpromenade, alteingesessenes Ristorante. Gute Land- und Meeresküche, große Auswahl, alles frisch und lecker zubereitet, mittleres Preisniveau, Menü um die 25 €, Antipasti und Pizza auch zum Mitnehmen. Mittags und abends geöffnet, Mo Ruhetag. Via Nino Bixio 50. ✆ 0184-486405.

Santo Stefano al Mare

ca. 2300 Einwohner

Der unmittelbare Nachbarort von Riva Ligure ist ein tragisches Opfer der Wellen. Die Wellenbrecher können mittlerweile nur noch verhindern, dass die neu angelegte Uferpromenade einstürzt. Touristen zieht es kaum noch hierher. Die Dorfbewohner erobern – sichtlich zufrieden – ihren Ort zurück. Einen Blick lohnen, abgesehen vom immer weiter weggespülten Ufer, der alte Ortskern mit der kleinen *Barockkirche* und der achteckige *Wehrturm* aus dem 17. Jh. Der etwa 1 km östlich gelegene riesige, hochmoderne Yachthafen namens *Marina degli Aregai* bildet eine separate Einheit und hat mit der Ortschaft wenig zu tun.

• *Essen & Trinken* **La Cucina,** kleine Trattoria neben der Kirche an der Hauptpiazza; hier genießt man „Cose bone all'antiga" – traditionelle Gerichte. Schönes Ambiente, sehr gute Küche und ein ausnehmend freundlicher Service; leicht gehobenes Preisniveau, doch das Preis-Leistungs-Verhältnis stimmt, Mo geschlossen. Piazza Cavour 7. ✆ 0184-485040.

• *Einkaufen* **Frantoio Ulivi di Liguria**, Federica Guasco aus Pietrabruna verkauft hier in einem kleinen, aber feinen Laden ihr natives Olivenöl zu fairen Preisen, außerdem Olivenpaste, Oliven im Glas und andere Leckereien. Direkt im kleinen Zentrum, Piazza A. Saffi, 19, 18017 Santo Stefano al Mare, ✆ 0184-484792, frantoiouliviliguria@yahoo.it.

San Lorenzo al Mare

ca. 1400 Einwohner

Ein gesichtsloses Badeörtchen, geprägt von der viel befahrenen Via Aurelia. Das Ufer ist gnadenlos mit Appartementanlagen zugebaut, man findet kaum den Weg ans Wasser. Es gibt einen kleinen, durch Wellenbrecher geschützten Strand mit flachem Wasser. Auch in San Lorenzo gibt es seit 2007 eine große Marina mit Geschäften und Bars an den Piers. Hier befindet sich zudem der Endpunkt des Radweges, der von San Remo kommt (→ S. 130). Ein weiterer Pluspunkt: Das Angebot in Sachen Camping in der Umgebung ist erwähnenswert gut.

• *Camping* **** Cipressa**, vor San Lorenzo direkt am Steilufer; schmaler Terrassenplatz (viel Beton), mit Bar, umgeben von dichter Macchia. Platzmangel: Die Zelte stehen eng und akkurat in Reih und Glied, Nachbarn in allernächster Nähe; auch Appartement- und Bungalowvermietung. Eine Steintreppe führt vom Campinggelände in eine winzige Kiesbucht hinunter (bei ruhiger See badetauglich). Ganzjährig geöffnet. Stellplatz mit Zelt, Auto und 2 Pers. 32 €, mit Wohnwagen/-mobil und 4 Pers. 48 €. App./Bungalows nur wochenweise: 4 Pers. 610 €, 6 Pers. 720 €. Via Aurelia 9, Piani di Cipressa, 18017 Imperia, ✆/℻ 0183-930018.

***** Il Persiano**, in Panoramalage, ca. 1,5 km landeinwärts; am Ortsausgang von San Lorenzo in östliche Richtung links ab und den Berg hinauf Richtung Civezza. Gepflegter Platz an einem sanften Olivenhang, guter Zeltboden, ausreichend Schatten, recht ruhig. Bungalowvermietung, Kinderspielplatz, Pool und Restaurant. Ganzjährig geöffnet. Busverbindung von/nach San Lorenzo. Stellplatz 35 €, Bungalow um 80 €. Via Civezza 135, 18017 San Lorenzo al Mare (IM), ✆/℻ 0183-91994, www.campingilpersiano.it.

*** Baia dei Gabbiani**, an der Abzweigung nach Civezza. Kleiner Platz in altem Olivenhain; auch einige Bungalows und Zimmervermietung. Restaurant. Stellplatz um 25 €, pro Person 6 €. Bungalow 85 €. Via Civezza 2, 18017 San Lorenzo al Mare (IM), ✆/℻ 0183-91289.

Am Hafen von Porto Maurizio

Imperia

Provinzhauptstadt, ca. 42.000 Einwohner

Der inoffizielle Endpunkt der Blumenriviera. Die beiden zwangsvereinten Stadthälften Porto Maurizio und Oneglia wirken wie zwei ungleiche Schwestern. Während die Altstadt von Porto San Maurizio durchaus charmante Ecken aufweist und zudem einen noblen Yachthafen zu bieten hat, führt das moderner wirkende Oneglia ein rechtes Schattendasein.

Von Westen kommend zeigt sich Imperia gleich von seiner schönsten Seite, denn der Stadthügel von Porto Maurizio schiebt sich harmonisch wie aus einem Guss ins Bild. Ganz oben auf der Hügelkuppe thront das intakte, mittelalterliche *Parasio-Viertel*. Hangabwärts dann ein sehenswertes Konglomerat aus Wohn- und Zweckbauten der letzten Jahrhunderte. Mittendrin ragt die klassizistische *Cattedrale San Maurizio* in den Himmel, der größte Kirchenbau an der Riviera di Ponente.

Hinter dem städtischen „Grenzfluss" *Impero* dehnt sich das eher gesichtslose *Oneglia* aus; in der anschließenden Mündungsebene hat sich für den Geschmack des Touristen viel zu viel Industrie angesiedelt.

Was die Flussmündung des Impero jahrhundertelang fein säuberlich trennte, wurde 1923 – als *Benito Mussolini,* ehemals Volksschullehrer in Porto Maurizio, schon in Rom regierte – vereinigt und hieß fortan Imperia, benannt nach eben diesem Grenzfluss. Doch ist die per Dekret geschaffene Provinzhauptstadt bis heute noch nicht richtig zusammengewachsen.

Geschichte

An der Flussmündung des Impero wird schon zu römischer Zeit eine Siedlung namens *Castrum Uneliae* erwähnt, daher auch der spätere Name Oneglia. Ob auch Porto Maurizio römischen Ursprungs ist, steht dagegen nicht zweifelsfrei fest; als gesichert gilt, dass Oneglia im 10. Jh. von Sarazenen zerstört wurde. Im 11. Jh. war

Porto Maurizio im Besitz piemontesischer Benediktinermönche, die es zu einem bedeutenden Wirtschaftszentrum ausbauten, wogegen Oneglia dem Bischof von Albenga unterstand und später den Doria aus Genua zugeschlagen wurde. Auch in den folgenden Jahrhunderten gingen die beiden Städte getrennte Wege. Während Porto Maurizio im 16. Jh. mit Genua verbündet war, fiel Oneglia in die Hände des mächtigen Savoyen. Im Schutze Genuas entwickelte sich Porto Maurizio zur eigenständigen Größe auf dem Meer und trieb sogar einen regen Orienthandel. Der Nachbarort Oneglia blieb hingegen bodenständig. Später freundeten sich die Bewohner von Porto Maurizio mit den Ideen der Französischen Revolution an, während Oneglia keinerlei Sympathien für die Franzosen hatte. Im 19. Jh. gehörten beide Städte unterschiedlichen Königreichen an: Sardinien hielt Porto Maurizio besetzt, während Oneglia ein treuer Untertan Savoyens blieb. Erst mit dem Risorgimento, der italienischen Einigungsbewegung, näherten sich die beiden Nachbarstädte langsam an – bis sie 1923 zwangsvereinigt wurden.

Diverses

• *Anfahrt/Verbindungen* **Auto,** A 10, Abfahrt *Ovest* für Porto Maurizio und *Est* für Oneglia. **Parken**, zentraler, gebührenpflichtiger Großparkplatz auf der Piazza Duomo (Altstadthügel). Weitere Parkplätze am Hafen von Porto Maurizio, allerdings oft bis auf die letzte Lücke besetzt. Entspannter ist die Parksituation in Oneglia.

Bahn, die zweigeteilte Stadt besitzt auch zwei Bahnhöfe. Der von Porto Maurizio liegt oberhalb des Hafens, ca. 20 Min. zu Fuß zum Altstadthügel; der von Oneglia ist 5 Min. von der Piazza Dante entfernt. Von beiden mindestens stündlich Verbindungen nach San Remo (über Taggia) und Alassio (mit Halt in Diano Marina, Cervo, Andora und Laigueglia).

Bus, Haltestellen der *R.T.* gegenüber vom I.A.T.-Büro und an der Piazza Dante; mindestens halbstündlich über San Lorenzo, Santo Stefano, Riva Ligure und Arma di Taggia nach San Remo; ebenso mind. halbstündlich über Diano Marina, San Bartolomeo und Cervo nach Andora. Busse auch ins Hinterland, u. a. mit *Viani* nach Pieve di Teco. *Stadtbusse* pendeln ständig zwischen Oneglia und Porto San Maurizio, Tickets in Bars und Zeitschriftenläden.

• *Information* **I.A.T.-Büro**, Mo–Sa 9–12.30 und 15–18.30 Uhr, im Sommer nachmittags 15.30–19 Uhr, im Hochsommer und bei Festen auch So 9–12.30 Uhr. Prospektmaterial zur gesamten Provinz, Stadtplan, Veranstaltungshinweise, Fahrpläne usw. Sehr freundlich und hilfsbereit. Viale Matteotti 37. ✆ 0183-660140, ℻ 0183-666510, www.rivieradeifiori.org.

• *Hauptpostamt* Viale Matteotti, Nähe Piazza della Vittoria.

• *Einkaufen* **Altstadtmarkthalle**, an der Via Cascione, jeden Vormittag (außer So). Großer **Wochenmarkt** in Porto Maurizio, Domplatz und Via San Maurizio, Mo und Do am Vormittag. In Oneglia: Mi und Sa Vormittag.

• *Feste & Veranstaltungen* **San Giovanni**, Patronatsfest Mitte Juni in Oneglia.

San Maurizio war lange Zeit der Stadtheilige, wurde aber vor einiger Zeit gegen **San Leonardo** ausgetauscht; sein Patronatsfest ist am 6. November.

Sagra popolare, Straßenfest mit Musik, Tanz und Mundarttheater im August.

Vela d'Epoca, Oldtimer-Yacht-Treffen, alle zwei Jahre im Hafen von Porto Maurizio – das nächste Mal im September 2010.

• *Baden* Die Stadtstrände sind wegen der nicht immer einwandfreien Wasserqualität nur bedingt zu empfehlen. Das städtische **Schwimmbad** am Hafen ist im Sommer tägl. 9–21.30 Uhr geöffnet, Eintritt 5 €.

• *Bootstouren* Von Juli bis Sept. immer Mo und Mi bis Sa **Walbeobachtungsexkursionen** ab Hafen Porto Maurizio (Start 12 Uhr mittags), Dauer ca. 6 Std., 32 €, Kinder 5–14 J. 20 €, unter 5 J. frei. Im Sommer zudem ganztägige **Fahrten nach Portofino**: 45 €, Kinder 25 €, Consorzio Liguria Viamare, ✆ 010-265712 oder ✆ 010-256775, www.whalewatchliguria.it.

• *Wandern/Radfahren* Hinter Imperia verschwindet die Blumenriviera allmählich, die Küste wird zunehmend steiler und zerklüfteter, die Macchia gewinnt wieder Oberhand. Parallel zur Via Aurelia verläuft ein **Küstenpanoramaweg** nach Diano Marina (Fuß- und Radweg).

Ein schöner **Uferweg** zieht sich unterhalb des Altstadthügels entlang.

Übernachten/Camping

****** Rossini al Teatro (6)**, neues Hotel gleich bei der zentralen Piazza Dante in Oneglia; 48 Zimmer in gehobenem Standard, viele Geschäftreisende, daher am Wochenende oft erhebliche Rabatte. Professionelle Leitung, freundlicher Service; Bar, Dachterrasse und Parkgarage. EZ 100–140 €, DZ 120–170 € inkl. Frühstück. Piazza Rossini 14, 18100 Imperia (IM), ✆ 0183-74000, 📠 0183-74001, www.hotel-rossini.it.

***** Croce di Malta (11)**, Neubau, optimale Lage am Yachthafen von Porto Maurizio und am Strand, beliebtes Skipperhotel. Restaurant. Parkplatz 10 €/Tag. EZ 85 €, DZ 130 €, Frühstück 10 €, Via Scarincio 148, 18100 Imperia (IM). ✆ 0183-667020, 📠 0183-63687, www.hotelcrocedimalta.com.

***** Ariston (3)**, gepflegtes, recht komfortables Haus in ruhiger Lage im oberen Hafenviertel von Porto Maurizio; Parkplatz kostenlos. EZ 75 €, DZ 120 €, jeweils inkl. Frühstück. Via Privata Rambaldi 2, 18100 Imperia (IM), ✆ 0183-63774, 📠 0183-666845, www.hotelariston-imperia.it.

**** Al Porto (2)**, Zimmer mit Bad und TV, im hinteren Teil des Hafenviertels (Porto Maurizio), kleiner, rostroter Neubau; recht einfach, mit beliebtem Ristorante. Parkplatz. EZ 75 €, DZ 125 € inkl. Frühstück. Via Privata Rambaldi 13, 18100 Imperia (IM), ✆/📠 0183-64967.

• *Camping* *** Eucalyptus (4)**, Via Aurelia Richtung San Lorenzo, 1 km vom Zentrum, zweigt von der Aurelia ab, am westlichen Ortsausgang, Unterführung zum Strand, schlichte Sanitäranlagen. Ganzjährig geöffnet. Person 8 €, Stellplatz 7 €, Wohnwagen/-mobil 6 €, Auto 2 €. Via d'Annunzio 32, 18100 Imperia (IM), ✆/℻ 0183-61534, www.campingeucalyptus.com.

**** De Wijnstok**, vom Camping Eucalyptus noch mal 300 m stadtauswärts; recht ruhige Lage, doch wird der schöne Ausblick stellenweise durch eine Betonmauer getrübt. Zum Strand ein Stück zu laufen.

Azienda Agricola Relais San Damian, *unser Tipp*: Ca. 6 km außerhalb in Richtung Vasia. Großes Anwesen im Landhausstil, einsam und idyllisch auf einer Hügelkuppe im grünen Hinterland, Panoramablick auf die Küste und die Altstadt von Imperia. Landwirtschaft mit 20 ha Olivenwald. Freundliche, familiäre Atmosphäre, Hund Rufo döst in der Ecke und bewacht die Olivenbäume. Zehn große, geschmackvoll eingerichtete Suiten, absolut entspannend (kein TV in den Zimmern) und ideal für den etwas längeren Aufenthalt. Traumhaft schöner Garten und Pool, Bar. DZ 140–150 €/Tag inkl. Frühstück. Es gibt auch ein Appartement für 2 Pers. mit Kochgelegenheit: 940 €/Woche. Strada Vasia 47, 18100 Imperia (IM), ✆ 0183-280309, ℻ 0183-280571, www.san-damian.com.

Freundlicher Service, auch Bungalows. Bungalow 80 €/Tag (max. 4 Pers.). Person 7 €, Stellplatz 11 €, Strom 2 €. Pizzeria am Eingang. Ganzjährig geöffnet. Via Poggi 2, 18100 Imperia (IM), ✆/📠 0183-64986, www.campingdewijnstok.com.

Essen & Trinken (siehe Karte S. 144/145)

Imperia hat einige lokale Spezialitäten zu bieten: aus dem Meer die *Buiabessa*, eine reichhaltige Fischsuppe, und *La Burridda*, Meeraal im eigenen Sud – und vom Land die Gemüsetorte mit *Bietola* (Mangold) sowie *Fiori di zucca ripieni*, gefüllte Zucchiniblüten.

Salvo Cacciatori (8), im Zentrum von Oneglia, Nähe Portici in einer autofreien Seitenstraße, alteingesessenes Restaurant mit Schwerpunkt Meeresküche, 2007 renoviert, sehr modern und geschmackvoll eingerichtet, ausgezeichnete Fischküche zu gehobenen Preisen. Mittags und abends geöffnet, So abends geschlossen, Mo Ruhetag. Via Viesseux 12. ✆ 0183-293763, 📠 0183-765500.

Gocce di mare (1), am Yachthafen, 2008 renoviert. Nett sitzt man auf der überdachten Terrasse davor. Große Primi-Auswahl. Menü 20–25 €, auch Pizza. Nur abends geöffnet. Via Scarincio 46, ✆ 0183-660321.

Osteria dell'olio grosso (9), im Parasio-Viertel, urgemütliches Altstadtlokal an einer herrlichen Piazza mit Ausblick, eine der schönsten Ecken der Stadt. Das Degustationsmenü mit Fisch kommt für 39 € auf den Tisch, à la carte etwas günstiger. Nur abends geöffnet, Mi Ruhetag. Piazza Parasio 36. ✆ 0183-60815.

Pizzeria L'Oasi (5), freundliches Lokal mitten im Hafenviertel von Porto Maurizio, etwas versteckt an der beschaulichen kleinen Piazza San Antonio (Nr. 15), Tische draußen. Fantasievolle Pizzakreationen. Nur abends geöffnet, Mo Ruhetag. ✆ 0183-666892.

Beppa (12), *unser Tipp*: Stimmungsvolles Fischlokal, eine echte Institution am Hafenkai von Oneglia. Hier werden Fisch und Meeresfrüchte garantiert fangfrisch verarbeitet, auch die Preise stimmen (Hauptgerichte 12–15 €). Schlichtes Ambiente vergangener Zeiten, man konzentriert sich auf das Wesentliche. Mittags und abends geöffnet, Di Ruhetag. Calata Cuneo 49. ✆ 0183-294286.

L'Osteria Dai Pippi (10), Lesertipp: Nettes Lokal in Porto Maurizio nahe dem Hafen, gute lokaltypische Küche, leicht gehobenes Preisniveau. Hübsche Holzterrasse davor, nur wenige Tische, also besser reservieren. Nur abends geöffnet, im Winter Di Ruhetag. Via Dei Pellegrini 9. ✆ 0183-652122.

• *Café* **Bar/Pasticceria Piccardo (7)**, an der arkadengesäumten Piazza Dante in Oneglia, auch einige Tische draußen; traditionsreiches Kaffeehaus und Pasticceria, erlesene Süßspeisen, Snacks, Kuchen, Törtchen und hausgemachtes Eis.

Sehenswertes in Porto Maurizio

Altstadthügel: Seit der Gründung von Porto Maurizio im 6./7. Jh. wurde der Hügel langsam von oben nach unten bebaut. Im oberen *Parasio-Viertel* ballt sich mittelalterliche Bausubstanz. Schmale Treppengassen führen hinauf zu den markanten, turmhohen Giebelhäusern des Viertels, das von einer wuchtigen Stützmauer umgeben ist. Den schweißtreibenden Aufstieg beginnt man am besten an der Via Carducci/Ecke Via Cascione. Ein wahrer Blickfang des Parasio-Viertels ist der gotische *Palazzo Pagliari*. Ansonsten lässt es sich auf den zahlreichen Aussichtsterrassen eine Weile aushalten, z. B. an der Piazza Chiesa Vecchia: sehr ruhig, schöner Blick aufs Meer (gebührenpflichtiger Parkplatz an der benachbarten Piazza Parasio).

Cattedrale San Maurizio: Der Prestigebau entstand zwischen 1781 und 1832 nach Plänen von Gaetano Cantoni und sollte den Nachbarstädten vor Augen führen, wo sich das religiöse und politische Zentrum der Riviera di Ponente befindet. Die klassizistische Kathedrale mit der monumentalen Säulenfassade wirkt – außen und innen gleichermaßen – streng und kalt.

Nur So Vormittag zur Messe geöffnet.

Museo navale internazionale: Das Schifffahrtsmuseum an der Piazza Duomo 11 (gegenüber der Cattedrale) dokumentiert die Entwicklung der internationalen Segel- und Dampfschifffahrt; zahlreiche Schiffsmodelle, Seekarten, Ausrüstungsgegenstände und Dokumente lassen die kleinen und großen Entdeckungsreisen wieder lebendig werden. Allerdings kann hier nur ein kleiner Teil der Exponate präsentiert werden. Daher ist für die nächsten Jahre der Umzug in ein größeres neues Gebäude am Hafen geplant.

Nur Mi und Sa 16–19.30 Uhr, im Juli/Aug. Mi und Sa 21–23 Uhr. Eintritt frei. Gruppen nach Voranmeldung auch zu anderen Zeiten. ✆/℻ 0183-651541.

Sehenswertes in Oneglia

Piazza Dante/Portici: Einer der wenigen architektonischen Lichtblicke im Zentrum von Oneglia ist die Arkadenpiazza Dante mit ihren dottergelben Fassaden. Sternförmig gehen ebenfalls arkadenflankierte Straßenzüge von der im 18. Jh. angelegten Piazza ab, gesäumt von alteingesessenen Cafés und edlen Geschäften.

Museo dell'olivo: Einer der größten Olivenölproduzenten der Gegend, die Firma *Fratelli Carli,* unterhält dieses interessante und aufwändig gestaltete Museum. Neben einer großen Ölflaschensammlung mit Objekten bis aus vorchristlicher Zeit ist auch der Nachbau eines altrömischen Frachtschiffbauchs und der einer traditionellen Ölmühle zu sehen. Im dazugehörigen Laden wird neben dem klassischen Carli-Olivenöl auch Pesto, eingelegtes Gemüse, Wein, Marsala und Kosmetik auf Olivenölbasis verkauft.

Mo–Sa 9–12.30 und 15–18.30 Uhr, So geschlossen; Eintritt frei. Via Garessio 13 (Bahnhofsnähe), auf dem Gelände der Firma Carli. ✆ 0183-295762, www.museodellolivo.com. Ladengeschäft: Mo–Sa 8.30–12.30 und 14.30–19 Uhr, So geschlossen.

Hafen von Oneglia: Der kleine Industriehafen mit seinen Arkadengängen am Ladekai zählt zwar nicht zu den ausgewiesenen Sehenswürdigkeiten der Stadt, bietet aber viel Atmosphäre und lohnt einen Spaziergang.

Imperia/Umgebung

Dolcedo

ca. 1400 Einwohner

Das mittelalterliche Städtchen wird vom Fluss Prino durchquert, über den sich hier insgesamt fünf Brücken spannen. Dolcedo verfügt über ein kleines, aber stimmungsvolles Centro storico um die spektakuläre Bogenbrücke Ponte Grande aus dem 13.Jh.

Der Ponte Grande, auf unzähligen Postkarten als Wahrzeichen des Ortes verewigt, wird zu beiden Seiten von kopfsteingepflasterten Gassen flankiert, an denen sich jahrhundertealte schmale Häuser aneinanderreihen. Etwas oberhalb des Ponte Grande befindet sich die kleine, überdachte *Piazza Doria* mit dem Rathaus. Hier stehen an einer Hauswand steinerne Hohlmaße aus dem Jahre 1613 für Öl und Wein und erinnern daran, dass Dolcedo im Mittelalter ein wichtiges Handelszentrum in der Gegend war. Am Ende der winzigen Piazza öffnet sich ein Torbogen zu einer gepflasterten Piazzetta, die von hohen Häusern aus dem 17. Jh. und der Fassade der Kirche *San Tommaso* aus dem 18. Jh. eingerahmt ist – ein romantisches Plätzchen, an dem an lauen Sommerabenden klassische Konzerte stattfinden.

Dolcedo ist heute vor allem für sein mildes Olivenöl berühmt und zudem Sammelpunkt einer Vielzahl italienverliebter Deutscher, die hier und in den umliegenden Dörfern alte Immobilien erstanden und renoviert haben.

Eine Besonderheit sind zudem die Schlagballspiele, die auf dem Sportplatz *Sferisterio Comunale* ausgetragen werden. Der in Ligurien, dem Piemont und in Südfrankreich beheimatete *Pallone Elastico* ist eine Art Tennis für Mannschaften, bei dem ein elastischer Gummiball, die *sfera*, mit der Hand ins gegnerische Feld platziert werden muss. Spiele finden im Sommer häufig am Freitagabend oder am Wochenende statt, selten vor 21 Uhr.

• *Anfahrt* Von der Autobahnabfahrt Imperia Ovest auf der kurvigen SP 39 durch Olivenhaine 7 km ins Hinterland.

• *Verbindungen* **R.T.-Busse** der Linien 23 und 24 ca. 11x tägl. von und nach Imperia.

• *Information* Im Rathaus an der Piazza Doria gibt es einige Broschüren und Wanderkarten.

• *Einkaufen* **Frantoio Ghiglione**, einer von mehreren Olivenölproduzenten am Ort. Etwas unterhalb vom Zentrum (beschildert) liegt das Produktionsgebäude des Frantoio Ghiglione. Gleich daneben befindet sich ein liebevoll eingerichteter Laden, in dem es neben dem hervorragenden Öl auch eingelegte Oliven, Olivenseife, Besteck aus Olivenholz und allerlei weitere Produkte rund um die Olive gibt, die auch über das Internet vertrieben werden. Die freundliche Signora berät Sie gerne, während der Padrone vor dem Laden auf seinem Stuhl in der Sonne sitzt. Via Ciancergo, 23, 18100 Dolcedo (IM), ✆ 0183-280043, ℻ 0183-281947, www.frantoioghiglione.it.

• *Essen* **Bar Enoteca Suttu Münte** und **Bar Dolcedo**, zwei nette Bars an der überdachten Piazza Doria beim Rathaus, nett für einen Caffè und ein Brioche oder einen kleinen Snack.

• *Wandern* Um Dolcedo gibt es zahlreiche Wandermöglichkeiten durch die einsamen Wälder. Für zwei Touren gibt es Beschreibungen auch in deutscher Sprache, die im Rathaus erhältlich sind: der Brückenweg führt durch ein einsames Flusstal, eine weitere Wanderung geht durch den Gemeindewald von Dolcedo. Beide Wanderungen starten bei der Kapelle *Santa Brigida* oberhalb von Dolcedo. Man erreicht sie, indem man der SS 42 bis Belissimi folgt und dort links abbiegt (beschildert).

Valloria

Das halb verfallene, pittoresk am Hang gelegene Bergdorf wirbt mit dem Slogan „Il Paese delle Porte dipinte" – das Dorf der bemalten Türen.

Im Jahre 1991 hatte eine Gruppe Einheimischer die Idee, den Ort durch regelmäßige Veranstaltungen und künstlerische Aktionen wieder zu beleben. Seit 1994 gibt es alljährlich am ersten Wochenende im Juli eine Aktion, bei der Künstler die teilweise uralten Türen des Dorfes verschönern. Im Laufe der Jahre ist so ein faszinierendes Sammelsurium kreativer Künstlertüren entstanden, von der naiven über die abstrakte Malerei bis hin zu gegenständlichen Verzierungsformen. Ein beschilderter Rundweg *(percorso consigliato)* weist den Weg durch das Gewirr an Durchgängen, Ecken, Winkeln und Gassen des Dorfes. Bei aller Faszination für diesen Versuch, ein aussterbendes Dorf wieder zu beleben, fällt auf, dass die meisten Menschen hier Touristen sind. Nur vereinzelt sieht man noch die eine oder andere ältere Dorfbewohnerin auf einer Bank sitzen – ob Valloria wirklich zu neuem Leben erwacht oder nur als Freilichtmuseum fortbesteht, wird erst die Zukunft erweisen.

• *Anfahrt* Von Dolcedo schlängelt sich eine serpentinenreiche Straße mit traumhaften Panoramablicken durch terrassierte Olivenhaine nach Valloria. Am Ortseingang gibt es auf der linken Straßenseite einige wenige Parkplätze.

• *Verbindungen* Ein **R.T.-Bus** der Linie 24b fährt 3x tägl. über Dolcedo von und nach Imperia.

• *Information* An der zentralen Dorfpiazza hängen einige Informationen aus; auch Wanderungen sind hier beschrieben.

Chiusavecchia und umliegende Orte

Bei Chiusavecchia – zwischen Imperia und Pieve di Teco an der SS 28 – öffnen sich die *Valli dell'olivo*, die Oliventäler, in denen die ertragreichsten Olivenkulturen der Riviera di Ponente gedeihen.

Im Impero-Tal landeinwärts erreicht man zunächst *Pontedassio*, das wirtschaftliche Zentrum des Tals mit einigen Ölmühlen, z. B. die des *Olivenölproduzenten Ardoino*: Vor den modernen Produktionshallen an der südlichen Ortseinfahrt stehen einige alte Ölmühlen und Bottiche; neben hochwertigen Ölen werden auch Pesto, Oliven, Wein, Essig und Grappa verkauft (Via Torino 156, ✆ 0183-7981, www.olioardoino.it).

Wer Zeit und Muße hat, kann hinter Pontedassio die landschaftlich reizvolle Nebenstrecke über die drei Bergdörfer *Gazzelli, Chiusanico* und *Torria* nach Chiusavecchia nehmen; weiter landeinwärts lohnt ein Abstecher nach *Pieve di Teco* (→ S. 139).

Diano Marina

ca. 6300 Einwohner

Der bekannte Ferienort liegt an einer lang gezogenen Badebucht mit dem ersten wirklich schönen Sandstrand seit der französischen Grenze – Diano Marina ist der jugendlichste aller Badeorte an der Riviara di Ponente.

Abgesehen vom Badebetrieb und dem gut ausgestatteten Sporthafen ist auch das teilweise autofreie Zentrum vom Tourismus geprägt. Haupteinkaufsstraße ist die Fußgängerzone *Via Genova*, hier und an der schönen grünen Uferpromenade flanieren an Sommerabenden die Massen.

Diano Marina, der maritime Ableger des mittelalterlichen Bergdorfs *Diano Castello* (knapp 3 km im Hinterland, → S. 152) ist stolz auf seine Vergangenheit. Angezogen von den heidnischen Kultstätten der Umgebung, errichteten die Römer entlang ihrer Heeresstraße die Siedlung *Lucus Bormani*, die sie der Jagdgöttin Diana weihten. In der römischen Kaiserzeit frequentierten die überall im Mittelmeer kreuzenden Handelschiffe auch den Hafen von Lucus Bormani. In den 1970er Jahren bargen Archäologen ein voll beladenes römisches Frachtschiff, dessen Ladung teilweise im Stadtmuseum im wunderschönen *Palazzo del Parco* zu sehen ist. In der Tat lohnt ein Besuch des *Museo civico Archeologico della Communitas Diani* schon wegen der gut erhaltenen antiken Wein- und Ölamphoren. Zudem dokumentiert die Ausstellung die Stadtgeschichte während der Zeit der Französischen Revolution und des *Risorgimento*.

Mo–Sa 9–12.30 und 15–17.30 Uhr, So geschl. Eintritt 3 €, erm. 2 €. Corso Garibaldi 60, ✆/℻ 0183-497621, www.palazzodelparco.it.

Diano Marina wurde im Februar 1887 von einem Erdbeben in Schutt und Asche gelegt und danach völlig neu aufgebaut, vom einstigen Fischerdorf ist heute nichts mehr zu sehen. Nicht zuletzt das riesige Hotelangebot (ca. 100 Häuser) und die touristische Infrastruktur des modernen Ferienzentrums locken jährlich etwa 150.000 Touristen in die geschützte Bucht. Die meisten kommen aus Italien, doch erfreut sich der Ort auch bei Deutschen großer Beliebtheit. Wegen des üppigen Hotelangebots kann man hier vor allem in der Vor- und Nachsaison durchaus ein Schnäppchen machen. Die Urlaubssaison dauert in Diano Marina länger als in vielen anderen Küstenorten der Ponente – Strandbäder und Wassersportschulen sind oft bis in den Oktober geöffnet.

Diverses

• *Anfahrt/Verbindungen* **Parken**, zwei große, kostenlose Parkplätze etwas außerhalb, jenseits der Bahngleise; zu Fuß sind es von hier nur wenige Minuten ins Zentrum. Gebührenpflichtige Plätze am Ufercorso Garibaldi, im Sommer ist im Zentrum allerdings kaum ein Parkplatz zu finden.

Bahnhof zentral an der Piazza Mazzini, alle Nahverkehrzüge halten hier: ca. stündlich nach San Remo und Alassio, mit Halt in Cervo, Andora und Laigueglia.

Bus, Haltestelle der **R.T.-Busse** am Corso Garibaldi (Busse Richtung Imperia) sowie an der Kreuzung Via Diano Calderina und Via Diano Castello; Fahrkarten am Bahnhof, in Zeitschriften- und Tabacchiläden. Mindestens halbstündlich über Imperia, San Lorenzo, Santo Stefano, Riva Ligure und Arma di Taggia nach San Remo, ebenso mind. halbstündlich über San Bartolomeo und Cervo nach Andora. Werktags zudem 7x tägl. von und nach Diano Castello.

• *Information* **I.A.T.-Büro**, an der zentralen Piazza Dante; nützlicher Stadtplan, Hotelliste, Infos zu Sportmöglichkeiten etc. Mo–Sa 8–19 Uhr, im Sommer auch So 9–13 Uhr. Piazza Dante, 18013 Diano Marina. ✆ 0183-496956, ℻ 0183-494365, www.visitrivieradeifiori.it.

• *Zweiradvermietung* **Biciclando**, Vermietung von Rollerblades, Kinderrädern, Mountainbikes, Tandems und zweisitzigen Vierrädern. City Bike 15 €/Tag, MTB 20 €. Corso Europa 22. ✆ 0183-495030, www.biciclando.com.

• *Bootstouren* Die örtliche Reederei organisiert von Anfang Juni bis Ende Sept. **Küstenrundfahrten**: Mit der *Dea Diana* geht es u. a. zur Insel Gallinara (→ S. 174), ab Sporthafen, Dauer ca. 3 Std. mit Badestopp, 15 €, Kinder 10 €. 5-stündige *Küstentour nach San Remo* 20 € (Kinder 15 €), mit 2-stündigem Landgang. ✆ 0183-400462 oder 347-2356234.

Übernachten
1 Camping Edy
2 Camping Marino
4 Palace
5 Arc en ciel
6 Eden Park
7 Camping Angolo di Sogno

Essen & Trinken
3 Da Paola

Nachtleben
8 Club Querida

• *Einkaufen* **Wochenmarkt**, jeden Dienstagvormittag an der Piazza Giovanni XXIII.

• *Feste & Veranstaltungen* **L'infiorata del Corpus Domini**, das religiöse Hauptfest der Stadt an Fronleichnam im Juni. Dann schmückt ein gigantischer Blumenteppich den Ortskern.

Mare illuminato am 15. August, Strand und Meer werden am Abend mit Kerzen beleuchtet.

• *Sport & Freizeit* **Bowlingcenter**, auch Minigolf, Tennis, Gokart und Schwimmbad mit Wasserrutsche; nördlicher Stadtrand (ausgeschildert: „Bowling di Diano").

Übernachten/Essen/Nachtleben

****** Eden Park (6)**, im Ostteil der Stadt, an der Durchgangsstraße; von außen keine Augenweide, aber jüngst renoviert, gut geführt und überaus komfortabel. Mit Garten und Pool, direkt am Strand, Restaurant und Parkplatz vorhanden. Nachteil: relativ weit ins Zentrum zu laufen. Nehmen Sie ein Zimmer zur Meerseite, an der Rückseite ist es eher laut. Ganzjährig geöffnet. EZ 123 €, DZ 216–236 €, inkl. obligatorischer Vollpension bei 3 Tagen Mindestaufenthalt. In der Nebensaison DZ mit HP ab 114–124 €. Via Ardoino 70, 18013 Diano Marina (IM), ✆ 0183-403767, ℻ 0183-405268, www.edenparkdiano.it.

*** **Arc en ciel (5)**, etwas abseits, aber sehr schön und ruhig am westlichen Küstenhang in dichtem Grün; Sonnenterrasse und -balkone, direkter Zugang ans Wasser (Felsen, Einstieg über Treppe). Hotelrestaurant mit Terrasse über dem Meer, freundlicher Service – ein angenehmer Ort. DZ 160–180 €, in der Nebensaison 110–120 €, HP obligatorisch, Aufenthalt mind. 3 Tage, EZ-Zuschlag 15–20 €. Viale Torino 39, 18013 Diano Marina (IM), ✆ 0183-495283, 📠 0183-496930, www.hotelarcenciel.it.

*** **Palace (4)**, relativ zentrale Lage, nur durch den Viale Torino vom Strand getrennt (Nebenstraße), guter 3-Sterne-Standard. EZ 80 €, DZ 135 € inkl. Frühstück. Viale Torino 2, 18013 Diano Marina (IM), ✆ 0183-495479, 📠 0183-496123, www.palacediano.it.

• *Camping* ** **Angolo di sogno (7)**, windige „Traumecke" am westlichen Ortsrand, der einzige Platz direkt am Meer; wenig Schatten, überwiegend Wohnwagen, auch Bungalowvermietung. Mini-Market, Bar und Ristorante vorhanden, WiFi auf dem Großteil des Geländes verfügbar. Ganzjährig geöffnet. Person 10 €, Zelt 8 €, Wohnwagen/-mobil 10 €, Auto 7 €, Bungalow für 3 Pers. 50 €, für max. 6 Pers. 100 €. Viale Torino 53, 18013 Diano Marina (IM), ✆ 0183-497424, 📠 0183-498470, www.angolodisogno.com.

** **Marino (2)**, am nordwestlichen Stadtrand (nahe der Bahngleise), großer schattiger Platz, ca. 10 Min. zu Fuß an den Strand bzw. ins Zentrum; mit Ristorante und Pool. Der dazugehörige ****Camping Edy (1)** liegt noch ein Stück weiter oberhalb (am Friedhof vorbei) nahe der Autobahnbrücke. Mit Pool und Bar mit Terrasse, Infos beim Camping Marino. Person 7 €, Stellplatz je nach Größe 14–20 €, Camper 20–23 €, „Mobilhome" für 4 Pers. 630 €/Woche. Via Novaro 15, 18013 Diano Marina (IM), ✆ 0183-498288 (Marino) oder 0183-497040 (Edy), 📠 0183-494680, www.campingmarino.it.

• *Essen & Trinken* **Da Paola (3)**, *unser Tipp*: alteingesessenes Fischrestaurant, Fisch und Meeresfrüchte mit Frischegarantie, alles schmackhaft zubereitet, für das Gebotene nicht zu teuer, auch Tische im Freien; am besten reservieren. Mittags und abends geöffnet, So nur mittags. Mo Ruhetag. Viale Matteotti 24 (nahe Corso Roma). ✆ 0183-495788.

• *Nachtleben* Mehrere Discos stehen zur Wahl, zurzeit angesagt ist der Music-Club **Querida (8)** am westlichen Ortsrand.

Diano Castello

ca. 2200 Einwohner

Landeinwärts, 135 m oberhalb des lebhaften Küstenorts, liegt das friedliche Weindorf Diano Castello. Die Überreste der mittelalterlichen Befestigungsanlage stammen im Wesentlichen aus dem späten 13. Jh., als der genuatreue Ort zur Stadt erhoben wurde und sich Magnifica, die Herrliche, nennen durfte. Ältester Kirchenbau ist die romanische Chiesa Santa Maria Assunta (12./13. Jh.), seit dem frühen 18. Jh. steht sie jedoch im Schatten der prächtig ausgestatteten Barockkirche San Nicolo. Weinliebhaber sollten die Gelegenheit nutzen und eine Enoteca aufsuchen, denn der Ort ist ein angesehenes Winzerzentrum, wo vor allem der weiße Vermentino angebaut wird.

Essen/Trinken **L'Osteria di Castello**, hier kann man in herrlicher Lage auf der Terrasse unter einer stattlichen Palme speisen und dabei den Blick auf Diano Marina und das Meer genießen. Große Auswahl, auch Pizza, mittleres Preisniveau. Mittags und abends geöffnet, Do Ruhetag (außer Juli/Aug.). ✆ 0183-494252, www.osteriadicastello.com.

San Bartolomeo al Mare

ca. 3100 Einwohner

Gesichtsloser Badeort mit Sandstrand und autofreiem Lungomare, in westlicher Richtung mit Diano Marina fast schon zusammengewachsen, aber deutlich weniger attraktiv als der bekannte Nachbarort. Gleich zwei Reihen Wellenbrecher schützen hier den Strand, dazwischen liegt eine Art Badewanne mit abgestandenem Wasser. Weiter draußen ist das Meer zwar schön, der Einstieg über die Felsblöcke allerdings schwierig – alles in allem nicht ideal. Zahlreiche Appartementanlagen signalisieren, dass hier vor allem italienische Familien mit eigener Ferienwohnung die Sommermonate verbringen.

Information **I.A.T.-Büro,** Piazza XXV Aprile 1, ✆ 0183-400200, 📠 0183-403050.

Cervo

ca. 1100 Einwohner

Hübsches mittelalterliches Küstenstädtchen auf einer sanften Hügelkuppe. Über den hangaufwärts gestaffelten Wohnbauten thront eine der schönsten Barockkirchen Liguriens. In punkto Strandleben und Badefreuden gibt es allerdings schönere Orte an der Riviera di Ponente – auch Cervos Strände sind nicht ideal.

Die Via Aurelia und der Bahndamm durchpflügen das Ufer, meerwärts sucht man vergeblich nach Beschaulichkeit. Einladend zeigt sich hingegen der *Altstadthang*: Von der Piazza Vittorio Emanuele führen schmale, miteinander verbundene Gassen hinauf zum *Castello*, und der alte Ortskern erfreut die Liebhaber mittelalterlicher Architektur: Fassaden und Giebel scheinen sich gegenseitig zu stützen, Treppengassen winden sich unter gemauerten Bögen, kunstvoll verzierte Eingangsportale verwöhnen das Auge. Kunsthandwerker stellen ihre Erzeugnisse aus Holz und Leder sowie Goldschmuck zum Verkauf aus und bereichern damit die ohnehin schon stimmungsvolle Atmosphäre. Nur das groß angekündigte *Museo dell'olio U Gumbu* in der Altstadt ist eher eine dekorative Verkaufsschau lokaler Olivenöl- und Weinproduzenten als ein Museum.

• *Anfahrt/Verbindungen* **Parken**, am besten oben, vor dem Altstadttor an der Piazza del Castello.

Bahn, gemeinsamer Bahnhof mit San Bartolomeo al Mare; nur wenige Verbindungen nach Imperia (über Diano Marina) und

Alassio, nächster größerer Bahnhof ist Diano Marina.

Bus, mit *R.T.-Bussen* etwa halbstündlich über Diano Marina nach Imperia und weiter nach San Remo, ebenso oft in den Nachbarort Marina di Andora (Gebietsgrenze des R.T.-Netzes).

• *Information/Veranstaltungen* **I.A.T.-Büro**, im Castello-Museum, Di–Sa 9–13 und 16–22 Uhr, So 14.30–19.30 Uhr, Mo geschlossen, Piazza Santa Caterina 2, ✆/℻ 0183-408197. Hier auch Auskünfte über das **internationale Kammermusikfestival** auf der Piazza vor der Kirche (Juli/Aug.) und die **Konzerte der Sommerakademie** (ca. 1.–15. Sept.) in den historischen Gemäuern der Altstadt.

• *Übernachten* * **Bellavista**, am oberen Altstadttor, Neubau mit schöner Lage. Panoramaterrasse, Restaurant, nur sechs Zimmer, alle mit Bad. EZ 40–60 €, DZ 75–100 € inkl. Frühstück. Piazza Castello 2, 18010 Cervo (IM), ✆/℻ 0183-408094.

B & B Le Notti Mediterranee, in der Altstadtgasse Via Cavour (geht von der Piazza Santa Caterina ab); nur drei Zimmer; Mountainbikes stehen den Gästen kostenlos zur Verfügung. DZ inkl. Frühstück 120 €. Via Cavour 9, 18010 Cervo (IM), ✆ 348-3336899 (mobil), www.lenottimediterranee.com.

** **Camping Del Mare**, kleiner, schattiger Platz am westlichen Ortsrand (ab der Hauptstraße beschildert), direkt am Meer, der Strand ist allerdings nur mittelmäßig; viele deutsche Gäste. Bungalowvermietung. Ostern bis Mitte Okt. geöffnet. Stellplatz je nach Größe und Lage 34–39 € (inkl. 2 Pers.), jede weitere Pers. 4 €, Bungalow für 4 Pers. um 100 €. Via alla Foce 29, 18010 Cervo (IM), ✆ 0183-400130, ℻ 0183-402771, www.campingdelmare-cervo.com.

Lino, grenzt quasi an den Camping Del Mare (gleicher Strandabschnitt), ist aber über eine andere Zufahrt ab der Hauptstraße zu erreichen (beschildert). Wie „Del Mare" bestens organisiert, gepflegtes Gelände, auch hier viele deutsche Gäste. Ende März bis Mitte Okt. geöffnet. Stellplatz für 2 Pers. 38–44 €, weitere Pers. 6 €, Appartement 64–70 €. Via N. Sauro 4, 18010 Cervo (IM), ✆ 0183-752390 oder 335-6698066 (mobil), www.campinglino.com.

• *Essen & Trinken* **San Giorgio**, vornehmes, gemütliches Altstadtrestaurant an der Piazza Castello, mit kleiner Dachterrasse. Raffinierte Spezialitätenküche mit Akzent auf Fisch, erlesene Weine, Fisch-Secondi ca. 20 €. Di geschlossen, im Winter Mo abends und Di geschlossen. Im Erdgeschoss findet sich **Il Sangiorgino**, eine Bottega, in der es Wein, Oliven und Olivenöl zu kaufen gibt. Via Volta 19. ✆ 0183-400175, www.ristorantesangiorgio.net.

Serafino, unterhalb der Kirche, heller, großer Speiseraum mit schöner Panoramaterrasse, humorvoller Padrone; solide lokaltypische Küche, Menü ca. 40–60 €. Mittags und abends geöffnet, Di Ruhetag (außer in der Hochsaison). Via Matteotti 8. ✆ 0183-408185.

Bar Mediterranee, an der Piazza San Giovanni Battista (Kirchenpiazza), mit schöner Terrasse und herrlichem Blick über die Dächer aufs Meer; kleine Gerichte und Mittagssnacks. Ganztägig geöffnet.

Sehenswertes

Chiesa San Giovanni Battista: Die auffallend schöne Barockkirche (17. Jh.) mit ihrer hellen Stuckfassade und gut proportioniertem Glockenturm ist das Wahrzeichen von Cervo. Der einschiffige Innenraum überwältigt mit seinen üppigen Stuckornamenten. Der kleine, verwinkelte Kirchenvorplatz hat genau das richtige Größenverhältnis zu den schmalen Gassen der Altstadt. Ganztägig geöffnet.

Castello und Museo etnografico: In den Gemäuern des Castellos ist das Heimatmuseum untergebracht, eines der urigsten an der Riviera di Ponente. Zahlreiche Gebrauchsgegenstände und Utensilien illustrieren die früheren Arbeits- und Lebensbedingungen, Nachbildungen von Werkstätten und traditionellen Fertigungsmethoden lassen alte Zeiten lebendig werden – alles wird sehr anschaulich und lebendig präsentiert. Leider sind aus der Zeit, als sich die Fischer von Cervo an Sardiniens und Korsikas Küsten als Korallenfischer verdingten (17. Jh.), keine Ausrüstungsgegenstände zu sehen, dafür aber interessante Drucke (Büchertisch).

Tägl. 9–12 und 16–22 Uhr, im Winter Di–So 10–13 und 15–18 Uhr, Eintritt frei, Spende erwünscht. Das Museum wird von *Franco Ferrero*, einem passionierten Heimatforscher, geleitet. Seine und andere Werke sind auf dem Büchertisch ausgebreitet.

„Es war einmal ein Lattenzaun, mit Zwischenraum, hindurchzuschauen"

Palmenriviera

Marina di Andora und Umgebung

ca. 7500 Einwohner

Die großflächige, optisch ziemlich reizlose Gemeinde hat mit Tourismus wenig am Hut. Doch was Marina di Andora an Reiz und Schönheit vermissen lässt, macht das landeinwärts gelegene Castello mit der Kirche Santi Giacomo e Filippo zumindest teilweise wieder wett.

Mehrere kleine Sand- und Kiesstrände samt Liegewiese – unterbrochen von der Mündung des *Merula*-Flusses, der Flaniermole und den Schutzmauern des großen Sporthafens – säumen die städtische Uferpromenade bis zum weit vorspringenden *Capo Mele*. Badelust will aber nicht so recht aufkommen. Zwar machen die Bahngleise, die sonst oft dicht am Uferrand entlangführen, einen großen Bogen um Marina di Andora, doch der Lärm der direkt neben der Uferpromenade verlaufenden Durchgangsstraße *Via Aurelia* ist beträchtlich. Dahinter erstrecken sich etwas trostlos mehrere Reihen mehrstöckiger Mietshäuser – nicht gerade aufregend.

Lohnenswert hingegen ist ein kleiner Abstecher hinauf zur Burgruine des *Castello di Andora*, wo das Mittelalter noch an den Mauerresten zu haften scheint. Die einstige Festung wurde im 12. Jh. von den ortsansässigen Markgrafen *Clavesana* gebaut und bewohnt und fiel später in die Hände der Republik Genua. Geblieben ist der ehemalige Burgturm, der der angrenzenden *Chiesa Santi Giacomo e Filippo* als Glockenturm dient. Das dreischiffige Gotteshaus wird demselben Baumeister wie die Kathedrale von Albenga zugeschrieben und gilt als Paradebeispiel für den Übergang von der Romanik zur Gotik. Über dem tief gestaffelten Portal fasziniert das mehrbogige Fassadenfenster mit verhaltener gotischer Formgebung. In der Kirche finden heute Ausstellungen und Konzerte statt, ansonsten bleibt sie verschlossen. Ein schöner Ort, dennoch leben hier nur noch wenige Menschen, und wer bis ins „Zentrum" von Castello di Andora vorgedrungen ist, erfährt auch gleich, warum das so ist: Direkt unterhalb der Ortschaft beginnt die riesige Autobahnbrücke, lautstark donnert hier tagein, tagaus der Verkehr vorbei.

Ein markierter Pfad führt vom Castello zu einem mittelalterlichen Brunnen und einer Bogenbrücke aus der gleichen Zeit. Ein weiterer ausgeschilderter Fußweg (ca. 45 Min. Gehzeit) führt in den schön gelegenen, hübsch restaurierten Weiler *Colla Micheri* auf dem Hügel zwischen Andora und Laigueglia. Der norwegische Ethnologe und Abenteurer *Thor Heyerdahl* entdeckte 1958 den Borgo für sich und machte Colla Micheri zu seinem zweiten Wohnsitz, wo er 2002 im Alter von 87 Jahren starb.

Heute ist Colla Micheri ein exklusives Fleckchen an der *Baia del Sole*, wie sich die große Bucht um Alassio nennt, diverse abgeschirmte Anwesen deuten auf Wohlstand hin. Die Aussicht von hier oben ist fantastisch – und vom üblichen Durchgangs- und Ausflugsverkehr keine Spur: Zu schmal sind die Zufahrtsstraßen, hier kommt man nicht zufällig vorbei.

• *Anfahrt/Verbindungen* Von Marina di Andora dem Wegweiser zur Autobahnauffahrt folgen, kurz vor der Brücke rechts hoch zum Castello, 2 km von der Küste. **Colla Micheri** ist mit dem **Auto** von Castello di Andora auf guter Asphaltstraße zu erreichen (beschildert); von Laigueglia aus geht es am westlichen Ortsausgang rechts ab (beschildert), dann die schmale, steile Straße den Hügel hinauf.

Bahnhof am westlichen Ortsrand von Marina di Andora.

Bus, östlichste Station des *R.T.*-Netzes; halbstündliche Verbindungen an der Küste hinunter bis San Remo mit Stopp in fast allen Orten. In nordöstlicher Richtung geht es ab Marina di Andora mit *S.A.R.*–Bussen weiter: ebenfalls etwa halbstündlich über Laigueglia nach Alassio und weiter nach Albenga.

• *Bootstouren* Von Juli bis Sept. jeweils Mo, Do, Fr, Sa **Walbeobachtungsexkursionen** (Start 12.50 Uhr mittags am Hafen), Dauer ca. 5 Std., 32 €, Kinder 5–14 J. 20 €, unter 5 J. frei. Consorzio Liguria Viamare, ✆ 0183-769364, www.whalewatchliguria.it.

• *Essen/Trinken* **La Casa del Priore**, teures, viel gelobtes Restaurant (Ristorante im ersten Stock, Brasserie im Erdgeschoss) in historischem Gemäuer am Ortsrand von Castello di Andora, mit Terrasse. Reservierung empfohlen. Am Wochenende mittags und abends geöffnet, unter der Woche nur abends, Mo Ruhetag. Vom 1.1.–10.2. geschlossen. Via Castello 34, ✆ 0182-684377 (Ristorante) oder ✆ 0182-87330 (Brasserie), www.casadelpriore.com.

In Colla Micheri gibt es eine **Bar** mit Terrasse und herrlichem Blick, Olivenbäume spenden Schatten; dazu eine nette **Osteria** mit wenigen Plätzen, Menü ca. 25 €, wechselnde Gerichte, Hauswein. In der Hochsaison tägl. außer Di geöffnet, sonst nur Fr/Sa abends sowie So mittags. ✆ 0182-499590 oder mobil 338-8767870.

Laigueglia

ca. 2000 Einwohner

Ein stimmungsvolles Küstendorf mit wuchtigen, farbenprächtigen Strandpalazzi. Der helle Sandstrand der lang gestreckten Baia del Sole (Sonnenbucht) zieht sich fast bis hinüber nach Alassio. Im Hintergrund sprenkeln Ferienvillen die sattgrünen Hänge.

Mehrere Torbögen und Eingänge führen ins Innere des alten Fischerdorfs. Durch die belebte Altstadt schlängelt sich die schmale Bummelgasse *Via Dante* mit vielen kleinen Plätzen, die überwiegend zum Meer hin geöffnet sind. Die Uferlinie wird von auffällig prächtigen Palazzi gesäumt, vor ihren Fassaden haben noch immer die Fischer ihr Revier. Die sonst übliche breite Uferpromenade erstreckt sich nur im Westteil des Ortes, was den dörflichen Charakter Laigueglias unterstreicht. Auch ein Hafenbecken sucht man vergebens, die Fischerboote liegen hier am Strand oder dümpeln im flachen Wasser. Einzige Unterbrechung des Sandstrands ist die gepflasterte

Piemonte
Spigno Monferrato
Pontevecchio
Piana
Crixia
Dego
Bric della Rama 708
Giusvalla
Pontinvrea
Millesimo
Tanaro
29
Montenotte Inferiore
Bric Tesoro 856
Cairo Montenotte
Rocca del Bonomo 835
Ceva
Millesimo
Mte. Castellazzo 574
Acquafredda
Bric Tana
Altare
A 6
29
Isoletta
Lago di Osiglia
Ronco di Maglio 1108
Mte. Camulera 1224
Bórmida
Fornaci
Osiglia
Vado Ligure
Capo di Vado
Millesimo
Madonna della Neve
Mte. Settepani 1386
Pian d. Corsi 1028
Bric Berba 560
Bergeggi
Calizzano
Melogno
Calvi
Isola di Bergeggi
A 10
Bric. Agnellino 1335
Sportono
Calice Ligure
Noli
Bardineto
Mte. Capo Noli 276
Capo di Noli
Garessio
Mte. Carmo 1889
Magliolo
Perti
Malpasso
Tolvo
San Giacomo
Finalborgo
1
Varigotti
Toirano
San Michele
Verezzi
Finalpia
Villaggio Sta. Ligure
Borgio
Finale Ligure
Grotte di Toirano
Erli
Castelvecchio di Rocca Barbena
Pietra Ligure
Boissano
Mte. Alpe 1056
Toirano
Nasino
Castelbianco
Balestrino
Loano
Zuccarello
Borghetto Santo Spirito
Cisano sul Neva
Ceriale
Castell'Ermo 1092
Vendone
T. Neva
1
Borghetto d'Arróscia
Ortovero
Arroscia
Albenga
Garlenda
Villanova d'Albenga
Vellego
Casanova
A 10
Riserva Naturale dell'Isola Gallinara
Marta
Santa Croce
Madonna di Guardia
Capo Santa Croce
Isola Gallinara
S. Lorenzo Bossaneto
Alassio
Pzo. d'Evigno 989
Pzo. Aguzzo 657
Laigueglia
Chiusanico
Chiusa-vecchia
Diano Evigno
Castello di Andora
Gazzelli
Diano Arentino
Andora
Marina di Andora
Capo Mele

Riviera di Ponente: Palmenriviera

Mole; vor allem westlich davon reihen sich zahlreiche Bagni aneinander, östlich findet sich zwischen den Booten öfter mal ein Stückchen freier Strand.

Laigueglia war schon in römischer Zeit besiedelt. Im Mittelalter befand sich hier ein bedeutender Hafen, im 17. und 18. Jh. erlebte der Ort durch die Korallenfischerei und mit einer Flotte von über 40 Schiffen seine wirtschaftliche Blütezeit, heute spielt der Tourismus die tragende Rolle.

Sehenswert ist der runde *Torrione del Cavallo* (Mitte 16. Jh.) am östlichen Ortseingang, ein haushoher Küstenwachturm, der den sarazenischen Piraten offenbar wenig Respekt einflößte – sie plünderten Laigueglia mehrfach.

Oberhalb der Altstadt thront mit ihrer sanft geschwungenen Fassade und den leuchtenden Majolikakuppeln die eindrucksvolle *Barockkirche San Matteo* (18. Jh.). Im reich geschmückten Inneren hängen Gemälde namhafter Genueser Künstler wie *Gregorio De Ferrari, Bernardo Strozzi* und *Valerio Castello*. Das *Oratorio S. Maria Maddalena* (Anfang 17. Jh.) am gleichen Platz zeigt Gemälde aus dem 17. und 18. Jh. mit Motiven zu den Seefahrern von Laigueglia (nur sonntags zur Messe geöffnet).

Diverses

• *Information* **I.A.T.-Büro**, im alten Bahnhofsgebäude am östlichen Ortseingang; 15. Juni bis 15. Sept. Mo–Sa 9–12.30 und 16–19 Uhr, So 9–12.30 Uhr; im Winter So/Mo geschlossen. Via Roma 2. ✆ 0182-690059, 📠 0182-691798, www.inforiviera.it.

• *Anfahrt/Verbindungen* **Auto**, die *Aurelia* zieht sich nördlich der Altstadt durch den Ort. **Parken** ist fast überall gebührenpflichtig, z. B. gegenüber vom alten Bahnhof am Ortsausgang Richtung Alassio.

Bahn, F.S.-Stazione am östlichen Ortsrand, von dort ein paar Schritte zu Wehrturm, Altstadteingang und Strand. Nur noch wenige Regionalzüge halten hier: jeweils ca. 5x tägl. nach Alassio und nach Diano Marina/Imperia.

Bus, ca. halbstündlich nach Alassio und Albenga, ebenfalls halbstündlich nach Marina di Andora, dort umsteigen nach Diano Marina, Imperia, San Remo. Abfahrt an der Hauptstraße, Tickets im Tabacchi-/Zeitschriftenladen oder im Bus.

• *Feste & Veranstaltungen* **Festa di San Matteo** am 18. Sept., das Patronatsfest mit Prozession.

Festa di Nostra Signora delle Penne am 5. August: Prozession zu der kleinen Kirche am Capo Mele südlich von Laigueglia.

Trofeo Laigueglia im Februar: Radrennen zum Saisonauftakt.

Sbarco dei Saraceni, Ende Juli: folkloristisches Hauptfest, bei dem einer der zahlreichen Piratenüberfälle inszeniert wird.

Jazz-Festival, Ende Juni: eine Woche Jazz und Percussion auf der Piazza Marconi.

• *Einkaufen* **Markt** jeden Freitag im Centro storico. **Antiquitätenmarkt** (Antiquario) am letzten Wochenende im Monat in der Via Mazzini und den umliegenden Gassen.

Übernachten/Camping

Die meisten der 35 Hotels liegen im hinteren und oberen Ortsteil. Die ufernahen Altstadtherbergen sind rar geworden. Wer sich hier am Strand einquartieren will, sollte für die Hochsaison rechtzeitig reservieren!

**** **Splendid Mare**, Altstadt-Palazzo mit Stil, Charme und viel Komfort, mitten im Ortskern und fast direkt am Strand gelegen. Pool und eigener Strandabschnitt, Fahrradverleih. Geöffnet 1.4. bis 30.9. Zimmer mit obligatorischer Halbpension und mind. sieben Tagen Aufenthalt (bei kürzerem Aufenthalt 6 € Aufschlag), EZ 105–131 €, DZ 200–250 €, in der Nebensaison deutlich günstiger. Piazza Badaro 3, 17053 Laigueglia (SV), ✆ 0182-690325, 📠 0182-690894, www.splendidmare.it.

* **Giannina**, schon etwas älterer Neubau am westlichen Ende der Altstadt, fast direkt am Strand. Lassen Sie sich von der nicht mehr ganz frischen Fassade nicht abschrecken, dahinter verbirgt sich ein gut geführtes, günstiges Strandhotel mit beliebtem Restaurant, viele Gäste buchen hier Vollpension. Einfache Zimmer mit Bad, geöff-

net Dez. bis Ende Sept. EZ 50 €, DZ 80 €, Halbpension 55 €/Person. Corso Badaro 4, 17053 Laigueglia (SV), ✆ 0182-690023, ℻ 0182-691859, www.hotelgiannina.it.

• *Camping* * **San Sebastiano**, hintere Stadtrandlage, ca. 200 m vom Strand in einer Sackgasse, die am Ortsausgang Richtung Andora rechts von der Aurelia abbiegt (beschildert). Sympathischer, gepflegter Platz, freundlicher Service, ruhige Lage, terrassierte, z. T. überdachte Stellplätze, ausreichend Schatten, teilweise auch Olivenbäume. Bar/Ristorante. Geöffnet Ostern bis Ende Sept. Erwachsene 11 €, Kinder 5 €, Zelt 7–16 €, Auto 7 €. Via San Sebastiano 23, 17053 Laigueglia (SV), ✆ 0182-690420, ℻ 0182-691971, sansebastiano@tin.it.

** **Capo Mele**, schon am Hang außerhalb von Laigueglia Richtung Marina di Andora gelegen. Gepflegter, gut organisierter Platz, netter Blick, viel Schatten, etwas teurer als San Sebastiano. Via Aurelia, 17053 Laigueglia (SV), ✆/℻ 0182-499997, www.campingcapomele.it.

Essen & Trinken/Nachtleben

Die noch lebendige Fischereitradition des Ortes sorgt täglich für frischen Fisch. Gelegentlich gehen zentnerschwere Schwertfische ins Netz; Sardinen, Muscheln und Krustentiere prägen die Speisekarte. Einige Restaurants am Strand sind recht teuer.

Il Pescatore, *unser Tipp*: An der zentralen Piazza Garibaldi am Fischerstrand. Der Besitzer Enzo ist selbst Fischer und führt mit seiner Familie das Restaurant. Freundlicher Service, nette Terrasse. Leckere Muschel- und Fisch-Antipasti, Pasta mit Muscheln, dicke Schwertfischfilets, offener Wein, auf Vorbestellung gibt es sogar Paella. Fischhauptgerichte um die 25 €. Mittags und abends geöffnet, Do Ruhetag. Immer voll, daher v. a. für abends reservieren. Piazza Garibaldi 7, ✆ 0182-690124.

La Prua, vornehmes Fischrestaurant neben dem runden Wehrturm, mit Terrasse und Blick auf die Flaniermole. Menu del giorno 26 €, Menu completo für 4 Personen 80 €. Mittags und abends geöffnet, Mi Ruhetag. Archivolto Patella 5, ✆ 0182-699195.

In der stimmungsvollen Altstadtgasse Via Dante gibt es einige einladende und preisgünstige Ristoranti und Pizzerie, z. B.:

Pasta e Pizza, viele Nudelgerichte mit Meeresfrüchten (ca. 7–10 €), uriges Ambiente. Wie der Name verkündet, gibt es auch Pizza; mittags und abends geöffnet, Di Ruhetag. Via Dante 67, ✆ 0182-690517.

Ebenfalls empfehlenswert sind die nebeneinander liegenden **Pacan** (nur abends geöffnet) sowie das **Pacan 2** an der Piazza Cavour mit netter Terrasse zur Piazza, eine einfache Pizzeria, die Pizza kommt aus dem Holzofen (ebenfalls nur abends geöffnet, Mo Ruhetag).

Al Galeone, stimmungsvolle Bar am Fischerstrand, junge Leute, gute Musik, lange geöffnet.

Focacceria La Taglia, leckere Focacce (z. B. Quattro formaggi für 3 €) und Farinata (Fladen aus Kichererbsen) für 1,30 €. Via Dante 62.

Am Strand von Laigueglia

Die Kapelle am Capo Santa Croce

Alassio

ca. 11.300 Einwohner

Einer der elegantesten und renommiertesten, aber auch teuersten Urlaubsorte an der westlichen Riviera – und einer der schönsten Stadtstrände an der Ponente-Küste. Alassio lebt fast ausschließlich vom Tourismus.

Dank seiner geschützten Lage in der Bucht zwischen Capo Mele und Capo Santa Croce, der Baia del Sole („Sonnenbucht"), die sich Alassio mit dem Nachbarort Laigueglia teilt, ist hier das Klima besonders mild. Zudem lockt der über 3 km lange Sandstrand die Besucher in Scharen an, da kann es im Sommer beim abendlichen Bummel durch die malerische Altstadtgasse „Budello" (Via XX Settembre) ganz schön gedrängt zugehen. Große Sehenswürdigkeiten hat Alassio nicht zu bieten. Die *Pfarrkirche Sant'Ambrogio* (1507) und das benachbarte *Oratorio Santa Caterina di Alessandria* aus dem 17. Jh. (beide an der Durchgangsstraße) sind meist verschlossen; einziger Blickfang am langen Strand ist der wuchtige *Torrione* aus dem 16. Jh., den man hier als Verteidigungsturm gegen die einfallenden Piraten errichtete. Dahinter erstreckt sich das nordöstliche Stadtviertel *Borgo Coscia,* der älteste Teil Alassios. Am oberen Ende der „Sonnenbucht" von Alassio, am Capo Santa Croce, kurz vor dem Yachthafen, steht auf einem zerklüfteten Felsvorsprung eine ursprünglich *romanische Kapelle,* die den verschollenen Seefahrern des Ortes gewidmet ist. Der gut 30-minütige, schweißtreibende Spaziergang hinauf lohnt in jedem Fall, denn von hier oben bietet sich ein herrlicher Blick auf die Bucht und die vorgelagerte Insel Gallinara. Eine Panoramastraße führt zur Kapelle (vgl. Anfahrt zum „Roof Paradise"/Nachtleben → S. 165), hier verläuft auch die antike *Via Julia Romana* Richtung Albenga (Wanderung → S. 172).

Alassio war vermutlich schon in römischer Zeit bewohnt. Im 12. Jh. unterstand der Ort den Benediktinermönchen der Insel Gallinara, seit Beginn des 14. Jh. hatte Albenga hier das Sagen. Im 16. Jh. verfügte Alassio über eine beachtliche Handelsflotte, die von der mächtigen Seerepublik Genua geduldet wurde. Mit dem Bau der Bahnlinie ging es mit Alassios Handelsflotte bergab, zeitgleich aber entdeckten vor allem englische Touristen den klimatisch begünstigten Ort in der lang gestreckten „Baia del Sole".

Il Muretto

Alassios größte Attraktion ist der *Muretto*, das „Mäuerchen" an der unteren Seite der Piazza della Libertà an der Via Dante. Über 700 bunte Kacheln sind hier mit den Autogrammen Prominenter und weniger Prominenter verziert, darunter Anita Ekberg, Jean Cocteau, Vittorio de Sica und Adriano Celentano. Die erste Unterschrift im Jahr 1951 stammt von Ernest Hemingway, die Idee zu der bunten Kachelmauer hatte der Maler *Mario Berrino* aus Alassio, der sich hier mit anderen illustren Perönlichkeiten im gegenüberliegenden Caffè Roma vergnügte – das Roma war in den 1950er Jahren einer mondänsten Treffpunkte des Jetsets an der Riviera. Berrino war es auch, der 1953 die italienweit bekannte Wahl zur „Miss Muretto" ins Leben rief.

Diverses

• *Information* **I.A.T.-Büro** in der Via Mazzini 68. Sehr freundlich und hilfsbereit, Stadtplan, Hotelliste, aktuelle Veranstaltungshinweise und Informationen zum **historischen Wanderweg** nach Albenga (→ S. 172). Im Sommer Mo–Sa 9–12.30 und 14.30–18 Uhr, So 9–12 Uhr; Mitte Sept. bis Ostern nachmittags nur bis 18 Uhr, So geschlossen. Via Mazzini 68. ✆ 0182-647027, 📠 0182-647874, www.inforiviera.it.

• *Anfahrt/Verbindungen* **Auto**, die A 10 macht einen erfreulich weiten Bogen um Alassio, Zufahrt über Andora oder Albenga.

Parken, Tiefgarage in zentraler Lage an der Piazza Partigiani, 1 €/Std., über Nacht (23–7 Uhr) insgesamt 1 €; 16 € für 24 Std. Kurzparker und Tagesbesucher können es auch am Bahnhofsvorplatz versuchen (1,50 €/Std.) oder an der Piazza Paccini beim Corso Dante Alighieri (1,50 €/Std).

Bahnhof, im Zentrum etwas oberhalb der Durchgangsstraße. Etwa stündlich Regionalzüge über Albenga, Loano, Pietra L., Finale L. und Spotorno-Noli nach Savona; ebenso ca. stündlich über Andora, Diano Marina, Imperia und Taggia nach San Remo. In Alassio halten auch IC-Züge.

Bus, *S.A.R.*-Haltestelle gegenüber vom Rathaus und I.A.T.-Büro. Alle 20 Min. an der Küste entlang nach Albenga, Ceriale, Borghetto Santo Spirito, Loano, Pietra L. und Finale L.; etwa stündlich bis Savona (mit Stopp in Varigotti, Noli, Spotorno und Vado L.); alle 20 Min. in den Nachbarort Laigueglia; 4x tägl. nach Garlenda. Weitere Infos unter www.sar-bus.com.

Taxi am Bahnhof oder ✆ 0182-640040.

• *Bootsausflüge* Mit *Consorzio Liguria Viamare*, Abfahrt der Boote am Molo von Alassio. Auf dem Programm stehen u. a. Tou-

ren um die **Isola Gallinara** (4x wöchentlich, ca. 2 Std., Person 10 €, Kinder 6 €) sowie **Whalewatching**: von Mitte Juni bis Mitte Sept. immer dienstags (Start 12.30 Uhr), im Juli und August auch Do (Start 11.30 Uhr), Dauer ca. 6 Std.; Person 32 €, Kinder 20 €; Reservierung erforderlich unter ✆ 010-265712 oder mobil ✆ 349-5965355; www.whalewatchliguria.it.

• *Golf* **Golf Club di Garlenda**, 18-Loch-Platz beim ca. 12 km landeinwärts gelegenen Ort (noch vor Garlenda); ab Alassio der Beschilderung zur A 10/Villanova d'Albenga folgen, neue Straße (*Aurelia bis*), langer Tunnel gleich nach Alassio. Mit Hotel. Ganzjährig geöffnet. Via del Golf 7, 17033 Garlenda (SV). ✆ 0182-580012, 0182-580561, www.garlendagolf.it.

• *Einkaufen* Lebensmittel, Kleidung, Modeschmuck und vieles mehr gibt es auf dem **Wochenmarkt**, jeden Samstagvormittag beim Parco San Rocco, etwas außerhalb nordwestlich vom Zentrum.

• *Feste & Veranstaltungen* **Miss-Muretto-Wahl**, diverse Veranstaltungen im Vorfeld in der letzten Augustwoche, große Abschlussgala mit der eigentlichen Wahl abends am letzten Augustsamstag.

Sommerkarneval (*Carnevale Estivo*) am 14. Juli für Kinder.

Sommerkonzerte an der Piazza Partigiani.

Übernachten/Camping

An die 90 Hotels stehen zur Auswahl, die meisten in der Drei- und Zwei-Sterne-Kategorie, Nobelherbergen gibt es nur wenige. Das unübersehbare **Grand Hotel** wartet noch immer auf seine Restaurierung, wann das sein wird, weiß keiner genau. Halbpension und ein Mindestaufenthalt von drei Tagen sind in fast allen Hotels in Alassio Pflicht – zumindest in der Hochsaison im Juli und August.

****** Diana Grand Hotel (3)**, etwas klobiges Strandhotel am nordöstlichen Ende der Bucht, mit eigenem Strandbad, Swimmingpool (innen) und zwei Restaurants; schöner Garten, private Atmosphäre, freundlicher Service, Nov. und Jan. geschlossen. EZ 170 €, DZ 190–270 € inkl. Frühstück. Via Garibaldi 110, 17021 Alassio (SV), ✆ 0182-642701, 0182-640304, www.dianagh.it.

***** Lido (5)**, schon ältere, trotzdem sehr ansprechende Herberge im Grandhotel-Format, nahe dem Sarazenenturm am nordöstlichen Strandabschnitt. Freundlicher, deutschsprachiger Service, mit Bar und Terrassen-

café am Strand. Restaurant. Gediegene Zimmer. Geöffnet Ende März bis Anfang Nov. EZ mit obligatorischer Halbpension (Minimum 4 Nächte) 150 €, DZ je nach Ausstattung und Blick 180–280 € (Halbpension). Via IV Novembre 9, 17021 Alassio (SV), ✆ 0182-640158, 📠 0182-660198.

*** **Savoia (8)**, direkt neben dem Küstenwachturm am Meer, gibt sich modern und kühl, was die komplette Klimatisierung noch verstärkt. Optimale Lage, mit großer Sonnenterrasse und Restaurant (ebenfalls mit Terrasse). Ganzjährig geöffnet. EZ 108–128 €, DZ 180–212 €, jeweils inkl. obligatorischer Halbpension. Via Milano 14, 17021 Alassio (SV), ✆ 0182-640277, 📠 0182-640125, www.savoiahotel.it.

**** **Ligure (11)**, frisch renoviert und eines der schönsten seiner Kategorie in Alassio; schön hergerichtet, freundlicher Service, zentrale Lage, der Eingang befindet sich gegenüber der Mole an der Piazza Matteotti. Privatstrand, Sonnenterrasse und Restaurant. Aircondition kostet extra. Ganzjährig geöffnet. Auch hier ist Halbpension obligatorisch: EZ 100–125 €, DZ 220–320 €. Passeggiata Dino Grollero 25, 17021 Alassio (SV), ✆ 0182-640653, 📠 0182-660041, www.ligurealassio.it.

*** **Beau Sejour (4)**, neben dem Diana Grand Hotel am Strand gelegen, Parkplatz vor dem Haus; schöne, überdachte Speiseterrasse zum Meer, schattiges Terrassencafé mit Palmen, Privatstrand. 47 sachlich-komfortable Zimmer, z. T. mit Balkon zum Meer. Geöffnet Ostern bis Mitte Okt. EZ 125 €, DZ ab 225 €, jeweils inkl. obligatorischer Halbpension. Via Garibaldi 102, 17021 Alassio (SV), ✆ 0182-640303, 📠 0182-646391, www.beausejourhotel.it.

*** **Danio Lungomare (16)**, fast am anderen Ende des langen Stadtstrands an der südwestlichen Uferpromenade; nicht ganz so schick, dafür aber deutlich günstiger als obige Häuser der gleichen Kategorie. Etwas abseits des Geschehens, nur über ein schmales Sträßchen zum Strand erreichbar; empfehlenswertes Ristorante mit Terrasse – hervorragende Pasta und günstige Fischgerichte, freundlicher Service, das Menü nicht über 18–20 € (mittags und abends geöffnet). Mitte Okt. bis Weihnachten geschlossen. EZ um 85 €, DZ 150 €, Halbpension obligatorisch (mind. 3 Tage Aufenthalt). Via Roma 23, 17021 Alassio (SV), ✆ 0182-640683, 📠 0182-640347, www.hoteldaniolungomare.it.

*** **Milano (13)**, hellblaues Gebäude direkt am Strand, noch relativ zentrale Lage, mit Restaurant und überdachter Terrasse über dem Wasser; auch innen viel Blau, freundlicher Service, viele Zimmer mit Balkon zur Meerseite. Hotelgäste erhalten bei den benachbarten Bagni Rosetta Rabatt. 1. Nov. bis Weihnachten geschlossen. EZ 110 €, DZ 200 € mit Halbpension (mind. 3 Tage Aufenthalt), EZ inkl. Frühstück 70 €, DZ inkl. Frühstück 135 €. Piazza Airaldi Durante 11, 17021 Alassio (SV), ✆ 0182-640597, 📠 0182-640598, www.milanohotel.info.

** **Ambra (2)**, sympathisches, sehr beliebtes Familienhotel in nordöstlicher Stadtrandlage, Nähe Diana Grand Hotel. Gepflegtes Haus mit Restaurant und Garten, Garage, zum Strand nur wenige Meter, ruhige Lage in einer alten Gasse. Gepflegte Zimmer mit Bad und TV. EZ 77 €, DZ 135 €, jeweils inkl. Halbpension. Via Garibaldi 123, 17021 Alassio (SV), ✆ 0182-640626, 📠 0182-643351, www.hotelambra.it.

• *Camping* *** **Monti e Mare**, *unser Tipp*: An der Via Aurelia, 4 km von Alassio in Richtung Albenga, riesengroßes Gelände am bewaldeten Hang, terrassenförmige Stellplätze über dem Meer, Ristorante/Pizzeria und Market, Bar und Ristorante ebenfalls am Strand; kostenlose Sportmöglichkeiten und kleiner privater Kiesstrand zwischen Felsklippen (Unterführung unter der Via Aurelia und der Bahnlinie). Ganzjährig geöffnet. Auch einige moderne, gut ausgestattete Appartements werden vermietet (2 Pers. 700 €/Woche, 4 Pers. 930 €, 6 Pers. 1110–1310 €). Person 7 €, Stellplatz 8–14 €, Auto 10 €. Via F. Giancardi 47, 17021 Alassio (SV), ✆ 0182-643036, 📠 0182-645601, www.campingmontiemare.it.

Essen & Trinken/Cafés/Nachtleben (siehe Karte S. 162/163)

• *Essen & Trinken* **Osteria Dei Matetti (1)**, *unser Tipp*: volkstümlich und stimmungsvoll, eine dekorative Sammlung alter Fotos von Schulklassen ziert die Wände, freundliche Atmosphäre. Typische ligurische Land- und Meeresküche, große Auswahl, Menü 20–25 €. Allerdings keine schöne Lage, im Ostteil der Stadt, an der Durchgangsstraße. Mittags und abends geöffnet. Viale Hanbury 132, ✆ 0182-646680.

El Galeon (9), elegantes Strandrestaurant in zentraler Lage, hier speist man vornehm und gut, viele schattige Plätze auch auf der Piazza; freundlicher Service, leicht gehobene Preise; die Fischsuppe *Ciuppin* ist eine Spezialität des Hauses. Tagesmenü 21 €. Mittags und abends geöffnet. Largo Beniscelli 7, ✆ 0182-642732.

Sail Inn (14), ebenfalls elegantes Restaurant, jedoch etwas abseits am südlichen Ende der Uferpromenade. Stilvolles Ambiente mit Wintergarten, gehobenes Preisniveau; mittags und abends geöffnet, Mo Ruhetag. Via Brennero 30, ✆ 0182-640232.

Da Tonino (12), fast am südlichen Ende der Promenade, hinter der Via Brennero. Nettes Ristorante direkt am Strand, Menu turistico 15 €, offener Wein, Bier vom Fass.

Der neue Sporthafen von Alassio

Mittags und abends geöffnet, Di geschlossen. Passeggiata Toti 12, ✆ 0182-640518.

La Lanterna (6), sehr einfache Pizzeria, schöne Lage direkt am Küstenturm, Tische auch auf dem Strand, kleine Gerichte wie Panini, Focaccia und Salate zu entsprechend kleinen Preisen. Via Milano 5.

• *Cafés* **Caffè Roma (7)**, in den 1950ern mondäner Treffpunkt einer illustren Gästeschar, heute sehr schick und eher Cocktailbar als Café. Modernes Ambiente ganz in Weiß und über zwei Etagen. Geöffnet tägl. ab 8 Uhr, Mo geschlossen. Corso Dante 312, ✆ 0182-641699.

Bar/Pasticceria La Riviera (15), in der Vitrine locken allerfeinste Tortenkreationen, z. B. Windbeutel in Schwanenform oder kunstvoll arrangierte Obsttörtchen. Schöne Terrasse über dem Meer (Strandzugang), auch Bar. Ganztägig geöffnet, Mi geschlossen. Via Brennero 5, ✆ 0182-7640673.

• *Nachtleben* **Discoteca Le Vele**, Open-Air-Disco zwischen Alassio und Albenga an der Via Aurelia auf der rechten Seite. Via Giancardi 50, ✆ 0182-1428089.

Roof Paradise (10), ca. 2 km vom Zentrum; sehr schicke Lounge ganz in Weiß, fantastischer Blick über die Stadt, an der Kirche S. Croce gelegen. Auffahrt gegenüber der Piazza Stalla (an der Durchgangsstraße), unter den Gleisen durch und dann der Beschilderung „Panoramica Santa Croce" folgen. ✆ 349-2404635 (mobil), www.roofparadise.com.

Zudem diverse Kneipen und Music-Bars im Zentrum, z. B. der **Victorian Pub** in der Via Cavour 3 (gleich bei „Il Muretto").

Albenga

ca. 24.000 Einwohner

Hoch ragen die roten Türme über eine der schönsten Altstädte Liguriens. Wer in das enge, von einer schützenden Mauer umschlossene Gassengewirr eintaucht, erliegt schnell der Faszination dieses geschichtsträchtigen Ortes. Und hinter jeder Ecke wartet eine Entdeckung: knallrote, zum Trocknen aus dem Fenster gehängte Peperonikränze, steinalte Reliefs an ehrwürdigen Häuserwänden, idyllische Blicke in Hinterhöfe und auf Türme ...

Einzigartig in der Region ist die Zahl der schlanken Geschlechtertürme. Über zehn dieser mittelalterlichen Türme, die sich die reichsten Familien aus Prestigegründen hatten errichten lassen und sich nicht scheuten, mit den Kirchtürmen der Stadt zu konkurrieren, bilden die markante Silhouette Albengas. Der mit über 60 m höchste Turm ist die *Torre del Comune,* die um 1300 für eine adelige Familie gebaut wurde. Gleich daneben erheben sich die *Torre del Municipio* und der Kirchturm der *Cattedrale San Michele.* Hier bei der *Piazza San Michele,* im Herzen der Altstadt, stehen auf engstem Raum die markantesten Bauwerke der Stadt fotogen beieinander. Das vielleicht bedeutendste Gebäude Albengas duckt sich dabei fast schon unscheinbar neben die Cattedrale: das spätantike *Baptisterium.* Auch die beiden Museen *Museo navale romano* und *Civico Museo Ingauno* befinden sich an der Piazza San Michele, von der aus die lebhafte Ladengasse *Via d'Aste* zum breite *Largo Doria* nahe der Piazza del Popolo führt. Um diesen malerischen Kern des Centro storico erstreckt sich ein kleines Labyrinth aus schmalen Gassen, in dem man sich für einen kleinen Spaziergang ruhig einmal „verlaufen" sollte.

Nicht ganz so idyllisch präsentiert sich der Rest der Stadt. Das Strandviertel und der nicht sonderlich lauschige Lungomare werden durch den Bahndamm von der Neustadt Albengas abgetrennt, durch die sich kerzengerade Straßen ziehen. Die Piazza del Popolo bildet die Nahtstelle zwischen Neustadt und Centro storico, flankiert von Wohnvierteln und der *Centa,* über die sich eine rote Brücke elegant ans andere Ufer schwingt.

Das Stadtgebiet von Albenga erstreckt sich weitläufig in der größten Schwemmlandebene der Region. Und wenn schon mal Platz ist in dem an großen Flächen armen

Ligurien, dann wird der auch bebaut: mit Obstplantagen und Gewächshäusern, einem kleinen Flughafen, einer Trabrennbahn und zahlreichen kleinen Ortschaften – arg zersiedelt, möchte man meinen, oder eben gut genutzt.

Geschichte

Angesichts der für Riviera-Verhältnisse endlosen Weite wundert es nicht, dass Albenga schon in vorchristlicher Zeit bevölkert war und unter der römischen Vorherrschaft wie auch im Mittelalter eine glanzvolle Zeit erlebte.

Im ersten vorchristlichen Jahrtausend siedelten Angehörige des mächtigen ligurischen Volksstamms der *Ingauni* am Ufer des Centa-Flusses, ihre *Castellari* (Fluchtburgen) thronten auf den Hügelkuppen der Umgebung. Im 3. Jh. v. Chr., als Rom noch mit Karthago um die Vorherrschaft im westlichen Mittelmeerraum kämpfte, verbündeten sich die Ingauner mit dem punischen Heer gegen das vorrückende Rom.

Während des zweiten punischen Kriegs fand kein Geringerer als Mago, der jüngste Bruder Hannibals, bei den Ingaunern Zuflucht. Die letztlich siegreichen Römer gründeten nach der Unterwerfung der ligurischen Widersacher ihrerseits eine Stadt an der Mündung der Centa. Dieses *Municipium* an der römischen Heeresstraße *Via Iulia Augusta* entwickelte sich neben Luna, Genua, Vada Sabatia und Albintimilium zu einer der größten römischen Niederlassungen am Rivierabogen: Das rechtwinklig angelegte *Albingaunum* umfasste ein Forum, einen Hafen, zahlreiche Bürgerhäuser und Villen sowie ein Amphitheater und große Thermalanlagen. Die Weitläufigkeit der Ruinen der Nekropole, die sich über den Hügel Richtung Alassio erstrecken, zeugen von der Größe der Stadt. Nach dem Untergang des Römischen Reichs aber zerstörten die Langobarden die blühende Hafenstadt am Centa-Fluss bis auf die Grundmauern.

Ab dem 5. Jh. entstand ein völlig neues *Albenga,* das nunmehr auch Bischofsitz war. Ende des 11. Jh. nahm die mittelalterliche Stadt mit einer eigenen Flotte am erfolgreichen ersten Kreuzzug ins Heilige Land teil, der dem Handel einen enormen Aufschwung und Albenga relative politische Unabhängigkeit bescherte. Die Seerepublik Genua musste diesen Aufschwung widerwillig dulden. Verschärft wurde die konfliktreiche Beziehung im 12. Jh. dadurch, dass sich Albenga auf die Seite Kaiser Friedrichs II. geschlagen hatte. Doch nach dessen Tod 1250 war die Stadt gezwungen, mit der großen Rivalin ein „Bündnis" einzugehen. Zwar zeugen die rege Bautätigkeit und besonders die Entstehung der Geschlechtertürme im 13. Jh. vom Selbstbewusstsein der Bürgerschaft von Albenga, doch unter der Vorherrschaft Genuas, das die ligurische Provinz sträflich vernachlässigte und bewusst klein hielt, geriet auch das glanzvolle Albenga langsam in Vergessenheit. Hinzu kam höhere Gewalt: Der durch einen Kanalbau gestaute Centa-Fluss trat über die Ufer, überschwemmte das gesamte Stadtgebiet und zerstörte den Hafen. Spätestens seit dem 14. Jh. stand Albenga gänzlich unter dem Einfluss Genuas und war für Jahrhunderte von der mächtigen Nachbarin abhängig.

Diverses

• *Information* **I.A.T.** am Rand der Altstadt in einem Pavillon auf der Piazza del Popolo, sehr hilfsbereites und kenntnisreiches Personal, WiFi 30 Min. 2 €. Im Sommer Mo–Sa 9–12.30 und 15–18.30 Uhr, So 9–12.30 Uhr; sonst Di–Sa 9–12.30 und 14.30–18 Uhr, So/Mo geschlossen. ✆ 0182-558444, ℻ 0182-558740, www.inforiviera.it.

• *Anfahrt/Verbindungen* **Auto**, die Aurelia führt als *Circonvallazione* (Umgehungsstraße) um Albenga herum. **Parken**: gebührenpflichtiger Parkplatz vor der Altstadt an der

Centa Brücko (Piazza Petrarca und um die Piazza del Popolo).

Bahn, Bahnhof zwischen Stadtzentrum und Strandviertel; etwa 10 Min. zu Fuß ins historische Zentrum, von der Piazza Matteotti über den Viale Libertà. Mindestens stündlich nach Savona sowie in anderer Richtung nach Imperia; auch IC-Verbindungen z. B. stündlich nach Genua.

Bus, *S.A.R.*-Busbahnhof an der Piazza del Popolo (südl. Altstadteingang); von hier auch Busse ins Hinterland, u. a. nach Zuccarello.

• *Einkaufen* **Wochenmarkt** jeden Mi am Centa-Fluss (Umgebung Piazza Petrarca).

Antiquitätenmarkt jeden dritten So im Monat in der Altstadt.

• *Feste/Veranstaltungen* **Patronatsfest** San Michele am 29. Sept.

Weinfest zweites Wochenende im Sept.

Fiat-500-Treffen am ersten Juli-Wochenende; außerhalb, im ca. 12 km entfernten Garlenda.

• *Baden* Nicht immer ideale Wasserqualität im Bereich der kanalisierten Centa-Mündung; ansonsten durchweg Sand-/Kiesstrand, aber nicht gerade idyllisch.

• *Bootstouren* Im kleinen Hafenbecken starten Bootsausflüge um die **Felseninsel Gallinara**.

• *Einkaufen* **Liberia San Michele**, gut sortierte, sympathische kleine Buchhandlung neben dem Baptisterium; auch ein wenig deutschsprachige Literatur über Ligurien, große Auswahl an Wanderkarten. Via Episcopio 1.

Ergeben eine markante Silhouette: die Geschlechtertürme von Albenga

Übernachten, Agriturismo & Camping (siehe Karte S. 168/169)

***** Sole Mare (2)**, nur durch Straße und Promenade vom Strand getrennt, recht komfortabel; freundlich, mit Hotelrestaurant. EZ 75 €, DZ 110 €, inkl. Frühstück, Halbpension im Juli und August möglich. Lungomare C. Colombo 15, 17031 Albenga (SV), ✆ 0182-51817, 📠 0182-545212, www.albergosolemare.it.

*** Villa Rosa (1)**, eine der nettesten Unterkünfte im Strandviertel, direkt am Lungomare Colombo (Nr. 1), mit Sonnenbalkonen und Ristorante. Sehr beliebt, also besser früh buchen. 50 € pro Pers. im DZ inkl. Frühstück. Lungomare C. Colombo 1, 17031 Albenga (SV), ✆ 0182-50529, 📠 0182-544029.

Castello Punta San Martino (7), eine Art B & B in historischem Gemäuer und exponierter Lage, oben auf dem Hügel südlich der Stadt. Über die Brücke Richtung Alassio, hinter der Tankstelle biegt die Straße leicht nach links ab, hier geradeaus in die Via Ruffini und am anderen Ende rechts; dann gleich wieder links hoch und nochmals links in die Auffahrt: grünes Tor, hier klingeln (ab hier zieht sich die Straße in Serpentinen noch ein ganzes Stück den Hang hinauf). Schöne Zimmer, nicht mehr ganz neu, aber gepflegt und vor allem absolut ruhig. Nur vier Zimmer, in der Hauptsaison sollte man reservieren. Sympathische Vermieter. DZ 70 € inkl. etwas kargem Frühstück. Abbazia San Martino 3, 17031 Albenga (SV), ✆ 0182-51225.

Agrituristica Il Colletto, ca. 5 km landeinwärts mitten in der Ortschaft Campochiesa. Kleines Gehöft mit vier einfachen, aber gepflegten, großzügigen Appartements. Waschmaschine und Kinderspielplatz vorhanden. Großer Garten, Pool, Mountain-

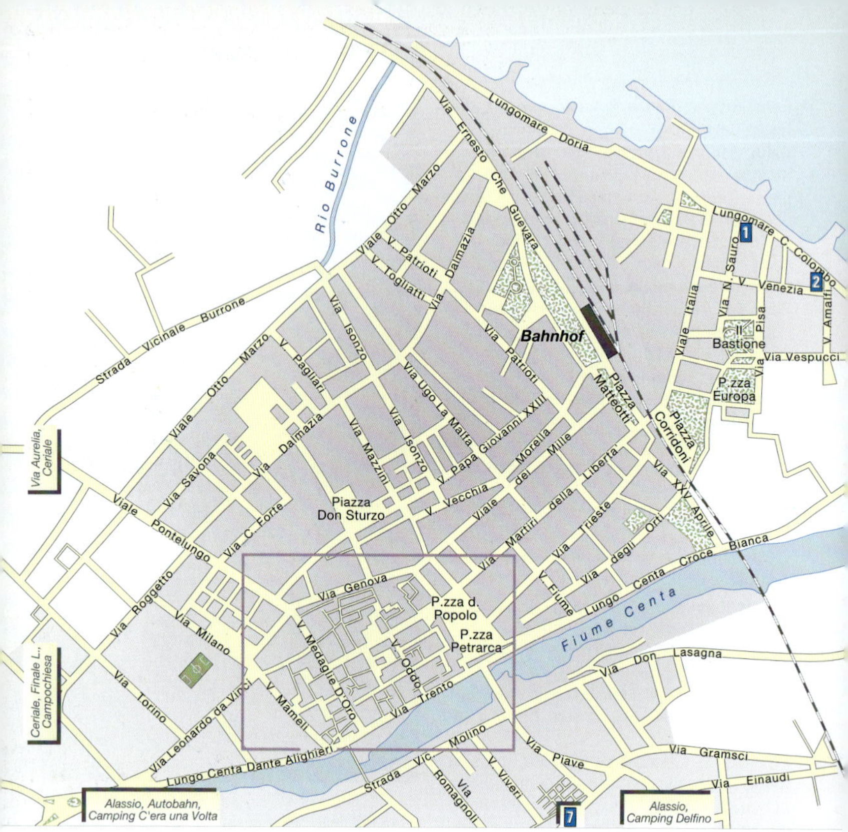

bikes stehen kostenlos zur Verfügung. Ruhige Lage. Verkauf von Obst, Gemüse, Blumen und Gewürzkräutern aus eigenem Anbau. Von 550 €/Woche (2 Pers.) bis 1250 € (5–7 Pers.). Via Cavour 34, 17031 Campochiesa d'Albenga, ✆ 0182-21858, 📠 0182-21859, www.agriturismoilcolletto.it.

Residence Villa Miky, Lesertipp: 2 km südlich des Stadtzentrums von Albenga (also Richtung Alassio). Eine zum Appartementhaus umgebaute Poststation direkt am Meer, von der Terrasse nur wenige Stufen zu einem Sand-/Kiesstrand; zudem stehen den Gästen ein kleiner Garten, Liegen und Sonnenschirme, ein kleines Boot etc. zur Verfügung. Gute Trattoria nebenan. Die freundlichen Vermieter sprechen auch Deutsch. Appartement in der Hauptsaison 900–1200 €/Woche (2–6 Pers.). Via Michelangelo 25, 17031 Albenga (SV), ✆ 0182-51610, www.villamiky.it.

• *Camping* Mit ca. 20 Plätzen ist Albenga für ligurische Verhältnisse ein regelrechtes Campingrevier. Aber Vorsicht, einige Plätze sind etwas betagt und heruntergekommen – diejenigen an der Flussmündung erst genau inspizieren, bevor man sich niederlässt!

** **Camping Delfino**, fast am Strand, Mattendächer spenden Schatten. Nach dem Ortsausgang Richtung Alassio links ab, beschildert. Person 8 €, Stellplatz 14 €. Via Aurelia 23, ✆ 0182-51998, 📠 0182-555085, www.campingdelfino.it.

C'era una volta, kinderfreundlicher, sehr gut ausgestatteter Platz ca. 7 km im Hinterland (bis Villanova ca. 4 km, dann der Beschilderung Aeroporto folgen, die Trabrennbahn links liegen lassen und dahinter rechts abbiegen; dann noch mal gut 2 km in Serpentinen den Wald hoch). Sehr gepflegt, zwei Pools, teilweise sehr schattig, auch Bungalows. Ristorante, Bar, kleiner Supermarkt. Stellplatz inkl. 3 Pers. 38 €, Wohnmobil inkl. 3 Pers. 48 €. Villagio turistico C'era Una Volta, 17038 Villanova d'Albenga (Sv), ✆ 0182-580461, 📠 0182-582871, www.camping ceraunavolta.it.

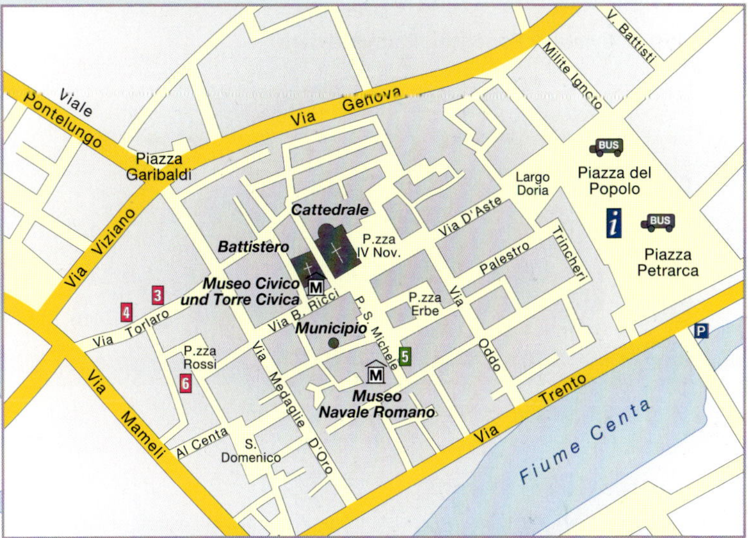

Übernachten
1 Villa Rosa
2 Sole Mare
7 Punta S. Martino

Essen & Trinken
3 Puppo
4 Conterosso
6 Osteria dei Leoni

Cafés
5 Caffè Carpe Diem

100 m

Albenga

Essen & Trinken

Die ganze Gegend steht im Zeichen deftiger Landküche und des begehrten trockenen Pigato-Weißweins – der intensive Gemüse- und Obstanbau in der Schwemmlandebene des Centa-Flusses prägt die Speisekarte von Albenga. Ein Genuss (nicht nur für Vegetarier) sind die Minestrone (Gemüsesuppe), die Gemüse-Primi und frischen Salate. Und zum Nachtisch natürlich die weithin bekannten *Pesche* (Pfirsiche) aus dem Obstanbaugebiet bei Albenga.

Osteria dei Leoni (6), gediegenes, großes Restaurant mit Innenhof, aufmerksamer Service, gehobenes Preisniveau. Ehemals hinter dem Dom gelegen, nun fast am Ende der Hauptgasse, die durch die Altstadt führt. Di Ruhetag. Vico Avarenna 1, ✆ 0182-51937.

Da Puppo (3), sehr beliebtes und günstiges Farinata- und Pizzalokal in der Altstadt, zuweilen steht man sogar Schlange davor, freundlicher Service. Mittags und abends geöffnet, Mo Ruhetag. Via Torlaro 20, ✆ 0182-51853.

Enosfizioteca Conterosso (4), stimmungsvolle Weinstube mit Küche im belebten Teil der Altstadt, geräumiges Kellergewölbe. Große Antipasti- und Käseauswahl, leckere Primi und Fleisch vom Holzkohlengrill; Weine aus ganz Ligurien, allerdings recht kostenintensiv. Mo Ruhetag. Via Torlaro 30, ✆ 0182-53699.

Caffè Carpe Diem (5), gemütliches Straßencafé an der Kathedralenpiazza. Kaffee, Tee, Snacks und eine beachtliche Whiskyauswahl. Im Sommer gelegentlich Livemusik – ideal zur Erholung nach der Besichtigungs-/Museumstour.

Fassadenschmuck: der Heilige Georg in Aktion

Sehenswertes in Albenga

Cattedrale San Michele: Die dreischiffige Pfeilerbasilika wurde weitgehend zwischen dem 11. und dem 14. Jh. erbaut. Ihre außergewöhnliche Bedeutung für die Gläubigen geht auf die lange Geschichte der Kathedrale zurück. So ruhen ihre Fundamente auf den Resten einer frühchristlichen Bischofskirche aus dem 5. Jh., in der bereits der erste urkundlich erwähnte Bischof von Albenga die Messe hielt.

Außen und innen weist San Michele einen erstaunlichen Reichtum an Formen und Stilen auf, der die wechselhafte Geschichte der Umbauten und Restaurierungen augenscheinlich macht: Reste der frühchristlichen Krypta, aus der romanischen Bauphase Fußböden, Rundarkaden und Achteckpfeiler, dann die Gotik, während der die Kirche aufgestockt wurde und die Seitenschiffe sowie den Kirchturm erhielt; schließlich die barocken „Modernisierungen", die seit dem 16. Jh. hinzukamen: eine erneute Erhöhung des Hauptschiffs (1582) und der Umbau des Hauptportals (1669).

Di–So 9–12.30 und 15.30–19.30 Uhr, im Winter 9–12.30 und 14.30–18 Uhr.

Baptisterium: Hinter der Kathedrale steht das älteste Sakralgebäude der Stadt und eines der bedeutendsten ganz Liguriens: die Taufkirche aus dem frühen 5. Jh. Das Fundament des gedrungenen Baukörpers liegt ein wenig unter dem Niveau der heutigen Straßenpflasterung. Eigenwillig ist der Grundriss: Während das Baptisterium außen unregelmäßig zehneckig ist, zeigt es sich im Innern achteckig. Die acht Marmorsäulen im Innenraum sind mit korinthischen Kapitellen verziert, in der Mitte platziert ist das ebenfalls oktogonale Taufbecken. Von großem kunstgeschichtlichem Wert sind die gut erhaltenen byzantinischen Mosaiken (spätes 5. Jh.) in der Altarnische des Baptisteriums.

Öffnungszeiten siehe Civico Museo Ingauno.

Civico Museo Ingauno in der Torre del Comune: Albengas höchster Geschlechterturm beherbergt im Erdgeschoss das kleine Stadtmuseum, das v. a. spätantike Fundstücke aus *Albingaunum* zeigt (teilweise Einblick auch von der Gasse aus). Die Torre del Comune ist zugleich Zugang zum Innenraum des *Baptisteriums* (s. o.).

Mitte Juni bis Mitte Sept. Di–So 9–12.30 und 15.30–19.30 Uhr, sonst 9–12.30 und 14.30–18 Uhr, Mo geschlossen. Eintritt 3 €, erm. 2 €. Kinder 1 €. Tickets gibt es direkt gegenüber. Die Torre kann für 2 € (Kinder 1 €) auch bestiegen werden: Sa/So 10.30–12.30 und 15.30–18.30 Uhr; da sich die Zeiten gelegentlich ändern, besser bei der I.A.T. oder in der Biglietteria nachfragen.

Albenga bei Nacht

Museo Navale Romano: Das Museum der Römischen Seefahrt im *Palazzo Peloso Cepolla* am westlichen Ende der Kathedralenpiazza San Michele verdankt seine Existenz einem archäologischen Glücksfall: Im 1. Jh. v. Chr. sanken zwei voll beladene römische Frachtschiffe in den küstennahen Gewässern der Riviera di Ponente. Im Lauf der Jahrhunderte wurden sie mit Sediment bedeckt, dadurch geschützt und schließlich in den 1950er und 1970er Jahren entdeckt und geborgen. In den Schiffsrümpfen lagerten nach gut zwei Jahrtausenden nahezu unversehrt Hunderte von Amphoren und Gefäßen, in denen spanischer Wein, Öl, Nüsse und Getreide transportiert worden waren. Ein Großteil der spektakulären Funde ist hier ausgestellt: eine sehenswerte Sammlung aus schlanken und weniger schlanken Amphoren, Bleianker, Bootszubehör, Keramikgeschirr etc. In einem Raum stehen zahlreichen Amphoren dicht aneinandergelehnt, als wären sie transportfertig und hier nur zwischengelagert. In einem anderen Raum ist ein mächtiges kugelrundes Gefäß (*doliolum*) aufbewahrt, zwar weniger handlich als eine Weinamphore, dafür aber von ungeheurem Volumen.

In den mit Fresken geschmückten Museumssälen ist zudem eine wertvolle Sammlung von *Apothekerkeramik*zu sehen; die blau-weißen Teller und Gefäße stammen aus den einst renommierten Manufakturen von Albisola (→ S. 207) und Savona.

Mitte Juni bis Mitte Sept. Di–So 9–12.30 und 15.30–19.30 Uhr, sonst 9–12.30 und 14.30–18 Uhr, Mo geschlossen. Eintritt 3 €, erm. 2 €, Kinder 1 €..

Museo Diocesano di Arte Sacra: Das Diözesanmuseum befindet sich im Bischofspalast gleich neben dem Baptisterium. Zu sehen sind unter anderem Teile des Domschatzes, Gemälde genuesischer Künstler aus dem 16./17. Jh., flämische Wandteppiche und einige mehr oder weniger gut erhaltene Fresken.

Im Sommer Di–Sa 10.30–12.30 Uhr und 17–19 Uhr, So 17.30–19.30 Uhr, Mo geschlossen. Im Winter auch So geschlossen. Eintritt 3 €, erm. 1 €.

Palazzo Oddo: Der mittelalterliche Palazzo in der Via Roma nicht weit von der Piazza del Popolo ist nach dem Advokaten benannt, der ihn im Jahre 1623 erwarb. Im Laufe der Jahrhunderte mehrfach umgebaut, wurde er 2006 von der Stadt renoviert. Im zweiten Stock ist seither die städtische Bibliothek untergebracht, im dritten Stock finden wechselnde Ausstellungen und Veranstaltungen statt. In der ersten Etage befindet sich derzeit die eindrucksvolle Ausstellung *Magiche Trasparenze*, eine umfassende Sammlung römischer Glaskunst aus der Gegend um Albenga, die Exponate zahlreicher Museen zum ersten Mal vereint. Es ist noch nicht entschieden, ob diese Ausstellung in eine Dauerausstellung umgewandelt werden wird. Da ein Teil der Exponate auch vorher schon in Albenga zu sehen war, ist es aber relativ wahrscheinlich. Nähere Infos dazu im Palazzo Oddo oder bei der I.A.T.

Magiche Trasparenze ist im Sommer 10.30–12.30 und 16.30–19.30 Uhr geöffnet, im Winter 10.30–12.30 und 15.30–18.30 Uhr. Eintritt 4 €, Kinder 2 €, ✆ 0182-571443, www.palazzooddo.it.

Wanderung 1: Auf der Römerstraße von Albenga nach Alassio

Charakteristik: Leichte Wanderung auf historischen Wegen mit herrlichen Ausblicken, streckenweise wenig Schatten, bis auf den ersten Anstieg weitgehend eben, Orientierungssinn ist nicht vonnöten, wenngleich der Weg eher spärlich markiert ist: *rotes Quadrat.*

Länge/Dauer: 8 km, ca. 2 Std. reine Gehzeit.

Einkehr: nur in Alassio.

Start: An der Piazza del Popolo (WP 01) am Rand der Altstadt von Albenga.

Karte: Ceriale, Albenga, Alassio e Laigueglia, Carta dei Sentieri 1:25000, Studio Naturalistico, Blatt SV-4.

Wegbeschreibung: An der südlichen Ecke des mittelalterlichen Borgo von Albenga führt bei der Piazza del Popolo die hübsch geschwungene, rote Brücke über den Centa-Fluss (WP 02). Auf der anderen Seite passiert man eine Tankstelle, 20 m weiter beschreibt die Hauptstraße eine Kurve, hier geradeaus in die Via Ruffini hinein. Nach etwa 100 m (T-Kreuzung) rechts und kurz darauf links in eine kleine ansteigende Asphaltstraße abbiegen (WP 03). Zunächst auf dieser schmalen Straße bleiben, an einer kleinen Kapelle rechter Hand vorbei und in zwei Serpentinen bergauf. Kurz darauf zweigt linker Hand ein Fußpfad ab (WP 04): die *Passeggiata archeologica Via Julia Augusta* (Markierung: *zwei rote Punkte* oder *rotes Quadrat*). Auf steinigem, ansteigendem Weg kommt man an einer ehemaligen Kirche vorbei, in der heute ein Bed & Breakfast untergebracht ist. Kurz darauf zweigt rechter Hand ein Weg ab (Markierung zwei rote Punkte), diesen ignorieren und geradeaus weiter.

Steinalt: der Römerweg von Albenga nach Alassio

Nunmehr auf der Höhe angelangt, wird der Weg zu einer ebenen Schotterpiste, von der man ein schönes Panorama auf die Küste genießt. Bald erreicht man die ersten römischen Ruinen, ein römisches Grabhaus (Ende 1. Jh.; WP 05). Geradeaus weiter geht es an pittoresken Mauerresten entlang, die noch aus römischer Zeit stammen könnten, bis die Schotterpiste schließlich zu einem steinigen Fußpfad wird (WP 06). Nach einer leichten Kurve erreicht man die ältesten Teile der römischen Nekropole aus dem 1. Jh. n. Chr. (WP 07). Weiter geht es am Hang entlang und zu einem kleinen Weiler, den man oberhalb der Häuser umrundet. Nach einer Weile auf brüchigem Asphalt (nun etwas ansteigend) mündet der Weg auf eine Asphaltstraße (WP 08), hier rechts und nach knapp 100 m links hinunter (Beschilderung *Via Julia Augusta*). Nach einer Weile passiert man die äußeren Ränder der ehemaligen Nekropole. Der teils schattige, enge Fußpfad führt schließlich an einem Zaun entlang, hinter dem sich ein Platz für Dauercamper ausdehnt. Am Ende des Zauns mündet der Pfad auf eine befahrbare Piste, die man aber nach gut 10 m wieder rechter Hand verlässt.

Auf einem Fußpfad geht es an einer Mauer entlang, und man gelangt kurz darauf auf eine Schotterpiste (WP 09). Dieser 20 m folgen und dann geradeaus weiter (nicht halbrechts auf Asphalt). Der Weg führt nun eine Weile hoch über der Küste entlang, immer wieder mit Blick aufs Meer und die Marina von Alassio. Schließlich mündet der Weg bei ein paar schmucken, am Hang stehenden Häusern wieder auf eine Schotter-/Asphaltpiste. Dieser folgend, gelangt man oberhalb einer Senke zur kleinen *Chiesa S. Anna* (etwas verwahrlost, nicht zu besichtigen). Schließlich passiert man einen weiteren Campingplatz und erreichen auf asphaltiertem Untergrund nach kurzem Anstieg direkt über der Marina die hübsche Kirche *Santa Croce* (WP 10) am Rand von Alassio.

Vor der Kirche zweigt linker Hand eine enge Straße ab, die kurvenreich in den Ort hinunter führt. An Vorgärten und Häusern auf terrassierten Grundstücken entlang kommt man zu einem beschrankten Bahnübergang (WP 111) und stößt dahinter beim Hotel Diana auf die moderne Via Aurelia; dieser rechter Hand folgend (oder etwas ruhiger auf einer Seitenstraße) führt uns der Weg ins Zentrum von Alassio (WP 12) und zum Bahnhof.

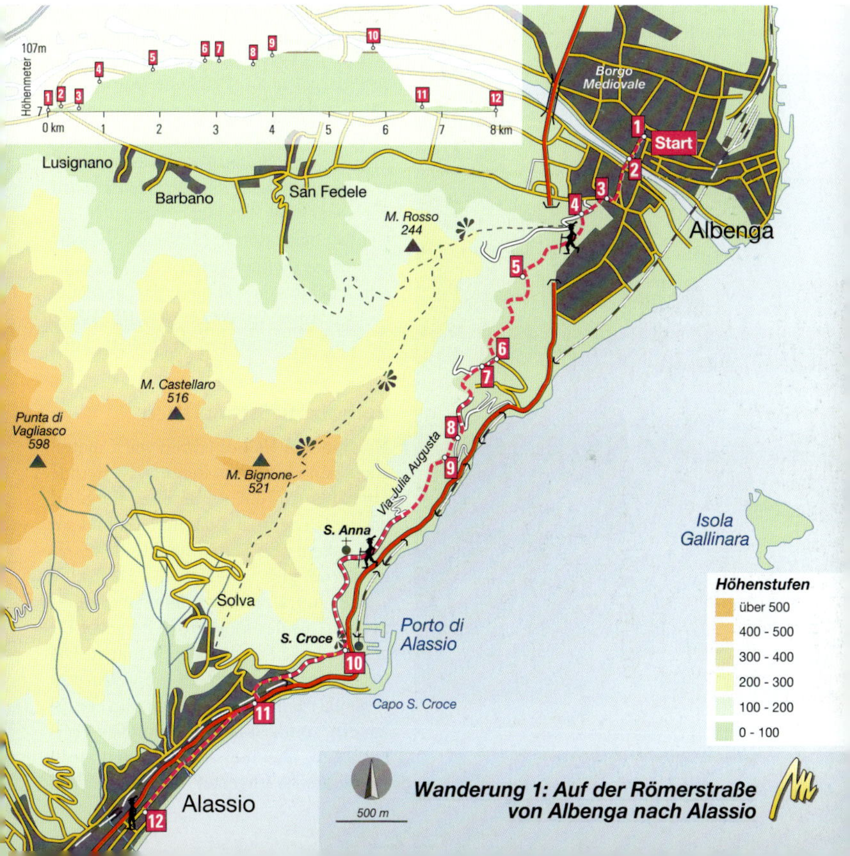

Albenga/Umgebung

Isola Gallinara

Vor Albenga liegt die küstennahe Felseninsel Gallinara, die sich seit Mitte des 19. Jh. in Privatbesitz befindet. Zur üppigen Flora des unter Naturschutz stehenden Eilands gehören einige endemische Pflanzenarten, zudem hat sich hier eine große Königsmöwenkolonie niedergelassen. Das ehemalige *Benediktinerkloster*, das ganz oben auf der Kuppe stand, ist verfallen. Die vom Festland aus erkennbaren Bauten (Kirche, Haus und Wachturm) stammen aus verschiedenen Jahrhunderten. Bootstouren um Gallinara herum starten in den Häfen von Albenga und Alassio.

Im Hinterland zwischen Albenga und Loano

Ein reizvoller, landschaftlich abwechslungsreicher Ausflug führt ins bergige Landesinnere, bei dem auch Liebhaber mittelalterlichen Mauerwerks auf ihre Kosten kommen.

Die S 582 nach Zuccarello verläuft anfangs durch die Schwemmlandebene des *Centa*-Flusses. Wo es die Bodenverhältnisse erlauben, hat sich intensive Landwirtschaft mit modernen Anbaumethoden durchgesetzt. In einem Meer aus Treibhäusern und kleinen Ackerflächen reifen Frühgemüse (Spargel u. a.), Pfirsiche, Aprikosen, Tafeltrauben. Die alten Gehöfte stammen zumeist aus dem 19. Jh., als sich hier Bauernfamilien aus der Umgebung von Genua niederließen. Heute wird der insgesamt ländliche Eindruck der Centa-Ebene durch zahlreiche Gewerbebetriebe deutlich getrübt. An den sanften fruchtbaren Hängen des anschließenden *Neva-Tals* setzen sich die Gemüse- und Obstkulturen fort, wenn auch in bescheidenerem Maß.

Colletta di Castelbianco: heute das wohl modernste Bergdorf Liguriens

Colletta di Castelbianco

Noch in den 1980er Jahren war Coletta, einer von vier Ortsteilen der Gemeinde Castelbianco, ein verlassenes Bergdorf an der Riviera di Ponente. Dann kam der italienische Stararchitekt *Giancarlo De Carlo* und erweckte die Dorfruine wieder zum Leben. Seitdem hat „Colletta di C." als das modernste Bergdorf Liguriens viele Schlagzeilen gemacht. Die neue Dorfgemeinschaft von Colletta besteht freilich nicht mehr aus Bergbauern, sondern aus erfolgreichen Freiberuflern, die hier via Internet ihren Geschäften nachgehen – Colletta ist ein

Nobelresort geworden, sorgfältig restauriert, mit Konferenzsaal, Seminarräumen, Wäscherei, Pool und Liegewiese, mit Sauna, Bar und einer Osteria, aus der es verführerisch duftet. Dabei wirkt der Ort ein wenig seelenlos, alles ist sehr glatt restauriert, von gewachsenem Dorfalltag keine Spur. Dennoch lohnt ein Besuch hier oben, zum einen, um sich das „Vorzeigedorf" anzusehen, zum anderen starten von Colletta mehrere reizvolle Wanderungen (Infotafel am Ortseingang).

Wer vom Ort noch ein paar hundert Meter weiter nach *Oresine* hinauffährt, kann sich vorstellen, wie Colletta vor der Sanierung ausgesehen hat.

• *Anfahrt* Von Albenga Richtung Zuccarello, bei Cisano geht es links ab ins Tal des Pennavaire. Am Ortsende von Castelbianco führt eine schmale Straße den Berg hinauf nach Colletta.

• *Übernachten* **Colletta**, komfortable Appartements: 2 Pers. ca. 400–600 €/Woche, 6 Pers. ca. 1000–1200 €. Die Wohneinheiten sind im Internet zu besichtigen (und zu buchen). Es gibt einen Pool, die Zimmer sind mit Breitband-Internet und WiFi ausgestattet. Colletta di Castelbianco, 17030 Castelbianco (SV), ✆ 0182-778372, 📠 0182-778373, www.colletta.it.

• *Essen & Trinken* **La Colletta**, Osteria mit ganztägig geöffneter Bar, auch einige Plätze im Freien, mittleres Preisniveau. Mittags und abends geöffnet, Mo Ruhetag. ✆ 0182-778244.

Zuccarello

ca. 370 Einwohner

Ein weithin bekanntes mittelalterliches Vorzeigedorf. Die lange Hauptgasse der Ortschaft ist beidseitig von breiten Arkadengängen gesäumt.

Das aufgeräumte Ortsbild bestärkt den Eindruck, dass es einen normalen Dorfalltag hier kaum mehr gibt. Mindestens die Hälfte der hübschen Balkonwohnungen am Flussufer sind Zweit- und Wochenendwohnungen. Wer werktags durch die beschauliche Arkadengasse streift, trifft auf eine recht leblose Idylle. An Wochenenden hingegen wird es etwas turbulenter in Zuccarello, dafür sorgen auch die beiden Ausflugsrestaurants am hinteren Stadttor.

Sehenswert ist die kleine *mittelalterliche Brücke* über das tief zerfurchte Bett des *Neva*-Flusses. Am hinteren Ende der Arkadengasse führt ein steiler Weg (Via Castello) in etwa 30 schweißtreibenden Minuten hinauf zur *Burgruine*. Mitte des 13. Jh. errichteten die damaligen Markgrafen der Clavesana die Festungsanlage zum Schutz des Tals, 1326 verlegten sie ihre Residenz nach Zuccarello. Ältester Bau des Ortes ist der romanische Campanile der *Chiesa Parrocchiale di San Bartolomeo Apostolo*. Die Kirche selbst wurde mehrfach umgebaut und bietet heute ein gänzlich barockes Bild.

• *Anfahrt/Verbindung* **Bus** jeweils 6x tägl. von und nach Albenga (außer So); die Busse zwängen sich auch durch die schmale Arkadengasse.

• *Essen & Trinken* **Bar dei Portici**, die Dorfbar von Zuccarello. Rustikaler Gewölberaum und ein paar Tische unter den Arkaden. Via Tornatore 127 (Hauptgasse).

Osteria du Burgu, beliebtes Ausflugslokal am Ortsausgang, deftige Landküche, leckere Crostini, auch Pizza, häufig wechselnde Hauptgerichte, akzeptable Preise. Nur abends geöffnet, So und Feiertage auch mittags. Mo/Di Ruhetag. Via Tornatore 195, ✆ 0182-79100.

Wer in Zuccarello mittags essen möchte, sollte es gleich gegenüber der Osteria in der **Brasserie Il Torchio** probieren: Mo–Fr wird mittags ein Menü angeboten, Sa abends und So mittags auch à la carte. Via Tornatore 184, ✆ 0182-79000.

• *Einkaufen* Ligurische Spezialitäten gibt es bei der **Bottega del Borgo** in der Hauptgasse unter den Arkaden: Weine, Marmeladen, eingelegte Oliven, Pesto usw., aber auch Kunsthandwerkliches. Via Tornatore 71.

Die Strecke von Albenga nach Zuccarello (ca. 12 km) ist auch bequem mit dem **Fahrrad** befahrbar, da sie kaum Steigungen hat. Nach Castelvecchio, Erli und Balestrino wird es dann allerdings wesentlich anstrengender.

Castelvecchio di Rocca Barbena

ca. 200 Einwohner

Castelvecchio wurde im 12. Jh. auf einem schroffen Bergsporn als Wehrdorf gegründet. Später wurde der malerische Ort fast vollständig aufgegeben, mittlerweile aber wurde Castelvecchio wieder entdeckt und hat seine Liebhaber gefunden – verständlich, denn die exponierte Lage und das labyrinthische Häuser- und Gassengeflecht ist eine Augenweide. Zwar hat die rege Bautätigkeit dem Ort ein neues Gesicht gegeben, aber wie man sieht, mit Sinn für Ästhetik und Denkmalpflege, dazwischen findet sich auch immer wieder altes, baufälliges Gemäuer.

An der Wiederbelebung der Dorfruine von Castelvecchio sind finanzstarke Städter aus Turin, Mailand und Genua, aber auch aus dem Ausland beteiligt, die sich hier ihren Traum von einer stilvollen Ferienwohnung in Rivieranähe erfüllen. Auch das leicht verfallene *Castello dei Del Carretto* befindet sich heute in Privatbesitz und wurde in Teilen ausgebaut (auch wenn es von außen nicht so aussieht).

Hinter Castelvecchio führt eine Landstraße durch dichten Mischwald nach Balestrino. Im Hintergrund öffnet sich ein herrliches Gebirgspanorama.

• *Übernachten* **Casa Cambi**, kleines, komfortables Landhotel mit familiärer Atmosphäre. Nur vier mit antiken Möbeln geschmackvoll eingerichtete Zimmer in einem restaurierten mittelalterlichen Komplex am Ortsrand. Gemeinschaftsraum, Gartennutzung, herrlicher Blick auf das Castello und die Umgebung. Von der freundlichen Besitzerfamilie Cambi aus Genua geführt. Geöffnet vom 10. April bis 1. Nov. DZ als EZ 80 €, DZ 120 €, jeweils inkl. Frühstück, Abendessen auf Wunsch. Via Roma 42, 17034 Castelvecchio di Rocca Barbena (SV), ✆ 0182-78009, ✆ 010-5306745, www.casacambi.it.

Castelvecchio di Rocca Barbena

• *Essen & Trinken* **Malco (dal Ponte)**, alteingesessene Trattoria im Ortskern, gemütlich-rustikales Ambiente, freundlicher Familienbetrieb, deftige Hausmannskost, preiswert, Hauptgerichte um 12 €. Mittags und abends geöffnet, Di Ruhetag. Via Roma 9, ✆ 0182-78181.

Balestrino

Über dem Ort thront das klotzige *Schloss der Marchesi Del Carretto*, das den Erben und Nachfahren der Erbauerdynastie bis heute als Sommersitz dient. Den Zugang ins angeblich kostbar ausgestattete Innere verweigern die Besitzer strikt, eine Video-Überwachungsanlage soll neugierige Besucher abhalten. Direkt unterhalb des Schlosses erstreckt sich der mittelalterliche Ortskern von Balestrino, der nach einem Erdrutsch in den 1950er Jahren fast vollständig verlassen wurde. An der Durchgangsstraße entstand das moderne, gesichtslose Balestrino, dessen Bewohner heute größtenteils vom Obst-, Gemüse- und Olivenanbau leben.

Im mittelalterlichen Balestrino wurden im November 2006 zwei Wochen lang die Außenaufnahmen der Verfilmung von Cornelia Funkes Bestseller *Tintenherz* gedreht – sichtbare Überreste dieser Aktion gibt es allerdings nicht, und auch der große Zustrom an *Tintenherz*-Fans ist bislang ausgeblieben.

Von Balestrino führt eine schöne Strecke durch abenteuerlich terrassierte Olivenhänge nach Toirano (→ „Die Höhlen von Toirano“, S. 179) und weiter in Richtung Küste in den wenig attraktiven Ort *Borghetto Santo Spirito*; von dort geht es an der Küste entlang nach Ceriale und Loano.

* **Cecchin**, Ristorante und Bar, Neubau an der Durchgangsstraße, mit Panoramaterrasse, schöner Blick auf das Castello. Deftige ligurische Landküche, relativ preiswert. Außerdem sehr günstige Zimmer mit einfacher Ausstattung. EZ ohne Bad 25 €, mit Bad 40 €, DZ ohne Bad 44 €, mit Bad 54 €. Via Provinciale 1, 17020 Balestrino (SV), ✆ 0182-988001, ℻ 0182-988233.

Wehrhaft: Balestrino

Die Küste zwischen Albenga und Finale

Ceriale

ca. 5300 Einwohner

Bescheidener, dennoch schöner Badeort mit winzigem Ortskern und zersiedelter Umgebung am Rand der breiten Schwemmlandebene des Centa-Flusses.

Ein idyllisches Plätzchen hat sich Ceriale mit der zentralen *Piazza Vittoria* bewahrt, die sich zum Ufer hin öffnet und noch ein wenig an die Beschaulichkeit vergangener Tage erinnert. Der Verlauf der Küstenstraße lässt jedoch schon erahnen, dass der schmale Sand-/Kiesstrand von Ceriale kein Badeparadies ist. Was der Strand nicht hergibt, soll das Spaßbad *Parco acquatico le Caravelle* etwas oberhalb des Zentrums ausgleichen (→ unten).

Diverses/Übernachten/Essen

• *Information* **I.A.T.-Büro** am Ortsausgang Richtung Albenga auf der rechten Seite, neben der Polizei. Mo–Sa 9–12.30 und 15–18.30 Uhr, So geschlossen. Via Aurelia 224, ✆ 0182-993007.

• *Verbindungen* **Bahn**, Bahnhof am östlichen Stadtrand, 5 Min. zu Fuß zur Piazza Vittoria im Zentrum. Alle 2 Std. mit dem Regionalzug über Albenga nach Alassio, ebenso alle 2 Std. über Loano, Pietra Ligure und Borgio-Verezzi nach Finale Ligure.

Am Strand von Ceriale

Busse der *SAR* pendeln mindestens halbstündlich an der Küste entlang zwischen Andora/Alassio und Finale Ligure, mit Halt in allen Orten.

• *Feste* **Sbarco dei Turchi**, erste Juliwoche; das folkloristische Fest erinnert an den Überfall osmanischer Piraten, die am 2. Juli 1637 sämtliche Dorfbewohner nach Algerien verschleppten.

• *Baden* **Parco acquatico Le Caravelle**, zahlreiche Riesenrutschen, ein künstlicher Badestrand, Piratenschiffe und Whirlpools lassen vor allem bei Kindern kaum Langeweile aufkommen. Bar/Restaurant. Das Ganze allerdings ziemlich teuer: Erwachsene 19 €, Kinder von 100–140 cm 14 €, ab 14.30 Uhr generell 14 €, Liegestuhl 5 €. Geöffnet Anfang Juni bis ca. 10. Sept. tägl. 10–18.30 Uhr. Ab Zentrum beschildert. Busverbindung vom Bahnhof Albenga 9x tägl. Via S. Eugenio. ✆ 0182-931755, www.lecaravelle.com.

• *Camping* **Camping Ali Baba**, neben einigen Strand- und Stadtplätzen gibt es noch diesen landeinwärts Richtung Peagna gelegenen Platz (beschildert). Einige Zeltplätze, hauptsächlich aber Bungalowvermietung. Geöffnet Anfang Mai bis Ende Sept. Bar, Ristorante und Pool. Pro Pers. 8 €, Stellplatz 16 €, Bungalow für 4 Pers. 90 €. Via Nostra Signora delle Grazie 80, 17023 Ceriale (SV), ✆/℻ 0182-990182, www.campingalibaba.it.

• *Essen & Trinken* **Il Grottino**, kleine Pizzeria an der Palmenpromenade. Mittags und abends geöffnet. Lungomare Diaz 39.

Da Antonio, Osteria am oberen Ende der Uferpromenade; nettes Ambiente, Tische im Freien an der Uferstraße. Solide Land- und Meeresküche, Menü um 25 €. Mittags und abends geöffnet. Lungomare Diaz 9, ✆ 0182-932053.

Portopino, Ristorante/Pizzeria am Nordende des Lungomare; ideal für den Mittagssnack, man sitzt nett auf der Terrasse am Rand des Pinienhains. Via Indipendenza 147.

Loano

ca. 11.700 Einwohner

Ein größerer Badeort mit enormen Betten- und Strandkapazitäten, knapp ein Kilometer Kiesstrand und Palmenpromenade, hinter der sich die Altstadt anschließt.

Im Sommer ist der Ort hoffnungslos überfüllt, doch in der Nachsaison wirkt der Strand am *Corso Roma* recht einladend, Kurzentschlossene können dann ein Hotelschnäppchen machen. Dagegen sind Uferpromenade und Hotels wenig romantisch, und auch der Yachthafen zählt bestimmt nicht zu den mondänsten an der Riviera. Der Reiz des Altstadtviertels beschränkt sich weitgehend auf die Bummelgasse Via

Cavour, in der ein *Uhrturm* aus dem 18. Jh. steht. Etwas abseits davon finden sich dann doch noch weitere Sehenswürdigkeiten:

Das *Municipio (Rathaus)* residiert in einem Palazzo aus dem 16. Jh., der seinerzeit zum Besitz der einflussreichen Doria-Familie gehörte (an der Piazza Italia am Rand der Altstadt Richtung Bahn). Den großen Saal des Obergeschosses ziert ein schwarzweißer *Mosaikfußboden* aus dem 3. Jh., der in einer römischen Villa bei Loano entdeckt und 1937 hier neu verlegt wurde (Besichtigung während der Verkehrszeit von 9 bis 13 Uhr). Neben dem Rathaus gelangt man in einen kleinen Garten mit verwittertem Brunnen und angrenzendem *Wehrturm*, der einst das Stadttor sichern half. Die barocke *Kuppelkirche San Giovanni Battista* (17. Jh.) befindet sich vis-à-vis vom Rathaus. Ein weiterer Blickfang ist das wuchtige *Klostergebäude Monte Carmelo* aus dem ersten Jahrzehnt des 17. Jh. an der Stadtausfahrt in Richtung Finale. In der Klosterkirche wurden einige Mitglieder der Familie Doria beigesetzt.

• *Information* **I.A.T.-Büro** an der Zufahrtsstraße zum Zentrum. Im Sommer Mo–Sa 9–12.30 und 15–18.30 Uhr, So 9–12 Uhr, im Winter So geschlossen. Corso Europa 19, ✆ 019-676007, 019-676818.

• *Verbindungen* **Bahnhof**, an der Piazza Mazzini, nahe dem Lungomare Marconi. Etwa alle zwei Stunden mit dem Regionalzug über Ceriale und Albenga nach Alassio, ebenso alle zwei Stunden über Pietra Ligure und Borgio-Verezzi nach Finale Ligure.

Busse der *SAR* pendeln mindestens halbstündlich an der Küste entlang zwischen Andora/Alassio und Finale Ligure, mit Halt in allen Orten.

• *Einkaufen* **Wochenmarkt** jeden Freitag im Zentrum.

• *Bootstouren* Von Juli bis Sept. jeweils am Do **Walbeobachtungsexkursionen** (Start 11 Uhr mittags), Dauer ca. 6 Std., 32 €, Kinder 5–14 J. 20 €, unter 5 J. frei. Consorzio Liguria Viamare, ✆ 010-265712 oder ✆ 010-256775, www.whalewatchliguria.it.

*** **Villa Iris**, am nördlichen Flussufer, zu Fuß wenige Minuten ins Zentrum; schöne, einladende Villa mit Garten und Restaurant, einziges Manko ist die Bahnlinie, die in unmittelbarer Nähe vorbeiführt – Zimmer mit Doppelglasfenstern. Kostenloser Parkplatz und Strandservice. Ganzjährig geöffnet. EZ 68 €, DZ 156 €, jeweils inkl. obligatorischer Halbpension. Viale Martiri della Libertà 14, 17025 Loano (SV), ✆ 019-669200, 019-669651, , www.hotelvillairis.it.

• *Essen & Trinken* **Da Carletto**, alteingesessenes Restaurant in einem Eckhaus am Corso Roma (Uferpromenade); sehr beliebt, gute Fischküche, auch Pizza (außer So mittags), mittleres Preisniveau. Mittags und abends geöffnet, Di Ruhetag. Corso Roma 76, ✆ 019-666253.

Mömina, mitten in der Altstadt an der Piazza Rocca; Tische auch draußen auf der lauschigen Piazza. Crêpes, Salate, Primi und mehr, Mo Ruhetag. Via Cavour 12, ✆ 019-675663.

Die Höhlen von Toirano

Le Grotte di Toirano

Nur wenige Kilometer landeinwärts von Loano in spektakulärer Lage: Die unter hoch aufragenden Felswänden gelegenen Grotte di Toirano zählen zu den größten touristischen Attraktionen der Ponente-Küste.

Oberhalb der Ortschaft *Toirano* ragt ein Dolomitmassiv auf, das von über 50 Höhlen durchlöchert wird, die unterschiedlich tief in die Gesteinsschichten eindringen. Das zu besichtigende Höhlenareal umfasst die beiden künstlich miteinander verbundenen Tropfsteinhöhlen *Grotta della Basura* und *Grotta di Santa Lucia*. Beide waren vor ca. 27.000 Jahren von Höhlenbären (Ursus speleologus) und danach von unseren Vorfahren bewohnt. Die Forscher datieren die menschlichen Spuren auf etwa 10.000 v. Chr. Zum Höhlenkomplex gehört auch ein kleines *Museum*, in dem Fossilien, prähistorische Steinwerkzeuge und ein Bärenskelett ausgestellt sind.

Höhlenbesichtigung: Der 70-minütige Rundgang führt in eine bizarre Unterwelt mit schmalen Gängen und bauchigen Hallen, die mit tropfenden Stalaktiten und

Karte S. 156/157

meterhohen Stalagmiten geschmückt sind. Glitzernde Gesteinsformationen spiegeln sich in glasklaren Seen und lassen der Fantasie freien Lauf. Aus Luftschächten dringen merkwürdige Geräusche, und hohle Säulen klingen wie Orgelpfeifen. Spektakulär und beeindruckend sind auch die herumliegenden Bärenskelette sowie die versinterten Fuß-, Hand- und Knieabdrücke unserer Vorfahren. Am Ende des 1300 m langen Höhlenspaziergangs erblickt man das Licht der Außenwelt unter der ehemaligen *Einsiedelei Santa Lucia*, deren letzter Bewohner schon im 19. Jh. die ersten Rivieratouristen gegen ein Almosen durch die Grotta di Santa Lucia führte.

• *Anfahrt/Verbindungen* **Auto**, von der Strecke Toirano–Bardineto führt eine Stichstraße hinauf zum Höhlenkomplex, bestens ausgeschildert.

Bus 9x tägl. von Loano über Toirano zu den Höhlen und retour.

• *Höhlenführungen* Ganzjährig tägl. 9.30–12.30 und 14–17.30 Uhr (im Winter nur bis 17 Uhr); auch deutschsprachige Führungen. Eintritt 10 €, Kinder (5–14 Jahre) 7 € (ab dem zweiten Kind 5 €), Rentner über 65 Jahre 8 €. Feste Schuhe, lange Hose und Pullover nicht vergessen, es ist feucht und kühl (konstante 16 °C), die Führung dauert 70 Minuten. Bar, Tourist-Information sowie Souvenirshop am Einlass, von hier sind es noch mal ca. 300 m bis zum Höhleneingang. ✆ 0182-989968, www.toiranogrotte.it.

Pietra Ligure

ca. 9300 Einwohner

Der nach dem großen Kalkfels (ital. „Pietra") benannte Ort, auf dem einst eine Festung stand, erfreut sich heute auch bei deutschen Urlaubern großer Beliebtheit.

Der städtische Kies- und Sandstrand scheint sich in Richtung Finale schier endlos fortzusetzen; in entgegengesetzter (westlicher) Richtung endet er allerdings recht abrupt bei der alten Schiffswerft zwischen Bahnhof und Altstadt. Die prächtige *Palmenpromenade* ist dagegen ein echter Blickfang, gleich dahinter erstreckt sich das einladende und überschaubare *Centro storico*, in dem sich die Stadt zum allabendlichen Flanieren trifft. Zentrum der streng rechtwinklig angelegten Altstadtgassen ist die riesige *Piazza San Nicolò* mit *der Chiesa San Nicolò di Bari* aus dem 18. Jh., eine der größten Pfarrkirchen der Riviera di Ponente. Die Relieftüren aus Bronze erzählen die Wundergeschichten des heiligen Nikolaus von Bari. Und wer die kleine Altstadtpiazza La Pietra gefunden hat, wird von der restaurierten Fassade der dortigen (säkularisierten) *Immacolata-Kirche* fasziniert sein.

Die Geschichte von Pietra Ligure reicht zumindest bis ins frühe Mittelalter zurück. Damals stand hier die byzantinische Festung *Castrum Petrae*. Später, als der Ort zum Herrschaftsbereich der Diözese von Albenga gehörte, residierten die Bischöfe im mittelalterlichen *Castello* von Pietra. Im Ostteil der Stadt sind noch die Reste dieser alten Bischofsresidenz zu sehen, die größtenteils der Stadterweiterung zum Opfer fiel.

Diverses/Übernachten/Essen

• *Information* **I.A.T.-Büro**, um die Ecke von der zentralen Kirchenpiazza San Nicolò gelegen. Mo–Sa 9–12.30 und 15.30–19 Uhr, im Winter nur bis 18 Uhr; So 9–12.30 Uhr, im Winter geschlossen. Piazza Martiri della Libertà 30, ✆ 019-629003, 📠 019-629790.

• *Anfahrt/Verbindungen* **Auto**, A 10, stadtnahe Abfahrt. Mitunter extremer Stop-and-go-Verkehr auf der *Aurelia*.

Bahn, Bahnhof am westlichen Stadtrand, ca. 15 Min. zu Fuß zur zentralen Kirchenpiazza San Nicolò. Etwa alle zwei Stunden mit dem Regionalzug über Loano, Ceriale und Albenga nach Alassio, ebenso alle zwei Stunden über Borgio-Verezzi nach Finale Ligure.

Busse der *SAR* pendeln mindestens halbstündlich an der Küste entlang zwischen

Andora/Alassio und Finale Liqure, mit Halt in allen Orten.

• *Feste & Veranstaltungen* **Nikolausprozession** mit großem Markt am 8. Juli. Großes Nikolausfest am 6. Dez.

Sagra delle Pesche, turbulente Kirmes rund um den Pfirsich im Juli.

Sagra della Frittella am ersten Wochenende im Sept. – das Pfannkuchenfest von Pietra Ligure (im Zentrum).

• *Einkaufen* **Antiquitätenmarkt** immer am letzten Sonntag im Monat (im Zentrum).

• *Übernachten/Essen* *** **Miramare**, rostrotes Hotel an der der Uferpromenade, Rückseite zur Piazza San Nicolò, sehr zentrale Lage. Hotelrestaurant, Terrasse zur Uferpromenade. Geöffnet Anfang März bis Ende Sept. EZ 55 €, DZ 95 €, Frühstück 7 €. Lungomare D. G. Bado 75, 17027 Pietra Ligure (SV), ✆ 019-628093, ℻ 019-6295162, www.hotelmiramarepietraligure.net.

Al Castello, *unser Tipp*: Ristorante im kühlen, alten Castello-Gemäuer. Großer, mit vielen mittelalterlichen Fundstücken dekorierter Gewölberaum, in dessen hinterem Bereich sich einst das Burggefängnis befand – im 14. Jh. saßen hier u. a. zwei Grimaldi-Brüder ein. Traditionelle ligurische Küche mit Akzent auf Fisch, auch Pizza und Farinata (nur abends); freundliche Bedienung, mittleres Preisniveau, Menü 25–30 €. Mittags und abends geöffnet, Mi nur abends, in der Nebensaison Mi geschlossen. Piazza Franchelli 6, ✆ 019-617084.

L'Osteria du Cunfögu, an der kleinen Kirchenpiazza La Pietra; beliebtes Altstadtlokal mit Tischen auf der stimmungsvollen Piazza und deutschem Bier. Mittags und abends geöffnet, abends auch Pizza, in der Nebensaison Di geschlossen, Menü um 30 €. Piazza La Pietra 10, ✆ 019-624292.

Detail des Reliefportals der Chiesa San Nicolò di Bari

Borgio Verezzi

ca. 2300 Einwohner

Kurz vor Finale Ligure und dem markanten Felsvorsprung des *Capo di Caprazoppa* („hinkende Ziege") liegt die kleine Gemeinde mit ihrem malerischen Dorfbild. Von der Via Aurelia bzw. dem handtuchbreiten Badestrand daneben führt eine Querstraße in den historischen Ortskern von *Borgio*. Der zweite Ortsteil ist das etwas höher am Hang gelegene *Verezzi*, das wiederum eigentlich aus vier Weilern besteht: Poggio, Piazza, Roccaro und Crosa.

Im Herzen von Borgio liegt der leicht ansteigende, verwinkelte Kirchenvorplatz, auf den insgesamt sieben Gassen münden. Im kompakten Centro storico verstummt die Hektik der Küste schlagartig, diese Oase der Ruhe hat sich nahezu unverändert über die Zeiten gerettet. Die klassizistische Säulenfassade der *Chiesa San Pietro*, die sich im Innern in barocker Farbenpracht zeigt (geöffnet 9–11.30 und 16–19 Uhr, im Winter nur 14.30–17 Uhr), wirft ihren schützenden Schatten auf die großartige Platzanlage, an der sich ab und zu Hobbymaler versuchen. Eilig hat es

Sonntagmorgen in Borgio und ...

hier niemand, auch die Besucher schlendern meist gemächlich durch das kleine, idyllische Knäuel aus Gassen, Hausdurchgängen und Treppen und warten, bis die Trattorien öffnen.

Am nördlichen Ortsrand von Borgio (ausgeschildert) liegt die Tropfsteinhöhle *Grotta di Valdemino* mit kleinen unterirdischen Seen. Sie wurde 1933 entdeckt, aber erst seit 1951 erforscht und noch einmal knapp 20 Jahre später für Besucher geöffnet. Mit den Grotte di Toirano kann die Höhle allerdings nicht mithalten. In der Höhle herrschen konstante 15–16 °Celsius, bei der etwa einstündigen Führung sollte man einen Pullover nicht vergessen.

Führungen im Sommer tägl. (außer Mo) 9.30, 10.30, 11.30, 15.20, 16.20 und 17.20 Uhr. Okt. bis Mai tägl. (außer Mo) 9.30, 10.30, 11.30, 15, 16 und 17 Uhr. Eintritt 7 €, Kinder 4–12 Jahre 5 €. www.grottediborgio.it.

Der mittelalterliche Ortskern des auf 200 m Höhe liegenden Weilers *Piazza*, dem malerischsten Teil von Verezzi, ist eine Augenweide. Vom Parkplatz am Ortseingang führt eine schmale Treppengasse hinauf zur *Piazza Sant'Agostino*, an der eine winzige Pfarrkirche aus Bruchstein steht, die noch von den benachbarten Hausfassaden überragt wird. Die Piazza ist gleichzeitig *balcone*: Das herrliche Küstenpanorama, das sich hier öffnet, ist überwältigend.

Durch einen Torbogen gelangt man auf einen steinigen Fußpfad, der in den idyllischen Nachbarweiler *Roccaro* führt. Er wirkt noch etwas verschlafener. Das ebenso panoramareiche *Crosa* befindet sich noch etwas oberhalb der beiden genannten, und das unspektakuläre *Poggio* hat man auf dem Weg hinauf bereits durchquert.

Diverses/Übernachten/Essen

- *Information* **I.A.T.-Büro** am Ortseingang von Borgio, direkt beim Bahnübergang am Ende der Via Matteotti (Nr. 158), sehr freundliche Mitarbeiter; Juli bis Sept. Mo–Sa 9–12.30 und 15.30–19 Uhr, So 9–12 Uhr, in der Nebensaison (Mai/Juni) nur Sa/So. ✆ 019-610412.
- *Anfahrt nach Verezzi* Von der Via Aurelia über den Bahnübergang und gleich wieder rechts, dann der Vorfahrtstraße über viele Serpentinen (und 200 Höhenmeter) bis Verezzi folgen.
- *Verbindung* **Bahnhof** unten in Borgio; etwa alle zwei Stunden hält hier der Nahverkehrszug nach Finale oder Loano.
- *Veranstaltungen* **Theaterfestival** im Juli/August; open-air-Aufführungen auf der Piazza Sant'Agostino von Verezzi (Piazza).
- *Übernachten* **L'Archivolto**, B & B in Verezzi, in unmittelbarer Piazzanähe, gleich hinter dem Bogengang rechts; zwei hübsch eingerichtete Zimmer (früh buchen), von der Terrasse tolles Panorama, allerdings nicht eben günstig. Nur Ostern bis Nov. geöffnet. DZ 110 €. Via Roccaro 6, 17022 Borglo Verezzi, ✆/℻ 019-611820, www.archivolto.net.
- *Essen & Trinken* **DOC**, Feinschmeckerrestaurant in einer herrschaftlichen Villa in *Borgio*, etwas unterhalb des Centro storico. Raffinierte Fischküche und erlesene Weine. Menu degustazione 60 €, im Garten auch Café. Mo Ruhetag (im Winter auch Di). Via Veneto 1, ✆ 019-611477, www.ristorantedoc.it.

Dâ Casetta, idyllisch am friedlichen Kirchenplatz von Borgio gelegen, Tische auf der kleinen Terrasse. Ligurische Landspezialitäten, hausgemachte Gnocchi, Pansotti, Gemüsetorten und Desserts, gute Weinkarte, freundliche Bedienung. Von Slow Food und Veronelli ausgezeichnet. Ab 20 Uhr geöffnet, Sa/So auch mittags. Di Ruhetag. Via XX Settembre 12, ✆ 019-610166.

Piedigrotta, Ristorante/Pizzeria am unteren Dorfplatz von Borgio, rustikal-ländlich; großer Innenhof, deftige Küche, Fisch- und Fleischgerichte vom Grill sowie Pizza, recht preiswert. Mittags und abends geöffnet, Mi Ruhetag. Piazza del Commercio 8, ✆ 019-612230.

A Töpia, Osteria in der hübschen Gasse von Verezzi (Piazza), auch Pizza aus dem Steinofen, Focaccia, Preise okay. Abends geöffnet, Di und im Okt. geschlossen. Via Roma 16, ✆ 019-616905.

Cà du Gregorio, sympathischer Agriturismo in Verezzi (Roccaro), von der Piazza Sant'Agostino durch den Torbogen und über den Fußpfad in den Nachbarweiler; von Juli bis Sept. stehen abends einige wenige Gerichte zur Auswahl (im Winter nur Sa abends und So mittags), Reservierung empfehlenswert; Menü um 25 € (ohne Wein). Außerdem wird ein Zimmer vermietet. Via Ortari 22, ✆/℻ 019-611952.

Antica Società, Bar am Ortseingang von Verrezzi am Parkplatz. Wirtin Rosa ist ein wandelndes Lexikon für die Umgebung von Borgio und das Hinterland. Zudem lockt sie mit ihrer ganz speziellen Focaccia al Rosmarino. Mo geschlossen, Piazza Gramsci 1, ✆ 019-618086.

... Verezzi

Finale Ligure

ca. 11.700 Einwohner

(Finale Marina, Finalpia, Finalborgo)

Einer der sympathischsten und abwechslungsreichsten Ferienorte an der Palmenriviera. In der gelungenen Mischung aus Riviera-Atmosphäre und Gastlichkeit, quirligem Strandleben und gelassenem Altstadtflair fühlen sich viele Urlauber wohl.

Die Gemeinde Finale Ligure besteht aus mehreren Ortschaften, von denen sich das touristische Interesse aber im Wesentlichen auf *Finale Marina* (auch Finalmarina), *Finalpia* und *Finalborgo* beschränkt. In (Finale) Marina tobt ein ausgelassenes Strandleben, während im angrenzenden (Final) Pia fast noch dörfliche Ruhe herrscht. Und im landeinwärts gelegenen (Final) Borgo haben sich hinter den historischen Mauern eine behagliche Atmosphäre und ein geschlossenes mittelalterliches Ortsbild erhalten.

Funde belegen eine vorgeschichtliche Besiedlung des Finalese. In vorrömischer Zeit verlief auf dem Gebiet der heutigen Gemeinde Finale Ligure die Grenze zwischen zwei rivalisierenden ligurischen Volksstämmen, den *Ingauni* und den weiter östlich siedelnden *Sabatiern*. Nach einer entscheidenden Schlacht gegen die Römer im Jahr 181 v. Chr., die vermutlich in dieser Gegend stattgefunden hatte, teilten die beiden ligurischen Stämme dasselbe Schicksal: sie wurden zu Untertanen Roms. Im Hochmittelalter, nach Jahrhunderten verschiedener Fremdherrscher, erlangten Stadt und Umgebung als Markgrafschaft relative Unabhängigkeit, die seit dem 13. Jh. von Genua bedroht wurde und mit der Zerstörung und Unterwerfung Finales im Jahr 1448 endete. Die Genueser setzten sich nun dauerhaft an der Küste fest, während Markgraf *Del Carretto* als Vasall der Seerepublik mit dem Wiederaufbau von Finalborgo begann.

Finale Marina zählt zu den schönsten Küstenstädtchen an der Palmenriviera – ein angenehmer Standort für einen längeren Badeaufenthalt. Wie ein vor dem Durchgangsverkehr schützender Gürtel legt sich die Via Aurelia schwungvoll um das Centro storico herum. Die verwinkelten Gassen der Altstadt sind gepflegt, einige idyllische Plätze mit interessanten Baudenkmälern warten auf ihre Entdeckung. Neben der breiten Palmenpromenade erstreckt sich der lange Sandstrand, an dem jeder sein Liegeplätzchen findet. Und abends, nach der obligatorischen Flanierstunde über den Lungomare, zaubern kerzenbeleuchtete Bars mit Pianomusik eine ausgesprochen romantische Stimmung in die Gassen.

Der prächtige Triumphbogen in Finale Marina

Finalpia erstreckt sich entlang der kanalisierten Mündung des *Sciusa*-Flusses, die stellenweise völlig mit Schilf zugewuchert ist. Schwärme von Enten paddeln im Fluss umher, die Gassen rundum sind beinahe touristenfrei. Nur wenige Finale-Urlauber durchstreifen die schmalen Laden- und Marktgassen an der Via Molinetti oder die Wege hinter der Kirchenpiazza Abbazia.

Finalborgo liegt 2 km landeinwärts und ist eine Sehenswürdigkeit für sich. Das alte Wehrdorf am Zusammenfluss von *Pora* und *Aquila* hat sich sein mittelalterliches Bild bis heute bewahrt. Die hohen Stadtmauern mit ihren wuchtigen Türmen, dem schützenden Castello und den vier Stadttoren umschließen das museumsreife Ensemble – man würde sich kaum wundern, käme ein Herold mit bunten Fahnen um die Ecke geritten, um die Ankunft des Papstes zu verkünden. Auf dem Hauptplatz und in den Gassen geht es jedoch keineswegs museal zu, hier findet der ganz normale Dorfalltag statt. Nicht von ungefähr kann sich Finalborgo rühmen, zu den *più belli Borghi d'Italia*, den schönsten Ortschaften Italiens, zu gehören.

Information/Diverses

• *Information* **I.A.T.-Büro** in *Finale Marina* an der Uferstraße, Nähe Triumphbogen. Viel Prospektmaterial (auch auf Deutsch), Fahrpläne etc. Im Sommer Mo–Sa 9–12.30 und 16–19.30 Uhr, So 9–12 Uhr; im Winter Mo–Sa 9–12.30 und 15.30–19 Uhr, So geschlossen. Via San Pietro 14, ✆ 019-681019.

Kleines **Infobüro** auch in *Finalborgo* am Stadttor Porta Testa; hier werden auch Stadtführungen angeboten. Im Juli/August 9.30–12.30 und 16.30–19.30 Uhr, Mo geschlossen (im Winter nur Fr–So).

• *Anfahrt/Verbindungen* **Auto**, eigene Abfahrt von der A 10 ca. 3 km landeinwärts. Nach Finalborgo die S 490 nach Calizzano, dann rechts über den Pora-Fluss.

Parken, in *Finale Marina* recht gute Möglichkeiten an der Uferstraße (2 €/Std.); größere kostenlose Parkplätze an den Rändern der Altstadt.

In *Finalborgo* kostenpflichtiger Großparkplatz (1,50 €/Std.) vor den Altstadtmauern, neben der Porta Testa.

Bahn, mindestens stündlich Anschluss nach Savona sowie in anderer Richtung nach Albenga und Alassio, stündlich nach Genua; Bahnhof in *Finale Marina*, Piazza Veneto, am westlichen Stadtrand.

Bus, S.A.R.- und A.C.T.S.-Busbahnhof in *Finale Marina*, Piazza Veneto. Häufige Verbindungen entlang der Küste mit Halt in fast allen Orten.

• *Einkaufen* **Wochenmarkt** jeden Do in Finale Marina, Mo in Finalborgo.

Kleiner **Antiquitätenmarkt** in Finalborgo am ersten Wochenende im Monat (Sa/So), Piazza Santa Caterina.

• *Feste & Veranstaltungen* **Ferragosto**, sonst nur am 15. August, wird in Finalpia eine Woche lang mit kleinem Jahrmarkt gefeiert.

San-Giovanni-Patronatsfest, 24. Juni, mit festlich geschmücktem Lungomare in Finale Marina.

SS. Pietro e Paolo, 29. Juni; das Fest der Schutzpatrone der Fischer wird ebenfalls in Finale Marina begangen.

• *Baden* breiter, heller Stadtstrand, einer der schönsten der Ponente-Küste. Gepflegt und modern beispielsweise die **Bagni Garibaldi** schräg gegenüber dem Triumphbogen, die netteste Strandbar, recht günstige Snacks. Nicht ganz so günstig: 2 Liegestühle und Sonnenschirm ca. 20 €/Tag, am Wochenende etwas teurer.

Ein Stück frei zugänglicher Strand befindet sich zwischen der Tourist-Info und dem Hotel Moroni.

• *Klettern* Hinter Perti, dem kleinen Weiler oberhalb von Finalborgo, befindet sich ein beliebtes und berühmtes Kletterrevier, zahlreiche Routen verschiedener Schwierigkeitsgrade, Infos bei der I.A.T. oder bei Blumountain Guide Alpine, Via Maestri del Lavoro 13. ✆ 019-6816276, www.blumountain.it (auch Kurse).

• *Mountainbike* Auch bei Mountainbikern ist die Gegend beliebt, detaillierte Karten mit Tourenvorschlägen gibt es bei der I.A.T. Ende Mai findet ein großes MTB-Festival statt, Infos unter www.24hfinale.com.

Übernachten & Camping (siehe Karte S. 186/187)

Die meisten Hotels und Pensionen finden sich an der Strandpromenade von Finale Marina, am Stadthang und entlang der Straße von Finale Marina nach Finalborgo. Insgesamt sind die Preise relativ günstig, in der Nebensaison fallen sie in einigen Hotels sogar um mehr als die Hälfte. Zudem gibt es hier eine der schönsten Jugendherbergen Italiens, leider aber keinen Strandcamping.

**** **Punta Est (21)**, traumhafte Lage auf einem steilen Felssporn, ganz am Ende des nördlichen Stadtstrandes; Richtung Varigotti vor dem Tunnel links rein (unauffällige Auffahrt). Ansprechendes Hauptgebäude mit mehreren Nebengebäuden; sehr schöner Garten, Swimmingpool, Treppen führen hinunter zum Strand; schickes Hotelrestaurant. Parkplatz. Leider hört man die Straße doch relativ deutlich. Geöffnet April bis Okt. EZ 140–190 €, DZ 220–260 €, inkl. Frühstück. Via Aurelia 1, 17024 Finale Ligure (SV), ✆/℻ 019-600611, www.puntaest.com.

**** **Grand Hotel Moroni (18)**, hoher, etwas klotziger Neubau an der Strandpromenade, nicht mehr ganz neues Komforthotel. EZ 145 €, DZ 234–290 € inkl. obligatorischer Halbpension, Parkplatz 10 €/Tag, Garage 16 €. San Pietro (Nr. 38), 17024 Finale Ligure (SV), ✆ 019-692222, ℻ 019-680330, www.hotelmoroni.com.

Riviera di Ponente – Palmenriviera
Karte S. 156/157

*** **Medusa (10)**, komfortables, gepflegtes, kleineres Hotel in einer schmalen Quergasse zum Lungomare (Via Concezione/Ecke Vico Bricchieri 7). Restaurant und Sonnenterrasse. EZ 95 €, DZ 148–190 €, inkl. obligatorischer Halbpension. Lungomare di Via Concezione, 17024 Finale Ligure (SV), ✆ 019-692545, ℻ 019-695679, www.medusahotel.it.

** **Deutsche Familienpension (11)**, in dem gepflegten Haus am Hang bei der Festung sind die Deutschen – man ahnt es – in der Mehrzahl; ruhige Lage, schöner Küstenblick, freundliche Leitung, Terrasse, nicht teuer. DZ 90 € inkl. Frühstück. Via Caviglia 19, 17024 Finale Ligure, ✆ 019-690615, ℻ 019-6898825.

** **Albergo Marina (13)**, netter Familienbetrieb mit Restaurant. Schlichte Zimmer, manche gehen zum Lungomare S. Pietro raus (Nähe Triumphbogen), mit Balkon und schönem Blick, allerdings auch entsprechend geräuschintensiv. DZ 70 €. Via Barilli 22, 17024 Finale Ligure (SV), ✆ 019-692561.

** **Albergo Giardino (6)**, schlicht, aber gepflegt, kleines Gärtchen im Innenhof, freundlicher Service, es empfiehlt sich ein Zimmer zum Innenhof. EZ 40–55 €, DZ 70–80 € inkl. Frühstück. Via T. Pertica 49, 17024 Finale Ligure (SV), ✆/℻ 019-692815, giardinofi@libero.it.

Ostello gioventù Vuillermin (3), der Jugendherbergstipp: in einem märchenhaften Kastell über der Stadt, vielleicht die schönste Jugendherberge Italiens. Zu Fuß vom Bahnhof links die Via Torino entlang, an der Tankstelle/Reifenhändler links weiter, dann die schweißtreibenden Treppen hinauf. Gut in Schuss, ansprechend ausgestattet, Zitronenbäume im Vorgarten. Die 4- bis 10-Bett-Zimmer sind an Sommerwochenenden fast immer ausgebucht. IYHF-Ausweis wird verlangt, man kann ihn hier auch erwerben (provisorischer Ausweis), keine Küchenbenutzung möglich! Normalerweise Mitte

März bis Mitte Okt. geöffnet. Via Caviglia 46, 17024 Finale Ligure (SV), ✆/℻ 019-690515.

Achtung: Derzeit ist das Ostello leider geschlossen, ob und wann es wieder öffnet (frühestens jedoch 2011), erfahren Sie im I.A.T.-Büro in Finale Ligure.

• *Camping* Die folgenden drei Plätze liegen im Bereich der Sciusa-Mündung:

Eurocamping Calvisio (1), gut ausgestatteter Platz mit allerdings durchschnittlichen Sanitäranlagen. Flaches Wiesengelände mit Bäumen, aber ca. 1,5 km zum Strand. Bargeldloser Zahlungsverkehr mittels aufladbarem Armband. Großer Swimmingpool mit Liegeterrasse und Bar. Shuttlebus nach Finale Ligure, tägl. 8x, erste Fahrt 9.30 Uhr, letzte Fahrt 23 Uhr. Stellplatz (Zelt, 2 Erw. und 2 Kinder) 36–45 €, Erw. zusätzlich 8,50 €, Kind zusätzlich 6,50 €, Auto 7 € (extra Parkplatz), Strom 2,50 €. Via Calvisio 37, 17024 Finale Ligure (SV), ✆/℻ 019-601240, www.eurocampingcalvisio.it.

Del Mulino (4), ebenfalls gut ausgestattet, relativ strand- und zentrumsnah (10 Min. über Treppen hinunter); mehrere Terrassen auf einem steilen Hügel. Bar, kleiner Markt. Die Anfahrt ist für Wohnwagen recht steil! Person 7,50 €, Zelt 7 €, Wohnmobil 11 €, Auto 7 €. Via Castelli, 17024 Finale Ligure (SV), ✆/℻ 019-601669, www.campingmulino.it.

Tahiti (2), gleich hinter Del Mulino, sanfte Hügellage, einfach, aber nett, etwa 600 m zum Meer. Bar, Ristorante, Minimarket. Auch nette Holzbungalows. Person 7,50 €, Zelt 6–9 €, Wohnmobil 9 €, Auto 5,50 €, Bungalow für 4 Pers. 750 €/Woche, in der Nebensaison deutlich günstiger. Via Varese, 17024 Finale Ligure (SV), ✆ 019-600600.

Zwei weitere Plätze, **La Foresta** und **San Martino,** befinden sich an der Landstraße nach Le Manie (→ Varigotti, S. 191).

Essen & Trinken/Nachtleben (siehe Karte S. 186/187)

• *In Finale Marina* **Gnabbri (5)**, *unser Tipp*: Sympathische junge Trattoria mit ambitionierter Küche, köstliches Antipasto misto (12 €), formidabler Thunfisch mit Tomatengemüse; freundlicher Service, nette, legere Atmosphäre. In der kleinen Gasse, die rechts an der Basilica vorbeiführt. Nur abends geöffnet, Mo geschlossen. Via Polupice 1, ✆ 019-693289

Cercavo Giobatta (8), schlichte Gemütlichkeit unter dem Portico; leckere Hausmannskost, sehr beliebt, ortsübliches Preisniveau (Menü 25–30 €), offener Wein, Bier vom Fass, gute Musik. Di Ruhetag. Via Roma 41.

Beigisela (17), was immer man bei dem Namen erwarten mag, „Beigisela" ist ein modern eingerichtetes Ristorante mit schickem Ambiente und gehobenem Preisniveau. Via Colombo 2, ✆ 019-695275.

La Tavernetta (14), gemütlich eingerichtete Trattoria, einige Tische auf der Gasse. Ligurische Land- und Meeresküche zu akzeptablen Preisen, große Auswahl, Menü um 25 €, Mo Ruhetag. Via Colombo 37, ✆ 019-692010.

Da Guiseppe (7), an der Kirchenpiazza, kleines Ristorante mit wenigen Tischen im Freien; relativ preiswerte ligurische Küche, nur abends geöffnet, Sa/So auch mittags. Via Roma 7, ✆ 019-692245.

Del Vicolo (15), schlichte, nette Spaghetteria/Trattoria mitten im Zentrum, gutes und günstiges Essen, große Pasta-Auswahl. Mo mittags geschlossen. Via Barilli, Vico del sale 2.

Zahlreiche Pizzerien am Lungomare, z. B. **I Sapori (16)**, günstige, gute und riesige Pizza ab 3,50 € (ideal für hungrige Kindermägen!), im Sommer mit Zelt auf dem Lungomare; mittags und abends geöffnet, Mi Ruhetag. Via S. Pietro 3, ✆ 019-694317.

• *In Finalborgo* **Ai Torchi**, beliebtes, edles Spezialitätenrestaurant in der Altstadt von Finalborgo, vorwiegend Landküche, gepflegtes Ambiente, ziemlich teuer. Di Ruhetag. Via Annunziata 12, Reservierung unter ✆ 019-690531.

La Locanda di Lò, Trattoria gegenüber dem Klosterkomplex von Santa Caterina, im Sommer mit Terrasse; sehr nett und auch günstig (Secondi ab 7 €), freundlicher Service; nur abends geöffnet, Mo Ruhetag. Piazza S. Caterina 13, ✆ 019-693202.

Ai Cuattru Canti, schöne, sehr beliebte Osteria mit kleinem Gastraum, wechselnde Tagesgerichte zu Festpreisen: Antipasti 9 €, Primi 7 €, Secondi 9 €, Contorni/Dolce 3 €; mittags und abends geöffnet, So abends und Mo ganztags geschlossen. Via Torcelli 22, ✆ 019-680540.

Invexendu, ebenfalls in Finalborgo, volkstümliche Trattoria an der Piazza Tribunale, mit schönem Wintergarten, nicht teuer. ✆ 019-690475.

Tia Pepa, in diesem (Wein-)Lokal sitzt man gemütlich im Gewölbe; kleinere Gerichte (köstliche Salate z. B. mit Feigen und Pecorino, gute Panini), große Weinauswahl, freundlicher Service; an Werktagen nur abends geöffnet (Sa/So auch mittags), im Winter Mo Ruhetag. Via Nicotera 25, ✆ 349-1623302 (mobil).

Bar Centrale, schöne Lage an der zentralen Piazza Garibaldi.

• *Nachtleben* Zum Aperitif und nach dem Essen findet sich das reifere Publikum im **Caffè Caviglia (9)** an der Piazza Vittorio Emanuele von Finale Marina ein, die Jüngeren treffen sich im **Caffè San Pedro (12)** schräg gegenüber.

Die ganz Jungen hingegen zieht es in die **Strandbar Baquito (20)**, Bagni, Restaurant und Nightlife in einem, oder in die **Disco El Patio (19)**; beide am nicht mehr ganz so schicken östlichen Ende der Uferpromenade in Finale Marina; aktuelle Hits, Cocktails, Bier, Snacks. Beide lange geöffnet.

Sehenswertes in Finale Marina

Chiesa und Piazza San Giovanni Battista: Die barocke Basilika (17. Jh.) besticht durch ihre harmonische Fassade aus dem 18. Jh. Doch die volle Harmonie der Kirchenpiazza stellt sich erst in Verbindung mit den angrenzenden Palazzi ein: Das eindrucksvolle Fassadenensemble formt einen offenen, lichtüberfluteten Platz, der nicht zuletzt wegen der rostroten Farbtöne zu den anmutigsten Platzanlagen der Rivera di Ponente zählt.

Die Kirche ist zwischen 12 und 14.30 Uhr geschlossen.

Piazza Vittorio Emanuele mit Triumphbogen: An dem zum Meer hin offenen Hauptplatz stehen einige der schönsten Palazzi und Arkadengänge der Stadt. Ihr heutiges Aussehen erhielt die Piazza weitgehend im 17. Jh. Auch der angrenzende *Triumphbogen* für Margarita Teresa von Spanien wurde 1666 errichtet; er erinnert an den Aufenthalt der spanischen Prinzessin, die auf dem Weg war, sich mit Kaiser Leopold I. von Österreich zu vermählen.

Fortezza di Castelfranco: Oberhalb der Durchgangsstraße befindet sich die im 14. Jh. von den Genuesern errichtete und im frühen 18. Jh. von eben diesen wieder zerstörte Stadtfestung, die abends eindrucksvoll beleuchtet ist. Zugänglich ist die Festung nur bei Ausstellungen, Konzerten oder anderen Veranstaltungen. Hinauf gelangt man über die Treppen von der Piazza Cavour aus (beschildert).

Farbenprächtig: eines der Stadttore von Finalborgo

Sehenswertes in Finalborgo

Die nach der Zerstörung im 15. Jh. wieder aufgebaute *Altstadt* von Borgo ist noch fast vollständig von wehrhaften Mauern und Türmen umgeben. Die vier *Stadttore* Porta Reale, Porta Romana, Porta Testa und Porta Mezzaluna führen in eine faszinierende spätmittelalterliche Welt. Zwischen den Mauern breitet sich, flankiert von patinareichen, teils bemalten Fassaden und kunstvollen Portalen, ein kleines Netz aus engen Gassen aus, das in der Piazza Garibaldi sein Zentrum hat. Darüber thront das *Castel San Giovanni*, das, obwohl am Hang gelegen, in den Schutz der umgebenden Stadtmauer eingebunden ist.

Das Castel ist nur zu Veranstaltungen geöffnet, jedoch gibt es im Sommer am Freitagabend Führungen; aktuelle Termine in der I.A.T. von Finalborgo.

Basilica San Biagio: Die Basilika an der Porta Reale mit ihrem spätgotischen Glockenturm (1274) geizt nicht mit kostbaren Sakralgegenständen und edler Ausstattung, darunter eine prunkvolle Kanzel aus feinstem Marmor (17. Jh.). Die Kirche selbst, die sich im Inneren weitgehend barock zeigt, wurde ebenfalls im 17. Jh. auf den Grundmauern der mittelalterlichen Vorgängerkirche errichtet und an den eleganten, in die Stadtmauer integrierten Campanile angebaut.

Convento Santa Caterina mit Museo archeologico del Finale: Das Kloster, unweit der Porta Testa Mitte des 14. Jh. errichtet, war eine der größten Niederlassungen des Dominikanerordens in Ligurien. Im 16. Jh. erhielt das Kloster die beiden im

Renaissance-Stil gestalteten und bis heute erhaltenen Kreuzgänge. Im 19. Jh. mussten die ehrwürdigen Mauern als Stadtgefängnis dienen, bevor das Museum den inzwischen restaurierten Klosterkomplex bezog.

Archäologisches Museum: Das in den Flügeln des Klosters untergebrachte Museum ist über den inneren Kreuzgang erreichbar. Der Rundgang durch die Räume mit interessanten Fundstücken, informativen Videoprojektionen und Schautafeln (nur Italienisch) führt durch die Erdgeschichte, die Frühgeschichte des Menschen und über die Römerzeit bis ins Mittelalter. Zu sehen sind u. a. Steinwerkzeuge aus den prähistorischen Wohnhöhlen der Umgebung, Ritzzeichnungen und Höhlengraffitis, das Skelett eines Höhlenbären (*Ursus speleologus*), Fossilien, frühgeschichtliche Tongefäße und Schmuckstücke, Gebrauchsgegenstände aus der Bronze- und Eisenzeit, Amphoren, Urnen und kleine Glasgefäße aus einer römischen Nekropole der Umgebung, mittelalterlicher Schmuck und schließlich auch eine kleine Münzsammlung. Insgesamt ein lohnenswerter Besuch.

Tägl. außer Mo geöffnet, im Juli/Aug. 10–12 und 16–19 Uhr, den Rest des Jahres 9–12 und 14.30–17 Uhr; Eintritt 3 €, erm. 1,50 €. Der Museumseingang befindet sich vor dem Portal der Klosterkirche stehend rechter Hand in der Gasse.

Perti (Finale Ligure/Umgebung)

Einst bedeutender als Finale Ligure, besteht die frühere Siedlung oberhalb von Finalborgo heute nur noch aus ein paar mittelalterlichen Baudenkmälern und einigen wenigen Häusern.

Im herrschaftlichen *Castel Gavone* residierten vom 13. bis ins 15. Jh. die mächtigen Markgrafen *Del Carretto*. Seit der Zerstörung 1447 durch die Republik Genua bröckelte die eindrucksvolle Burgruine mit dem markanten Wehrturm *Torre Diamante* vor sich hin; inzwischen wird der Komplex restauriert, auch der Weg dorthin wird neu angelegt, wann die Arbeiten abgeschlossen sein werden, ist allerdings ungewiss.

Ein Stück weiter auf der Hügelkuppe erhebt sich die spätromanische *Chiesa Sant' Eusebio.* Kunsthistorisch bedeutender als diese ehemalige Pfarrkirche ist die angrenzende frühromanische *Hallenkrypta* (10. Jh.). Beide sind leider meist geschlossen und nur während der Messe zugänglich. Entschädigt wird man aber durch einen fantastischen Ausblick vom Hügelrücken (hier auch eine Osteria und eine Bar).

Von Sant'Eusebio führt eine Landstraße zur *Chiesa Nostra Signora di Loreto* (15. Jh.). Auch dieser sehr fotogene Kirchenbau mit den fünf Glockentürmen war zuletzt *in restauro* und komplett eingerüstet, die Arbeiten sollten aber in absehbarer Zeit beendet sein. Setzt man den Weg fort, gelangt man nach etwa 1 bis 2 km zu den imposanten *Kletterfelsen* von Perti (Kletter-Infos im I.A.T.-Büro).

• *Anfahrt* Mit dem **Auto** von Finalborgo in Richtung Calice; noch vor der Autobahn rechts hoch nach Perti.

Agriturismo Cinque Campanili, auch von Lesern empfohlen; von Perti nochmals ca. 4 km landeinwärts (an der Eusebio-Kirche vorbei, dann hinter der Loreto-Kirche hinunter und noch 400 m). Gepflegtes Anwesen mit aktiver Landwirtschaft, sehr ruhige Hanglage, umgeben von Oliven- und Zitrusbäumen, freundliche Wirtsfamilie (deutschsprachig). Pool. DZ ca. 90 €, DZ als EZ 70 €, inkl. Frühstück, Halbpension möglich. Contrada Bolla 26, 17024 Finale Perti Alto, ✆/℻ 019-680482, www.agriturismo-liguria.com.

• *Essen & Trinken* **Osteria del Castel Gavone**, oberhalb der Kirchenpiazza von Perti. Viel gelobter Landgasthof, gemütlich, mit karierten Tischdecken; Terrasse mit schöner Aussicht auf die Kirche San Loreto und die Felswände im Hintergrund. Im Sommer Di–Sa mittags und abends geöffnet, So nur abends, Mo Ruhetag. ✆ 019-6898118, www.osteriadelcastelgavone.it.

Calizzano und Bardineto

Eine schöne, längere Tour durch das waldreiche Hinterland der Ponente-Küste führt von Finale Ligure auf der S 490 nach Calizzano und von dort weiter nach Bardineto, zwei von lieblicher Landschaft umgebene verschlafene Orte. Beide Dörfer sind in ein Tal gebettet, das etwas weiter ist als die anderen der Umgebung, und die bewaldeten Hänge steigen etwas weniger steil an. Der Tourismus hat hier noch kaum Fuß gefasst – Calizzano und Bardineto liegen in einer ländlichen, ruhigen Gegend, die von den Ligurern der Küste aus einem besonderen Grund geschätzt wird: den Pilzen. So sieht man im Spätsommer/Herbst die Pilzsammler durchs Unterholz pirschen, Mitte September findet die *Festa Nazionale del Fungo d'Oro* („Nationales Fest des goldenen Pilzes") statt, und ganz oben auf den Speisekarten der Trattorie stehen ...*funghi*.

Information **I.A.T.** in Calizzano, nur im Sommer geöffnet, Piazza San Rocco. ✆ 019-79193.

Besuchermagnet Pilz: Hier wird gesucht, gefunden und gehandelt

Varigotti

ca. 850 Einwohner

Im Kern ein verträumtes ehemaliges Fischerdorf, das von der Durchgangsstraße betrachtet ganz unscheinbar wirkt und heute überwiegend betuchte Badegäste anzieht.

Der Endlosverkehr der Via Aurelia rauscht unbeeindruckt am alten Ortskern von Varigotti vorbei, vielleicht abgestoßen vom reizlosen Wohngebiet am Ortseingang oder von der Aussichtslosigkeit, einen halbwegs strandnahen Parkplatz zu ergattern. Wer jedoch einen Zwischenstopp einlegt, erfährt, dass Varigotti mehr zu bieten hat als die Azaleen- und Palmenallee, die die Ortschaft teilt: Der stille Ortskern macht einen gepflegten Eindruck, wenn auch fast zu sorgfältig restauriert, unvermittelt vollzieht sich der Übergang von den verwinkelten Wohngassen zum Ufer. Am Strand reihen sich dann alte, ebenfalls sorgfältig restaurierte Fischerhäuser aneinander, die mit ihren flachen Terrassendächern, Arkadenbalkonen und Außentreppen an maurische Häuserwürfel erinnern. Und vor den leuchtenden Fassaden stehen einsame Palmen, während bunte Fischerboote den Kiesstrand zieren.

Information/Diverses

• *Information* **I.A.T.-Büro** an der Aurelia (Nr. 79), fast schon am Ortsausgang Richtung Finale Ligure. Nur im Sommer geöffnet. ✆ 019-698013, www.varigotti.it.

• *Verbindungen* Kein direkter Bahnanschluss, nächster Bahnhof in Finale Ligure; von dort mindestens halbstündlich mit **Bus** (S.A.R. und A.C.T.S.) nach Varigotti. Von

Finale Ligure ca. halbstündlich **Regionalzüge** über Noli-Spotorno nach Savona, ebenfalls halbstündlich über Pietra Ligure, Loano und Albenga nach Alassio.

• *Feste* **Notte di San Lorenzo** am 10. August, Patronatsfest und Sternschnuppennacht.

• *Baden* Beschaulicher Stadtstrand (Sand/Kies) und langer, gerader Sand-/Kiesstrand in Richtung Finale Ligure. Ruhige, kleine Badebuchten finden sich an der **Punta Crena** (Felsvorsprung am nördlichen Ortsende). Zwischen Varigotti und Noli liegt die **Baia dei Saraceni** (Sarazenenbucht) mit einigen daran anschließenden Stränden. Der größte und breiteste Strand ist die **Spiaggia Malpasso**: frei Parken an der Straße bzw. 300 kostenpflichtige Parkplätze oberhalb der Straße auf dem Gelände der alten Bahntrasse. Bagno mit Bar, Sonnenschirm- und Liegestuhlverleih vom 1.6.–15.9. 5 € pro Tag, danach bis Ende September Strand ohne Service für 3 € pro Tag zugänglich.

Übernachten/Essen & Trinken

*** **Al Capo**, im alten, autofreien Ortskern, modern und gut geführt. Restaurant. Geöffnet April bis Mitte Okt. EZ 84 €, DZ 144 € mit obligatorischer Halbpension. Vico Mendaro 3, 17029 Varigotti (SV), ✆/℻ 019-6988066, www.hotelalcapo.com.

** **Arabesque**, ebenfalls im Ortskern, an der Durchgangstraße Richtung Noli, kurz vor dem Tunnel auf der rechten Seite. Ansprechender, ockerfarbener Bau im maurischen Stil; innen ein wenig orientalische Eleganz. Großer Aufenthaltsraum und gemütliche Sitzgelegenheiten unter den Arkaden, mit Garten. Empfehlenswertes Restaurant. Geöffnet Ostern bis Mitte/Ende Sept. EZ 75 €, DZ 170 €, inkl. Frühstück. Piazza Cappello da Prete 1, 17029 Varigotti (SV), ✆ 019-698262, ℻ 019-698010.

Eng: die Küste bei Varigotti

Bar Lilo, in der Fußgängergasse Via al Capo, Nähe Hauptpiazza da Prete; nette Terrasse und Bar, junges Publikum, gute Kuchen und Gebäck, zudem kleinere Auswahl wechselnder Gerichte zu günstigen Preisen, Bier vom Fass und Mixgetränke. Durchgehend geöffnet, Mi Ruhetag. Via al Capo 39. ✆ 019-698085.

Trattoria Gambero Verde, Ausflugslokal ca. 6 km landeinwärts in der Ortschaft *Le Manie* auf der gleichnamigen Hochebene (Altopiano delle Manie). Terrasse unter Weinlaub, einfaches Ambiente mit Papiertischdecken, freundlicher Service, regionaltypische Land- und Meeresküche, Menü 20–22 €. Mittags und abends geöffnet, Mi Ruhetag. ✆ 019-698483.

• *Camping* ** **San Martino**, Lesertipp: In Le Manie, ca. 6 km oberhalb von Varigotti; ein Fußweg führt in ca. 30 Min. nach Varigotti hinunter, entsprechend länger ist der Rückweg. Ruhige Lage, schattig und kühler als an der Küste, gut ausgestattet und bestens organisiert; neue sanitäre Anlagen, Bar, Ristorante/Pizzeria und Market, im Juli/August fährt ein Shuttle-Bus zum Meer. Ganzjährig geöffnet (Bar/Ristorante nur 15.6. bis 15.9.), Person 6 €, Stellplatz 8–11 €.

** **La Foresta**, gehört zum obigen Platz und liegt ein Stück unterhalb davon, nicht allzu viele Stellplätze, Rezeption beim Camping San Martino, gleiche Preise wie der obige. Loc. Le Manie, 17029 Varigotti (SV), ✆/℻ 019-698250, www.campingsanmartino.it.

Wanderung 2: Von Varigotti über die Hochebene Le Manie nach Finale Ligure

Charakteristik: Nach gut 40 Minuten Aufstieg über terrassierte Felder folgt ein weniger spektakulärer Abschnitt durch lichten Wald, dann durch etwas dichteren Wald und auf dem letzten Stück (ca. 45 Min.) auf schmalen Pfaden mit schönen Ausblicken Abstieg nach Finalpia.

Länge/Dauer: 11 km, 4 Stunden reine Gehzeit.

Einkehren: auf halber Strecke → unten Wegbeschreibung (Do Ruhetag).

Start: Startpunkt ist die Kirche San Lorenzo an der Hauptdurchgangsstraße in Varigotti. Anfahrt am besten mit dem Bus ab Finale oder Noli (mind. halbstündlich), da in Varigotti nur eingeschränkte Parkmöglichkeiten. Parken kann man auf dem ehemaligen Bahndamm im hinteren Teil des Ortes.

Rückfahrt: Wer in Varigotti geparkt hat, kann von Finale Ligure mit dem Bus zurückfahren, mind. alle 30 Minuten; Abfahrt beim Hotel Boncardo am Corso Europa, Tickets beim Tabaccaio (1,05 €).

Karte: *Carta dei Sentieri Finale Ligure – Varigotti – Noli*, 1:10.000, 6,80 €; vor Ort in den Geschäften erhältlich.

Wegbeschreibung: Links von der Parrocchia San Lorenzo (WP 01) an der Durchgangsstraße geht es in die Via della Posta (Markierung: *2 rote Quadrate*), an der Pescheria vorbei und durch die Unterführung, dann geradeaus die Treppen hinauf. Oben nach links (WP 02) und nach ca. 30 m halbrechts hinauf in die Strada del Pino. Man geht einen steilen Steinweg hinauf, an der Gabelung halbrechts (WP 03) und an Wein-, Oliven und Obstbäumen vorbei. Oben angekommen (WP 04) am Straßenschild mit Ausrufezeichen rechts hinauf und nach 10 m links hinauf auf den schmaler werdenden Steinpfad (Markierung noch immer zwei rote Quadrate). Zunächst geht es an zwei Häusern vorbei – schöner Blick über die Küste – und dann ein kurzes Stück oberhalb einer Steilwand und an einer Mauer entlang weiter zwischen Terrassen hindurch auf schmalem Pfad, dann zwischen zwei Toren hindurch.

Nach insgesamt etwa 40 Min. erreicht man eine asphaltierte Straße (WP 05), hier links und sofort wieder rechts auf den Pfad. An der nächsten Abzweigung (WP 06) bei einem Anwesen links ab und an dem Steinhaus auf der rechten Seite vorbei. Es geht nun durch neu aufgeforstete Nadelbäume, schöner Blick.

Bei einem apricotfarbenen Anwesen biegt man jetzt halblinks ab auf den Waldweg und sieht bald darauf linker Hand das Gelände des Campingplatzes La Foresta. An dessen Eingang geht es halbrechts und auf die Straße. Nach ca. 120 m biegt man links ab (WP 07, Markierung: *zwei rote Quadrate, zwei rote Rauten*). Nun *nicht* den Waldweg bergauf nehmen, sondern den Schotterweg 10 m rechts daneben (zwei rote Quadrate). In diesen Schotterweg nun nach links einbiegen, der Weg führt durch lichten Wald leicht bergab (zwei rote Quadrate). An einer Wiese mit Neubau vorbei gelangt man schließlich zur Kirche San Giacomo (WP 08) und folgt der nun asphaltierten Straße zur Trattoria La Grotta.

• *Essen & Trinken* **Trattoria La Grotta,** urige, typische Gaststätte, einfaches Ambiente; oberhalb einer (eher unspektakulären) Höhle gebaut, daher der Name. Wellensittiche trällern am Eingang, freundlicher Empfang, nett. Kleine Auswahl, es gibt auch Vegetarisches, Antipasti 6–8 €, Primi 6 €, Secondi um 7 €, sehr günstig. Mittags und abends geöffnet; besser vorher anrufen und den Besuch ankündigen, Do Ruhetag. ✆ 019-698457.

Gegenüber der Trattoria La Grotta führt ein Feldweg geradeaus bergab (*zwei rote Quadrate*), zunächst kurvig und im lichten Wald hinunter, dann wird es steiniger und schmaler. Schließlich geht man durch einen Hohlweg und dann durch dichteren Wald an einem Flüsschen entlang. Ca. 25 Min. nach der Trattoria erreicht man die alte Römerbrücke *Ponte della Voce* (WP 09), hier links ab und über die Brücke (Markierung jetzt: *roter Kreis*), gleich darauf passiert man rechter Hand eine Ruine. Nach wenigen Minuten erreicht man eine Wegmündung (grünes Tor oberhalb), hier geradeaus weiter in südliche Richtung; der Hohlweg wird jetzt breiter und bald darauf zum Fahrweg. Man läuft nun auf das Gehöft der *Società Agricola Valleponci* zu, lässt dieses aber links liegen, rechter Hand passiert man bald darauf ein weiteres, umzäuntes Anwesen mit vielen Hunden (Gesamtdauer bis hier ca. 3 Std.). Von hier sind es ca. 5 Min. zur alten Römerbrücke *Ponte delle Fate* (WP 10), diese überqueren und weiter in südlicher Richtung auf der Fahrstraße (Markierung *roter Punkt*). Hier verläuft die alte Römerstraße *Julia Augusta* aus dem Jahr 13 v. Chr.

Das Valleponci-Tal wird nun breiter, der Blick öffnet sich weit ins Tal und auf die

Kirche von Cipriano, rechts ragt steil der *Monte Corno* mit seiner Kletterwand auf. Man folgt dem nun zur Schotterstraße gewordenen Weg weiter geradeaus (*roter Punkt*), bis dieser schließlich in eine Straße mündet (WP 11). Hier, an der Serpentine, links hinauf. Nun geht es durch das einsame Dorf *Verzi* hindurch, die Kirche am anderen Ende der Siedlung lässt man rechts liegen und folgt dem schmalen Asphaltsträßchen zwischen Mauer und Zaun; nun am Friedhof vorbei und geradeaus auf Schotterweg (Markierung *rote leere Raute*), dann eine Serpentine bergauf und gleich danach auf einen kleinen Fußpfad nach rechts hinauf abbiegen (WP 12): steinig, steil, eng (Markierung weiterhin *rote leere Raute*). In kleinen Serpentinen verläuft der Pfad steil und teilweise über Felsen bergauf, netter Blick auf Verzi und den Monte Corno. An einer Abzweigung (WP 13) geht es rechts hinunter (*rotes leeres Dreieck*, dann *leere Raute* und *rotes Dreieck*). Bald erreicht man einen Aussichtspunkt rechter Hand, der Pfad führt geradeaus weiter und bald durch Olivenplantagen und Weinberge.

Man erreicht ein schmales Betonsträßchen, hier halblinks, dann an den Häusern des Weilers *San Antonio* auf der linken Seite entlang, der Blick öffnet sich auf Finale Ligure. Kurz darauf ist die *Cappella San Antonio* erreicht, von der sich linker Hand ein schöner Blick auf Varigotti öffnet. An der Cappella nimmt man die Asphaltstraße nach rechts (*Raute/Dreieck*), nach ca. 100 m wendet man sich halblinks den Pfad hinunter (*Raute/Dreieck*). *Achtung*: Die Steine sind hier etwas glatt! Ein Stück unterhalb des Hotels Noris erreicht man die Via Cappa, hier rechts die Straße hinunter und in wenigen Minuten zur *Abbazia* von *Finalpia*, dem Endpunkt der Wanderung (WP 14).

Noli

ca. 2900 Einwohner

Ein schönes Städtchen mit hoch aufragenden Geschlechter- und Glockentürmen, eingefasst von einer sanft geschwungenen Bucht. Im Hintergrund thront am Berghang die verfallene Burg Monte Ursino mit einer talwärts verlaufenden Befestigungsmauer und angenagten Rundtürmen.

Im mittelalterlichen Zentrum von Noli, das von 1202 bis 1797 eine selbstständige Republik war, ist der Alltag überraschend lebhaft. Den kunstgeschichtlichen Höhepunkt bildet die unbedingt sehenswerte romanische *Cattedrale San Paragorio* (→ unten).

Parallel zur Durchgangsstraße, zwischen Piazza Dante und Palazzo della Repubblica, verläuft ein breiter, etwas finsterer Bogengang namens *Loggia della Repubblica* (15. Jh.). Von hier aus führen mehrere kleine Gassen in die bestens erhaltene *Altstadt*, deren Bausubstanz noch aus dem 14. und 15. Jh. stammt, als die mit Genua (und gegen das benachbarte Savona) verbündete Hafenstadt ihre wirtschaftliche und politische Blütezeit erlebte.

Die Geschlechtertürme, von denen noch acht im Originalzustand erhalten sind (einst waren es über 70!), erinnern an den enormen Reichtum Nolis. Heute vermitteln diese historischen Türme, die alten Palazzi, Arkadengänge und Kirchenbauten ein Stück Lebensgefühl von einst. Auf den lauschigen Plätzen und in den liebevoll dekorierten Ladengassen der lebendigen Altstadt kann man wunderbar bummeln.

Den schönsten Blick auf die verfallene *Burg Monte Ursino* (13. Jh.), in der einst ein Nachfahre der mächtigen Markgrafen Del Carretto lebte, hat man von der Uferpromenade Marconi. Schräg unterhalb der Burgruine fällt der hellbeige *Palazzo*

Vescovile (heute Hotel) ins Auge, in dem ab 1239 der Bischof von Noli residierte, bis der Bischofssitz 1820 nach Savona verlegt wurde.

Ein stimmungsvolles Bild bietet die *Palmenbucht*, in der bunte Fischerboote das Ufer schmücken. Die Berufsfischer von Noli betreiben teilweise kleine Verkaufsstände am Strand, an denen sich die örtliche Gastronomie und die Bevölkerung mit Frischfisch versorgen. Abends dann zieht es die Leute aus der Altstadt hinaus auf die luftige Uferpromenade, wo man ausführlich flaniert und unter dem Sternenhimmel die Zeit in Muße verstreichen lässt.

Diverses

• *Information* **I.A.T.-Büro** zentral am südlichen Ende des Bogengangs. Auf Veranstaltungshinweise achten, im Juli und August gibt es in Noli klassische Konzerte. Im Sommer Mo–Sa 9–12.30 und 15.30–19 Uhr, So 9–12 Uhr, im Winter Di–Sa 9.30–12.30 und 14.30–18 Uhr, So/Mo geschlossen. Corso Italia 8, ✆ 019-7499003, 📠 019-7499300, www.comune.noli.sv.it.

• *Anfahrt/Verbindungen* **Auto**, zwischen Varigotti und Noli verläuft ein herrliches Stück Küstenstraße, vorbei an kahlen Felswänden und bizarren Uferformationen. Nächste Autobahnabfahrt ist Spotorno.

Parken, kostenloser Parkplatz am nördlichen Ortsausgang (vor dem Tunnel), allerdings oft belegt. Kostenlos parken kann man auch an der Piazza Vivaldo beim alten Kloster am südlichen Ortsrand.

Bahn, kein direkter Bahnanschluss, nächster Bahnhof im benachbarten Spotorno (2,5 km). Ab dort ca. halbstündlich Regionalzüge nach Savona, ebenfalls halbstündlich über Finale Ligure, Pietra Ligure, Loano und Albenga nach Alassio.

Bus, zwei Bushaltestellen an der Durchgangsstraße Corso Italia; etwa alle 30 Min. mit *A.C.T.S.* auf der Strecke Finale Ligure–Savona mit Stopp in Varigotti, Noli, Spotorno, Vado Ligure. *S.A.R.* fährt etwa stündlich zwischen Savona und Andora, also auch nach Pietra Ligure, Loano, Ceriale, Albenga, Alassio und Laigueglia.

• *Einkaufen* **Wochenmarkt** jeden Donnerstag an der Uferpromenade Marconi.

• *Feste & Veranstaltungen* **Patronatsfest** des heiligen Eugenio am zweiten Sonntag im Juli mit kleinem Jahrmarkt.

Regata dei Rioni am zweiten Wochenende im September. Historischer Ruderwettbewerb zwischen den vier Stadtteilen; das folkloristische Hauptfest von Noli erinnert an die Unabhängigkeitserklärung der Stadt im Jahr 1192. Sa abends Trachtenumzug, So nachmittags Ruderregatta.

• *Baden* Badetauglicher Stadtstrand mit relativ wenigen Strandbädern und auch im Hochsommer freier Liegefläche, dazwischen Fischerboote.

Übernachten

Die meisten Hotels (viele mit empfehlenswertem Restaurant) finden sich hinter und oberhalb der Altstadt; einige stehen am Strandufer und nur ganz wenige im historischen Zentrum.

Residenza Palazzo Vescovile, exklusive Herberge hoch über dem Ort am Hang, am nördlichen Ortsausgang (wo die Via Aurelia im Tunnel verschwindet). Aufzug hinauf zum Palazzo (es gibt auch einen Fußweg), dem ehemaligen Sitz des Bischofs von Noli. Insgesamt elf edel ausgestattete Zimmer in historischen Gemäuern, z. T. mit originalen Fresken aus dem 15. Jh. Gehobenes Restaurant (unten), Frühstück auf der Terrasse – von hier reicht der Blick bis zur Riviera di Levante. Ganzjährig geöffnet. DZ inkl. Frühstück 140–180 €, Suite mit Fresken für 2 Personen 220–280 €, Halbpension 115–150 €/Pers. Via al Vescovado 13, 17026 Noli (SV), ✆/📠 019-7499059, www.hotelvescovado.it.

*** **Miramare**, im Zentrum, in einem restaurierten Palazzo aus dem 16. Jh. Restaurant. Nette Zimmer. EZ 75 €, DZ 110 € inkl. Frühstück; inkl. Halbpension 87 €/Person. Corso Italia 2, 17026 Noli (SV), ✆ 019-748926, www.hotelmiramarenoli.it.

*** **Da Gino**, nicht mehr ganz neuer Neubau neben der bröckelnden Wehrmauer der Burgruine, komfortabel, nur die Zimmer der

Einst Seerepublik, heute ein beschauliches Fischerstädtchen: Noli

Riviera di Ponente – Palmenriviera
Karte S. 156/157

obersten Etage mit Blick aufs Meer. Großes Hotelrestaurant, gar nicht mal teuer. Geöffnet Mitte Feb. bis Ende Okt. EZ 71 €, DZ 99 €, inkl. Frühstück, Halbpension 65 €/Person. Via Defferrari 6, 17026 Noli (SV), ✆ 019-748957, ℻ 019-7491936, www.hotelginonoli.it.

* **Romeo**, kleine, gepflegte, aber etwas dunkle Altstadtpension mit gutem Ristorante. EZ 50 €, DZ 70 €, inkl. Frühstück. Via Colombo 83, 17026 Noli (SV), ✆/℻ 019-748973, www.albergoromeo.it.

* **Il Glicine**, schlichtes und betagtes Altstadthotel mit Charme und rankender Pflanzenpracht an der Fassade, gemütliches Restaurant. Ganzjährig geöffnet. DZ 72 €, Dreier 97 €, inkl. Frühstück. Piazza Garibaldi 7, 17026 Noli (SV), ✆/℻ 019-748168, www.albergoglicine.eu.

Essen & Trinken

Nazionale, recht teures, aber überaus beliebtes Restaurant, bekannt für ausgezeichnete Fischgerichte. Gediegen-schlichter Speisesaal mit geschmackvoll gedeckten Tischen, große Glasfront zur Hauptstraße. Antipasti und Secondi um 17 €, Primi ca. 14 €. Sehr zuvorkommender Service, am Wochenende unbedingt reservieren! Mittags und abends geöffnet, Mo Ruhetag. Uferstraße Corso Italia 37, ✆ 019-748887.

Vescovado, stilvoll dinieren in den edlen Gemäuern des alten Bischofspalastes; raffinierte Fischspezialitäten, gehobenes Preisniveau: kleines Menü 55 €, Degustationsmenü 75 €. Zuvorkommender Service. Nur abends geöffnet. Reservierung obligatorisch. Di Ruhetag. Via al Vescovado 13, ✆ 019-7499059.

Pizzeria Da Sandro, hervorragende neapolitanische Pizza und andere Gerichte unter den Arkaden, auch Tische draußen unter der Loggia; sympathischer Familienbetrieb, kleine Preise. Nur abends geöffnet, Di Ruhetag. Loggia della Repubblica, ✆ 019-7485170.

Sehenswertes

Cattedrale San Pietro: Ihre Ausstattung erhielt die romanische Kirche Ende des 16. Jh., als ein neuer Bischof in Noli einzog. Seinerzeit war dies ein Ereignis von Rang, sodass die Kirchengemeinde den Sakralbau aus dem 13. Jh. sofort im Barockstil modernisierte. Im Inneren steht der hölzerne Bischofsthron (16. Jh.) noch immer unverrückt an seinem Platz. Ganztägig geöffnet.

Fischer am Strand von Noli

Torre del Canto: Am Ende der bogenüberspannten Gasse Via Sartorio erhebt sich der älteste Geschlechterturm von Noli (keine Besichtigung). Seit dem 13. Jh. wacht dieser fast 40 m hohe Eckturm über die angrenzende Piazza Morando. Schräg gegenüber befindet sich das unvollendet gebliebene *Oratorio Sant' Anna* von 1771 (ganztägig geöffnet).

Cattedrale San Paragorio: Die kunstgeschichtlich bedeutendste Kirche der Gegend steht am südwestlichen Altstadtrand. Die frühromanischen Stilelemente der dreischiffigen Basilika verweisen auf einen Baubeginn im 11. Jh. Den ältesten Baukern bildet das Baptisterium aus dem 6. Jh. Nahezu einzigartig in Norditalien sind die islamischen Majolikaschüsseln aus dem 11. Jh., die außen in den Blendarkaden der Hauptapsis zu sehen sind – Noli war immerhin am ersten Kreuzzug (1096–1099) beteiligt. Mehrere Wandgräber und frühchristliche Sarkophage schmücken die Außenwand der Nordseite, an der sich auch der Haupteingang befindet. Das hohe Mittelschiff trägt einen hölzernen Dachstuhl mit Fragmenten frühester Bemalung. Zur kostbaren sakralen Ausstattung gehört auch ein frühromanisches Holzkruzifix, das von seiner Entstehungszeit um 1200 und der Machart mit dem berühmten „Volto Santo“ von Lucca (Toskana) vergleichbar ist, sowie ein kleiner Renaissance-Tabernakel von 1540. Die untere Hallenkrytpa wird von dicken, monolithischen Säulen gegliedert und gestützt. 1890 wurde die Kirche, die bei dem großen Erdbeben von 1887 schwer beschädigt und bald darauf umfangreich restauriert wurde, zum „Nationalen Monument" ernannt.

Im Sommer 10–12 und 17–19 Uhr, im Winter Mo–Fr 10–12 Uhr und 15.30–17.30 Uhr, Sa/So 11–13 Uhr und 15.30–17.30 Uhr. Eintritt 2 €, Jugendliche unter 18 Jahren 1 €. Fotografieren verboten.

Spotorno

ca. 4100 Einwohner

Lebhafter Ferienort mit kilometerlangem Sandstrand und der vorgelagerten kleinen Felseninsel Bergeggi. Die hübsch verwinkelte Altstadt lädt zum Bummeln ein, die Neustadt ist dagegen keine Augenweide.

Die Strand-, Betten- und Restaurantkapazitäten von Spotorno sind enorm, entsprechend voll wird es hier vor allem an Sommerwochenenden – nichts für Einsamkeit Suchende. Die *Villa* im Liberty-Stil (ital. Jugendstil) kurz vor Spotorno (von Noli kommend) kündigt schon an, dass der Badeort zur Zeit der Belle Époque hoch in

Knallrotes Ruderboot für Rettungsschwimmer am Strand von Spotorno

Riviera di Ponente – Palmenriviera
Karte S. 156/157

der Gunst des noblen Rivieratourismus stand. Auch die auffälligen Prachtbauten an der Uferstraße sind Zeugen des vergangenen Glanzes. Neben einem Bummel an der Promenade sollte man sich unbedingt auch den schachbrettartig angelegten Ortskern anschauen, hier wartet der eine oder andere beschauliche Winkel auf Entdeckung.

Diverses/Übernachten/Essen

• *Information* **I.A.T.-Büro** am Übergang von der Via Aurelia zum Lungomare Marconi an der Strandpromenade, im Sommer Mo 9–12, Di–Sa 9–12 und 16–20 Uhr, So 8.30–12.30 Uhr. Via Aurelia 121, ✆ 019-7415008.

• *Anfahrt/Verbindungen* **Auto**, stadtnahe Autobahnabfahrt ca. 2 km landeinwärts.

Parken, schwierig! Am besten auf den Parkplätzen am Ortsrand und ins Zentrum laufen (ca. 15 Min.).

Bahn, gemeinsamer Bahnhof mit Noli, etwas ungünstig am Ortsrand gelegen. Etwa halbstündlich Regionalzüge nach Savona, ebenfalls halbstündlich über Finale Ligure, Pietra Ligure, Loano und Albenga nach Alassio.

Bus, etwa jede halbe Stunde mit *A.C.T.S.* auf der Strecke Finale Ligure–Savona mit Stopp in Noli, Varigotti und Vado Ligure. *S.A.R.* fährt etwa stündlich zwischen Savona und Andora, also auch nach Pietra Ligure, Loano, Ceriale, Albenga, Alassio und Laigueglia.

• *Einkaufen* **Wochenmarkt** dienstags auf der Uferstraße.

• *Übernachten* *** **Premuda**, architektonisch interessantes Strandhotel mit flacher Zentralkuppel, ein echter Blickfang. Mit Ristorante. Direkt am Strand, von der Uferpromenade durch einen autofreien Platz etwas zurückversetzt. Mindestaufenthalt drei Nächte. Geöffnet April bis Okt. EZ 75 €, DZ 125 €, Dreier 170 €, inkl. Frühstück. Piazza Rizzo 10, 17028 Spotorno (SV), ✆ 019-745157, ℻ 019-747416, , www.hotelpremuda.it.

*** **Imperiale**, schicker Palazzo an der Stadtseite der Uferpromenade, renoviert, gut ausgestattet, einladender Gesamteindruck. Hotelrestaurant. EZ 75 €, DZ 174–214 €, inkl. Frühstück. Via Aurelia 47, 17028 Sportorno (SV), ✆ 019-745122, ℻ 019-747759, www.villaimperiale.it.

*** **Miramare**, schöne Villa mit grünen Fensterläden, neben dem Rathaus, tolle Lage, nehmen Sie ein Zimmer zur Meerseite. DZ 150–200 €, inkl. Frühstück. Via Aurelia 70,

17028 Spotorno (SV), ✆ 019-745116, 📠 019-7416231, www.miramarespotorno.com.

• *Camping* ** **Leo**, befindet sich am südwestlichen Stadtrand in Bahnhofsnähe, gleich bei den Gleisen; kein unbedingt schönes Campingrevier im kanalisierten Mündungsbereich der Flüsse Coreallo und Crovetto. Stellplatz für 2 Personen 22–28 €, Auto 7 €. Via Siaggia 4, 17028 Spotorno, ✆/📠 019-745184, www.campingleo.it.

• *Essen & Trinken* **Sirio**, großes Fischrestaurant, an der Promeniermole direkt auf den Strand gebaut; schöne Aussicht, aber etwas kantinenartige Einrichtung; Menü um 35 €. Tägl. geöffnet. Via Aurelia 82, ✆ 019-745050.

Osteria/Pizzeria Excalibur, beliebtes Altstadtlokal, heller Gewölbesaal, großer Innenhof. Leckere Primi (8–15 €) und Pizza (4–9 €). Mo Ruhetag. Via Garibaldi 35, ✆ 019-745213.

Cipo, freundliches Altstadtlokal, große Crêpes-Auswahl, kleines Ristorante. Mittags und abends geöffnet, Di Ruhetag. Via Garibaldi 46, ✆ 019-746671.

Vado Ligure

ca. 8400 Einwohner

Unschönes Industrie- und Hafenstädtchen mit großem Terminal für die Korsika-Sardinien-Fähren.

Lange Molen zerstückeln das Ufer und gespenstische Förderanlagen löschen die großen Frachtschiffe, die bewegungslos in der Bucht liegen. Direkt am Pier beginnt eine Ölpipeline, die in das über 200 km entfernte piemontesische Novara führt. Die bedrückende Hafenindustrie, die rauchenden Schlote und die architektonische Tristesse der Neubauten lassen einige Palazzi aus besseren Zeiten geradezu unwirklich erscheinen.

Savona

ca. 62.000 Einwohner

Hektische Hafen- und Provinzhauptstadt mit tristen Außenbezirken, denen die eilige Stadterweiterung in der Nachkriegszeit anzusehen ist. Savona ist nur einen gezielten Besuch wert, um beispielsweise die Pinacoteca zu besichtigen oder die ehemals umkämpfte Festung samt Archäologischem Museum.

Ein kleiner mittelalterlicher *Altstadtkern* mit wenigen Baudenkmälern und einem übersichtlichen Gassengewirr versteckt sich unweit des Hafens. Dort erhebt sich auch die schier unzerstörbare *Festung Priamàr*. An den Altstadtkern anschließend ziehen sich die meist schnurgeraden Straßenzüge der *Neustadt* entlang, teils als breite Boulevards aus dem 19. Jh., mit Tendenz zum „Stile Liberty" (ital. Jugendstil). Insgesamt wirkt die Stadt recht ungepflegt. Selbst die Gebäude, die den Zweiten Weltkrieg überstanden haben, sind heruntergekommen, die allgegenwärtigen Sanierungsmaßnahmen scheinen allesamt zu kurz gegriffen. Auch die eigentlich prächtige *Via Paleocapa* beispielsweise mit ihren hohen Arkadengängen – ein mondäner Hauch von Turin an der ligurischen Küste – vermisst augenscheinlich die Pflege.

Es gibt aber auch Lichtblicke: einer ist die *Via Pia* in der Altstadt mit ihren zahlreichen Läden und Cafés. Die tagsüber lebendige Gasse kann abends aber auch mal menschenleer sein. Historisch Interessierte wird es in die Festung Priamàr ziehen, in der auch das *Archäologische Museum* untergebracht ist; moderne und alte Kunst lässt sich in der *Pinacoteca Civica* bewundern und seinen Hunger stillt man in den zwei, drei empfehlenswerten Cafés und Restaurants. Eine Überraschung ist der alte Hafen: Von Weitem unscheinbar, ist er bei näherer Betrachtung ein beschauliches

Areal mit netten Cafés und Bars – autofrei und ideal für einen kleinen Spaziergang vorbei an einigen malerischen Fischerbooten und mondänen Yachten. Auf der Rückseite des *Porto Antico* ist ein innovatives Geschäftszentrum in moderner Architektur entstanden: viel Holz und Glas sowie das einzige Viersternehotel im Zentrum Savonas – alles noch etwas steril, aber durch die zahlreichen Kreuzfahrtgäste des noch recht neuen Terminals zunehmend mit Leben gefüllt.

Am Hafen von Savona

Geschichte: Der Naturhafen mit dem wuchtigen Felsvorsprung muss die ligurischen *Sabatier* geradezu eingeladen haben, sich hier niederzulassen und eine befestigte Siedlung, ein so genanntes *Oppidum*, zu gründen. 205 v. Chr. verbündeten sich die Sabatier mit den Karthagern, um ihr Siedlungsgebiet gegen Rom zu verteidigen. In diese Zeit fällt der Beginn einer ewigen Feindschaft mit der 50 km entfernten Seemacht Genua, die damals auf der Seite des letztlich siegreichen Römerreichs kämpfte. Zur Strafe ließen die Römer ihre Entwicklungshilfe ins benachbarte Vado fließen – Savona wurde klein gehalten.

Das Mittelalter war von Zerstörungen durch plündernde Langobarden und Sarazenen gekennzeichnet. Unter dem Schutz der Staufer proklamierte Savona seine Selbstständigkeit als freie Stadt und schlug sich damit auf die Seite der papstfeindlichen Mächte. Seinen Teil am mittelalterlichen Kaiser-Papst-Konflikt trug Savona hauptsächlich mit dem papsttreuen Nachbarn Genua aus. Drei Jahrhunderte lang bekriegten sich die beiden Städte, bis Savona 1528 fiel. Die Stadt und ihre Festungsanlagen wurden zerstört, der Hafen zugeschüttet. 1542 bauten die Genueser eine neue Festung, die Fortezza Priamàr, mit der sie Savona bis ins späte 18. Jh. kontrollierten.

Erst an der Schwelle zum 19. Jh., als die Stadt dem Napoleonischen Reich einverleibt wurde, fand Savona wieder den Anschluss an den Zug der Zeit. Die Altstadt wurde neu gestaltet und nach dem Vorbild französischer Städte erweitert. Breite Boulevards wurden angelegt, moderne Baustile setzten sich durch. Der Zweite Weltkrieg brachte Savona die katastrophale Zerstörung durch die Allierten. Die Auswüchse des eiligen Wiederaufbaus in der Nachkriegszeit zeichnen bis heute das Stadtbild, das in jüngster Zeit immer wieder von riesigen, haushohen Kreuzfahrtschiffen geprägt ist – Savona ist seit einigen Jahren Terminal für die gigantischen Hotels auf dem Wasser.

Information/Diverses

• *Information* **I.A.T.-Büro** am westlichen Altstadtrand, am verkehrsberuhigten Corso Italia, freundlicher Service, Internet-Point. Mo–Sa 9.30–13 und 15–18.30 Uhr, im Sommer So 9.30–12.30 Uhr, im Winter So geschlossen. Corso Italia 157, ✆ 019-8402321.

• *Anfahrt/Verbindungen* **Auto**, im Einzugsgebiet Vado, Savona und Albisola stößt die Küstenstraße Aurelia mal wieder an ihre Grenzen; für Durchreisende empfiehlt sich die Autobahn A 10 von Spotorno nach Albisola.

Parken, Großparkplatz unterhalb der Priamàr-Festung; im Zentrum ist es tagsüber fast aussichtslos, eine Lücke zu ergattern.

Bahn, Bahnhof am westlichen Stadtrand, an der Piazza Moro; etwa halbstündlich Anschluss nach Genua (Fahrtzeit ca. 1 Std.), etwa stündlich zu den Orten an der Palmenriviera. Vom Bahnhof auch **Stadtbusse** (Nr. 2, 4 und 9) zur Piazza del Popolo und Piazza Mameli (Anfang der Via Paleocapa).

Bus, Busbahnhof an der Piazza del Popolo. Die *S.A.R.-Busse* verbinden die Städte der Riviera di Ponente von Savona bis Finale Ligure; die *A.C.T.S.-Busse* fahren vorwiegend zwischen Savona und Varazze.

• *Fest* **Processione del Venerdì Santo**, das wichtigste Fest der Stadt und eine der eindrucksvollsten Karfreitagsprozessionen der Region findet in jedem geraden Jahr statt (also 2010, 2012); dabei werden auch sakrale Kostbarkeiten aus dem Domschatz durch die Straßen getragen.

• *Bootstouren* Von Juli bis Sept. jeweils am Donnerstag **Walbeobachtungsexkursionen** (Start 10 Uhr), Dauer ca. 8 Std., 35 €, Kinder 5–14 J. 23 €, unter 5 J. frei. Consorzio Liguria Viamare, ✆ 010-265712 oder ✆ 010-256775, www.whalewatchliguria.it.

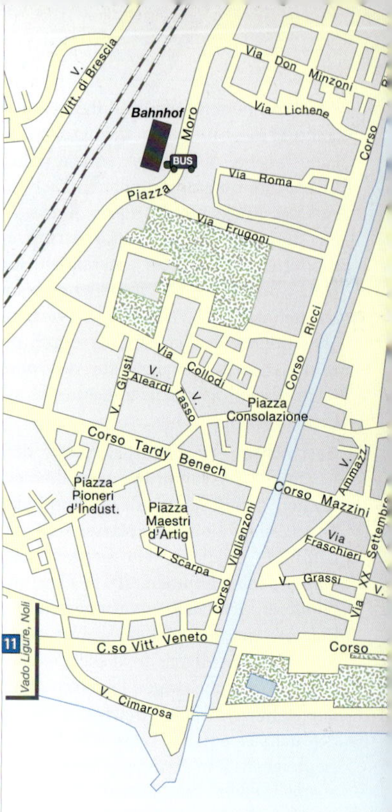

Übernachten/Essen & Trinken

Die wenigen Stadthotels sind vor allem auf Geschäftsleute eingestellt, eine besonders empfehlenswerte Unterkunft der gehobenen Kategorie liegt etwas außerhalb. Besser sieht es bei den Restaurants aus: Einige empfehlenswerte Adressen für Fischküche findet man rund um den Hafen.

**** **Mare Hotel (11)**, ein echter Lichtblick in Savona, allerdings deutlich außerhalb des Zentrums an der Straße Richtung Vado Ligure gelegen. Empfehlenswertes Restaurant (eher teuer, Mi Ruhetag), gemütliche Terrasse, Pool, Strand und Strandbar (hier auch Mittagstisch). EZ 80–95 €, DZ 125–165 €, Frühstück 6 €, Garage 7 €. Via Nizza 89r, 17100 Savona, ✆ 019-264065, ℻ 019-263277, www.marehotel.it.

Und für den Fall, dass man in Savona gestrandet ist:

**** **NH Savona Darsena (9)**, 2008 eröffnetes, topmodernes Hotel direkt am Anlegekai für die Kreuzfahrtsschiffe und damit auch nahe am alten Hafen. 92 funktional eingerichtete Zimmer mit großen Fenstern, TV und WiFi. Ristorante, Bar und Kongresssaal. Die Preise variieren nicht saisonal, sondern hängen von der Auslastung ab, können sich also auch kurzfristig ändern. EZ 89–189 €, DZ 119–239 €. Via A. Chiodo 9, 17100 Savona, ✆ 019-803211, ℻ 019-803212, www.nh-hotels.it.

*** **Riviera Suisse (1)**, zentral in der Innenstadt gelegenes Hotel in einem Palazzo des 19. Jh. Eckhaus an der Piazza del Popolo. Der Eindruck des Empfangssaals trügt, die Einrichtung ist schon etwas älter, die Teppiche in den Zimmern sind es auch. Bereit für eine Modernisierung und für das Gebotene recht teuer. EZ 70 €, DZ 90 €, inkl. Frühstück. Via Paleocapa 24, 17100 Savona, ✆ 019-850853, 📠 019-853435, www.rivierasuissehotel.it.

** **Savona (3)**, kleine, zentral gelegene Herberge, alles etwas ältlich, dafür relativ günstig. EZ 42 €, DZ 62 €, Frühstück 4,50 €. Piazza del Popolo 53/r, 17100 Savona, ✆ 019-821820.

Am westlichen Stadtausgang liegen mehrere triste **Campingplätze**.

• *Essen/Nachtleben* **Da Bacco (7)**, *unser Tipp*: ein Highlight und eine Institution in Savona! Osteria oberhalb des Hafenbeckens am Altstadtrand. Der Wirt ist ein Original; der ehemalige Seemann mit entsprechend offensivem Charme hat seine Heuer in die Osteria gesteckt und ihr ein eigenwillig maritimes Aussehen verliehen (jede Menge Schiffsmodelle). Aus der Küche kommen abwechslungsreiche, köstliche Fischgerichte (Tageskarte), die Meeresantipasti für 13 € sollte man sich nicht entgehen lassen, und es wird ordentlich aufgetischt: Meeresfrüchtesalat, Sardinen, Muscheln ... Sehr beliebt, aufmerksamer Service. Menü ca. 31–35 €. *Il conto* war bei unserem Besuch zwar (da improvisiert) nicht im Detail nachvollziehbar, für das Gebotene aber okay. Mittags und abends geöffnet, So Ruhetag. Via Quarda Superiore 17–19r, ✆ 019-8335350.

Solo Pizza (5), direkt nebenan, von der Einrichtung her das völlige Gegenteil von Da Bacco: Es herrscht sachliche Gemütlichkeit. Auch hier ist der Service okay; Pizza 5–8 €, Plätze auch draußen. Tägl. abends geöffnet, Mo–Do auch mittags. Via Quarda Superiore 17–19r, ✆ 019-811504.

Am alten Hafen (Vecchia Darsena) reihen sich die Cafés und Restaurants fast aneinander, sehr beliebt z. B. **Cù de Beù (10)**, eine urig aufgemachte Osteria (So Ruhetag; Calata Sbarbaro 34, ✆ 019-821091). Das angesagte, nur wenige Schritte entfernte **Santa Lucia Café (8)** bietet Mittagstisch und abends vor allem Cocktails (ganztägig geöffnet, Mo geschlossen, ✆ 019-8401341).

Da Enzo (2), ebenfalls am Hafen, unmittelbar am Wehrturm; einfache Pizzeria. Di Ruhetag. Via Santa Lucia 9, ✆ 019-8387513.

In der zentralen Altstadtgasse gibt es in der volkstümlichen Trattoria **Vino e Farinata (4)** selbiges in bester Qualität und nicht teuer, auch Fisch- und Fleischgerichte. So und Mo Ruhetag, im Sept. geschlossen. Via Pia 15, kein Telefon.

Caffè due Merli (6), ungemein schön gelegen an einer kleinen Piazza der Altstadt/Via Pia; ideal zum nachmittäglichen Cappuccino, voll zur Aperitivo-Zeit (19–20 Uhr), später am Abend geschlossen.

Sehenswertes in Savona

Altstadt: Savonas historischer Kern erstreckt sich zwischen dem Hafenbecken und den breiten Boulevards Via Paleocapa und Corso Italia. In diesem Quadrat steht auch die *Cattedrale Santa Maria Assunta*, ein Kirchenbau, dessen Vollendung sich über Jahrhunderte hinzog. Der dreischiffige Baukörper stammt im Wesentlichen aus dem frühen 17. Jh., während Kuppel und Fassade erst im 19. Jh. fertig gestellt wurden. Zur kostbaren Innenausstattung gehören vor allem die Stücke, die aus dem zerstörten mittelalterlichenVorgängerbau gerettet werden konnten, darunter ein Marmorkruzifix aus dem 15. Jh. sowie das geschnitzte Chorgestühl aus dem frühen 16. Jh.

Die *Sixtinische Kapelle* von Savona – längst nicht so bekannt und natürlich nicht annähernd so spektakulär wie die römische Version, aber dennoch ein beeindruckendes und unbedingt sehenswertes Bauwerk – steht neben der Cattedrale. Sie wurde im 15. Jh. gebaut und von Papst Sixtus IV. als Mausoleum für seine Eltern in Auftrag gegeben. Im 18. Jh. erhielt die vernachlässigte Kapelle ihre heutige Rokokoausstattung.

Leider wird die Kapelle nur selten geöffnet, zuletzt Sa 16–18 Uhr und So 10–12 und 16–18 Uhr.

Pinacoteca Civica: Mitten in der Altstadt, im prächtigen *Palazzo Gavotti,* residiert die abwechslungsreiche Gemäldegalerie, die mit einigen Überraschungen aufwartet. Der erste Stock ist für wechselnde Ausstellungen zeitgenössischer Kunst reserviert. Ein Stockwerk darüber finden sich mittelalterliche, vor allem sakrale Kunstwerke sowie zahlreiche Werke ligurischer Meister des 14.–18. Jh. Hier begegnet man den bedeutendsten Namen der Genueser Schule, allen voran *Donato de Bardi* und *Ludovico Brea.* Immer wieder durchbrochen und verfremdet wird der Blick auf die „alte Kunst" durch wechselnde, zeitgenössische Werke und Installationen. Ein weiterer Raum zeigt kunstvolle alte Keramiken, bis man schließlich im dritten Stock die kleine, aber feine Abteilung der Malerei des 20. Jh. erreicht – mit Werken von Picasso, Miró, Magritte und Man Ray.

Sixtinische Kapelle von Savona

Mo, Di, Do 8.30–13 Uhr, Mi und Fr 14–19 Uhr; Sa 8.30–13 und 20–23 Uhr (Sommer) bzw. 8.30–13 und 15.30–18.30 Uhr (Winter), So 10–13 Uhr. Eintritt 4 €, erm. 2 €.

Neustadt: Die Boulevards, die den historischen Ortskern umgeben, bilden das neue Zentrum von Savona. Hier stehen die Großbauten des späten 19. und frühen 20. Jh. Die *Via Paleocapa* mit ihren beidseitig verlaufenden Kolonnaden ist die Hauptader dieser Neustadt. Palazzi verschiedenster Baustile reihen sich hier aneinander – vom Klassizismus über Historismus bis zum Jugendstil. Die Galerie der prunkvollen Fassaden setzt sich in der *Via Manzoni* und auf dem mittlerweile verkehrsberuhigten *Corso Italia* fort.

Fortezza Priamàr mit Museen: Das unverwüstliche Bollwerk symbolisiert paradoxerweise den Untergang Savonas, denn nach der Zerstörung Savonas durch Genua im frühen 16. Jh. errichtete die siegreiche Republik diese Hafenfestung, um so die Kontrolle über Savona abzusichern. Mittlerweile wurde die Fortezza weitgehend restauriert. In der Festung befinden sich ein archäologisches Museum und ein Kunstmuseum. Der Haupteingang führt vom Corso Mazzini über eine lange Brückenkonstruktion, von der man einen Blick auf das Ausgrabungsgelände vor den Mauern werfen kann, und durch einen Torgang in die Festung. Oben angekommen, geht es rechts in das Herz der Festung (sowie zu den Museen und zur Bar/Ristorante „La Sibilla"), links führt der Weg zu einem weiteren (ehemaligen) Ausgrabungsgelände, das heute eher als historischer Stadtpark mit Aussicht fungiert und etwas heruntergekommen ist. Mit ihren zahlreichen verschlungenen Wegen, Treppen und Mauern ist die Festung auch ein prima Abenteuerspielplatz.

Museo archeologico: Das Museum im Palazzo *Loggia del Castello Nuovo* der Priamàr-Festung dokumentiert die Stadtgeschichte von den Anfängen bis ins Mittelalter anhand von Grabungsfunden (im ersten Saal vorwiegend frühgeschichtliche und antike, im zweiten Saal mittelalterliche Stücke). Sehenswert auf dem Rundgang sind auch die teils mit Glas geschützten Ausgrabungen im Palazzo selbst. Im oberen Stockwerk zeigt das *Museo Pertini* Werke zeitgenössischer Künstler.

Fortezza del Priamàr tägl. 9–24 Uhr. **Museo archeologico** 1. Juni bis 15. Sept. Di–Fr 10–12 und 15–17 Uhr, Sa/So 10–12 .30 und 17–19 Uhr, Mo 10.30–12.30 Uhr; im Winter Di–So 10–12.30 und 15–17 Uhr, Mo geschl. Eintritt 2,50 €, erm. 1,50 €. Audioguides in Englisch und Italienisch. **Museo Pertini** nur Sa/So 10–12 Uhr, Eintritt 2,50 €, erm. 1,50 €. **Bar/Ristorante La Sibilla** tägl. 11–24 Uhr.

Sandro Pertini

Er war eine der schillerndsten Figuren auf der lebhaften politischen Bühne Italiens. Als Staatspräsident (1978–85) erreichte er den Höhepunkt seiner Popularität. Wo immer Sandro Pertini in seiner fast achtjährigen Amtszeit auftrat, fanden die Ovationen kein Ende – eine Begeisterung, wie sie in Europa vielleicht nur in Italien möglich ist. Die sympathische, charismatische Erscheinung, die politische Umsicht und Integrität des weißhaarigen alten Herrn begeisterten Jung und Alt gleichermaßen. Als Sandro Pertini am 24. Februar 1990 im Alter von 94 Jahren starb, war das ganze Land von tiefer Trauer erfüllt.

Das Licht der Welt erblickte Pertini am 25. September 1896 in der kleinen ligurischen Ortschaft *Stella* bei Savona. Als Sozialist und Gegner des Faschismus wurde er mehrfach inhaftiert und schließlich zu lebenslanger Haft verurteilt, die 1943 mit dem Sturz Mussolinis ein Ende fand. In der Nachkriegszeit machte er als Chefredakteur des Parteiblatts „Avanti!" journalistische Karriere. Sandro Pertini liegt auf dem Friedhof seines Heimatdorfs Stella begraben.

Savona/Hinterland

Altare

ca. 2200 Einwohner

Ein Abstecher hierher lohnt sich für Liebhaber der traditionellen ligurischen *Glasmacherkunst*, die Ortschaft selbst ist eher uninteressant. Altare war über Jahrhunderte ein bedeutendes Zentrum der Glasherstellung und kunsthandwerklichen Bearbeitung von Glas und Kristall. Französische Zuwanderer brachten die Techniken im 13. Jh. nach Altare, heute sind hier nur noch wenige Werkstätten aktiv. Das örtliche *Museo del vetro (Glasmuseum)* ist in der hübschen Jugendstilvilla Rosa untergebracht. Zahllose Arbeiten veranschaulichen die Entwicklung der hiesigen Glasproduktion und -bearbeitung; Interessierte kommen garantiert auf ihre Kosten.

Ein echter Steinpilz sozusagen: der Fungho di pietra

• Anfahrt Altare liegt ca. 14 km nordwestlich von Savona; entweder die A 6 Savona–Turin bis Abfahrt Altare/Carcare nehmen oder über die N 29.

• Museum So und Di–Fr 16–19 Uhr, Sa 15–19 Uhr, Mo geschlossen. Eintritt 3 €, erm. 2 €. Piazza Consolato 4. ✆ 019-584734, www.museodelvetro.org.

Val Bormida und Parco Naturale Piana Crixia

Ein etwas längerer und kurvenreicher Ausflug auf der S 29 (ca. 40 km von Savona) führt ins obere Val Bormida (Gemeinde Piana Crixia) und weiter zum Parco Naturale Piana Crixia hinter Pontevecchio. Die weitgehend sanfte Berglandschaft an der piemontesischen Regionalgrenze weist einige bizarre Erosionserscheinungen auf. Die berühmteste ist der *Fungo di pietra*, ein 15 m hohes Naturdenkmal, das tatsächlich wie ein Pilz aussieht: Auf einem festen Steinstiel ruht ein nahezu runder Felsblock, der einfach nicht in die Tiefe stürzen will – ein Phänomen.

• Anfahrt zum Fungo di pietra Beim Castello del Fungo biegt eine kleine Straße zum winzigen Weiler **Borgo** ab, wo eine hübsche Feld-/Backsteinkirche mit wuchtiger Apsis und Kuppel steht. Noch etwas weiter gelangt man zu einem Parkplatz am Friedhof, von dem ein Fußweg zu dem fotogenen Steinpilz am Hang führt.

Hinter der kleinen Ortschaft *Pontevecchio* verändert sich plötzlich das Landschaftsbild. Zerfurchte Bodenformationen brechen durch das dichte Grün, dahinter ziehen sich Wiesen über ein Plateau, überragt von bewaldeten Bergkuppen. Insgesamt sollte man aber vom *Parco Naturale Piana Crixia* an der Grenze zum Piemont nicht zu viel erwarten.

• *Anfahrt* Von Savona aus auf der N 29 Richtung Acqui Terme (Piemont). Die landschaftlich schönere, aber etwas längere Strecke führt über Albisola. Von dort zunächst auf der S 334 landeinwärts Richtung Acqui Terme. Abzweig nach ca. 16 km in Richtung Pontinvrea und Giusvalla. In Dego trifft man auf die S 29, die durch das Bormida-Tal führt.

• *Übernachten/Essen/Trinken* **Agriturismo La Celestina**, abgelegener Bauernhof, ca. 800 m außerhalb von Pontevecchio (beschildert). Beliebtes Ausflugsrestaurant (mittags und abends geöffnet, Anmeldung ratsam, Degustationsmenü 30 €). Nur sechs schlichte, aber große Zimmer. Idealer Standort für Piana-Crixia-Exkursionen. Die nette Wirtsfamilie gibt Tipps und verkauft selbst gemachte Marmeladen und Honig. Im Okt. Pilzexkursionen ins waldreiche Umland. Geöffnet März bis Nov. Halbpension 50 €/Person. Località Rovereto 18, ✆ 019-570292, 3483806185 (mobil), www.agriturismo lacelestina.net.

** **Villa Carla**, einfache Pension mit Restaurant/Bar in Pontevecchio, an der Straßengabelung zum Parco Naturale Piana Crixia; sehr schlicht und eher als Notunterkunft im Fall eines überraschenden Sonnenuntergangs geeignet. DZ 50 €. Via Pontevecchio 23, ✆ 019-570019.

Albisola

ca. 16.300 Einwohner

(Albissola Marina und Albisola Superiore)

Die weitläufige Gemeinde mit zwei eigenständigen Ortsteilen ist der erste große Badeort nach Savona. Jahrhundertelang waren die beiden Albisola das ligurische Zentrum edler und kostbarer Keramik von Weltruf. Heute beschränkt sich die Produktion weitgehend auf bunte Souvenirs und Massenware.

Die Eigenständigkeit der beiden zusammengefassten Nachbarn zeigt sich u. a. in der Schreibweise. Während Albissola Marina auf ein zweites „S" im Namen besteht, begnügt sich Albisola Superiore mit einem. In Albissola Marina, dem ersten Stadtteil nach Savona, spielt sich das durchorganisierte Strandleben auf einem langen Kiesstrand ab und setzt sich hinter der Flussmündung in Albisola Superiore an einem etwas schmaleren Sand-/Kiesstrand fort. Die schier endlose Uferpromenade, beginnend mit der *Passeggiata degli Artisti* (Künstlerpromenade) in Marina, ist durchgehend mit bunten Keramikfliesen verziert – ganz in der Tradition der ligurischen Keramikhauptstadt Albisole.

Im Baumboom der Nachkriegszeit sind die Nachbarn Marina und Superiore zusammengewachsen, eine harmonische städtische Einheit ist dabei nicht entstanden. Wenn überhaupt, dann liegt Albisoles beschaulicher Teil in der Altstadt von Marina, im Bereich der Piazza Garitta und der restaurierten Barockkirche *Nostra Signora della Concordia*. In Albisola Superiore ist die parallel zur Passeggiata verlaufende *Via Cristoforo Colombo* erwähnenswert. Doch zu viel sollte man von einem Besuch des Doppelorts nicht erwarten.

Diverses

• *Information* **I.A.T. Albisola Superiore e Marina**, Piazza Lam, ✆ 019-4002525, 📠 019-4005358, albisola@inforiviera.it.

• *Anfahrt/Verbindungen* **Auto**, Autobahnabfahrt am nördlichen Stadtrand (Albisola Superiore). Parken: gute Möglichkeiten entlang der Uferstraße.

Bahn, Bahnhof am oberen Stadtrand von Albisola Superiore, Piazza Giulio II. Etwa halbstündlich nach Savona und in anderer Richtung über Celle und Varazze nach Genua.

Bus, *A.C.T.S.*-Busse ab Bahnhof und Piazza Veneto (Albissola Marina); Verbindung nach Savona und in anderer Richtung bis Varazze.

• *Einkaufen* In Marina und Superiore gibt es ein paar Keramikwerkstätten und Keramikbasare.

Übernachten/Essen & Trinken

**** **Garden**, in Albissola Marina, gut geführter Neubau. Mit Restaurant. Relativ teuer. DZ 165 €. Viale Faraggiana 6, 17012 Albissola Marina (SV), ✆ 019-485253, 019-485255, www.hotelgardenalbissola.com.

** **Camping Anita**, einziger Platz in Albisola, östliche Stadtausfahrt, unmittelbar hinter dem Straßentunnel in Richtung Celle, direkt am Felsufer. Terrassenanlage. Großer Stellplatz (inkl. 4 Pers.) 48 €. ✆ 019-486444.

Al Cambusiere, in der Altstadt von Albissola Marina; gemütlicher Gewölberaum, netter Familienbetrieb; am besten rechtzeitig einen Platz im kleinen Pergolagarten reservieren. Gute Fischküche, z. B. Meeresfrüchte-Risotto oder Fischsuppe (Zuppa di pesce), Menu della casa 30 €. Auch Zimmer: DZ 70 € inkl. Frühstück. Mo Ruhetag. Via Repetto 86, ✆ 019-481663, 019-4003477, www.cambusiere.it.

La Familiare, ebenfalls in der Altstadt von Marina, im Kaffeehausstil eingerichtet mit kleiner Gemäldegalerie, heller Speiseraum, gute Land- und Fischküche. Menü 30–35 €. Mo Ruhetag. Piazza del Popolo 8, ✆ 019-489480, www.lafamiliare.com.

• *Nachtleben* Am Abend trifft sich Alt und Jung in der **Zenzi Bar** an der lebhaften Piazza del Popolo (Marina). Cocktails, Bier und Musikbox.

Sehenswertes in Albisola

Villa Gavotti: in Albisola Superiore gleich neben der Autobahnabfahrt. Im 18. Jh. ließ sich die Adelsfamilie *Della Rovere* aus Genua diese prächtige Küstenvilla aus dem 15. Jh. im Stil der Zeit herrichten. Auf dem quadratisch angelegten Grundstück erstreckt sich ein Garten mit Barockbrunnen und anmutigen Marmorstatuen. In die Villa führt eine breite Freitreppe mit eleganten Balustraden. Nähere Informationen bei der I.A.T.

Villa Faraggiana: Am nördlichen Stadtrand von Albissola Marina liegt der herrschaftliche Landsitz aus dem 17. Jh., den die Genueser Adelsfamilie *Durazzo* bauen ließ. Das mit historischem Mobiliar prunkvoll eingerichtete Hauptgebäude ist zu besichtigen. Zu den Höhepunkten gehören die farbenprächtigen Keramikfußböden, das Spiegelzimmer und nicht zuletzt der gepflegte barocke Park.

April bis Sept. tägl. (außer Mo) 15–19 Uhr, die Öffnungszeiten können variieren; Eintritt 8 €, nur Garten 4 €, ✆ 019- 480622, www.villafaraggiana.it.

Albisola/Hinterland

Sassello

ca. 1800 Einwohner

Inmitten ausgedehnter Steineichen- und Kastanienwälder liegt dieser Bergort mit einem kleinen *Centro storico*, in dem sich mächtige alte Häuser und freskengeschmückte Palazzi mit kleinen Fenstern aneinanderdrängen – eine trutzige Architektur, die nur 20 km vom Meer entfernt wenig mit den lichten Bauten an der Küste gemein hat. Das Leben spielt sich überwiegend in der zentralen gepflasterten Gasse *Via G. B. Badano* ab, wo auch die meisten Geschäfte zu finden sind. Bekannt ist Sassello für seine *Amarettini* und seinen *Amaretto di Sassello* (neben dem *Amaretto di Saronno* der einzige in ganz Italien, der sich mit dieser geschützten Bezeichnung schmücken darf!), die es in zahlreichen Geschäften zu kaufen gibt. Im Herbst sind in den Wäldern um Sassello Steinpilze und Trüffel zu finden.

• *Information* **I.A.T.-Büro** im mittelalterlichen Palazzo Gervino, zugleich Besucherzentrum des Parco Naturale del Beigua. Der Palazzo beherbergt auch eine interessante multimediale Ausstellung über Geologie, Flora und Fauna des Parks (Eintritt 2 €). Umfassendes Infomaterial, Broschüren und Karten, hilfsbereite Mitarbeiter. Im Sommer Mo–Do 9.30–12.30 Uhr, Fr–So 15–18 Uhr, in der Nebensaison nur Fr–So 9.30–12.30 Uhr, ✆ 019-724020, 019-723832, Via G. B. Badano 45, 17047 Sassello (SV).

• *Anfahrt/Verbindungen* **Auto**, Autobahnabfahrt am nördlichen Stadtrand von Albisola, von dort 20 km auf gut ausgebauter, aber kurviger Straße.

Bus, *A.C.T.S.*-Bus der Linie 18 ab Savona über Albisola 9x tägl. (am Wochenende nur 2x tägl.), ab Varazze mit der Linie 29 3x tägl., am Wochenende 2x tägl.

• *Einkaufen* Im Zentrum und an der Via Roma gibt es Amarettini, Amaretto und getrocknete Steinpilze zu kaufen.

• *Camping* Ungefähr 6 km nach Albissola Superiore an der Straße nach Sassello liegt auf der linken Straßenseite der **Campeggio Dolce Vita** (beschildert). Der steilen Zufahrt folgt ein weitgehend ebenes, baumbewachsenes Gelände mit schlichten, aber sauberen Sanitäranlagen. Zelt 16–18 €, pro Person 6 €. Ganzjährig geöffnet. 17040 Stella San Giovanni (SV), ✆ 019-703269, www.campingdolcevita.it.

• *Essen & Trinken* **Bar Gina**, sympathische Bar mit Eisdiele gegenüber vom Palazzo Gervino, ein geeigneter Platz, um nach einem ausgedehnten Bummel oder einer Wanderung bei einem Cappuccino das lebendige Dorftreiben auf sich wirken zu lassen. Via G. B. Badano 38, ✆ 019-724280.

• *Wandern* In den Wäldern um Sassello gibt es zahlreiche Wandermöglichkeiten, u. a. eine schöne Tour durch den Staatsforst von Deiva. Infos dazu und Wanderkarten in der I.A.T.

Riviera di Ponente – Palmenriviera
Karte S. 156/157

Badia di Tiglieto

Ein verstecktes und weithin unbekanntes kirchliches Kleinod liegt auf einer einsamen Ebene am Rande ausgedehnter Sumpfwiesen im oberen Tal des Flusses Orba: die *Abbazia Santa Maria alla Croce*, im Volksmund auch Badia di Tiglieto genannt. 1120 von Mönchen als erste Zisterzienserabtei Italiens erbaut, wurde sie nach einer wechselvollen Geschichte im 18. Jh. aufgegeben. Erst seit 2005 wird die Abtei nach umfangreichen Restaurierungsarbeiten wieder von Mönchen bewohnt. Die dreischiffige Kirche umschließt mit den angrenzenden Wohn- und Wirtschaftsgebäuden einen nahezu quadratischen Innenhof. Sehenswert ist neben den weitgehend ursprünglich erhaltenen romanischen Rundbögen des Kirchenmittelschiffes vor allem der farbenprächtig renovierte Kapitelsaal aus dem 12./13. Jh. mit zahlreichen Kapitellen. Derzeit leben drei Mönche in der Abtei, bauen Gemüse an und verkaufen in einem kleinen Laden selbst hergestellte Marmeladen und Liköre.

Ungefähr 1 km westlich der Abtei überquert nahe der Hauptstraße eine prächtige mittelalterliche Brücke mit vier Bögen den Fluss Orba. Hier lohnt unbedingt ein kurzer Stopp und die Begehung des gepflasterten, jahrhundertealten Brückenwerks.

• *Anfahrt/Verbindungen* **Auto**, von Sassello über Urbe auf kurviger Straße nach Tiglieto, dort beschilderter Abzweig zur Abtei. In Badia ein großer Parkplatz mit Picknickmöglichkeiten, von hier in wenigen Minuten zu Fuß zur Abtei. Alternativ von Genua-Voltri auf der A 26, Ausfahrt Masone, dann die SS 456 bis Massiglione und von dort beschildert auf der SP 41 nach Tiglieto auf einer sehr kurvigen, panoramareichen Straße.

Bus, von Sestri Ponente (bei Genua) 4x tägl. nach Tiglieto.

Celle Ligure und Piani

ca. 5450 Einwohner

Das alte Celle Ligure ist ein recht hübscher Küstenort, sieht man einmal von der Hangbebauung ab, die von einer wagemutigen Autobahnführung eingerahmt ist.

Celle besteht aus zwei Ortsteilen, dem alten Celle und dem hinter einer Landzunge angrenzenden Strandbad-Viertel Piani. Während Piani sich als moderner Urlaubsort präsentiert, lässt das alte Celle noch den engen, meernahen Kern eines mittelalterlichen Fischerdorfs erkennen, das einst im Schutz des felsigen Küstenvorsprungs gegründet wurde. Dicht am Stadtstrand von Celle zieht sich die schmale Häuserreihe der Altstadt entlang, eine bunte Fassadenkulisse mit blumengeschmückten Dachterrassen und Balkonen, der Blick aufs Meer aber wird von den Badeanstalten behindert. Im Rücken der Bagni haben die Einheimischen ihre Altstadt noch fest im Griff.

Eine Uferpromenade führt um den Felsvorsprung herum nach Piani. Hier steht die schwungvoll geformte Badebucht mit dem schönen Kies-/Sandstrand im Mittelpunkt des Interesses. Die Via Aurelia trennt den von Badeanstalten aufgeteilten Strand vom jüngeren Viertel. Mehrere Unterführungen sorgen dafür, dass Strandgänger die Straße ungefährdet passieren können.

Diverses/Übernachten/Essen

• *Information* **I.A.T.-Büro** im Rathaus, Via Boagno/Ecke Via Aicardi, auf dem Weg vom Bahnhof zum Altstadtstrand. Mo–Sa 9–12.30 Uhr, Di–Sa auch 15.30–18 Uhr, So 10–12.30 und 15.30–17.30 Uhr; im Winter eingeschränkte Öffnungszeiten. ✆ 019-990021.

• *Anfahrt/Verbindungen* **Auto**, Autobahnabfahrt hoch oben, am östlichen Stadtrand.

Bahn, Bahnhof zentral im alten Celle, unweit des Altstadtstrands. Etwa halbstündlich Verbindung nach Savona und in anderer Richtung via Varazze nach Genua.

• *Übernachten* Fast alle Herbergen befinden sich im Stadtteil Piani.

*** **La Giara**, ein Logis d'Italie mit ansprechendem, gemütlichem Restaurant **Il Rosmarino** (gehobenes Preisniveau); freundliche, familiäre Atmosphäre, behagliche Zimmer. DZ 95–105 €, Frühstücksbüfett 8 €/Pers. Via Dante Alighieri 3, 17015 Celle Ligure (SV), ✆ 019-993773, 📠 019-993973, www.hotellagiara.it.

*** **Ancora**, etwas älteres Hotel gegenüber vom La Giara, aber gut geführt, freundlicher Service. DZ 87 €, Frühstück 8 €/Pers. Via De Amicis 3, 17015 Celle Ligure (SV), ✆ 019-990052, 📠 019-993249, www.albergoancora.it.

*** **Marinella**, in zweiter Reihe (ein Vorteil, denn die erste Reihe teilt sich den Ausblick mit der Via Aurelia). Zimmer teilweise renoviert, einige mit Terrasse oder Balkon. Restaurant und Kinderspielplatz. DZ 144 € mit obligatorischer Vollpension (inklusive zwei Liegen plus Schirm am Strand), Mindestaufenthalt drei Tage. Via Monte Tabor 21, 17015 Celle Ligure (SV), ✆ 019-990126, 📠 019-991027, www.hotelmarinellacelle.it.

*** **Flora**, nur wenige Meter vom Marinella; etwas älteres Hotel, ebenfalls mit Restaurant, nicht mehr ganz junges Publikum, relativ günstig. DZ 95 € inkl. Frühstück, Halb- und Vollpension möglich. Via Monte Tabor 47, 17015 Celle Ligure (SV), ✆ 019-990218, 📠 019-993450, www.htlflora.com.

** **Silvia**, rotes Backsteinhaus an der Ortsausfahrt ins Landesinnere, hinter den Gleisen linker Hand; einfache, günstige Unterkunft. Mit Restaurant. EZ 40 €, DZ 50 € inkl. Frühstück. Via Colla 109, 17015 Celle Ligure (SV), ✆/📠 019-990312.

** **Gameragna**, größerer, schon etwas älterer Platz am Hang mit vielen Bäumen, ca. 5 km landeinwärts im Ort Stella-Gameragna (S 334 Richtung Aqui), schöner Blick auf die Küste. Die Öffnungszeiten variieren, zuletzt war der Platz Ende Mai noch geschlossen. Person 6,50 €, Zelt 4 €, Wohnmobil 6,50 €, also relativ günstig. 17040 Stella (SV), ✆/📠 019-706366, www.campinggameragna.com.

Dolce Vita, großzügiger, schattiger Platz ca. 6 km landeinwärts im Ort Stella Rio Brasco auf der linken Straßenseite. Mit Swimmingpool, Bar, Restaurant, Pizzeria, kostenloses WiFi, auch Bungalows. Erw. 5 €, Stellplatz 16–18 €, Auto 5 €, Mobilhomes und Bungalows 65–130 €/Tag. Loc. Rio Brasco 62, 17040 Stella, ✆ 019-703269, www.campingdolcevita.it.

• *Essen & Trinken* **San Bastian**, Osteria am westlichen Ende der Uferpromenade; großer, heller, gemütlich eingerichteter Gewölberaum; auch Tische im Freien unter der Markise. Ligurische Küche mit Akzent auf Fisch, leicht gehobenes Preisniveau. Mittags und abends geöffnet, Do Ruhetag. Via Pescetto 20, ✆ 019-991695.

Agli Archi, Restaurant an der unteren Uferpromenade, Land- und Meeresküche, leicht gehobene Preise. Mittags und abends geöffnet, Mi Ruhetag. Via Pescetto 10, ✆ 019-991909.

Varazze

ca. 13.800 Einwohner

Der große Yachthafen und die Bootswerften halten die Erinnerung an Varazzes legendäre Schiffbau- und Seefahrertradition wach. Daneben findet sich ein kleines Centro storico, das von wachsenden Vororten umgeben ist.

Varazzes alter Ortskern hat sich die behagliche Enge mittelalterlicher Küstenorte noch bewahrt, wobei bemalte Stuckfassaden die fehlende architektonische Pracht im Stadtbild ersetzen müssen. Ein noch immer deutliches Zeichen des früheren Reichtums der Stadt ist die Anzahl ihrer Kirchenbauten. Sehenswert ist vor allem die reich ausgestattete Hauptkirche *Chiesa Sant'Ambrogio* im Herzen der Altstadt (16. Jh.). Ihre Fassade stammt aus dem frühen 20. Jh., während der stattliche Glockenturm sich im Originalzustand des 14. Jh. befindet. Von der Kirchenpiazza führen verwinkelte Gassen durch das alte Varazze und stoßen an mehreren Stellen unvermittelt auf die rauschende Uferstraße mit dem schmalen, nicht sonderlich einladenden Kies-/Sandstrand.

Fassadenpracht in Varazze

Die rivalisierenden Seemächte Genua und Savona kämpften einst verbissen um die Vorherrschaft über Varazze, denn hier waren die besten ligurischen Werften des Mittelalters ansässig. Dank ihrer schnellen Segler trieb die Hafenstadt im 13. und 14. Jh. regen Mittelmeerhandel und unternahm erste Entdeckungsfahrten in den Nordatlantik. Der hiesige Navigator *Lanzerotto Malocello* gilt als der Entdecker des kanarischen Archipels (frühes 14. Jh.), die Insel Lanzarote trägt seinen Namen. Und Varazze kann sich eines weiteren berühmten Sohns rühmen: Auch *Jacobus de Voragine* (*Giacomo da Varagine* – „Varagine" ist der alte Name von Varazze) wurde hier geboren. Der Dominikanermönch, Theologe und Erzbischof von Genua (geb. um 1230) ist als Verfasser der *Legenda aurea* bekannt, der bedeutendsten Legendensammlung des Mittelalters.

Diverses/Übernachten/Essen

• *Information* **I.A.T.-Büro** im ehemaligen Palazzo Comunale (Rathaus). Mo 8–19 Uhr, Di 8–13.30 und 14.30–19 Uhr, Mi 9–12.30 und 15–19 Uhr, Do–Sa 8–20 Uhr, So 9–20 Uhr, im Winter eingeschränkt. Corso Matteotti 56, ✆ 019-335043.

• *Anfahrt/Verbindungen* **Auto**, Autobahnausfahrt ein paar Kilometer östlich von Varazze, kurz vor Invrea, sowie westlich zwischen Varazze und Celle.

Bahn, Bahnhof etwas ungünstig am westlichen Stadtrand gelegen; etwa halbstündliche Anschluss nach Savona (via Celle und Albisole) und in anderer Richtung nach Genua.

Bus, *A.C.T.S.*-Haltestelle am Bahnhofsvorplatz sowie am Lungomare.

• *Einkaufen* **Wochenmarkt** jeden Samstagvormittag am Platz vor der I.A.T.

• *Bootstouren* Von Juli bis Sept. jeweils am Do **Walbeobachtungsexkursionen** (Start 9.30 Uhr), Dauer ca. 9 Std., 35 €, Kinder 5–14 J. 23 €, unter 5 J. frei. Consorzio Liguria via mare, ✆ 010-265712 oder ✆ 010-256775, www.whalewatchliguria.it.

• *Übernachten* Sehr großes Hotelangebot, viele der 3- und 4-Sterne-Hotels gehören wegen der guten Autobahnanbindung schon zu den Ausweichquartieren von Genua und sind während der Messewochen oft belegt.

*** **Le Palme**, etwas versteckt gelegen beim östlichen Stadtstrand in dritter Reihe; recht vornehm wohnt man in diesen beiden fast identischen Prachtbauten mit den bemalten Fassaden; gepflegter Vorgarten. Restaurant. DZ 102 € inkl. Frühstück. Via San Domenico 9, 17019 Varazze (SV), ✆ 019-97242, 📠 019-930808, www.lepalme-hotel.it.

• *Essen* **Da Matteo**, beliebtes Fischrestaurant, klimatisierter Speiseraum und einige Tische im Freien. Mo Ruhetag. An der Durchgangsstraße Corso Matteotti 1. ✆ 019-97279.

Il Gambero, alteingesessenes Altstadtlokal, Tische auch draußen; leckere Antipasti, große Pizzaauswahl, kleine Preise. Mi Ruhetag. Vico del Ferro/Ecke Via Cairoli 13, ✆ 019-95918.

Parco Naturale del Monte Beigua

Ein besonders an klaren Tagen empfehlenswerter Abstecher führt auf einen der höchsten Berge der Riviera di Ponente. Mit dem Auto fährt man von Varazze landeinwärts am Flusslauf des Teiro entlang nach *Alpicella* (ca. 8 km), von dort weitere 11 km bis auf den Gipfel des *Monte Beigua* (1287 m) und noch einmal etwa 2 km bis zum *Rifugio Pra Riondo*. Auf der kurvenreichen, teils engen Straße durchquert man dichte Wälder, die ab dem Spätsommer von Pilzsuchern durchstreift werden. Oberhalb der Baumgrenze führt die Straße in eine steinige, alpine Landschaft, durch die Schafherden ziehen. Bald öffnet sich ein herrlicher, weiter Blick über die Küste.

Das 8000 ha große Naturschutzgebiet weist auf der Südseite steile Felshänge auf, während die flach abfallende Nordseite von jahrhundertealten Kastanienwäldern bedeckt ist. Als Startpunkt für Wanderungen oder für ein Picknick mit prächtiger Aussicht bietet sich das *Rifugio Pra Riondo* an (ausgeschildert), eine der großen Berghütten am Höhenwanderweg *Alta Via dei Monti Liguri*.Von hier aus führt eine schmale, kurvenreiche Straße weiter ins Hinterland durch ausgedehnte Wälder teils steil bergab und über das auf einer Hochfläche liegende Bergdorf *Piampaludo* bis nach *Urbe*. Hier erinnert die Landschaft mit ihren verstreuten Weilern, Wiesen und Feldern an die Almen Südtirols. Westlich führt die Route über *Sassello* (→ S. 208) zurück an die Küste nach Albisola, östlich lässt sich noch ein Abstecher in die

Wenige Kilometer von der Küste entfernt wird die Landschaft karg

Abtei von *Tiglieto* (→ S. 209) unternehmen und von dort über Rossiglione weiter nach Voltri an die Küste fahren. Beide Varianten benötigen vom Rifugio Pra Riondo aus je einen halben Tag.

• *Übernachten/Essen* **Rifugio Pratorotondo (Pra Riondo)**, urige Gaststube, von den Plätzen draußen fantastischer Blick; einfaches Mittagessen 15 € Festpreis, abends à la carte; abends immer voranmelden. Auch einfache Unterkunft: Übernachtung inkl. Frühstück 20 €/Pers. Juni bis Mitte Sept. tägl. geöffnet, in der Nebensaison Di Ruhetag (Ristorante); Nov. bis März nur am Wochenende geöffnet. ✆ 010-9133578.

Arenzano

ca. 11.700 Einwohner

Der letzte Badeort vor dem Großraum Genua steht ein wenig im Schatten seiner Nachbarn, eingekeilt zwischen den bekannteren Ponente-Badeorten und „La Superba", der traditionsreichen Großstadt. Dabei ist Arenzano ein recht hübsches Städtchen, das den Besuch wert ist.

Zwar ist Arenzano nicht ideal für einen Badeurlaub, auch wenn der graue Kiesstrand fast lückenlos von Stabilimenti gegliedert wird (ein paar freie Strandabschnitte finden sich noch an der Via Aurelia Richtung Genua), dennoch kann man auf der Strandpromenade gut flanieren. Am schönsten aber ist ein Spaziergang durch das unverfälschte Centro storico. Eine paar enge Gassen ziehen sich den Hang hinauf, bestückt mit kleinen Läden, pittoreskem Alltagsleben und den Tischen der zahlreichen Pizzerien und Ristoranti.

• *Information* **I.A.T.-Büro** an der Durchgangsstraße Lungomare Kennedy im Zentrum. Di–Sa 9–12 und 14.30–18.30 Uhr, im Winter Mo–Sa 9–12 Uhr. Lungomare Kennedy, ✆ 010-9127581.

• *Übernachten* **** **Grand Hotel**, für alle, die noch vor Genua eine Unterkunft suchen, wird es höchste Zeit. Unangefochten an der Spitze der örtlichen Hotellerie schwebt ein Prachtbau, der sich hinter den Grandhotels von San Remo und Bordighera nicht zu verstecken braucht, natürlich mit angemessenem Restaurant. Am westlichen Ortseingang und nicht zu übersehen. EZ 100–120 €, DZ 178–208 €, in der Nebensaison deutlich günstiger. Lungomare Stati Uniti, 16011

Arenzano (GE), ☏ 010-91091, 📠 010-9109444, www.grandhotelarenzano.it.

*** **Ena**, schöne, alte Villa am östlichen Rand des Lungomare; moderne, gepflegte Zimmer, freundlicher Service. Restaurant, schöner Speisesaal. DZ 130–200 €, inkl. Frühstück. Via Matteotti 12, 16011 Arenzano (GE), ☏ 010-9127379, 📠 010-9125696, www.enahotel.it.

Alltag in Arenzano

** **Camping La Vesima**, letzter Platz vor Genua, 1 km hinter Arenzano an der Aurelia. Einfahrt mit vielen Sicherheitsvorkehrungen (Drehtür und Gittertor). Gepflegter, schattiger Platz mit Zugang zum Strand. Ganzjährig geöffnet. Erw. 9 €, Kinder 4 €, Stellplatz 11–14 €, Auto 7 €. Via Pietra Paolo Rubens, 50r, 16158 Genova, ☏ 010-6199672, 📠 010-6199686, www.caravanparklavesima.it.

• *Essen* **Pizzeria Nastre (Mimmo's Pizza)**, etwas versteckt oberhalb des Lungomare in der Altstadt, Tische auch draußen; besonders nett, um abends hier zu sitzen, sehr gute Pizza, köstliche Farinata, sehr beliebt, netter Service und nicht teuer. Di Ruhetag. Piazza Chiossone 3, ☏ 010-9124540.

Schön sitzt man abends auch im Garten der **Pizzeria Lago Tana**; beliebt und nicht zu teuer, am hinteren Ende der Via Ghiglini in der Via Rio Nave 5. Di Ruhetag. ☏ 010-9127376.

La Piazzetta, ligurische Küche, auch Pizza, eher teuer. Im Sommer Mo Ruhetag. Via Ghiglini 22, ☏ 010-9127469.

• *Einkaufen* **Damonte**, hier gibt es fangfrischen Fisch in allen Formen und Farben; das Fischerehepaar werkelt im engen Laden zwischen der eisbedeckten Ware umher. Lohnt einen Blick, auch wenn man nichts kauft, Via Ghiglini 55, ☏ 010-9126797.

• *Wandern/Radfahren* **Lungomare Kennedy**, zwischen Varazze und Cogoleto gibt es eine autofreie asphaltierte Promenade, die auf der alten Eisenbahnstrecke am Meer entlang führt. Man passiert mehrere Badebuchten, düstere, teilweise unbeleuchtete Tunnels, von deren Natursteinwänden das Wasser tropft, aber auch einige Strandbars. Der etwa 6 km lange Weg ist gut zu Fuß zu machen, aber auch mit dem Rad oder mit Rollschuhen befahrbar und eignet sich perfekt für einen Familienausflug. Er ist allerdings bis auf die Tunnels schattenlos. Parkmöglichkeiten in Varazze kurz vor dem Ortsende, am Beginn des Lungomare Kennedy unterhalb der Durchgangsstraße.

Pegli (Vorort von Genua)

ca. 28.000 Einwohner

Die westliche Vorstadt Genuas war einst ein bevorzugter Wohn- und Aufenthaltsort des Genueser Stadtadels. Im 19. Jh. war Pegli ein nobles Feriendomizil mit dem legendären Hotel Mediterranée im ehemaligen Fürstenpalais.

Doch die Ausdehnung Genuas bereitete dem eigenständigen Städtchen bald ein Ende und degradierte es zum bedeutungslosen Vorort. Industrieansiedlungen, Durchgangsverkehr und die nahe Autobahntrasse haben Pegli längst vereinnahmt. Zwei botanische und museale Attraktionen lohnen jedoch einen gezielten Besuch.

• *Anfahrt/Verbindungen* **Auto**, Autobahnabfahrt Genova-Pegli, der Weg zu den Museen ist, von Westen kommend, beschildert. Wer aus Genua kommt, sollte sich am Bahnhof orientierten, von dort ebenso beschildert. Sehr begrenzte Parkmöglichkeiten. **Bus**, Stadtbusse vom Bahnhof Principe in Genua (mit Card Musei + Bus → S. 233).
Bahn, ideale Verbindungen ins Zentrum von Genua und in die nahe gelegenen Ponente-Orte.

Sehenswertes

Parco Durazzo Pallavicini mit Museo archeologico: Der terrassierte Park wurde Mitte des 19. Jh. ganz im Stil der Zeit angelegt – mit einheimischen und exotischen Pflanzen, mit künstlichen Wasserfällen, Teichen, Grotten und Brücken, mit Garten- und Pagodenhäuschen. Das Archäologische Museum in der Villa Pallavicini (ein Stück oberhalb vom Bahnhof, Eingang zum Park neben dem Bahnhof) zeigt eine umfangreiche Sammlung zur ligurischen Frühgeschichte und Antike: faszinierende Fundstücke aus den prähistorischen ligurischen Grabhügeln und Küstenhöhlen (Balzi Rossi, Toirano und Arene Candide) sowie Kunst- und Gebrauchsgegenstände aus den vorrömischen Nekropolen Genuas. Die antiken Funde stammen vor allem aus den altrömischen Siedlungen von Luni, Ventimiglia und Genua. Zudem bereichert eine Privatsammlung von Marmorbüsten, antiken Vasen, Gläsern, Gemmen etc. sowie eine kleine Abteilung ägyptischer Kunst das Museum.
Park, Di–So 9–17 Uhr. **Museum**, Di–So 9–19 Uhr, Sa/So 10–19 Uhr. Eintritt 4 €, erm. 2,80 €, mit Card Musei (→ S. 233) Eintritt frei.

Parco Villa Centurione Doria mit Museo navale: direkt neben dem Parco Pallavicini, aber nicht miteinander verbunden. Vom Bahnhof führt ein kurzer Fußmarsch über die Via Martiri und die Via Pavia zur Piazza Bonavino mit dem Parkeingang.

Mitte des 16. Jh. ließ sich Adamo Centurione, angeblich der reichste der Genueser Bankiers, hier eine herrschaftliche Vorstadtvilla mit Lustgarten bauen, später fiel der Besitz an den Doria-Clan. Der heutige Park mit uraltem Baumbestand und einem kleinen Teich mit Inselchen tendiert ein wenig zur Verwilderung. Unbedingt sehenswert ist jedoch das Schifffahrtsmuseum in den mit Fresken ausgeschmückten Räumen der Cinquecento-Villa. Insgesamt zwölf Säle mit zahlreichen Exponaten gewähren einen Einblick in die Welt der traditionsreichen Genueser Schifffahrt des 11.–16. Jh.: Gemälde, Aquarelle, Dokumente, Galionsfiguren, Navigationsinstrumente, Seekarten und Schiffsmodelle. Dem Vergleich mit dem neuen Schifffahrtsmuseum am Porto antico von Genua, das die interessantesten Stücke aus dieser Sammlung bekommen hat, kann das Museum aber nicht standhalten.
Di–Fr 10–13 Uhr, Sa/So 10–19 Uhr. Eintritt 4 €, mit Card Musei (→ S. 233) Eintritt frei.

Der Bigo am Porto antico

Genua

610.000 Einwohner (Großraum 800.000)

Wie ein überwältigendes Freilichtmuseum voller Leben präsentiert sich das Centro storico der Kolumbusstadt. Ein labyrinthisches Gewirr von Gassen erstreckt sich zwischen dem Alten Hafen und dem Fuß des Apennin – mit repräsentativen Palazzi und prächtigen Kirchen, bemerkenswerten Museen und jeder Menge Flair. „La Superba“, „Die Stolze“ ist unbedingt einen Besuch wert.

Genua ist eine faszinierende Stadt. Schon bei der Anfahrt spürt man, warum *La Superba* die Hauptstadt Liguriens ist. Nicht nur ist sie die mit Abstand größte und in fast jeder Beziehung bedeutendste und weltoffenste Stadt der Region. Genua steht beispielhaft auch für die besonderen geografischen Gegebenheiten Liguriens: Jeder architektonisch brauchbare Quadratmeter wird genutzt. Und wenn einem Bauwerk der Platz fehlt, dann wird er eben geschaffen – wie beispielsweise die Landebahn des *Aeroporto Internationale Cristoforo Colombo* aufgeschüttet und dem Meer abgetrotzt wurde. Wer auf der Küstenroute in die Stadt einfährt, bleibt – alle Vororte berücksichtigt – auf gut 35 km Luftlinie innerhalb der Stadtgrenzen. Wer dagegen auf der A 7 von Norden kommt, fällt geradezu nach Genua hinab, so dicht drängt sich der Stadtrand an den Apennin. Hat man aber das Dickicht der Peripherie durchdrungen und erreicht das Zentrum der Metropole, steigt die Begeisterung mit jedem Meter.

Nach Venedig besitzt Genua die größte Altstadt Italiens. Doch anders als Venedig ist Genua keine den Besuchermassen ausgelieferte Museumsstadt, sondern eine der wenigen Großstädte Westeuropas, die der Tourismus noch nicht erobert hat.

Schon auf den ersten Blick gibt sich Genua sympathisch kontrastreich. Die Mehrzahl der Sehenswürdigkeiten und viele Straßenzüge sind saniert. Zu den Highlights gehört zweifellos die *Via Garibaldi* (*Strada Nuova*), eine von repräsentativen Palazzi bestandene Prachtstraße, die seit 2006 zum UNESCO-Weltkulturerbe zählt. Hier befinden sich auch die bemerkenswerten Gemäldegalerien im *Palazzo Bianco* und im *Palazzo Rosso*. Ähnlich schick zeigt sich die Stadt an der *Via San Lorenzo* mit dem gleichnamigen prachtvollen *Dom*, dem nahen riesigen *Palazzo Ducale* und, etwas zurückgesetzt, dem schmucken Gebäudeensemble an der *Piazza San Matteo*.

Auch der *Porto antico*, der Alte Hafen, an dessen Umgestaltung der Stararchitekt *Renzo Piano* mitgewirkt hatte, zeigt sich herausgeputzt – Besuchermagneten sind hier das riesige *Meerwasser-Aquarium* und ein nagelneues *Schifffahrtsmuseum*. Der große Vorplatz des Alten Hafens aber liegt im Schatten der skandalösen und zugleich segensreichen *Sopraelevata* – die Hochstraße steht symptomatisch für die ligurischen Notlösungen angesichts räumlicher Enge: Einerseits ist sie eine Bausünde von ausgesuchter Hässlichkeit, die den Blick auf den *Palazzo San Giorgio*, das erste Bankhaus Europas, verstellt. Andererseits leitet sie das enorme Verkehrsaufkommen über den Hafen und weg von der Altstadt.

Die größte Sehenswürdigkeit Genuas ist die *Altstadt* selbst. Zwischen *Castello-Viertel*, Altem Hafen und Piazza Corvetto erstreckt sich das vielgestaltige Gassengewirr, das den Besucher in eine andere Zeit versetzt. Sich in diesem Labyrinth nicht zu verlaufen, ist fast unmöglich.

Karten S. 224/225 und 228/229
Genua

Berühmte Genueser

Cristoforo Colombo (1451–1506), Seefahrer und Entdecker Amerikas in spanischen Diensten

Andrea Doria (1466–1560), langlebiger Condottiere, gefürchteter Admiral und Staatsmann

Bernardo Strozzi (1581–1644), Il Prete Genovese, „der Pater aus Genua", Priester und Barockmaler

Niccolò Paganini (1782–1840), der „Teufelsgeiger", legendärer Violinvirtuose und Komponist

Giuseppe Mazzini (1805–1872), Jurist, Demokrat und Freiheitskämpfer während des Risorgimentos

Renzo Piano (1937), Stararchitekt

Während so manche Ecke in der Altstadt bereits herausgeputzt ist, wirken andere nach wie vor heruntergekommen, so beispielsweise der *Carrugio Lungo*, die lange Gasse im Hafenviertel der Altstadt (*Quartiere del Porto antico*). Tagsüber herrscht hier turbulentes Markttreiben: fliegende Händler, glitzernde Uhren- und Schmuckläden, frischer Fisch neben Schuhmode, Backwaren und Garküchen zwischen Kinderspielzeug aus Plastik. Die zahlreichen Marktstände, Boutiquen, Einzelhandelsgeschäfte, Antiquitätenhändler und Werkstätten vermitteln tagsüber den Eindruck eines intakten, lebendigen Wohn- und Geschäftsviertels. Sobald aber die Rollläden geräuschvoll herunterrasseln und die Marktstände hochgeklappt werden, ändert sich die Stimmung am Hafenrand. Die unübersehbare Carabinieri-Präsenz zeigt an, dass Vorsicht geboten ist. Alleine sollte man sich nachts in dieser Gegend vorsehen. Diese Art von sozialem Kontrast ist typisch für *La Superba*.

Völlig anders sieht es dagegen um die *Piazza delle Erbe* aus. Am Ende der faszinierenden, engen *Via di Canneto il lungo*, der Lebensader des Castello-Viertels gelegen, fristet sie tagsüber ein ruhiges, beschauliches Dasein. Nach Einbruch der Dunkelheit aber entfaltet sich in den Restaurants, Clubs und Bars ein reges Nachtleben.

Nur ein Stück oberhalb der Altstadt, in den gepflegten Straßenzügen, die vor allem von der *Piazza De Ferrari* ausgehen, zeigt sich Genua von seiner vornehmen Seite: schicke Geschäfte, Bars und Cafés hinter prächtigen Fassaden, monumentale Plätze, bevölkert von zielstrebigen Menschen. Tagsüber pulsiert die City, Shopping und Business sind angesagt, feine Damen verschwinden in teuren Boutiquen, Nadelstreifenanzüge kreuzen eilig die Straßen. Nach Büroschluss läuft die Innenstadt zur Höchstform auf und präsentiert sich am lebendigsten: Im kollektiven Rhythmus streben die Leute dann geräuschvoll nach Hause, machen die letzten Erledigungen und verweilen noch ein wenig in den eleganten Bars und Straßencafés. In der *Oberstadt* dagegen, wo sich in exklusiven Hanglagen tadellos gepflegte Bürgerhäuser über die Altstadt erheben, leben die gut situierten Genueser, die stolz sind auf ihre alte Weltstadt und ihre hohe Lebensqualität rühmen.

Doch lange ist es noch nicht her, da hatte Genua einen schlechten Ruf in Norditalien. Man rümpfte die Nase über die heruntergekommene Altstadt, die an ihrer glorreichen Vergangenheit zu verfaulen schien, man schimpfte über den bankrotten Hafen mit seinen Industrieruinen und streikenden Arbeitern, über illegale Einwanderer und die hohe Kriminalität, die das Ansehen der Stadt gänzlich verblassen ließen. Kurz: Genua passte einfach nicht in den vornehmen Norden. Und wäre es möglich gewesen, hätten die feinen Mailänder und Turiner die obendrein kommunistisch regierte Stadt am liebsten in den Süden des Landes transferiert. Auch von den Touristen wurde Genua gemieden. Alle Anstrengungen der regionalen Tourismusförderung beschränkten sich bis in die 1990er Jahre auf die Urlaubsorte an der Riviera. Erst bei der Vorbereitung zu den *Kolumbus-Feierlichkeiten* zum 500. Jahrestag der Entdeckung Amerikas (1492) entdeckte Genua sich selbst. Die Gelder flossen, die Sanierung zahlreicher Baudenkmäler wurde endlich in Angriff genommen. Sogar die Genueser stehen heute noch staunend vor den renovierten Fassaden ihrer Prachtbauten.

Mit der Umwandlung des alten Hafengeländes *(Porto antico)* in ein modernes Kultur- und Vergnügungszentrum wurde die Stadt ebenfalls erheblich aufgewertet. Die Glanzstücke der aufwändigen Hafensanierung sind das neue Schifffahrtsmuseum und das Meerwasser-Aquarium, mit jährlich 1.250.000 Besuchern ein echter Touristenmagnet. Und mit Genua ging es weiter bergauf. Nach der erfolgreichen Modernisierung des Industrie- und Containerhafens setzte ein weiteres prestigeträch-

Tiera! – Land! – Wer hat's gefunden?

Christoph Kolumbus, der berühmteste Sohn Genuas, hat Amerika entdeckt. Auf seiner ersten Reise, mit der Santa Maria, der Pinta und der Niña, im Jahr 1492 – das weiß jedes Kind.

Streng genommen aber, und politisch korrekt, waren es natürlich die vorgeschichtlichen Ahnen der Sioux und Apachen, der Inkas und Azteken, die Amerika zuallererst entdeckten und besiedelten. Auch in „neuerer", von der Geschichtsschreibung erfassten Zeit, sind es mehrere, die um die Ehre, Amerikas Entdecker zu sein, konkurrieren:

Einer christlichen Legende zufolge segelte im 6. Jh. der irische Mönch *Brendan* (später heilig gesprochen) nach Westen. Von seinen wunderlichen Abenteuern berichtet die *Navigatio Sancti Brendani.* Ob er dabei Amerika entdeckte oder Island (oder auch nur so genannte *flying islands,* Inseln, die wie Wale kurz auftauchen und wieder verschwinden) wird wohl im Dunkel der Legende verborgen bleiben.

Der nächste, der die Reise unternahm, war *Leif Erikson.* Leif war der Sohn *Eriks des Roten,* des berühmten Isländers, der 986 eine Siedlung in Grönland gründete. Um 1000 tat Leif es seinem Vater nach, segelte nach Westen, fand und besiedelte Vinland, heute Neufundland. Er war der erster Europäer, der nachweislich einen Fuß auf den amerikanischen Kontinent setzte. Von Leifs Taten berichtet die altnordische Grönländer-Saga.

Dann kam Kolumbus. Der berühmte Genueser in spanischen Diensten landete im Zuge seiner Suche nach einem direkten Seeweg nach Indien und China in der Karibik. Seither gilt er gemeinhin als Entdecker Amerikas und zeigt sich im Stadtbild seines Heimathafens Genua mit Statue und Museum angemessen vertreten.

Es gibt aber noch einen Seefahrer, dem ebenfalls zumindest ein Teil der Ehre gebührt, Entdecker Amerikas zu sein, und der ebenfalls aus Genua stammte. Sein Name ist *Giovanni Cabotto,* besser bekannt als *John Cabot.* Wie Columbus um 1450 in Genua geboren, dann in Venedig aufgewachsen, begab sich Cabotto um 1495 in englische Dienste. Beflügelt vom Erfolg Kolumbus', segelte er 1497 von Bristol aus nach Westen, das Wissen von Devon-Fischern nutzend, und erreichte die unbekannte Küste auf der anderen Seite des Atlantiks. Als erster Europäer nach Leif Erikson setzte Giovanni Cabotto, ein Seefahrer aus Genua, seinen Fuß auf den nordamerikanischen Kontinent.

tiges Großereignis neue Akzente: Die Ernennung zur europäischen Kulturhauptstadt 2004 („GeNova 04") entfesselte einen neuen Investitionsschub. Mit einem Etat von rund 180 Mio. Euro wurden zahlreiche Neubau-, Sanierungs-, Modernisierungs- und Erschließungsvorhaben umgesetzt – folgerichtig wurden im Jahre 2006 Teile der Altstadt in die UNESCO-Weltkulturerbeliste aufgenommen.

Weltweit in die Schlagzeilen geriet Genua während des G-8-Gipfels 2001. Bei Ausschreitungen am Rande des Weltwirtschaftsgipfels wurde der Student Carlo Giuliani von einem Carabiniere erschossen. Der Beamte wurde freigesprochen, Zweifel am Tathergang aber konnten nicht ausgeräumt werden. Nicht nur der Tod des Demonstranten, auch das unverhältnismäßig harte Vorgehen der Sicherheitskräfte gegen die Globalisierungsgegner stieß auf internationale Kritik.

Genua
Karten S. 224/225 und 228/229

Stadtgeschichte

Die Anfänge der traditionsreichen Hafenstadt liegen im historischen Dunkeln – wahrscheinlich ist, dass ihre günstige geografische Lage schon vor Jahrtausenden als Hafen genutzt wurde. Funde belegen die Anwesenheit der Griechen um das 4. Jh. v. Chr. Rom begann sich erst im Zuge des 2. Punischen Kriegs (218–201 v. Chr.) für den Rivierabogen zu interessieren. Und während die meisten ligurischen Stämme der römischen Expansion Widerstand leisteten, öffnete Genua seinen Hafen für die römische Flotte. Das wiederum brachte die Karthager gegen die Genuesen auf. Kein geringerer als *Mago*, der Bruder Hannibals, griff die Stadt 205 v. Chr. an und zerstörte sie. Bald wurde die Stadt wieder aufgebaut, und Rom machte Genua, nunmehr Teil der Provinz *Gallia cisalpina*, zu einem Stützpunkt gegen die renitenten ligurischen Stämme und zu einem wichtigen Militärposten an der *Via Aemilia Scaura*, der Fortsetzung der *Via Aurelia*. Genua profitierte von der Anwesenheit der Römer, ohne aber über den Status eines Provinzhafens hinaus zu gelangen.

Nach dem Zusammenbruch des Römischen Reichs und der ab 375 n. Chr. einsetzenden Völkerwanderungen versank Ligurien wie ganz Oberitalien im Chaos. West- und Ostgoten, Alemannen und Burgunder zogen plündernd durch das Land. Zwischenzeitlich stand die Riviera unter der Herrschaft der Exarchen von Ravenna, Mitte des 7. Jh. gefolgt von den Langobarden und schließlich den Franken (8. Jh.), die die Stadt zu einer Seefestung ausbauten.

Genuas Aufstieg zur Stadtrepublik begann mit einer handfesten Bedrohung: Seit dem 10. Jh. kontrollierten sarazenische Piraten das westliche Mittelmeer. Ausgehend von befestigten Landstützpunkten, zunächst dem Piratennest Fraxinetum, heute St. Tropez, später von den maurischen Inseln Korsika und Sardinien, machten die Korsaren die Seewege unsicher und überfielen die Hafenstädte und deren Hinterland. 931 wurde Genua geplündert. In den Wirren der Zeit und im Kampf gegen die Sarazenen entwickelten sich in Genua die ersten Strukturen einer Stadtrepublik. Mit dem benachbarten Pisa gelang es der genuesischen Flotte im 11. Jh., die Sarazenen aus Korsika und Sardinien zu vertreiben. Um die Beute entbrannte bald ein lang anhaltender, blutiger Krieg zwischen den bisherigen Bündnispartnern. Genua entschied den Kampf nach der Seeschlacht von Meloria (1284) für sich, erlangte die Herrschaft über Korsika und Sardinen (sowie kurzzeitig über Elba) und war damit eine Kolonialmacht geworden. Zwischenzeitlich war Genua schon zum Erzbistum aufgestiegen, hatte seine Macht über die Riviera ausgedehnt und von den Kreuzzügen profitiert, indem es die Transportwege aufrecht erhielt, lukrative Geldgeschäfte tätigte und im Orienthandel ein Vermögen verdiente.

Die ehrgeizige Seerepublik legte sich nun mit Venedig, dem stärksten Konkurrenten, an – und verlor: Nach dem von wechselndem Schlachtenglück geprägten „Hundertjährigen Krieg" musste sich Genua in der Seeschlacht bei Chioggia 1381 der mächtigen Rivalin geschlagen geben. In der Folge war die stolze Seerepublik von Franzosen, dem Mailänder Fürstengeschlecht der Visconti oder unfähigen Dogen abhängig.

Doch Genuas goldenes Zeitalter sollte noch kommen. *Kolumbus* – der berühmteste Sohn der Stadt – hatte gerade Amerika entdeckt, als *Andrea Doria,* der schillerndste Staatsmann der Republik, die politischen und wirtschaftlichen Geschicke der wieder aufblühenden Bankiers- und Handelsmetropole in die Hand nahm und dabei für Genua so erfolgreich wirkte wie kein anderer vor und nach ihm.

Andrea Doria – Seeheld und Staatsmann

Bevor Andrea Doria (1466–1560) die Bühne betrat, hatte, wie in der Konkurrenzmetropole Venedig, ein Doge das höchste politische Amt in der Stadtrepublik Genua inne. Simone Boccanegra, Hauptfigur in der gleichnamigen Oper von Giuseppe Verdi, führte das *Dogentum* im Jahr 1339 als Regierungsform in Genua ein – er selbst wurde von einer Art Stadtrat zum ersten Dogen, dem Oberhaupt der Stadtrepublik, ernannt. Diese Regierungsform dauerte zunächst bis 1528, und die Zeit der Dogen, die ausschließlich dem Kaufmannsstand entstammten, war von ständiger politischer Instabilität geprägt. Das führte ab dem 15. Jh. dazu, dass Genua faktisch von Statthaltern der französischen Könige Karl VI., Ludwig II. und Franz I. regiert wurde.

In dieser Situation der politischen Schwäche betrat ein genuesischer Admiral die politische Bühne der Stadt: Andrea Doria. Der aus einer angesehenen Familie stammende Doria hatte sich früh für die militärische Laufbahn entschieden. Mit 19 Jahren stand er in Diensten des ebenfalls aus einem genuesischen Geschlecht stammenden Papstes Innozenz VIII., dann der Montefeltros aus Urbino und der Della Roveres. Danach kämpfte er für seine Heimatstadt gegen die Franzosen, um schließlich seine Dienste (mitsamt eigener Galeeren) den Franzosen anzubieten, für die er bis 1528 als Flottenadmiral tätig war. Schließlich aber wandte sich Andrea Doria, enttäuscht von der Unzuverlässigkeit der Franzosen, von Franz I. ab und wechselte – nunmehr 62-jährig – in das gegnerische Lager des Habsburgers Karl V. über, und zwar als oberster Admiral der spanischen Flotte. Dieser spektakuläre Seitenwechsel – den Andrea Doria mit Weitsicht, aber ohne offiziellen Auftrag Genuas vollzogen hatte – war an ein Abkommen geknüpft, das die Republik Genua unter den Schutz Spaniens stellte und ihr die Unabhängigkeit sowie die Wiederherstellung ihrer Besitzungen und Handelsrechte in allen Gebieten des spanischen Imperiums garantierte. Mit diesem politischen Schulterschluss katapultierte sich Andrea Doria ohne Umwege an die Spitze der Republik Genua und übernahm den Vorsitz der *Supremi Sindicatori*, des obersten Organs der Stadtrepublik. Doria leitete eine Verfassungsreform ein, die ihrem Wesen nach konservativ war, weil sie den alten genuesischen Geldadel, dem auch Doria angehörte, begünstigte und ihn über die jungen adeligen Aufsteiger aus der Schicht der Kaufleute stellte. Oberhaupt des Stadtstaates blieb weiterhin ein Doge, dem acht Senatoren zur Seite gestellt wurden. Mit der Reform gelang es Doria, die innenpolitische Lage zu befrieden und die Wirtschaft effektiv und nachhaltig anzukurbeln. Andrea Doria starb 1560 im stolzen Alter von 94 Jahren.

Genua
Karten S. 224/225 und 228/229

Schon seit dem 13. Jh. hatten Genueser Kaufleute florierende Handelsniederlassungen in Kleinasien, Europa und Afrika gegründet. 1407 wurde mit dem Banco di San Giorgio die erste öffentliche Bank Europas gegründet, die zunächst unabhängig von der Stadtregierung die Schulden der Republik, später die Kolonien verwalten sollte. Im spanischen Sevilla hatte Genua im 15. Jh. fest Fuß gefasst, wo die Stadt im Geldverleih und Waffenhandel aktiv war. Andrea Dorias großer Wurf war es nun, Anfang des 16. Jh. eine vertragliche Liaison mit dem spanischen Habsburgerkaiser Karl V. einzugehen. Damit sollte das goldene Zeitalter für Genua erst richtig anbrechen.

Als privilegierte Geldgeber der neuen Großmacht Spanien entwickelte sich die Genueser Bankiers-Oligarchie zur größten Finanzmacht im neuzeitlichen Europa, die Genueser Kaufleute spielten im Welthandel des 16. Jh. eine herausragende Rolle. Eine besonders ergiebige Geldquelle war dabei der Handel mit Edelmetallen. Die Genueser Geschäftsleute verstanden es, die gewaltigen Preisunterschiede von Gold und Silber in den Regionen der damaligen Welt in bare Münze umzusetzen. Die Doria, Spinola, Pallavicini, Cataldo, Grimaldi und wie sie alle hießen, häuften im 16. Jh. derart viel Kapital an, dass Genua zur reichsten Stadt Europas avancierte.

Es folgte ein Zeitalter der Ruhe und des Wohlstands. Wenngleich Genua immer wieder in die Querelen der Nachbarn Frankreich und Savoyen (Piemont) hineingezogen wurde, blieb es doch meist an der Seite Spaniens und souverän. Das änderte sich erst 1797, als Napoleon die Region zur von Frankreich abhängigen „Ligurischen Republik" erklärte. Damit hatte Genua seine jahrhundertelange Unabhängigkeit verloren und wurde schließlich 1805 Teil des französischen Kaiserreichs. Auch nach dem Fall Napoleons, als auf dem Wiener Kongress (1815) die Neuordnung Europas verhandelt wurde, konnte Genua seine Unabhängigkeit nicht zurückerlangen. Ligurien wurde Teil des Königreichs Sardinien-Piemont und folgte dem savoyischen Staat in die nationale Einheit Italiens (1861). Genuas besonderer Beitrag dazu kam in Person des genuesischen Freiheitskämpfers und Demokraten *Giuseppe Mazzini*.

Information/Verbindungen

• *Information* **I.A.T. Besucherzentrum**, Via Garibaldi 12, tägl. 9–13 und 14.30–18.30 Uhr, ✆ 010-5572903, 📠 010-5572414, www.genovaturismo.it. Hauptsitz des Fremdenverkehrsamts.
Allgemeine Touristeninformation und Infomaterial auch in folgenden Einrichtungen: **I.A.T.-Büro am Porto antico**, nahe Eingang zum Acquario, tägl. 9–18.30 Uhr, ✆ 010-248711.

Büro de Ferrari, beim Teatro Carlo Felice, tägl. 9–13 und 13.30–18.30 Uhr, ✆ 010-8606122.

Infoschalter Flughafen, tägl. 9–13 und 13.30–17.30 Uhr. ✆/📠 010-6015247.

Auto/Parken, die Anreise mit dem eigenen Pkw ist nicht zu empfehlen; wer es dennoch wagt, sollte die Innenstadt meiden und die relativ zentralen, aber gebührenpflichtigen, teuren Großparkplätze am **Porto antico** unterhalb der Hochstraße (Sopraelevata) benutzen oder die Tiefgarage am Acquario oder der Piazza Caricamento. Die erste Stunde kostet 2 €, jede folgende 1,60 €, über Nacht (24–7 Uhr) 1 €/Std. Zudem großer Parkplatz (auch Tiefgarage) an der Piazza della Vittoria im Südosten der Stadt beim Bahnhof Brignole. Hotelparkplätze gibt es fast ausschließlich in der 4-Sterne-Kategorie!

Bahn, der Hauptbahnhof *Stazione Piazza Principe* liegt im Westen der Stadt, am oberen Ende des alten Hafenviertels; der zweite Bahnhof *Stazione Brignole* im Ostteil an der Piazza della Vittoria ist etwas weiter vom Zentrum entfernt. Die Bahnhöfe sind zwar miteinander verbunden, doch fahren nicht alle Züge von beiden ab. Wichtiger ist die Stazione Piazza Principe, hier hält quasi jeder Zug: etwa stündlich nach Mailand (nur wenige Züge auch ab Stazione Brignole), ca. stündlich Turin (meist auch ab Brignole), ca. stündlich nach Savona und weiter nach San Remo (einige Verbindungen auch ab Brignole), stündlich nach La Spezia (alle auch ab Brignole). Zwischen den Bahnhöfen verkehren auch Verbindungszüge, sodass man für alle Richtungen zusteigen kann.

Flugzeug, Flughafen *Aeroporto Cristoforo Colombo* im Westteil der Stadt, direkt am Meer. Flughafenbus (Nr. 100, *Volabus*) ins Zentrum zum Bahnhof Piazza Principe, von 6–23 Uhr jede Stunde, Fahrtzeit 20 Min., 24-Std.-Volabus-Ticket 4 € (gilt für den Volabus und 24 Std. im Nahverkehr mit den Stadtbussen der AMT); ab Stazione Piazza Principe von 5.45–22.40 Uhr jede Stunde. Tickets am Flughafen, an der AMT–Biglietteria am Bahnhof Principe und an Kiosken/Tabacchi-Läden. Mit dem Taxi gilt als Festpreis: bei mind. 3 Pers. 7 € p. Pers. zum Bahnhof Piazza Principe (und 8 € zum Bahnhof Brignole).

Die Reste eines Kreuzgangs in der Nähe der Porta Soprana

Stadtverkehr/Rundfahrten & Ausflüge

Busse, das Stadtnetz der **AMT** ist sehr übersichtlich; Linienbusse mit digitalen Anzeigen (Nr./Richtung), Haltestellen mit Linienplänen und Frequenzangaben, Einzelfahrkarte 1,20 € (bei Kauf im Bus 2 €), 10er-Karte 11 €, 24-Stunden-Ticket 3,50 €, 24-Stunden-Ticket für 3 Per. 7 €, erhältlich an Zeitungskiosken und in Tabacchi-Läden (90 Min. gültig). *Convalidare!* – Beim Einsteigen stempeln, sonst gilt man als Schwarzfahrer.

Metro, seit einigen Jahren hat Genua eine Metrolinie, die auf der Strecke von Brin über Dinegro (beides Vororte) zur Stazione Principe, Darsena und San Giorgio (beide am Porto antico), Sarzano/S. Agostino (südlicher Rand der Altstadt) und Piazza De Ferrari unterwegs ist. Werktags von 6.30–21.15 Uhr ca. alle 6–9 Min., sonntags von 7–21.15 Uhr ca. alle 10–15 Min., Preise wie Bus, also z. B. einfache Fahrt 1,20 €, 24-Std.-Ticket 3,50 €, an Kiosken und Tabacchi-Läden.

> **Tipp**: Am günstigsten fährt man mit einer Tageskarte (3,50 €, 24 Std. gültig) für alle AMT-Stadtbusse, die Metro, Funicolari und Ascensori und für die Nahverkehrszüge bis Voltri und Nervi.
> Preisvorteile bringt auch die **Card Musei + Bus** (→ S. 233).

Standseilbahnen/Aufzüge, zwischen der Unter- und Oberstadt verkehren von 6.40–24 Uhr *Funicolari* (Seilbahnen) und *Ascensori* (Aufzüge), Einzelticket 0,70 €, 4 Fahrten 2,50 €. Tickets am Automaten.

Hafenrundfahrten, mit *Cooperativa Battellieri* oder *Alimar*, ab Ponte Spinola/Acquario (Abfahrt zuletzt 9.30 Uhr, ca. 45 Min., Erw. 7,50 €, Kinder frei, mindestens 10 Teilnehmer). Im Sommer zudem Ausflugsfahrten mehrmals wöchentlich: bis zu 3x tägl. Portofino (20 € hin und zurück, erm. 12 €), mind. 1x wöchentlich Camogli (15 € hin und zurück, erm. 10 €) sowie im Sommer sonntags in die Cinque Terre und bis Portovenere (35 € hin und zurück, erm. 20 €). Infos Battelieri: Via Sottoripa 7/8, ✆ 010-265712 oder 010-256775, www.liguriaviamare.it; Alimar: Calata Zingari, ✆ 010-255975, 📠 010-252966, www.alimar.ge.it.

Whale Watching, März bis Sept. samstags (Abfahrt 11 Uhr), im Juli/Aug. auch dienstags (Abfahrt 13 Uhr), Erw. 33 €, Kinder 3–12 Jahre 18 €, Via Sottoripa 7/8, ✆ 010-265712 oder 010-256775, www.whalewatchliguria.it.

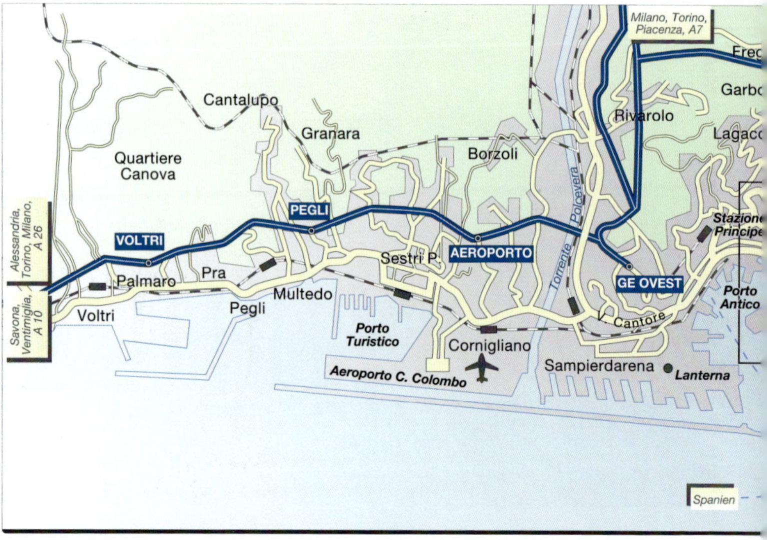

Ausflüge in die Umgebung, die westlichen und östlichen Vororte von Genua lassen sich besonders gut mit der Bahn erreichen (Pegli außerdem mit dem Navebus der AMT). Informationen zu *Pegli* → S. 214, zu *Nervi* → S. 258. Oder wie wär's mit einer Schmalspurbahn-Fahrt ins romantisch-gebirgige Hinterland nach *Casella* → S. 254.

Feste und Veranstaltungen

Das ganze Jahr über gibt es wechselnde Ausstellungen, Kulturveranstaltungen, Messen und andere Events; aktuelle Auskünfte dazu in den Infobüros bzw. im Internet unter www.apt.genova.it.

Regata e corteo storico delle antiche Repubbliche Marinare (Mai/Juni), Genuas wichtigstes und folkloristischstes Stadtfest. Die vier historischen Seerepubliken Italiens (Amalfi, Venedig, Pisa und Genua) tragen im jährlichen Wechsel einen Ruderwettbewerb mit historischen Booten aus, ein farbenprächtiger Festzug mit historischen Kostümen gehört ebenso dazu. Im Juni 2010 findet die Regatta im Alten Hafen von Genua statt; der letzte genuesische Sieg datiert auf das Jahr 2000, Austragungsort war damals: Genua. Weitere Informationen in den Touristinfo-Büros.

Patronatsfest des heiligen Laurentius (Mitte August) mit Prozession ab der Kathedrale San Lorenzo.

Salone Nautico Internazionale (Oktober), weltweit eine der größten Bootsmessen.

Einkaufen/Kulinarisches (siehe Karte S. 228/229)

• *Märkte* **Mercato orientale**, größte und stimmungsvollste Markthalle Genuas; riesige Auswahl an frischen Lebensmitteln, viel Fisch und Gewürze, Obst, Gemüse, Käse, Fleisch etc., auch Haushaltswaren. Mo–Sa 7–19 Uhr, Ecke Via XX Settembre/Via Galata.

Mercato del Porto, kleine Markthalle im alten Hafenviertel, jeden Vormittag (außer So), Via Gramsci/Piazza dello Statuto.

Antiquitätenmarkt, *Mercantino dell'Antiquariato* im Innenhof des Palazzo Ducale, am ersten Wochenende im Monat.

• *Kulinarisches* **Kulinarischer Markt**, jedes zweite Wochenende im Monat an der Piazza Matteotti (Palazzo Ducale): Käse, Wein, Olivenöl, Pesto in Gläsern und anderes Eingemachtes, Gewürze, Schinken, Salami, Brot, Gebäck etc. Von lokalen Erzeu-

gern, vielfach auch Bio-Produkte, z. T. auch aus dem benachbarten Piemont.

Romanengo (13), eine der ältesten Confiserien der Stadt; Einrichtung mit Patina. Pralinen, kandierte Früchte, Schokolade und mehr. Hauptgeschäft im Centro storico, Via Soziglia 74; s. auch „Cafés“ → S. 230.

Serafina, Lebensmittel und Delikatessen, Pasta, Pesto, Olio d'oliva und vieles mehr. Via Canneto il Curto 34 (Querstraße zur Via San Lorenzo).

Drogheria Torielli, ein Laden wie aus einer anderen Zeit! Winzig kleines Geschäft in der düsteren Via San Bernardo im Castello-Viertel, durch die schmale Eingangstür des Eckhauses muss man sich quetschen, innen auf kaum zehn Quadratmetern Tees, Kaffee, getrocknete Früchte, Marmelade, Gewürze, aber auch Seifen und Kosmetika, Pinienkerne aus einem großen Sack und in den Regalen große Gläser mit Bonbons und Konfekt – ein wunderbarer Blick in vergangene Zeiten. Via San Bernardo 32.

• *Shopping* Die großen Einkaufsmeilen Genuas liegen in der Neustadt: vor allem in der Via XX Settembre (gängige Modemarken wie Max Mara, Stefanel, Sisley, aber auch das Kaufhaus Rinascente), in der Via Roma (einige teure Designer-Läden) und in der dazu parallel verlaufenden Galleria Mazzini, außerdem in der Via XXV Aprile. Einige Geschäfte gibt es auch in der Via San Lorenzo zwischen Piazza Matteotti und Porto antico. Und auch in den Gassen der Altstadt tun sich unverhofft immer wieder interessante Schmuck-, Design-, Kleider- und Schuhgeschäfte auf. Sehr günstige Ware (darunter viel Ramsch) wird in den Altstadtgassen Via di Pre und Via Sottoripa angeboten, hier auch zahlreiche Straßenhändler.

Übernachten/Camping (siehe Karte S. 228/229)

Generell ist das Preisniveau in Genua hoch, in den großen Business-Hotels ebenso wie im Zwei-Sterne-Bereich. Viele Ketten wie *Best Western* oder *Jolly Hotels* bieten Wochenend-Tarife an, die nicht selten bis zu 50 % unter dem normalen Zimmerpreis liegen!

• *Hotel* ****** City (10)**, zur Best-Western-Kette gehörend, gute Lage in einer engen Nebenstraße der Via Roma (nahe Piazza de Ferrari), alter Stadtpalazzo, komfortabel und gediegen, internationales Publikum, empfehlenswert das angeschlossene Restaurant „Le Rune“ – gar nicht mal teuer (tägl. mittags und abends geöffnet, Sa/So mittags

Karten S. 224/225 und 228/229

geschlossen). Günstige Tarife für Frühbucher. EZ 99–310 €, DZ 107–350 €, jeweils inkl. Frühstücksbuffet. Via San Sebastiano 6, 16123 Genova, ✆ 010-584707, 📠 010-586301, www.bwcityhotel-ge.it.

**** **NH Marina (6)**, am Ponte Calvi (Porto antico), ebenfalls ideale Lage, direkt beim Aquarium. Modernes, gepflegtes Hotel der italienischen Hotelkette, 140 Zimmer, Ristorante und Parkplatz, Normaltarif allerdings recht teuer. EZ 270 €, DZ 320 € inkl. Frühstück. Molo Ponte Calvi 5, 16124 Genova, ✆ 010-25391, 📠 010-2511320, www.jollyhotels.com.

Locanda di Palazzo Cicala (20), High-Budget-Tipp: Im Herzen der Stadt an der Dompiazza, zwar ohne Sterne, aber auf hohem Niveau. Vollständig restaurierter historischer Palazzo, elf große Zimmer und sechs Appartements auf drei Ebenen, geschmackvolle Mischung aus Alt und Supermodern, jedes Zimmer mit PC/Internetanschluss, deutsche Leitung. EZ 89–140 €, DZ 99–190 €, Dreier 119–230 €, Suite 240 €. Piazza San Lorenzo 16, 16123 Genova, ✆ 010-2518824, 📠 010-2467414, www.palazzocicala.it.

*** **Astoria (11)**, renoviertes Jahrhundertwendehotel, gut geführt, zum Teil sehr große Zimmer mit altem Mobiliar. Mit Bar und Hotelgarage. Nähe Bahnhof Brignole, aber weit genug weg vom unmittelbaren Bahnhofstreiben. 69 Zimmer. EZ 85–185 €, DZ 120–250 €, mit Frühstück. Piazza Brignole 4, 16122 Genova, ✆ 010-873316, 📠 010-8317326, www.hotelastoriagenova.it.

*** **Metropoli (8)**, ein weiteres Best-Western-Hotel, schöne Lage an der Cinquecento-Piazza Marose, nur zwei Schritte zur Via Garibaldi, schnörkelloser Altstadtpalazzo, innen modern und komfortabel, 48 angenehme, stilvolle Zimmer, Bar, kein Restaurant. Günstige Tarife am Wochenende und für Frühbucher. EZ ab 79 €, DZ 99–198 €, Frühstück inbegriffen. Piazza Fontane Marose, 16123 Genova, ✆ 010-2468888, 📠 010-2468686, www.bestwestern.it.

*** **Agnello D'Oro (3)**, Nähe Bahnhof Principe, altehrwürdiger Palazzo mit Charme und Blick auf die Altstadt, freundliche Atmosphäre. 20 Zimmer, diese etwas schlicht, aber durchaus okay. EZ 60–110 €, DZ 75–120 €, Dreier 85–130 €, Familienzimmer 120–200 €, jeweils inkl. Frühstück. Vico Monachette 6, 16126 Genova, ✆ 010-2462084, 📠 010-2462327, www.hotelagnellodoro.it.

*** **Europa (2)**, gleich neben dem Agnello D'Oro, ebenfalls ein empfehlenswertes Bahnhofshotel, gepflegt und gut geführt, wenn auch deutlich teurer. Eigener Parkplatz. EZ 110 €, DZ 170 € inkl. Frühstück. Via Monachette 8, 16126 Genova, ✆ 010-256955, 📠 010-261047, www.hoteleuropa-genova.com.

*** **Colombo (32)**, tolle zentrale Lage an der Porta Soprana, nur wenige Schritte von der Piazza Matteotti. Hübsches Hotel mit 18 farbenfrohen Zimmern auf sechs Etagen eines schmalen Altstadtpalazzos, sehr freundliche, hilfsbereite Besitzerfamilie. Im siebten Stock Raucherzimmer mit großer Fensterfront und Dachterrasse – schöner Blick über die Altstadt. EZ 88–160 €, DZ 110–170 €, jeweils inkl. kleinem Frühstück. Via Porta Soprana 27, 16123 Genova, ✆/📠 010-2513643, www.hotelcolombo.it.

*** **Cairoli (5)**, ordentliche und saubere Pension in der dritten Etage eines alten Bürgerhauses in der autofreien Via Cairoli, nur zwölf Zimmer, gefrühstückt wird im Sommer auf der Dachterrasse. EZ 60–120 €, DZ 85–160 €, es gibt auch Dreier- und Viererzimmer. Via Cairoli 14, 16124 Genova, ✆ 010-2461454, 📠 010-2467512, www.hotelcairoligenova.com.

• *Jugendherberge* **Ostello della gioventù (1)**, Low-Budget-Tipp: Die städtische Herberge in der westlichen Oberstadt erfreut sich großer Beliebtheit. Am besten per Bus Nr. 35 vom Bahnhof Principe zu erreichen (Nr. 40 ab Bahnhof Brignole). Großer Neubau mit herrlichem Blick über die Stadt und den Hafen; Familien- und Mehrbettzimmer, Abendessen 9,50 €, Fitnesscenter im Haus, 24.12. bis 31.1. geschlossen. Einlass ab 14.30 Uhr. Übernachtung mit Frühstück im Mehrbettzimmer 16,50—19 €, EZ 23,50 €, DZ 44–49 €, Familienzimmer (3–4 Betten) 18 €/Pers. Passo Giovanni Costanzi 10, 16135 Genova, ✆/📠 010-2422457, www.ostellogenova.it.

• *Privatzimmer* **B°&°B Italia**, Unterkünfte in ganz Italien. Zentrale in Rom, ✆ 006-6878618 (auch deutschsprachig), 📠 006-6878619, www.bbitalia.it (hier kann man die Unterkünfte aussuchen und auch buchen).

Viele B & B Adressen auch im offiziellen Unterkunftsverzeichnis der Stadt, erhältlich bei der I.A.T.

• *Camping* ** **Villa Doria**, Genua-Pegli, in der westlichen Vorstadt (siehe S. 214), Nähe Autobahnabfahrt; gepflegter Terrassenplatz, schattiges Parkgrundstück mit Bungalowvermietung. Ganzjährig geöffnet. Person 9 €, Kinder 4 €, Zelt und Wohnwagen je 10 €, Wohnmobil 13 €, Auto 3 €, Bungalow 60 €. Via Al Campeggio Villa Doria 15 n, 16156 Genova Pegli (GE), ✆/📠 010-6969600.

* **Genova Est** → Bogliasco, S. 262.

Essen & Trinken (siehe Karte S. 228/229)

• *In der Neustadt* **Le Terrazze del Ducale (22)**, elegantes, wenn auch etwas älteres Ristorante in der obersten Etage des Palazzo Ducale, vom hinteren Innenhof führt ein Lift hinauf. Lauschige Dachterrasse mit Blick auf den mittelalterlichen Grimaldina-Turm. Menü ca. 35–40 €, nur Flaschenweine. Mittags und abends geöffnet, kein Ruhetag. Piazza Matteotti 8, ✆ 010-588600. Dazu ein **Café** im Eingangsbereich des Palazzo Ducale, wo mittags Snacks, Primi und preiswerte Hauptgerichte serviert werden.

Da Genio (34), alteingesessene Osteria oberhalb der Piazza Dante, eine schweißtreibende Treppengasse führt hinauf. Heller, freundlicher Speiseraum, gute lokaltypische Küche, eine Spezialität des Hauses sind Pilzgerichte, Menü ca. 30 €. So Ruhetag, im August 3 Wochen geschl. Salita San Leonardo 61, ✆ 010-588463.

Europa (15), alteingesessene Gaststätte in der Ladenpassage der Via Roma. Fleisch vom Holzkohlengrill, leckere Primi und Pizza, schnelle Bedienung, preislich im Rahmen. Galleria Mazzini 53, ✆ 010-581259.

• *In der Altstadt* **Le Cantine Squarciafico (18)**, Gewölberestaurant mit Atmosphäre, etwas versteckt in einer Gasse gelegen, nur wenige Schritte vom Dom San Lorenzo. Schön gestyltes, gemütliches Ambiente mit blanken Holztischen zwischen antiken Säulen, von jungen Leuten geführt. Die Speisekarte bietet Raffiniertes, z. B. zartes Thunfischfilet mit köstlicher Pfeffer-Sahne-Sauce oder eine flambierte Dorade; dazu ausgewählte Weine, die auch glasweise ausgeschenkt werden, gute Tropfen aus allen Regionen des Landes. Gutes Preis-Leistungs-Verhältnis, freundlicher, prompter Service. Mittags und abends geöffnet, kein Ruhetag, Piazza Invrea 3 r, ✆ 010-2470823.

Pansön dal 1790 (25), gepflegtes Ristorante mit Terrasse an der lebhaften Piazza delle Erbe. Gute lokaltypische Küche mit Akzent auf Fisch. Fischmenü ab 30 €. Mittags und abends geöffnet, So Ruhetag. Piazza delle Erbe 5 r, ✆ 010-2468903.

Cantina del Colombo (31), *unser Tipp*: Sehr einladendes Lokal an der Porta Soprana, U-förmig und etwas dunkel, bei den Genuesern überaus beliebt – ohne Reservierung geht hier am Wochenende abends fast nichts. Mittags trifft man sich zum Business-Lunch, dennoch ungezwungene, angenehme Atmosphäre, dazu ausgesprochen günstig: *Trenette al Pesto* und köstlicher Schweinebraten mit Pflaumensugo und Salat für etwa 9 €, dazu eine kleine Auswahl guter Weine, auch glasweise (die umfangreiche Weinkarte zeichnet einige große Namen, Schwerpunkt Ligurien und Piemont). Mittags und abends geöffnet, Sa und Mo mittags geschlossen, So ganztägig geschlossen. Via di Porta Soprana 55 r, ✆ 010-2475959.

Bakari (16), in einer schmalen Gasse nahe der Piazza San Matteo, ein bisschen im Stil des Art déco eingerichtet, freundliche Atmosphäre. Fantasievolle experimentelle italienische Küche mit leckeren Überraschungen; die Speisekarte wechselt mit der Jahreszeit. Große Weinauswahl aus allen italienischen Regionen, flaschen- und glasweise. Primi ca. 9 €, Secondi um 20 €. Im Hintergrund dezente Jazzmusik, gelegentlich auch Live-Jazz. Mittags und abends geöffnet, Sa mittags und So geschlossen. Vico del Fieno 16, ✆ 010-2476170.

Antica Osteria di Vico Palla (27), besonders empfehlenswertes Lokal in einer nicht besonders schicken Umgebung in einer Gasse zwischen Hochstraße und Porto antico. Ist man jedoch erstmal eingetreten, fühlt man sich in der traditionsreichen Osteria sofort wohl (abends unbedingt reservieren, am Wochenende auch mittags!). Spezialität des Hauses ist der *Stoccafisso*

Übernachten

1 Jugendherberge
2 Europa
3 Agnello D'Oro
5 Cairoli
6 NH Marina
8 Metropoli
10 City
11 Astoria
20 Locanda di Palazzo Cicala
32 Colombo

Essen & Trinken

4 La Barcaccia
10 Le Rune
14 Trattoria San Carlo
15 Ristorante Europa
16 Ristorante Bakari
18 Le Cantine Squarciafico
22 Le Terrazze del Ducale
23 Antica Trattoria Sà Pesta
25 Ristorante Pansön dal 1790
27 Antica Osteria di Vico Palla
29 Trattoria
31 Cantina del Colombo
33 Ostaia del Castello
34 Da Genio

Nachtleben

7 Antica Cantina i tre Merli
19 Storico
21 Louisiana Jazz Club
26 Bar Berto
28 Cantine Embriaci
30 Café Latino

Cafés

9 Café Mangini
12 Antica Pasticceria Fratelli Klainguti
13 Caffé Romanengo
17 Caffé Romanengo
24 Caffè degli Specchi

S. Paolo
v. Salvago
v. Pane
v. Cancelliere
v. Cancelliere
Via Chiodo
Via Carso
v. San Pantaleo
Costa
v. Aquarone
v. Cabruna
c.so Firenze
Mura di San Bernardino
sal a Porta S. Bernardino
Santuario N.S. die Lourdes
Castello Mackenzie
S. Anna
v. Corte
Villa Gruber
Corso Firenze
Sal. sup. S.Gerolamo
Corso Paganini
Via Caffaro
Corso Paganini
Corso Magenta
sal.S.M. della Sanità
sal. sup. San Rocchino
p.so Barnabiti
Bracelli
sal Multedo
Ospedale Evangelico Internazionale
C.so Solferino
L.go Pacifici
C.so Armellini
P.za Manin
Salita Inferiore Sant' Anna
Viale Odino
v. Mameli
v. Pastrengo
Goito
Palestro
Sinagoga
v. Assarotti
v. Durazzo
Belvedere Castelletto
Palazzo Doria-Tursi
Via Garibaldi
Palazzo Bianco
Dei Cappuccini
v. Bertora
v. Lanata
S. Maria Immacolata
v. Curtatone
Via Caffaro
Piazza Portello
Villetta di Negro
P.za Marsala
Via Garibaldi
Palazzo Rosso
Piazza Fontane Marose
v. Peschiera
v. Romani
v. San Bartolomeo
v. Romani
Maddalena
Piazza del Ferro
Salita S. Caterina
Provincia Prefettura
P.za Corvetto
v.S.S. Giacomo e Filippo
v. Gropallo
Piazza Lavagra
Via Luccoli
l.go Lanfranco
v. Serra
Piazza Soziglie
Via XV Aprile
Via Roma
Vico Casana
Via D. Chiossone
v. XII Ottobre
P.za Brignole
v. De Amicis
Teatro Carlo Felice
l.go S. Giuseppe
v. IV Novembre
sal. Misericordia
S. Matteo
Kunstakademie
v. Tolot
Palazzo Dulcale
Palazzo di Giustizia
v. Galata
Bahnhof F.S. Brignole
Fontana Monumentale
Vinzenco
P.za Verdi
Piazza Matteotti
Via XX Settembre
Piazza de Ferrari
Casa di Colombo
P.zza Santo Stefano
Santo Stefano
v. Foscolo
v. San
v. Colombo
P.za Colombo
v. Colombo
Chiesa del Gesù
Via Porta Soprana
Via Dante
v. Ceccardi
Ponte Monumentale
Mercato Orientale
San Bernardo
v. Palmaria
P.zza delle Erbe
Porta Soprana
Piazza Dante
v. Cardona
Museo Sant' Agostino
Via del Colle
Fosso d. Colli
Via Fiesci
sal S. Leonardo
c. Podestà
v. Frugoni
v. Maragi
v. Fiasella
v. Brigate Liguria
Piazza Sarzano
Via Eugenia
Piazza Faralli
v. Malta
v. l. d'Aste
Via Madre di Dio
Ravasco
v. S. Chiara
Via Fiesci
v. Macaggi
Piazza Carignano
Via Innocenzo IV
100 m
Genua

accomodato (ca. 12 €), die reichhaltige *Minestrone* kommt für etwa 7 € auf den Tisch. Wechselnde Tageskarte, viele Fischgerichte. Mittags und abends geöffnet, Mo Ruhetag. Vico Palla 15 r, ✆ 010-2466575.

Ostaia del Castello (33), kleines, unscheinbares Lokal bei der Basilica Santa Maria di Castello, versteckt und abseits der gängigen Routen. Der Umweg lohnt: Mittags gibt es in der überaus gemütlichen Osteria günstig ein kleines, typisch ligurisches Menü (Primo, Secondo, Wein und Wasser), für ein Abend-Menü muss man ca. 30 € rechnen. Freundlicher Service, sehr beliebt und oft mittags schon bis auf den letzten Platz besetzt – daher besser früh kommen! Abends ist Reservierung unverzichtbar. So geschlossen. Salita Santa Maria di Castello 32 r, ✆ 010-2468980.

Antica Trattoria „Sà Pesta" (23), eine echte Farinata-Institution im Castello-Viertel, hier schmeckt der knusprige ligurische Teigfladen aus Kichererbsenmehl besonders gut; darüber hinaus gibt es Stockfisch, Pesto und andere traditionelle ligurische Gerichte. Herrlich altmodische Einrichtung. Die Trattoria fand auch bei Slow Food Erwähnung. Mittags geöffnet, abends nur nach Reservierung, So und Mo abends geschlossen. Via Giustiniani 16 r, ✆ 010-2468336.

Trattoria (29), auch diese namenlose kleine Garküchen-Trattoria versprüht den Charme vergangener Zeiten – eine echte Nachbarschaftstrattoria mit schlichter Einrichtung, Papiertischdecken und hemdsärmeliger Atmosphäre, das Publikum bunt gemischt: große Tische mit fröhlichen Studenten, daneben gediegene ältere Ehepaare und Geschäftsleute. Deftige, gehaltvolle Hausmannskost zu günstigen Preisen, wir probierten die köstlichen schwarzen Ravioli mit Fischfüllung, dazu frischen Salat, Wein und Dessert. Eine Rechnung bekommt man nicht, am Ende überschlägt der Wirt: Menü ca. 20–25 € pro Person, was für das Gebotene in Ordnung geht. Nur abends geöffnet, man sollte früh kommen (oder nach 21–21.30 Uhr), da oft voll. Piazza delle Erbe, neben der Bar Berto.

• *In der Oberstadt* **La Barcaccia (4)**, nettes Ristorante in luftiger Höhe am Belvedere di Castelletto. Auch hier trifft man sich zur Mittagspause. Maritimes Ambiente, zwei kleine Speiseräume, ligurische Küche mit Akzent auf Fisch. Handgezogene Crissini, leckeres frisches Brot, hervorragende Pastagerichte. Dazu einige Weine, auch glasweise. Menü ca. 28 € (abends), nicht zu teuer. Im Sommer auch einige Tische auf der kleinen Holzterrasse vor dem Lokal. Spianata Castelletto (Fahrstuhl an der Piazza del Portello; oben angekommen, nimmt man die mittlere Straße, das Barcaccia befindet sich nach wenigen Metern auf der linken Seite); mittags und abends geöffnet, So Ruhetag. ✆ 010-2465165.

Cafés/Bars/Weinstuben (siehe Karte S. 228/229)

• *Imbiss* **Carega**, deftige *Friggitoria*, z. B. gebackener Tintenfisch auf die Hand, aber auch viele andere frische Snacks. Alte Hafenrandstraße Sottoripa 113.

• *Cafés* **Café Mangini (9)**, traditionsreiches Café an der belebten Piazza Corvetto 3 r (Ecke Via Roma); heiße Schokolade, feines Gebäck und mehr, bis ca. 20 Uhr geöffnet.

Antica Pasticceria Fratelli Klainguti (12), Genuas älteste Konditorei, sehr beliebt und mitten im Centro storico, gemütliches Ambiente mit viel Patina, Eis- und Kuchenangebot vom Feinsten. Auch günstiger Mittagstisch. Piazza Soziglia 98.

Caffè Romanengo (17), Traditionscafé bei der Loggia dei Mercanti, auch hier wird Mittagstisch angeboten. Via degli Orefici 31 r. Gehört zur Pasticceria in der Via Soziglia 74, ✆ 010-2474574, → „Einkaufen/Kulinarisches".

Caffè degli Specchi (24), Jugendstilcafé, hier trifft sich ein buntes Genueser Publikum zum Aperitif – dazu köstliche Häppchen. Salita Pollaiuoli 43, nur wenige Schritte von der Piazza Matteotti (Palazzo Ducale). Bis ca. 21 Uhr geöffnet, am Wochenende bis ca. 24 Uhr.

Caffè del Duomo, kein in irgendeiner Weise herausragendes Café, aber zentral, direkt am Dom gelegen und sehr freundlich. Via San Lorenzo 63, ✆ 010-2471999.

Garibaldi, noch recht neues, interessantes Caffè mit Bar am Ende der Strada Nuova. Via Garibaldi 18 r.

• *Gelateria* **Excelsa – Gelateria Innovativa**, originelle, wenn auch nicht ganz billige Eiskreationen im Centro storico, sehr lecker. Via San Luca 88r.

• *Weinstuben* **Antica Cantina i tre Merli (7)**, die „drei Amseln" sind eine stilvolle alte Weinstube mit Ableger in New York. Große Auswahl an jungen und alten Weinen aus ganz Italien, dazu Käse- und Wurstspezialitä-

Traditionsreich: das Caffè Romanengo

Karten S. 224/225 und 228/229

ten auf dem Brett, aber auch vollständige Menüs – allerdings recht teuer. Mittags und abends geöffnet, Sa mittags und So geschl. Vico del Coro della Maddalena 26 r, Quergasse zur historischen Via Garibaldi, nur wenige Schritte unterhalb davon. ✆ 010-2474095.

• *Nachtleben* Einer der schönsten und stimmungsvollsten Plätze im Centro storico ist die *Piazza delle Erbe* mit ihren Bars und Restaurants. Hier trifft sich allabendlich die Genueser Jugend (und auch die nicht mehr ganz so junge Jugend), und schon bei den ersten frühlingshaften Temperaturen sind die Tische an der leicht abschüssigen Piazza bis auf den letzten Platz besetzt – eine gute Adresse fürs Nachtleben. Weitere Bars finden sich in der Altstadt verteilt, z. T. flaniert man auch am Porto antico (auch hier Bars/Cafés).

Storico (19), zuletzt angesagte Lounge und Cocktailbar, riesige Palmen, coole Musik, hippes Publikum. Zum Aperitivo bedient man sich am üppigen Buffet, später dann Bar und Kneipe, exotische Drinks. Piazza De Ferrari 34–36 r, ✆ 010-2474548.

Bar Berto (26), junges Publikum, lässige Atmosphäre, laute, harte Musik, lange geöffnet. Piazza delle Erbe 6.

Café Latino (30), ebenfalls Piazza delle Erbe; Cocktails und Bier bei Salsamusik.

Cantine Embriaci (28), beliebte Studentenkneipe im Castello-Viertel, 19–2 Uhr geöffnet, Salita Torre Embriaci 2, Mo Ruhetag.

Louisiana Jazz Club (21), häufig Live-Jazz, in der Altstadt quasi hinter dem Dom gelegen. Via T. Reggio 34 r.

Sehenswertes

Zu sehen gibt es wahrhaftig genug in der einst so mächtigen Hafenstadt, deren hochkarätige Museen in prächtigen Palazzi zu ausgiebigen Besuchen locken. Doch auch ein Bummel durch die Gassen der größten *Altstadt* Europas bietet zahlreiche Sehenswürdigkeiten: bedeutende alte Kirchen ebenso wie kleine Meisterwerke am Wegesrand, z. B. in Form von kunstvollen Türportalen. Zukunftsorientiert dagegen präsentiert sich der in den 1990er Jahren von Stararchitekt *Renzo Piano* neu gestaltete *Porto antico*: eine palmenbestandene Flaniermeile mit diversen Museen zum Thema „Meer“, von denen das *Acquario* mit jährlich über einer Million Besuchern die attraktivste Sehenswürdigkeit am Hafen ist.

Genuas Straßen und Paläste

Der immense Reichtum, den die Genueser Bankiers und Kaufleute im 16. Jh. ansammelten, wollte sich auch in prunkvoller Lebensart und repräsentativen Wohnbauten ausdrücken. Noch zeigte Genuas damaliges Stadtbild spätmittelalterliche Züge, obwohl im heutigen *Centro storico* schon mehrstöckige Wohnhäuser und an der Peripherie herrschaftliche Villen den Geschmack der Neuzeit ankündigten. Doch war das nur ein bescheidener Anfang der glanzvollen Genueser Architektur. Mitte des 16. Jh. wurde die Innenstadt neu vermessen, und Italiens beste Architekten begannen mit der Realisierung eines neuen Stadtbilds, das Macht und Wohlstand deutlich zum Ausdruck bringen sollte. Den Anstoß zu diesem Bauboom gab übrigens kein Geringerer als *Andrea Doria*, der mit dem Bau des *Palazzo del Principe* einen neuen Maßstab für standesgemäßes Wohnen setzte, hinter dem die anderen Adelsfamilien nicht zurückstehen wollten.

Dorias Beispiel folgend entstand als erste Prachtstraße des neuen Genua die *Strada Nuova* (die heutige *Via Garibaldi*). Dort konzentrierten sich die imposantesten Bauten der neuen Palastarchitektur, die zwar beträchtliche stilistische Unterschiede aufwiesen, aber der Vorstellung einer idealen Straße entsprachen, wie sie den Architekten der Zeit vorschwebte. Neben einheimischen Baumeistern wurde vor allem *Galeazzo Alessi, Bernardino Cantone* und *Giovanni Battista Castello* die Ausführung der modernen Stadtpalazzi übertragen. *Peter Paul Rubens,* der 1607 in Genua weilte, fertigte detaillierte Zeichnungen der Paläste an und dokumentierte sie für die Nachwelt. Wie Bilder in einer Galerie stehen die prächtigen Bauten der Strada Nuova noch heute in Reih und Glied, hinter ihren harmonischen Fassaden öffnen sich lichtdurchflutete Innenhöfe, die in eine prunkvolle Wohnwelt führen. Um dieses städtebauliche Kernstück herum entstanden in den folgenden Jahrzehnten weitere Palazzi und Villen, die dem anhaltenden Reichtum Genuas weiterhin Ausdruck verliehen. An erster Stelle ist hier die *Via Balbi* zu nennen, der Straßenzug zwischen Bahnhof Principe und Piazza della Nunziata: Auf fast einem halben Kilometer Länge entstanden hier zu Beginn des 17. Jh. ganze Häuserzeilen im prunkvollen Stil des Barock.

Via Garibaldi (Strada Nuova)

Die Prachtstraße der Genueser Neuzeit und einst die vornehmste Wohnmeile des standesbewussten Stadtadels. Hier wohnten die mächtigen Genueser Familien des Cinquecento in repräsentativer Eintracht. Seit 2006 zählt die Via Garibaldi zum UNESCO-Weltkulturerbe.

Ausschlaggebend für den Bau der neuen Luxusquartiere war nicht nur die unerträgliche Enge in der unteren Altstadt, der neue Reichtum verpflichtete auch dazu, sich vom einfachen Volk zu distanzieren. Die ersten Anwohner der Strada Nuova waren Mitglieder der Familie *Cambiaso,* ihr Eckpalazzo Nr. 1 war 1560 nach nur zweijähriger Bauzeit fertig gestellt. Ihnen folgten nach und nach die Paläste derer von *Gambaro, Lercari-Parodi, Spinola* usw., in letzterem residiert heute übrigens die Deutsche Bank.

Zu sehen gibt es genug: der Schulausflug sammelt sich auf der Piazza De Ferrari

Karten S. 224/225 und 228/229

Betritt man die heute autofreie Via Garibaldi von der Piazza Marose aus, verblüfft zunächst die enge Straßenführung, welche die mächtigen Fassaden wie die Wände einer tiefen Schlucht wirken lässt – die Via Garibaldi ist nur 7,50 m breit. In einigen der insgesamt 14 Palazzi sind heute Bankhäuser untergebracht, die die Erinnerung an die städtische Bankiersoligarchie des 16. Jh. wach halten. An Fassaden, Eingangsportalen, Außenstuck, Innenhöfen, Loggien und wuchtigen Freitreppen kann sich das Auge in der Via Garibaldi reichlich erfreuen; doch das prunkvolle Innenleben mit seinem kunstvollen Dekor und kostbarem Mobiliar bleibt weitgehend verschlossen – mit Ausnahme der beiden bedeutenden Gemäldegalerien im *Palazzo Bianco* und im *Palazzo Rosso* (s. u.). Zusammen mit dem ehemaligen *Palazzo Doria-Tursi* (Nr. 9), dem größten Repräsentationsbau der Strada Nuova, bilden sie einen Gebäudekomplex, der auch innen zu besichtigen ist.

Card Musei

Mit der Card Musei können insgesamt 22 Museen in Genua, Pegli und Nervi besichtigt werden, darunter viele der in diesem Kapitel beschriebenen Häuser (Ausnahme ist das Aquarium), zudem wird in weiteren Museen Ermäßigung gewährt (einschließlich Aquarium, Bigo sowie der Theater). Die 48 Stunden gültige Karte kostet 16 €, mit freier Stadtbusbenutzung 20 €. Die 24-Stunden-Karte kostet 12 € (mit Bus 13,50 €), gilt aber nicht für das *Galata Museo del Mare*! Die Jahreskarte für 35 € (Studenten 20 €) lohnt nur, wenn man wirklich nahezu alles in Genua besichtigen will. Erhältlich in den angeschlossenen Museen (z. B. Palazzo Rosso, Bianco, Del Principe, Spinola, Reale etc.), dem Buchladen im Palazzo Ducale und den Tourist-Informationen.

Infos unter www.museidigenova.it

Palazzo Doria-Tursi: Hier residiert heute das *Municipio* (Rathaus) der Stadt; doch wurden die Räumlichkeiten des *Piano nobile,* des Hauptgeschosses des Palazzo im Rahmen der Neustrukturierung der Genueser Museen in den Jahren 2003/2004 mit der Gemäldegalerie des Palazzo Bianco (s. u.) verbunden. Die restaurierten Säle

Genueser Malerei im 16. und 17. Jahrhundert

Obwohl in Genua namhafte Künstler wie *Filippino Lippi* und *Ludovico Brea* schon im Quattrocento (15. Jh.) und frühen Cinquecento (16. Jh.), also während der Blütezeit der Renaissance, tätig waren, gewann die Genueser Malerei erst unter der Regentschaft *Andrea Dorias* (1466–1560) ab dem Jahr 1528 an Dynamik. Die Adelsfamilien, die mit ihrer Bautätigkeit ab Mitte des 16. Jh. das Stadtbild Genuas tiefgreifend veränderten, beauftragten viele auswärtige Künstler mit der dekorativen Ausgestaltung ihrer Palazzi. Vorreiter war auch hier Andrea Doria, der 1528 Raffaels bedeutendsten Schüler *Perino del Vaga* von Rom kommen ließ, um seine neu errichtete Residenz, den *Palazzo del Principe* ausmalen zu lassen.

Perino del Vaga schuf mit seinen überlebensgroßen manieristischen Figuren, die die Mitglieder der Familie Doria in Gestalt antiker Heroen zeigten (Andrea Doria wurde als Beherrscher von Land und Meer mit Neptun gleichgesetzt) einen Bilderreigen, der für künftige Genueser Maler zum Vorbild wurde. Die Adelsfamilien, die in der zweiten Hälfte des 16. Jh. in der *Strada Nuova* bauten, drängten – nachdem sie Vagas Fresken bewundert hatten – Maler wie *Luca Cambiaso* und *Giovanni Battista Castello* (genannt *Il Bergamasco)* zur Nachahmung der römischen Malweise Vagas. Vor allem Luca Cambiaso, der in der Strada Nuova zahlreiche monumentale Innendekorationen ausführte und in Genua eine eigene Malerwerkstatt betrieb, prägte die Genueser Malerei des Manierismus und Frühbarock entscheidend mit.

Die im künstlerischen Wettstreit liegenden Adelsfamilien der Strada Nuova und der im frühen 17. Jh. entstehenden Via Balbi machten Genua durch ihr großzügiges Mäzenatentum bald zu einem Zentrum der künstlerischen Strömungen der Zeit. *Caravaggio, Procaccini, Gentileschi, Rubens, van Dyck* und *de Wael* sind nur die bekanntesten Maler, die sich damals in Genua niederließen und die Kunstleidenschaft des Adels befriedigten.

Die *Porträtmalerei* hatte in dieser Zeit eine ganz besondere Bedeutung. Neben *Peter Paul Rubens,* der einige Mitglieder der Doria-Familie porträtierte, sind vor allem *Anton van Dyck* und *Bernardo Strozzi* zu nennen, deren elegante, zum Teil auch schmeichlerische Porträts genuesischer Aristokraten uns heute eine Vorstellung vom luxuriösen Lebensstil und dem Selbstbewusstsein dieser Familien geben. Die Konkurrenz unter den Auftraggebern und der Wettstreit unter den Künstlern führte zu einer enormen Produktion, die neben der Porträtmalerei bald auch andere Gattungen der Malerei einschloss. Größter Beliebtheit erfreuten sich vor allem *Stillleben* und *Landschaftsbilder.* Ab der zweiten Hälfte des 17. Jh. dominierte dann der kraftvolle *Barock* mit seinen dramatischen Kompositionen. Zu den wichtigsten Vertretern dieser Periode gehören *Benedetto Castiglione* und *Valerio Castello,* die eine ganze Generation nachfolgender Barockmaler beeinflussten. Erst *Gregorio de Ferrari* löste sich vom lokalen Barockstil und leitete mit seiner verspielten Dekorationsmalerei die Phase des *Genueser Rokoko* ein.

sind voller wertvoller historischer Möbel und Gobelins, zudem sind zahlreiche Gemälde Genueser und ligurischer Künstler des 17. und 18. Jh. zu sehen, ein ganzer Saal ist dem Genueser Maler *Alessandro Magnasco* (1667–1749) gewidmet, ein weiterer den Landschaftsporträts des 18. Jh. In einem speziell hergerichteten Saal ist die Violine des berühmten „Teufelsgeigers" *Niccolò Paganini* zu bewundern, der 1782 in Genua geboren wurde.

Zugang zu den Ausstellungsräumen nur über Palazzo Bianco, Öffnungszeiten und Preise → unten.

Galleria di Palazzo Bianco: Die Gemäldegalerie ist im feudalen Palast der Familie *Grimaldi* (Via Garibaldi 11) untergebracht, der im frühen 18. Jh. dezent barockisiert wurde. Die Sammlung besitzt einige Renaissancegemälde (u. a. *Filippino Lippi*), vor allem aber Werke flämischer und italienischer Meister des 16. und 17. Jh., darunter große Namen wie *Caravaggio* und *Giulio Cesare Procaccini*. Die Venezianische Schule des 16. Jh. ist durch keinen Geringeren als *Paolo Veronese* vertreten. Die bekanntesten unter den zahlreichen flämischen Meistern des 17. Jh. sind *Peter Paul Rubens* und *Anton van Dyck*. Auch an namhaften Genueser Barockmalern mangelt es mit *Luca Cambiaso*, *Gregorio De Ferrari* und *Bernardo Strozzi* nicht. Die umfangreiche Sammlung ist wie auch die folgende unbedingt einen Besuch wert.

Di–Fr 9–19 Uhr, Sa und So 10–19 Uhr, Mo geschlossen; Eintritt 8 € (gilt auch für Palazzo Rosso und Palazzo Tursi), ermäßigt 6 €. Mit Card Musei freier Eintritt. Via Garibaldi 11, ☏ 010-5572193, www.museidigenova.it.

Galleria di Palazzo Rosso: Die Gemäldegalerie im ehemaligen Palazzo der Familie *Brignole-Sale* (Via Garibaldi 18) ging im Wesentlichen aus der umfangreichen Privatsammlung dieses Hauses hervor. Der rostrote Stadtpalast am Ende der Via Garibaldi wurde erst im 17. Jh. gebaut. Thematisch ist er ähnlich wie der Palazzo Bianco ausgestattet, überbietet diesen jedoch an Umfang und Vielfalt. In den beiden Obergeschossen sind Meisterwerke von der Renaissance bis zum 18. Jh. zu sehen, darunter auch hier große Namen wie *Albrecht Dürer, Paolo Veronese* und *Anton van Dyck*. Zudem zeigt die Sammlung zahlreiche Werke der Genueser Meister des Barock. Das zweite Obergeschoss wurde im 17. und 18. Jh. mit dem grandiosen Freskenzyklus „Die vier Jahreszeiten" ausgeschmückt, Teile davon sind wechselnden Ausstellungen vorbehalten. Im dritten Stock stößt man schließlich auf die

Die prächtige Fassade des Palazzo Rosso

kleine moderne Sammlung (Appartamento). Von hier oben geht es im Aufzug hinauf auf die Dachterrasse mit herrlichem Ausblick – allerdings nur für Schwindelfreie.
Wie Museo di Palazzo Bianco, → oben.

Chiesa Santissima Annunziata del Vastato (zwischen Via Garibaldi und Via Balbi): Eine der interessantesten Kirchen der Stadt – fast schon ein Museum. Hinter der grauen klassizistischen Säulenfassade verbirgt sich ein unvergleichlich farbenprächtiger Innenraum, über und über mit leuchtenden Decken- und Wandfresken versehen, an denen nahezu alle namhaften Genueser Maler des 17. Jh. mitgewirkt haben: *Giovanni Battista Carlone, Giulio Benso, Gregorio de Ferrari* und andere. Sehenswert!
Tägl. 8–12 Uhr und 15.30–20.30 Uhr; in der Kirche liegt ein deutschsprachiges Faltblatt aus (1 €), in dem die Kunstwerke erläutert werden.

Via Balbi

Wohnmeile der reichen Genueser Adelsfamilien und des Klerus aus der Zeit des Barock. Gemeinsam mit dem Jesuitenorden, der hier ein Kolleg errichtete, verwirklichte der Familienclan der Balbi Anfang des 17. Jh. die neue Prachtstraße im Baustil ihrer Zeit.

Die Konkurrenzstraße zur Via Garibaldi – eine zweite „Strada Nuova“ – beginnt an der Piazza Nunziata. Im Rahmen der Baumaßnahmen für die Kulturhauptstadt „GeNova 04“ wurde die Via Balbi verkehrsberuhigt und fußgängerfreundlich umgestaltet, trotzdem hat sie bei Weitem nicht den Glanz der Via Garibaldi, was auch an der Nähe zum Bahnhof Principe liegen mag. Doch finden sich auch hier zahlreiche Prachtbauten, den Auftakt macht der *Palazzo Durazzo-Pallavicini* (Nr. 1, Eckhaus). Die herrschaftlichen Räume des barocken Repräsentationsbaus werden übrigens bis heute von Nachfahren der Balbi-Dynastie bewohnt.

Der zweitgrößte Palazzo der Via Balbi, das ehemalige *Jesuitenkolleg* (Nr. 5), ist seit über 200 Jahren Sitz der Genueser Universität. Hinter der mächtigen Vorhalle öffnet sich der mehrgeschossige Innenhof mit eleganten Seitentreppen und einer überraschend großen Gartenanlage. In der Aula der Universität (ebenfalls zu besichtigen) stehen einige kostbare Bronzeskulpturen von *Giambologna*. Die Universitätsbibliothek ist in der einstigen *Kollegiatskirche Ss. Gerolamo e Francesco Saverio* (17. Jh.) untergebracht. Zum zentralen Universitätskomplex gehören auch der angrenzende *Palazzo Raggio* (Nr. 6, Philosophische Fakultät) und der *Palazzo Balbi-Senarega* (Nr. 4), dessen zweites Obergeschoss mit Fresken von Valerio Castello und Gregorio de Ferrari ausgemalt ist.

Palazzo Reale mit **Museo di Palazzo Reale:** In Genuas größtem historischen Stadtpalast (17. Jh.) residiert heute die Behörde für Denkmalpflege und das Museo di Palazzo Reale (Via Balbi 10). Der über 100 m lange, auf der Rückseite überaus farbenprächtige Flügelbau wurde 1824 zum Königspalast des Hauses Savoyen-Piemont auserkoren, daher auch der Name. Die rund 100 Werke zählende Gemäldesammlung befindet sich in den mit Fresken, Stuckdekor und originalen Möbeln prunkvoll ausgestatteten Sälen des zweiten Obergeschosses; im Rahmen einer einstündigen Führung (nach Voranmeldung auch in Englisch) bekommt man vor allem Meisterwerke des 17. und 18. Jh. zu sehen, darunter einen Saal mit Porträts von *Bernardo Carbone, Anton van Dyck* u. a. Der prächtig funkelnde Spiegelsaal ist eine Klasse für sich.

Bei der Besichtigung wird man auch auf die Dachterrasse des Palazzo geführt, von der sich ein herrlicher Blick über die Stadt, die Hügel ringsum und den Hafen öff-

Über den Dächern von Genua

Karten S. 224/225 und 228/229

net – störend ist jedoch auch hier mal wieder die alles verunzierende Hochstraße. Der offene Hofgarten mit kunstvoller Pflasterarbeit, Kiesbett und Springbrunnen darf ebenfalls betreten werden – von hier zeigt sich die rückseitige Fassade des Palazzo Reale in ihrer ganzen Pracht.

Di/Mi 9–13.30 Uhr, Do–So 9–19 Uhr, Mo geschl. Eintritt inkl. Führung 4 €, 18–25 Jahre 2 €, unter 18 und über 65 Jahre sowie mit Card Musei freier Eintritt. Kombiticket mit Palazzo Spinola 6,50 € (erm. 3,25 €). ✆ 010-2710236, hier kann man auch eine englischsprachige Führung reservieren, Infos auch unter www.palazzorealegenova.it.

Kolumbusdenkmal: Die Via Balbi führt schließlich auf den Bahnhofsvorplatz, die *Piazza Acquaverde.* Auf dieser steht als Denkmal für den großen Seefahrer und Entdecker das übermannsgroße Monument aus dem 19. Jh. Von hier aus empfiehlt sich ein Abstecher zum Palazzo del Principe.

Palazzo del Principe: Hinter dem Bahnhofsgelände der *Stazione Principe* erhebt sich der schlossartige Fürstenpalast, den Genuas schillerndste Persönlichkeit, *Andrea Doria,* zwischen 1522 und 1529 errichten ließ. Das riesige Anwesen erstreckte sich einst vom Ufer bis weit auf den anschließenden *Granarolo-Hügel.* Ausmaße und Prunk dieses Monumentalbaus übertrafen damals alle anderen Stadtpaläste. Für die künstlerische Gestaltung der Doria-Residenz engagierte Andrea Doria von 1528 bis 1537 den zuvor in Rom tätigen Raffael-Schüler *Perino del Vaga,* dessen dekorative Freskenzyklen noch größtenteils erhalten sind. Heute zeigt sich der Palazzo del Principe nicht in schönster Umgebung: Bahnhof, Bahngleise, Hafenanlagen, Hochstraße (Sopraelevata) und angrenzende Zweckbauten trüben den Blick auf den Ruhesitz des berühmten Doria, einziger Lichtblick ist die *Stazione Marittima* hinter der Hochstraße, für deren Bau in den 1920er Jahren Teile der ursprünglichen Hafenanlage der Doria verschwanden. Bis in die 1960er Jahre war die Stazione Marittima einer der wichtigsten europäischen Ausgangspunkte für Passagierschiffe auf der Transatlantikroute. Unmittelbar oberhalb des auch Palazzo Doria-Pamphili genannten Monumentalbaus erhebt sich das einstige Luxushotel *Miramare*, heute eine Eigentumswohnanlage.

Nach den langjährigen Restaurierungsarbeiten sind mittlerweile nahezu alle „fürstlichen" Säle des Palazzo del Principe wieder zu besichtigen, allesamt von *Perino del Vaga* prächtig ausgemalt und möbliert. Über die freskenverzierte Eingangstreppe gelangt man zunächst in die Heldenloggia *(Loggia degli Eroi)*, an deren Wänden die bekanntesten Persönlichkeiten der Dorias im Gewand antiker Heroen zu sehen sind. Im Anschluss dann die Prunksäle mit den lebhaft bewegt scheinenden Deckenfresken.

Ein weiterer Höhepunkt ist die im Zuge der Palasterweiterung entstandene *Galleria Aurea*, die mit kostbaren Wandteppichen geschmückt ist, die die berühmte Seeschlacht bei Lepanto (1571) detailgenau darstellen. Bleibt noch auf die zahlreichen Porträts namhafter Künstler hinzuweisen, vor allem auf jenes von *Sebastiano del Piombo* (1526), das Andrea Doria als Flottenadmiral unter Papst Klemens VII. zeigt.

Zugänglich ist auch ein übrig gebliebener kleiner Teil der ehemaligen *Giardini pensili* (Hanggärten), in denen zwei eindrucksvolle Brunnenanlagen zu bewundern sind: ein kleiner Renaissancebrunnen und ein monumentaler Neptunbrunnen von 1599.

Di–So 10–17 Uhr, Mo geschl. Eintritt 9 € (ermäßigt 7 €), mit Card Musei Eintritt frei. Piazza del Principe 4, ✆ 010-255509, www.palazzodelprincipe.it.

Im Hafenviertel der Altstadt (Quartiere del Porto antico)

Eine etwas verwahrloste Gegend um den Carrugio Lungo, die Hauptgasse des mittelalterlichen Stadtkerns und Rückgrat des unteren Hafenviertels: tagsüber quirlig und belebt, abends wie ausgestorben und anrüchig.

Die lange Fußgängergasse des Carrugio Lungo, bestehend aus Via di Prè, Via del Campo, Via di Fossatello und Via San Luca, beginnt in Bahnhofsnähe an der Kirchenpiazza San Giovanni di Prè/Commenda – insgesamt über 2 km mittelalterliches Pflaster mit grauen Fassaden, einmündendem Gassenlabyrinth, schmalen Treppen, engen Plätzen und einigen sehenswerten Baudenkmälern. Beim Bummel durch das verarmte Viertel sollte man verstärkt auf sich und seine Habseligkeiten aufpassen, nach Geschäftsschluss und vor allem nachts raten wir von einem Besuch ab!

Die zweigeschossige romanische Kirche *San Giovanni di Prè* (12. Jh.) gehörte dem hier ansässigen Templerorden. Im Arkadengewölbe der Unterkirche wurden einst vorbeiziehende Pilger auf dem Weg nach Jerusalem beherbergt. Das Ordenshaus selbst befand sich im benachbarten *Palazzo della Commenda*. 2003/2004 wurde die Piazza neu gestaltet. Die hier beginnende handtuchschmale *Via di Prè* präsentiert sich als eine armselige Wohn- und Ladengasse, an deren Ende die *Porta dei Vacca* steht, ein gut erhaltenes Stadttor mit gotischen Bögen und zwei halbrunden Seitentürmen. Die anschließende *Via del Campo* ist eine schmale Bummelgasse mit kunterbunten Boutiquen und Geschäften hinter tristen Fassaden; ein wenig stechen die beiden herrschaftlichen Palazzi (Nr. 9 und 10) heraus, die noch vor der Altstadterweiterung im 16. Jh. entstanden. An der *Piazza Fossatello*, dem einstigen Mittelpunkt der Altstadt, finden sich noch die architektonischen Überreste spätmittelalterlicher Adelspaläste und Loggien.

Erfreulich fußgängerfreundlich – am Porto antico

Karten S. 224/225 und 228/229

Dahinter beginnt die *Via San Luca*, eine lebhafte Wohn- und Ladengasse mit viel mittelalterlicher Bausubstanz, darunter auch einige gut erhaltene Geschlechtertürme. An der kleinen Piazza di San Luca empfiehlt sich ein kurzer Abstecher zum *Palazzo Spinola* (s. u.).

Die *Piazza Banchi* markiert das Ende des Carrugio Lungo im Centro storico. Der hübsche Kirchplatz mit der seitlichen *Loggia dei Mercanti* aus dem späten 16. Jh. war lange Zeit das Handels- und Börsenzentrum von Genua, bis die Piazza de Ferrari Ende des 19. Jh. diese Funktion übernahm. Heute handeln hier nur noch ein paar Buch- und Musikantiquare vor den Treppenstufen der benachbarten Kirche *San Pietro in Banchi*, in der Loggia finden immer wieder Ausstellungen statt.

Über die kurze Via Ponte Reale gelangt man zur *Sottoripa*, der alten Uferstraße des Hafenviertels, die bereits im frühen 12. Jh. angelegt wurde. Unter den dunklen Arkadengängen dieser Gasse, im Schatten der nahen Hochstraße (*Sopraelevata*), herrscht tagsüber ein überraschend buntes Treiben: Waren aller Art wechseln unter- und oberhalb des Ladentischs den Besitzer, Garküchen dampfen und verbreiten appetitliche Gerüche.

Palazzo Spinola mit **Galleria di Palazzo Spinola:** Der herrschaftliche Palast an der Piazza di Pellicceria (Nr. 1) nahe der Piazza di San Luca (nicht zu verwechseln mit dem Palazzo Spinola in der Via Garibaldi Nr. 5, in dem die Deutsche Bank residiert, und dem Palazzo (Doria) Spinola an der Piazza Corvetto, dem Sitz der Präfektur) wurde entgegen der städtebaulichen Entwicklung mitten im Gewirr der Altstadtgassen gebaut. Im 16. Jh. von der Familie *Grimaldi* in Auftrag gegeben, wechselte der Palazzo mehrfach die Eigentümer, bevor er in den Besitz der Familie *Spinola* gelangte. Wie kein anderer Palazzo Genuas ist er heute noch nahezu komplett eingerichtet – einschließlich Hausaltar und Küche. So präsentieren sich viele Gemälde der bemerkenswerten Sammlung in altehrwürdigem Ambiente, umgeben von Fresken (von *de Ferrari* u. a.) und Stuckdekor, flankiert von historischem Mobiliar. In den prachtvollen Räumlichkeiten im ersten und zweiten Stock sind unter anderem Meisterwerke der Genueser Maler *Bernardo Strozzi*, genannt *Il Cappuccino*, und *Benedetto Castiglione*, genannt *Il Grechetto*, zu sehen. Ein Höhepunkt ist zweifellos der prächtige Spiegelsaal in der zweiten Etage. Auch in den niedrigen Zwischenstockwerken sind Ausstellungsräume untergebracht, darunter eine Küche und Abteilungen, in denen Porzellan, Tapeten und Skizzen ausgestellt sind. Im dritten Stock befindet sich der bemerkenswerte „Rest" der Gemäldegalerie: In nüchterner Umgebung hängen hier *Antonello da Messinas* „Ecce homo", das Porträt Giovanni Carlo Dorias (zu Pferde) von *Peter Paul Rubens* und andere. Die vierte Etage schließlich präsentiert weiteres Porzellan; über eine Wendeltreppe erreicht man die schmale Dachterrasse.

Di–Sa 8.30–19.30 Uhr, So/Feiertage 13.30–19.30 Uhr, Mo geschl. Eintritt 4 €, erm. 2 €, bis 18 Jahre und mit Card Musei frei; Kombiticket mit Palazzo Reale 6,50 €, erm. 3,25 €. Piazza Pellicceria 1, ✆ 010-2705300, www.palazzospinola.it.

Am Alten Hafen

Der Porto antico, auch Porto vecchio genannt, zu Beginn der 1990er Jahre vom italienischen Stararchitekten Renzo Piano neu gestaltet, präsentiert sich heute im Bereich der Piazza delle Feste als Kultur- und Vergnügungsmeile. Attraktionen und Publikumsmagneten sind vor allem das neue Schifffahrtsmuseum, das große Meerwasseraquarium und der „Bigo".

Galata Museo del Mare: Das neue, hervorragend ausgestattete und nach eigenen Angaben größte Schifffahrtsmuseum des Mittelmeerraums gehört zu den Höhepunkten eines Genuabesuchs. In dem auch innenarchitektonisch gelungenen Gebäude am nördlichen Ende des Alten Hafens sind Modelle, Gemälde, historische Atlanten, Navigationsgerätschaften, Nachbauten in Originalgröße und vieles mehr zu bewundern – die Ausstellung schlägt den Bogen von der Zeit der Genueser Galeeren bis zur modernen Dampfschifffahrt (Infotafeln auf Italienisch und Englisch).

Im Erdgeschoss hängt neben historischen Hafenansichten Genuas auch *Ridolfo del Ghirlandaios* bekanntes Porträt des berühmtesten Sohnes der Stadt, Christoph Kolumbus, flankiert von Modellen der nicht minder berühmten Schiffe Santa Maria, Pinta und Niña. Nach einer gut gefüllten Waffenkammer findet man sich vor dem 40 m langen Nachbau einer Galeere wieder. Mit Liebe zum Detail werden auch die Alltäglichkeiten der Schifffahrt veranschaulicht. So kann man am eigenen Leib erfahren, wie schwer ein Galeerenruder wiegt, und in der (fast leeren) Provianttonne fehlt auch die fette Ratte nicht. Im zweiten Stock findet sich ein weiterer Nachbau eines Schiffs: der begehbare Rumpf einer zweimastigen *Brigg*. Auf dem Weg dorthin passiert man u. a. zahlreiche Gemälde und Modelle, eine Sektion über Andrea Doria (samt Porträt) und die Simulation schweren Seegangs, bei der man sich vier Minuten der rauen See um Kap Horn stellen kann.

Bemerkenswert ist die Sammlung historischer Atlanten und Globen, darunter eine Ausgabe des *Theatrum Orbis Terrarum* von Abraham Ortelius, dem 1570 erschienenen Prototypen des modernen Atlas. Dankenswerterweise sind die ausgestellten Folianten digitalisiert, so dass man sie mit Hilfe des Computers „durchblättern" kann. Im dritten Stockwerk schließlich ist das Zeitalter der Dampfschifffahrt erreicht; dokumentiert wird die Bedeutung des Überseehafens Genua und der Transatlantikroute – aus Sicht der Emigranten wie auch der ersten Klasse. Nebenan sind zudem wechselnde Ausstellungen zu sehen. In der vierten Etage befindet sich eine Dachterrasse; auf Höhe des ersten Stocks lockt das *Museumscafé* mit schönem Blick, und im Foyer ist ein kleiner *Buchladen* eingerichtet.

März bis Okt. Di–So 10–19.30 Uhr (letzter Einlass 18 Uhr), Nov.–Feb. Di–Fr 10–18 Uhr (letzter Einlass 17 Uhr), Sa/So wie im Sommer, Mo geschl. Erw. 10 €, erm. 8 €, Kinder 4–12 Jahre 5 €; Kombikarte mit Aquarium (*NavigAcquario*) Erw. 23 €, Kind 13 €; Kombikarte *AcquarioVillage* → unten; mit der *Card Musei* (48 Std.) Eintritt frei. Calata de Mari 1, ✆ 010-2345655, www.galatamuseodelmare.it.

Die Biosphäre und dahinter das Acquario

Piazza Caricamento und Palazzo San Giorgio: Der weitläufige Platz ist in gewisser Weise der Vorhof und Eingang zum *Porto antico*, sei es aus dem unteren Hafenviertel, vom Carrugio Lungo kommend, oder über die Via San Lorenzo vom Dom herunter. Früher diente der Platz als Verladekai, doch mit der Umgestaltung und teilweisen Bebauung des Alten Hafens verlor er diese Funktion. Quer über den Hafenvorplatz führt das wohl eigenartigste Bauwerk der Stadt: die Hochstraße – architektonisch und ästhetisch ein Sündenfall, verkehrstechnisch ein Segen. So hässlich sich die Trasse über den Platz erhebt und auch den Blick auf den Palazzo San Giorgio verunziert, so fußgängerfreundlich gestaltet sich die Hafenpiazza in ihrem Schatten. Der exponierte *Palazzo San Giorgio* stammt in seinem ältesten Teil aus der Mitte des 13. Jh. und diente zunächst als Sitz der Stadtverwaltung, später der mächtigen Bank *San Giorgio*. 1407 gegründet, um die Schulden der Stadtrepublik zu verwalten, ist sie die älteste öffentliche Bank Europas. Der neuere, dem Hafen zugewandte Teil mit seinen farbenprächtigen, freskengeschmückten Fassaden entstand im späten 16. Jh.

Von der Piazza hat man direkten Zugang zum Meerwassermuseum, zum „Bigo“ (s. unten) mit der anschließenden Piazza delle Feste und zum südlichen Teil des Hafens. Hier laden Bänke am Wasser zum Verweilen ein, und zwischen hohen Palmen kann man das eigenwillige Ensemble des Alten Hafens auf sich wirken lassen.

Acquario: Das noch immer bemerkenswerte europäische Meerwasseraquarium wurde in den 1990er Jahren vom Stararchitekten und gebürtigen Genueser *Renzo Piano* entworfen. Der (klassisch) futuristische Neubau in Form eines Schiffs (der hintere Teil war tatsächlich einmal eines) ist zwar ein wenig in die Jahre gekommen, was angesichts seiner farbenprächtigen und agilen Bewohner aber bald vergessen ist. Vier eindrucksvoll beleuchtete Großbecken beherbergen die Stars des

Aquariums. Im ersten tummeln sich die Seehunde, das zweite teilen sich Haie, Mondfische, Sägefische und andere Arten, die nicht Gefahr laufen, einander aufzufressen. Das dritte Becken gehört den lebhaften Delfinen, und durch das vierte schweben majestätisch die schweren Meeresschildkröten. Bis auf das sprichwörtliche Haifischbecken kommt man im Laufe des Rundgangs ein zweites Mal an diesen Aquarien vorbei: Im ersten Stockwerk blickt man von oben auf das Wasser und, im Fall der Seehunde, auf das künstliche Felsufer. Die Delfine haben übrigens noch weitere, nicht einsehbare Becken, in die sie sich nach Belieben zurückziehen können. Das kann zur Folge haben, dass man eine der Attraktionen des Aquariums vielleicht gar nicht zu Gesicht bekommt. Doch finden mehrmals täglich Fütterungen und Übungen im „öffentlichen" Becken statt, die Zeiten hängen an der Kasse aus.

Ein weiterer Höhepunkt sind die quirligen Pinguine in ihrer etwas klein geratenen Antarktis. Optisch eindrucksvoll sind die Wassersäulen, in denen u. a. Tiefseequallen schweben oder Clownfische ihre Kreise ziehen. Daneben gibt es zahlreiche kleinere Aquarien und Terrarien mit kleinen Krokodilen, der Unterwasserwelt der Cinque Terre und der Mangrovenwälder – und sogar einen Streichelzoo.

März bis Juni und Sept./Okt. tägl. 9–19.30 Uhr, Sa/So bis 20.30 Uhr, Juli/Aug. tägl. 9–22 Uhr, Nov. bis Feb. tägl. 9–19.30 Uhr, Sa/So bis 20.30 Uhr. Einlass bis 90 Min. vor Schließung. Eintritt 18 €, Kinder 4–12 Jahre 12 €; mit Card Musei Ermäßigung, Eintritt in den Kolibriwald 2 € extra (Kinder 1 €); gebührenpflichtige Parkplätze vor dem Museum; dort auch Café und Souvenirladen. Porto Antico, Ponte Spinola, ✆ 010-2345678 (!), www.acquariodigenova.it.

Es werden diverse **Kombitickets** angeboten, darunter:

NavigAcquario, Kombikarte mit Schifffahrtsmuseum (Galata Museo del Mare, → oben) 23 €, Kinder 13 €.

AcquarioVillage, Kombikarte, die alle Sehenswürdigkeiten am Hafen beinhaltet, also Acquario samt Kolibriwald, Schifffahrtsmuseum (→ oben), Biosphäre, Bigo und La Città dei Bambini (→ unten), Erw. 35 €, Kinder 25 €.

Biosphäre: Wie zur Ergänzung schwimmt neben dem Aquarium eine große Glaskuppel auf dem Wasser, für deren Entwurf ebenfalls Renzo Piano verantwortlich war. In ihrem Inneren gedeihen diverse exotische Pflanzen, Chamäleons klettern auf den Ästen herum, zwischen den Sonnensegeln tanzen Schmetterlinge. Der Besuch der kleinen *La Sfera* ist allerdings nicht gerade billig.

März–Okt. Tägl. 10–19 Uhr, Nov.–Febr. 10–17 Uhr, Einlass bis jeweils eine halbe Stunde vor Schließung, Eintritt 5 €, Kinder 3,50 €, Eintritt mit *AcquarioVillage*-Kombikarte (→ oben) frei, www.acquario.ge.it/biosfera.

Panoramaaufzug Bigo und **Piazza delle Feste:** *Der* Blickfang am Alten Hafen ist ein weiteres Werk von Renzo Piano. Flankiert von mit weißem Tuch bespannten Windrädern, erhebt sich am Kai eine achtarmige Konstruktion aus dem Wasser, die aussieht wie eine gigantische Wäschespinne. An ihr hängt zum einen der Panoramaaufzug, dessen runde Kapsel mit umlaufenden Fenstern drehbar ist, sodass man in etwa 40 m Höhe ein bewegtes Genua-Panorama genießen kann. Zum andern trägt der Bigo das Dach der *Piazza delle Feste*. Auf der kleinen, ins Wasser ragenden Piazza finden im Sommer diverse Spektakel und Ausstellungen statt. Von Dezember bis März dient der Platz als mediterrane Eislaufbahn.

Bigo Tägl. 10–18 Uhr (Mo ab 14 Uhr), im Sommer länger (Juli/Aug. bis 23 Uhr), Nov.–Febr. nur Sa/So 10–17 Uhr. Ticket 4 €, erm. 3 €, Eintritt mit *AcquarioVillage*-Kombikarte (→ oben) frei, www.acquario.ge.it/bigo.

Museo dell'Antartide (Antarktismuseum): Das Museum führt in die menschenfeindliche Welt des Südpols, wo die italienische Forschungsstation *Baia Terre Nova* bei minus 50 °C und darunter wissenschaftliche Forschungen betreibt. Faszinierende

Bilder, Expeditionsexponate sowie Ton- und Filmdokumente (Audioführer Italienisch, Französisch, Englisch) informieren über den Naturraum Antarktis und die Arbeit vor Ort. Das Museum befindet im südlichen Teil des Gebäudes vor dem Bigo, erster Stock, Zugang über die Außentreppe an der Seitenfassade.

Juni bis Sept. tägl. (außer Mo) 10.30–18.30 Uhr, Okt. bis Mai Di–Fr 9.45–17.30 Uhr, Sa/So 10–18 Uhr, Mo geschl. Eintritt 5,30 €, erm. 4,30 €. ✆ 010-2543690, www.mna.it.

Erlebnispark La Città dei bambini: Unter dem Motto „Wissenschaft und Technik spielerisch erleben" richtet sich der moderne, in altersgerechte Sektionen unterteilte Erlebnispark an Drei- bis Vierzehnjährige. Kleinkinder können sich z. B. in Krabbelburgen austoben, die Älteren Experimente mit der Wasserkraft durchführen, Schulkinder informieren sich über Ozeandampfer oder produzieren ihre eigene Fernsehshow. Anfassen und Ausprobieren ist hier ausdrücklich erwünscht, Entdeckungen sind fast unvermeidlich ...

Juli bis Sept. tägl. 11.30–19.30 Uhr (Einlass bis 18.15 Uhr), Okt. bis Juni tägl. 10–18 Uhr (Einlass bis 16.45 Uhr), Mo geschl. Sinnigerweise ist das Preisverhältnis hier umgedreht: Kinder 3–14 Jahre 7 €, Erw. 5 €! Eintritt mit *AcquarioVillage*-Kombikarte (→ oben) frei, www.cittadeibambini.net (nur Italienisch).

Am Hafen: Karussell, Windspiel und ein Arm des Bigo

Terminal Crociere: Noch immer ist Genua eine Hafenstadt von internationalem Rang, und nirgendwo ist das deutlicher zu sehen als am Terminal Crociere des Alten Hafens, wo die großen Kreuzfahrtschiffe fast täglich ein- und auslaufen – ein toller Anblick. In den letzten Jahren hat sich Genua in Sachen Kreuzfahrttourismus mit über einer halben Million Passagieren zum wichtigsten Hafen im Mittelmeer entwickelt.

Industriehafen: Jenseits des touristischen Porto antico dominiert die Hafenindustrie mit insgesamt ca. 30.000 Beschäftigten unangefochten das städtische Wirtschaftsleben. Seit der Modernisierung der Hafenanlagen in den 90er Jahren gehört Genua auch wieder zu den größten und umschlagintensivsten Containerhäfen Europas.

Leuchtturm Torre della Lanterna (im neuen Hafen): Mitten aus dem gespenstischen Industrie- und Handelshafen ragt der fast 80 m hohe Leuchtturm (16. Jh.) empor. Dieses Wahrzeichen Genuas ist heute das einzige Baudenkmal im neuen Hafengebiet und kann am Wochenende besichtigt werden. Vom *Righi-Hügel* bzw. dem *Belvedere di Castelletto* (→ „In der Oberstadt") wirkt der alte Leuchtturm wie ein unscheinbarer Laternenmast im Gewirr der Ladekräne und Containerberge.

Sa und So 10–18 Uhr oder nach Voranmeldung unter ✆ 010-910001. Eintritt inkl. Leuchtturmbesichtigung und Museumsbesuch Erw. 6 €, Kinder 4 €.

Die Cappella San Giovanni Battista im Dom

Via San Lorenzo, Dom und Umgebung

Vom Alten Hafen führt die Via San Lorenzo direkt zur Porta Soprana, vorbei am imposanten Dom San Lorenzo und über die Piazza Matteotti mit dem prächtigen Palazzo Ducale. Hier, im Herzen der Altstadt, wird flaniert und eingekauft.

Die Fußgängerzone rund um den Dom mitsamt Piazza San Matteo und dem Castello-Viertel (→ unten) ist zweifellos Genuas attraktivstes Viertel. Besuchermagnet ist natürlich die Cattedrale San Lorenzo, deren prachtvolle schwarz-weiße Fassade den beschaulichen, abschüssigen Vorplatz überragt. Zur Piazza Matteotti und dem Palazzo Ducale sind es nur wenige Schritte, ebenso zur Piazza San Matteo, die auf engstem Raum vergangene Pracht präsentiert, sowie zur Via di Canneto il Lungo, der pulsierenden Ader des Castello-Viertels.

Cattedrale San Lorenzo: der größte Kirchenbau der Stadt. Der Bau der romanischen Basilika wurde im frühen 12. Jh. eilig vorangetrieben, als Genua zum Erzbistum aufgestiegen war. Nach einem verheerenden Brand erhielt die Kathedrale Anfang des 14. Jh. ihre gotische Streifenfassade mit den tief gestaffelten Portalen. Im Bogen des *Hauptportals* besticht eine kunstvoll gearbeitete Christusdarstellung. Die Doppelturmanlage blieb unvollendet, so dass sich nur der rechte Glockenturm, der teilweise im Stil der Renaissance gestaltet ist, über die Kirche erhebt, während der linke Turm auf Höhe des Hauptschiffs von einer Art Loggia abgeschlossen wird. Der über 100 m lange, dreischiffige Kirchenraum ist von romanischen Rundsäulen gegliedert. Die wuchtige *Hauptapsis* schmückt ein reich verziertes Chorgestühl (16. Jh.). Gut erhaltene Fresken v. a. aus dem 16. und 17. Jh. wölben sich in den Apsiden der *Seitenschiffe*, das kunstvolle Fresko über dem Hauptportal stammt aus dem Jahr 1312. Neben dem Kreuzigungsrelief aus Marmor (15. Jh.) im rechten Seitenschiff steht eine Granate, die im Zweiten Weltkrieg durch die Fassade schlug, aber nicht explodierte. Im linken Seitenschiff befindet sich die kunstvoll geschmückte *Cappella San Giovanni Battista*. Die bemerkenswerten Altarreliefs aus der Mitte des 15. Jh. zeigen Stationen im Leben Johannes des Täufers. Links neben der Kapelle liegt der Eingang zum Baptisterium.

Auf den niedrigeren der beiden Türme kann man hinaufsteigen, allerdings nur im Rahmen einer Führung und wenn es nicht regnet, da sonst die Stufen auf dem Dach gefährlich glatt sein können.

Museo del Tesoro: Der Domschatz mit kostbaren liturgischen Gerätschaften und Reliquiaren wird in der Krypta von San Lorenzo verwahrt. Hervorzuheben ist u. a. der *Sacro Catino* (→ unten), ein kunstvoll gearbeitetes byzantinisches Kreuz (13. Jh.) sowie zwei prächtige Prozessionsschreine (15. und 16. Jh.). In einem davon soll die Asche von Johannes dem Täufer ruhen.

Kathedrale: Tägl. 8–12 und 15–19 Uhr. **Museo del Tesoro:** Mo–Sa 9–12 und 15–18 Uhr. Eintritt 6 €, erm. oder mit Card Musei 4,50 €. Turmbesichtigung nur mit Führung und bei gutem Wetter: 5 €/Pers., Mindestanzahl drei Teilnehmer.

Detail an der Dompforte

Sacro Catino – vom Niedergang einer Reliquie

Eine Reliquie, wie sie bedeutender nicht hätte sein können, soll im Jahr 1101 mit den Kreuzfahrern aus Caesarea nach Genua gelangt sein: der Teller, von dem Jesus und seine Jünger das Letzte Abendmahl gegessen hatten – *Sacro Catino*, eine sechseckige Schale aus Smaragd. Es dauerte nicht lange, da wertete Jacobus de Voragine, Erzbischof von Genua und Autor der *Legenda Aurea*, der bedeutendsten Legendensammlung des Mittelalters, die Reliquie noch auf, indem er sie in Verbindung mit dem Heiligen Gral brachte – das Gefäß, das das Blut Christi am Kreuz aufgefangen haben soll. Dann begann der Niedergang. Die Reliquie wurde von der in Finanznot geratenen Stadt verpfändet. Napoleon ließ sie rauben und nach Paris bringen. Dort stellte sich heraus, dass die Schüssel keineswegs aus Smaragd war, sondern aus grünem Glas. Auf dem Rücktransport nach Genua schließlich zerbrach das Gefäß. Heute geht man davon aus, dass die Schale aus einer arabischen Glasbläserei stammt und um das 9. Jh. nach Christus gefertigt wurde ...

Palazzo Ducale: Der herrschaftliche Palast war jahrhundertelang Amts- und Wohnsitz des Oberhaupts der Seerepublik Genua (→ S. 220). Ende des 18. Jh. wurde der Palazzo erweitert und im klassizistischen Stil umgebaut, in den 1990er Jahren

Biomarkt vor dem Palazzo Ducale

restauriert und im Eingangsbereich neu gestaltet. Die Prunksäle im Obergeschoss sind heute die erste Adresse für internationale Kunstausstellungen und aufwändige Kulturveranstaltungen. Das Erdgeschoss mit seinem großen Atrium ist frei zugänglich. Der älteste Gebäudekern ist der mittelalterliche Rathausturm *Grimaldina*, der in den 1591 errichteten Renaissancebau integriert wurde. Im Rahmen der Wechselausstellungen in den ehemaligen Ratssälen und dem Wohnbereich des Dogen kann auch die mit prächtigen Fresken verzierte *Dogenkapelle* besichtigt werden.

Chiesa del Gesù (Sant'Ambrogio e Andrea): Die Kirche oberhalb der Piazza Matteotti zeigt sich in prachtvollem Barock. Über den verspielt geschmückten Innenraum wölbt sich eine nicht minder aufwändig verzierte Kuppel – ein würdiger Rahmen für eine Handvoll wertvoller Gemälde, darunter auch Werke von *Peter Paul Rubens*. Die Freskenmalereien schufen u. a. *Lorenzo de Ferrari* und *Giovanni Battista Carlone*.

Tägl. 8–12 und 15–18 Uhr.

Doria-Piazza San Matteo

Die kleine mittelalterliche Piazza des Geschlechts der Doria, das die Geschicke Genuas über Jahrhunderte bestimmte, ist zweifellos der schönste Platz im historischen Stadtkern unweit des Doms.

Kirche und Wohnbauten mit schwarz-weißen Streifenfassaden, Pfeilerarkaden, gotisch geschwungenen Fensterbögen und reich skulptierten Portalen säumen den Platz in den ansprechenden Proportionen der spätmittelalterlichen Gotik. Von der Piazza führen mehrere schmale *Carrugi* ins Gassengewirr des Centro storico.

Auf der linken Seite der Piazza erheben sich die beiden ältesten Palazzi der Familie Doria aus dem späten 13. Jh. Der erste (Eingang heute Vico Falamonica Nr. 1) gehörte *Branca Doria*, einem Protagonisten aus Dantes „Göttlicher Komödie". Im zweiten (Nr. 15) wohnte *Lamba Doria*, ein Flottenkommandant, der sich im Kampf gegen die feindlichen Venezianer einen Namen gemacht hatte. Besonders schöne Portalverzierungen schmücken das Privathaus von *Andrea Doria* (Nr. 17), das 1486 erbaut wurde.

Chiesa San Matteo: Die kleine gotische Kirche ist der Blickfang des beschaulichen Platzes. Die einstige Privatkirche der Doria erinnert deutlich an ihre familiäre Bestimmung: Überall sind Inschriften zu entdecken, die an die Leistungen der Doria erinnern, und in der Krypta unter dem Chor liegt *Andrea Doria* (→ S. 221) höchstselbst begraben. Das Kircheninnere mit seinen Fresken, Stuckdekor und Skulpturen wurde im Wesentlichen von *Giovanni Battista Castello (Il Bergamasco)* und

Luca Cambiaso gestaltet. Sehenswert sind außerdem die fein skulptierten Kapitelle der Doppelsäulen im angrenzenden *Kreuzgang* (1308) sowie das Mosaikporträt des Kirchenheiligen San Matteo über dem Kircheneingang.

Tägl. 8–12 und 15–18 Uhr.

Castello-Viertel (Quartiere Santa Maria di Castello)

Das Stadtviertel südlich von San Lorenzo markiert Genuas ältestes Siedlungsgebiet. Hier findet sich der attraktivste Teil der Altstadt, reich an Patina, lebendig und sympathisch.

In dem engen Gassengewirr wartet hinter fast jeder Ecke eine Überraschung: ein Rest verspielten Fassadenschmucks, lässige Musik aus gemütlichen Cafés oder der Duft von Gewürzen aus einem winzigen Laden, den vielleicht schon Andrea Dorias Dienerschaft aufgesucht hat. Die belebte Hauptachse ist die parallel zur Via San Lorenzo verlaufende Via di Canneto il lungo. Hier finden sich traditionsreiche kleine Geschäfte und bodenständige Focaccerien. Die Gasse endet nahe der Piazza delle Erbe. Hier, in dem Dreieck Piazza delle Erbe, San Donato und Piazza Matteotti, pulsiert ein beträchtlicher Teil des Genueser Nachtlebens. Die Sehenswürdigkeiten in diesem Teil der Altstadt stehen ein wenig im Schatten des benachbarten Doms und des Porto antico, doch ist vor allem die im Gassengewirr versteckte, schmucke Kirche San Donato einen Besuch wert.

Santa Maria di Castello: Zu der ursprünglich romanischen Klosterkirche auf dem Castello-Hügel gehört ein weitläufiger, verwinkelter Gebäudekomplex. Im 15. Jh., unter den Dominikanern, erhielt das Kirchenschiff seine reiche Ausstattung; allerdings sind Kirche und Kloster in recht renovierungsbedürftigem Zustand. In den zahlreichen Seitenkapellen, z. B. in der dritten Kapelle linker Hand, finden sich kunstvolle Gewölbeausmalungen und versteckte Kunstwerke. Zum Klosterkomplex geht es durch einen Verbindungsraum rechts vom Altar (dort noch mal rechts). Sehenswert dort sind vor allem die *Loggia dell'Annunciazione* mit prächtig verziertem Kreuzrippengewölbe und einem gut erhaltenen Verkündigungsfresko von *Justus von Ravensburg* (1451) sowie die *Grimaldi-Kapelle* oberhalb der Loggia.

Tägl. 9–12 und 15.30–18 Uhr, zuletzt allerdings etwas unregelmäßig.

Die Loggia dell'Annunciazione von Santa Maria di Castello

Chiesa San Donato: Ein verstecktes Kleinod unter den Kirchen Genuas. Die stimmungsvolle romanische Hallenkirche, über die sich ein markanter achteckiger Turm erhebt, stammt aus dem 11. Jh. und wurde im 12. Jh. erweitert. Zwischen dem grauen Stein der Außenwände entfaltet sich dank der beiden Säulenreihen eine interessante Raum-

Karten S. 224/225 und 228/229

wirkung. Die hinteren Säulen stammen aus antiken Tempeln, die vier vorderen zeigen sich schwarz-weiß gestreift, alle sind von antiken Kapitellen gekrönt. Die beiden Säulenreihen tragen eine schlichte Holzdecke, die rechter Hand Bemalung aufweist. Der kunsthistorische Höhepunkt der Kirche befindet sich in der linken Seitenkapelle: Hier sind einige wenige, aber kostbare sakrale Kunstwerke ausgestellt, darunter der sehenswerte Flügelaltar des flämischen Künstlers *Joos van Cleve* (1515), das Mittelbild zeigt die „Anbetung der Heiligen Drei Könige“. Daneben ist eine stillende Madonna von *Barnaba da Modena* (um 1300) zu sehen, und ein Altarbild von *Domenico Piola* zeigt Joseph mit dem Kind auf dem Arm (spätes 17. Jh.)

Tägl. 9–12 und 15–19 Uhr; Eintritt frei.

Museo di Sant'Agostino: Im ehemaligen Kloster Sant'Agostino im Südosten des Castello-Viertels ist das städtische Skulpturenmuseum untergebracht, das sich fast ausschließlich der Bildhauerkunst widmet: Von den Steinmetzarbeiten des Hochmittelalters bis zu den klassizistischen Skulpturen von *Antonio Canova* umspannen die Exponate fast ein ganzes Jahrtausend Kunstgeschichte. Die in dem modernisierten Gebäude zwischen Stahlträgern und rund um einen nüchternen Kreuzgang weitläufig arrangierten Stücke spiegeln den einstigen Reichtum der Stadt und ihrer Kirchen. Zu den Höhepunkten gehören neben den großformatigen Fresken von *Manfredino da Pistonia* (erster Stock) die Davidskulptur von *Gugliemo Della Porta* und die schwarzen Reliefsteine aus dem 15. Jh. (zweiter Stock). Die Kirche Sant' Agostino dient heute als Veranstaltungsraum.

Tägl. (außer Mo) 9–19 Uhr, Sa/So 10–19 Uhr; Eintritt 4 €, erm. 2,80 €, mit Card Musei Eintritt frei. Piazza Sarzano 35, ✆ 010-2511263, www.museidigenova.it.

Porta Soprana: Geradezu schüchtern duckt sich der spitzbogige Durchlass zwischen die beiden wuchtigen Rundtürme des mittelalterlichen Stadttors aus dem 12. Jh., eines Teils der wehrhaften Stadtbefestigung. Ein Stück rekonstruierter Befestigungsmauer erstreckt sich von der Porta Soprana den Hang hinauf. Heute markiert der zinnenbewehrte Torbogen die Ostgrenze zwischen der Altstadt und der Neustadt. Selbstbewusst verkündet die Seerepublik in der Inschrift an der Porta: „Wenn du Frieden bringst, sei dir Einlass gewährt, willst du aber Krieg, wirst du enttäuscht und besiegt zurückweichen.“

Einen der beiden Türme kann man hinaufsteigen, nur Sa/So 9–12 und 14–18 Uhr, 4 €, Kinder 2 €.

In der Via di Canneto il lungo

Casa di Colombo: Unterhalb der Porta Soprana sind die Überreste eines romanischen Kreuzgangs zu sehen, ein unerwartetes kleines Idyll über der verkehrsreichen Piazza Dante. Daneben steht die efeuumrankte Casa di Colombo, das Kolumbushaus. Gebaut wurde die Casa auf den Grundmauern des Gebäudes, in dem der berühmte Amerikaentdecker seine Kindheit verbracht haben soll. Im Innern dokumentieren ein paar Objekte das Leben von Kolumbus.

Tägl. 10–18 Uhr, Eintritt 4 €.

Piazza De Ferrari und Via XX Settembre

Dreh- und Angelpunkt des oberen, modernen Zentrums ist die weite Piazza De Ferrari mit dem Seitenportal zum Palazzo Ducale (s. oben), der Kunstakademie, dem Teatro Carlo Felice und den prächtigen Palazzi für Börse und Banken. Hier beginnt der Flanierboulevard der Neustadt mit beidseitig verlaufenden Kolonnaden, in der Mitte überbrückt vom Ponte monumentale.

Ein monumentales Gebäudeensemble säumt die weitläufige, weitgehend verkehrsberuhigte Piazza, in der Mitte füllt eine große Brunnenanlage den Platz. Alle wichtigen Geschäftsstraßen der City gehen von der Piazza De Ferrari ab: die *Via XX Settembre*- die *Via XXV Aprile* sowie die *Via Roma* mit der parallel verlaufenden Einkaufspassage *Galleria Mazzini*, und auch die *Via San Lorenzo* liegt gleich um die Ecke.

Accademia Ligustica di Belle Arti: Die 1751 gegründete Kunstakademie, die 1831 den klassizistischen Bau an der Piazza De Ferrari bezog, besitzt eine umfangreiche Gemäldesammlung mit Werken vom 14. bis zum 19. Jh. Zu den Highlights zählen die Arbeiten von *Perino del Vaga, Bernardo Strozzi, Luca Cambiaso* und *Gregorio de Ferrari*.

Di–Fr 14.30–1.8.30 Uhr; Eintritt 5 €, erm. 3 €, mit Card Musei Eintritt frei. Largo Pertini 4, ✆ 010-5601327, www.accademialigustica.it.

Auf der Piazza De Ferrari

Teatro Carlo Felice: Das imposante klassizistische Opernhaus wurde im Zweiten Weltkrieg bis auf die Grundmauern zerstört und zwischen 1987 und 1991 nach Entwürfen des Stararchitekten *Aldo Rossi* wieder aufgebaut. Neben der Prachtfassade fasziniert vor allem der ca. 2000 Personen fassende Zuschauerraum, der einer norditalienischen Piazza nachempfunden ist – mit Häuserfronten, Balkonen und Fenstern.

Programminfos/Kartenvorverkauf Di–Sa 11–18 Uhr, neben dem Haupteingang. ✆ 010-5381224, www.carlofelice.it.

Via XX Settembre: Die unter den Arkaden belebte und dazwischen stark befahrene Via XX Settembre steht für den architektonischen Historismus des späten 19. Jh.: vielfältige Prachtfassaden im Stil der Neo-Renaissance, Neugotik und Neobarock – oben Büroetagen, unten elegante Geschäfte, Kaufhäuser, Buchhandlungen, Kinos und Cafés. Business, Shopping und Vergnügen erstrecken sich hier auf einer teils mit Marmorböden veredelten, 1 km langen Geraden bis zur weitläufigen *Piazza della Vittoria*.

Über den neugotischen Arkaden an der Via XX Settembre erhebt sich mit auffälliger Streifenfassade die weitgehend im 13. Jh. erbaute *Chiesa Santo Stefano*. Der

Kirchenvorplatz hängt wie eine Terrasse über dem Flanierboulevard, die wuchtige Apsis berührt fast den angrenzenden *Ponte monumentale*, der seit 1899 das ehemalige Stadttor *Porta dell'Arco* ersetzt.

Kurz vor dem Ponte monumentale führt (von der Altstadt kommend) links bei einem Kiosk eine schmale Gasse hinein. Nur ein unscheinbares kleines Schild weist den Weg. In der Gasse führt eine Treppe zur Kirche hinauf.

Nur wenige Schritte entfernt liegt einer der Eingänge zum betriebsamen *Mercato orientale*: Es handelt sich dabei nicht, wie der Name vermuten lässt, um einen orientalischen Basar, sondern um den „Ostmarkt", so genannt, weil er östlich der Altstadt liegt. Der Mercato orientale ist Genuas größter und stimmungsvollster Lebensmittelmarkt, seine originelle Markthalle wurde 1899 an der Stelle des Kreuzgangs des ehemaligen Augustinerklosters gebaut.

Via Roma und Parco Villetta Di Negro

Genuas eleganteste Einkaufsstraße führt zu einer zentrumsnahen Parkanlage, die mit künstlich angelegten Wasserfällen, Volieren, Grotten und einem besonderen Museum lockt.

Mit ihren klassizistischen Bürgerhäusern ist die Via Roma eine kurze, aber die exklusivste Shoppingmeile der Stadt; 1872 wurde sie zusammen mit der parallel verlaufenden Einkaufspassage *Galleria Mazzini* angelegt. Auf der anschließenden *Piazza Corvetto* steht das monumentale Reiterstandbild von König *Vittorio Emanuele II.* Am angrenzenden Eingang zum Park dann die überlebensgroße Statue *Giuseppe Mazzinis*, der neben Garibaldi große italienische Freiheitskämpfer des 19. Jh. Im angrenzenden Stadtpark können sich Genua-Besucher vom Besichtigungsmarathon erholen. Und dort, wo sich bis zum Ausbruch des Zweiten Weltkriegs die herrschaftliche Villa des Kunstförderers *Marchese Di Negro* befand, steht heute der Neubau des Museums für Ostasiatische Kunst.

Museo d'Arte Orientale Edoardo Chiossone: Das einzigartige Museum präsentiert die Privatsammlung des Malers *Edoardo Chiossone* (1833–1898), der fast zwei Jahrzehnte seines Lebens in Japan verbrachte. Die rund 20.000 Exponate umfassende Sammlung zeigt japanische, chinesische und thailändische Kunst- und Gebrauchsgegenstände – Porzellan, Skulpturen, Masken, Gemälde, Lackarbeiten und mehr – eine entdeckungsreiche Reise für Asienliebhaber.

Mo–Fr 9–19 Uhr, Sa/So 10–19 Uhr, Mo geschl.; Eintritt 4 €, erm. 2,80 €, mit Card Musei Eintritt frei. Piazzale Mazzini 4, ✆ 010-542285, www.museidigenova.it.

Wanderung 3: Prachtstraßen und Gassengewirr – Stadtspaziergang durch Genua (siehe Karte S. 228/229)

Charakteristik: leicht. **Dauer:** ca. 2 Std. **Einkehren** → „Essen & Trinken". **Start:** Piazza Acquaverde, Bahnhof Stazione Piazza Principe.

Wegbeschreibung: Mit dem Rücken zum Bahnhof am monumentalen Standbild Kolumbus stehend, geradeaus in die *Via Balbi*. An den angegrauten Prachtfassaden vorbei geht es die gesamte Via Balbi entlang bis zur Piazza della Nunziata, dort an der *Chiesa Santissima Annunziata del Vastato* vorbei und weiter geradeaus auf die Galleria Garibaldi. Kurz vor dem Tunnel rechts in die *Via Cairoli* abbiegen. Letztere mündet in die verkehrsberuhigte *Via Garibaldi* mit ihren prächtigen Palazzi (darunter Palazzo Rosso und Palazzo Bianco mit den bedeutenden Galerien). Die Prachtstraße mündet auf die *Piazza* *delle Fontane Marose*. Von hier aus gibt es zwei Möglichkeiten, um zum nächsten Ziel, der *Piazza San Matteo*, zu gelangen: einfach über die Via XXV Aprile zur Piazza De Ferrari und dort noch vor dem Palazzo Ducale die Salita San Matteo hinunter. Oder, etwas schwieriger, die schmale Via Luccoli hinunter und alle abgehenden Gässchen ignorieren, nicht aber den Vicolo della Rovere! Diesen nämlich geht es rechter Hand hinein und gleich wieder rechts auf die Via Chiossone, die zur Piazza San Matteo führt.

Von diesem architektonischen Kleinod geht es entweder (zurück) über die Piazza De Ferrari mit ihren kolossalen Bauten und nicht minder kolossalem Brunnen und an der Flanke des *Palazzo Ducale* entlang zur *Piazza Matteotti*. Oder von der Piazza Matteo an der anderen Seite des Palasts entlang zu dessen Stirnseite. Von diesem schönen Platz führt ein kleiner Abstecher die Via San Lorenzo hinunter zur unbedingt sehenswerten *Cattedrale San Lorenzo*; dann in entgegengesetzter Richtung hinauf zur *Porta Soprana* mit der *Casa di Colombo*. Ein weiterer kurzer Abstecher führt, vor dem Palazzo Ducale stehend, geradeaus die kleine Gasse hinab – immer geradeaus gelangt man zur hübschen Kirche *San Donato*.

Unser Spaziergang führt schließlich ab der Piazza Matteotti in die Gasse hinein, die zu letztgenannter Kirche führt und sofort wieder rechts die *Via di Canneto il lungo* hinunter. Die stimmungsvolle, enge Gasse führt parallel zur weiten Via San Lorenzo hinunter Richtung Hafen. Gegen Ende der attraktiven Gasse biegt man rechts ab, am besten über die *Via di Canneto il curto*, und gelangt über die Via San Lorenzo zum *Hafen* (beim Ostflügel des *Palazzo San Giorgio*, etwa auf Höhe des *Bigo*; halbrechts geht es zum *Acquario*).

Nach einem kurzen Rundgang am Alten Hafen geht es auf der anderen Seite des *Palazzo San Giorgio* wieder hinein ins Gassengewirr: zunächst zur hübschen Piazza Banchi, dann linker Hand in die *Via San Luca*. Weiter geht es durch die enge, betriebsame Gasse quer durch das alte Hafenviertel, auf die Via San Luca folgt bei *San Siro* die Via Fossatello und bald die *Via del Campo*, die schließlich in die *Via delle Fontane* mündet.

Nun kann man entweder linker Hand den Weg zur Piazza della Nunziata nehmen und die Via Balbi zurück zum Bahnhof. Oder man geht an der Hafenseite entlang (rechts) zum *Meeresmuseum* oder (links) durch die Sottoripa zurück zum *Palazzo San Giorgio* bzw. zum *Acquario*.

Genua Karten S. 224/225 und 228/229

In der Oberstadt

Hangaufwärts, weit oberhalb des Centro storico und der City, erstrecken sich die vornehmen Genueser Wohnviertel: eine Mischung aus mehrgeschossigen Bürgerhäusern und herrlichen Parkvillen. Der Blick von hier oben ist fantastisch.

Allerdings ist der Aufstieg über die steilen Treppenwege vom Zentrum aus etwas mühsam. Eine bequeme Alternative zum Fußmarsch bietet die *Funicolare* (Standseilbahn) auf den ca. 300 m hohen *Stadthügel Righi*. Die Talstation befindet sich am *Largo della Zecca*, einem Verkehrsknotenpunkt zwischen Via Balbi und Galeria Garibaldi. Das herrliche Panorama von der Bergstation Righi umfasst die gesamte Unterstadt, die betriebsame Hafenbucht und die nördlichen Küstenhänge.

Wer nicht ganz so hoch hinaus will, kann den Kabinenaufzug *(Ascensore)* von der *Piazza del Portello* in die Oberstadt zum Aussichtspunkt *Belvedere di Castelletto* (mittlere Hanglage) nehmen. Diese dicht bebaute Hangterrasse bietet fast ebenso

eindrucksvolle Stadt- und Hafenansichten wie der Righi-Hügel.

In der Oberstadt, weit oberhalb der Bahnhofspiazza Acquaverde, erhebt sich das märchenhafte *Castello D'Albertis* aus dem späten 19. Jh. Es gehörte dem Völkerkundler und Weltenbummler *Enrico Alberto D'Albertis*, der eine Fülle an ethnografischen und archäologischen Schätzen aus allen Erdteilen zusammengetragen hatte. Das Castello beherbergt heute das *Museo delle Culture del Mondo*, das aus der D'Albertis-Sammlung entstanden ist.

Di–So 10–17 Uhr, Sa/So 10–18 Uhr; Eintritt 6 €, erm. 4,50 €, mit Card Musei Eintritt frei. ✆ 010-2723829, www.museidigenova.it.

Fußball: Das „Derby della Lanterna"

Im fußballverrückten Italien gibt es neben den bekannteren Derbys in Mailand, Turin und Rom auch jenes in Genua, das „Derby della Lanterna", benannt nach dem großen Leuchtturm („La Lanterna") im Hafen von Genua. Der FC Genua 1893 wurde von Engländern gegründet, ist seit jeher mit der Altstadt Genuas besonders verbunden und war insbesondere in den ersten Jahren seines Bestehens erfolgreich. So holte er bis 1924 insgesamt neun Meistertitel (seither allerdings keinen mehr!). Sampdoria Genua gibt es dagegen erst seit 1946. Es entstand aus der Fusion zweier Vorstadtvereine und hat seine Anhänger vorwiegend im Westen der Stadt und den Vororten. Sampdoria wurde 1991 italienischer Meister und kam im darauffolgenden Jahr sogar bis ins Finale des Europapokals der Landesmeister.

Beide Vereine spielen derzeit (2009/2010) in der italienischen Seria A. Die Spiele werden im *Stadio Luigi Ferraris* mit seinen 40.000 Plätzen ausgetragen, das auf der östlichen Seite des Flusses Bisagno unterhalb des Castelletto-Viertels liegt. Das Stadion gilt mit seinen steilen Tribünen, die eng am Spielfeld liegen, als das englischste Stadion Italiens, und auch die Stimmung ist legendär. Die Genueser Derbys zeichnen sich darüber hinaus durch eine große Fairness der Fangruppen untereinander aus, was in Italien wahrlich keine Selbstverständlichkeit ist.

• *Anfahrt* Man erreicht das Stadion mit dem Bus 37 vom Bahnhof Principe und mit den Linien 480/482 vom Bahnhof Brignole. Mit dem Auto fährt man am besten über die Ausfahrt Genova Est und dann rechts ca. 1,5 km entlang des Flusses Bisagno.

• *Tickets* Fußballspiele in Italien sind eine teure Angelegenheit. Allerdings leben die Italiener ihre Fußballbegeisterung nicht im Stadion aus, sodass man auch kurzfristig für beide Vereine immer Karten erhalten wird (außer eben für das Derby!). Die Preise bewegen sich von 20 € für einen Stehplatz bis 150 € für die teuerste Tribünenkarte. Karten gibt es in Geschäften und Kiosken mit der Aufschrift **lottomatica** und tägl. von 9–13 und 15–19 Uhr direkt am Stadion.

Cimitero di Staglieno – Genuas Friedhof

Das weitläufige, mit Rampen, Freitreppen und einem klassizistischen, zentralen Rundtempel symmetrisch angelegte Areal zählt zu den großen Friedhöfen Europas.

Caterina Campodonico: ein Leben lang gespart für ein bisschen Gedenken

Nachdem eine städtische Verordnung Bestattungen innerhalb der Stadt aus hygienischen Gründen untersagt hatte, wurde Mitte des 19. Jh. vor den Toren Genuas ein neuer Platz für das Reich der Toten geschaffen. Fein säuberlich nach sozialer Herkunft getrennt ruhen hier Aristokraten, Bürgerliche und das einfache Volk. Während es den reichen Genuesern wichtig war, sich mit monumentalen Grabmälern, zum Teil gar mit angebauten Miniaturkirchen und Kapellen unsterblich zu machen, mussten sich die Armen mit so genannten *Kolumbarien,* die wie hohe Schließfachfronten aussehen, bescheiden. Auch die Geografie Genuas spiegelt sich in der Gräberstadt wider: unten die „Schließfächer" der Armen, in freier Hanglage die vornehmen Grabkammern der Reichen – auch im Tod blieben die Unterschiede bestehen.

Eine der wenigen Ausnahmen war *Caterina Campodonico,* die zu Lebzeiten zu den Ärmsten zählte (→ unten). Zu den Namhaften der hier Begrabenen gehört auch der gebürtige Genueser *Giuseppe Mazzini* (1805–1872), der zusammen mit Giuseppe Garibaldi für die nationale Einheit und Freiheit Italiens kämpfte und die Monarchie als Regierungsform ablehnte.

Caterina Campodonico

Ihr Leben fristete sie mit dem Straßenverkauf von Brezeln und Ketten aus Nüssen, und ihr größtes Ziel war es, nach dem Tod als lebensgroße Statue zwischen den Gräbern der Aristokraten und Bürgerlichen einen ebenbürtigen Platz zu finden. Jahrzehntelang hatte sie jede Lira zurückgelegt, um das Geld für den kostspieligen Marmor und das Honorar für einen namhaften Bildhauer (*Lorenzo Orengo*) aufbringen zu können. Ihr Standbild – eine Allegorie des Fleißes – verleugnet die einfache Herkunft der Frau nicht: In Stein verewigt, hält Caterina zwei Brezeln und zwei lange Nussketten in den Händen.

Neben dem Pariser Friedhof Père-Lachaise und dem Wiener Zentralfriedhof ist der Cimitero di Staglieno einer der größten und berühmtesten Stadtfriedhöfe Europas.

7.30–17 Uhr. Der Friedhof liegt in der nordöstlichen Vorstadt, an der Autobahnausfahrt Genova-Est. Busse z. B. ab Piazza Corvetto und Bahnhof Principe.

Im Hinterland – von Genua nach Casella

ca. 500 Einwohner

Raus aus Genua und im Schmalspurbähnchen mit 30 km/h an majestätischen Festungsruinen vorbei durchs waldreiche Scrivia-Tal – für Eisenbahnfans einfach ein „Muss".

Die 24 km lange, abenteuerlich kurvige Strecke der *Schmalspurbahn FGC* wurde in den 1920er Jahren gebaut und wird bis heute mit den alten, spartanisch ausgestatteten Zügen befahren, erneuert wurde nur die elektrische Oberleitung.

Im verträumten *Casella*, der Endstation der Bahnlinie, ist die Bergwelt noch in Ordnung, am Dorfplatz stehen Kirche, Rathaus und Schule in irdischer Dreifaltigkeit vereint. Touristischer Blickfang ist der efeuberankte *Palazzo Fieschi* (17. Jh.) mit Adelswappen an der Fassade.

Trenino di Casella

Anfangs quält sich der betagte Bummelzug durch Genua auf ca. 400 m über dem Meer, erst durch Wohngebiete und vorbei am *Cimitero di Staglieno;* dann verschwinden die dicht bebauten Vorstadthänge langsam. Die schmalen Bogenbrücken und schlanken Tunnels der Bahnlinie wirken im Schatten der kreuzenden Autobahntrasse wie Bauteile einer Spielzeugeisenbahn. Linker Hand auf den Bergkuppen tauchen die wuchtigen Burgruinen des spätmittelalterlichen Genueser Befestigungssystems auf: *Forte Sperone,* dann *Forte Puin* und *Forte Diamante.* Das Züglein schaukelt und rattert von Bahnstation zu Bahnstation, insgesamt 17 sind es bis zur Endstation in Casella.

Manche der Haltepunkte bestehen nur aus ein, zwei Häuschen am Waldrand – wer hier aussteigen will, muss das per Knopfdruck ankündigen. Obligatorische Haltestellen gibt es nur in Campi, Torrazza und Vicomorasso, jeder Halt wird den Passagieren mit einem schrillen Pfeifton angekündigt. In Casella, einem Kopfbahnhof, montiert der Lokführer das Fahrschalterhandrad ab, marschiert durch die Abteile ans andere Zugende und nimmt die Fahrt wieder auf.

Benutzt wird der *Trenino di Casella* vorwiegend von Pendlern, Schülern und Freizeitradlern, die sich mitsamt Drahtesel ins bergige Hinterland bringen lassen und die abschüssige Rückfahrt in die Stadt genießen.

• *Schmalspurbahn* Ab **Stazione del Trenino di Casella FGC**, in Genua oberhalb der Piazza Manin (erreichbar mit Bus 33 von Piazza De Ferrari/Via Roma; zu Fuß ca. 30 Min. über Via Roma und Via Assarotti). Täglich zehn Verbindungen; letzter Zug zurück um 18.26 Uhr (So 19.08 Uhr). Ticket werktags 2 €, Sonn- und Feiertage 3 €. Via alla Stazione per Casella 15, ✆ 010-837321, www.ferroviagenovacasella.it.

• *Wandern* Vom Bahnhof Campi aus kann man in einer knapp vierstündigen Wanderung entlang der Kammlinie der Berge über das Forte Diamante und die übrigen oben genannten Befestigungsanlagen zurück zur Talstation des Trenino wandern oder aber ab Righi das letzte Stück mit dem Bus fahren.

• *Fahrradvermietung* **Cicli Cerati**, gegenüber vom Bahnhof in Casella. Radsportgeschäft mit allem Zubehör; vermietet werden Räder und Mountainbikes, gute Routentipps gibt es gratis dazu. Viale Europa 3-5, ✆ 010-9677520.

• *Essen & Trinken* **Ristorante Centrale**, gemütliches Ausflugslokal mit dunkler Holztäfelung und deftiger Landküche, z. B. selbst gemachte Pastagerichte (Gnocchi, Tagliatelle) zu akzeptablen Preisen. Mo Ruhetag. Piazza XXV Aprile 14, ✆ 010-9677758.

Ein Highlight an der Riviera di Levante: die Küste der Cinque Terre

Farbenprächtig: das malerische Camogli

Riviera di Levante

Weit urwüchsiger als die Riviera di Ponente zeigt sich die Küste der Levante. Die Übergänge von Gebirge und Meer sind hier noch härter und bizarrer. In einem dramatischen Verlauf zieht sich die Riviera östlich von Genua bis hinunter nach Portovenere, an die zerklüftete Südspitze des Golfo dei Poeti – der „Bucht der Dichter".

Am schroffen Felsufer der Riviera di Levante gibt es nur wenige ausgedehnte Orte: Kleine, kompakte Küstenorte und Fischerdörfer schmiegen sich an den schmalen Küstensaum und lassen ihre bunten Häuserfronten im Meeresdunst aufleuchten – ein meist sehr malerischer Anblick, der den Rivierareisende für so manchen zersiedelten Ferienort westlich von Genua entschädigt. Zwar sind auch an der Levante die meisten Orte auf Touristen eingestellt, doch in aller Regel konnten sie ihr ursprüngliches Erscheinungsbild bewahren. Das gilt für die abgelegenen Fischerdörfer der Cinque Terre ebenso wie für die mondäne Jetset-Enklave Portofino.

So ist die Riviera di Levante das richtige Ziel für alle, die den Rummel durchorganisierter Ferienzentren scheuen und sich lieber in die romantischen Winkel kleiner, überschaubarer Küstenorte zurückziehen wollen. Außerdem erweist sich die Küstenlandschaft als ein Paradies für Wanderer: Die Levante bietet harmonische Küstenorte, unversehrte Natur- und faszinierende Kulturlandschaften, eine verlockende Kombination, die vor allem die beiden Höhepunkte der Levante kennzeichnet: die bergige *Halbinsel von Portofino* und die einzigartige *Cinque-Terre-Küste*. Letztere zählt zu den ganz wenigen Gebieten am gesamten italienischen Mittelmeer, die mit dem Pkw nur mühsam angefahren werden können. Nirgendwo sonst ist die Alternative Bahn deshalb so attraktiv wie im Cinque-Terre-Gebiet, wo die bildhübschen Küstendörfer obendrein noch durch herrliche Wanderpfade verbunden sind. Nahezu unversehrt und weitgehend einsam ist auch die Halbinsel von Portofino geblieben, ebenfalls ein ausgesprochenes Wanderrevier. Allein der Küstenpfad von Portofino zur *Bucht von San Fruttuoso* bleibt jedem unvergesslich.

Die Riviera di Levante auf einen Blick

Die mondänsten Küstenorte: Portofino, Santa Margherita Ligure, Sestri Levante

Die ursprünglichsten und schönsten Küstenorte: Camogli, Monterosso, Vernazza, Corniglia, Manarola, Riomaggiore, Portovenere, Lerici, Tellaro

Die schönsten Bergdörfer: Varese Ligure, Vezzano Ligure, Ameglia

Landschaftliche Höhepunkte: Halbinsel von Portofino, Cinque-Terre-Küste, Golfo di La Spezia (Ostufer)

Kunst- und Kultur-Highlights: San Fruttuoso (Klostermuseum), Luni (archäologische Ausgrabungsstätte), Basilica dei Fieschi (bei Chiavari), La Spezia (Archäologisches Museum und Museo Amedeo Lia), Sarzana (Bischofskirche)

Baden/Strände: Sestri Levante, Moneglia, Levanto, Monterosso (zwei Stadtstrände), Golfo di La Spezia (kleine Badebuchten am Ostufer), Isola Palmaria

Eher abzuraten: Recco, Lavagna, Deiva Marina, Marinella di Sarzana und Fiumaretta

Einige der beliebten Ferienorte der Levante, etwa *Santa Margherita Ligure, Rapallo* und *Sestri Levante,* blicken auf eine lange Fremdenverkehrstradition zurück. Mit ihrer betuchten Klientel zählten sie in der Belle Époque zu den exklusivsten und nobelsten Kurorten an der ligurischen Ostküste, und einige haben bis heute viel von ihrem Charme erhalten. Aber auch in anderen Levante-Orten boomt der große Tourismus noch immer, besonders die abgelegenen Cinque-Terre-Dörfer üben mit ihrer einzigartigen Küstenlandschaft eine große Anziehungskraft aus.

Die Riviera di Levante samt Cinque Terre ist also längst kein Geheimtipp mehr. Seit Jahrzehnten schon schmücken *Portofino, Camogli, Vernazza* und *Portovenere* die Titelseiten der Reisemagazine. Doch einen versteckten Küstenabschnitt gibt es noch zu entdecken: das relativ unbekannte Gebiet zwischen *Moneglia* und *Levanto,* das für Rivieraverhältnisse fast noch ein touristisches Schattendasein führt.

In *Portovenere,* dem Schlusspunkt und einem der Höhepunkte der Levante, ist die ligurische Ostküste allerdings längst nicht zu Ende. Den krönenden Abschluss bildet der fjordartige *Golfo di La Spezia,* an dessen Ostufer es sich die internationale Künstler-Boheme schon Anfang des 19. Jh. gut gehen ließ. Die schillernde Bezeichnung „Bucht der Dichter" für den Golf von La Spezia weckt Erwartungen, und tatsächlich gibt es hier einiges zu entdecken: zwei reizvolle Küstenorte, das extrovertierte *Lerici* und das stille *Tellaro,* sowie versteckte kleine Badebuchten und die Insel *Palmaria.*

Karte S. 258/259

Nervi

Vorort von Genua

Genuas hübscher östlicher Ausläufer verströmt trotz Vorstadthektik an der Durchgangsstraße im Kern eine friedliche Atmosphäre. Überrascht stößt man auf eine weitläufige Parkanlage, an deren Rand vier bemerkenswerte Museen in alten Villen (und einem nüchternen Neubau) ihre Schätze zeigen.

Im Zentrum von Nervi überspannt eine gut erhaltene mittelalterliche Bogenbrücke das örtliche Bächlein. Gleich daneben geht es steil hinunter zum *Porticciolo,* dem kleinen Naturhafen im Schutz des zerklüfteten Felsvorsprungs. Eine Fischerflottille mit bunten Booten sorgt für Atmosphäre, und zum Zeitpunkt der Recherche wurde der Platz am Hafen aufwändig für die Gäste hergerichtet und renoviert. Hier am alten Hafen sonnt man sich auf den großen Steinen am Meer, gebadet wird jedoch im angrenzenden Freibad – Schilder warnen eindringlich vor der mangelhaften Wasserqualität des Meeres an der Küste im Großraum Genua. Am Hafen beginnt, oberhalb niedriger Klippen verlaufend, die 2 km lange, aber recht schmale Promenade *Anita Garibaldi* mit schönen Panoramablicken bis zur Halbinsel von Portofino. Im Rücken des östlichen Teils des Uferwegs (auf halbem Weg befindet sich der Bahnhof) erstreckt sich das weitläufige Parkgelände.

Einst war Nervi eine beliebte Sommerfrische des genuesischen Adels, der hier seine prächtigen Villen errichtete, um der Enge der Großstadt zu entkommen. Im 19. Jh. entwickelte sich der Ort zum beliebten Urlaubsziel der europäischen Aristokraten. Heute sind die Gärten zum erwähnten Park zusammengefasst, der von entspannten Spaziergängern, in Bücher vertieften Studenten und übergewichtigen Eichhörnchen bevölkert wird. Und auch die Villen sind heute für

Riviera di Levante: Von Genua bis Levanto

Normalsterbliche zugänglich: Die *Villa Luxoro* beherbergt das kleine Museum Giannettino Luxoro, die *Villa Grimaldi Fassio* die Frugone-Sammlung, während in der *Villa Saluzzo Serra* die bemerkenswerte Galleria d'Arte Moderna (GAM) samt Collezione Wolfson im Nebengebäude untergebracht ist.

Diverses/Übernachten/Essen

• *Verbindungen* **Auto**, Autobahnabfahrt Genova-Nervi. Parken: am Bahnhof (gebührenpflichtig).

Bahn, mindestens halbstündliche Verbindung nach Genua Brignole (etwa stündlich zur Stazione Piazza Principe) und nach Recco und Camogli. Der Bahnhof liegt oberhalb des Uferwegs, am westlichen Rand des Parks.

Bus, Stadtbus Nr. 15 fährt ca. alle 15 Minuten von der Piazza De Ferrari nach Nervi (im Geltungsbereich der Card Musei + Bus).

• *Baden* Das verschmutzte Hafenbecken macht klar, was die offiziellen Schilder der Comune Nervi verkünden: Baden verboten. Für einen Badeausflug gibt es bessere Ziele oder aber man begnügt sich mit dem Freibad am Hafen.

• *Übernachten/Essen & Trinken* ****** Villa Pagoda**, prächtige Villa an der Straße der Museen (zwischen Raccolte Fruggone und Museo Luxoro), nobles Ambiente, mit Pool, Piano-Bar, Restaurant und Garten (sowie Zugang zur Uferpromenade). Nur 17 Zimmer. EZ ab 120 €, DZ ca. 220–280 €, Suite ab 400 €. Im Internet werden diverse Sondertarife geboten, mit denen man hier erheblich günstiger absteigen kann. Via Capolungo 15, 16167 Genova Nervi (GE), ✆ 010-3726161, 📠 010-321218, www.villapagoda.it.

***** Esperia**, etwas zurückversetzt an der Palmenallee, die zum Bahnhof führt (quasi schräg gegenüber vom Bahnhof gelegen), hinter hohen Bäumen verborgenes, modernes Haus mit großem Garten und Restaurant. Gepflegtes Hotel, innen recht neu. Kostenloser Parkplatz. EZ 90 €, DZ 130 €, Frühstück inkl. Halbpension ist nur unerheblich teurer (ab drei Tagen Aufenthalt). Via Cismon 1, 16167 Genova Nervi (GE), ✆ 010-321777, 📠 010-3291006, www.hotelesperia.it.

**** Bel Sito**, kleines Hotel an der Via Capolungo, von Nervi-Zentrum kommend ein Stück hinter der „Galleria d'Arte Moderna" auf der anderen Straßenseite; für ein 2-Sterne-Haus sind die Zimmer mehr als in Ordnung (inkl. Bad und TV), freundliche Leitung. EZ 80 €, DZ 115 €, jeweils inkl. Frühstück. Via Capolungo 12, 16167 Genova Nervi (GE), ✆/📠 010-3728060, www.albergobelsito.it.

• *Essen & Trinken* Mehrere Restaurants am Alten Hafen, des Weiteren befinden sich hier auch eine Bar und eine Gelateria.

Sehenswertes in Nervi

Nervis einspurige Ortsdurchfahrt, anfangs die Via Oberdan, später die Via Capolungo, hat ihren eigenen Reiz. Nachdem sie den kompakten Ortskern geteilt hat, schlängelt sie sich am Rand des Parks vorbei und entspricht in ihrem Verlauf angeblich der historischen *Via Aurelia*. Die Eingänge zu den folgenden Museen von Nervi, die in den herrschaftlichen Villen am Rand des Parks untergebracht sind, befinden sich alle an der Durchgangsstraße (zu Fuß vom Bahnhof, am besten durch den schönen Park).

Wolfsoniana: Der nüchterne Museumsneubau befindet sich etwas unterhalb der Via Capolungo (durch den Torbogen, beschildert). Zu sehen ist eine Auswahl der umfangreichen *Wolfson Collection*, darunter futuristische Gemälde, Propaganda-Kunst, Art-Deco-Keramiken, Art-Noveau-Möbel u. a. aus der Zeit von 1880 bis 1945.

Di–So 10–19 Uhr, Mo geschl., Eintritt 5 €, erm. 4 €, Kinder 2,80 €, Kombiticket aller Museen in Nervi 10 € (einen Tag gültig), freier Eintritt mit *Card Musei* (→ S. 233). Via Serra Gropallo 4. ✆ 010-3231329, www.wolfsoniana.it.

Galleria d'Arte Moderna (GAM): Das sehenswerte Museum für (klassische) Moderne Kunst residiert – nur wenige Meter von der Wolfsoniana entfernt – in der prächtigen *Villa Serra Saluzzo* direkt an der Via Capolungo. Doch dem Namen zum Trotz steht man im Erdgeschoss zunächst vor romantischen und klassizistischen Gemälden und Skulpturen aus dem 19. Jh., bevor die Exponate eine impressionistische Note ver-

Der kleine Hafen von Nervi

raten. Der erste Stock führt dann ins 20. Jh. mit eindrucksvollen Skulpturen und einer Abteilung mit Gemälden aus der Zeit des italienischen Futurismus.

Di–So 10–19 Uhr, Mo geschl., Eintritt 6 €, erm. 5 €, Kinder 2,80 €, Kombiticket aller Museen in Nervi 10 €, freier Eintritt mit *Card Musei* (→ S. 233). Villa Saluzzo Serra, Via Capolungo 3. ✆ 010-3726025.

Museumsvilla Grimaldi Fassio mit Raccolte Frugone: Die stattliche Villa aus dem 18. Jh. beherbergt eine interessante Kunstsammlung mit Meisterwerken des 19. und 20. Jh.: insbesondere Porträts und Landschaftsmalerei von *Giovanni Segantini*, *Giovanni Fattori* und *Telemaco Signorini*. Signorini lebte und arbeitete übrigens eine zeitlang im Cinque-Terre-Ort Riomaggiore. Der Süditaliener *Giuseppe De Nittis* ist ebenfalls vertreten, im 19. Jh. war er im Umfeld der Pariser Impressionisten erfolgreich tätig. Nach dem Museumsbesuch empfiehlt sich ein Blick in den angrenzenden *Rosengarten*.

Di–Fr 9–19 Uhr, Sa/So 10–19 Uhr, Mo geschl., Eintritt 4 €, erm. 2,80 €, unter 18 und über 65 Jahren frei, Kombiticket aller Museen in Nervi 10 €, freier Eintritt mit *Card Musei* (→ S. 233). Villa Grimaldi Fassio, Via Capolungo 9. ✆ 010-322396.

Museumsvilla Giannettino Luxoro: Am Ende der Ortsdurchgangsstraße Via Capolungo (kurz bevor diese wieder in die Via Aurelia mündet) liegt diese herrschaftliche Villa. Die Sammlung umfasst ein Sammelsurium aus aufwändig bearbeitetem historischem Mobiliar, einer Uhrenkollektion, diversen Keramiken und einer umfangreichen Sammlung von Krippenfiguren. Ergänzt wird die Ausstellung von einer bunten Mischung von Gemälden und Aquarellen.

Di–Fr 9–13 Uhr, Sa 10–13 Uhr, So/Mo geschl., Eintritt 4 €, erm. 2,80 €, unter 18 und über 65 Jahren frei, Kombiticket aller Museen in Nervi 10 €, freier Eintritt mit *Card Musei* (→ S. 233). Villa Luxoro, Via Mafalda di Savoia 3. ✆ 010-322673.

Bogliasco

ca. 4600 Einwohner

Der erste eigenständige Küstenort nach dem endlosen Großraum Genua. Hier rauscht der Tourismus vorbei, obwohl ein kleiner Stopp durchaus lohnt.

Die mächtigen Brücken der Hauptverkehrsadern überspannen den Ortskern, der sich weit unten im tiefen Einschnitt der felsigen Bucht versteckt. Der kleine, betriebsame Fischerhafen ist von strandnahen Werften, Hebekränen und allerlei maritimem Zubehör umgeben. Eine mittelalterliche *Bogenbrücke* führt hinüber zum

Riviera di Levante
Karte S. 258/259

Stadtstrand, den meist nur ein paar Einheimische nutzen. Eine Flutmauer mit farbigen Keramikreliefs erfreut das Auge, und auf dem anschließenden Küstenspazierpfad erreicht man das immer noch bewohnte *Castello von Bogliasco* (16. Jh.).

* **Genova Est**, einziger Platz zwischen Genua und der Halbinsel von Portofino; liegt 1,2 km oberhalb von Bogliasco in Cassa, beschildert. Fußweg vom Camping zum Strand ca. 15 Min. Guter Zeltboden, Einkaufsmöglichkeiten, Ristorante/Pizzeria, Bar. Ruhige Lage, freundlicher Service. Kostenloser Shuttleservice vom/zum Bahnhof in Bogliasco (4x tägl., in der Hochsaison 6x tägl.). Geöffnet März bis Okt. Person 6,30 €, Zelt 6,30–9,30 €, Wohnmobil 9,70 €, Auto 3,70 €, Mobilhome für 2–5 Personen 48–108 €. Via Marconi, Loc. Cassa, 16031 Bogliasco (GE), ✆ 010-3472053, www.camping-genova-est.it..

Recco

ca. 10.300 Einwohner

Ein tragisches Opfer des Zweiten Weltkriegs, der das alte Stadtbild vollständig zerstörte. Die neue, ausschließlich an Zweckmäßigkeit orientierte Stadtanlage passt so gar nicht zu den feinen, mondänen Küstenorten der unmittelbar anschließenden Halbinsel von Portofino.

Die Badebucht mit der kurzen, breiten Uferallee ist alles andere als einladend, dahinter zerschneidet die riesige Eisenbahnbrücke den Ort in zwei Hälften – zumindest optisch. Ansonsten zeigt sich Recco recht lebhaft mit Bagni, Bars und Schwimmbad am Strand neben der Flussmündung. Geprägt ist der Ort aber auch vom Transitverkehr in Richtung Camogli. Vor allem an den Wochenenden und im Hochsommer, wenn Camogli hoffnungslos überfüllt ist, bietet sich Recco als Parkplatz an. Ein schöner Küstenspaziergang lockt, aber auch Bahn, Bus und Fähre stehen zur Verfügung, um schnell in den attraktiven Nachbarort auf der Halbinsel von Portofino zu gelangen.

Dauergäste sind dagegen eher rar in Recco. Nur Ende Mai ist alles anders, dann wird die kulinarische *Festa della Focaccia* gefeiert. Dass dieser pizzaähnliche Brotfladen nirgendwo anders in Ligurien so lecker zubereitet wird wie in Recco, ist weithin bekannt.

• *Information* **I.A.T.-Büro** im Zentrum am Flussufer an der Brücke (Durchgangsstraße), Via Ippolito d'Aste 2/A, 16036 Recco, ✆ 0185-722440, ✆ 0185-721958, www.prolocorecco.it, iatpro@libero.it.

• *Verbindungen* **Bahn**, mindestens halbstündlich nach Camogli und Genua.

Schiff, von April bis Ende Sept. 9.45–15.45 Uhr stündlich nach Camogli und San Fruttuoso, in der Hochsaison bis 17.45 Uhr (letzte Abfahrt retour ab Camogli um 17.15 Uhr bzw. 19.15 Uhr), die einfache Fahrt nach Camogli kostet 2 €, nach San Fruttuoso 8 €.

**** **La Villa/Manuelina**, hübsche alte Villa mit angeschlossenem Neubau, stilvoll eingerichtet, mit Pool. Beliebt ist vor allem das Restaurant, sehr gute Küche in schönem Ambiente, Degustationsmenü 40–54 €, Mittagsmenü 30 €, Kindermenü 16 €, auch à la carte, mittags und abends geöffnet, Mi Ruhetag. In Recco abbiegen Richtung Avegno/Autobahn, dabei auf der rechten Flussseite bleiben, bald erscheint rechter Hand die Villa. Einziges Manko ist die wenig idyllische Lage am Kanalufer, weiter hinten im Tal thront die mächtige Autobahnbrücke. EZ 90 €, DZ 130 €, Frühstück inkl. Via Roma 278, 16036 Recco (GE), ✆ 0185-74128, ✆ 0185-721095, www.manuelina.it.

*** **Elena**, modernes, apricotfarbenes Hotel am Ortsrand an der Durchgangsstraße, helle Zimmer, alle mit Meerblick, manche mit Balkon. Kostenloser Parkplatz am Haus. EZ 114 €, DZ 155 €, Frühstück inkl. Corso Garibaldi 5, 16036 Recco (GE), ✆ 0185-74022, ✆ 0185-721295, www.hotelelena.it.

** **La Giara**, relativ günstiges Ausweichhotel für Camogli, ca. 1,5 km vor Recco direkt an der Aurelia und an der Bahnlinie, entsprechend etwas laut und wenig romantisch gelegen. Betagte Villa mit hübschem Garten, zehn renovierte Zimmer, die meisten mit Meerblick (und somit zumindest ohne Straßenlärm), drei Zimmer auch mit Balkon. Frühstück auf der einladenden Terrasse. Kostenloser Parkplatz am Haus. Ganzjährig geöffnet. EZ/DZ 100 €, in der Nebensaison 50 € bzw. 70 €, Frühstück inkl. Via Cavour 79, 16036 Recco (GE), ✆ 0185-74224, ✆ 0185-738201, www.hotel-lagiara.com.

Das Kloster San Fruttuoso

Halbinsel von Portofino

(Il Promontorio di Portofino)

Eine traumhaftes Stück Küste, eingerahmt vom Golfo Paradiso und Golfo del Tigullio. Die im Italienischen „Vorgebirge“ genannte Halbinsel fällt in der Tat dramatisch steil ins Meer und ist von zahlreichen Felsbuchten zerfurcht, von denen viele nur vom Wasser aus zugänglich sind. Im felsigen Küstensaum der Halbinsel versteckt sich mit Portofino einer der mondänsten Urlaubsorte Italiens.

Die gesamte bergige Halbinsel steht unter Naturschutz. Schon 1935 wurde hier der *Parco Naturale Regionale di Portofino* eingerichtet, der heute 1800 ha Land und 1300 ha Meeresfläche umfasst. Im Innern nahezu unbesiedelt und von herrlichen Pfaden durchzogen, ist der Park ein Wandergebiet erster Güte. Am schönsten ist der Küstenwanderweg von Portofino nach San Fruttuoso (→ Wanderungen ab S. 271).

Geschützt wie eine kostbare Perle liegt das Kloster *San Fruttuoso* in einer tief eingeschnittenen Felsbucht der bizarren Südküste. Die malerische Klosterbucht mit den winzigen Badestränden hat sich, obwohl touristischer Anlaufpunkt Nr. 1, ihre Makellosigkeit wundersamerweise bewahren können. Allerdings sollte man sich für den Wander- oder Bootstrip nach San Fruttuoso nicht unbedingt ein Wochenende aussuchen.

Traumhaft anzusehen, leider aber sündhaft teuer sind die beiden Bilderbuchorte *Portofino* und *Camogli*. Mit unvergleichlicher Anmut schmiegt sich Portofino, einer der nobelsten italienischen Urlaubsorte, an seine stille Felsbucht, während sich die farbenprächtige Hochhausfront von Camogli wie ein schützender Schild dem Meer entgegenzustellen scheint. Portofino zelebriert darüber hinaus noch eine Extraportion an Exklusivität, die einen mondänen Ferienort kennzeichnet. Nicht ganz so exklusiv, aber durchaus schick präsentiert sich auch *Santa Margherita Ligure*, Hauptort des Promontorio di Portofino und wegen seiner kleinstädtischen Ausmaße das Zentrum dieser einzigartig schönen Halbinsel. Am beeindruckendsten übrigens zeigen sich Camogli, Portofino, aber auch Santa Margherita Ligure vom Meer aus. Eine Bootsfahrt, ob als Tagesausflug oder zur Anreise, lohnt nicht zuletzt wegen der prächtigen, postkartentauglichen Fotomotive.

Wo das Gebirge ins Meer fällt: Il Promontorio di Portofino

• *Anfahrt/Verbindungen* **Auto**, A 12-Abfahrt *Recco* für Camogli, Abfahrt *Rapallo* für Santa Margherita Ligure und Portofino. Die Via Aurelia hält hier respektvoll Abstand zur Küste und führt von Recco direkt nach Rapallo (etwa auf halbem Weg Abzweig nach Santa Margherita). Von der Ortschaft *Ruta* (an der Aurelia) führen Stichstraßen nach Camogli und ins Innere der Halbinsel nach San Rocco und Portofino Vetta. Eine schöne Küstenstraße direkt am Wasser verbindet Santa Margherita mit Portofino.

Alternativen zum Auto bieten **Bahn**, **Bus** und die **Personenfähre**, die vor allem von Ausflüglern genutzt wird (→ Camogli und Santa Margherita Ligure). Eine Busverbindung gibt es auch nach San Rocco, einem geeigneten Ausgangspunkt für Wanderungen.

Trotz Verkarstung und Wasserarmut herrscht auf der ca. 4500 ha großen Halbinsel Vegetationsreichtum. Am Steilufer wachsen nahezu sämtliche Macchiapflanzen, wie Steineichen, Oleander, Erdbeerbäume, Mastix-Sträucher und Myrte. Im Innern erstrecken sich dichte Mischwälder mit Kastanien, Eichen, Eschen und verschiedenen Kiefernarten. Da verwundert es nicht, dass hier die kleinen und großen Vogelarten stärker vertreten sind als im übrigen Küstengebiet. Doch der Artenreichtum birgt auch Gefahren: Wegen der verbreiteten Nattern sollten Wanderer unbedingt Wanderstiefel tragen.

Geologisch betrachtet basiert das Portofino-Vorgebirge auf unterschiedlichen Sedimentablagerungen: Hohe, geschlossene Kalksteinwände prägen das Westufer, während die Südküste weitgehend zerklüftet ist. Besonders bizarre Reliefformationen weist die lang gestreckte Felszunge der *Punta Chiappa* auf. Auch unter Wasser tun sich regelrechte Abgründe auf: Felswände stürzen in endlose Tiefen, während schmale Felsspalten und spektakuläre Korallenbildungen die Südküste zu einem beliebten *Tauchrevier* machen. Das Ostufer besitzt hingegen einen relativ flachen Geröll- und Schlammgrund.

Natürlich kann man auf der Halbinsel auch ganz klassisch Badeurlaub machen: Der gepflegte Stadtstrand von *Camogli* (grober Kieselstein) erstreckt sich vor einer dekorativen Hochhauskulisse. In der Badebucht von *Santa Margherita Ligure* dominieren diverse Strandbäder. Eine schöne, abseits gelegene Badestelle findet sich in der kleinen *Bucht von Paraggi* (Sandstrand). In *Portofino* hingegen braucht man für den gepflegten Sprung ins Wasser eigentlich eine Jacht. Felsbaden unter erschwerten Bedingungen kann man an der *Punta Chiappa* versuchen. Dagegen sollte man in der idyllischen Klosterbucht von *San Fruttuoso* seine Badesachen auf jeden Fall dabei haben.

Camogli

ca. 5600 Einwohner

Das bildhübsche Städtchen, einst einer der bedeutendsten Fischerorte der Levante, schmiegt sich an den schwungvollen Knick des Golfo Paradiso. Im Schutz der turmhoch bebauten, eng geschnittenen Hafenbucht herrscht buntes Treiben mit Riviera-Flair. Das angrenzende Strandufer wird von der mächtigen Fassadenfront überragt, deren farbenprächtige Architektur in einer Zuckerbäckerei entstanden scheint.

Trotz der zahlreichen Tagesbesucher und peinlichst gepflegtem Stadtbild hat Camogli seine Alltagsatmosphäre und natürliche Lebendigkeit bei weitem noch nicht verloren. Wer mit dem Zug oder dem Auto ankommt und seinen Camogli-Bummel zwangsläufig in der Oberstadt beginnt, taucht zunächst in die enge Häuserschlucht der Via XX Settembre ein, um unten vor der monumentalen Fassadenwand der faszinierenden Camogliеser Hochhäuser auf den Stadtstrand und den nahen Hafen zu treffen. Die eigenwilligen Gebäude aus dem 18. und 19. Jh. gleichen einander, ohne identisch zu sein: Schmal und über fünf bis sechs Stockwerke aufragend, sind sie in dezenten Farbtönen gehalten und mit dekorativen Fensterläden versehen. Die den Steilhang hinaufgestaffelte Häuserfront bildet die Kulisse für den breiten, dunklen Kieselstrand, der tadellos gepflegt wird, stellenweise wie täglich gekämmt wirkt und entsprechend beliebt ist. Am schönsten aber ist Camogli vom Meer aus. Der Höhepunkt einer Ausflugsfahrt entlang der Küste der Halbinsel von Portofino ist sicherlich die Rückkunft, wenn die Sonne die farbenprächtigen, hoch aufragenden Fassaden in ein sanftes Abendlicht

Am Hafen von Camogli

taucht. Oder aber man reist gleich mit dem Schiff von Recco, Portofino oder Santa Margherita an und verstärkt die Vorfreude auf das sympathische Städtchen mit dem famosen Anblick der langsam näher rückenden Häuserfronten.

Auf einem Felsvorsprung am Ende der Bucht, der den Strand vom Hafen trennt, ragt die wuchtige *Chiesa Santa Maria Assunta* empor. Daneben öffnet sich unvermittelt ein schmaler Durchgang zum kleinen Hafenbecken, das von hohen Kaimauern eingefasst und vom *Castello* bewacht wird. Dümpelnde Fischerboote, alte Schiffskanonen, zum Trocknen aufgehängte Fangnetze und eine kleine Werft sorgen für maritime Atmosphäre. Hinter den hohen Hafenhäusern verzweigen sich dunkle Treppengassen und führen hinauf in die Oberstadt, wo eine weitläufige Hangbebauung beginnt. Schicke Ferienvillen verschwinden fast im dichten Grün und geben viel weniger als anderswo ein Bild der Zersiedlung ab. Im Hintergrund zeichnen sich die scharfen Konturen des *Promontorio di Portofino* ab, dessen Steilküste gleich hinter Camogli beginnt – eine Einladung zum Wandern, beispielsweise zur *Punta Chiappa* oder zur *Klosterbucht San Fruttuoso* (→ Wegbeschreibungen S. 272).

Schon im späten Mittelalter war Camogli eine bedeutende Seemacht, die sich mit einer eigenen Flotte jahrhundertelang am Mittelmeerhandel beteiligte und auch Entdeckungsfahrten bis in den Nordatlantik unternahm. Seine Blütezeit erlebte der Ort im 18. Jh., als die Camoglieser Flotte sogar die von Genua in den Schatten stellte. Zwar wurde die Flotte von der britischen Marine unter Lord Nelson vollständig vernichtet, doch sorgten die zahlreichen Reedereien des Ortes weiterhin für Wohlstand. Erst im Zeitalter der Dampfschifffahrt war es mit dem wirtschaftlichen Boom vorbei. Heute lebt Camogli fast ausschließlich vom Tourismus.

Information/Diverses

• *Information* **Pro Loco Camogli**, Via XX Settembre 33; schräg gegenüber vom Bahnhof. Fährfahrpläne, Wanderinfos und -karten zum Promontorio di Portofino. Im Sommer tägl. 9–12.30 und 15.30–19 Uhr, im Winter Mo–Sa 9–12.30 und 15–18.30 Uhr, So 9–12.30 Uhr. ✆ 0185-771066, www.prolococamogli.it.

• *Anfahrt/Verbindungen* **Auto**, A 12-Abfahrt *Recco*, die Via Aurelia hält hier Abstand zur Küste und führt von Recco ein Stück oberhalb von Camogli weiter nach Rapallo. Von *Ruta* (an der Aurelia) führen Stichstraßen hinunter nach Camogli und ins Innere der Halbinsel nach San Rocco und Portofino Vetta.

Parken, an Wochenenden und im Hochsommer ist es schwer, einen Parkplatz zu ergattern, sogar an den Zufahrtsstraßen bilden sich endlose, bußgeldverdächtige Parkschlangen. Mehrere kostenpflichtige Parkplätze befinden sich an der östlichen Zufahrt zum Ortskern. In der Nebensaison erwischt man mit viel Glück einen gebührenfreien Parkplatz in der Oberstadt.

Bahn, Camoglis Bahnhof liegt in der Oberstadt; etwa stündlich nach Genua, etwa halbstündlich in den Nachbarort Recco und Richtung Rapallo.

Bus, mehrmals tägl. Verbindungen nach Santa Margherita und Rapallo, etwa stündlich nach Recco, nach San Rocco mit Umsteigen in Ruta (oben am Berg).

Fähre, bequeme Anfahrt von Recco (im Sommer stündlich, einfach 2 €). Von Camogli aus regelmäßig **Pendelfähren** der Reederei *Golfo Paradiso* zur Punta Chiappa (einfach 5 €, hin/zurück 7 €), in die Klosterbucht San Fruttuoso (7 € bzw. 10 €) und weiter nach Portofino (9 € bzw. 15 €) Außerdem im Juli und August **Nachtfahrten** zur Punta Chiappa (6 € bzw. 8 €) und nach San Fruttuoso (8 € bzw. 11 €). Trasporti Marittimi Turistici Golfo Paradiso, Via Scalo 2, 16032 Camogli (GE), ✆ 0185-772091, 📠 0185-771263, www.golfoparadiso.it.

• *Tauchen/Bootsverleih* **B&B Diving Center**, Tauchkurse, Materialverleih und begleitete Tauchgänge (39 €), auch Kajak- und Bootsverleih, sehr freundlich und zuvorkommend. Das Diving Center befindet sich ein wenig vom Hafen zurückversetzt, Via San Fortunato 11. ✆/📠 0185-772751, mobil ✆ 347-7154616, www.bbdiving.it.

Tauchattraktion ist neben der farbenprächtigen Unterwasserwelt vor allem *Il Cristo degli Abissi*, der „Christus des Abgrunds",

Fischernetze in Camogli

eine bronzene Christusstatue, die mitten in der Bucht von San Fruttuoso auf dem Meeresgrund stehend ihre Arme gen Himmel streckt.

• *Feste & Veranstaltungen* **Sagra del pesce**, zweiter Sonntag im Mai, Liguriens populärstes Fischfest, das 2011 sein 60-Jähriges feiert. Schon am Samstagabend dümpeln beleuchtete Fischerboote in der Bucht; am Sonntag werden dann Unmengen von Fisch in einer riesigen Pfanne frittiert und unters Volk gebracht.

Stella Maris, erster Augustsonntag; Bootsprozession zu den Klippen der Punta Chiappa, auf der eine Messe gefeiert wird; die Teilnahme an der Bootstour der Reederei Golfo Paradiso, die die Prozession begleitet, ist möglich.

Achtung Hundefreunde: Am 16. August wird in San Rocco der **Premio Internazionale Fedeltà del Cane** vergeben – der Preis für den treuesten Hund des letzten Jahres.

Übernachten

Camoglis Bettenkapazität im 2- bis 3-Sterne-Bereich ist begrenzt, deshalb sollte man unbedingt früh buchen. Hochsaison sind in Camogli auch die ersten zehn Tage im Oktober, wenn die alljährliche Bootsmesse *Salone Nautico* in Genua stattfindet.

**** **Cenobio dei Dogi**, exklusives und sehr teures Nobelhotel in perfekter Lage über dem südöstlichen Rand des Strandes, dennoch darf ein Pool mit Blick aufs Meer natürlich nicht fehlen; schöner Garten, gediegene Zimmer. Das Wellness-Center des Hotels Portofino Kulm (s. unten) steht auch den Gästen des Cenobio zur Verfügung. Im Haus zwei Restaurants, eines mit dem schönen Namen La Terrazza del Doge, mit standesgemäß herrlichem Blick auf Camogli und das Meer; das zweite über dem Privatstrand des Hotels heißt folgerichtig La Playa. EZ 135–155 €, DZ 220–320 €, Frühstück inkl. Via N. Cuneo 34, 16032 Camogli (GE), ✆ 0185-7241, ℻ 0185-772796, www.cenobio.it.

**** **Portofino Kulm**, Camoglis zweites Nobelhotel, gehört zum Cenobio dei Dogi und befindet sich wie dieses in perfekter Lage, wenn auch auf ganz andere Weise: einsam und hoch über dem Meer gelegen, inmitten herrlicher Landschaft und mit fantastischem Ausblick über die Küste. Dazu etliche Annehmlichkeiten: Shuttleservice nach Camogli, Tennisplatz, Wellness-Center und Restaurant. Das Logieren in dem prächtig renovierten Jugendstilpalast hat allerdings seinen Preis. DZ 200–260 €, Frühstück inkl. Anfahrt: Von Camogli Richtung Rapallo, vor dem Tunnel bei Ruta rechts ab (beschildert), dann noch 2 km. Viale Bernardo Gaggini 23, Portofino Vetta, 16032 Camogli (GE), ✆ 0185-7361, 📠 0185-776622, www.portofinokulm.it.

Locanda i tre merli, das jüngste „Nest" der „drei Amseln" aus Genua und SoHo/New York; neben der gewohnt trendigen Wine-Bar (s. unten) ein schickes Komforthotel mit nur fünf Zimmern (früh reservieren!) und kleinem Wellnessbereich (Blick auf den idyllischen Hafen), nett und beschaulich. Ruhige Lage am hinteren Ende des Hafens, Parkplätze vorhanden (gegen Gebühr), Preise inkl. Frühstück und Nutzung des Spa-Bereichs, bei wochenweiser Buchung wird es günstiger. EZ/DZ 170 €, an manchen Wochenenden 220 €. Via Scalo 5, 16032 Camogli (GE), ✆ 0185-776752, 📠 0185-777523, www.itremerli.it.

*** **Casmona**, zentrale Lage direkt an der Uferpromenade, typisches Camogli-Hochhaus, Terrassen unter Pinien, fantastischer Meerblick, ruhig. Parkplatz 15 €/Tag. Renovierte Zimmer, nett und recht gemütlich, teilweise auch mit Balkon. EZ 105–110 €, DZ je nach Größe ca. 150–175 €, DZ mit Kochecke 180 € (hier mind. fünf Tage Aufenthalt), in der Nebensaison deutlich günstiger, Frühstück 10 €/Pers. Salita Pineto 13, 16032 Camogli (GE), ✆ 0185-770015, 📠 0185-775030, www.casmona.com.

** **La Camogliese**, gepflegte Pension in zentraler Lage (Anfang der Uferpromenade), freundlich geführt, die Zimmer z. T. mit Meerblick. Nicht nur wegen der vergleichsweise günstigen Preise eine sehr beliebte Unterkunft, daher früh buchen! Es stehen auch einige Parkplätze zur Verfügung (15 €/Tag). EZ 90–95 €, DZ 115 €, Dreibett-Zimmer 120 €, Frühstück inkl. Via Garibaldi 55, 16032 Camogli (GE), ✆ 0185-771402, 📠 0185-774024, www.lacamogliese.it.

** **Augusta**, familiengeführtes Hotel mitten im historischen Kern von Camogli. EZ 80–90 €, DZ 105 €, Dreibett-Zimmer 135 €, Frühstück inkl., in der Nebensaison günstiger. Aircondition 5 € extra pro Tag. Parkplatz 12 €/Tag (ab dem zweiten Tag deutlich günstiger). Via P. Schiaffino 100, 16032 Camogli (GE), ✆ 0185-770592, 📠 0185-770593, www.htlaugusta.com.

Essen & Trinken

Porto Prego, Veronelli-prämiertes Ristorante direkt am Hafenbecken. Der Focus liegt auf Fischgerichten, sehr freundlich, beliebt, nur Flaschenweine, eher teuer. Es werden auch einfachere Menüs zu 20 und 30 € angeboten. Di Ruhetag. Piazza Colombo 32. ✆ 0185-770242.

Vento Ariel, Fischrestaurant direkt am Hafenbecken. Im kleinen, hellen Gastraum sitzt man gemütlich auf Rattanstühlen und genießt beim Essen den Blick auf den Hafen. Der Fisch ist natürlich frisch, auf der Karte aber auch Pastagerichte. Gehobene Preisklasse. Mi Ruhetag. Calata Porto 1. ✆ 0185-771080, www.ventoariel.it.

Delle 7 Pance, die „sieben Bäuche", eine nett hergerichtete Osteria, ruhig, etwas oberhalb des Hafens nahe der baufälligen Markthalle, mit überdachter Terrasse; sympathisch und freundlich, relativ günstig (Menü um 20 €); geöffnet Mo–Do abends, Fr–So auch mittags, im Winter Di Ruhetag. Via Figari 42. ✆ 0185-777961.

La Rotonda, hängt förmlich über dem Stadtstrand, schöner Blick über die Bucht; große Pizzaauswahl, es gibt auch Pesto-Lasagne, Preise im Rahmen. Im Winter Mo geschlossen. Via Garibaldi 101. ✆ 0185-774502.

La Camogliese, zur gleichnamigen Pension gehörend; hölzerne Hütte samt Terrasse über dem Strand, v. a. Fischgerichte. Mi Ruhetag, im Winter geschlossen, Via Garibaldi 76. ✆ 0185-771086.

Hostaria del Pesce, kleines Lokal, im Ortskern oberhalb der ehemaligen Markthalle. Touristen verirren sich selten hierher. Gute Hausmannskost mit Akzent auf Fisch, sehr beliebt, daher v. a. abends reservieren; mittags und abends geöffnet, Do Ruhetag. Via Schiaffino 5. ✆ 0185-775068.

Spaghetteria Il Portico, sehr gemütlich, freundlich und preiswert, große Auswahl an Pasta, am Ende der Strandpromenade, nahe der Kirche. Via Garibaldi 197. ✆ 0185-770254, www.ilporticodicamogli.it.

Forno Revello, Backstube am unteren Ende der Via Garibaldi (Nr. 183); Focaccia und Pizza immer frisch vom Blech; hier sollte man vielleicht mal die *Camogliesi da Rhum* (Rumkugeln) probieren.

Bar Porticciolo, beliebte Bar mit schattiger Terrasse direkt am Hafenbecken, viel Atmosphäre; leckere Snacks, Pizza und Focaccia, offener Wein, Gelati. Tägl. geöffnet, Okt. bis März Do Ruhetag. Via al Porto 11. ✆ 0185-771629.

Die Chiesa Santa Maria Assunta vor dem Stadtstrand

Sehenswertes in Camogli

Chiesa Santa Maria Assunta: Mit ihren wuchtigen, pastellfarbenen Apsiden gleicht die Basilika einer Hafenfestung – die hoch gelegenen kleinen Fenster wie Schießscharten, die dicken Außenmauern scheinen jedem Piratenangriff gewachsen. Die im 19. Jh. klassizistisch gestaltete Fassade der mittelalterlichen Pfarrkirche zeigt zum Hafenbecken. Eine breite Freitreppe führt in den prunkvollen Innenraum, den Dutzende von Kristallleuchtern schmücken, überall blinkt vergoldeter Stuck. Kunstvolle Marmorarbeiten, Fresken, Tafelgemälde und Skulpturen zieren Decken und Wände. Von kunstgeschichtlicher Bedeutung ist die „Kreuzabnahme" in der Sakristei, ein Werk von *Luca Cambiaso* (1527–1585).

Werktags 8–18 Uhr, So 8–12 und 15–18 Uhr.

Castello Dragone: Die alte Hafenfestung neben der Kirche stammt aus dem 12. Jh. und wurde mehrfach eingenommen. Nachdem im Wehrturm lange Zeit das *Acquario Tirrenico,* ein kleines Meerwasseraquarium, untergebracht war, ist das Castello heute nur noch bei einer der wechselnden Ausstellungen für die Öffentlichkeit zugänglich. Die besten Chancen hierzu hat man an den Abenden der Hochsaison (Juli/August).

Riviera di Levante
Karte S. 258/259

Südlich von Camogli

Auf den Portofino Vetta

Mit 425 m ist es der höchste Punkt des Promontorio, mit dem Auto bequem zu erreichen (keine öffentliche Anbindung). Oben steht das jüngst renovierte Luxushotel *Portofino Kulm* (→ Camogli/Übernachten), sonst nichts. Vom Gipfel führen gekennzeichnete Pfade über *Pietre Strette* nach San Fruttuoso und Portofino.

• *Anfahrt* Unmittelbar vor dem Straßentunnel in *Ruta* geht es rechts durch eine Toreinfahrt (Beschilderung „Hotel Portofino Kulm"). Die Asphaltstraße ca. 2 km hinauf; anfangs einige Privatgrundstücke an der Straße, dann dichter Mischwald; oben gute Parkmöglichkeiten auf einem Großparkplatz kurz vor dem Hotel.

San Rocco

Mit 220 m über dem Meer ist San Rocco die am höchsten gelegene Ortschaft der Halbinsel von Portofino und ein idealer Ausgangspunkt für Wanderungen. Zudem warten in dem kleinen Bergdorf mit den herrlichen Aussichtspunkten einige Ausflugsrestaurants und Bars auf Besucher.

• *Anfahrt/Verbindungen* **Auto**, nach *Ruta*, dort die Stichstraße hinüber nach San Rocco. Großer Parkplatz ein Stück vor dem Ort – Auto/Bus/Caravan 1,50 €/Std., 9 €/Tag, Motorrad 0,50 €/Std., 3 €/Tag; nachts ist der Parkplatz kostenlos, daher beliebter Camper-Stellplatz. Einige wenige Parkmöglichkeiten gibt es auch entlang der schmalen Zufahrtsstraße zum Ort, an Wochenenden jedoch nur Anwohnerparken (8–20 Uhr).

Busse ab Camogli über Ruta.

• *Übernachten* **B & B La Rosa Bianca di Portofino**, im winzigen Weiler Mortola befindet sich in einer stattlichen Villa (eine alte Ölmühle) mit gepflegtem Garten und Meerblick dieses Kleinod der Ruhe. Autos fahren hier keine vorbei (höchstens eine Ape zum Gepäcktransport), dafür trifft man zahlreiche Wanderer. Die Herberge liegt direkt am Wanderweg von San Rocco zur Klosterbucht von San Fruttuoso (s. S. 277). Sorgsam restauriert, nur wenige Zimmer, nette Einrichtung, ein Haus zum Wohlfühlen und idealer Ausgangspunkt für Wanderer. Nur zu Fuß erreichbar, ca. 15 Minuten ab dem Kirchplatz in San Rocco (Richtung San Fruttuoso), asphaltiert. DZ mit Frühstück um 120 €. Via Mortola 37, 16030 San Rocco di Camogli (GE), ✆ 0185-776666, mobil: 335-6468519, www.larosabiancadiportofino.com.

• *Essen* **La Cucina di Nonna Nina**, unser *Tipp*: urgemütliches, kleines Restaurant im Ortskern, neben dem *Alimentari* geht es die Treppe hoch, ein Schild hängt aus. Weithin bekannt und beliebt; einige Tische auch draußen auf der Terrasse. Ausgezeichnete Land- und Meeresküche im jahreszeitlichen Wechsel, leicht gehobenes Preisniveau, Menü ca. 30 €, mittags und abends geöffnet, Mi Ruhetag. Unbedingt reservieren. Via Molfino 126. ✆ 0185-773835.

Schroff: Punta Chiappa

Punta Chiappa

Nahe der schroffen Felsnase der Punta Chiappa duckt sich eine Bootsanlegestelle unter dem hoch aufragenden Fels. Unweit davon krallt sich eine Hand voll hübscher Häuser in den Steilhang über der Küste, die Türen und Terrassen durch enge Gassen und Treppen miteinander verbunden. Obwohl noch in Blickweite von Camogli, könnte der kleine Weiler kaum abgelegener liegen: Er ist nur zu Fuß (→ unten, Wanderung 4) oder per Ausflugsboot über das Meer zu erreichen. Wer hier Urlaub macht, kann es nicht eilig haben.

In bizarrer Form präsentiert sich die Punta Chiappa den Passagieren der Ausflugsboote nach San Fruttuoso als Fotomotiv. Wen es hierhin verschlägt, nutzt den Felsen zum Sonnenbaden. Zwar ist der Einstieg ins Meer möglich, allerdings etwas schwierig.

• *Verbindung* Das Ausflugsboot von Camogli nach San Fruttuoso hält auch an der Anlegestelle Punta Chiappa. Mindestens 5-mal tägl., in der Hochsaison stündlich, einfach 5 €, hin/zurück 7 €. Trasporti Marittimi Turistici Golfo Paradiso, Via Scalo 2, 16032 Camogli. ✆ 0185-772091, 📠 0185-771263, www.golfoparadiso.it.

• *Übernachten* **Stella Maris**, oberhalb der Felszunge schön und sehr ruhig am Hang gelegen. Alle Zimmer mit Meerblick, manche mit eigenem Gartenzugang. Auch Restaurant (vergleichsweise teuer) mit herrlichem Blick von der Terrasse. Nov. bis Mitte Februar geschlossen. Einfaches DZ 108–165 €, mit gehobener Ausstattung 118–205 €, die Preise variieren auch je nach Wochentag. Frühstück inkl., Halbpension 35 €/Person (bei mind. drei Tagen Aufenthalt). Via S. Nicolò 68, Punta Chiappa, 16032 Camogli (GE), ✆ 0185-770285, www.stellamaris.cc.

• *Essen & Trinken* **Del Mulino „da Drin"**, einfaches, freundliches Ristorante in einem der hübschen Häuser, die sich den Hang hinaufstemmen; Wanderern, Urlaubern und Ansässigen dient es auch als Bar. Hinter dem Haus ein lauschiger, kleiner Garten, drinnen schöner Blick über das Meer. Vergleichsweise teuer, was angesichts der Transportwege nachvollziehbar ist. Im Sommer mittags und abends geöffnet (die Bar ganztags); in der Nebensaison Di geschlossen, im Winter ganz geschl. Via S. Nicolò 36, ✆ 0185-770530.

Dö Spadin, Trattoria etwas unterhalb in Richtung Anlegestelle; sehr schöne Terrasse über dem Meer, ebenfalls nicht gerade günstig, viel gelobte ligurische Küche, mittags und abends geöffnet, Mo Ruhetag, im Winter geschlossen. ✆ 0185-770624.

Wandern auf der Halbinsel von Portofino

Camogli, San Rocco und Portofino sind ideale Ausgangspunkte für Tageswanderungen im Gebiet des Promontorio. Von den herrlichen Küstenpfaden führen zahlreiche Querverbindungen ins bergige Innere und auf die höchste Erhebung, den *Monte di Portofino* (610 m). Zahlreiche Routen bieten sich an, die drei attraktivsten sind nachfolgend genau beschrieben. Ambitionierte können die Halbinsel von Portofino bis Camogli auch überqueren, indem Wanderung 5 und 6 (Wanderung 6 in entgegengesetzter Richtung) verbunden werden.

Wanderung 4: Auf einem schönen Küstenwanderweg gelangt man von *Camogli* zu den Klippen der *Punta Chiappa*: teils etwas schweißtreibender, aber ungefährlicher Weg und ein idealer Einstieg in dieses Wandergebiet.

Wanderung 5: Ein anspruchsvollerer und längerer Wanderpfad führt von *Camogli* über San Rocco und Pietre Strette zur Klosterbucht *San Fruttuoso*. Auch dieser Weg weist keine besonderen Schwierigkeiten auf und ist mit etwas Wandererfahrung problemlos zu begehen.

Wanderung 6: Vom noblen *Portofino* (S. 284) führt ein herrlicher Küstenwanderweg mit relativ steilem Aufstieg ebenfalls zur Klosterbucht *San Fruttuoso*. Im Sommer ist dieser Weg zwar gut frequentiert, aber nicht unbedingt ein Volkswanderpfad. Am Wegesrand üppige Macchia mit zwitschernden Vögelchen und bunten Schmetterlingen. Tolle Steiluferansichten und Bilderbuchblick auf die Klosterbucht.

• *Information* Detaillierte Infos zum *Parco Naturale Regionale di Portofino* erteilt das zuständige Büro in **Santa Margherita Ligure** (→ S. 280). Naturliebhaber und Wanderer erhalten dort umfangreiches Info- und Kartenmaterial (auch auf Deutsch), teils sogar gratis.

• *Fährverbindungen* Die beiden Wanderziele *Punta Chiappa* und *San Fruttuoso* sind auch mit der **Pendelfähre** zu erreichen, deshalb kann man evtl. eine Kombination aus Wanderung und bequemer Bootsfahrt in Erwägung ziehen. Aktuelle Fahrpläne gibt es auch in den *I.A.T.-Büros* von Camogli (→ S. 266), Portofino (→ S. 285) oder Santa Margherita Ligure (→ S. 280). *Achtung*: Die Fähren legen bei rauer See weder in San Fruttuoso noch an der Punta Chiappa an!

Wanderung 4: Von Camogli zur Punta Chiappa

Charakteristik: Leichte, anfangs aber schweißtreibende Wanderung auf schönen Wegen, der Aufstieg nach San Rocco gestaltet sich stufenreich und steil. Am Ziel Bademöglichkeit, allerdings teils etwas waghalsiger Einstieg ins Meer.

Länge/Dauer: ca. 4 km; knapp 1,5 Std. Gehzeit (einfache Strecke).

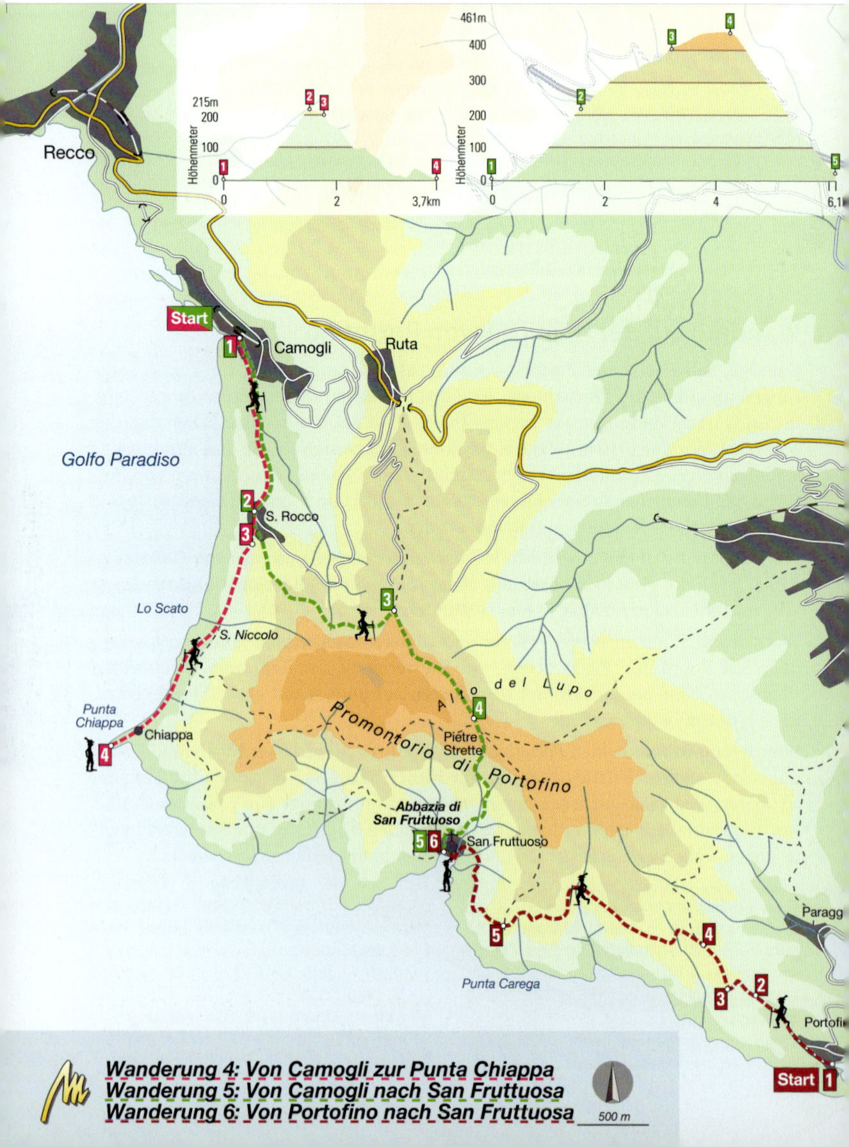

Einkehren: Natürlich in Camogli, in San Rocco gibt es neben der *Cucina di Nonna Nina* auch eine Bäckerei (und Alimentari), schließlich finden sich in dem idyllischen Weiler nahe der Punta Chiappa, der nur zu Fuß oder mit dem Boot zu erreichen ist, Bar und Trattoria (→ S. 270).

Start/Anfahrt: Am Bahnhof von Camogli; die Parkplätze entlang der Via Cuneo, die hinab an den Rand der Altstadt führt, sind im Sommer überfüllt.

Karte: Monte Portofino, Rapallo, Val Fontanabuona, Carta dei Sentieri 1:25000, F.I.E., Blatt GE-2.

Wegbeschreibung: Die Wanderung beginnt vor dem Rathaus von Camogli, gegenüber dem Bahnhof (WP 01). Zunächst geht es an der Treppe, die hinunter zur Altstadt führt, sowie an der Post vorbei die Via Cuneo hinunter (Markierung: *roter Kreis* und *zwei rote Punkte*). Wo die Straße eine Kehre beschreibt (sie führt an den Rand der Altstadt), links in die Via San Bartolomeo abbiegen (Beschilderung *San Rocco/ Punta Chiappa*). Ein Fußweg führt zwischen einem Bach und Wohnhäusern entlang und über eine Brücke. Auf der anderen Seite des Bachs führt der Weg den Hang hinauf, teils von Mauern gesäumt und an ein paar Häusern vorbei über zahllose, schweißtreibende Stufen (alle Abzweigungen ignorieren). Nach anstrengenden 30 Minuten Aufstieg ist das Portal der Kirche von *San Rocco* erreicht (WP 02), vom Kirchplatz aus schöner Ausblick über die Küste.

Rechts der Kirche teilt sich der Weg: Links führt der Wanderpfad nach San Fruttuoso via Pietre Strette (Markierung *roter Kreis*; siehe Wanderung 6). Rechter Hand markieren *zwei rote Punkte* den Weg zur Punta Chiappa. Zunächst geht es hier auf asphaltierter Straße an einem Geländer entlang. Nach etwa 200 m führt ein Treppenweg, die Via San Nicolò, bergab (WP 03), diesem folgen (Beschilderung *San Niccolo* und *Punta Chiappa*). Nach einer Weile auf weitgehend flachem Weg führen weitere Treppen zwischen zwei Häusern hindurch und kurz darauf über eine Brücke zur kleinen Kirche *San Niccolo* (etwa 20 Min. ab San

Riviera di Levante
Karte S. 258/259

Rocco). Vor dem Portal geht es rechter Hand hinunter. Bald darauf erreicht man den abgelegenen Weiler bei der Punta Chiappa, der Weg führt mitten durch die Ansammlung einer handvoll hübscher Häuser. Es geht hinab zur kleinen Bootsanlegestelle und wieder ein Stück bergan bis zu einer Abzweigung (links *Stella Maris*); hier auf einem Schotterweg rechter Hand hinunter erreicht man die Felsnase *Punta Chiappa* (WP 04). Auf gleichem Weg zurück.

Wanderung 5: Von Camogli nach San Fruttuoso

Karte S. 272/273

Charakteristik: Leichte Wanderung auf gut ausgebauten Wegen, die allerdings ein wenig Kondition und beim Abstieg nach San Fruttuoso auch Trittsicherheit erfordert.

Länge/Dauer: 6 km; ca. 2,5 Std. Gehzeit (einfache Strecke).

Einkehren: in Camogli und San Rocco, dann erst wieder am Ziel.

Start/Anfahrt: siehe Wanderung 4 – oder ab San Rocco.

Karte: Monte Portofino, Rapallo, Val Fontanabuona, Carta dei Sentieri 1:25000, F.I.E., Blatt GE-2.

Kombinationsmöglichkeit: im Anschluss Wanderung 6 (in umgekehrter Richtung) möglich, aber anstrengend.

Rückweg: Am bequemsten mit dem Schiff (→ S. 266).

Wegbeschreibung: Von Camogli aus folgt die Wanderung der Beschreibung der Wanderung 4 bis San Rocco (WP 01–02).

Vor dem Portal der Kirche von San Rocco beginnt rechter Hand der Wanderweg nach San Fruttuoso, dann aber nicht nach rechts zur Punta Chiappa gehen (siehe Wanderung 4), sondern der Markierung *roter Kreis* die Treppe hinauf bis zu einem schmalen, hohen Haus mit blassroter Fassade folgen. Hier rechts vorbei und weiter die Treppen hinauf. Auf gut markiertem Steinpfad folgt man während des Aufstiegs einem Kreuzweg, bemalte Kacheln zeigen die Stationen der Passion Christi, bis man zu einem kleinen Steinaltar gelangt. Hier am Ende des Kreuzwegs befindet man sich auf dem vorläufig höchsten Punkt der Wanderung, es folgt ein gut begehbarer Waldpfad. Nach gut 30 Min. wird der Pfad wieder zu einem Steinweg (WP 03). Auf dem breiten, gepflasterten Weg rechts halten und der Markierung *roter Kreis* (Beschriftung: *San Fruttuoso*) folgen. Kurz darauf wird eine Weggabelung erreicht, die rechte Abzweigung (*semaforo vecchio*) ignorieren und auf dem breiten Weg bleiben (Markierung *roter Kreis*). Der Untergrund wechselt in der Folge zwischen Schotter und Steinpflaster. Bald öffnen sich linker Hand schöne Blicke ins Tal nach Santa Margherita.

Schließlich erreicht man die pittoreske Felsgruppe *Pietre Strette* (WP 04). Geradeaus geht es nach Portofino sowie nach Santa Margherita. Die Wanderung aber führt rechter Hand hinunter und nach etwa 10 m gleich wieder links, der Markierung *roter Kreis* folgend, nach San Fruttuoso. Leicht bergab geht es auf einem Steinweg an einem Hang entlang und bald auf steilen, steinigen Serpentinen durch fast urwaldartige Vegetation hinab (hier ist Trittsicherheit erforderlich), bis man schließlich terrassierte Olivenplantagen passiert. Nach knapp 60 Min. von *Pietre Strette* aus wird zunächst die *Torre Doria* und dahinter das Kloster *San Fruttuoso* (WP 05) erreicht → S. 277.

Von hier aus geht es entweder auf gleichem Weg zurück (wobei der Aufstieg von San Fruttuoso anstrengend und schweißtreibend ist) oder weiter nach Portofino (siehe Wanderung 6). Oder, am bequemsten, mit der Fähre zurück nach Camogli bzw. weiter nach Portofino.

Pietre Strette: Hier kreuzen sich zahlreiche Wanderwege

Wanderung 6: Von Portofino nach San Fruttuoso

Karte S. 272/273

Charakteristik: Herrliche Küstenwanderung, die den Wanderungen in den Cinque Terre in keiner Weise nachsteht. Ein gewisses Maß an Kondition und Trittsicherheit sind nötig, doch ist die Strecke ohne große Wandererfahrung zu bewältigen. Abschnittsweise geht es nahe am steilen Küstenabbruch entlang– auf Kinder und Hunde sollte man hier aufpassen.

Länge/Dauer: 5 km, ca. 2 Std. Gehzeit (einfache Strecke).

Einkehren: nur in Portofino und San Fruttuoso.

Start/Anfahrt: Start ist am Hafen von Portofino, die Anfahrt dorthin kann in der Hochsaison wegen Staugefahr problematisch sein (→ Portofino/Verbindungen, S. 285), Parkplätze sind teuer und rar. Es empfiehlt sich die Anreise von Santa Margherita via Bus oder Fähre.

Karte: Monte Portofino, Rapallo, Val Fontanabuona, Carta dei Sentieri 1:25000, F.I.E., Blatt GE-2.

Kombinationsmöglichkeit: Im Anschluss ist die Wanderung 5 nach Camogli (in umgekehrter Richtung) möglich, aber vor allem im Aufstieg zur Pietre Strette sehr anstrengend.

Rückweg: Am bequemsten mit dem Schiff (→ S. 285).

Wegbeschreibung: Die Wanderung beginnt mitten im Postkartenidyll des berühmten Hafens von Portofino. Zunächst geht es die (meist belebte) Hauptgasse, die Via Roma, hinauf zu Piazza della Libertà (hier befindet sich die Endhaltestelle der Busverbindung, WP 01) und geradeaus weiter, vorbei an der Trattoria Concordia, zum hinteren Ortsteil. Am Ende der Straße führt halblinks ein Treppenweg hinauf (Markierung *zwei rote Punkte*). Nach gut 600 schweißtreibenden Metern hat man etwa 150 Höhenmeter überwunden, hier die Abzweigung rechter Hand (WP 02) ignorieren. Zunächst geht es nicht mehr ganz so steil bergan, dann folgt ein weiterer Aufstieg. Man gelangt zu einem Tor, geht weiter hinauf und erreicht nach einem kurzen Weg zwischen zwei Mauern eine weitere Abzweigung (linker Hand, ebenfalls ignorieren). Danach ist nach einem etwas flacheren Aufstieg der vorläufig höchste Punkt der Wanderung (ca. 200 m ü. d. Meer) erreicht. Hier trifft man auf ein weiteres Tor und dahinter (WP 03) auf eine Weggabelung, die Beschriftung ignorieren und weiter den beiden roten Punkten folgen. Kurz darauf trifft man auf einen Pflasterweg (WP 04), hier links hinab (weiterhin Markierung *zwei rote Punkte*). Alle Abzweigungen ignorierend, bleibt man nun auf dem Weg, bis er bei einem Privatgrundstück endet. Hier geht es ein paar Stufen hoch auf einen Steinpfad und leicht ansteigend an einer Handvoll Häuser vorbei. Oben dann die Abzweigung rechter Hand ignorieren und links hinunter auf einen Wanderpfad. Es öffnen sich fantastische Ausblicke über die Steilküste, die die Wanderung fast bis zum Ziel versüßen.

Nach langer Strecke auf dem herrlichen Weg und hoch über der Küste ist eine Abzweigung nach Pietre Strette erreicht (WP 05) – diese ignorieren und halblinks halten. Schließlich beginnt in der Nähe des Klosters der Abstieg.

Kurz vor San Fruttuoso wurde der Weg zuletzt umgeleitet – solange dieser direkte Weg gesperrt ist, einfach der Beschilderung folgen, die über einen Felspfad (teils durch Geländer gesichert) abwärts führt. Hier ist etwas Trittsicherheit vonnöten; unten dann kommt endlich der Strand der Fischer. Vorbei an der Taverne geht es noch ein paar Steinstufen hoch, bis man schließlich das Kloster erreicht (WP 06).

Tipp: Wer sich die Rückwege sparen will, sollte seine Wanderung auf den Fahrplan der Fährboote genau abstimmen – besonders in der Nebensaison, wenn der Fährverkehr eingeschränkt ist.

Herrliche Ausblicke eröffnen sich schon zu Beginn der Wanderung

Die Bucht von San Fruttuoso

Die Klosterbucht ist die Hauptattraktion des Promontorio di Portofino, ein unvergessliches Idyll auf engstem Raum. Die kunstgeschichtlich bedeutende Klosteranlage liegt in einer tief eingeschnittenen Felsbucht, geschützt von immergrünen Steilhängen.

Zwei winzige Kiesstrände, eingebettet in üppige Vegetation, glasklares Wasser bei ruhiger See, einige Trattorien direkt auf dem Strand, im Sommer sogar Übernachtungsmöglichkeiten ... Die rund 25 Einwohner von San Fruttuoso, die hier auch überwintern, sind zu beneiden, doch auch sie warten in den einsamen Wintermonaten ungeduldig auf den Anfang der nächsten Saison.

Wann die Bucht erstmals besiedelt wurde, ist historisch nicht geklärt. Der Legende nach erzählte im 3. Jh. der spanische Bischof San Fruttuoso seinen Schülern von diesem Ort, der ihm im Traum erschienen war. Erstmals erwähnt wird die Ansiedlung, als sarazenische Piraten sie Ende des 10. Jh. zerstörten. Zuverlässig dokumentiert ist die Besiedlung von San Fruttuoso mit dem Wiederaufbau und der Gründung eines *Benediktinerklosters* um das Jahr 1000.

Vom Fähranleger und dem westlichen Strand gelangt man entweder durch die Bar des Albergos *Da Giovanni* zum Kloster oder man geht vom Strand aus durch den ersten Bogen und über eine Treppe zum Platz vor der Kirche. Zuletzt wurde in der Bucht von San Fruttuoso fleißig gebaut, wann die Arbeiten abgeschlossen sein werden, war zuletzt noch unklar.

Ankunft in der Klosterbucht

• *Verbindungen* **Fähren** der Reederei *Marittimo del Tigullio* steuern die Klosterbucht ab Portofino, Santa Margherita und Rapallo an, im Sommer 9–12 und 14–16 Uhr stündlich (auch retour), in der Nebensaison eingeschränkt, im Winter (Nov.–Feb.) gar nicht. Fahrtdauer ab Portofino 30 Minuten, ab Rapallo 1 Std. Preise: ab Portofino 7,50 € (hin/rück 10,50 €), ab Santa Margherita 9,50 € (14,50 €), ab Rapallo 10 € (15,50 €), an Feiertagen etwas teurer. In der Hochsaison werden auch Nachttouren angeboten. Ticketbuden am Hafen von Rapallo, Santa Margherita, Portofino und in der Bucht von San Fruttuoso. Via Palestro 8/1B, Santa Margherita Ligure, ✆ 0185-284670, www.traghettiportofino.it.

Pendelfähren der Reederei *Golfo Paradiso* verkehren April bis Sept. 9.45–15.45 Uhr stündlich ab Camogli nach San Fruttuoso, in der Hochsaison bis 17.45 Uhr, 7 € (hin/rück 10 €). Via Scalo 2, Camogli, ✆ 0185-772091, www.golfoparadiso.it. Ticketbuden im Hafen von Camogli und der Bucht von San Fruttuoso.

• *Feste & Veranstaltungen* **Cristo degli Abissi**, Ende Juli, das Hauptfest in der Bucht. 1954 wurde eine eindrucksvolle, überlebensgroße bronzene Christusstatue in der Klosterbucht versenkt, die in 12 m Tiefe ihre Arme gen Wasseroberfläche und Himmel ausbreitet; gefeiert wird mit einer Bootsprozession und einer Messe, die für den Schutz der Taucher zelebriert wird. Parallel gibt es von Portofino und Camogli aus Bootstouren, die die Prozession begleiten.

Im Sommer (Juli/August) finden im Kloster von San Fruttuoso jede Woche **Konzerte** statt. Nähere Infos unter www.fondoambiente.it. Zu diesen Veranstaltungen fahren Abendfähren ab Portofino, Santa Margherita und Rapallo.

• *Übernachten/Essen/Trinken* * **Da Giovanni**, kleines Albergo in einem der Klostergebäude, mit beliebtem Terrassenrestaurant und Bar, es stehen sieben einfache Zimmer (ohne eigenes Bad) zur Verfügung, nur zur Saison geöffnet, freundlich. DZ mit Halbpension 190 € (Reservierung notwendig), ✆ 0185-770047, www.dagiovanniristorante.com.

Kleine Trattorien und Bars haben im Sommer an den beiden kleinen Kiesstränden geöffnet (der Lage entsprechend recht hohe Preise); darunter: **Trattoria La Cantina**, kleines Lokal in idyllischer Lage, mit Tischen und Sonnenschirmen direkt auf dem (hinteren) Kiesstrand. Abends nur nach Reservierung kostenintensives Festpreismenü. Auch Liegestuhl- und Sonnenschirmverleih. ✆ 0185-772626, www.lacantinasanfruttuoso.it.

Zudem Sommer die nette, einfache Bar **Da Laura** am Strand sowie etwas oberhalb **Da Giorgio** (Bar und Restaurant) in den Felsen, ✆ 0185-771781.

Kloster von San Fruttuoso

Die dreischiffige, frei zugängliche *Klosterkirche* zählt zu den ältesten Kirchen Liguriens: Sie weist frühromanische und byzantinische Stilelemente auf. Zum Klosterkomplex gehört auch der schöne *Abtspalast*, dessen meerseitige Arkadenfassade erst 1934 wieder aufgebaut wurde. Im 13. Jh. war die Abtei in den Besitz der *Doria* gelangt und diente der einflussreichen Familie als Grablege; die Befestigung des Klosters mit einem Wehrturm namens *Torre Doria* veranlasste kein Geringerer als Andrea Doria im 16. Jh.

Lauschig, aber nicht unbekannt: Badebucht bei San Fruttuoso

Durch den Eingangsbereich gelangt man zum stimmungsvollen zweigeschossigen Kreuzgang. Oberhalb der Eingangshalle liegt der *Kapitularsaal*, den man über eine steile, enge Treppe erreicht. Hier und im angrenzenden Abtspalast sind zahlreiche interessante Fundstücke aus dem Mittelalter zu sehen, die bei den Restaurierungsarbeiten zu Tage gefördert wurden. Unter dem Kreuzgang beginnt ein Gewirr aus kleinen Kammern. In der Krypta wurden ab dem 13. Jh. Mitglieder der mächtigen Doria-Familie beigesetzt, manche in prächtigen Gräbern aus schwarz-weißem Marmor.

Abbazia di San Fruttuoso: Mai bis Sept. tägl. 10–17.45 Uhr, März/April und Okt. tägl. (außer Mo) 10–15.45 Uhr, im Winter tägl. außer Mo 10–15.45 Uhr. Eintritt 7 €, erm. 4 € (im Winter ohne Dauerausstellung) 5 €, erm. 2,50 €. ✆ 0185-772703.

Blick auf Santa Margherita

Santa Margherita Ligure

ca. 10.100 Einwohner

Eines der schönsten Städtchen der Gegend. Getragen von seiner mondänen Vergangenheit und mit dem Prädikat „La Perla del Tigullio" geadelt, ist Santa Margherita Ligure heute das sympathische touristische Zentrum des Promontorio di Portofino – mit einem Hauch von Exklusivität.

Unmerklich hatte sich das einstige Fischerdorf zu einem der exklusivsten Ferienorte der Levante entwickelt. In den märchenhaften Luxushotels der Belle Époque logierte eine zahlungskräftige Klientel und jede Menge Prominenz: *Greta Garbo, Maria Callas, Anita Ekberg* und andere Stars und Sternchen gaben sich die Klinke in die Hand. Bis heute haben die Luxushotels nur wenig von ihrem Glanz eingebüßt, allen voran das *Imperiale* in der ehemaligen *Villa Pagana,* das anmutig schön am östlichen Stadtrand auf einer Hügelkuppe thront, und das *Miramare,* dessen Jugendstilfassade blendend weiß am südlichen Ortsausgang leuchtet. Auch die in der Sonne blinkenden Jachten künden davon, dass die internationale Skippergilde immer noch gerne kommt. Doch bei allem Glamour ist Santa Margherita inzwischen auch ein Ferienort für Normalsterbliche.

Ein bis ans Meer heranreichender Hügelrücken teilt Santa Margherita Ligure in einen größeren Stadtteil im Norden, der sich lang gezogen in die Senke schmiegt, und einen kleineres Viertel am schicken Seglerhafen. Auf dem Hügel erhebt sich weithin sichtbar die *Villa Durazzo,* ein repräsentativer Prachtbau mit herrlicher Parkanlage, einer kleinen Sommerfrische über der Kleinstadt. Unweit davon steht die barocke Kirche *San Giacomo di Corte* (17. Jh.). Von dort führt eine Treppe hinunter zum Hafen und zum *Oratorio Sant'Erasmo,* einer kleine Seefahrerkirche aus der Mitte des 14. Jh., die Ende des 17. Jh. im Stil des Barock umgestaltet wurde.

Riviera di Levante
Karte S. 258/259

Das sympathische Zentrum von Santa Margherita Ligure erstreckt sich um die Basilika di *Santa Margherita di Antiochia*, die im 17. Jh. über den Resten einer Kirche aus dem 13. Jh. gebaut wurde; den halbrunden Kirchplatz säumen prächtige Palazzi. Drumherum dehnt sich die kleine, verkehrsberuhigte Altstadt aus. Das Nachtleben pulsiert vor allem an der direkt an der Bucht gelegenen, weitläufigen *Piazza Martiri della Libertà*, auf der im Sommer auch Konzerte stattfinden. Vorbei an zahllosen Cafés und Restaurants kann man hier zum Hafen flanieren.

Information/Diverses

• *Information* **I.A.T.-Büro**, Pavillon an der Piazza Vittorio Veneto beim Busterminal. Fährfahrplan, Wanderinfos, Veranstaltungskalender, z. B. zu den Konzerten in der Parkvilla Durazzo. Im Sommer tägl. 9.30–12.30 und 13–20 Uhr (Mai–Sept.), im Winter Mo–Sa 9.30–12.30 und 14.30–17.30 Uhr, So geschlossen (mit Ausnahme einiger Feste/Feiertage). ✆ 0185-287485 und 0185-287817, ✆ 0185-283034, www.turismoinliguria.it.

Infos zum **Parco Naturale Regionale di Portofino** im Büro am Viale Rainusso 1. Mo–Fr 8.30–12 Uhr. ✆ 0185-289479, www.parcoportofino.it.

• *Anfahrt/Verbindungen* **Auto**, kurvige Talfahrt von San Lorenzo (auf halbem Weg zwischen Camogli und Rapallo) ins Zentrum.

Bahn, etwa halbstündlich Verbindungen nach Rapallo, ebenfalls etwa halbstündlich über Camogli nach Genua; der Bahnhof liegt nordöstlich des Stadtzentrums, 10 Min. zu Fuß zur zentralen Piazza V. Veneto.

Bus, etwa alle 30 Min. nach Portofino und Rapallo; Tickets in Tabacchi-Läden oder im Tickethäuschen der Busgesellschaft *ATP* an der Piazza V. Veneto (nach Portofino 1 €).

Portofino-Tipp: **Park & ride**, Parkmöglichkeiten an der Uferstraße, dann mit kleinen Tigullio-Bussen nach Portofino. Parkticket von 8–20 Uhr 1,50 €/Std.

Fähre, ab Hafenmole (Piazza Martiri della Libertà) starten die Fähren der Reederei *Marittimo del Tigullio* nach Portofino und weiter San Fruttuoso bzw. nach Rapallo. Im Sommer 9.15–12.15 und 14.15–16.15 Uhr stündlich, in der Nebensaison eingeschränkt, im Winter (Nov.–Feb.) gar nicht. In der Hochsaison auch Abendtouren. Preisbeispiel: von Santa Margherita nach Portofino 5,50 € (hin/rück 8,50 €), nach San Fruttuoso 9,50 € (14,50 €), an Feiertagen etwas teurer. Von Ostern bis Sept. außerdem mehrmals wöchentlich **Halbtagestouren** nach Vernazza (Cinque Terre) sowie nach Vernazza und Portovenere (ganztägig), halbtägig 24,50 € (oneway 17 €), Ganztagestour 32 € (oneway 21 €), weitere Fahrten nach Sestri Levante und Genua. Ticketbude am Hafen. Infos: Via Palestro 8/1B, Santa Margherita Ligure, ✆ 0185-284670, www.traghettiportofino.it.

• *Parken* An der Uferpromenade mit Parkscheinautomat (8–20 Uhr 1,50 €/Std.) und oft belegt, am Hafen 2,50 €/Std. Etwas entspannter parkt man im Parkhaus **Autoparco Riviera** in der Via Favale: 1.–8. Std. 2 €/Std., 9.–24. Std. frei, lohnt also über Nacht. Auf dem gegenüberliegenden Parkplatz durchgehend 1 €/Std.

• *Markt* **Wochenmarkt** am Freitag, Corso Matteotti.

• *Auto- und Zweiradverleih* **GM Rent**, Scooter (z. B. 100 ccm ab 55 €/24 Std.) und Kleinwagen (Smart, 70 €/24 Std.), mehrere Tage günstiger. Auch Fahrräder. Via XXV Aprile 11, ✆/✆ 0185-284420, www.gmrent.it.

Übernachten (siehe Karte S. 282/283)

Die Flaggschiffe in Santa Margheritas Hotelflotte sind zweifelsohne das traditionsreiche Fünf-Sterne-Haus **Imperiale Palace** (am nördlichen Stadtrand, DZ ab 336 €, Via Pagana 19, ✆ 0185-288991, www.hotelimperiale.com) und das **Grand Hotel Miramare (17)**, Mitglied der „Leading Hotels of the World" (beim Hafen, Richtung Portofino, DZ ab 385 €, Via Milite Ignoto, ✆ 0185-287013, www.grandhotelmiramare.it). Darüber hinaus gibt es neben einer Reihe von Vier-Sterne-Hotels auch ein paar schöne Unterkünfte mit zwei und drei Sternen.

**** **Regina Elena (18)**, Hotel der Best-Western-Kette, am südlichen Ortsrand von Santa Margherita; mit Restaurant, Privatstrand und Pool auf dem Dach. EZ 129 €, DZ 199–279 €, Familienzimmer 299–349 €, Frühstücksbuffet inkl. Nur wenig teurer ist die Unterkunft mit Halbpension. Via Lungomare Milite Ignoto 44, 16038 Santa Margherita

Ligure (GE), ✆ 0185 287003, 📠 0185-284473, www.reginaelena.it.

*** **Mediterraneo (9)**, schöner, alter Palazzo mit großem Garten samt Hollywoodschaukel und schlafender Katze darauf; zentrale Lage, trotzdem ruhig. Schmucke, wenn auch schon etwas ältere Einrichtung in Lounge und Bar, freundlicher Service. Hotelrestaurant. EZ 110 €, DZ 150 €, Frühstück inkl. Via della Vittoria 18/A, 16038 Santa Margherita Ligure (GE), ✆ 0185-286881, 📠 0185-286882, www.sml-mediterraneo.it.

*** **Fiorina (7)**, freundlicher Familienbetrieb in der Altstadt, sehr gepflegt und mit gutem Drei-Sterne-Standard. EZ 90 €, DZ 130 €, Frühstück inkl. Piazza Mazzini 26, 16038 Santa Margherita Ligure (GE), ✆ 0185-287517, 📠 0185-281855, www.hotelfiorina.com.

*** **Tigullio et de Milan (3)**, gepflegtes, komfortables, renoviertes Haus, zentral im Ort, mit Ristorante. Mitte März bis Anfang Dez. geöffnet. EZ 90 €, DZ 130 €, inkl. Frühstück. Viale Rainusso 3, 16038 Santa Margherita Ligure (GE), ✆ 0185-287455, 📠 0185-281860, www.hoteltigullio.eu.

** **Villa Anita (16)**, unser Tipp: oberhalb des Hafens, kleine, betagte Pension, bestehend aus einer alten Villa und einem neueren Anbau; familiäre, sehr freundliche Atmosphäre, schöne Zimmer, fragen Sie, ob ein Zimmer im alten Teil des Hauses frei ist, am besten mit Balkon! Mit Restaurant (v. a. für Pensionsgäste, deshalb vorbestellen).W-LAN in den Zimmern. EZ 85 €, DZ 100 €, Frühstück 10 € pro Person, Halbpension 80 € pro Person und Tag. Via Tigullio 10, 16038 Santa Margherita Ligure (GE), ✆ 0185-286543, 📠 0185-283005, www.hotelvillaanita.com.

** **Fasce (5)**, älterer Palazzo im hinteren Stadtzentrum, in einer Seitengasse des Corso Matteotti; ruhige Lage; modern eingerichtet, große Dachterrasse, gut geführt; jeweils inkl. Frühstück. Parkplatz 18 €/Tag. EZ 100 €, DZ 118 €, Dreibett-Zimmer 140 €, Vierbett-Zimmer 160 €, Familienzimmer 175 €, Frühstück jeweils inkl. Via Bozzo 3, 16038 Santa Margherita Ligure (GE), ✆ 0185-286435, 📠 0185-283580, www.hotelfasce.com.

Am Hafen von Santa Margherita

• *Übernachten/Außerhalb* **Villa Gnocchi (1)**, schön im Grünen oberhalb von Santa Margherita gelegen, Blick auf die Bucht, Laufdistanz in den Ort San Lorenzo della Costa oberhalb. Moderne, großzügige Zimmer mit Bad, Aircondition und jeweils eigener Terrasse, üppiges Frühstück auf der gemeinsamen Terrasse mit weitem Ausblick. Unser Tipp! Sehr freundliche Besitzer (Familie Gnocchi), brave Hunde dürfen mitgebracht werden (die Familie hat selbst einen sowie mehrere Katzen). Anfahrt: Etwas kniffig, vom Kreisel an der Hafenpiazza in Santa Margherita (Piazza V. Veneto) in Richtung Genovo/San Lorenzo, nach exakt 3,8 km auf der linken Seite befindet sich die Einfahrt bzw. Schranke zur Privatstraße hinunter zu dem Anwesen, einziger Hinweis ist das Schild mit der Nr. 29. DZ mit Frühstück je nach Aufenthaltsdauer 95–105 €. Via San Lorenzo 29, Loc. San Lorenzo della Costa, 16038 Santa Margherita Ligure (GE), ✆/📠 0185-283431, www.villagnocchi.it.

Essen & Trinken/Nachtleben (siehe Karte S. 282/283)

Empfehlenswerte Restaurants gibt es in Santa Margherita zuhauf. Am meisten los ist entlang der Piazza Martiri della Libertà, aber auch in den Seitengassen verstecken sich gute Lokale. Im Sommer ist es immer ratsam, für abends zu reservieren.

Da Alfredo (11), unser *Tipp*: eines der vielen Restaurants an der Piazza Martiri della Libertà, das allerdings ganz erfreulich herausragt. Sehr gute Küche, wir probierten die frischen Muscheln und Spaghetti Alfredo sowie eine ganz köstliche Spezialität des Hauses: *Spaghetti al Cartoccio* – in Folie gebacken mit Muscheln, Meeresfrüchten und Tomatensauce (Minimum 2 Pers., 22 €). Innen urtümliche, gemütliche Einrichtung, auf der Terrasse etwas eng. Freundlicher Service, entspannte Atmosphäre, sehr beliebt, die Küche auf gleichbleibend gutem Niveau bei gemäßigtem Preis-Leistungs-Verhältnis. Auch Pizza. Reservierung empfehlenswert (v. a. am Wochenende!). Di Ruhetag. Piazza Martiri della Libertà 37. ✆ 0185-288140

La Lampara (15), ein weiterer Tipp in der Via Maragliano, ein wenig zurückversetzt vom Hafen. Kleiner Gastraum, Familienbetrieb, sehr freundlicher Service, ausgezeichnete Fischgerichte, für das Gebotene nicht teuer, Reservierung empfehlenswert, Do Ruhetag. Via Maragliano 33. ✆ 0185-288926.

Baicin (10), noch ein Tipp: Trattoria in der schmalen Via Algeria, Nähe Piazza Martiri della Libertà, auch Tische draußen; freund-

licher Familienbetrieb, gute Minestrone, köstliche *pansotti* mit *salsa noci*, vor allem aber Fisch mit Frischegarantie; faire Preise, Menüs zu 20 und 22 €, à la carte um 25 €. Immer voll, unbedingt reservieren, Mo Ruhetag. Via Algeria 5. ✆ 0185-286763.

La Cambusa (12), oberhalb der Hafenpromenade, alteingesessenes, gediegenes Fischlokal, Panoramaterrasse; Fisch-Secondi um 25 €. Do Ruhetag. Via Bottaro 1. ✆ 0185-287410.

Da Beppe (13), direkt am Jachthafen, maritim eingerichtet, solide Fischküche, relativ günstige Menüs, große Weinkarte. Di Ruhetag. Via Bottaro 29. ✆ 0185-286516.

Il Faro (14), schräg gegenüber vom Ristorante Lampara. Traditionsreicher Familienbetrieb, Fischspezialitäten und genuesische Küche, große Weinkarte. Di Ruhetag. Via Maragliano 24a. ✆ 0185-286867.

Il Nostromo (4), gemütliches Lokal, etwas zurückversetzt von der Uferstraße in einer Seitengasse; heller Speiseraum, lokal- und regionaltypische Gerichte, preislich im Rahmen – es werden günstige Tagesmenüs für 20 € angeboten. Im Winter Di Ruhetag. Vico dell'Arco 6. ✆ 0185-281390.

Da Pezzi (6), Trattoria nahe der Hauptkirche; beliebt, mittags und abends (18–21 Uhr) deftige Hausmannskost (Fisch und Fleisch), kleine Preise. Schlichtes Ambiente, erinnert an eine klassische Tavola Calda: vorne die Speisen in der Vitrine, dahinter ein bescheidener Gastraum. Sa Ruhetag. Via Cavour 21. ✆ 0185-285303.

• *Essen/Außerhalb* **Degli Amici (2)**, in San Lorenzo della Costa. Oben ein rustikaler Barraum mit einigen wenigen Tischen, das Ristorante selbst befindet sich ein Stockwerk tiefer (mit kleiner Terrasse, allerdings ohne Blick). Gepflegtes Ambiente, freundlicher und zuvorkommender Familienbetrieb. Wir probierten den hervorragenden warmen Tintenfischsalat, sehr gut auch der Klassiker Trofiette al pesto genovese und die in Folie gedünstete Dorade, dazu frischer junger Hauswein. Zum Nachtisch leckere Torten mit Eis und Obst; mittleres, angemessenes Preisniveau. Mittags und abends geöffnet, Mi geschlossen. Via Torre S. Gioacchino 2, ✆ 0185-285915. *Anfahrt*: 4 km oberhalb von Santa Margherita Ligure in San Lorenzo della Costa (Straße Richtung Genua), gleich am Ortseingang auf der rechten Seite.

• *Bars/Cafés* **Bar/Pasticceria Colombo (8)**, altehrwürdiges Kaffeehaus aus dem Anfang des 19. Jh., stilvolle Einrichtung; Cappuccino, Torten, Gebäck und Eis tagsüber oder Aperitivo und Cocktails am Abend, auch gehobenes Ristorante – hier findet sich für jede Tageszeit das Richtige. Via Pescino 13 (bei der Piazza Martiri della Libertà).

• *Einkaufen* **Seghezzo**, eine schöne Mischung aus Haushaltswaren- und Feinkostladen. Frische Pasta und diverses Naschzeug, Käse, viele Weine, köstliche Antipasti ... – kurzum alles, was in den Picknickkorb passt. Neben der Kirche in der Altstadt, Via Cavour 1. ✆ 0185-287172, www.seghezzo.it.

Sehenswertes

Villa Durazzo: Der herrschaftliche Bau in bester Lage zeigt sich reich ausgestattet mit Stuckverzierungen, Wandmalereien, Büsten etc., einige Zimmer sind mit historischem Mobiliar eingerichtet. Zudem beherbergt die Villa eine Gemäldesammlung Genueser Meister des 17. Jh., gelegentlich gibt es auch Konzerte und Veranstaltungen. Um das Anwesen erstreckt sich eine wunderbare Parkanlage mit schönen Ausblicken über Santa Margherita und die Bucht – ein ruhiger, erholsamer Ort, an dem uralte Zypressen, Kiefern und Palmen Schatten spenden. In der *Villa San Giacomo* nahe der Villa Durazzo, hier befindet sich ein kleines Café.

Villa Durazzo: im Sommer tägl. 9–13 und 14.30–18.30 Uhr, Winter 9–13 und 14–17 Uhr, Eintritt 5,50 €, Kinder 6–12 Jahre 3 €, unter 6 Jahre frei. Piazzale San Giacomo 3, ✆ 0185-293135, www.villadurazzo.it.

Park: im Sommer tägl. 9–19 Uhr, im Winter tägl. 9–17 Uhr. *Café* im Sommer Di–So, im Winter nur am Wochenende während der Parköffnungszeiten.

Paraggi

Einst ein Fischernest, heute ein winziger Vorort von Portofino (an der Küstenstraße von Santa Margherita nach Portofino), zugleich aber eine eigenständige kleine Urlaubsoase. Die enge, winzige Bucht gehört zu den schönsten Naturbuchten des Promontorio. Um einen der wenigen Plätze auf dem gebührenpflichtigen Sandstrand von Paraggi zu ergattern, muss man früh aufstehen.

• *Übernachten* ** **Argentina**, kleines Hotel in der Paraggi-Bucht, im hinteren Teil des Orts, beliebt wegen der Nähe zu Portofino; nur zwölf komfortable, renovierte Zimmer. DZ 160, Dreibett-Zimmer 180 €, jeweils inkl. Frühstück. Via Paraggi a Monte 56, 16038 Santa Margherita Ligure (GE), ✆/℻ 0185-286708, www.argentinaportofino.it.

Portofino

ca. 500 Einwohner

Weltbekannter Nobelort, ungemein fotogen und daher den meisten von den Titelseiten der Reisemagazine bekannt. Die Mischung aus schmucken Häuserfronten um die kleine Bucht und mondäner Ferien-Enklave gibt Portofino ein unverwechselbares Flair.

Die gebogene Häuserzeile mit ihren malerischen Fassaden, der kleine Hafen in der tief eingeschnittenen, von einer Landzunge geschützten Bilderbuch-Bucht, über der die *Chiesa San Giorgio* und das *Castello Brown* wachen – Portofino ist auf jeden Fall einen Besuch wert! Am besten aber kommt man unter der Woche, ohne Auto und nicht mit knurrendem Magen. Denn, man ahnt es: Portofino ist ein teures Pflaster. Und so hübsch der Ort auch ist, allzu viel gibt es nicht zu sehen. Kommt man mit Bus oder Auto an der Piazza della Libertà an, führt die hübsche *Via Roma* mit ihren Nobelboutiquen und Galerien zum Hafen. Links geht es auf der Hafenmole an der berühmten Häuserzeile entlang, rechts auf die Landzunge mit genannter Kirche, dem Castello (schöner Garten, innen historisches Mobiliar und Fotoausstellung, im Sommer Di–So 10–19 Uhr, im Winter nur Sa/So 10–19 Uhr, Eintritt 4 €, Kinder unter 6 Jahre frei) und weiter zum Leuchtturm. Der aus ein paar Häusern bestehende obere Ortsteil erstreckt sich um die Piazza della Libertà. Portofino fordert also keinen Besichtigungsmarathon, sondern ist vielmehr eine Einladung zum gepflegten Flanieren, bevor man in einem der Cafés entspannt oder sich ein feines Abendessen gönnt.

Beliebte Anlegestelle: der Hafen von Portofino

Illustre Gäste hat Portofino viele gesehen: Als Pionier gilt der britische Botschafter *Sir Montague Yeats Brown,* der sich 1870 im Castello di San Giorgio niederließ (das heute zum Besitz der Gemeinde gehört, den Namen des ehemaligen Besitzers aber behalten hat). Später machte der deutsche Sektbaron *Mumm* Schlagzeilen, der sich hier Anfang des 20. Jh. eine Ferienvilla errichten ließ. Erst danach entdeckten auch die italienischen Schönen und Reichen Portofino für sich und drückten diesem wirklich makellosen Fischerdörfchen endgültig den Stempel der Exklusivität auf.

Im oberen Ortsteil dagegen wohnt die Normalität: Hier stehen die einfachen Mietshäuser der Gemeinde, zumeist von älteren Leuten bewohnt, die mit dem illustren Treiben am Hafen wenig bis gar nichts zu schaffen haben.

Unvergesslich ist die *Wanderung* von Portofino zur Klosterbucht von San Fruttuoso (→ Wegbeschreibung S. 275). Wer in Portofino im Meer baden will, findet unterhalb des Hotels Piccolo am Ortseingang eine kleine *Spiaggia pubblica* (öffentlicher Strand), im Ort selbst gibt es keinen Strand.

• *Information* **I.A.T.-Büro** in der Gasse zum Hafen, nicht zu übersehen. Geöffnet April–Sept. tägl. 10–13 und 14–19 Uhr, im Okt. und März Di–So 10.30–13.30 und 14.30–17.30 Uhr und im Winter Di–So 10–13 und 13.30–16.30 Uhr. Via Roma 35, ✆/℻ 0185-269024, www.turismoinliguria.it, iat.portofino@provincia.genova.it.

• *Anfahrt/Verbindungen* **Auto**, Stichstraße von Santa Margherita Ligure, im Hochsommer stauen sich die Autos zuweilen bis Paraggi; dort informiert eine elektronische Anzeigetafel über Situation und Wartezeiten für einen Platz in der teuren Tiefgarage (nur wenige Plätze, 5 €/Std., ab der 4. Stunde und über Nacht etwas günstiger). Empfehlenswerter ist deshalb **Park and ride** ab Santa Margherita – falls der Bus durchkommt (→ S. 280). Oder man nimmt die Fähre.

Fähre, gute Fähranbindung der Reederei *Marittimo del Tigullio* nach Santa Margherita und Rapallo bzw. in anderer Richtung nach San Fruttuoso. Im Sommer 9.30–12.30 und 14.30–16.30 Uhr stündlich nach San Fruttuoso, in der Nebensaison eingeschränkt, im Winter (Nov.–Feb.) gar nicht. In der Hochsaison auch Abendtouren. Preisbeispiel: nach Santa Margherita 5,50 €, hin/rück 8,50 €, nach San Fruttuoso 7,50 € bzw. 10,50 € (an Feiertagen etwas teurer). Infos: Via Palestro 8/1B, Santa Margherita Ligure, ✆ 0185-284670, www.traghettiportofino.it.

• *Übernachten* ***** **Splendido**, traumhafte Parkvilla in traumhafter Hanglage mit einem wunderbaren Blick auf die Bucht von Portofino. Exklusive Abgeschiedenheit mit Pool, Tennis, Restaurants und Bars, Wellness-Center etc., leider zu traumatisierenden Preisen. Geöffnet Anfang April bis Ende Oktober. Etwas günstiger ist die Dependance Splendido Mare an der Hafenpiazza von Portofino (geöffnet Ende April bis Anfang Oktober). Im Hotel EZ 662,50 €, DZ ab 1145 € (jeweils inkl. Frühstück), Dependance Splendido Mare: EZ 610 €, DZ ab 730 €, je inkl. Frühstück. Salata Baratta 16, 16034 Portofino (GE), ✆ 0185-267801, 📠 0185-267806, www.hotelsplendido.com.

*** **Eden**, familiäres Hotel mitten im Ort, das günstigste in Portofino, die Zimmer recht behaglich mit Blümchentapete, Holzböden und gedeckten Farben. In der Nebensaison deutlich günstiger. EZ 160 €, DZ 290 €, inkl. Frühstück. Via Dritto 18, 16034 Portofino (GE), ✆ 0185-269091, 📠 0185-269047, www.hoteledenportofino.com.

• *Essen & Trinken* mehrere romantisch-teure Fischristoranti am Hafen: **Taverna del Marinaio** unter den Arkaden; **Da Ü Mariu** nicht ganz so vornehm und auch nicht ganz so teuer wie die anderen; **Ö Magazin** am ruhigsten gelegen; und schließlich das traditionsreiche **Lo Stella** am Hafen. Alle sehr teuer.

Concordia, Trattoria im hinteren (oberen) Ortsteil, gehobenes Preisniveau (für Portofino aber noch relativ bezahlbar), schattige Terrasse, mittags und abends geöffnet, Di Ruhetag. Via Fondaco 5. ✆ 0185-269207.

Rapallo

ca. 30.500 Einwohner

Das berühmte Seebad der Belle Époque hat sich vom einstigen Prominententreff zum beliebten Rentnerkurort entwickelt, und das dank des milden Klimas ganzjährig.

Die bauchige, fast geschlossene Bucht wird von einer einladenden Palmenpromenade gesäumt und bietet zudem einen schicken Jachthafen. In den Jahrzehnten, als der Tourismus noch eine elitäre Angelegenheit war, konkurrierte Rapallo mit den mondänen Nachbarorten des Promontorio di Portofino um die Gunst der betuchten Gäste. In punkto Exklusivität kann man zwar mit Portofino schon lange nicht mehr mithalten, doch wurden einige der ehrwürdigen Hotelpalazzi entlang des *Lungomare V. Veneto* in den letzten Jahren komplett saniert und bieten heute wieder viel Komfort.

Hinter der beschaulichen Palmenmeile herrscht unbeeindruckt von den Erholung suchenden Gästen ein lärmender, kleinstädtischer Alltag mit viel Verkehr. Ruhiger wird es erst im alten Hafenviertel, hinter der romantischen *Wasserburg* (16. Jh.), wo eine schmale Uferstraße zum sanft ansteigenden Küstenpark führt: Der *Parco Comunale Casale* offenbart sich im Gegensatz zur Innenstadt als eine Oase der Ruhe mit schattigen Aussichtsterrassen. Relativ ruhig geht es auch im *Centro storico,* dem alten „Borgo“ von Rapallo zu – hier lassen sich vor allem um die Via Mazzini, Via Marsala und Via Venezia noch einige beschauliche Ecken entdecken.

Wie jeder berühmte Rivieraort erinnert auch Rapallo an seine berühmten Gäste, besonders wenn ihre Anwesenheit zum historischen Ereignis wurde: Im April 1922 weilte hier *Walther Rathenau,* der zwei Monate später ermordete erste Außenminister der Weimarer Republik, um mit einer sowjetischen Delegation nach dem Ende des Ersten Weltkriegs erstmals wieder diplomatische Beziehungen aufzunehmen. Ergebnis der Verhandlungen war der *Rapallovertrag,* der u. a. den gegenseitigen Verzicht auf Reparationen vereinbarte und damit die Beziehungen zwischen Deutschland und der Sowjetunion normalisierte. Besiegelt wurde er im berühmten *Excelsior Palace Hotel* etwas außerhalb an der Küste in Pagana San Michele – ein geschichtsträchtiger Ort, an dem sich einst die Mächtigen quasi die Klinke in die Hand gaben. Und noch heute strahlt das Haus im Glanz seiner langen Tradition.

Rapallo, am Lungomare V. Veneto

Information/Diverses

• *Information* **I.A.T.-Büro**, an der Palmenpromenade. Veranstaltungskalender, Stadtplan, deutschsprachige Prospekte zum Fontanabuona-Tal (→ S. 292); im Sommer Mo–Sa 9–12.30 und 14.30–19 Uhr, So 9.30–12.30 und 15–18 Uhr, im Winter Mo–Sa 9.30–12.30 und 14.30–17.30 Uhr, So geschlossen. Lungomare Vittorio Veneto 7, 16035 Rapallo (GE), ✆ 0185-230346, ℻ 0185-63051, www.turismoinliguria.it oder www.provincia.genova.it.

• *Anfahrt/Verbindungen* **Auto**, Autobahnabfahrt (A 12) ca. 3 km nordwestlich vom Stadtzentrum. Gebührenpflichtiger Parkplatz an der Uferpromenade (Via Ignoto): von 8–20 Uhr 1,50 €/Std.

Bahn, Bahnhof im nördlichen Stadtzentrum, 10 Min. zu Fuß zur Uferpromenade. Es bestehen jeweils etwa halbstündliche Verbindungen (Regionalzüge) nach Santa Margherita Ligure und weiter nach Camogli und Genua; in südliche Richtung nach Chiavari und Sestri Levante.

Bus, Busbahnhof der ATP (*Tigullio Trasporti)* am Bahnhof, Piazza Molfino; Tickets in der Biglietteria an der Piazza delle Nazioni (ebenfalls beim Bahnhof). Etwa stündlich nach Santa Margherita Ligure und über Zoagli nach Chiavari, etwa alle 90 Min. fährt auch ein Bus hinauf zum Santuario di Montallegro. Genaue Fahrpläne in der Biglietteria oder unter www.tigulliotrasporti.it.

Fähre, am Lungomare (etwa Höhe Piazza Martiri della Libertà); häufig Fähren der Reederei *Marittimo del Tigullio* nach Santa Margherita und weiter nach Portofino und San Fruttuoso. Im Sommer von 9–12 und 14–16 Uhr stündliche Abfahrten, in der Nebensaison eingeschränkt, im Winter gar nicht. In der Hochsaison werden auch Abendtouren angeboten. Preisbeispiel: Santa Margherita 3,50 €, hin/zurück 4,50 €, Portofino 7 € bzw. 10,50 €, San Fruttuoso 10 € bzw. 15,50 € (an Feiertagen etwas teurer). Von Ostern bis Sept. außerdem mehrmals wöchentlich Halbtagestouren nach Vernazza (Cinque Terre) sowie nach Vernazza und Portovenere (ganztägig), halbtägig 24,50 € (oneway 17 €), Ganztagestour 32 € (oneway 21 €). Ticketbude am Anleger. Infos: ✆ 0185-284670, www.traghettiportofino.it.

Tipp: Mit der **Kabinenseilbahn** aus der Stadt hinauf zur Wallfahrtskirche Montallegro (→ S. 290). Die Talstation der *Funivia* befindet sich am Ortsrand (Hinweisschilder, hier kann man für die Zeit des Ausfluges auch kostenlos parken); in nur 8 Min. schwebt man von Null auf ca. 600 m ü. d. M. März bis Okt. tägl. 9–12.30 und 14–17.45 Uhr (im Herbst bis 17.30 Uhr), jeweils im 30-Minuten-Takt; einfache Fahrt 5,50 €, (hin/zurück 8 €), Kinder, Studenten bis 25 Jahre und Rentner 4 € (6 €). Auch Fahrräder werden transportiert (einfach 2 €). Piazza Solari 2, ✆ 0185-52341.

• *Auto- und Zweiradverleih* **GM Rent**, Scooter (z. B. 100 ccm ab 55 €/24 Std.) und Kleinwagen (Smart, 70 €/24 Std.), bei mehreren Tagen günstiger. Auch Fahrräder. Stützpunkt auch in Santa Margherita (→ S. 280). Via S. Anna 5b. ✆/℻ 0185-261591, www.gmrent.it.

• *Einkaufen* **Emilio Gandolfi – Pizzi al Tombolo (2)**, filigrane, handgeklöppelte Spitzendeck(ch)en finden Sie hinter der historischen Holzfassade dieses Traditionsgeschäftes an der Piazza Cavour. Der Laden st seit 90 Jahren im Besitz der Familie Gandolfi. Einst war das Geschäft mit der Spitze äußerst einträglich, denn die Klöpplerinnen von Rapallo waren berühmt. Die Preise für die Spitzenarbeiten variieren deutlich, es lassen sich aber auch recht günstige Stücke finden. Piazza Cavour 1, ✆ 0185-50234.

Wochenmarkt, immer donnerstags, im hinteren Ortsteil am Kanalufer.

Antiquitätenmarkt „Il Tarlo", jeden vierten Sonntag im Monat im Centro storico.

• *Feste & Veranstaltungen* **Festa Patronale**, 1.–3. Juli, mit großer Prozession und Feuerwerk.

• *Sport* **Golf**, 18-Loch-Platz *Circolo Golf Rapallo*, zunächst der Beschilderung zur Autobahnauffahrt A 12 folgen, ab dort weiter ausgeschildert. Via Mameli 377, 16035 Rapallo (GE). ✆ 0185-261777, ℻ 0185-261779, www.golfetennisrapallo.it.

Tauchen, mehrere Anbieter, z. B. *Abyss Diving Service*, PADI-Resort; getaucht wird vor der Halbinsel von Portofino; Via Vespucci 2 c (beim Corso Colombo). ✆/℻ 0185-65862 oder 338-1517274 (mobil), www.abyssdiving.it.

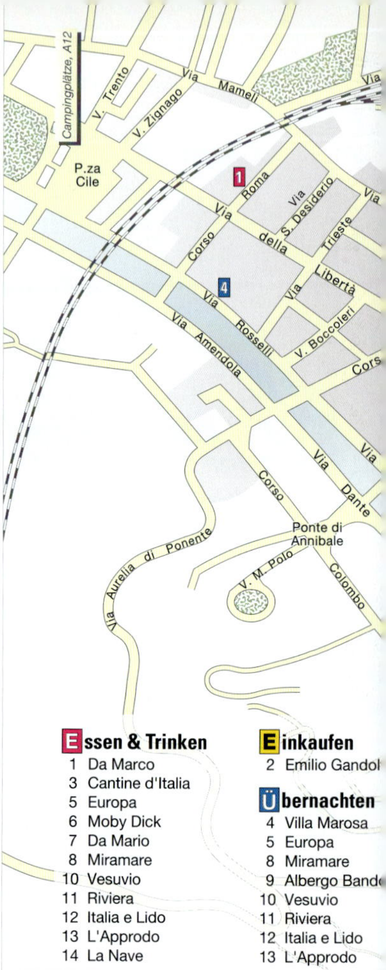

Übernachten/Camping

****** Europa (5)**, mächtiger rosafarbener Palazzo, sehr elegant und etwas zurückversetzt vom Lungomare, trotzdem kaum zu übersehen. Innen gediegen und schick, viel Pastell, mit Ristorante und Bar. Elegante, komfortable Zimmer. Behindertengerechte Ausstattung. Ganzjährig geöffnet. EZ 139 €, DZ 181 €, inkl. Frühstück. Halbpension 32 € pro Person und Tag, Garage 16 €/Tag. Via Milite Ignoto 2, 16035 Rapallo (GE), ✆ 0185-669521, ℻ 0185-669847, www.hoteleuropa-rapallo.com.

***** Italia e Lido (12)**, großes, altehrwürdiges Strandhotel an der Wasserburg, mit etwas Patina und modernem Anbau, die Zimmer sind teilweise renoviert; Sonnenbalkone, Blick aufs Meer und ein sehr empfehlenswertes Ristorante Grande Italia (mittags und abends geöffnet, gehobene Preise, günstige Festpreismenüs). EZ 100 €, DZ 200 €, inkl. Frühstück. Lungomare Castello 1, 16035 Rapallo (GE), ✆ 0185-50492, ℻ 0185-50494, www.italiaelido.com.

***** Riviera (11)**, am Lungomare, älterer Stadtpalazzo, vollständig modernisiert und klimatisiert, helle, elegante Einrichtung, einladendes, gehobenes Ristorante mit Glasfront zur Uferpromenade, auch Terrasse. Ganzjährig geöffnet. DZ inkl. Frühstück 145 € (mit Meerblick und/oder Balkon 165 €), inkl. Halbpension 98 €/Person. Piazza IV No-

vembre 2, 16035 Rapallo (GE), ✆ 0185-50248, ✆ 0185-65668, www.hotelrivierarapallo.com.

*** **Miramare (8)**, am Mittelpunkt der Uferpromenade, ein wirklich schönes Hotel mit viel Charme, sehr gepflegt und freundlich geführt, überaus beliebt, nicht mehr ganz junges Publikum. Ristorante zur Uferpromenade. EZ 120 €, DZ 170 €, jeweils inkl. Frühstück, Halbpension 115–140 €/Person. Lungomare V. Veneto 27, 16035 Rapallo (GE), ✆ 0185-230261, ✆ 0185-273570, www.miramare-hotel.it.

*** **Vesuvio (10)**, ebenfalls altehrwürdiger (und renovierter) Palazzo an der Uferpromenade, blassgelbes Eckhaus gleich beim Miramare. EZ 100 €, DZ 180 €, Familienzimmer für 3–4 Personen 220–250 €, jeweils inkl. Frühstück. Lungomare V. Veneto 29, ✆ 0185-234823, ✆ 0185-237793, www.hotelvesuviorapallo.it.

** **Villa Marosa (4)**, kleiner, gepflegter Flachbau am Kanalufer, viel Grün, netter Innenhof und familiäre Atmosphäre. EZ 60 €, DZ 96 €, Frühstück 4 €/Person, Autostellplatz 6 €/Tag. Via Rosselli 10, 16035 Rapallo (GE), ✆/✆ 0185-50668, www.villamarosa.it.

* **Bandoni (9)**, zentrale Lage, Nähe Lungomare (neben dem Miramare), Eingang auf der Rückseite, in der zweiten Etage eines alten Bürgerpalazzos (mit Aufzug); Kronleuchter, schöner Speisesaal, Restaurant, alles nicht mehr taufrisch. Familiäre Atmosphäre

und zuvorkommender Service, etwas älteres Publikum. Einige Zimmer mit Blick auf die Bucht. EZ ohne Bad 35 €, DZ mit Bad 70 €, Frühstück 5 €, Mittag- und Abendessen je 13 €/Person. Via Marsala 24, 16035 Rapallo (GE), ✆ 0185-50423, 📠 0185-57206, bandoni@tele2.it.

• *Außerhalb* *** **L'Approdo (13)**, im westlichen Nachbarort San Michele di Pagana (S. 291), etwas oberhalb der Bucht gelegen, sehr modernes Ambiente, Ristorante; 32 schöne, modern eingerichtete Zimmer, z. T. mit Balkon und herrlichem Blick über die Bucht. DZ 156 € inkl. Frühstück, Parkplatz 12 €/Tag. Via Pagana 160, San Michele di Pagana, 16035 Rapallo (GE), ✆ 0185-234568, 📠 0185-014564, www.approdohotel.it.

Weitere Übernachtungsmöglichkeiten am Santuario di Montallegro → S. 291.

• *Camping* * **Miraflores**, Nähe Autobahnauffahrt zur A 12, daher etwas lärmgeplagt und wenig romantisch, aber gepflegt. Mit Pool und Ristorante, kleine Terrassenplätze. Geöffnet April bis Mitte Okt. Person 8 €, Zelt 10–12 €, Wohnwagen/-mobil ca. 12–14 €. Via Savagna 10, 16035 Rapallo (GE), ✆ 0185-263000, 📠 0185-260938.

* **Rapallo**, Nähe Miraflores, direkt vor der Autobahnauffahrt halblinks ab (beschildert), etwas ruhiger gelegen; flacher Rasenplatz, relativ wenig Schatten, mit Pool und Bar; auch einige schlichte Holzbungalows. Geöffnet Mai bis Sept. Pro Person 6,50 €, Wohnwagen/-mobil 12 €, Stellplatz Zelt 9,50–12,50 €, Bungalow je nach Belegung 55–70 €. In der Hochsaison sechs Tage Mindestaufenthalt. Via S. Lazzaro 4, 16035 Rapallo (GE), ✆/📠 0185-262018, www.campingrapallo.it.

Essen & Trinken (→ Karte S. 288/289)

Neben den durchwegs empfehlenswerten Restaurants der oben genannten Hotels einige weitere Tipps:

Moby Dick (6), gleich hinter dem Säulentempel der Piazza Libertà (Nr. 9) mit Tischen an der Arkadenpassage und großem Wintergarten; Pizza auch mittags, nicht teuer. Im Winter Di Ruhetag. ✆ 0185-51353.

Da Mario (7), mit Terrasse auf der Piazza Garibaldi, Touristenmenü um 25 €, ansonsten um 35 €. Mittags und abends geöffnet, Mi Ruhetag. Piazza Garibaldi 23. ✆ 0185-51736.

Da Marco (1), etwas versteckt im hinteren Ortsteil, Touristen finden nur selten den Weg hierher. Typische italienische Küche, sehr günstige Menüs (Touristenmenü 13 €), mittags und abends geöffnet, Mo Ruhetag. Corso Roma 22. ✆ 0185-54518.

Cantine d'Italia (3), Enoteca und Winebar, einige Tische draußen an der Via Mazzini; großes Angebot verschiedenster italienischer Weine, auch Snacks. Ganztägig geöffnet, Do Ruhetag. Via Mazzini 59. ✆ 0185-50538.

• *Im Vorort San Michele di Pagana* **La Nave (14)**, Ristorante mit netter Terrasse fast am Strand, nicht teuer, abends gibt es auch Pizza. Mittags und abends geöffnet, im Juli/August Di und Mi mittags geschlossen. Via Pomaro 15, ✆ 0185-51645.

Weitere Restaurants beim Santuario di Montallegro → unten.

Rapallo/Umgebung

Santuario di Montallegro

Die berühmte Kirche aus dem Jahr 1559 liegt ca. 10 km im Hinterland und ist vom nördlichen Stadtrand aus mit der *Funivia* (Kabinenseilbahn) zu erreichen (→ Rapallo/Verbindungen). Von der Bergstation führt eine breite Rampe zur Pilgerkirche, deren barocker Innenraum über und über mit Votivgaben behängt ist.

Der Bergbauer *Giovanni Chichizzola* hatte hier am 2. Juli 1557 angeblich eine Muttergotteserscheinung, bei der ihm auf wundersame Weise eine byzantinische Ikone übergeben wurde mit der Bitte, an dieser Stelle einen würdigen Platz dafür zu schaffen – was zum Bau des Santuario di Montallegro führte. Die Ikone wird im Hauptaltar der Kirche aufbewahrt. Viele der Besucher kommen jedoch in erster Linie wegen des herrlichen Berg- und Küstenpanoramas hier herauf (612 m ü. d. Meer).

• *Anfahrt* Wer nicht mit der Seilbahn kommt, erreicht das Santuario auf schmaler Straße ca. 8 km am Hang entlang, teilweise schönes Panorama. Ab Rapallo Zentrum beschildert (braunes Schild). Bereits auf dem Weg warten im Ort San Maurizio di Monti zwei Ausflugsrestaurants auf Gäste.

• *Verbindungen* 8x täglich **Busse** von und nach Rapallo (Piazza Molfino, am Bahnhof). Mit der **Seilbahn** → S. 287.

• *Öffnungszeiten* Im Sommer tägl. 7.30–12 und 14.30–19 Uhr, im Winter (Nov. bis März) 8–12 und 14.30–17 Uhr. Pilger-Souvenirshop bei der Kirche.

• *Übernachten/Essen* *** **Albergo Montallegro**, wer Ruhe sucht, kann sich hier oben im Hotel einmieten, mit Bar/Ristorante und schöner Terrasse (toller Blick!). Nur 13 Zimmer, EZ 60 €, DZ als EZ 70 e, DZ 85–90 €, jeweils inkl. Frühstück, Halbpension 65 € pro Person. Salita al Santuario 22, Loc. Montallegro, 16035 Rapallo (GE), ✆ 0185-50268, ℻ 0185-238473, www.hotelmontallegro.it.

* **Il Pellegrino**, Ausflugsristorante (und Hotel), ca. 200 m vom Santuario entfernt – rechter Hand um die Kirche herumgehen, dann auf einem gepflasterten Weg. Schöne, einsame Lage, weinüberrankte Terrasse mit herrlichem Blick auf den Golfo di Tigullio, sehr schön zum Sitzen, freundlicher Service. Das Restaurant ist mittags und abends geöffnet (März bis Okt.), in der Nebensaison teilweise nur am Wochenende. Das Hotel bietet Ruhe und Einsamkeit und wundervolle Aussicht, aber sicher keinen Luxus. Es ist von Ostern bis Ende Sept. geöffnet. EZ ohne Bad 30 €, mit Bad 40 €, DZ ohne Bad 60 €, mit Bad 80 €, jeweils inkl. Frühstück, mit Halbpension kostet das EZ 47–55 €, das DZ 94–110 €. Via del Santuario 15, Rapallo-Montallegro, 16035 Rapallo, ✆ 0185-239033, ℻ 0185-239003.

Blendend weiß: das Santuario di Montallegro

An der Bergstation der Seilbahn gibt es außerdem eine **Snack-Bar** mit Terrasse.

San Michele di Pagana

Ein hübscher Küstenvorort von Rapallo (Richtung Santa Margherita Ligure) mit alten Fischerhäusern direkt am Strand. Ein teilweise in den Fels gehauener Uferspazierweg verbindet Rapallo mit San Michele di Pagana. In der Pfarrkirche San Michele (17. Jh.) hängt ein sehenswertes Kreuzigungsgemälde von *Anton van Dyck*.

Öffnungszeiten Kirche Nur Sa und So 17.30–18.30 Uhr. ✆ 0185-51382.

Zoagli

ca. 2600 Einwohner

Zwischen Rapallo und dem südöstlich gelegenen Ort wird die Felsküste schroffer, das Meer ist kaum noch zu erreichen. Nach Zoagli führt eine Stichstraße von der Via Aurelia hinunter – ein ziemlich gesichtsloser, moderner Ort in einer tief eingeschnittenen Bucht, mit seiner nett hergerichteten Piazza am Meer (hier einige Cafés/Restaurants) eigentlich sogar recht nett gelegen, wenn nur die mächtige steinerne

Eisenbahnbrücke nicht wäre. Sie trennt die Piazza kompromisslos vom vorgelagerten Kiesstrand, und wenn ein Zug vorbeikommt (was häufig der Fall ist), bekommt man das deutlich zu sehen – und zu hören.

• *Information* **I.A.T.**, nur während der Sommermonate geöffnet, in der Hochsaison täglich, in der Nebensaison nur Sa 9.30–12.30 und 16.30–19.30 Uhr, So nur 9.30–12.30 Uhr. Via Merello 6/A, ✆ 0185-259127.

• *Verbindungen* **Bahn**, ca. halbstündlich nach Rapallo und Sestri Levante, stündlich bis Genua, Bahnhof südlich vom Zentrum. **Busse** 3x tägl. ab Rapallo.

• *Parken* Zwei kleine **Parkhäuser** im Zentrum, 8–22 Uhr 1,50 €/Std., über Nacht 0,50 €/Std.

• *Essen & Trinken* **Silvano**, Strandbad und Ristorante, direkt im rechten Brückenbogen der Bahn, dahinter beginnt der Stadtstrand; beliebtes Ausflugslokal mit leckerer Fischküche, mittleres Preisniveau. Mittags und abends geöffnet, Do Ruhetag. ✆ 0185-259084.

Im Hinterland von Rapallo – das Val Fontanabuona

Das Tal zieht sich parallel zur Küste durch das bergige Hinterland von Rapallo. Seit dem 12. Jh. wird hier Schiefer abgebaut, wirtschaftliche Bedeutung erreichte der Abbau in der Gegend jedoch erst im 18. und 19. Jh.

In den alteingesessenen Firmen des Val Fontanabuona wird der robuste und zugleich elastische Stein zu Bodenbelägen, Kaminverkleidungen und dekorativen Gebrauchsgegenständen wie Aschenbechern, Schachbrettern, kleinen Maltafeln verarbeitet, sogar Billardtische werden aus großen Schieferplatten gefertigt. Die Menschen des Tals nennen ihren Schiefer (ital. *ardesia*) noch heute „schwarzes Gold“ oder „schlafendes Brot“. Anfangs dienten die Schiefervorkommen, die zumeist in kleinen Platten (*ciappe*) abgebaut wurden, den Einheimischen in erster Linie als Baumaterial für Häuser, Hütten, Feldmauern und Wege. Erst als das abgeschiedene Tal bessere Verbindungen zur Küste erhielt, wurde der Schiefer auch exportiert. Historische Fotografien zeigen Trägerinnen, die die Platten auf dem Kopf bis zur Küste transportierten, wo sie dann verschifft wurden. Die Schieferindustrie ist bis heute ein wichtiger Wirtschaftsfaktor im Val Fontanabuona. Das *Schiefermuseum* in Cigagna (zuletzt geschlossen) erlaubt weitere Einblicke rund um den schwarzen Stein.

• *Anfahrt* Von Rapallo auf der Landstraße über die Küstenberge, vorbei am Santuario di Montallegro zur S 225. Anfangs herrliche Aussichtspunkte mit Panoramablick auf den Golfo del Tigullio, dann verschwindet die Straße streckenweise im dichten Mischwald; schöne Fahrt hinunter ins Fontanabuona-Tal. Das Tal ist auch vom weiter südlich an der Küste gelegenen Chiavari über die S 225 zu erreichen.

Cicagna

Museo dell'Ardesia (Schiefermuseum): Das Museum im Untergeschoss des *Municipio* (Rathaus) von Cicagna dokumentiert die Geschichte der im Tal ansässigen Schiefergewinnung und -verarbeitung seit dem Mittelalter.

Schon seit Jahren wegen „Lavori“ geschlossen. Infos unter ✆ 0185-971091. Viale Italia, Cicagna.

Sentiero dell'Ardesia (Schieferlehrpfad) in San Salvatore

Unterhalb der *Basilica dei Fieschi* (→ S. 296) in der Ortschaft San Salvatore beginnt der *Sentiero dell'Ardesia*, ein markierter Pfad zum stillgelegten Schieferbruch des *Monte San Giacomo* (547 m). Der Wanderweg führt durch eine bäuerliche Gegend, in der die Schieferplatten zur Terrassierung der Felder, zur Pflasterung der Feldwege und zum Bau von Schutzhütten und Feldmauern verwendet wurden, zum Monte San Giacomo hinauf sind es ca. 1,5–2 Std.

Anfahrt Zur Basilica dei Fieschi → S. 296. Der beschilderte Weg Sentiero dell'Ardesia beginnt rechts neben dem Parkplatz unterhalb der Basilica.

Chiavari

ca. 27.600 Einwohner

Kurz vor Chiavari treten die Küstenberge respektvoll zurück und weichen der Schwemmlandebene des Entella-Flusses. Die lang gestreckte Kleinstadt passt so gar nicht zu den anderen Küstenorten der Levante, doch hinter der etwas tristen Neustadt versteckt sich eine angenehme, lebendige Altstadt.

Spätestens beim Anblick des verbauten Strandviertels wird jedem klar, dass Chiavari sich nicht für einen Badestopp eignet: ein schmaler Kiesstreifen mit vorgelagerten Wellenbrechern, nicht eben idyllisch. Auch die Uferpromenade (ein gutes Stück vom alten Zentrum entfernt, dazwischen verlaufen Via Aurelia und Bahnlinie) lädt nicht unbedingt zum Flanieren ein. Daher besser keine Zeit verlieren und hinein in den hübschen, mittelalterlichen Stadtkern. Vom Bahnhof mit seinem breiten, begrünten Vorplatz *(Giardini pubblici)* gelangt man nach wenigen Schritten zunächst zur *Cattedrale Nostra Signora dell'Orto.*

Vom Kirchplatz führt die schmale Via del Casaretto hinüber zum stimmungsvollen Marktplatz *Piazza Mazzini* (vormittags lebhaftes Markttreiben). Hier steht auch der *Justizpalast* aus dem Jahr 1404, der Ende des 19. Jh. mit einer imitierten Renaissancefassade versehen wurde; erhalten geblieben ist auch der integrierte Zitadellenturm aus dem 16. Jh.

Direkt an die Piazza Mazzini schließt die arkadengesäumte Hauptgasse der Altstadt an, die *Via Martiri della Liberazione*, im Volksmund einfach „Carruggio Dritto“ genannt. Hier und in der parallel verlaufenden *Via Ravaschieri* finden sich zahlreiche traditionsreiche Geschäfte, Werkstätten und Läden, alteingesessene Cafés, originelle kleine Bars und urige Trattorien – einen Bummel durch den verwinkelten mittelalterlichen Ortskern sollte man auf keinen Fall auslassen.

Die Geschichte Chiavaris reicht zumindest bis ins 7. Jh. v. Chr. zurück, als sich hier im Mündungsgebiet des *Entella*-Flusses eine Tigulliersiedlung befand. Im 12. Jh. errichteten die Genueser hier einen militärischen Außenposten und bescherten der Stadt relativen Wohlstand, der sich im Lauf der Jahrhunderte in den repräsentativen Gebäuden der Altstadt zeigte. Heute ist Chiavari das Handelszentrum der Gegend, der Tourismus spielt, anders als z. B. in Rapallo oder Sestri Levante, keine große Rolle.

Information/Diverses

• *Information* **I.A.T.-Büro**, schräg gegenüber vom Bahnhof, hier bekommt man auch einen Stadtplan. Im Sommer tägl. 9.30–12.30 und 14.30–19 Uhr (So nachmittags 15–18 Uhr); im Winter Mo–Sa 9.30–12.30 und 14.30–17.30 Uhr, So geschlossen. Corso Assarotti 1, 16043 Chiavari (GE), ☏ 0185-325198, 📠 0185-324796, www.turismoinliguria.i, tiat.chiavari@provincia.genova.it.

• *Anfahrt/Verbindungen* **Auto**, A 12-Abfahrt am nordwestlichen Stadtrand.

Parken, gebührenpflichtig am Bahnhofsvorplatz, ebenso an der großen Piazza vor der Cattedrale Nostra Signora dell'Orto (jeweils 1,50 €/Std.).

Bahn, der Bahnhof liegt zentral, 5 Min. zu Fuß zur Altstadt. Regionalzüge etwa alle 30 Min. nach Rapallo und Sestri Levante, schneller und günstiger als mit dem Bus.

Bus, Busse der Gesellschaft *A.T.P.* ab Bahnhofsvorplatz; von 6–19.30 Uhr ca. stündlich über Zoagli nach Rapallo, ebenso oft in den Nachbarort Lavagna und weiter nach Sestri Levante.

• *Feste & Veranstaltungen* **Patronatsfest Nostra Signora dell'Orto**, 1.–3. Juli, mit Messe, Fackelzug, Feuerwerk und Straßenfest.

Antiquitätenmarkt am zweiten Wochenende im Monat in der Altstadt (centro storico).

• *Einkaufen* **Fratelli Levaggi** heißt die bekannte Schreinerei, in der die zierlichen und trotzdem robusten *Chiavarine* (Stühle aus Olivenholz) herstellt werden; Kostenpunkt ca. 250–300 €. Auch Führungen durch den Betrieb sind möglich. Via Parma 469 (landeinwärts Richtung Carasco). ✆/📠 0185-383092, www.levaggisedie.it.

Pasticceria Copello → unten.

Übernachten/Camping

Vom klobigen Uferpalazzo bis zur ansprechenden Altstadtherberge – das Hotelangebot ist überraschend groß. Zudem ist Chiavari ein Stück günstiger als das nördlich gelegene Rapallo, Santa Margherita Ligure und das südliche Sestri Levante.

*** **Albergo Monterosa**, freundlicher Familienbetrieb in einem stattlichen Altstadtpalazzo, gepflegt und modern, rundum empfehlenswert. 64 angenehme, komfortable Zimmer, sehr gutes Ristorante, Terrasse, Bar und Hotelgarage. Ganzjährig geöffnet. EZ 75 €, DZ 115–129 €, Familienzimmer 170 €, je inkl. Frühstück. Zu Ostern, Weihnachten, Salone Nautico (Anfang Okt.) und in den beiden Ferragosto-Wochen mit obligatorischer Halbpension: EZ 88 €, DZ 160–170 €. Via Mons. Martinetti 6, 16043 Chiavari (GE), ✆ 0185-300321, 📠 0185-312868, www.hotelmonterosa.com.

*** **Dell'Orto**, an der Kathedralen-Piazza, gepflegter, kleiner Stadtpalazzo; mit Ristorante, Bar und Terrasse an der Piazza, etwas älteres Publikum. 21 Zimmer mit Bad und TV. EZ 70 €, DZ 100 €, Halbpension 70 €/Person. Piazza N.S. dell'Orto 3, 16043 Chiavari (GE), ✆ 0185-322356, 📠 0185-322215, www.albergoorto.it.

*** **Zia Piera**, gepflegter, gelber Uferpalazzo am oberen Lungomare; 24 nette Zimmer, teils mit Balkon zum Meer (alle mit Aircondition); nur über die Straße zum Strand, der hier aber nicht ganz so malerisch ist. Ristorante mit deftiger, guter Hausmannskost, auch Pizza aus dem Holzofen, freundlicher Service. EZ 75 €, DZ 110 €, Frühstück 10 €/Pers., DZ inkl. Halbpension 160 €. Corso Valparaiso 54, 16043 Chiavari (GE), ✆ 0185-307686, 📠 0185-314139, www.hotelziapiera.it.

* **Miramare**, hellrosa Flachbau, ebenfalls am oberen Lungomare, nur wenige Meter von Zia Piera entfernt. Volkstümliches und günstiges Ristorante, etwas älteres Publikum. Nur 15 einfache Zimmer mit Bad. EZ 50 €, DZ 75 €, Frühstück 3,70 € pro Person. Halbpension 60 €/Person. Corso Valparaiso 56, 16043 Chiavari (GE), ✆ 0185-309891, 📠 0185-376105.

• *Camping* ** **Al Mare**, kleiner Platz am westlichen Stadtrand, zwar direkt am schmalen Kiesstrand, aber neben einem alten Industriegebiet gelegen, daher nicht sehr idyllisch, wenn auch recht grün. Mit Bar und Mini-Market, WI-FI. Geöffnet April bis Okt. Pro Person 5 €, Stellplatz Zelt 17 €, Stellplatz Wohnwagen/-mobil 25 €, Bungalows für 2–4 Pers. 55–75 €. Via Preli 30, 16043 Chiavari (GE), ✆/📠 0185-304633, www.campingalmare.it.

Zwei passable 2-Sterne-Campingplätze befinden sich im Nachbarort Lavagna, der allerdings außer einem langen Kiesstrand kaum etwas zu bieten hat: recht nett im Grünen und nur über die Straße (laut) zum Strand liegt **Lo Scoglio** (✆/📠 0185-390262, www.campingloscoglio.it) und etwas weiter landeinwärts **Ripamare** (✆ 0185-391126), beide geöffnet von April bzw. Mai bis Ende Sept. und in Lavagna ausgeschildert.

Essen & Trinken

In der Altstadt mehrere originelle und volkstümliche Trattorien, die allein schon einen Chiavari-Besuch wert sind.

Vecchio Borgo, unser Tipp: Etwas abseits am westlichen Ende des Lungomare, aber der Weg lohnt sich wegen der ausgezeichneten, frischen Meeresküche; Fischhauptgerichte ca. 15–23 €, große Portionen. Speiseterrasse auf der schönen, verkehrsberuhigten Piazza Gagliardo, von der sich ein hübscher Blick auf den Golfo del Tigullio öffnet. An Wochenenden oft bis auf den letzten Platz besetzt, daher reservieren. Mittags und abends geöffnet, Di Ruhetag (im Juli/August nicht). Piazza Gagliardoi 15. ✆ 0185-309064.

Osteria Luchin, gleich bei der schönen Piazza Fenice; alteingesessen, uriger geht es kaum. Drinnen gemütlich-rustikal im kühlen Gemäuer, draußen erfrischend-luftig unter den Arkaden. Hausgemachte Pasta, Farinata und viele lokaltypische Gerichte, gute Preise, Menü um 25 €. Mittags und abends geöffnet, So Ruhetag. Via Bighetti 51. ✆ 0185-301063.

Über den Dächern von Chiavari

Nur wenige Häuser entfernt von der Osteria Luchin befindet sich **Da Vittorio dal 1925**, eine urige, alteingesessene Osteria, die mit ihren Speisen in der Vitrine eher an eine traditionelle Tavola calda erinnert. Sehr günstig, sehr beliebt, einige Tische auch unter den Arkaden der Piazza Fenice. Mittags und abends geöffnet, Do Ruhetag. Via Bighetti 33, ✆ 0185-305093.

Bar/Pasticceria Copello, Altstadtkonditorei und *Confetteria* unter den Arkaden; traditionsreiches Kaffeehaus (gegr. 1826) mit historischer Jugendstileinrichtung – unbedingt sehenswert. Feinstes Gebäck, Pralinen, Pandolce, Biscotti, Amaretti u. v. m. Via Martiri della Liberazione 162, ✆ 0185-309837, www.copello.net.

• *Außerhalb* **Le Cisterne**, Ristorante/Pizzeria auf der Via Aurelia von Chiavari Richtung Rapallo, noch vor dem Tunnel auf der rechten Seite, Parkplätze am Straßenrand. Sehr beliebt, gute, große Pizza, auch einige Tische draußen mit Blick. Mittags und abends geöffnet, Mo Ruhetag. Via Aurelia 76, ✆ 0185-364827.

Sehenswertes in Chiavari

Cattedrale Nostra Signora dell'Orto: Die Kathedrale „Unserer Frau im Garten" wurde in der Zeit von 1613 bis 1633 gebaut, benannt wurde das Gotteshaus nach einem Marienbild von *Benedetto Borzone* aus dem Jahr 1493, das sich am östlichen Ende des Platzes in der Mauernische eines Gartens befand. Angeblich gab es hier im Lauf der Jahrhunderte mehrere Marienerscheinungen. Heute hängt das Bildnis der Madonna mit Kind am Hauptaltar der in reichem Barock geschmückten Cattedrale; neben den zahlreichen Fresken sind im Kircheninneren auch drei geschnitzte Heiligengruppen von *Maragliano* (15./16. Jh.) sehenswert. Die mächtige, tempelartige *Vorhalle* kam erst bei der Fassadenerneuerung in der zweiten Hälfte des 19. Jh. hinzu – ihre Säulen sind 17 m hoch, der Säulenumfang beträgt mehr als 5 m.

Tägl. 7–12 und 15.30–19 Uhr.

Museo archeologico und Pinacoteca im Palazzo Rocca: Das Archäologische Museum an der Piazza Matteotti zeigt sensationelle Fundstücke, die allesamt aus der städtischen Umgebung stammen: aus der *Nekropole* einer ehemaligen Tigulliersiedlung (ca. 7. Jh. v. Chr.). Erst 1960 wurden die Urnen- und Kastengräber der Nekropole entdeckt. Beim Öffnen der Gräber strahlten den Archäologen Kult- und Gebrauchsgegenstände aus Gold, Bronze und Keramik in absoluter Unversehrtheit entgegen,

Riviera di Levante Karte S. 258/259

dazu fand man Schmuck, Waffen, Werkzeuge und etruskische Bucchero-Keramiken. Im Obergeschoss des *Palazzo Rocca* (separater Eingang) befindet sich die *Pinacoteca* (Gemäldegalerie) mit Werken Genueser Meister des 17. und 18. Jh. sowie historischem Mobiliar aus dem 19. Jh. Umgeben ist der Palazzo Rocca von einem *Parco Botanico* (Botanischer Garten), der auch für die Öffentlichkeit zugänglich ist.

Museo archeologico: Di–Sa sowie am 2. und 4. So im Monat 9–13.30 Uhr; Eintritt frei. Via Costaguta 4. ✆ 0185-320829. **Pinacoteca:** nur Sa und So 10–12 und 16–19 Uhr; Eintritt frei. Via Costaguta 2. ✆ 0185-365336. **Parco Botanico:** tägl. 9.30–19 Uhr, Eintritt 1 €, ermäßigt 0,50 €. Eingang an der Piazza Matteotti, ✆ 0185-365336.

Umgebung von Chiavari

Wallfahrtskirche Madonna delle Grazie

Das Gotteshaus aus dem 15. Jh. liegt in dramatisch schöner Lage steil über dem Meer, der Blick von hier oben über den Golfo del Tigullio ist herrlich – nach Westen bis Portofino, nach Südosten hinunter auf das Städtchen Chiavari. Die Seitenwände und der Chor der einschiffigen Kirche sind mit einem kostbaren Freskenzyklus von *Teramo Piaggio* aus dem Jahr 1539 ausgeschmückt: an der rechten Wand u. a. alttestamentarische Szenen und die „Verkündigung", an der linken Wand die Leidensgeschichte Christi. Das Fresko über der Eingangstür, das „Jüngste Gericht" von ca. 1550, wird dem berühmten Genueser Maler *Luca Cambiaso* zugeschrieben.

Anfahrt Von Rapallo kommend auf der Via Aurelia kurz vor dem Tunnel nach Chiavari rechts ab (leicht zu übersehen), von Chiavari kommend: direkt vor dem Tunnel befindet sich linker Hand eine Parkbucht, von hier führen Treppen hinauf zum Santuario. Tägl. 8–17.30 Uhr geöffnet. Eintritt frei. Via Aurelia 43, ✆ 0185-363127.

Basilica San Salvatore dei Fieschi

Der bedeutendste romanisch-gotische Baukomplex der Riviera di Levante stammt aus der Zeit um 1250. Gebaut wurde die Basilica als Familienkirche und Grablege der in Lavagna ansässigen Adelsfamilie Fiesco, die mit dem Bauherrn Innozenz IV. und Hadrian V. immerhin zwei Päpste stellte.

Die gotische Fassade aus Schiefer und Marmor wird von einer mächtigen Fensterrose aus weißen Marmorsäulen durchbrochen. Über dem schmalen Säulenportal befindet sich ein Bogenfeld (die so genannte Lünette) mit Freskenmalerei (Ende 15. Jh.), auf der auch Papst *Innozenz IV.* dargestellt ist. Der schlichte, dreischiffige Innenraum wird durch wuchtige Pfeilerarkaden gegliedert. Im kostbaren Hauptaltar aus dem 13. Jh., der auf filigranen Doppelsäulen steht, wird das silberne Papstkreuz von Innozenz IV. verwahrt.

Rund um das Gotteshaus gruppiert sich ringförmig eine Handvoll Häuser, schmale Gässchen gehen hier ab – ein idyllisches Bild. Gegenüber der Basilica steht der etwa zeitgleich entstandene *Palazzo Comitale dei Fieschi* (nicht zugänglich). Das kleine Barockkirchlein *San Lorenzo* (verschlossen) aus dem 18. Jh. gleich neben dem Palazzo bildet einen starken Kontrast zum eindrucksvollen romanisch-gotischen Baukomplex. Immer am 13. August, also einen Tag vor der „Torta" in Lavagna (→ unten), wird bei der Basilica ein großes Mittelalterfest gefeiert.

Von Chiavari über den Entella-Fluss, dann landeinwärts Richtung *Carasco*; nach ca. 2 km auf das Hinweisschild „Basilica Fieschi" achten. Alternativ: Im Zentrum von Lavagna der Beschilderung zur Basilica folgen, ca. 3 km landeinwärts, in Carasco rechts ab. 3,5 km von der Via Aurelia. Die Basilica ist ganztägig geöffnet. Ein **Wanderpfad** startet beim großen Parkplatz unterhalb (→ S. 292).

Lavagna

mit Cavi ca. 13.100 Einwohner

Der Ort ist durch den *Entella*-Fluss von Chiavari getrennt und wirkt ziemlich gesichtslos, moderne Zweck- und Wohnbauten prägen das Stadtbild. Parallel zum langen, aber eher tristen Kiesstrand verläuft der aufgeschüttete Bahndamm.
Wer sich allerdings am 14. August in Lavagna befindet, erlebt eines der populärsten Feste Liguriens. Auf der Piazza Vittorio Veneto wird abends eine Riesentorte, die *Torta dei Fieschi,* unter das wartende Volk gebracht. Infos dazu im I.A.T.-Büro, Piazza Torino (Bahnhof), ✆ 0185-395070.

Cavi

Ortsteil von Lavagna

Der mit Abstand ödeste Küstenabschnitt der Levante ist ein Inbegriff der mancherorts völlig missglückten Dreierkombination Aurelia/Bahndamm/Strand. An der kilometerlangen Durchgangsstraße steht ein gutes Dutzend nichtssagender Strandhotels, zum schmalen Strand gelangt man nur durch Fußgängerunterführungen. Der Geräuschpegel der Via Aurelia und der häufig vorbeifahrenden Züge ist allgegenwärtig.

Von Chiavari nach Santo Stefano d'Aveto

Alternativ zum Ausflug ins „Schiefertal" Val Fontanabuona (→ S. 292) ist auch das Valle Sturla und weiter landeinwärts der *Regionalpark dell'Aveto* ein lohnendes Ausflugsziel. Bei Carasco, nur wenige Kilometer landeinwärts von Chiavari, führt die SP 586 in nördlicher Richtung durch ein liebliches grünes Tal, dessen erster Höhepunkt ein Stück außerhalb des freundlichen Dorfs *Borzonasca* (ca. 15 km von Chiavari) zu finden ist: die *Abbazia di Sant'Andrea di Borzone.* Das Gotteshaus geht auf ein Benediktinerkloster aus dem 8. Jh. zurück, das auf den Fundamenten einer älteren Festung gebaut wurde. Teile des alten Gebäudes aus dem 11. Jh. sind noch zu sehen (z. B. im Glockenturm), die heutige Kirche wurden im 13. Jh. gebaut und im Lauf der Jahrhunderte immer wieder umgestaltet – besonders anschaulich zu sehen im Kircheninneren, wo altes Mauerwerk und barocke Versatzstücke nebeneinander zu finden sind.

Abbazia di Sant'Andrea di Borzone

Besonders reizvoll ist auch die einsame Lage der Abtei inmitten grüner Hügel am Hang oberhalb des Tals – vom Kirchenvorplatz mit der monumentalen

Zypresse bietet sich ein wunderbarer Blick ins Tal. Die Kirche ist von Sonnenaufgang bis Sonnenuntergang geöffnet.

• *Anfahrt Abbazia* Von der Küste kommend am Ortseingang von Borzonasca rechts ab zur Abbazia di Borzone (beschildert), dann noch 3 km auf sehr schmaler Straße.

• *Information* Der **Parco Naturale Regionale dell'Aveto** hat seinen Sitz (*Punto Informativo*) in *Borzonasca* im Centro storico in der autofreien Gasse, die parallel zur Durchgangsstraße verläuft. Viel Info-Material, auch eine Wanderkarte zum Naturpark ist erhältlich. Im Sommer tägl. 15–18 Uhr, Sa/So auch 9–12 Uhr; im Winter Fr 14.30–17.30 Uhr, Sa/So 8.30–12.30 Uhr. Via Marrè 75 a, 16041 Borzonasca (GE). ✆ 0185-340311, ✆ 0185-343020, parcoaveto@libero.it, www.parks.it/parco.aveto.

• *Essen/Trinken* Mehrere Bars und Restaurants im Zentrum von Borzonasca, wir empfehlen die **Antica Trattoria Rocchin** rechts unterhalb vom Rathaus: einfache, ehrliche Landküche zu sehr günstigen Preisen (es gibt auch Menüs ab 15 €), netter Service. Empfehlenswert die leckere und sehr gehaltvolle Minestrone und hervorragende Penne all'arrabiata. Mittags und abends geöffnet, Mi geschlossen. Piazza Marconi, ✆ 0185-340147.

Von Borzonasca geht es kurvenreich bergauf, dann auf schmaler, aussichtsreicher Strecke auf der SP 586 ins wunderschöne Aveto-Tal (Val d'Aveto) über das hübsche Bergdorf *Rezzoaglio* (mit Hotel, Bar, Bank, Post und Apotheke) weiter nach *Magnasco*: hier rechts ab gelangt man zum kleinen Bergsee *Lago delle Lame* auf 1050 m (mit Ausflugsrestaurant, das allerdings nur in der Hochsaison täglich geöffnet ist, sonst nur am Wochenende). Noch ein gutes Stück auf kurviger, schmaler Straße ist es bis Santo Stefano d'Aveto.

Santo Stefano d'Aveto

ca. 1250 Einwohner

Das touristische Zentrum der Gegend. In herrlicher Lage zwischen Bergen eingebettet, ist Santo Stefano d'Aveto nicht nur eine beliebte Sommerfrische, sondern auch ein bekanntes Wintersportgebiet: Bis auf fast 1800 m erheben sich hier die Berge. Der Ort selbst wirkt ein wenig langweilig, allein der überaus schlanke und erstaunlich hohe Kirchturm des ansonsten wenig aufregenden Centro storico sticht ins Auge. Zudem thront am Ortsrand das teilweise verfallene *Castello dei Malaspina*.

Santo Stefano d'Aveto eignet sich ausgezeichnet als Standort für Wanderungen in die Umgebung, vom Castello starten markierte Wanderwege auf den *Monte Groppo* (1593 m, Aufstieg ca. 2 Std.) und den *Monte Maggiorasca* (1799 m, Aufstieg ca. 2,5 Std.); bereits in *Amborzasco* (zwischen Magnasco und Santo Stefano d'Aveto) zweigt eine beschilderte Straße zur „Foresta Monte Penna" ab – der Parkplatz mit Picknickplatz und Ausgangspunkt für die Monte-Penna-Besteigung (1735 m) ist nach 10 km auf kurviger, schmaler Straße erreicht.

• *Information* **I.A.T.** am Castello dei Malaspina, im Sommer tägl. 9–12.30 und 15–18.30 Uhr geöffnet, im Winter Mi/Mo/Do 8.30–12.30 Uhr und Fr–So 8.30–12.30 und 14.30–18.30 Uhr. Eine einfache Wanderkarte liegt hier aus (zur groben Orientierung ausreichend). Piazza del Popolo 6, 16049 Santo Stefano d'Aveto (GE). ✆ 0185-88046, ✆ 0185-88618, iatsstefanodaveto@libero.it.

• *Verbindungen* **Bus**, mind. 5x tägl. von Chiavari über Borzonasca, Rezzoaglio und Magnasco nach Santo Stefano d'Aveto und retour, Fahrtdauer zur Küste ca. 50 Min.

** **Albergo Leon d'Oro**, nicht mehr ganz modernes Bergdorf-Hotel mit Bar und Ristorante, Zimmer mit Bad, TV, teils auch mit Balkon; für die zwei Sterne okay. EZ 60 €, DZ 80 €, jeweils inkl. Frühstück. Via Razzetti 52, 16049 Santo Stefano d'Aveto (GE), ✆/✆ 0185-88041, www.albergoleondoro.net.

• *Essen/Trinken* **Hosteria della Luna Piena**, urige Dorfosteria im Zentrum am Fluss, Terrasse davor. Sehr gute und sehr günstige Hausmannskost, schon unter den Antipasti misti (für 6,50 €) biegt sich der Tisch – Salumi, Gemüse sottolio, Spinattorte, Gemüsesalat, Käse etc. Danach probierten wie einen köstlichen Bohneneintopf und Pansotti mit Spinatfüllung und Sugo di Noci (Nusssauce), dazu wird ein spritziger junger Rotwein in der Karaffe angeboten. Abends auch Pizza. Täglich mittags geöffnet, Fr–So auch abends. Via Ponte dei Bravi 7, ✆ 0185-88382.

Von Santo Stefano d'Aveto Richtung Emilia-Romagna

Von Santo Stefano d'Aveto führt eine steile Straße (Richtung Parma/Piacenza) hinauf zum einsamen *Passo di Tomarlo* (1494 m), der Grenze zur benachbarten Emilia-Romagna. Kurz nach dem Pass geht es an einer riesigen Abzweigung nach rechts Richtung Parma und Bedónia mit weitem Ausblick kurvig bergab. Von Bedónia Richtung Parma/Borgo Val di Taro bei Campli dann wieder rechts ab und über den *Passo di Cento Croci* (1055 m → S. 304) zurück nach Ligurien; von hier weiter hinunter nach *Varese Ligure* (→ S. 304).

Sestri Levante

ca. 19.000 Einwohner

Einer der hübschesten Ferienorte der Levanteküste mit zwei ungleichen Badebuchten, die die Halbinsel Isola flankieren. Die autofreie Altstadt ist eng und verwinkelt, überall stößt man auf den Sandstrand der Baia del Silenzio, die kleine, muschelförmige Traumbucht, die man einfach gesehen haben muss. Die hektische Neustadt hingegen ist nicht der Rede wert.

Im Mittelalter war die vorgelagerte *Isola* tatsächlich noch eine Insel, auf der eine schützende Genueser Festung (12. Jh.) thronte. Erst im 15. Jh. entstand durch Verlandung die flache Landzunge, hier wuchs im 16. Jh. die heutige Altstadt mit ihren schmalen *Carruggi* (Gassen) und charakteristischen Strandpalazzi. Die im wahrsten Sinn des Wortes auf Sand gebauten Palazzi bilden einen Schutzwall der Ruhe am Rand der kleinen, fast geschlossenen *Baia del Silenzio*, an der man zwischen schaukelnden Fischerbooten ins Wasser steigt und dabei den Blick auf die gegenüberliegende Küstenlinie genießt, an der sich schmucke Villen im Grün verstecken.

Baia del Silenzio, die „Bucht der Stille"

Im Rücken des idyllischen Stadtstrands zieht sich die lange Hauptgasse *Via XXV Aprile* durch die Altstadt, gesäumt von schönen Hausfassaden mit kunstvoll verzierten Schieferportalen. Diese gepflegte Ladengasse, Sestri Levantes schmaler Flanierboulevard, ist tagsüber wie abends gleichermaßen belebt.

An der weit geschwungenen Uferpromenade an der Westseite der Halbinsel öffnet sich die zweite städtische Badebucht, die breite *Baia delle Favole* („Märchenbucht"), benannt nach dem dänischen Schriftsteller *Hans Christian Andersen*, der sich 1833 länger in Sestri aufhielt. Dort tobt der Badebetrieb, geschützt von zahlreichen Stabilimenti und der langen Mole des großen Jachthafens, die für gemäßigten Wellengang sorgen.

Ruhig und idyllisch wird es erst wieder auf der Isola. Doch mittlerweile heißt es dort „Betreten verboten", da ein Großteil der Halbinsel, dort wo einst die Festung stand, zum *Grandhotel dei Castelli* gehört. Wer den Park und den schmalen, in respektabler Höhe um die Isola verlaufenden Pfad begehen will, braucht eine ausdrückliche Genehmigung des Hotels (wird in der Regel nur Gruppen erteilt). Auch ein Spaziergang zum höchsten Punkt, an dem die *Torre Marconi* aufragt, bedarf der Genehmigung. Ohne Formalitäten hingegen gelangt man zur ältesten Kirche von Sestri, der *Chiesa San Nicolò* (12. Jh.), die aber nur von außen zu besichtigen ist. Auf dem Weg zu San Nicolò sollte man nicht achtlos an der Ruine des ehemaligen *Oratorio Santa Caterina* vorbeilaufen: Dort steht eine bronzene Friedensstatue, die an die Zerstörung der kleinen Kapelle durch die abziehenden deutschen Besatzungstruppen erinnert.

Information/Diverses

• *Information* **I.A.T.-Büro**, an der zentralen Piazza Sant'Antonio in der Neustadt (zwischen Bahnhof und Altstadt); einfacher Stadtplan, Umgebungskarte mit Wandervorschlägen und viel Infomaterial. Ostern bis 30. Sept. Mo–Sa 9.30–12.30 und 14.30–19 Uhr, So 9.30–12.30 und 15–18 Uhr; im Winter Mo–Sa 9.30–12.30 und 14.30–17.30 Uhr, So geschlossen. Piazza Sant'Antonio 10. ✆ 0185-457011, 📠 0185-459575, www.comune.sestri-levante.ge.it, iat.sestrilevante@provincia.genua.it.

• *Anfahrt/Verbindungen* **Auto**, A 12-Abfahrt am nördlichen Stadtrand.

Parken, gebührenpflichtige Parkplätze an der Uferstraße der Baia delle Favole, 2,50 €/Std. *Achtung*: im Juli/August ist hier abends gesperrt. Gut und etwas günstiger parken kann man auch an der Piazza Aldo Moro etwas nördlich von der Altstadt, 1,50 €/Std. (nicht samstagsvormittags, dann ist hier Wochenmarkt).

Bahn, Bahnhof am nordwestlichen Stadtrand; ca. 15 Min. zu Fuß zur Baia del Silenzio; auf dem Weg liegt das I.A.T.-Büro. Etwa halbstündlich Regionalzüge die Küste entlang: nach Rapallo mit Stopp in Chiavari und Zoagli, weiter über Santa Margherita Ligure und Camogli nach Genova. Richtung Südosten ebenfalls ca. halbstündlich nach Levanto mit Stopp in Moneglia und Deiva Marina (einige Züge halten auch in Riva Trigoso, Framura und Bonassola); von Levanto halbstündlich weiter nach Monterosso (Cinque Terre), etwa stündlich auch zu den kleineren Cinque-Terre-Orten.

Bus, *ATP*-Busse etwa halbstündlich über Lavagna nach Chiavari, ebenso oft zum südöstlichen Nachbarort Riva Trigoso; deutlich spärlicher (ca. 3–4 x tägl.) sind die Verbindungen nach Moneglia, Deiva Marina, Framura, und Bonassola (hier vielleicht eher den Zug nehmen: schneller und günstiger), 8 x tägl. nach Varese Ligure (sonntags 3 x). Abfahrt an der Piazza Italia (an der Hauptdurchgangsstraße), hier befindet sich auch Biglietteria; eine weitere Haltestelle gibt es am Bahnhof.

Fähren, im Sommer 1–2 x tägl. Ausflugsfahrten u. a. nach Portofino/San Fruttuoso (einfach 10,50 €, Rückfahrkarte 16 €, sonntags 17 €, Kinder 10,50 €), in die Cinque Terre nach Vernazza (Rückfahrkarte 19 €, Kinder 13,50 €); Cinque-Terre-Ganztagestour mit Stopp in Monterosso, Vernazza und Riomaggiore (27,50 €/17 €); nach Portovenere mit

Zwischenstopp in Vornazza (27,50 €/17 €); oder nach Genua (22 €/16,50 €). Servizio Marittimo del Tigullio, ✆ 0185-284670, www.traghettiportofino.it.

• *Feste & Veranstaltungen* **Andersen Festival**: Der internationale, nach *Hans Christian Andersen* benannte Kinderliteraturpreis **Premio Andersen** wird alljährlich in der letzten Maiwoche vergeben. Die weithin bekannte literarische Veranstaltung wird von Theater, Zirkus, Musik und Tanz auf den Straßen und Plätzen begleitet.

Sommerkonzerte im jüngst restaurierten *Convento della Santissima Annunziata* am Ende der Baia del Silenzio.

Festa del Santo Cristo, dritter Sonntag im September, mit Feuerwerk.

Patronatsfest San Nicolò, 6. Dezember.

• *Märkte* **Wochenmarkt** immer am Samstagvormittag auf der Piazza Aldo Moro (wenige Schritte nördlich der Altstadtgassen).

Antiquitätenmarkt in der Altstadt immer am dritten Sonntag im Monat.

• *Wandertipp* **Küstenwanderweg zur Punta Manara**, eine der schönsten Wanderungen in der Umgebung. Der Küstenpfad ohne besondere Schwierigkeiten führt durch das **Naturschutzgebiet des Monte Castello** (265 m) südöstlich von Sestri Levante. Einfache Strecke knapp 1 Std. Start hinter dem Friedhof (hier auch Parkplätze) oder von Riva Trigoso aus. Markierung: zwei rote Quadrate.

In Sestri Levante

Übernachten/Camping

Das Hotelangebot ist relativ groß, teilweise sind die Unterkünfte in herrlicher Altstadtlage (wer in der Altstadt unterkommt, sollte ein Hotel mit Parkmöglichkeiten bevorzugen). Hinzu kommen sechs Campingplätze, die jedoch nicht durchweg überzeugen.

**** **Villa Balbi**, mit Abstand der schönste Palazzo an der Baia delle Favole, zum hoteleigenen Strandabschnitt nur über die Straße. Zimmer überwiegend mit historischem Mobiliar ausgestattet, Aufenthaltsraum mit Fresken und Barockkamin, nach hinten dicht begrünter Garten mit Pool, Terrassencafé zur Straße. Parkplätze im Kiesbett. Viele amerikanische Gäste. EZ 125 €, DZ 180–360 €, jeweils inkl. Frühstücksbuffet. Viale Rimembranza 1, 16039 Sestri Levante (GE), ✆ 0185-42941, 📠 0185-482459, www.villabalbi.it.

**** **Grandhotel dei Castelli**, traumhafte Lage auf der Isola, vom Jachthafen über einen Tunnel und Aufzug zu erreichen. Terrassenrestaurant mit tollem Blick über den Golfo; wegen der abgelegenen Lage ein überaus exklusives Plätzchen. Kleiner Privatstrand, Wellness-Bereich, viel Grün rundum. EZ 130 €, DZ 270 €, inkl. Frühstück. Halbpension zusätzlich 35 € pro Person und Tag. Via Penisola 26, 16039 Sestri Levante (GE), ✆ 0185-487020, 📠 0185-44767, www.hoteldeicastelli.com.

**** **Miramare**, altehrwürdiger Palazzo an der Baia del Silenzio, innen komplett renoviert und in cremefarbenem, gediegenem Chic eingerichtet; einige Zimmer mit Blick auf die kleine Stadtbucht (teils mit Balkon); Ristorante, privater Strandabschnitt vor der Tür, Parkplatz. Jan. /Feb. geschlossen. EZ ab 160 €, DZ ab 250 €, jeweils inkl. Frühstück.

Garage ca. 15 €/Tag. Via Cappellini 9, 16039 Sestri Levante (GE), ✆ 0185-480855, 📠 0185-41055, www.miramaresestrilevante.com.

*** **Helvetia**, letztes Haus an der Baia del Silenzio; schöner, weißer Palazzo mit Dachterrasse, kleinem Hotelgarten, Bar mit herrlichem Blick auf die Bucht (auch für Nicht-Gäste des Hotels); 21 Zimmer teils mit Balkon zur Bucht. Geöffnet April bis Ende Okt. DZ 150–220 € inkl. Frühstück, keine EZ. Via Cappuccini 43, 16039 Sestri Levante (GE), ✆ 0185-43048, 📠 0185-457216, www.hotelhelvetia.it.

*** **Due Mari**, stilvolles Ambiente in einem Palazzo aus dem 16. Jh. in bester Lage am Aufgang zur Isola, Nähe Piazza Matteotti, nur wenige Schritte zu den beiden Stränden; Pool, hübscher Garten, Dachterrasse, kleines Hallenbad und Fitnessbereich, gediegenes Ristorante, Parkgarage. EZ 95–125 €, DZ je nach Ausstattung 115–180 €, jeweils inkl. Frühstück, Halbpension 31 € pro Person und Tag. Vico del Coro 18, 16039 Sestri Levante (GE), ✆ 0185-42695, 📠 0185-42698, www.duemarihotel.it.

*** **Mira**, bescheiden-schöner Palazzo am Ufer, neben Hotel Villa Balbi; Restaurant im Wintergarten zur Straße. Hunde sind hier erlaubt (10 €/Tag). EZ 80 €, DZ 140 €, Dreibett-Zimmer 160 €, jeweils inkl. Frühstück.. Via Rimembranza 15, 16039 Sestri Levante (GE), ✆ 0185-41576, 📠 0185-450435, www.hotelmira.com.

* **San Pietro**, kleines, verstecktes Altstadthotel in einer Seitengasse der Via XXV Aprile; einfach und sauber, sehr freundlich, günstig. EZ um 40–50 €, DZ mit Bad 65 €, Frühstück inkl. Via Palestro 13, 16039 Sestri Levante (GE), ✆ 0185-41279.

• *Camping in Sestri und Umgebung*

** **Santa Vittoria**, ca. 5 km landeinwärts im Ort Santa Vittoria am Fluss gelegen, ab Sestri ausgeschildert. Nicht gerade romantisch, vorwiegend Dauercamper und Bungalowvermietung, aber viel Schatten und Ruhe. Bar, Pizzeria und Einkaufsmöglichkeiten. Ganzjährig geöffnet. Fahrradverleih, es fahren auch Busse nach Sestri Levante. Person 6 €, Stellplatz 16–20 €, Auto 6 €. Via Villa Rocca 12, Loc. Santa Vittoria di Libiola, 16039 Sestri Levante (GE), ✆ 0185-409204, 📠 0185-457257.

*** **Tigullio**, ca. 3 km von Sestri im Vorort Casarza (ausgeschildert, zunächst Richtung Riva Trigoso). Großer, gepflegter Platz, terrassierte Hanglage, recht schattig, leider aber ziemlich nah an der Autobahn gelegen. Sauber, gut geführt und gut ausgestattet, mit Pool und Ristorante/Pizzeria; im Sommer Shuttleservice zum Strand von Riva Trigoso. Pro Person 6 €, Stellplatz 11–16 €, Auto 6 €, Bungalow für bis zu 4 Personen 90–100 €. Via Sara 111/A, 16039 Sestri Levante (GE), ✆ 0185-455455, 📠 0185-457257.

Essen & Trinken

Die Spezialität von Sestri Levante ist die *Minestrone*, die würzige, dicke Gemüsesuppe.

Portobello, unser **Tipp**: Strandrestaurant am hinteren Ende der *Baia del Silenzio*, alteingesessen und stimmungsvoll; heller Speiseraum, einige Tische direkt am Wasser; leckere Fisch- und Fleischgerichte vom Holzkohlengrill, Fisch und Meeresfrüchte mit Frischegarantie (Auszeichnung der Kooperative *Federcoopesca*), Menü 45–55 €, etwas günstiger ist der Mittagstisch, hier gibt es auch Salate etc. Mittags und abends geöffnet, Mi Ruhetag (außer Juli/Aug.). Via Portobello 16. ✆ 0185-41566.

Mattana, ein weiterer **Tipp**: Mitten im Altstadtzentrum liegt diese junge, engagiert geführte **Osteria**, ein langer, nüchtern-modern eingerichteter Schlauch; in der Mitte Grill und Ofen, die das Lokal in zwei Räume teilen. Die Tische stehen in langen Reihen eng aneinander, was kommunikationsfördernd, aber nicht jedermanns Sache ist. Am Essen dagegen gibt es schlicht nichts auszusetzen: köstliche Minestrone, knackige Salate, die Linguine al Sugo di Polpo sind ausgezeichnet, ebenso die köstlichen Desserts. Prompter Service, gute Preise, hoher Durchlauf – für das abendfüllende Candlelight-Dinner ist die Osteria Mattana nicht geeignet. Di–Do nur abends geöffnet Fr–So mittags und abends, Mo Ruhetag. Via XXV Aprile 36, ✆ 0185-457633.

El Pescador, eines der besten Fischrestaurants von Sestri, an der Straße zum Porticciolo (Jachthafen). Schönes Ambiente, Menü um 40 €. Mittags und abends geöffnet, Di Ruhetag. Via P. Queirolo, ✆ 0185-42888.

San Marco, ganz am Ende des Jachthafens, Blick auf di Baia delle Favole, gar nicht mal so teuer, abends auch Pizza. Mittags und abends geöffnet, Mi Ruhetag. Via Queirolo 27. ✆ 0185-41459.

Polpo Mario, in der Hauptgasse der Altstadt, sehr gelobtes Fischrestaurant, etwas überteuert; jeden Donnerstag spezielle Fischmenüs (um 30 €). Mittags und abends geöffnet, Mo Ruhetag. Via XXV Aprile 163, ✆ 0185-480203.

Il Bistro, am Ende der Hauptgasse an der Kirchenpiazza; Eingang auch direkt vom Stadtstrand, nette Stimmung bei dezenter Musik; Snacks von 12–24 Uhr, Salate, Panini, Focacce und mehr; Piazza Matteotti 13, Mo Ruhetag.

An der Via Rimembranza reihen sich zahlreiche Pizzerien, z. B. **Pizzeria Riri**, mit Veranda, Viale Rimembranza 41, ✆ 0185-1871442, Di Ruhetag.

Lesertipps **Pizzeria I Due Forni**, „wie der Name schon sagt, wird hier in zwei Steinöfen gebacken, und zwar ausschließlich Pizza in vielen Varianten. Rezeptur und Geschmack sind hervorragend, der Service ist einwandfrei und das schlichte, ansprechende Lokal bestens besucht. Vorbestellen! Große Portionen, Pizza 6–8 €." Mi Ruhetag. Viale Dante 73, ✆ 0185-42398.

Trattoria La Mainolla, „das kleine, ansprechende Lokal befindet sich im belebten Zentrum nahe der Piazza Matteotti. Die Speisekarte ist reichhaltig und das Ambiente unkompliziert. Moderate Preise, eine Tischreservierung ist angeraten." Di Ruhetag. Via XXV Aprile 187, ✆ 0185-42556.

• *Aperitivo/Nachtleben* **Asia Café**, in der Hauptgasse, einige Tische an der Straße, innen rustikales Ambiente, dazu üppige Snacks zum Aperitivo, leckerer, frisch gemixter Bellini für 7 €. Auch kleinere Speisen im Angebot. Tägl. 9–2 Uhr nachts. Mo Ruhetag. Via XXV Aprile 133, ✆ 0185-41386. Zwei Häuser weiter befindet sich die rustikale **Bar Millelire** (auch Birreria/Paninoteca): ebenfalls eine gute Aperitivo-Adresse. Via XXV Aprile 149/153, ✆ 0185-41191.

... und beim Aperitivo über der Baia del Silenzio

Riviera di Levante
Karte S. 258/259

Sehenswertes

Galleria Rizzi: In der 1926 erbauten Altstadtvilla der Familie Rizzi residiert seit 1967 eine Gemäldegalerie. Die Sammlung mit über 100 Arbeiten italienischer und flämischer Maler des 16. bis 18. Jh. bietet u. a. Werke so großer Meister wie *Raffael* und *Rubens*. Im ersten Stock sind wertvolle Möbel, Keramik, Porzellan und andere Gegenstände aus der Sammlung der Rizzi zu bewundern.

Nur April bis Okt. So 10–13 Uhr geöffnet, von Mai bis Sept. auch Mi 16–19 Uhr, von Ende Juni bis Anfang Sept. zusätzlich Fr/Sa 21.30–23.30 Uhr, Nov. bis März geschlossen. Eintritt 5 €. Via Cappuccini 8. ✆ 0185-41300.

Chiesa di Santa Maria di Nazareth: Die Pfarrkirche von Sestri Levante liegt unübersehbar an der Piazza Matteotti im Altstadtzentrum – an der schmalsten Stelle der Halbinsel vor dem Aufgang zur *Isola*. Gebaut wurde sie von 1604 bis 1616, der Vorbau mit Säulenhalle im neoklassizistischen Stil wurde 1840 angefügt. Der Innenraum ist barock gestaltet.

Tägl. 8.45–11.15 und 16.15–19 Uhr, So 7.45–12.15 und 16.15–19 Uhr.

Im Hinterland – über Varese Ligure zum Passo di Cento Croci

Der Ligurische Apennin im Hinterland von Sestri Levante ist zwar nicht mit den Seealpen zu vergleichen, beeindruckt aber mit einer unversehrten, artenreichen und waldreichen Bergwelt.

Die gut ausgebaute Landstraße S 523 führt von Sestri – zunächst ohne landschaftliche Höhepunkte – zum etwa 35 km landeinwärts gelegenen *Varese* und von dort auf teilweise steiler, landschaftlich reizvoller Serpentinenstrecke weiter zum *Passo di Cento Croci* („Pass der hundert Kreuze"), auf eine auch im Sommer frische Höhe von 1055 m. Die Straße war einst die wichtigste Verbindung zwischen der Riviera di Levante und Parma. Auch für Wanderer lohnt ein Ausflug ins Hinterland: Über den Passo di Cento Croci verläuft eine Etappe des ligurischen Höhenwanderwegs *Alta Via dei Monti Liguri.*

Varese Ligure

ca. 2400 Einwohner

Das ruhige ligurische Bergdorf in schöner Lage im Vara-Tal bietet einen einzigartigen mittelalterlichen Ortskern, den Borgo Rotondo.

An der Hauptpiazza empfängt einen das kleine *Fieschi-Castello* (15. Jh.) mit zwei unterschiedlichen Wohntürmen. Gleich dahinter öffnet sich der alte Ortskern *Borgo Rotondo,* angelegt wie ein Schneckenhaus und vollständig bewohnt. Die Faszination, die mittelalterliche Ortskerne anderswo ausstrahlen, fehlt hier allerdings fast völlig, das Mauerwerk wurde fast bis zur Reizlosigkeit verputzt. Auch die niedrigen Arkadengänge bieten wenig Anlass zum genaueren Hinsehen: Urige alte Läden oder Lokale gibt es hier nicht mehr, der Borgo Rotondo wirkt merkwürdig leer. Dabei war das einzigartige architektonische Konstrukt vom Ende des 14. Jh. ursprünglich ein Wohn- und Handelsplatz, nach außen komplett geschlossen und mit einem Schutzwall versehen, im Inneren des ovalen Gebäudekomplexes fand der Markt statt. Die Grafen *Fieschi,* denen der strategisch günstig gelegene Ort an der Hauptroute Genua–Parma im 12. Jh. als Lehen übertragen worden war, residierten im Castello nebenan. Seit Ende des 14. Jh. gehörte Varese Ligure dann zur Republik Genua.

Ein paar Schritte von der Hauptpiazza spannt sich der mittelalterliche *Ponte Grecino* über den Fluss; daneben erstreckt sich der *Borgo Nuovo* (16. Jh.) mit heimeligen Ladengassen und liebenswerten kleinen Geschäften, hier wird Varese ein bisschen lebendiger.

Noch in den 1980er Jahren war Varese ein rückständiges Hinterlanddorf wie viele andere, gezeichnet von Bevölkerungsrückgang, Arbeitslosigkeit und Überalterung. Doch der 1990 zum Bürgermeister gewählte *Maurizio Caranza* hatte eine Idee, wie man die 14.000 ha große Gemeinde mit ihren 27 abgelegenen Bergweilern zu einem zukunftsfähigen, bäuerlichen Gemeinwesen machen könnte. Caranza gelang es, über 50 Millionen Euro aus europäischen Strukturfonds nach Varese zu holen und die Landwirtschaft gänzlich auf Bio-Kultur umzustellen, womit Varese als erste Gemeinde Europas mit einem Öko-Zertifikat der EU ausgezeichnet wurde. Seitdem blüht und gedeiht die grüne Gemeinde, die Bioprodukte verkaufen sich fast wie von selbst. In und um Varese gibt es mehrere Kooperativen, die sich der biologischen Land- und Viehwirtschaft verschrieben haben und ihre Produkte im Direktverkauf anbieten.

- *Information* **Pro-Loco-Büro**, gegenüber vom Fieschi-Castello; im Sommer tägl. 9.30–12.30 und 15.30–18.30 Uhr. Via Portici 19. ✆ 0187-842094, www.prolocovareseligure.it.
- *Anfahrt/Verbindungen* **Auto**, Landstraße S 523; ab Sestri Levante 35 km, Fahrtzeit ca. 45 Min.

Bus, *Tigullio*-Busse ab Sestri Levante/Bahnhof (8x tägl.), Fahrtzeit ca. 1 Std.

- *Einkaufen* **Wochenmarkt** Dienstagvormittag auf dem Hauptplatz mit vielen lokalen Bioprodukten.
- *Übernachten* ** **Della Posta**, seit 1895 das Stadthotel; gepflegtes Haus mit dekorativer Bemalung, ein paar Schritte vom Castello entfernt. Ristorante mit deftiger Landküche (Mo Ruhetag). DZ mit Bad 60 €, inkl. Frühstück. Piazza Vittorio Emanuele 16, 19028 Varese Ligure (SP), ✆ 0187-842115.

*** **Amici**, nicht mehr ganz neu, aber ruhige Lage im Zentrum, ebenfalls mit solidem Ristorante. EZ 55 €, DZ 65 €, Frühstück 5 €/Pers., Halbpension 47 €/Pers. Via Garibaldi 80, 19028 Varese Ligure (SP), ✆ 0187-842139, ℻ 0187-842168, www.albergoamici.com.

- *Essen & Trinken* **Taverna del Gallo Nero**, zwei Häuser unterhalb vom Albergo della Posta an der zentralen Piazza. Ein paar Tische draußen, drinnen uriges Naturstein-Ambiente, keine besonders große Auswahl, die Preise sind für das Gebotene absolut okay: Antipasti um 10 €, hausgemachte Pasta um 8 €, Secondi 15 €. Mittags und abends geöffnet, Do Ruhetag. Piazza Vittorio Emanuele 26. ✆ 0187-840513.

Fotogen: Varese Ligure

Wandern am Passo di Cento Croci (1055 m)

Von Varese führt die S 523 weiter zum etwa 12 km entfernten „Pass der hundert Kreuze". Schon nach wenigen Kilometern ansteigender Kurvenfahrt öffnet sich eine interessante Vogelperspektive auf den Borgo Rotondo von Varese. Besser als in Varese selbst ist die schneckenförmige Anlage des mittelalterlichen Ortskerns zu erkennen. Anschließend geht es weiter durch saftig-grüne Bergwiesen und dichte Waldgebiete.

Am Passo di Cento Croci, auf dem einst tatsächlich zahlreiche Kreuze standen, die an die Opfer der plündernden und mordenden Wegelagerer erinnerten, steht heute ein Widerstandsdenkmal für die Partisanen im Zweiten Weltkrieg. Hier beginnt auch die Etappe 37 des ligurischen Höhenwanderwegs *Alta Via dei Monti Liguri*, der in insgesamt 44 Etappen von Ventimiglia nach Ceparana bei La Spezia führt (mehr Infos → „Wissenswertes/Sport", S. 84): Die 5 km lange *Etappe 37* verläuft mit wenig Höhenunterschied in südöstliche Richtung zum *Passo della Cappelletta*. Anspruchsvoller ist *Etappe 36*, die in etwa 4 Stunden (15 km) von der *Colla Craiolo* (907 m) aus westlicher Richtung und auf eindrucksvoller Panoramastrecke zum *Passo di Cento Croci* führt. Die Strecke ist natürlich auch in umgekehrter Richtung zu begehen.

Riva Trigoso

ca. 4000 Einwohner

Das einst ärmliche Fischerdorf steht im Schatten des berühmten Nachbarorts Sestri Levante; wenig zur Attraktivität trägt die Werft am südlichen Rand der kleinen Bucht bei. Links und rechts des Flusses Petronio erstrecken sich schmucklose Reihenhäuser.

An der Uferstraße, direkt vor dem Altstadtkern, entstanden in der Nachkriegszeit einige moderne Wohnbauten, die zusammen mit den noch älteren Reihenhäusern und den angrenzenden Werfthallen das heutige Stadtbild prägen. Das hiesige Werk der *Fincantieri*, eine der größten Werften an der Riviera di Levante, ist auf Militärschiffe spezialisiert und beschäftigt einen Großteil der Bevölkerung. Ein Urlaubsparadies darf man angesichts dieser industriellen Ausrichtung in Riva nicht erwarten: Der teilbetonierte Sand-/Kiesstrand ist wenig einladend, die Infrastruktur ist in erster Linie auf die Bedürfnisse der Bewohner ausgerichtet.

• Verbindungen **Bahn**, Bahnhof etwas ungünstig am nördlichen Ortsrand gelegen. Etwa stündlich Regionalzüge nach Sestri Levante und über Moneglia und Bonassola nach Levanto.

Busse 8x tägl. von und nach Sestri Levante (Bahnhof).

• Übernachten/Camping Die drei Hotels sind vorwiegend auf Geschäftsleute eingestellt, die mit der Fincantieri-Werft zu tun haben.

*** **Albergo Quattro Venti**, direkt östlich neben der Werft, an der Straße zum Tunnel. Nicht gerade romantischer, rosafarbener Bau, direkt am Strand, modern und komfortabel eingerichtet, mit Bar und Restaurant. Freundlicher Service. Ganzjährig geöffnet (Februar geschl.). DZ 100 € inkl. Frühstück, Halbpension 65 €/Person. Via A. Vespucci 35, 16037 Riva Trigoso (GE), ✆ 0185-42336, 📠 0185-458074, www.hotel4venti.it.

Der Tunnel zwischen Riva Trigoso und Moneglia: Ein ca. 5 km langer Straßentunnel (S 370) durchsticht die steilen Küstenberge. Der ehemalige Eisenbahntunnel ist entsprechend schmal und daher nur einspurig zu befahren. Beachten Sie daher unbedingt die Ampelregelung (Grünschaltung alle 20 Min., zuletzt zu jeder Stunde ab der 5., 25. und 45. Minute) und lassen Sie sich nicht von Ortskundigen nervös machen, die manchmal schon bei Rot losfahren, weil sie die Umschaltzeiten genau kennen und sich nach der Uhrzeit richten. Die schmale Tunnelführung wird mehrfach von Galerien mit Meerblick unterbrochen, ansonsten ist der Tunnel etwas spärlich beleuchtet, daher vorsichtig fahren! Für Lkw, Fußgänger und Radfahrer ist der Tunnel gesperrt. Vor allem Urlauber mit Campingfahrzeugen sollten diese Warnung ernst nehmen und die *Aurelia* benutzen, die sich hinter Sestri Levante von der Küste verabschiedet und erst wieder bei La Spezia ans Wasser drängt; von der Aurelia zweigen zwei Landstraßen nach Moneglia ab.

Zwischen Moneglia und Levanto

Rauschen Sie nicht eilig vorbei an diesem entdeckenswerten Abschnitt der Riviera di Levante, der einen kleinen Vorgeschmack auf die Cinque Terre gibt. Zudem liegt das Preisniveau unter dem Levante-Durchschnitt, und das Campingangebot ist erfreulich groß.

Touristisch führt der unmittelbar vor den attraktiven Cinque Terre liegende Küstenabschnitt eher ein Schattendasein: Die Ortschaften, die sich in den Buchten der steil aufragenden Uferlinie verstecken, sind nicht mit den anmutigen Cinque-Terre-

Orten zu vergleichen – architektonisch sind sie eher langweilig und verströmen bis auf *Moneglia* und *Levanto* nur wenig Atmosphäre. Landschaftlich allerdings ist dieses Gebiet sehr reizvoll: Dicht bewaldete Küstenhänge und Bergkuppen mit kleinen Ansiedlungen bestimmen das Bild. Dazwischen erstrecken sich alte Terrassenkulturen mit Olivenbäumen und Weinstöcken, blühende Ginsterflächen und dichte Macchiagürtel.

Herrliche Wanderwege erstrecken sich rund um Moneglia und Levanto

Interessant ist das grüne, teilweise unter Naturschutz stehende Küstengebiet vor allem für Wanderer: Mittlerweile ist es fast so zusammenhängend erschlossen wie die angrenzende Cinque-Terre-Küste. Markierte Wege verbinden die Hauptorte *Moneglia, Deiva, Framura, Bonassola* und *Levanto* miteinander, so dass man das Gebiet von Ort zu Ort erwandern kann. Leichte Spaziergänge sind die Etappen allerdings nicht; die beträchtlichen Höhenunterschiede machen sie zu recht anspruchsvollen Wanderungen, und die relative Abgeschiedenheit sorgt dafür, dass man streckenweise auf recht einsamen Pfaden läuft (mehr Infos in den jeweiligen Ortskapiteln).

Die *Verkehrsverbindungen* hier sind ähnlich gut wie in den Cinque Terre, alle genannten Orte verfügen über eine Bahnstation und sind auch mit dem eigenen Fahrzeug relativ gut zu erreichen. Und schließlich: Die *Sandstrände* von Moneglia und Levanto können sich mit dem von Monterosso allemal messen.

Riviera di Levante
Karte S. 258/259

Moneglia

ca. 2750 Einwohner

Der schöne Stadtstrand wird vorsorglich von Wellenbrechern geschützt, damit das kostbare Stück nicht von der Brandung weggespült wird. Die erhöhte Küstenstraße – es handelt sich um die alte Bahntrasse – trennt den Strand vom freundlichen Ortskern, in dem die Palmenallee sofort angenehm auffällt.

Im Mittelalter rahmten zwei kleine Burgen aus dem 12. Jh. die Ortschaft ein: Auf dem Westhügel stand das *Castello Monleone* (heute befindet sich hier ein Anwesen aus dem 19. Jh.), im Osten ragte das *Castello Villafranca* auf, von dem nur noch die Fundamente des quadratischen Hauptturms erhalten sind. Oberhalb der Turmruine zieht sich die Hangbebauung fast bis zum Bergdorf *Lemeglio* mit seiner weithin sichtbaren Kirche.

Hinter der schattigen Palmenallee *Corso Longhi* öffnet sich der sympathisch lebendige Ortskern von Moneglia, in dessen winzigen Ladengassen es überraschend viel zu entdecken gibt.

Moneglias bedeutendste Sehenswürdigkeit ist sicherlich die *Chiesa San Giorgio*, ein gotisches Gotteshaus aus dem 14. Jh. mit gestreifter Seitenfassade (im Kloster nebenan residiert heute ein Hotel → unten). Den Innenraum der Kirche schmückt ein kostbares Gemälde von *Luca Cambiaso*, die „Anbetung der Heiligen Drei Könige". Dieser herausragende ligurische Maler des 16. Jh., dessen Werke auch in den großen Gemäldegalerien Genuas zu sehen sind, wurde 1527 in Moneglia geboren. Eine weitere Arbeit von ihm hängt in der örtlichen *Pfarrkirche Santa Croce*: ein „Abendmahl".

Im wunderschönen *Kreuzgang von San Giorgio* (15. Jh.) mit seinen gut erhaltenen mittelalterlichen Fresken gibt es im Sommer Konzerte und Ausstellungen.

Information/Diverses

• *Information* **I.A.T.-Büro**, gegenüber vom Rathaus am Palmen-Corso Longhi (Nr. 32), neben der Post. Veranstaltungshinweise, u. a. für die Konzerte und Ausstellungen im Kreuzgang von San Giorgio; Wanderinfos und Kartenmaterial. Mo–Sa 9.30–12 und 16–19 Uhr (im Sommer, im Winterhalbjahr 15-18 Uhr), So 10–12 Uhr. ✆/℻ 0185-490576, www.prolocomoneglia.it.

• *Anfahrt/Verbindungen* **Auto**, Achtung: vorsichtig fahren im Straßentunnel von und nach Riva Trigoso (→ Kasten S. 306).

Bahn, Bahnhof etwas ungünstig am nördlichen Ortsrand gelegen; ca. 10 Min. zu Fuß zum Strand. Etwa stündlich Regionalzüge nach Sestri Levante sowie über Bonassola nach Levanto.

Bus, ca. 5x tägl. *Tigullio*-Busse von/nach Sestri Levante; Haltestelle am Bahnhof. Schneller und häufiger mit der Bahn.

Taxi, ✆ 348-7246232, 328-3142140 oder 347-7953329.

• *Einkaufen* **Markt** Donnerstagvormittag am Lungomare.

Übernachten/Essen & Trinken

*** **Villa Edera**, schöne Villa mit Pool etwas oberhalb vom Zentrum, 27 komfortable Zimmer verschiedener Ausstattung, z. T. mit Balkon. Ristorante im Haus. Sehr freundliche, auch deutschsprachig Hotelführung. Zufahrt über die Straße nach Moneglia (nach dem ersten Tunnel links hoch), zu Fuß gelangt man auch über Treppen hinab in den Ort. EZ 110 €, DZ 140–210 €, inkl. Frühstück. Via Venino 12, 16030 Moneglia (GE), ✆ 0185-49291, ℻ 0185-49470, www.villaedera.com.

Abbadia San Giorgio, im ehemaligen Franziskanerkloster San Giorgio aus dem 15. Jh. sorgfältig restauriert, ungemein stilvolles Ambiente, teils mit historischen Möbeln ausgestattet, das Frühstück wird im Refektorium eingenommen. Gehört zur Villa Edera. DZ inkl. Frühstück 185 €, Suite ab 250 €. Piazzale San Giorgio, 16030 Moneglia (GE), ✆ 0185-491119, ℻ 0185-49470, www.abbadiasangiorgio.com.

*** **Piccolo Hotel**, modernisierter älterer Palazzo an der Palmenallee, hübsche rostrote Fassade, insgesamt recht schick und komfortabel, mit Ristorante, viele deutsche Gäste. Geöffnet März bis Mitte Okt. DZ inkl. Frühstück 80–140 €, inkl. Halbpension 120–180 €, keine EZ. Corso Longhi 19, 16030 Moneglia (GE), ✆ 0185-49374, ℻ 0185-401292, www.piccolohotel.it.

** **Gian Maria**, neben dem Piccolo Hotel, nicht so schick, aber freundliche, kleine Pension in Rosa, deutschsprachig. Mit nettem Ristorante. Nov. und Dez. geschl. DZ inkl. Frühstück 94 €, Halbpension 70 €/Pers. Corso Longhi 14, 16030 Moneglia (GE), ✆/℻ 0185-49335, www.albergogianmaria.it.

• *Camping* Beide Campingplätze sind durch den *Küstentunnel* zwischen Moneglia und Riva Trigoso zu erreichen; zudem verbindet ein ca. 300 m langer Fußweg den Camping La Secca mit Moneglia.

** **Smeraldo**, tolle Lage am Steilufer, schmale Hangterrassen über dem Meer, viel Grün, Zugang zu Felsbadestellen. Der Platz für kleine Zelte ist allerdings sehr knapp bemessen und teils nur mit dürftigem Sonnenschutz ausgestattet; auch Holzbungalows werden vermietet. Mit Ristorante und Bar. Sehr freundlicher Service. Allerdings recht teuer: Ganzjährig geöffnet (im Hochsommer keine Hunde gestattet). Stellplatz Wohnwagen/-mobil und max. 4 Personen in der Hochsaison 50 € (sonst 15–25 €/Stellplatz und 5 €/Pers.), Stellplatz Zelt 12–30 €, Person 5 €, Bungalow für 4 Pers.

800–850 €/Woche (in der Nebensaison deutlich günstiger. Loc. Preata, 16030 Moneglia (GE), ✆ 0185-49375, 📠 0185-490484, www.villaggiosmeraldo.it. **Achtung**: Abenteuerliche Zufahrt, verpassen Sie nicht die (spät beschilderte) Ausfahrt von der Tunnelstraße nach Riva Trigoso!

**** La Secca**, kleiner, etwas günstigerer Platz auf einem Felsplateau direkt über dem Meer, umgeben von dichter Macchia, nur 45 Stellplätze, Mini-Market und Bar vorhanden. Geöffnet April bis Okt. Loc. La Secca, 16030 Moneglia (GE), ✆/📠 0185-49441.

• *Essen & Trinken* **Derna**, Ristorante am Ende der Palmenallee gegenüber den Arkadengängen zum Strand; ausgezeichnete Fischküche zu akzeptablen Preisen, Fisch mit Frischegarantie, aus dem Ofen oder vom Grill, Hauptgerichte um 15 €. Die reichhaltige *Zuppa Pesce* (18 €) wird als Piatto unico serviert, sie sättigt also auch ohne einen Primo vorweg. Auf der verglasten Veranda sitzt man allerdings nicht so gemütlich. Mittags und abends geöffnet, kein Ruhetag. Corso Longhi 74. ✆ 0185-49365.

Vela, alteingesessenes kleines Lokal im Ortskern mit einigen Tischen auf der Piazza, freundlicher Familienbetrieb, schlichtes Ambiente. Sehr gute Pasta, auch diverse Festpreismenüs, die leckeren Fischravioli *alla levantina* sind eine Spezialität des Hauses. Primo ab 8 €, Secondo ab 10,50 €. Mittags und abends geöffnet, kein Ruhetag. Piazza Tarchioni 1. ✆ 0185-49440.

Der Strand von Moneglia

Bar Nettuno, großer Barbetrieb mit Sitzgelegenheiten im Freien; Gelato, Wein, Fassbier und mehr; an der Palmenallee.

Wanderung von Moneglia nach Deiva: Ein markierter Wanderweg (ca. 5 km, 2 Std. Gehzeit) führt durch das waldreiche Küstengebiet zum Nachbarort Deiva. Der Weg beginnt am Ufer des Gebirgsbachs *Bisagno* (östlicher Stadtrand), führt durch das Bergdorf *Lemeglio* (teils auf der Straße) und verläuft anschließend auf knapp 300 m Höhe durch eine üppige Landschaft mit schönen Aussichten auf die Küste und das Hinterland. Endpunkt der Wanderung ist der Bahnhof in *Deiva*.

Riviera di Levante
Karte S. 258/259

Deiva Marina

ca. 1500 Einwohner

Nach Deiva gelangt man mit dem Auto ebenfalls durch einen ehemaligen Eisenbahntunnel mit Ampelregelung (Grünschaltung alle 20 Minuten). Der einspurige, ca. 3 km lange Straßentunnel ist nicht ganz so abenteuerlich wie der zwischen Riva Trigoso und Moneglia und zudem deutlich kürzer. Wer aber hinter der Tunnelausfahrt ein verträumtes kleines Küstennest erwartet, wird enttäuscht. Deiva präsentiert sich als eine fantasielose Ansammlung moderner Wohnblocks und Appartementhäuser, die den alten Ortskern gänzlich in den Schatten stellen und ihm jeden Reiz rauben. Und auch die Anreise von der Landseite – im weiten Bogen ab Framura durch das unspektakuläre Hinterland – zeigt wenig Beschauliches entlang des breiten Flusstales. Ein Pluspunkt ist jedoch der recht nette Sand-/Kiesstrand und die erhöht liegende, nagelneue Promenade mit Palmen und Parkbänken, die man hier angelegt hat. Einige *Bagni* befinden sich am Strand, dahinter gibt es ein paar Restaurants.

• *Information* **I.A.T.**-Büro an der Promenade, im Sommer Mo–Sa 9.30–13 Uhr, So 10–12 Uhr geöffnet. Lungomare C. Colombo, 19013 Deiva Marina (SP), ☎ 0187-815858, 📠 0187-815800, ufficio_turistico@comune.deivamarina.it.

• *Verbindung* Am besten mit der **Bahn**, mindestens stündlich Regionalzüge nach Moneglia und nach Levanto. Bahnhof in Zentrumsnähe.

• *Parken* In Deiva Marina überall einheitlich 1 €/Std. (8–20 Uhr), kostenlos nur weit außerhalb möglich.

• *Übernachten* *** **Clelia**, der Lichtblick in Deiva, im Zentrum gelegen. Schöne, rosa Villa mit grünen Fensterläden, toller Pool im grünen Garten und ein empfehlenswertes Restaurant, sehr freundlicher Service. Parkplatz, Fahrradverleih und kostenlose Internetnutzung. In einer Dependance werden auch einige Appartements (2–6 Personen) vermietet. Geöffnet Ende März bis Anfang Nov. EZ 71–80 €, DZ 109–148 €, Dreibett-Zimmer 129–178 €, jeweils inkl. Frühstück. Halbpension ab ca. 80 €/Pers. Corso Italia 23, 19013 Deiva Marina (SP), ☎ 0187-82626, 📠 0187-816234, www.clelia.it.

• *Camping* Im breiten Flusstal von Deiva haben sich aufgrund der günstigen Lage mehrere Plätze angesiedelt. Ein recht preiswertes Campingrevier, aber wegen der relativen Abgeschiedenheit und der zeitraubenden Straßenverbindungen kein uneingeschränkt empfehlenswerter Standort. Dafür ist es sehr ruhig.

** **Degli Ulivi**, gepflegter Platz am Ortsrand von Deiva, terrassenartig angelegt, dichter Olivenbaumbestand, aber relativ nah an der Bahnlinie (kann daher gelegentlich etwas laut werden). Geöffnet April bis Ende Sept. Anfahrt: In Deiva über die Brücke, dann links, am Fluss entlang und unter der Bahnbrücke durch, gleich danach rechts befindet sich der Camping. Person 12 €, Zelt 9–12 €, Wohnwagen 12 €, Wohnmobil 13 €, Auto 8 €; es gibt auch schlichte Holzbungalows: für 3 Pers. 87 €, 4 Pers. 92 €, Appartement 100 €, DZ 75 €. Loc. Fornaci, 19014 Framura (SP), ☎/📠 0187-816495, www.campingdegliulivi.it.

** **Fornaci al mare**, gepflegter, kleiner Platz fast direkt am Strand, auf der anderen Seite der Flussmündung, gut ausgeschildert – der zentrumsnächste Campingplatz in Deiva Marina. Gut beschattet, aber kein besonders guter Zeltboden. Personal freundlich und hilfsbereit.Geöffnet März bis Nov. Pro Person 10,50 €, Wohnwagen/-mobil 10 €, Auto 7 €, Zelt 8–10 €. Loc. Fornaci, 19013 Deiva Marina (SP), ☎/📠 0187-816295.

** **Valdeiva**, von Deiva ca. 3 km landeinwärts; gut ausgestatteter, schattiger Platz am Ufer eines Gebirgsbachs und am Fuß eines bewaldeten Hügels; im Sommer mit kleinem Pool, Ristorante, Spielplatz, Tischtennis, relativ gut ausgestattete Bungalows. Ganzjährig geöffnet. Stellplatz für ein Zelt und 2 Pers. 25–35 €, 3 Pers. 41 €, 4 Pers. 47 €, Bungalow für max. 5 Pers. 650–760 €/Woche. Loc. Ronco, 19013 Deiva Marina (SP), ☎ 0187-824174, 📠 0187-825352, www.valdeiva.it.

Auf Umwegen nach Bonassola – über Framura

Von Deiva gibt es keine direkte Küstenstraße nach Bonassola, man muss einen Schlenker durchs Landesinnere machen. Die Strecke führt zunächst durch dichte Mischwälder hinauf zu den beiden Bergdörfern *Piazza* und *Castagnola* (ca. 500 m ü. d. M.).

Von Castagnola aus erreicht man die Streusiedlung *Framura* (ca. 700 Einwohner) – ein in landschaftlicher, botanischer und klimatischer Hinsicht lohnender Abstecher. Kurvt man die Stichstraße in Richtung *Stazione di Framura* hinunter, zeigt sich die Vielfalt der hiesigen Küstenflora auf engstem Raum. Herrscht oben noch ein dichter Misch- und Kiefernwald vor, bestimmen schon nach wenigen abschüssigen Kehren Oliven- und Weinpflanzungen das Bild. Und wo wegen der Bodenbeschaffenheit keine Nutzpflanzen gedeihen, wuchern Agaven und Macchia. Weiter unten in den Dörfchen *Setta* und *Anzo* zieren dann Palmen, blühende Kakteen und andere exotische Gewächse die Vorgärten der Anwohner.

Zunächst gelangt man aber nach *Framura Costa*, weithin sichtbar an seinem mächtigen Campanile (*Torre di Guardia Carolingia* – Karolingerturm) aus dem 10. Jh., daneben befindet sich mit der Chiesa San Martino aus dem 13. Jh. eine der ältesten Kirchen der Gegend. Innen ist sie barock ausgestaltet, Teile der alten Säulen wurden aber freigelegt (ganztägig geöffnet). Ansonsten bietet Costa außer dem herrlichen Ausblick wenig Sehenswertes. Zwei kurvige Straßenkilometer weiter unten stößt man auf den Ortsteil *Setta* mit seiner netten, kleinen Piazza (Bar und Lebensmittelgeschäft), auf der die Katzen in der Sonne dösen. Der knapp 1,5 km unterhalb gelegene Weiler *Anzo* bietet wiederum wenig Aufregendes, einzig der Genuesische Wachturm (aus dem 15./16. Jh.) ist einen kurzen Blick wert (nicht zugänglich).

Nach einem weiteren Kilometer, ganz unten in der Bucht, an der *Stazione di Framura* (Bahnhof) endet unser Abstecher schließlich; ein winziger Sport- und Fischerhafen öffnet sich dort im Schutz der schroffen Klippen. Park- und Bademöglichkeit (Parken Juni bis Sept. gebührenpflichtig).

Schutzheiliger der Reisenden: San Cristoforo

Auf der Rückfahrt führt eine Querverbindung hinter Setta wieder zur Hauptstrecke nach Bonassola/Levanto. An den Hängen des Taleinschnitts von Bonassola sind noch einige Marmorbrüche zu sehen, in denen der kostbare Stein abgebaut wird, mit dem schon die alten Fußwege der umliegenden Ortschaften gepflastert wurden. Auf steiler Stichstraße mit herrlichen Aussichtspunkten geht es dann hinunter nach Bonassola.

• *Information* **I.A.T.**-Büro an der Piazza in *Setta*, im Sommer Mo–Sa 10–13 und 18–20 Uhr geöffnet, So 10–13 Uhr, in der Nebensaison nur Sa 10–13 und 18–20 Uhr und So 10–13 Uhr, im Winter geschlossen. Via Setta 41, 19041 Framura (SP), ✆ 0187-823004, ℻ 0187-823071, iat@comune.framura.sp.it.

• *Verbindungen* **Bahn**, etwa stündlich über Deiva Marina und Moneglia nach Sestri Levante, ebenfalls etwa stündlich nach Levanto. Bahnhof ganz unten am Meer, eine schweißtreibende Treppe führt von hier hinauf nach Anzo, Setta und Costa (nach Setta ca. 20 Min., nach Costa ca. 40 Min.). Wer Glück hat, erwischt den **Bus**, der 3x tägl. zwischen den Ortsteilen pendelt.

• *Übernachten/Essen* **Agriturismo Foce del Prato**, abgelegener Agriturismo-Hof oberhalb von Framura. Ein Verbund schlichter Neubauten, zehn sehr einfach eingerichtete Zimmer, dazu ein Restaurant mit Panoramaterrasse. Auf den Tisch kommen v. a. eigene Produkte: Wein, Olivenöl, Gemüse, Obst etc. Das Ristorante ist nur abends geöffnet (Sa/So auch mittags), Reservierung ist obligatorisch! Ab Framura (Anzo) gut ausgeschildert, beschwerliche Anfahrt auf schmalem Sträßchen. Ganzjährig geöffnet. DZ inkl. Frühstück 70 €, DZ mit Halbpension 96 €. Via Foce del Prato 2, 19014 Framura (SP), ✆ 0187-810223, www.agriturismolafoce delprato.it.

Il Nido del Gabbiano, kleiner Platz, sehr schön und total abgelegen am Hang, nur wenige, terrassierte Stellplätze, viel Schatten, toller Blick. Mit gemütlicher Snack-Bar unter Mattendächern und Mini-Market. Geöffnet Ostern bis Sept. Von Setta aus beschildert (1,7 km), enge und steile Zufahrt. Pro Person 9,50 €, Stellplatz 14–30 €. Loc. Pianello 4, 19014 Framura (SP), ✆ 0187-810155, Handy: 335-8147737, www.ilnidodelgabbiano.com.

Bonassola

ca. 1000 Einwohner

Aufregende Lage in einem weiten, sich zum Meer hin öffnenden Taleinschnitt, der eine nahezu eckige Badebucht formt.

Drei kurvenreiche Kilometer sind es von der Küstenstraße hier hinunter in den ruhigen, sympathischen Badeort. Unmittelbar hinter dem grauen Sandstrand mit diversen Strandbars und Bagni verläuft erhöht der alte Bahndamm (heute Parkplatz). Der vom Meer optisch völlig abgeschirmte Ortskern selbst hat wenig Spektakuläres zu bieten, ist aber verkehrsberuhigt und gänzlich ohne Hektik; in der Fußgängerzone laden Bars und Cafés zum Verweilen ein. Lässt man den Blick ins Landesinnere schweifen, bestimmen aufragende Kirchtürme, eine mächtige Burgruine am oberen Ortsrand und abgeschirmte Villengrundstücke das Bild.

• *Information* **Pro-Loco-Büro** am Anfang der Fußgängerzone, hier auch Zugticketverkauf und Internetpoint; Zugfahrpläne hängen hier aus. Im Sommer Mo–Sa 9–12 und 15.30–18.30 Uhr, So 10–12 Uhr. Via Fratelli Rezzano, 19011 Bonassola (SP), ✆ 0187-813500, ℻ 0187-813529.

• *Verbindung* **Bahn**, Bahnhof im hinteren Ortsteil. Etwa stündlich ins benachbarte Levanto, etwa halbstündlich nach Framura, Moneglia und Sestri Levante, nach Deiva Marina und Riva Trigoso bestehen etwa stündlich Verbindungen.

• *Bootsausflüge* Mit dem *Consorzio Marittimo Turistico* „5 Terre Golfo dei Poeti" werden – allerdings nur in der Hochsaison – diverse Touren angeboten: Tagestour in die Cinque Terre und Golfo dei Poeti 22 €, ermäßigt 13 € (tägl.), 3x wöchentlich auch nach Portofino (20 €/erm. 12 €). Infos bei der Pro Loco oder beim Consorzio: ✆ 0187–732987, ℻ 0187-730336, www.navigazionegolfodeipoeti.it.

• *Übernachten/Ferienhäuser* *** **Delle Rose**, gepflegtes, renoviertes Hotel (rosaroter Neubau) im Ortskern, gut geführt, große Zimmer mit Blick aufs Meer. Mit ebenfalls renoviertem Restaurant. Freundlicher Service, für das Gebotene günstig. EZ 65 €, DZ 130 €, jeweils inkl. Frühstück, Halbpension 80 € pro Person und Tag. . Via Garibaldi 8, 19011 Bonassola (SP), ✆ 0187-813713, ℻ 0187-814268, www.hoteldellerosebonassola.it.

*** **Feluca**, modernes und gepflegtes Mittelklassehotel am südöstlichen Ortsrand, ruhige Lage unweit der Fußgängerzone, Parkplätze am Haus. 14 Zimmer, einige mit Balkon zur Bucht. Mit Restaurant. EZ 75 €, DZ 125 €, jeweils inkl. Frühstück, Halbpension 85 € pro Person. Via Maxinara 1, 19011 Bonassola (SP), ✆ 0187-813578, ℻ 0187-8179981, www.prolocobonassola.it.

Locanda L'Arcidiacono, im hinteren Ortskern, neuere, kleine Pension mit angeschlossener Osteria (unten); relativ große, schlichte Zimmer. DZ 75 € inkl. Frühstück. Via G. Daneri 18, 19011 Bonassola (SP), ✆ 0187-814383.

Villaggio La Francesca, Feriendorf 2 km oberhalb von Bonassola, an der Stichstraße nach Bonassola ausgeschildert (an einer Kehre links ab). Schon in den Sechzigern gebaut, 55 gut ausgestattete Ferienhäuschen verteilen sich mit großzügigem Abstand auf einem 15 ha großen Küstenhang mit Kiefernbestand. Eine schöne, kinderfreundliche Anlage mit Sport- und Spielplätzen; Swimmingpool und Felsbadestellen am Meer. Im Juli/August fast immer voll und einwöchiger, teilweise auch zweiwöchiger Mindestaufenthalt, in der Nebensaison aber auch ab zwei Tagen belegbar, Einkaufsmöglichkeiten und Restaurant auf dem Gelände. Ganzjährig geöffnet. Je nach Haus (3–8 Pers.) 120–300 €/Tag. 19011 Bonassola (SP), ✆ 0187-813911, ℻ 0187-8139108, www.villaggilafrancesca.it.

• *Essen & Trinken* **L'Arcidiacono**, Osteria im hinteren Ortskern, zur gleichnamigen Pension gehörend; gemütlich-rustikales Ambiente, leckere Fischküche und einige neapolitanische Spezialitäten – die Familie stammt aus Neapel; mittleres Preisniveau. Mittags und abends geöffnet, kein Ruhetag. Via G. Daneri 18. ✆ 0187-814383.

Degli Aranci, ebenfalls im hinteren Ortskern, nur ein paar Häuser vom L'Arcidiacono; einfaches Lokal mit lauschigem Garten, solide ligurische Fischküche, Hauptgerichte um 15 €. Via G. Daneri 53. ✆ 0187-813605, Mo Ruhetag.

In einer schönen Bucht liegt Levanto, das Tor zur Cinque Terre

Levanto

ca. 5600 Einwohner

Das Tor zu den Cinque Terre. Levanto (gesprochen: Lévanto) bietet zwar keine schmucke Altstadt und birgt auch nicht allzu viel Sehenswertes, aber die sympathische Kleinstadt hat Atmosphäre. Und sie ist als Ausgangspunkt für die Erkundung der Cinque Terre geradezu optimal.

Parallel zum einladenden breiten Sandstrand verläuft der alte Bahndamm, heute befindet sich hier ein Parkplatz. Beim Bau der ehemaligen Eisenbahntrasse im späten 19. Jh. hat der Ort sein altes Zentrum weitgehend eingebüßt, heute erstrecken sich vor allem geradlinige Straßenzüge durch das Städtchen. Nur rund um die *Piazza da Passano* und die angrenzende *Piazza del Popolo* gibt es noch ein wenig alte Bausubstanz zu bewundern – und ein wenig Gassengewirr.

An der Piazza del Popolo stehen die altehrwürdige *Loggia del Comune* und schräg gegenüber die *Casa Restani* (beide 13. Jh.). Von dort geht es über die Via Toso auf den Altstadthügel zur *Chiesa Sant'Andrea* (13.–15. Jh.), die schönste gotische Kirche weit und breit. Ihre harmonische Streifenfassade erhebt sich sehr elegant über den kleinen Kirchplatz, und die fast auf dem Portal aufliegende Fensterrose ist ein Prachtstück aus weißem Marmor. Den Innenraum gliedern mehrfarbige Säulenreihen mit kunstvoll gearbeiteten Kapitellen (ganztägig geöffnet).

Über mehrere verschiedene Treppengassen gelangt man von der Kirche zum majestätischen, nahezu vollständig erhaltenen *Castello di San Giorgio* (16. Jh.), das aber nicht zu besichtigen ist. Dagegen ist die mittelalterliche Stadtbefestigung nur noch bruchstückhaft vorhanden – ein Stück Stadtmauer zieht sich etwas oberhalb der Piazza da Passano den Hang hinauf zur *Torre dell'Orologio* (Uhrturm), dem letzten der ursprünglich sieben Stadttürme.

Karte S. 258/259

Von der Piazza del Popolo gelangt man entweder durch die stimmungsvolle mittelalterliche Hauptgasse Via Guaini in die *Neustadt* oder über die lebhafte Piazza Staglieno, eine zuweilen turbulente Mischzone aus Stadtpark, Kinderspielplatz, Fahrradarena und Passeggiata-Treffpunkt. Im Zentrum der Neustadt mit ihren ansprechenden Palazzi und dem Rathaus liegt die von Arkaden gesäumte *Piazza Cavour*, das genaue Gegenteil der Piazza Staglieno: weitläufig, aber meist verwaist. Levantos überschaubare Einkaufsmeile ist die *Via Dante Alighieri* mit kleinem Buchladen (Wanderkarten, deutschsprachige Literatur zu den Cinque Terre), Parfümerie, Tante-Emma-Laden und vor allem verlockenden Pasticcerien.

Levanto ist ein ausgezeichneter Stützpunkt, um die an Übernachtungsmöglichkeiten nicht gerade gesegneten Cinque Terre zu erkunden. Die Bahn verbindet Levanto in knapp fünf Minuten mit Monterosso und fährt weiter in die übrigen Dörfer. Zudem ist Levantos Hotelangebot attraktiv, die Campingplätze der Umgebung kompensieren den Mangel in den Cinque Terre, und auch die Restaurants der Stadt können sich sehen lassen.

Information/Diverses

• *Information* **I.A.T-Büro**, Piazza Mazzini, im alten Bahnhofsgebäude auf der erhöhten Uferstraße. Verkauf der *Carta delle Cinque Terre*, Wanderkarten usw., auch Infos zum *Parco delle Cinque Terre*. Im Sommer Mo–Sa 9–13 und 15–19 Uhr, So 9–13 und 15–18 Uhr, im Winter Mo–Sa 9–13 und 14–17 Uhr, So 9–13 Uhr, teilweise auch ganz geschlossen. Piazza Mazzini 3, 19015 Levanto (SP), ✆/℻ 0187-808125, www.comune.levanto.sp.it.

• *Anfahrt* **Auto**, Autobahnabfahrt Carrodano/Levanto, dann 12 km Landstraße. Von der *Via Aurelia* kommend kurvenreiche Landstraße nach Bonassola/Levanto. Von Levanto nach Monterosso 13 km Berg- und Talfahrt (ca. 30 Min. einplanen!).

• *Parken* Auf dem stillgelegten Bahndamm zahlreiche Parkplätze (1,50 €/Std., 15 €/Tag), außerdem am Bahnhof (gebührenpflichtig). Frei Parken nur weit außerhalb des Centro in der Via Canzio (Richtung Cinque Terre, Campingplätze).

• *Verbindungen* **Bahn**, die mit Abstand schnellste Verbindung zu den Cinque-Terre-Orten: z. B. 5 Min. Fahrtzeit nach Monterosso, 20–30 Min nach Riomaggiore, jeweils etwa halbstündlich. In die andere Richtung mindestens stündlich nach Sesti Levante (ca. 20–30 Minuten), je nach Zugart mit Stopp in allen Küstendörfern. Bahnhof am nordwestlichen Stadtrand. *Tipp*: An den regelmäßig unterbesetzten Schaltern im Bahnhof Levanto stehen während der Saison vor allem morgens riesige Schlangen von Cinque-Terre-Reisenden, wer sich das ersparen will, kann seine Zugtickets auch in folgenden Reiseagenturen mit Trenitalia-Lizenz kaufen: **Levantur** am Corso Italia 1/3 (geöffnet Mo–Sa 9.30–12.30 und 15.30–19 Uhr, So 9–12.30 Uhr, Zugfahrplan hängt aus) und bei der **Agenzia Viaggi Beraldi** in der Via Garibaldi 104 (auf dem Weg zum Bahnhof), hier auch Verkauf der Cinque-Terre-Card und Internetpoint (geöffnet Mo–Sa 9–13 und 16–19.45 Uhr, So geschl.

Fähre, regelmäßige Verbindung zu den Cinque-Terre-Orten mit dem *Consorzio Marittimo Turistico „5 Terre – Golfo dei Poeti“*, im Sommer mehrmals tägl. von 10.30–17.30 Uhr; nach Monterosso 6 €, Vernazza 7 €, Manarola/Riomaggiore 10 €, Portovenere 13 €, jeweils einfache Fahrt, Kinder unter 12 Jahre reduziert. Auch Ganztagestouren Cinque Terre und Portovenere (22–23 €), die gleiche Tour halbtags kostet 17 €. Infos unter ✆ 0187-732987, www.navigazionegolfodeipoeti.it.

• *Feste* **Festa di San Giacomo**, am 25. Juli, historischer Umzug, Prozession und Feuerwerk.

Übernachten

*** **Nazionale (8)**, altehrwürdiger Palazzo, seit über hundert Jahren das Hotel im Zentrum, vollständig modernisiert und klimatisiert; Dach- und Hofgarten, Ristorante, netter Service. EZ 85 €, DZ 135 €, Frühstück inkl. Via Jacopo da Levanto 20, 19015 Levanto (SP), ✆ 0187-808102, ℻ 0187-800901, www.nazionale.it.

Stella Maris (6), nahe Piazza Cavour; prachtvoller Stadtpalazzo, komfortabel, ungemein stilvoll, teils mit historischem Mobiliar eingerichtet, eindrucksvoller Frühstückssaal. Hunde sind im Stella Maris erlaubt. EZ 100 €, DZ 160–200 €, in der Dependance kostet das DZ 130 €. Jeweils inkl. Frühstück. Via Marconi 4, 19015 Levanto (SP), ✆ 0187-808258, ℻ 0187-807351, www.stellamaris.it.

*** **Palace (4)**, stattlicher alter Palazzo in der Nähe des alten Bahnhofsgebäudes, geradeaus den Corso Roma hoch; gut geführt, helle, freundliche Zimmer, der Salon stilecht mit Antiquitäten ausgestattet, netter Garten, der den Lärm des Corso Roma etwas dämpft. Auch bei älterem Publikum beliebt. EZ 65 €, DZ 100 €, Dreibett-Zimmer 140 €, Vierbett-Zimmer 170 €, Frühstück jeweils inkl. Corso Roma 25, 19015 Levanto (SP), ✆ 0187-808143, ℻ 0187-808613, www.hotelpalacelevanto.com.

*** **La Giada del Mesco (18)**, tolle Lage, 2,5 km außerhalb von Levanto und hoch über der Küste gelegen (Shuttle-Service ins Zentrum); mit Pool und Garten sowie Restaurant samt Panoramaterrasse, alles schön ruhig und beschaulich. Anfahrt: zunächst zum Camping Acqua Dolce im Zentrum, diesen links liegen lassen und der Straße hoch und zum Ortsteil Mesco folgen, beschildert. DZ 140–170 €, Dreibett-Zimmer 160–190 €, Vierbett-Zimmer 170–210 €, jeweils inkl. Frühstück. Località Mesco, 19015 Levanto (SP), ✆ 0187-802674, ℻ 0187-802673, www.lagiadadelmesco.it.

** **Garden (13)**, in einem Mietshaus am Corso Italia verbirgt sich im ersten Stock eine überaus angenehme Überraschung: ein renoviertes 2-Sterne-Juwel unter den Hotels. Hübsche, gepflegte Zimmer, freundliche Leitung, Internetecke an der Rezeption und nicht zuletzt: sehr strandnah. EZ 70 €, DZ 105 €, inkl. Frühstück. Corso Italia 6, 19015 Levanto (SP), ✆ 0187-808173, ℻ 0187-803652, www.roofgardenlevanto.com.

* **Villa Gentile (7)**, ein nettes, kleines Budget-Hotel gegenüber vom Stella Maris in der Via Jacopo di Levanto. Mit kleinem Innenhof mit Tischen und Stühlen, einfache, ordentliche Zimmer, die den Anforderungen voll entsprechen, manche allerdings mit (eigenem) Bad auf dem Flur. Freundliche Signora. Frühstück gibt es in der Bar um die Ecke, Hotelgäste bekommen im Ristorante Moresco Sonderpreise (Menü um 15 €).Ganzjährig geöffnet. EZ mit Bad 50 €, DZ mit Bad auf dem Flur 65 €, mit Bad im Zimmer 75 €. Via Jacopo di Levanto 27, 19015 Levanto (SP), ✆/℻ 0187-808551, www.villagentile.com.

La Loggia (14), Privatzimmer über dem Ristorante La Loggia an der Piazza del Popolo. Schlichte Zimmer mit hellen Möbeln, leider wird kein Frühstück angeboten (dafür gibt es eine Kaffeemaschine). DZ mit Bad 70 €. Piazza del Popolo 5, 19015 Levanto (SP), ✆/℻ 0187-808107.

B & B Mare Mesco (19), unser Tipp! Ein Stück außerhalb, traumhafte, 100 m über dem Meer gelegene Unterkunft, sehr freundlich, gemütliche Einrichtung, Katzen liegen faul im Garten herum, alles sehr entspannend. Gefrühstückt wird auf der Aussichtsterrasse auf dem Dach, Gemeinschaftsküche, nur fünf Zimmer, also früh buchen. Anfahrt wie zum Hotel La Giada del Mesco, an der Straße parken (etwa 300 m unterhalb von besagtem Hotel, beschildert); dann zu Fuß noch gut 300 m den Wanderweg hinunter (→ Wanderung 7). DZ mit Frühstück 70 €. Via Vecchia Mesco 10, 19015 Levanto (SP), ✆ 0187-808154, www.maremesco.it.

• *Jugendherberge* **Ospitalia del Mare (16)**, unser Tipp: Moderne Jugendherberge in altehrwürdigem Gemäuer, zentrale Lage, ca. 100 m von der Loggia del Comune und Piazza del Popolo entfernt. Das ehemalige Klostergebäude und spätere Krankenhaus wurde zu einem vorbildlichen Ostello umgebaut; große Schlafräume und moderne Sanitäreinrichtungen (Bad in jedem Zimmer). Mit Internetpoint. Ganzjährig geöffnet, in den Wintermonaten wird kein Frühstück angeboten. Unterbringung in 4-, 6- und 8-Bett-Zimmern sowie zwei DZ (diese früh buchen!). Ab 21 €/Pers. inkl. Frühstück, im DZ 28–30 €/Pers., inkl. Frühstück. Via San Nicolo 1, 19015 Levanto (SP), ✆ 0187-802562, ℻ 0187-803696, www.ospitaliadelmare.it.

• *Camping* **Acqua Dolce (17)**, tolle Lage, zentraler als am Altstadthügel geht es nicht: hinter der Piazza Passano rechter Hand (gut beschildert); relativ groß, ohne weitläufig zu sein, Olivenbäume spenden Schatten, recht guter Boden, nebenan plätschert ein Flüsschen zwischen Weinfeldern. Knapp 5 Min. zu Fuß zum Strand, gute und beliebte Pizzeria (→ unten). Besonders auch bei deutschen Campern beliebt. Ganzjährig geöffnet. Wer nicht motorisiert ist, sollte unbedingt hier absteigen. Pro Person 8,50 €, Zelt 6–14 €, Wohnwagen 12 €, Wohnmobil 14 €, Auto 6 €. Via G. Semenza, 19015 Levanto (SP), ✆ 0187-808465, ℻ 0187-807365, www.campingacquadolce.com.

Albero d'Oro (1), am nördlichen Stadtrand; kleiner, ruhiger Platz im Akazienwäldchen mit ordentlich Schatten, aber nicht wirklich lauschig; geöffnet April bis Sept. auch Parkplätze an der Straße. Person 9 €, kleines Zelt 6 €, großes Zelt/Wohnmobil 11 €, Auto 5 € (auf dem Parkplatz davor 3 €). Via Albero d'Oro, 19015 Levanto (SP), ✆/℻ 0187-800400.

Pian di Picche (2), ebenfalls am nördlichen Stadtrand (beschildert), neben Albero d'Oro; einfacher, kleiner Platz mit viel Schatten, nicht mehr ganz neu und auch nicht sehr romantisch, Bar und Mini-Market. Geöffnet Ostern bis Ende Sept. Person 8,50 €, kleines Zelt 6 €, großes Zelt/Wohnwagen 13 €, Auto 4 €. Loc. Pian di Picche, 19015 Levanto (SP), ✆/℻ 0187-800597.

Cinque Terre (3), ebenfalls ganz in der Nähe des Camping Albero d'Oro (von der Verbindungsstraße abbiegen, dann noch einmal 500 m, beschildert), einfacher Platz, nett im Grünen gelegen, schattig, mit Bar und Ristorante. Geöffnet Mitte April bis Ende Okt. Person 8,50 €, Zelt 13 €, kleines

Blick über Levanto

Zelt 6,50 €, Wohnmobil 17 €, Auto 4 €. Loc. Sella Mereti, 19015 Levanto (SP), ✆/℻ 0187-801252, www.campingcinqueterre.it.

San Michele, ca. 3 km landeinwärts, an der Straße nach Monterosso; ziemlich abseits gelegen, einfacher Platz im dichten Grün, guter Waldboden, mit Bar, nicht mehr ganz neu, freundliche Leitung. Geöffnet Ostern bis Sept. Person 7,50 €, Zelt 12 €, Wohnmobil 14 €, Auto 3 €. Locolità Busco, 19015 Levanto (SP), ✆/℻ 0187-800449, www.camping sanmichele.net.

Essen & Trinken

Da Rino (10), unser Tipp! Ein sympathisches Restaurant mit Terrasse in der Via Garibaldi – Verlängerung der Via Guani, parallel zur Via Dante; gemütlich-rustikale Osteria-Einrichtung, freundlicher Service, gute Küche zu moderaten Preisen. Wir probierten diverse Fischgerichte (durchgehend sehr gut) und die köstlichen hausgemachten Ravioli in Sugo al mare, dazu gibt es guten und günstigen Hauswein. Beliebtes Lokal (besonders bei Touristen), Menü um 25–30 €. Reservierung empfehlenswert. Nur abends ab 19 Uhr geöffnet, Di geschlossen. Via Garibaldi 10, ✆ 0187-813475.

Tumelin (15), Traditionsgaststätte in der historischen Casa Restani, großer Speiseraum, ligurische Fischspezialitäten zu leicht gehobenen Preisen, sehr beliebt und meist bis auf den letzten Platz besetzt – für abends unbedingt reservieren. Mittags und abends geöffnet, Do Ruhetag. Via D. Grillo 32. ✆ 0187-808379.

Moresco (5), im Zentrum, Nähe Piazza Cavour; dezent beleuchteter Gewölbesaal, gute ligurische Küche mit Akzent auf Fisch, das Degustationsmenü (drei Gänge) für 25 €. Mittags und abends geöffnet, Di Ruhetag. Via Jacopo da Levanto 24. ✆ 0187-807253.

L'Igea (17), unser Tipp fürs kleinere Budget! Nette, einfache Pizzeria am Eingang zum Camping Acqua Dolce, sehr beliebt (nicht nur bei Campinggästen), daher oft voll. Einige Tische auch draußen. Freundlicher, prompter Service, guter roter Hauswein oder aber das gute Menabrea-Bier aus dem Piemont. Hervorragende Pizza in teilweise recht ungewöhnlichen Kreationen, nicht teuer und natürlich aus dem Holzofen. Mittags und abends geöffnet, Pizza nur abends, Mo geschlossen. Via G. Semenza 5, ✆ 0187-807293.

La Vineria (12), sehr nette, von jungen Leuten geführte Enoteca an der Piazza Staglieno, Sitzgelegenheiten auch im Freien;

Riviera di Levante Karte S. 258/259

Wein, Bier, Cocktails, Snacks und mehr. Nur abends 18–2 Uhr geöffnet, Do geschlossen.

Focacceria Il Falcone (11), Imbissstube, hier gibt es die ligurische Teigfladenspezialität frisch vom Blech, Tische an der Straße. Geöffnet 9.30–20 Uhr, Mo Ruhetag. Via Cairoli 19.

Pasticceria Bianchi (9), seit über 100 Jahren gibt es die Traditions-Pasticceria in dem Eckhaus an der Via Dante – ein Laden wie eine Zeitreise! Köstliche Törtchen, Konfekt und Pasta; auch ein paar Tische und eine Bar – zum Frühstücken hervorragend geeignet. Via Vinzoni 33 (Ecke Via Roma).

Levanto/Umgebung

Ein lohnenswerter Ausflug führt in das gut 8 km oberhalb von Levanto gelegene, halb verlassene Bergdorf *Lavaggiorosso*. Labyrinthisch ziehen sich enge Treppengassen zwischen den teilweise renovierten Häusern entlang, viele der Haustüren *(Porte dipinte)* sind bemalt. Vor ein paar Jahren noch ein Ruinendorf, blüht Lavaggiorosso heute als Stück für Stück restaurierte Sommerfrische wieder auf. Zwar gibt es hier keine gemütliche Bar und kein Café, dafür aber die kleine, sympathische *Osteria Zita* (→ unten). Zwei Dörfer weiter von Lavaggiorosso stößt man im winzigen, stillen Weiler *Dosso* auf ein weiteres kleines Juwel, das *B & B L'Antico Borgo*, das hier mit viel Liebe zum Detail restauriert wurde – eine schöne Übernachtungsadresse.

Auf dem Wanderpfad von Levanto nach Monterosso (Wanderung 7)

• *Essen & Trinken* **Antiga Ustaia Zita**, bescheidene Gaststube im Ortskern mit schwindelerregender Aussicht. Bei der netten Signora Zita gibt es leckere Hausmannskost zu kleinen Preisen, darunter stets selbst gemachte Nudeln und leckere Dolci. Kleiner Gastraum, viele Wanderer kehren hier ein, deshalb unbedingt verbindlich reservieren! Mittags und abends geöffnet, Mo Ruhetag. ✆ 0187-800158. *Anfahrt*: Von Levanto zunächst Richtung Bonassola/ Framura, bei der dritten Serpentine bergauf geht es rechts ab, beschildert. Ab hier 4 km bis Lavaggiorosso, an der Bushaltestelle am unteren Ortsrand geht es die Treppen hoch, nur ein kleines Schild weist auf das Lokal hin.

• *Übernachten* **B & B L'Antico Borgo**, 5,5 km von Levanto in den Hügeln liegt das ungemein stilvoll hergerichtete B & B mit schönem *Soggiorno* (Salon) und herrlicher Panoramaterrasse (hier wird das Frühstück eingenommen). Toller Blick auf die Bucht von Levanto. Bedauerlicherweise gibt es nur vier Zimmer, die auch schnell ausgebucht sind, zwei der Zimmer mit Meerblick (noch schneller ausgebucht), deshalb unbedingt frühzeitig reservieren. Viele deutsche Gäste. DZ mit Frühstück 105 €, leider kein Restaurant. Loc. Dosso, 19015 Levanto (SP),

✆/📠 0187 802681, www.anticoborgo.net, antico_borgo@hotmail.com. Anfahrt: Zunächst nach Lavaggiorosso (→ oben), dort dann nicht in das Dorf hinauf abbiegen, sondern auf dieser Straße bleiben, nach weiteren ca. 2 km erreicht man Dosso.

Wanderung 7: Levanto – Monterosso

Charakteristik: Schöne Küstenwanderung in die Cinque Terre hinein, ein wenig Trittsicherheit, Schwindelfreiheit und Ausdauer sind vonnöten.

Länge/Dauer: 7,6 km, knapp 3 Std. Gehzeit einfache Strecke.

Einkehren: nur in Levanto und Monterosso

Start: Levanto, Piazza Staglieno/Ecke Corso Italia

Karte: Cinque Terre, Golf von La Spezia, Edizione Multigraphic, 1:25.000.

Wegbeschreibung: Die Wanderung beginnt an der Piazza Staglieno/Ecke Corso Italia (WP 01). Halblinks geht es unter der ehemaligen Bahntrasse hindurch, am Casino vorbei und geradeaus auf der Strandpromenade entlang bis zu einem prächtigen Gebäude aus Feldstein. Dahinter beginnt die *Salita San*

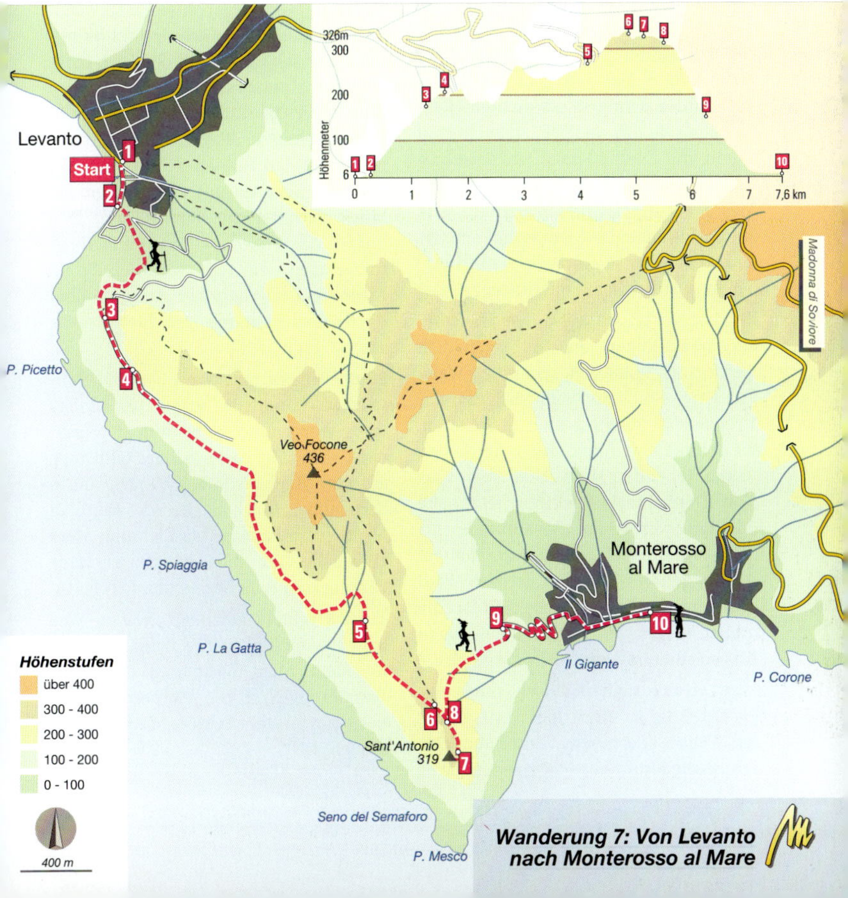

Wanderung 7: Von Levanto nach Monterosso al Mare

Giorgio (WP 02); diese Treppengasse führt hinauf (Markierung: *rot-weiß gestreift*), bis man oben beim Castello (13. Jh.) herauskommt. Hier rechter Hand an der Straße entlang und nach wenigen Metern geradeaus auf breitem, ansteigendem Kopfsteinpflasterweg (Beschilderung *Monterosso*), dann auf einem Asphaltweg, der in flachen Stufen weiter ansteigt. Neben einem Haus (links des Wegs) wird der Weg zu einem steinigen Wanderpfad. Von hier aus schöner Blick zurück auf die Bucht von Levanto.

Immer wieder geht es über niedrige Stufen und Reste von Kopfsteinpflaster; man passiert das B & B *Mare Mesco* und gelangt schließlich (alle Abzweigungen ignorierend) auf eine wenig befahrene Straße (WP 03). Dieser folgt man nach rechts und geht 300 m danach hinter dem gelb getünchten Hotel *La Giada del Mesco* (WP 04) rechts auf einem mit Natursteinen gepflasterten Weg abwärts (Beschilderung: *Punta Mesco, rot-weiße Markierung*) ein paar Stufen hinunter und weiter auf schmalem, steinigem Wanderweg – mit herrlichen Ausblicken auf die Küste.

Es geht vorbei an einsamen Häusern, Olivenbaumplantagen und schließlich durch einen hübschen, schattigen Wald. Das letzte Stück im Wald wird zum anstrengenden Aufstieg über Steinstufen, für den man oben mit einem herrlichen Ausblick belohnt wird. Hier aber *Vorsicht*: Der schmale Pfad führt jetzt nahe und kurz direkt am Felsabbruch entlang. Hunde und Kinder kurz halten! Weiter geht es auf dem felsigen Pfad hoch über der Küste, auf die die Macchia immer wieder den Blick freigibt (keine Abzweigung, *rot-weiße Markierung*).

Man erreicht einen Felsen mit einer Plakette, die an einen hier verunglückten Wanderer erinnert. Hinter dem Felsen ist wiederum Vorsicht geboten, da es erneut hart am Abgrund entlang geht. Im weiteren Wegverlauf folgt man auf dem schönen Wanderpfad dem Einschnitt der Küstenlinie. Auf und ab geht es in leichtem Bogen immer wieder durch schattige Waldstücke: zunächst zu einem verlassenen Haus (WP 05), bald darauf vorbei an einem bewohnten Gebäude (bis hier etwa 90 Min. reine Gehzeit).

Auf dem folgenden felsigen Wegabschnitt ist etwas Trittsicherheit vonnöten. Schließlich mündet linker Hand ein Weg aus dem Val di Vara ein (WP 06). Geradeaus weiter wandernd, schiebt sich langsam die Küste der Cinque Terre in den Blick.

Der ausgewaschene, etwas zugewachsene Weg führt nun geradewegs hinunter, bis er schließlich auf den Weg trifft, der von Monterosso zur Punta Mesco führt. (WP 08). Zunächst geht es halbrechts weiter zur Punta Mesco, d. h. zunächst zu den Ruinen der malerischen Eremo di Sant'Antonio (WP 07) und ein Stück darunter zur Funkstation. Den kurzen Abstecher sollte man unbedingt mitnehmen, da sich von der Punta Mesco ein fantastischer Ausblick über die Küste der Cinque Terre bietet.

Weiter geht es an der letzten Abzweigung (WP 08), geradeaus (von der Punta Mesco kommend) beginnt der Abstieg nach Monterosso. Nach dem stufenreichen ersten Teil des Abstiegs trifft man auf eine Asphaltstraße (WP 09), die in Serpentinen hinab in den Ort führt. In Monterosso dann rechts Richtung Meer abbiegen und die Strandpromenade entlang zum Bahnhof nehmen (WP 10).

Zurück geht es auf dem gleichen Weg oder bequemer mit der Bahn. Alternativ kann man die gut zweistündige Wanderung Nr. 8 von Monterosso nach Vernazza anschließen (→ Wegbeschreibung S. 329).

Uraltes Kulturland: Olivenhain an den Hängen der Cinque Terre

Die Cinque Terre auf einen Blick: von Riomaggiore bis Monterosso

Cinque Terre

Kaum zu übersetzen, unbeschreiblich schön und längst kein Geheimtipp mehr. Die „Fünf-Dörfer-Küste" ist vielleicht das Beste, was die Riviera di Levante zu bieten hat – ein landschaftlicher Hochgenuss steil über dem Meer, nur 15 Kilometer lang, aber von großer Anziehungskraft. Eine unter Naturschutz stehende, terrassierte Kulturlandschaft, die sich vollständig nur zu Fuß erschließen lässt – von Ort zu Ort.

Im schroffen Küstensaum stecken die fünf Bilderbuchdörfer *Monterosso*, *Vernazza*, *Corniglia*, *Manarola* und *Riomaggiore*. Abgesehen vom Hauptort Monterosso sind sie allesamt architektonische Kunstwerke, die wie ihre Traumküste jeder Veränderung zu trotzen scheinen. Seit 1997 wacht die UNESCO über den Erhalt der Cinque Terre: Die schützenswerte Landschaft wurde zum Weltkulturerbe erklärt und in die *World Heritage List* aufgenommen. Und als könnte es für so etwas Schönes nicht Schutz genug geben, hat das italienische Umweltministerium das Gebiet 1999 zum *Parco Nazionale delle Cinque Terre* erhoben, das durch ein 2784 ha großes Meeresschutzgebiet ergänzt wird, die 1997 eingerichtete *Area Marina Protetta Cinque Terre*.

Historisch erstreckt sich das Gebiet Cinque Terre von der *Punta Mesco* (die Landspitze westlich von Monterosso) bis zur *Punta del Persico* südlich des Bergdorfes Campiglia. Die Besiedlungsgeschichte der Cinque Terre reicht fast eintausend Jahre zurück. Die ersten Bewohner dieses Gebiets suchten sich die verborgensten Winkel der schroffen Küste aus, um auf den widerspenstigen Uferformationen ihre Dörfer zu errichten. Fünf kompakte Ortschaften aus waghalsig gestapelten Häusern mit frei auf das offene Meer gerichteten, farbenfrohen Fassaden sind das Ergebnis dieser außergewöhnlichen Baukunst.

So tollkühn wie die Entstehung der Küstenorte erscheint, so verwegen mutet heute noch die Urbarmachung der Steilufer an. In mühevoller Schwerstarbeit terrassierten die Cinque-Terre-Ligurer die Sonnenhänge ihrer Küste. Mit Stützmauern aus geschichteten Steinen und aufgeschütteter Erde erschufteten sie sich winzige Anbauterrassen, die so genannten *Strisce* (Streifen). Kilometerlang und teilweise bis hinauf zu den Kuppen sind die Hangreihen von regelmäßigen Terrassenkulturen durchzogen. Auf diesen *Strisce* wird heute vor allem der begehrte Cinque-Terre-Wein angebaut, während die etwas breiteren Terrassengrundstücke von den Kleinbauern als Oliven- und Gemüsegärten genutzt werden – eine faszinierende und weitgehend intakte Kulturlandschaft, die seit jeher nur mit großer Anstrengung und ständigen Reparaturarbeiten an den Stützmauern erhalten werden kann.

Jahrhundertelang existierte in den Cinque Terre eine Bauern- und Fischerkultur, an der die großen Ereignisse der Geschichte vorbeirauschten. Bis ins 20. Jh. hinein bestimmte allein die Aufrechterhaltung der Versorgung das Leben an der Cinque-Terre-Küste. Erst die verkehrsmäßige Erschließung riss die autarken Orte aus ihrem zeitlosen Zustand. Im späten 19. Jh. wurde zunächst eine Eisenbahntrasse gebaut, was jedoch noch keine allzu großen Veränderungen mit sich brachte, denn sie diente in erster Linie als Transitstrecke. Erst die verbesserte Straßenanbindung in den 1970er und 1980er Jahren zog die touristische Entdeckung nach sich. Fortan hatte die Idylle der Märchenküste eine enorme Anziehungskraft.

Beliebtes Wanderrevier: die alten Pfade zwischen den Dörfern

Touristen aus aller Welt gehören heute zum Alltag, und die Cinque Terre sind auch in Boston und Baltimore längst kein Geheimtipp mehr. Doch der durchorganisierte Massentourismus, wie er in vielen Orten Italiens zu finden ist, kann in den kleinen, kompakten Dörfern nur schwer Fuß fassen. So fallen besonders an den Wochenenden Heerscharen von Tagesausflüglern und Wanderern über das Küstenparadies her. Die Dorfbewohner haben sich längst darauf eingestellt und leben größtenteils gut davon. Doch ihre tausendjährige Bauern- und Fischerkultur mutiert dabei mehr und mehr zur fotogenen Kulisse.

In Monterosso, dem Hauptort der Cinque Terre, versammelt sich der größte Teil des internationalen Publikums, denn hier befinden sich die meisten Übernachtungsmöglichkeiten. Kein Wunder, dass man Monterosso die Auswirkungen der touristischen Invasion am meisten anmerkt. Tagsüber jedoch ist alles in Bewegung,

Arbeiter im Weinberg

Die Weine der Cinque Terre

Eine Ausnahme unter den relativ unbekannten ligurischen Weinen ist der Cinque-Terre-Wein, der als DOC-Qualitätswein und als einfacher Vino da Tavola zu haben ist. *Bosco, Vermentino* und *Albarola* heißen die Traubensorten, aus denen er gekeltert wird. Schon 1973 wurde dem „Bianco secco delle Cinque Terre" der DOC-Status anerkannt, ebenso dem raren Dessertwein „Cinque Terre Sciacchetrà".

Doch der Gesamtertrag dieser mühevoll erzeugten *Weißweine* sinkt von Jahr zu Jahr, was nicht nur Weinliebhaber besorgt, denn der Erhalt des ganzen Weinanbaugebiets der Cinque Terre ist gefährdet. Erosion bedroht die Hänge und könnte die Anbauflächen rasant schrumpfen lassen, ebenso verwilderten im Lauf der Zeit immer mehr Weinterrassen, die Natur eroberte sich große Flächen dieser einzigartigen Kulturlandschaft zurück. Dem versuchen die Verantwortlichen des 1999 gegründeten *Parco Nazionale delle Cinque Terre* durch Beseitigung der Erosionsschäden und Ausbesserung und Verstärkung der Stützmauern gegenzuhalten – eine mühselige Arbeit, die vielfach von Freiwilligen geleistet wird.

Die Weine der Cinque Terre kann man in der Winzer-/Bauerngenossenschaft *Cooperativa Agricola Cinque Terre* am Ortsrand des Bergdorfs Groppo oberhalb von Manarola kaufen. Die 1973 als „Cantina sociale" gegründete Genossenschaft zählt heute 300 Mitglieder. Im Direktverkauf (*Vendita diretta*) sind hier neben den DOC-Weinen auch Pesto, Limoncino, Grappa, Honig, Olivenöl, Trofie (Nudeln) und andere Erzeugnisse aus den Cinque Terre erhältlich, ebenso wird Literatur zu der Gegend verkauft (italienisch- und englischsprachig). Eine Flasche des weißen Cinque Terre DOC kommt hier auf 8,50 €, der Sciacchetrà kostet 34,50 €.

Mo–Sa 7–19 Uhr, So geschlossen. Loc. Groppo, 19010 Riomomaggiore (SP). ✆ 0187-920435, 📠 0187-920076, www.cantinacinqueterre.com.

dann trifft sich das Cinque-Terre Publikum zur hiesigen Hauptbeschäftigung: der klassischen Küstenwanderung *Monterosso – Vernazza – Corniglia – Manarola – Riomaggiore* und zurück. Je nach Kondition, Zeit und Lust kann man die malerische Küste an einem Tag oder in einer Woche erwandern, und das auf dem schönsten Trampelpfad Italiens.

Wer das Cinque-Terre-Flair auch abends – mit weniger Gästen und etwas mehr Beschaulichkeit – erleben möchte, sollte frühzeitig eine Unterkunft buchen. Einen Campingplatz gibt es im Cinque-Terre-Gebiet leider nicht, dafür aber ein empfehlenswertes Ostello in Manarola; die meisten Unterkünfte finden sich mit 17 Hotels, mehreren B & Bs und Privatzimmern in Monterosso. Deutlich bescheidener ist die Auswahl in den anderen vier Orten der Cinque Terre, hier gibt es insgesamt keine zehn Hotels, in Corniglia gar keines und nur einige wenige Privatunterkünfte. Die meisten Privatunterkünfte finden sich in Riomaggiore und Vernazza. Trotz des bescheidenen Angebots und der entsprechend hohen Nachfrage halten sich die Preise erfreulicherweise einigermaßen im Rahmen.

Wer sich dagegen zum ausführlichen Fischessen in einem der fünf Dörfer einfindet, muss mit deutlich gehobenen Preisen rechnen. Am günstigsten isst man im Hauptort Monterosso, wo sich zahlreiche – auch eher einfache und volkstümliche – Ristoranti und Trattorie befinden, manche alteingesessen und auch von den Dorfbewohnern gern besucht. Dagegen muss man z. B. an der Hafenpiazza von Vernazza für ein ausgiebiges Fischmahl mit dem berühmten Cinque-Terre-Weißwein tief in die Tasche greifen. Und ob der fangfrische Fisch, der hier überall angepriesen wird, auch tatsächlich noch von den ortsansässigen Fischern gefangen wird, ist fraglich, zumal die dekorativen Fischerboote augenscheinlich ständig auf dem Trockenen liegen und innerhalb des 2784 ha großen Meeresschutzgebiets der *Area Marina Protetta Cinque Terre* schon seit vielen Jahren nicht mehr gefischt werden darf.

Unterwegs in den Cinque Terre

Mit dem Auto: Wir wollen hier sicher nicht die Lanze brechen für die wenig umweltbewusste Fortbewegung mit dem eigenen Wagen (oder Motorrad), doch wer den Rummel unten in den Cinque-Terre-Dörfern (und hier besonders an den Bahnhöfen!) kennt, wird die Ruhe einer Autofahrt auf der panoramareichen Küstenstraße genießen. Neben dem herrlichen Blick ermöglicht die Fahrt mit dem eigenen Wagen auch Zwischenstopps an Klöstern, Kirchen oder beschaulichen Bergdörfern, die sonst nur per mühsamem Aufstieg zu Fuß erreicht werden können, wenn man nicht gerade einen der Shuttle- Busse (→ unten) erwischt.

Doch damit genug der Vorteile, denn für alle, die zeitsparend von einem Küstenort zum anderen kommen wollen, ist der Pkw das denkbar ungeeignetste Fortbewegungsmittel. Die Verbindungsstraße zwischen den fünf Küstenorten verläuft auf halber Höhe in den Bergen, steile, kurvenreiche Stichstraßen führen zu den Ortschaften. Alle Dörfer sind für Autos gesperrt, man muss auf einem der gebührenpflichtigen Parkplätze bzw. im Parkhochhaus parken und dann jeweils mindestens zehn Minuten Fußmarsch hinunter ins Zentrum in Kauf nehmen (das Ganze dann natürlich auch bergauf zurück). Nicht zu vergessen: Die Mindestparkgebühr beispielsweise auf dem Parkplatz von Monterosso entspricht pro Stunde ungefähr dem Preis für ein Bahnticket von Levanto nach Monterosso und zurück! Besonders an Sonn- und Feiertagen sollten Tagesausflügler die Anfahrt mit dem Pkw vermeiden, die Zufahrtsstraßen sind dann kilometerweit zugeparkt, so dass man nicht einmal bis zu den vorgesehenen Parkplätzen kommt, sondern oft eine gute halbe Stunde ins Zentrum der Orte laufen muss. Wenn der Großparkplatz in Monterosso voll ist, werden die Besucherfahrzeuge einige Kilometer vor dem Ort von der Polizei gestoppt und auf Ausweichparkplätze geleitet, wo dann ein Bus zum Weitertransport wartet.

Achtung: Im gesamten Cinque-Terre-Gebiet gibt es **keine Tankstelle.**

Mit der Bahn: In allen Cinque-Terre-Orten liegt der Bahnhof mehr oder weniger zentral, nur in Corniglia führt ein steiler, schweißtreibender Treppenweg vom Bahnhof ins Zentrum hinauf (es fahren häufig auch Shuttle-Busse). Zwischen den Orten (einschließlich Levanto) beträgt die Fahrzeit maximal fünf Minuten. Die Benutzung der Nahverkehrszüge zwischen La Spezia und Levanto ist in der kombinierten *Cinque Terre Card* (→ unten) inbegriffen.
Einen Nachteil hat die Bahn allerdings: Es gibt wegen der häufigen Tunnels kaum Ausblicke – die muss man sich erlaufen. Und: Die Cinque-Terre-Bahn ist nichts für Klaustrophobiker, die Züge sind zu Stoßzeiten gestopft voll, man kommt sich recht

Die Cinque Terre Card (Carta Cinque Terre)

Die Einführung einer Tagesgebühr (5 €) für das Betreten des Küstenwanderwegs der Cinque Terre (Sentiero Nr. 2) ist sicherlich beispiellos in Italien. Der erhobene Pauschalbetrag soll dem Erhalt des Nationalparks zugute kommen und dem Urlauber die Gelegenheit bieten, einen Beitrag dazu zu leisten.
In Zusammenhang mit der Erhebung dieser „Kurtaxe" hat die Nationalparkverwaltung eine Servicekarte eingeführt. Die so genannte Cinque Terre Card soll die organisatorische Abwicklung erleichtern und wurde deshalb mit den Bahntickets kombiniert. Darüber hinaus erhält man bei den diversen Sehenswürdigkeiten in den Dörfern einen Rabatt auf den Eintrittspreis, teilweise ist der Eintritt sogar kostenlos. Ebenso kostenlos ist die Benutzung der grünen Shuttle-Busse des Nationalparks (→ unten). Die *Carta Cinque Terre* gibt es in den folgenden Varianten:

- Tageskarte für Wanderweg Monterosso–Riomaggiore (Sentiero Nr. 2) 5 €, 2-Tageskarte 8 €, 3 Tage für 10 €, Wochenkarte 20 €.
- Tageskarte für Zug und Wanderweg (1 giorno Treno + Sentiero) 8,50 €.
- 2-Tages-Karte für Zug und Wanderweg (2 giorni Treno + Sentiero) 14,70 €.
- 3-Tages-Karte für Zug und Wanderweg (3 giorni Treno + Sentiero) 19,50 €.
- 7-Tages-Karte für Zug und Wanderweg (7 giorni Treno + Sentiero) 36,50 €.

Kinder (4–12 Jahre) zahlen jeweils die Hälfte, Rentner über 70 Jahre erhalten 20 % Rabatt. Darüber hinaus gibt es Familienkarten: 2 Erwachsene und 2 Kinder bis 12 Jahre kosten 21,30 €/Tag, 2 Tage 36,80 €, 3 Tage 48,80 € und eine Woche 91,30 € (jeweils inklusive Zug).

Geltungsbereich: Die kombinierten Karten dürfen auf der Bahnstrecke Levanto–La Spezia unbegrenzt genutzt werden und müssen vor Fahrtantritt wie eine Fahrkarte am Automaten entwertet werden.

Verkaufsstellen: Die *Carta Cinque Terre* wird in den Bahnhöfen von Levanto, Monterosso, Vernazza, Corniglia, Manarola, Riomaggiore und La Spezia verkauft, ebenso in den I.A.T.- bzw. Pro-Loco-Büros; die Tageskarte für den Wanderweg gibt es auch am Weg selbst. Genauere Infos in den jeweiligen Ortskapiteln.

Riviera di Levante: Cinque Terre & Golfo di La Spezia

nahe und auch an den Bahnhöfen herrscht drangvolle Enge (hier wird außerdem auch vor Taschendiebstahl gewarnt). Außerhalb der Hauptsaison, also von Oktober bis Ostern, ist es jedoch deutlich ruhiger.

- *Fahrplan* Tagsüber verkehren die Züge etwa halbstündlich (teilweise auch etwas unregelmäßig) in beide Richtungen, auch an Wochenenden. Am besten gleich den aktuellen Fahrplan besorgen; den Plan gibt es beim Kauf der Cinque Terre Card dazu, bei den Info-Büros in Levanto und den fünf Orten liegt er zum Mitnehmen aus.
- *Tickets* Die **Cinque Terre Card** muss vor dem Einsteigen an einem der kleinen gelben Automaten (Convalida) entwertet werden, und zwar an der Seite mit der Aufschrift *Treno*. Ansonsten ist die Fahrt mit der Regionalbahn ein äußerst preisgünstiges Vergnügen: Die **Normalfahrkarte Bahn** (2. Kl.) von Levanto nach Monterosso kostet 1,30 €, ebenso die Teilstrecke Monterosso–Vernazza; die Strecke Monterosso–Manarola bzw. Monterosso–Riomaggiore kostet 1,40 €, von Riomaggiore nach La Spezia ebenfalls 1,40 €, der Höchstpreis liegt bei 1,70 € für die Strecke Levanto–Riomaggiore (von Levanto nach La Spezia 2,40 €).

Cinque Terre
Karte S. 327

Mit dem Bus: Es besteht kein Linienbusverkehr zwischen den Küstenorten der Cinque Terre, es verkehren nur Schul- und Reisebusse sowie die grünen Methangasbusse des Nationalparks: Sie verbinden 4x tägl. Monterosso mit dem Santuario di

Verdiente Rast

Soviore, 4x Vernazza mit San Bernardino, 8x tägl. Manarola mit Volastra und 6x täglich Riomaggiore mit Biassa. Des Weiteren bestehen Shuttle-Verbindungen für *Autofahrer*: ca. stündlich von Vernazza zum oberhalb gelegenen Parkplatz, halbstündlich vom Zentrum Manarola zum Parkplatz, halbstündlich von Riomaggiore zum Parkplatz Zorza und stündlich von Riomaggiore hinauf zur Abzweigung an der Küstenstraße. Zudem verkehrt etwa stündlich der Shuttle-Bus vom Bahnhof Corniglia Stazione zum oberhalb gelegenen Ort Corniglia (→ S. 341). Die Preise für die grünen Shuttle-Busse liegen bei 1,50–2,50 € (einfach).

Die Buslinie 29 der Gesellschaft ATC La Spezia fährt 3x täglich zwischen La Spezia und Volastra mit Stopps in Groppo und Bivio Riomaggiore (obere Küstenstraße, an der Abzweigung hinunter nach Riomaggiore).

Mit dem Schiff: Den Fährverkehr lenkt die Reederei Navigazione Golfo dei Poeti mit bequemen Pendelbooten. Mit Ausnahme von Corniglia werden alle Cinque-Terre-Orte bis zu 7x am Tag angelaufen, außerdem 2 x täglich von und nach Levanto und 7x tägl. von und nach Portovenere. Ein Fahrplan ist bei den jeweiligen Anlegestellen erhältlich und hängt dort aus; die Fahrkarten kauft man ebenfalls an den Anlegestellen (Tageskarte Cinque Terre 12,50 €, einfache Fahrt 3,50 €). Außerdem bietet die Reederei Bootsausflüge nach Portovenere an (Tageskarte 20–22 €, nur am Nachmittag 16 €, ermäßigt jeweils 12 €).

Information **Consorzio Marittimo Turistico Cinque Terre – Golfo dei Poeti,** Via Don Minzoni 13, 19121 La Spezia, ✆ 0187-732987, ✆ 0187-730336, www.navigazionegolfodeipoeti.it.

Baden an der Cinque-Terre-Küste

Trotz zerklüfteter Steilküste brauchen Sie auf das erfrischende Bad in den Fluten nicht überall zu verzichten. Da bietet sich zunächst der lange Sandstrand von *Monterosso* an – zwar sehr einladend, aber auch recht stark frequentiert. Ein weiterer Strand, allerdings Kies und Stein, findet sich in *Corniglia*. Auf dem langen, schmalen *Spiaggione di Corniglia* bleibt jedoch schon bei mittelmäßiger Brandung kein Stein trocken. Ansonsten gibt es mehrere Felsbadestellen in unmittelbarer Nähe der Ortschaften.

Wandern in den Cinque Terre

Der Klassiker unter den Wanderwegen an der Riviera und der wohl berühmteste Wanderpfad Italiens, wenn nicht Europas, ist die Cinque-Terre-Küstenwanderung, die mitten durch die einzigartige Kulturlandschaft der Cinque Terre führt und alle fünf Küstendörfer miteinander verbindet. Die gesamte Strecke von Monterosso nach Riomaggiore *(Sentiero Nr. 2*; 14 km) lässt sich auch als Ganztageswanderung bewältigen, allerdings werden dann die sehenswerten Dörfer wohl buchstäblich auf der Strecke bleiben.

Der berühmteste Abschnitt ist das letzte Teilstück von Manarola und nach Riomaggiore, die *Via dell'Amore* – zu viel aber sollte man vom „Weg der Liebenden" nicht erwarten. Zum einen ist er eher ein breiter Küstenboulevard als ein Wanderweg. Zum anderen ist man auf diesem vor allem bei außereuropäischen Touristen berühmten Weg mit Sicherheit nicht allein. Im Gegenteil: Im Sommer gleicht dieser Abschnitt dem Zieleinlauf beim Volkswandertag.

Sehr viel schöner sind die ersten beiden Abschnitte: von Monterosso nach Vernazza und von dort weiter nach Corniglia. Allerdings werden Wanderer hier immer wieder Opfer des Via-dell'Amore-Images: Hier handelt es sich nicht um Strandspaziergänge, sondern in der Tat um Wanderungen. So kann es auf diesen Wegen passieren, dass man hochroten, fluchenden „Wanderern" begegnet, die mit Badelatschen oder geschulterten Kinderwägen die Anforderungen schlicht unterschätzt haben. Ein Mindestmaß an Kondition und Trittsicherheit ist gefordert, ein wenig Schwindelfreiheit von Nutzen.

Der wohl schönste Abschnitt ist das mittlere Teilstück von Vernazza nach Corniglia sowie der unter Wanderung 7 beschriebene Einstieg in die Cinque Terre: der Wanderweg von Levanto nach Monterosso (s. S. 319).

Wanderung 8: Monterosso – Vernazza

Charakteristik: Dieser schöne Abschnitt auf dem Küstenwanderweg (Sentiero Nr. 2) ist alles andere als ein Spaziergang und nichts für Badeschlappen. Der Weg über teilweise enge Pfade ist relativ anstrengend, gutes Schuhwerk und ein wenig Trittsicherheit sind notwendig (vor allem nach Regen ist rutschiger Untergrund möglich), und auch halbwegs schwindelfrei sollte man sein: An einigen Stellen geht es, wenn auch bewachsen, steil bergab – also auch Vorsicht mit Kindern und Hunden.

Länge/Dauer: 5 km, etwa 2 Std. reine Gehzeit.

Einkehren: nur in Monterosso und Vernazza.

Start/Maut: am Bahnhof von Monterosso. Tageskarte zum Cinque-Terre-Wanderweg → S. 326.

Karte: Cinque Terre, Golf von La Spezia, Edizione Multigraphic, 1:25.000.

Wegbeschreibung: Vom Bahnhof in Monterosso (WP 01) geht es auf dem Lungomare nach Osten und durch den Tunnel zum alten Ortsteil von Monterosso (etwas länger, aber schöner zu laufen ist es, wenn man vor dem Tunnel rechts auf der Promenade um die Felszunge herumgeht). Neben der Bahntrasse entlang gehend, gelangt man auf die andere Seite der Bucht und zu einem leicht ansteigenden, gepflasterten, durch ein Geländer gesicherten Wanderweg. Wenige Meter vor dem *Hotel Rocca* (und schon ein paar Meter über dem Meer) führt eine kleine Treppe rechter Hand hinunter (WP 02, Beschilderung: *Vernazza*, Markierung: *rot/weiß*). Diese hinab und ein Stück oberhalb der Küste entlang. Bald ist eine weitere Treppe erreicht. Anstrengende Stufen führen hinauf zu einem Ticket-Häuschen (Tageskarte 5 €). Dahinter beginnt der eigentliche Wanderweg.

Auf teils schmalen Pfaden geht es durch terrassierte Weinfelder. Oftmals ist der Pfad so eng, dass man in „Nischen" warten muss, um entgegenkommende Wanderer passieren zu lassen. Auch sind Aufstieg und teils hohe Stufen recht anstrengend und erfordern Trittsicherheit. Aber immer wieder belohnen den Wanderer atemberaubende Ausblicke.

Zunächst geht es weiter bergan und landeinwärts entlang eng stehender Mauern. Immer wieder sind hohe Stufen zu überwinden, bis man oben ankommt und auf einem weitgehend ebenen Pfad auf schmalen Terrassen und in weitem Bogen den Küsteneinschnitt entlanggeht (Markierung weiterhin *rot/weiß*). Nach einer Weile erreicht man nach leichtem Auf und Ab eine kleine *Steinbrücke* (WP 03) und kommt, weiter am Hang entlang wandernd, zu einer Bank an einem *Aussichtspunkt* (WP 04).

Schließlich geht es langsam an den Abstieg, der wegen unebener Steinstufen auch nicht ganz unbeschwerlich ist. Während des Abstiegs öffnet sich nur an einer Stelle ein schöner Blick auf Vernazza: wenn man bereits direkt über dem Hafenbecken steht. Bald passiert man das Tickethäuschen (WP 05) und erreicht das Dorf. Durch eine Gasse geht es auf die Hauptgasse von Vernazza, links führt der Weg zum Bahnhof (WP 06), rechts zum Hafen.

Wer noch Luft und Lust zum Weiterlaufen hat, kann nach dem obligatorischen Besuch des idyllischen Hafens nach Corniglia weiterwandern (→ Wegbeschreibung *Wanderung 9*). Zurück nach Monterosso entweder auf gleichem Weg oder mit der Bahn.

Wanderung 9: Vernazza – Corniglia

Charakteristik: Der vielleicht schönste Abschnitt des Cinque-Terre-Küstenwanderwegs ist ebenfalls kein Spaziergang, sondern wegen des zu überwindenden Höhenunterschieds relativ anstrengend.

Länge/Dauer: 4 km, gut 2 Std. reine Gehzeit.

Einkehren: in Vernazza und Corniglia sowie etwa auf halber Strecke im Weiler Prevo.

Start/Maut: am Bahnhof von Vernazza. Tageskarte zum Cinque-Terre-Wanderweg → S. 326.

Karte: Cinque Terre, Golf von La Spezia, Edizione Multigraphic, 1:25.000.

Wegbeschreibung: Vom Bahnhof (WP 01) geht es auf der Hauptgasse (Via Roma) zunächst Richtung Hafen und bei der Apotheke links in eine schmale Treppengasse hinein (wer die Wanderung 8 gegangen ist, trifft aus der genau gegenüberliegenden Gasse kommend auf die Via Roma). Über jede Menge Stufen geht es hinauf zu dem über Vernazza thronenden Rundturm.

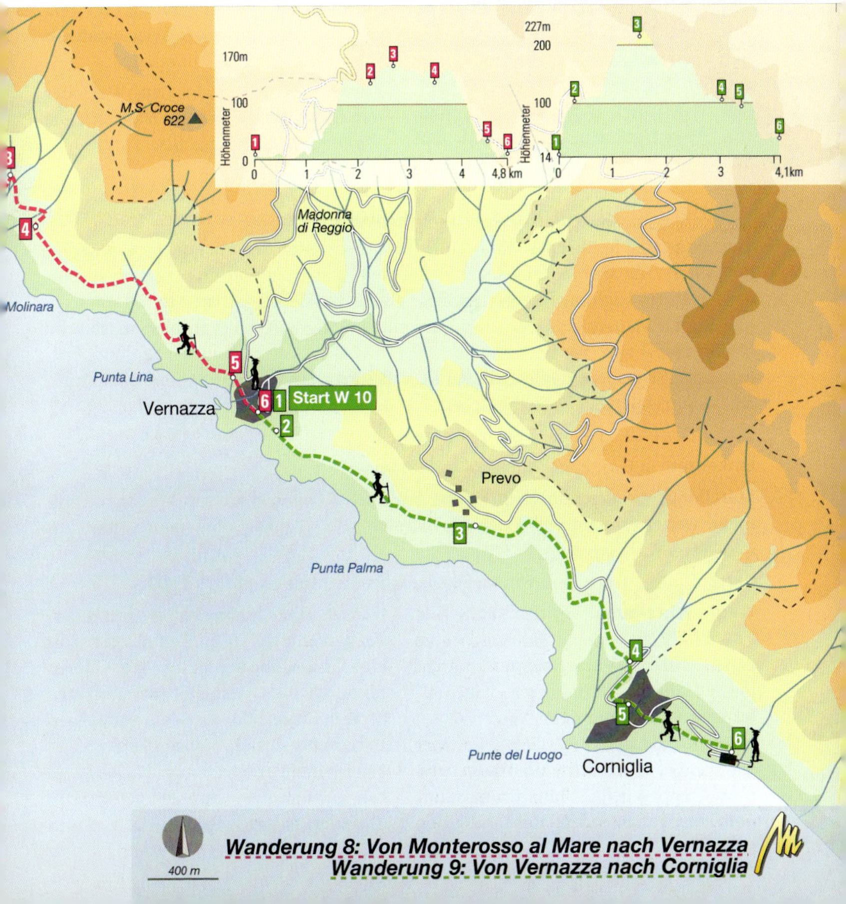

Wie bei Wanderung 8 ist der Wanderweg (Sentiero Nr. 2) *rot-weiß* markiert. Bald gelangt man zum *Tickethäuschen* (WP 02); nach ein paar weiteren Stufen sieht man auf dem vorläufig höchsten Punkt den sich an den Hang schmiegenden Wanderpfad sowie das Ziel Corniglia, das in nicht allzu weiter Ferne auf dem Felsrücken liegt.

Zunächst verläuft der Pfad weitgehend ebenerdig und mit herrlicher Aussicht über die Küste. Schließlich ist noch ein weiterer anstrengender Aufstieg über unebene, teils hohe steinerne Stufen zu bewältigen, bis man auf einem sehr schmalen Pfad mit Blick auf Corniglia den Weiler *Prevo* (WP 03) erreicht. Nur eine Handvoll Häuser verteilen sich am Hang, darunter befindet sich die Bar *Il Gabbiano* (April bis Sept. tägl. 9–18 Uhr). In Prevo bleibt man, alle Abzweigungen ignorierend, auf dem Wanderweg und geht geradewegs hinauf zum höchsten Punkt der Wanderung. Vom schmalen Pfad hoch über der Küste bieten sich atemberaubende Ausblicke auf Corniglia und das Nachbardorf Manarola. Nach einer Kurve sieht man den Weg einen Bogen schlagen. An dessen Scheitelpunkt passiert man einen kleinen *Picknickplatz*.

Bald darauf beginnt der mühelose Abstieg, teils über Stufen (Vorsicht bei oder nach Regen!) und durch Olivenhaine. Schließlich erreicht man an der Straße das Tickethäuschen (WP 04). Leicht versetzt führt auf der anderen Straßenseite eine Gasse zwischen Mauern zur Kirche *San Pietro* (WP 05). Geradeaus geht es zum Bahnhof (WP 06), rechter Hand führt der Weg hinab ins Centro storico von Corniglia.

Zurück geht es auf gleichem Weg oder mit dem Zug. Alternativ lässt sich die *Wanderung 10* anschließen.

Wanderung 10: Corniglia – Riomaggiore

Charakteristik: Die leichte Wanderung führt im zweiten Teil über die berühmte *Via dell'Amore*, die als breit angelegte Promenade Manarola und Riomaggiore verbindet – eher ein Highway für Spaziergänger als ein Wanderpfad. Der erste Teil von Corniglia nach Manarola dagegen kann aus einem anderen Grund problematisch sein: Nach schlechtem Wetter wird der Weg zuweilen wegen Steinschlag- und Erdrutschgefahr gesperrt. Ob er geöffnet ist, erfährt man in den Tourist-Informationsbüros oder in einem der Tickethäuschen.

Länge/Dauer: 4,5 km, gut 1 Std. reine Gehzeit.

Einkehren: in Corniglia, Manarola und Riomaggiore.

Start/Maut: an der hübschen Kirche *San Pietro* (wenn man von Vernazza kommend weiterwandern will) oder am Bahnhof von Corniglia. Tageskarte zum Cinque-Terre-Wanderweg → S. 326.

Karte: Cinque Terre, Golf von La Spezia, Edizione Multigraphic, 1:25.000.

Wegbeschreibung: Vor der Kirche *San Pietro* (WP 01) stehend, führt links eine Gasse entlang. Kurz dahinter mündet linker Hand der Wanderweg 7 ein, weiter geht es aber auf dem Weg Nr. 2 geradeaus. Bald führt eine Gasse hinunter zur Straße, diese wird überquert und über Treppen geht es hinab zum Bahnhof. Die Stufen enden quasi über den Gleisen, links hinab geht es zum *Bahnhofsgebäude* (WP 02). Dahinter verläuft eine Unterführung unter den Gleisen hindurch zu einer verwahrlosten Strandpromenade mit den verfallenen Baracken eines ehemaligen Feriendorfs. Nach einem trostlosen Stück Wegstrecke gelangt man zum obligatorischen *Tickethäuschen* (WP 03).

Leicht ansteigend führt nun ein breiter, teils gesicherter Weg oft direkt an der Abbruchkante entlang bis zu einer schaukeligen *Hängebrücke* (WP 04), die eine Steinlawine überquert. Schließlich erreicht man das *Tickethäuschen von Manarola* (WP 05). Bei der kurz darauf folgenden Weggabelung geht es rechts hinunter (eine weitere Abzweigung wenige Meter weiter führt zu einem Picknickplatz). Man trifft auf einen gepflasterten, von einem Geländer gesicherten Weg, der in den Fels geschlagen um die Landzunge herum und schließlich zum kleinen schmucken *Hafen von Manarola* (WP 06) hinabführt.

Weiter geht es die Hauptgasse hinauf und über die Terrassenpiazza zu einer Abzweigung (geradeaus führt der Weg in den oberen Ortsteil), rechts durch den Tunnel kommt man zum *Bahnhof* (WP 07). Dieser Tunnel endet vor der Tourist-Info. Hier links vorbei (mit dem obligatorischen Ticket) geht es zur berühmten *Via dell'Amore*, die sich allerdings wenig romantisch präsentiert –

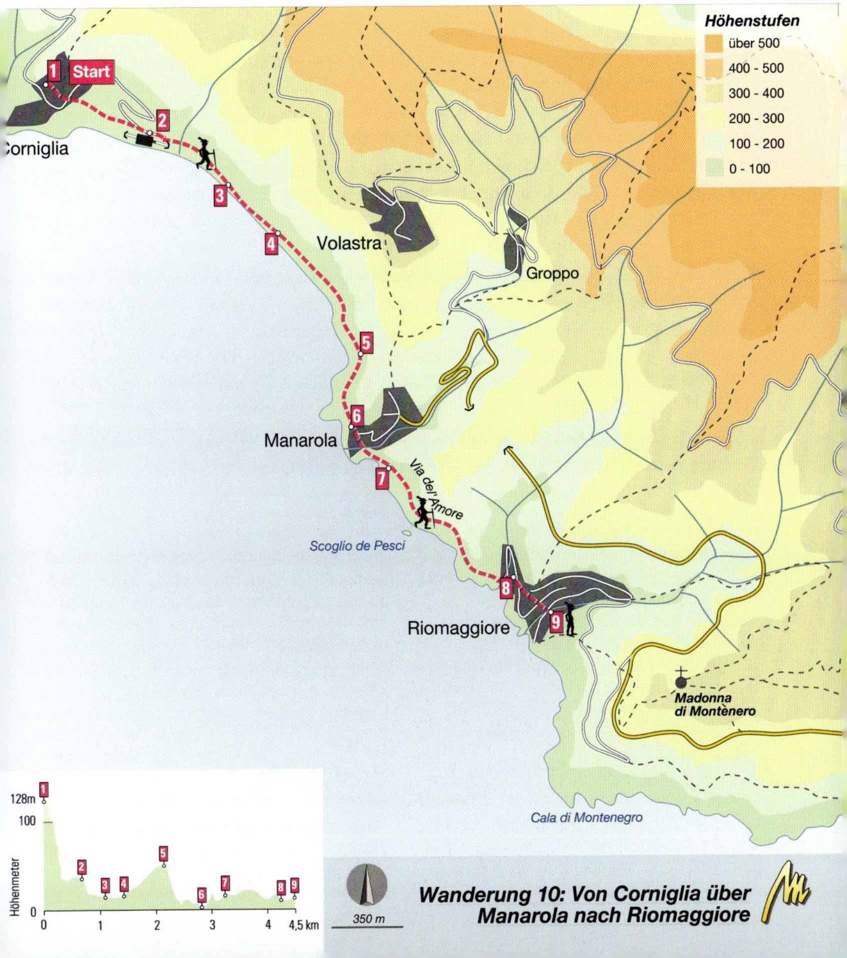

Wanderung 10: Von Corniglia über Manarola nach Riomaggiore

ein breiter Wander-Highway im Fels mit mehr oder weniger spektakulärer Aussicht. Allzu viel sollte vom „Weg der Liebenden“ nicht erwarten. Bald ist das Tickethäuschen in Riomaggiore erreicht, der Weg kommt am *Bahnhofsplatz* (WP 08) heraus. Von hier führt ein langer, dunkler Tunnel zur Hauptgasse von Riomaggiore (WP 09).

Zurück geht es auf gleichem Weg oder mit der Bahn.

Monterosso (al Mare)

ca. 1500 Einwohner

Der Hauptort und das touristische Zentrum der Cinque Terre liegt am Fuß eines breiten Sonnentals flach am Meer. Die weitläufige Architektur hat bei weitem nicht den Reiz der vier kompakten Nachbarorte. Doch die Vorteile von Monterosso liegen auf der Hand: Die gute touristische Infrastruktur und der lange Sandstrand machen das Dorf zum geeigneten Standort für einen längeren Cinque-Terre-Aufenthalt.

Auch in Monterosso hat die Bahntrasse die Altstadt vom Ufer abgeschnitten, wo sich ein kleiner Kies-Sand-Strand um einen Felsen krümmt. Den oval angelegten Ortskern mit seinen hübschen Ladengassen und kleinen Plätzen hat man schnell durchlaufen. Lebhaft geht es hier vor allem am Freitagvormittag zu, wenn die fliegenden Händler ihre Marktstände aufgebaut haben.

Von der Altstadt bohrt sich ein Tunnel durch die Felsnase des Hügels *San Cristoforo* hindurch zur schmalen, von Tamarisken gesäumten Uferpromenade des neueren Ortsteils *Fegina*. Unterhalb erstreckt sich der lange, einladende Sandstrand, der im Sommer meist hoffnungslos überfüllt ist. Parallel zur Uferstraße zieht sich eine Reihe älterer und neuerer Zweckbauten, darunter auch das leicht erhöht liegende Bahnhofsgebäude.

Information/Diverses

• *Information* **I.A.T.-Büro** im Bahnhofsgebäude an der Uferstraße; März bis Ende Okt. tägl. durchgehend 9–19 Uhr geöffnet, im Winter unregelmäßig geöffnet (Nov. bis Weihnachten ganz geschlossen). Hotel- und Privatzimmerverzeichnis, Fährfahrplan, Veranstaltungskalender, Infomaterial zum Nationalpark, Wanderkarten und mehr. Freundlicher, hilfsbereiter Service. ✆ 0187-817506 oder 817059, 📠 0187-817151, accoglienzamonterosso@parconazionale5terre.it.

Infobüro des Nationalparks, ebenfalls im Bahnhofsgebäude; ganzjährig tägl. 8–20 Uhr geöffnet. Auch Verkaufsstelle der *Cinque Terre Card* und Zugtickets, hier gibt es auch eine Unterkunftsliste. ✆ 0187-817059.

• *Bank* Mehrere **EC-Bancomaten** in beiden Ortsteilen.

• *Internet* **The Net**, Internet-, Computer-, Telefon-, Fax- und Print-Service. Internet: die ersten 10 Minuten 1,50 €, danach 10 Cent/Minute. Mitten in der Altstadt; tägl. 10–22 Uhr geöffnet. Via Vittorio Emanuele 55, ✆ 0187-817288, www.monterossonet.com.

• *Verbindungen* → S. 325–328.

• *Parken* Im Ortsteil Fegina gibt es einen gebührenpflichtigen Großparkplatz (1,50 €/Std., 12 €/Tag, 65 €/Woche; Wohnmobil 2 €/Std., 18 €/Tag, 120 €/Woche; 5.11.–14.3. kostenlos). Im alten Ortsteil ist Parken quasi unmöglich, zwar gibt es ein kleines Parkhaus, das ist aber meistens voll, und auch die blau markierten, gebührenpflichtigen Parkplätze (1,50 €/Std.) am oberen Ortsrand lassen sich fast an einer Hand abzählen: am besten fährt man zum Parken gleich nach Fegina und läuft in wenigen Minuten hinüber in die Altstadt.

• *Transfer* Drei **Taxis** (Minibusse) und ein **Kleinbus** pendeln zwischen Parkplatz und Altstadt hin und her. Taxitarife um 8 €, Bus 1 €. Die Taxis sind unter ✆ 335-6280933, 335-6165845, 335-6165842 und 328-5834969 (alle mobil) erreichbar.

• *Feste & Veranstaltungen* **Sagra del Limone**, Zitronenernte-Kirmes am dritten Wochenende im Mai.

Sagra dell'acciuga (fritta), am dritten Wo-

Monterosso

chenende im Juni. Nicht zu verwechseln mit der **Sagra dell'acciuga salata**, drittes Wochenende im September, die Sardinen-Kirmes.

Patronatsfest von San Giovanni Battista am 24. Juni – mit viel festlicher Folklore.

Festival della Musica Rock, Anfang August, kleines Straßenrockfestival.

Große **Sommerfeuerwerke** am 24. Juni und 14. August (in der Nacht vor Ferragosto).

Die örtlichen **Marienfeste** finden ebenfalls im August statt; Zentren der Madonnenverehrung sind die meist oberhalb der Cinque-Terre-Orte liegenden Wallfahrtskirchen Madonna di Soviore, Madonna di Reggio, Nostra Signora delle Grazie, Nostra Signora della Salute, Nostra Signora di Montenero.

Sagra del Vino, Weinfest am vierten Wochenende im September.

• *Baden/Wassersport* Diverse **Bagni** am Altstadtstrand und am langen Strand von Fegina; Liegestühle, Sonnenschirme, Motorboot-, Kanu- und Tretbootverleih; jeweils 9–19 Uhr geöffnet.

Übernachten

**** **Porto Roca**, oberhalb vom Ort in traumhafter Lage auf einem Felsvorsprung direkt über dem Meer; die meisten Zimmer mit Meerblick und Balkon. Abgeschieden, schick und teuer, vornehmes Hotelrestaurant. EZ 220 €, mit Meerblick 260 €, DZ 255 €, mit Meerblick 295 €, kleines EZ/DZ 195 €, jeweils inkl. Frühstücksbüfett und Strandservice. Hunde sind erlaubt (11 €/Tag). Via Corone 1, 19016 Monterosso al Mare (SP), ✆ 0187-817502, 📠 0187-817692, www.portoroca.it.

**** **Delle Palme**, im Ortsteil Fegina; gepflegter, roter Neubau mit Palmengarten im hinteren Ortsteil, beim „Giganten" (→ Sehenswertes) die Straße hinein; recht komfortabel und relativ ruhig gelegen, Vertragshaus deutscher Reiseveranstalter. Geöffnet Ende März bis Ende Okt. EZ 120 €, DZ 160 €, Dreibett-Zimmer 207 €, Vierbett-Zimmer 250 €, jeweils inkl. Frühstück. Via IV Novembre 18, 19016 Monterosso al Mare (SP), ✆ 0187-829013, 📠 0187-829081, www.hotelpalme.it.

*** **Cinque Terre**, nur wenige Meter vom Delle Palme entfernt; schon etwas älterer Neubau mit Vorgarten und eigenem Parkplatz. Zimmer renoviert, freundlicher Service. Ostern bis Mitte Okt. geöffnet. EZ 100–110 €, DZ 140–150 €, Dreibett-Zimmer 180–190 €, Vierbett-Zimmer 200–220 €, jeweils inkl. Frühstück. Via IV Novembre 21, 19016 Monterosso al Mare (SP), ✆ 0187-817543, 📠 0187-818380, www.hotel5terre.com.

Cinque Terre Karte S. 327

*** **Pasquale**, stattlicher Palazzo in schöner Lage oberhalb des Altstadtstrands, freundlicher Familienbetrieb, z. T. recht kleine Zimmer. EZ 150 €, DZ 195 €, Dreier 220 €, jeweils inkl. Frühstücksbuffet. Via Fegina 4, 19016 Monterosso al Mare (SP), ✆ 0187-817477, ✆ 0187-817056, www.pasini.com.

*** **Degli Amici**, gepflegter, neuerer Palazzo, ruhig gelegen im hinteren Teil der Altstadt; mit Garten und Blick auf Monterosso und das Meer. Hotelrestaurant. DZ 135 €, Frühstück 10 €/Person, Halbpension 94 €/Person. Via Buranco 36, 19016 Monterosso al Mare (SP), ✆ 0187-817544, ✆ 0187-817424, www.hotelamici.it.

*** **Albergo Marina**, gleich neben Degli Amici; freundliche, sympathische Atmosphäre. Ristorante im Gewölbe und im Garten. EZ ohne Bad 65 €, EZ mit Bad 120 €, DZ 140 €, jeweils inkl. Frühstück. Via Buranco 40, 19016 Monterosso al Mare (SP), ✆ 0187-817613, ✆ 0187-817242, www.hotelmarina5terre.com.

*** **Villa Adriana**, im Ortsteil Fegina, nicht allzu weit vom Meer, großes, freundliches Albergo mit Pool im palmenbestandenen Garten, eigener Strandabschnitt und Parkplatz. Angenehme Zimmer mit Fliesenboden und teilweise auch mit Balkon. Geöffnet 20.3.–31.10. Leser loben das Hotelrestaurant, in dem die Halbpension als vorzügliches 4-Gänge-Menü auf den Tisch kommt. EZ 80 €, DZ 148 €, jeweils inkl. Frühstück; EZ mit Halbpension 90 €, DZ mit Halbpension 172 €. Via IV Novembre 23, 19016 Monterosso al Mare (SP), ✆ 0187-818109, ✆ 0187-818128, www.villaadriana.info.

*** **Margherita**, frisch renoviertes Hotel in der Altstadt, gegenüber von der Locanda Il Maestrale (→ unten), innen moderner Chic. Anfang März bis Ende Dez. geöffnet. EZ 90 €, DZ 150 €, Dreibett-Zimmer 180 €, Frühstück jeweils inkl. Via Roma 72, 19016 Monterosso al Mare (SP), ✆ 0187-808002, ✆ 0187-818392, www.hotelmonterosso.it.

** **Stella della Marina**, kleines Hotel mitten in der Altstadt, neben der Kirche, neben dem Ristorante Moretto geht es die schmale Gasse rein. Schlichte Zimmer, aber nicht ungemütlich, teilweise schöner Blick. Ganzjährig geöffnet. EZ 110 €, DZ 150–175 €, inkl. Frühstück. Via XX Settembre 11, 19016 Monterosso al Mare (SP), ✆ 0187-817624, ✆ 0187-813783, www.stelladellamarina.com.

* **Meublé Agavi**, stattlicher Palazzo an der lauten Uferpromenade, zwischen Bahnhof und dem Tunnel zur Altstadt; schlichte Zimmer mit Bad, schöner Meerblick, freundliche Besitzerin, recht teuer. Ganzjährig geöffnet. EZ 70 €, DZ 110 €, kein Frühstück. Via Fegina 30, 19016 Monterosso al Mare (SP), ✆ 0187-817171, ✆ 0187-818264, agavi@libero.it.

Locanda Il Maestrale, unser Tipp: B & B der gehobenen Kategorie, in einem jüngst restaurierten historischen Altstadtpalazzo; stilvoll und komfortabel; lauschige Frühstücksterrasse, freundliche Leitung, hier lässt es sich länger aushalten. EZ 110 €, DZ 145 €, 2-Zimmer-Studio 190 €, jeweils inkl. Frühstück. Via Roma 37, 19016 Monterosso al Mare (SP), ✆ 0187-817013, ✆ 0187-817084, www.locandamaestrale.net.

Essen & Trinken/Enoteche

Belvedere, unter den Bahnarkaden am kleinen Altstadtstrand; Fischspezialitäten, große Auswahl, gehobene Preise. Mittags und abends geöffnet, in der Nebensaison Di Ruhetag. Piazza Garibaldi 38. ✆ 0187-817033.

La Lampara (Ciak), beliebtes Restaurant in schöner Lage mitten in der Altstadt, immer voll, guter Fisch und leckeres Risotto. Menü ab ca. 30 €. Mi Ruhetag. Piazza Don Minzoni 6. ✆ 0187-817014.

Da Ely, in der Gasse längsseits der Kirche (bei der Hafenpiazza); gemütlich-rustikal eingerichtet, einige Tische draußen; solide Fischküche und leckere Pizza, Fischmenü ca. 30–35 €, Pizza 5–8 €. Mittags und abends geöffnet, Mo Ruhetag. Via V. Emanuele 15. ✆ 0187-818206.

• *Enoteche/Bars* Eine der Weinstuben in der Altstadt sollte man unbedingt besuchen, um den köstlichen Cinque-Terre-Weißwein oder den Sciacchetrà-Dessertwein zu probieren.

Enoteca da Eliseo, mitten in der Altstadt, Tische an der kleinen Dreiecks-Piazza Matteotti unter Weinreben; lange geöffnet. Piazza Matteotti 3, ✆ 0187-817308.

Bar Centrale, die beliebteste und volkstümlichste Altstadt-Bar, an der Hauptpiazza Garibaldi, etliche Tische im Freien; die alten Fotos an den Wänden zeigen u. a. Monterosso nach der Schlammlawine von 1966; abends kommt man kaum an den Tresen ran; Gelato, Vino, Birra und Grappa.

• *Essen/Außerhalb* **Il Ciliegio**, unser Tipp! 3 km oberhalb von Monterosso (Straße

Richtung Levanto) nach dem kurzen Straßentunnel sofort links ab (beschildert). Einladendes, sehr typisches Ristorante mit Terrasse und Blick hinunter auf Monterosso und die Küste. Auf den Tisch kommt klassische ligurische Küche auf hohem Niveau. Wir probierten u. a. das gute Antipasto Mare misto (10 €), das in zwei Gängen – erst kalt, dann warm – kommt und locker für zwei reicht, außerdem hervorragende Trenette mit Pesto, auch an den Fisch-Secondi (je um 12 €) gibt es nichts auszusetzen. Empfehlenswert auch die Muscheln und die Fischpasta (ab 2 Personen). Sehr guter weißer Hauswein, freundlicher, prompter Service, Menü um 30–35 €. Mittags und abends geöffnet (für abends reservieren), Mo Ruhetag. Loc. Beo, ✆ 0187-817829.

Sehenswertes in Monterosso

Chiesa San Giovanni Battista: Die romanisch-gotische Pfarrkirche in der Altstadt (13./14. Jh.) zeigt sich wie die in Levanto mit sehr gut erhaltener grünlich-weißer Streifenfassade. Auch die Fensterrose aus weißem Marmor ist ein Prunkstück; nur der zinnenbewehrte Glockenturm passt nicht so recht ins Bild. Die Genueser befestigten den Kirchturm im 15. Jh. kurzerhand – wahrscheinlich waren sie es leid, in jedem Küstenort immer neue Wehrtürme gegen Piraten zu errichten. Im Kircheninneren sind die ligurischen Künstlergrößen *Luca Cambiaso* mit einer Rosenkranz-Madonna und *Maragliano* mit einem Kruzifix vertreten. Das Patronatsfest von San Giovanni Battista findet mit viel festlicher Folklore am 24. Juni statt. Ganztägig geöffnet.

Convento dei Cappuccini und Chiesa San Francesco: Auf dem Hügel *San Cristoforo* am Westrand der Altstadt thront unübersehbar das Kapuzinerkloster mit einer Kirche aus dem frühen 17. Jh. Zum Kirchenschatz gehören einige kostbare Gemälde aus dem 16. Jh., darunter ein Kreuzigungsbild, das *Anton van Dyck* (1599–1641) zugeschrieben wird.

Unmittelbar über dem Klosterkomplex steht die Ruine der *Genueser Burg*, deren Rundturm immer noch ziemlich standfest wirkt. Der Friedhof von Monterosso zieht sich wie ein Gräberteppich über das Gelände der früheren Festung – unbedingt etwas für Romantiker. Ganztägig geöffnet.

„Il Gigante": Die lädierte Neptunfigur steht unübersehbar im Ortsteil Fegina. 1910 wurde das rund 15 m hohe Standbild am Strand errichtet. Die einst von Neptun gestützte Betonmuschel, die als Aussichtsbalkon diente, wurde in den 1960er Jahren von einer Sturmflut weggespült. Seitdem vermisst Neptun auch mehrere Körperteile und seinen Dreizack. Eine Restaurierung von Il Gigante mit öffentlichen Mitteln ist nicht geplant, da sich das Grundstück mittlerweile in Privatbesitz befindet.

Cinque Terre Karte S. 327

Eugenio Montale (1896–1981)

Der in Genua geborene und in der *Villa Montale* am Ortsrand von Monterosso (Fegina) aufgewachsene Lyriker war ein Hauptvertreter des so genannten *Hermetismus,* einer Stilrichtung der modernen italienischen Lyrik, die sich am französischen Symbolismus orientierte. Seine zumeist spröden und strengen Verse zeigen eine eigenwillige Verbindung von konkreten Motiven und Gefühlszuständen. Eugenio Montale war zeitlebens fasziniert von der bizarren Küstenlandschaft der Cinque Terre, die ihn inspirierte und seine Sprachkraft beflügelte. Darüber hinaus übersetzte Montale bedeutende englischsprachige Autoren wie William Shakespeare und Herman Melville und arbeitete als Literaturkritiker für den „Corriere della Sera" in Mailand, wohin er nach dem Zweiten Weltkrieg übergesiedelt war. 1975 erhielt Montale den Nobelpreis für Literatur. Er starb 1981 in Mailand.

Monterosso/Umgebung

Santuario Nostra Signora di Soviore

Die romanisch-frühgotische Wallfahrtskirche (13./14. Jh.), gut 5 km oberhalb von Monterosso, steht samt angrenzendem Gebäudekomplex und großer Aussichtsterrasse mitten im Grünen. Am 15. August findet hier das größte und stimmungsvollste *Himmelfahrtsfest* der Umgebung statt. Alle 25 Jahre wird die Madonnenfigur mit dem Jesuskind in einer feierlichen Prozession nach Monterosso hinunter getragen – zuletzt im September 2000. Auf der weitläufigen Terrasse vor der Wallfahrtskirche finden in den Sommermonaten klassische Konzerte statt.

• *Anfahrt/Wandern* Der Wallfahrtsort liegt an der Verbindungsstraße Monterosso – Vernazza (bzw. La Spezia). **Busse** verkehren mind. 4x tägl. (in der Hochsaison bis zu 8x) zwischen Monterosso und Soviore (1,50 €). Von der Altstadt von Monterosso führt auch ein **Wanderpfad** hinauf (ca. 1 Std.); oben schöner Weg durch dichten Kiefernwald.

• *Übernachten/Essen* **Santuario Signora di Soviore**, gehört zu einem beliebten Ausflugsrestaurant; kantinenartiges Ambiente, deftige Küche, vernünftige Preise, Menü um 25 €, an Wochenenden oft voll. Zudem werden im ehemaligen Klostergebäude schlichte, saubere Zimmer vermietet, Das Ristorante ist ganzjährig mittags und abends geöffnet; auch Bar. EZ 50 €, DZ 85–100 €, Dreibett-Zimmer 120 €, jeweils inkl. Frühstück. Halbpension 55 € pro Person. Loc. Soviore 2, 19016 Monterosso al Mare (SP), ✆ 0187-817385, 📠 0187-817097, www.soviore.org.

Vernazza

ca. 1000 Einwohner

Ohne Zweifel das hübscheste der fünf Cinque-Terre-Dörfer. Hier stimmen Rhythmus, Proportionen und Farben – einfach perfekt!

Hauptanziehungspunkt des Vorzeigedörfchens ist die anmutige kleine Hafenpiazza, die den gestressten Besucher widerstandslos sofort in den Bann mediterraner Gelassenheit zieht.

Die breite Hauptgasse führt vom Bahnhof hinunter zur Hafenpiazza, auf diesen paar Metern spielt sich das gesamte dörfliche Leben ab. Geduldig lehnen die Besitzer der liebevoll dekorierten Geschäfte an den Eingängen, Hausfrauen halten ihren Vormittagsschwatz, und die Ältesten des Dorfs sitzen im Schatten ihrer Häuser. An manchen Tagen beleben die Marktstände der fliegenden Händler das Zentrum von

Vernazza. Durch dieses Dorfidyll bewegt sich im Sommer ein endloser Touristenstrom, von dem sich die Einheimischen offensichtlich nicht beeindrucken lassen, sich den Gegebenheiten aber dennoch durch ein erweitertes Warenangebot „angepasst“ haben.

Links und rechts der Hauptgasse führen handtuchschmale Treppengassen in ein heimeliges Wohnlabyrinth, in dem die Zeit still zu stehen scheint. Verzierte Eingangsportale und zierliche Gewölbebögen lassen das Ortsbild noch ein wenig hübscher erscheinen als in den Nachbardörfern. Und unten am Hafenbecken, dem *Porticciolo*, steigert sich Vernazzas Charme zur vollendeten Idylle: Farbenprächtige Fassaden und tiefe Laubengängen säumen die belebte kleine Piazza mit Hafenstrand, bunte kleine Fischerboote schaukeln auf dem Wasser oder liegen in Reih und Glied am Strand. Gemütliche Cafés und Restaurants laden zu einer Pause ein, um Vernazza noch ein wenig länger zu genießen.

• *Information* **Büro des Nationalparks** im Bahnhof; im Sommer tägl. 9–20 Uhr, Winter 10–17 Uhr, Herbst und Frühling 7–19 Uhr. Neben Informationen gibt es auch deutsche Literatur zu den Cinque Terre, Hilfe bei der Zimmersuche und jede Menge Souvenirs. ✆ 0187-812533.

• *Verbindungen* → S. 325–328.

• *Parken* Wenn man irgendwo überhaupt nicht mit dem Auto ankommen sollte, dann in Vernazza: Eine Schranke versperrt die Zufahrt zum Ort, geparkt werden muss weit oberhalb und gebührenpflichtig: 2 €/Std., 12 €/Tag, 70 €/Woche (Dez. bis Februar frei).

• *Übernachten* ** **Gianni**, zum Restaurant (→ unten) von Gianni Franzi an der Hafenpiazza gehört auch eine Pension mit kleinen, gemütlichen Zimmern direkt unterhalb der Hafenfestung. Auskunft im Restaurant. 10. Jan. bis 10. März geschlossen. EZ ohne Bad 50 €, EZ mit Bad 75 €, DZ ohne Bad 85 €, DZ mit Bad 110 €, Frühstück extra. Piazza Marconi 5, 19018 Vernazza (SP), ✆ 0187-821003, 0187-812228, www.giannifranzi.it.

** **Sorriso**, freundliche Travellerherberge hinter dem Bahnhof, wenige Meter die Straße hinauf; kann wegen der Züge etwas laut werden; schlichte, aber nette Zimmer, einige neu renoviert und mit Aircondition; Frühstücksbar. EZ ohne Bad 55 €, EZ mit Bad 60 €, DZ ohne Bad 80 €, DZ mit Bad 100 €, DZ mit Bad und Aircondition 120 €, jeweils inkl. Frühstück. Via Gavino 4, 19018 Vernazza (SP), ✆ 0187-812224, 0187-821198, www.pensionesorriso.com.

Der Hafen von Vernazza

* **Albergo Barbara**, kleine Pension am Kopfende der Hafenpiazza, in den zwei obersten Stockwerken des Palazzo Nr. 30. Neun Zimmer, teils mit Meerblick. Nett und günstig sind die kleinen Zimmer mit Mansarde in der obersten Etage, gepflegte Bäder. Jan. / Feb. geschlossen. DZ ohne Bad (2 Zimmer teilen sich eines) 50 €, mit Bad 60–65 €, großes DZ mit Bad und Meerblick 100 €, kein Frühstück. Piazza Marconi 30, 19018 Vernazza (SP), ✆/ 0187-812398, www.albergobarbara.it.

Rooms da Martina, schlichte Zimmer an der zentralen Hafenpiazza (über der Taverna del Capitano), damit mittendrin im hübschen

Cinque Terre Karte S. 327

Vernazza. DZ mit Bad 75 €, teils mit Meerblick. Piazza Marconi 26, 19018 Vernazza (SP), ✆/℻ 0187-812365, www.roomartina.com.

• *Essen & Trinken* Zahlreiche Ristoranti buhlen um die Gunst der Tagesbesucher; dabei dürfte die Gastronomie in Vernazza zu den einträglichsten touristischen Erwerbszweigen gehören. Die örtliche Spezialität heißt frischer Fisch, allerdings zu ziemlich gesalzenen Preisen: Fischmenü ab ca. 35 €.

Gianni Franzi, stimmungsvolles Restaurant an der Hafenpiazza; innen urgemütlich, viele Tische draußen auf der Piazza. Der Fisch kommt mit routinemäßiger Freundlichkeit auf den Tisch. Auch Zimmervermietung. Mittags und abends geöffnet, Mi Ruhetag. Piazza Marconi 1, ✆ 0187-812228.

Gambero Rosso, *das* Feinschmeckerlokal in Vernazza, hatte allerdings vor kurzem einen Besitzerwechsel; schickes Ambiente, freundlicher Service, Tische auf der Piazza, entsprechend hohes Preisniveau – das teuerste Restaurant hier an der Piazza. Mittags und abends geöffnet, Mo Ruhetag. Piazza Marconi 7. ✆ 0187-812265.

Malerisches Vernazza

Taverna del Capitano, ebenfalls direkt an der Hafenpiazza, Traditionslokal von 1965, sehr freundlich und überaus beliebt; innen nettes Ambiente, außen auch Plätze unter Sonnenschirmen. Ortsüblich hohes Preisniveau, doch etwas günstiger als die Konkurrenz. Mittags und abends geöffnet, Di Ruhetag. Piazza Marconi 21. ✆ 0187-812201.

Da Sandro, an der Hauptgasse gleich unterhalb des Bahnhofs, Tische auch draußen; nette, recht einfache Trattoria; die Fischgerichte (um 12–15 €) sind deutlich günstiger als am Hafen. Gelassene, freundliche Atmosphäre. Mittags und abends geöffnet, Di Ruhetag. Via Roma 60, ✆ 0187-812223.

Antica Osteria Il Baretto, ebenfalls an der Hauptgasse und in punkto Atmosphäre nicht mit den Hafenlokalen zu vergleichen; doch der sympathische Familienbetrieb gibt sich redlich Mühe, einige Gäste vom Hafen wegzulocken; Tische auch draußen; zuweilen werden schon am frühen Vormittag die selbst gemachten Nudelspezialitäten dekorativ zum Trocknen ausgebreitet; mittleres bis leicht gehobenes Preisniveau, aber immer noch etwas günstiger als die Hafenrestaurants. Mittags und abends geöffnet, Mo Ruhetag. Via Roma 31, ✆ 0187-812381.

Al Castello, viele Treppen führen hinauf zum netten Lokal gleich unterhalb des Castellos, in dem man windgeschützt sitzt und die herrliche Aussicht genießen kann; mittleres bis gehobenes Preisniveau. Mittags und abends geöffnet, Mi Ruhetag. Via Guidoni 56, ✆ 0187-812296.

Sehenswertes in Vernazza

Chiesa Santa Margherita di Antiochia: Die stimmungsvolle Kirche aus dem frühen 14. Jh. steht an der Hafenpiazza. Wegen der beengten Platzverhältnisse erhielt die Pfarrkirche einen ungewöhnlichen, unregelmäßigen Grundriss. Fast monumental hingegen erscheint der fast 40 m hohe, achteckige Glockenturm. Kurioserweise steht die Kirche mit dem Rücken zur Piazza, so dass man neben der Apsis ins Innere gelangt, während das bescheidene Hauptportal halb zum Hafen zeigt. Der erneuerte Vorplatz ist im typisch ligurischen Stil gepflastert. Das Fest der Schutzheiligen wird am 20. Juli gefeiert. Ganztägig geöffnet.

Auf der gegenüberliegenden Felsspitze reckt sich über die Grundmauern der Genueser Festung der standfeste *Rundturm,* den man über schmale Winkelgassen erreicht. 53 Stufen führen nach oben, wo man die zu erwartende Aussicht genießen kann. In einem Raum des alten Castello dokumentieren ein paar alte Fotos das Vernazza früherer Tage.

Tägl. 10–19 Uhr, Eintritt 1,50 € (nicht in der Cinque-Terre-Card enthalten), der Eintritt muss auch für die Aussichtsterrasse rund um den Turm bezahlt werden.

Auf engstem Raum in winziger Bucht: Vernazza

Vernazza/Umgebung

Santuario della Madonna Nera di Reggio

Die Wallfahrtskirche der schwarzen Madonna oberhalb von Vernazza stammt aus dem 11. Jh. Ein einsamer Pfad führt vom Ort hinauf, vorbei am Dorffriedhof, dann durch Wein- und Ölbaumterrassen (Sentiero Nr. 8, ca. 1 Std. Gehzeit, über 300 m Höhenunterschied). Pilger besuchen die abgeschiedene Kirche vor allem am ersten Sonntag im August, am Tag des Madonnenfests. Das Gnadenbild der Madonna genießt hier große Verehrung. Die Kirche ist nur zur Messe (So) geöffnet.

Verbindungen 5 x tägl. Bus ab Vernazza (ab der Post), einfach 2,50 €.

Corniglia

Ortsteil von Vernazza

Das engste und kompakteste Dorf der Cinque Terre liegt auf einem wuchtigen Felsvorsprung hoch über dem Meer. Hier ist einfach nicht genügend Platz, um die vielen Tagesbesucher und Etappenwanderer angemessen bewirten zu können. Zwar konnte sich Corniglia mehr Ursprünglichkeit bewahren als seine zugänglicheren Nachbarn, platzt aber im Sommer mindestens genauso aus allen Nähten.

Vom Bahnhof unten am *Lo-Spiaggione*-Strand führt eine steile, schweißtreibende Serpentinentreppe aus rotem Ziegelstein in den 250-Einwohner-Ort hinauf, Wanderer aus Monterosso/Vernazza haben hier einen weit komfortableren Ortseinstieg. Bequemerweise fährt ein Shuttlebus vom Bahnhof zum Eingang des Centro storico (→ unten).

Corniglias stille Gassen öffnen sich zu hübschen kleinen Plätzen, wo man in himmlischer Ruhe ein Glas köstlichen Cinque-Terre-Wein schlürfen kann, der garantiert auf den angrenzenden Terrassen gereift ist. Der dichte Ortskern besticht nicht durch farbenprächtige Fassaden oder lichtdurchflutete Plätze, der verhaltene Reiz von Corniglia trägt eher Grau, besitzt dafür aber einige verträumte Winkel und Ecken. Und überall stößt man auf schwindelerregende Aussichtsbalkone über den steilen Abgründen.

Cinque Terre Karte S. 327

In unmittelbarer Nähe der Hauptpiazza führt eine unscheinbare Gasse mit anschließender Serpentinentreppe zum nahezu schutzlosen *Hafenbecken*, das nur bei ruhiger See nutzbar ist. Am felsigen Küstensaum stapeln sich die Fischerboote auf engstem Raum.

Unbedingt sehenswert ist auch die gotische *Chiesa San Pietro* (14. Jh.) am Ortseingang. Die gut erhaltene Streifenfassade ist mit einer ungemein kunstvoll gearbeiteten Fensterrose aus weißem Marmor geschmückt, die Marmorfiguren im Portalbogen sind Meisterwerke aus dem 14. Jh. Das Innere des schlichten, gotischen Baukörpers ist barock gestaltet.

• *Information* **Infobüro des Nationalparks** im Bahnhof; ganzjährig tägl. 7–19 Uhr geöffnet. Neben Informationen und dem üblichen Angebot (inkl. Cinque-Terre-Card) auch Ticketverkauf. ✆ 0187-812533.

• *Shuttlebus* Mindestens stündlich, in der Hochsaison alle 20 Min. verbindet ein Shuttlebus das Centro storico mit dem Bahnhof (einfach 1,50 €, hin und zurück 2,50 €, frei mit der Cinque-Terre-Card). Alternativ zum Shuttlebus führen 365 Stufen in den Ort.

• *Verbindungen* → S. 325–328.

• *Parken* Einige kostenlose Parkplätze befinden sich ein gutes Stück oberhalb des Ortes an der Straße (weiße Markierung), nur unwesentlich näher dran am Ort wird es dann gebührenpflichtig (blaue Streifen): 2 €/Std., 12 €/Tag, 70 €/Woche.

• *Übernachten/Essen & Trinken* In Corniglia gibt es kein Hotel, dafür aber ein Ostello am Ortsrand und ein relativ großes Angebot an Appartements und Privatzimmern – am besten fragt man sich durch, erkundigt sich in den Restaurants oder bei:

Blick auf Corniglia

Signora Angela Monti, die Dame bietet mehrere hübsche Appartements unmittelbar am Ortseingang mit kleiner Kochecke und großer Dachterrasse, auf die eine Wendeltreppe führt. Private DZ ab ca. 70 €. Via alla Stazione 19, 19010 Corniglia (SP), ✆ 339-2633849, www.casedicorniglia.com.

Ostello di Corniglia, oberhalb der großen Piazza am Ortseingang liegt das Gebäude in Gelb, kaum zu übersehen. Modernes Ostello, jedoch nicht sehr charmant, auch die Zimmer sind alles andere als romantisch. Mit Internet/WI-FI, Waschservice und Fahrradverleih, nur wenige Schritte ins alte Zentrum. Pro Person 22 €, mit Frühstück 25 €, DZ 55 €, mit Frühstück 60 €, Dreibettzimmer 77 €, mit Frühstück 80 €. Via alla Stazione 3, 19018 Corniglia (SP), ✆ 0187-812559, ℻ 0187-763984, www.ostellocorniglia.com.

A Cantina de Mananan, alteingesessenes, vom „Osterie d'Italia"-Gastroguide ausgezeichnetes Lokal. Agostino Galletti, der Koch, hat schon im deutschen Fernsehen sein Pesto angerührt; rustikales Bruchsteingewölbe in der engen Hauptgasse, sehr urig und auch an heißen Tagen erfrischend kühl; traditionelle ligurische Küche, gehobenes Preisniveau. Mittags und abends geöffnet, Di Ruhetag. Via Fieschi 117, ✆ 0187-821166. Die Dame des Hauses, die Schweizerin Marianne Pfeiffer, kümmert sich auch um das Delikatessengeschäft **Intermezzo di Mananan** am Ortseingang. Via Fieschi 52.

Il Pirun, kleine, urige Weinstube in der Hauptgasse. Zudem gibt es sechs saubere Appartements mit Küche, Bad und Blick aufs Meer. Ca. 35 €/Person. Via Fieschi 115, ✆ 0187-812315.

Ristorante Pensione Cecio, kurz vor dem Ortseingang, mit lauschiger Panoramaterrasse, innen gemütlich mit Gewölbe; gutes Preis-Qualitäts-Verhältnis, die Primo-Spezialität ist Risotto alla Cecio mit vielen

Meeresfrüchten. Auch Zimmer- und Appartementvermietung, schlichte Zimmer mit Bad. Nov./Dez. geschlossen, Mi Ruhetag. EZ 55 €, DZ 60 €, Dreibett-Zimmer 80 €, Frühstück extra. Appartements für 2–4 Personen 70–140 €. . Via Serra 11, 19010 Corniglia (SP), ✆ 0187-812043, 📠 0187-812138, www.cecio5terre.com.

La Posada, schönes Gartenrestaurant unter Palmen mit Meerblick und Bar, Touristenmenü 13 €, die Freundlichkeit des Services wurde von einigen Lesern bemängelt. Auch hier werden Zimmer und Appartements vermietet, besonders schön ist das Appartement „Aurora". Via Fieschi 212, 19010, ✆/📠 0187-812384, www.cinqueterre-laposada.com.

Trattoria La Lanterna, einziges Restaurant am Largo Taragio. Auch Zimmervermietung. Mittags und abends geöffnet, Do Ruhetag. Via Fieschi 72, ✆ 0187-812291.

Ebenfalls am lauschigen Largo Taragio befindet sich die beliebte **Bar Nunzia**, mit Tischen auf dem Platz, auch Internet-Café. Durchgehend geöffnet, Mi geschlossen. Via Fieschi 150-154.

Agriturismo Barrani, sechs Zimmer mit Bad und Verpflegung, unweit der Kirche gelegen. Ganzjährig geöffnet. DZ ca. 90 € inkl. Frühstück, Halbpension 70 €/Person. Via Fieschi 14, 19010 Corniglia (SP), ✆/📠 0187-812063, www.barrani.it.

Baden in Corniglia

Der Stein-/Kiesstrand von Corniglia bietet einen bequemen Einstieg ins Wasser. Der *Spiaggione di Corniglia* liegt unmittelbar am Wanderweg, und am südöstlichen Strandende, wo das Steilufer wieder beginnt, findet man einige ruhige Badestellen. Aber Vorsicht, schon bei mittelmäßiger Brandung bleibt hier kein Stein trocken!

Corniglia/Umgebung

San Bernardino und Santuario Nostra Signora delle Grazie

Verschlafenes Bergdorf weit oberhalb von Corniglia an der Cinque-Terre-Verbindungsstraße, das um die Wallfahrtskirche Nostra Signora delle Grazie herum entstanden ist. Hierher verirren sich kaum Sonntagstouristen, denn es gibt kein Ausflugsrestaurant – nur eine Bar und den herrlichen Blick auf die Küstenhänge und Corniglia (*Wanderweg* von Corniglia ca. 1 Std.). Die Kirche ist nur samstags nachmittags zur Messe geöffnet.

Verbindungen 5 x tägl. **Busse** von und nach Vernazza, einfache Fahrt 2,50 €.

Manarola

Ortsteil von Riomaggiore

Anmutig erhebt sich das kleine Küstendorf über einem schroffen Felsvorsprung, die kunstvoll verschachtelten Häuser drängen dicht ans Wasser. Die bunten, turmhohen Fassaden wirken ähnlich spektakulär wie die von Camogli, strahlen aber nicht wie dort in vornehmer Bürgerlichkeit, sondern in der bescheidenen Ästhetik eines Fischerdorfs.

Vom Bahnhof (auf der Südostseite des Ortes) gelangt man durch einen Tunnel auf die abschüssige Hauptgasse, die auf einer betonierten Plattform endet. Diese Piazzaterrasse, die den unteren Ortskern bildet, hängt förmlich über dem bizarren Felsufer und wird fast vollständig von der örtlichen Gastronomie eingenommen. Erst über die seitlich anschließende Rampe gelangt man direkt ans Wasser, wo einige Fischerboote dümpeln. Waghalsig zieht sich ein schmaler Uferweg an der wuchtigen Steilwand entlang. Gegenüber führt ein gemauerter Weg um eine Felsnase zum zweiten Hafenbecken.

Das Gassengewirr des Steilhangs will entdeckt werden – bis hinauf zur letzten Häuserreihe verzweigen sich die engen Treppenwege. Eine weite, luftige Piazza sucht man dort oben vergeblich, dafür gibt es etliche beschauliche kleine Ecken und Plätze. Vom etwas abseits gelegenen Friedhof genießt man den schönsten Blick auf die bunte Fassadenkulisse von Manarola. Die umliegenden Sonnenhänge sind bis hinauf zu den Kuppen terrassiert. Hier wird ein Großteil des goldgelben Cinque-Terre-Weins angebaut, den man in den örtlichen Enoteche probieren kann.

Die gotische *Chiesa San Lorenzo* aus dem 14. Jh. steht am oberen Ortsrand (Patronatsfest am 10. August). Wie die Pfarrkirchen der Nachbarorte prunkt auch sie mit einer marmorweißen Fensterrose in der schlichten Fassade. Teile der ursprünglichen Portalverzierung aus dem 15. Jh. fielen einem Kunstraub in den 1990er Jahren zum Opfer. Im Innern verdienen die beiden Flügelaltäre (15. Jh.) Aufmerksamkeit. Der frei stehende Glockenturm wurde zur Zeit der Genueser Vorherrschaft als Küstenwachturm befestigt. Die lauschige Kirchenpiazza ist seit jeher der Treffpunkt der Dorfbewohner, die hier ihre geselligen Abendstunden verbringen und das Treiben der unten auf der Hafenterrasse versammelten Touristenschar beobachten.

Sciacchetrà

Diesen wunderbaren weißen Dessertwein mit dem klingenden Namen (gesprochen: Scha-ke-trà) muss man einfach probiert haben. Allein die äußere Erscheinung, die elegante schlanke Flasche mit nur 0,5 l Inhalt verspricht höchsten Genuss, sei es zum Aperitivo oder zum Dessert, und günstig ist der edle Tropfen in keinem Fall zu haben – 34,50 € kostet die Flasche in der Kooperative in Groppo (→ S. 324 und 346), darunter wird man einen Sciacchetrà kaum bekommen. Gewonnen wird dieser *Passito* (Süßwein) aus den gleichen Reben wie der Cinque Terre DOC: Albarola, Bosco und Vermentino, die aber an Luft und Sonne getrocknet werden und so entsprechend mehr Alkohol und Süße entwickeln. Gepresst werden darf der Sciacchetrà nicht vor dem ersten November eines Jahres und muss mindestens ein Jahr lagern; 15–21 % Alkohol enthält der Wein dann bei Abfüllung. Die erzeugte Menge an Sciacchetrà ist klein, die Herstellung aufwändig, daher auch der Preis.

Das winzig kleine *Museo dello Sciacchetrà* in der Via A. Discovolo (Hauptgasse), gegenüber der Post, informiert über den wohl exklusivsten Wein Liguriens. Gezeigt wird ein (Werbe-)Film über das Anbaugebiet Cinque Terre und den Wein, darüber hinaus geben Schautafeln (auch in Englisch) Aufschluss über den Weinbau in früheren Zeiten; dazu alte Fotos, altes Arbeitsgerät und diverse weitere Erläuterungen über die mühsame Arbeit der Cinque-Terre-Weinbauern im Lauf der Zeit.

Öffnungszeiten/Eintritt Im Sommer tägl. 9.30–13 und 13.30–18 Uhr, im Winter geschlossen, Eintritt 0,50 €, mit der Cinque Terre Card ist der Eintritt frei.

• *Information* **Büro des Nationalparks** im Bahnhof von Manarola; im Sommer tägl. 7–20 Uhr; auch Verkauf von Zugtickets und der Cinque Terre Card. Internetpoint. ✆ 0187-760511.

• *Verbindungen* → S. 325–328.

• *Parken* Ein Parkplatz befindet sich ein gutes Stück oberhalb vom Ort (begrenzte Kapazitäten, im Sommer oft voll), 1,50 €/Std., 16 €/Tag, 52 €/Woche.

• *Übernachten* *** **Ca' d'Andrean**, ruhige Lage am oberen Ende der Hauptgasse; helle, gemütliche Zimmer mit zur Bucht ausgerichteten Sonnenbalkonen und Blick auf die nahen Weinterrassen. Mit Garten. EZ 72 €, DZ 98 €, Dreibett-Zimmer 130 €,

Frühstück 6 €/Pers. Via Discovolo 101, 19010 Manarola (SP), ✆ 0187-920040, 📠 0187-920452, www.cadandrean.it.

*** **Marina Piccola**, hübsche Lage direkt an der Piazzaterrasse über dem Meer; modernisiertes älteres Haus mit gepflegten Zimmern (nicht alle mit Blick aufs Meer). EZ 87 €, DZ 115 €, jeweils inkl. Frühstück, EZ mit Halbpension 105 €, DZ mit Halbpension 180 €. Via Birolli 120, 19010 Manarola (SP), ✆ 0187-920103, 📠 0187-920966, www.hotelmarinapiccola.com.

La Torretta, an der Piazza della Chiesa, im oberen Ortsteil. 1998 in einem Gebäude des 17. Jh. eröffnet, moderne, geschmackvolle Zimmer und Appartements mit Balkon/Terrasse und herrlichem Blick. EZ 100 €, DZ 135–180 €, jeweils inkl. Frühstück. Vico Volto 20, 19010 Manarola (SP), ✆ 0187-920327, 📠 0187-760024, www.torrettas.com.

B & B Da Baranin, am Ende der Kirchenpiazza Richtung Parkplatz geht es Treppen hoch, dann gleich auf der linken Seite, beschildert. Nette Einrichtung, Zimmer und Appartements im Hauptgebäude sowie in nächster Umgebung, nicht zu teuer. Jan./Febr. geschl. DZ 110–130 €, inkl. Frühstück. Via Rollandi 29, 19010 Manarola (SP), ✆ 0187-920595, 📠 0187-762250, www.baranin.com.

Ostello Cinque Terre, private, sympathische Jugendherberge im oberen Ortsteil, neben der Kirche. Neubau mit schöner Dachterrasse, 48 Betten in 4- und 6-Bett-Zimmern. Einlass ab 16 Uhr (Sperrstunde übrigens um 1 Uhr, im NS 24 Uhr). Im Sommer unbedingt reservieren, Nov. bis Febr-uar geschl. Übernachtung 23 €/Pers., DZ 65 €, Familienzimmer für 4–6 Pers. 100–144 €, Frühstück 5 €/Pers. Via B. Riccobaldi 21, 19010 Manarola (SP), ✆ 0187-920215, 📠 0187-920218, www.hostel5terre.com.

• *Essen & Trinken* **Il Porticciolo,** dem Namen nach zwar eine „Hafentrattoria", liegt aber an der Hauptgasse; netter Familienbetrieb, solide Fischküche, ziemlich günstig, Primi um 8 €, Fischhauptgerichte um 12–15 €. Es werden auch drei Zimmer vermietet, zwei davon mit Blick aufs Meer: DZ inkl. Frühstück 70 €, mit Meerblick 80 €. Mittags und abends geöffnet, Mi Ruhetag. Via Birolli 92, 19010 Manarola (SP), ✆/📠 0187-920083, www.ilporticciolo5terre.it.

Dal Billy, unser Tipp: sympathischer Familienbetrieb, einfaches Ambiente, etwas versteckt im oberen Ortsteil gelegen (eine steile Treppe führt dann von der Gasse hinab zur Trattoria), aber der Weg lohnt sich. Schnörkellose Hausmannskost mit Schwerpunkt auf Fisch, günstige Preise, Antipasti um 10 €, Primi 8–10 €, Secondi ab 14 €. Am besten auf der kleinen, lauschigen Terrasse reservieren – und mit herrlichem Blick auf Manarola und das Meer dinieren. Mittags und abends geöffnet, Do Ruhetag. Via Rollandi 122, ✆ 0187-920628.

Manarola türmt sich über dem Felsufer auf

Marina Piccola, das Hotelrestaurant ist nicht nur wegen seiner schönen Lage am Meer eines der beliebtesten Speiselokale im Ort, auch die regionaltypische Fischküche kann sich sehen lassen; viele Plätze auch draußen. Das Preisniveau ist etwas gehobener als bei den anderen Restaurants im Ort. Mittags und abends geöffnet, Di Ruhetag. Via Birolli 120, ✆ 0187-920103.

Paninoteca Enrica, ebenfalls an der Hafenterrasse; Snacks, Gelato und mehr; lange geöffnet, Di Ruhetag.

Cinque Terre Karte S. 327

Oberhalb von Corniglia und Manarola: Groppo und Volastra

Zwei friedliche Bergdörfer, weit oberhalb von Manarola an der Cinque-Terre-Verbindungsstraße gelegen. Groppo und Volastra thronen exponiert auf Bergkuppen, sind schön anzusehen und bieten malerische enge Gassen wie auch prächtige Ausblicke über die Küste der Cinque Terre. Vor allem aber findet man hier Ruhe und Beschaulichkeit – und das ein oder andere kulinarische Highlight.

In Groppo hat die Winzer- und Bauerngenossenschaft „Cooperativa Agricola Cinque Terre" ihren Hauptsitz und unterhält einen Direktverkauf („Vendita diretta") für ihre Erzeugnisse (→ S. 324).

In Volastra (lat. *Vicus Oleaster*, Dorf der Oliven) steht das romanisch-frühgotische *Santuario Nostra Signora della Salute*. Das Fest zu Ehren der Muttergottes wird alljährlich am 5. August gefeiert. Ein schöner *Panoramaweg* (ca. 1,5 Std. Gehzeit) führt von Volastra durch das örtliche Wein- und Olivenanbaugebiet hinunter nach Corniglia.

• *Information* Kleiner I.A.T.-Infopoint im Alimentari von Volastra, zuletzt vormittags geöffnet. Via Pasubio 22.

• *Übernachten* *** **Il Saraceno**, außerhalb von Volastra an der Straße zwischen Corniglia und Manarola; dennoch ruhig gelegenes Haus zwischen Olivenbäumen und Weinbergen, nur sieben Zimmer, Garten und Garage. Ostern bis Ende Sept. geöffnet. EZ 70 €, DZ 95 €, Dreier 125 €, jeweils inkl. Frühstück und Garagenstellplatz. Loc. Volastra, 19010 Riomaggiore (SP), ✆ 0187-760081, ℻ 0187-760791, www.thesaraceno.com.

*** **Albergo Luna di Marzo**, in Volastra; neues, hübsches Hotel mit herrlicher Aussicht über die Küste und die beiden Dörfer Manarola und Corniglia. Voraussichtlich im Nov. geschlossen. DZ 100 €, DZ mit Terrasse 120 €, inkl. Frühstück. Via Montello 387, Loc. Volastra, 19010 Riomaggiore (SP), ✆/℻ 0187-920530, www.albergolunadimarzo.com.

• *Essen & Trinken* **Cappun Magru**, in Groppo; empfehlenswertes, rundum sympathisches Restaurant mit ligurischer Küche, nur Tagesmenüs, Fischmenü 42 €, Fleischmenü 38 € (jeweils vier Gänge, ohne Getränke, aber inkl. *coperto*), schöner Gastraum, freundlicher Service, deutschsprachig, im Sommer Mi–So abends geöffnet, in der Nebensaison eingeschränkt (am Wochenende über Mittag), sicherheitshalber anrufen und reservieren! Im Ort die schmale Hauptgasse hinauf bis zu dem blassroten Haus, beschildert. Loc. Groppo, ✆ 0187-920563.

Gli Ulivi, in Volastra; gutes, bodenständiges Dorfrestaurant mit winziger Bar, von Bewohnern und Touristen gleichermaßen geschätzt; schmuckloser Speiseraum, schmale Terrasse, schmackhafte Meeres- und Landküche, üppige Portionen, freundlich. Menü um 25 €. Di Ruhetag. Via Nostra Signora della Salute 114, Loc. Volastra, ✆ 0187-760020.

Auf der Via dell'Amore

Die legendäre Via dell'Amore verbindet Manarola mit Riomaggiore. Dieses weltberühmte Herzstück der klassischen Cinque-Terre-Küstenwanderung wurde 1930 angelegt und diente ursprünglich der „Dörferverständigung". Die Jugendlichen von Riomaggiore und Manarola machten aus dem pittoresken Küstenpfad schnell einen Treffpunkt für Verliebte, daher „Weg der Liebe". Doch mit der wachsenden Popularität war es mit der Romantik bald dahin, heute spazieren Scharen von Touristen aus aller Welt die Via dell'Amore auf und ab. Wenn im Hochsommer ein zusammengeklappter Regenschirm in die Höhe gestreckt wird und damit den Aufbruch einer Reisegruppe ankündigt, sollte man tunlichst das Weite suchen. Der spektakulär in den Fels gemeißelte Liebespfad verkraftet diesen Andrang zwar problemlos, doch haben Instandsetzungsarbeiten den einstigen Naturpfad verändert: Viel zu viel Beton trübt seinen Reiz und verleiht ihm an manchen Stellen den Charme einer Tiefgarage.

Am kleinen Hafen von Riomaggiore

Riomaggiore

ca. 1700 Einwohner

Die hoch aufragenden Häuser des östlichsten Cinque-Terre-Dorfs zwängen sich in eine bizarre Ufernische. Die lebhafte, breite Hauptgasse führt vom modernen Parkhochhaus steil hinunter zur kleinen, trichterförmigen Hafenbucht, in der gerade einmal für eine Handvoll Fischerboote Platz ist.

Vom Bahnhof führt ein langer Fußgängertunnel direkt in den unteren Ortsteil. Dieser älteste Siedlungskern aus dem 10./11. Jh. entstand an den Felsufern des Bergbachs *Rio Maior*, sein Mündungsbereich wurde im Lauf der Zeit vollständig überbaut. Nur noch hier und da hört man das Bächlein unter dem Pflaster gurgeln. Über schmale Treppenwege erreicht man den engen Hafen, eine herrlich ruhige Nische, die zum Verweilen einlädt. Rechts und links erheben sich die hoch aufragenden, hintereinander und übereinander gestaffelten Häuserfassaden, eingerahmt von der schroffen Felsküste, der jeder bebaubare Meter abgetrotzt wurde.

Wer vom Bahnhof aus zunächst den oberen Ortsteil erkunden möchte, nimmt am besten den *Ascensore* (tägl. 8–19.30 Uhr, 0,50 €, mit Cinque Terre Card kostenlos) und lässt sich mit dem Fahrstuhl bequem nach oben befördern. Dort erreicht man über einen unscheinbaren Treppenweg die Reste der *Genueser Burg* aus dem 16. Jh. (nicht zugänglich), in der gelegentlich auch Veranstaltungen stattfinden; hier befindet sich auch eine panoramareiche Aussichtsplattform (mit Café).

Vorbei am Castello sind es nur ein paar Schritte zur *Chiesa San Giovanni Battista* aus dem 14. Jh.; die graue Fassade des gotischen Kirchenbaus mit der blendend weißen Fensterrose wurde im 19. Jh. umgestaltet. Das Innere schmückt eine mit Marmorreliefs verzierte Kanzel von 1530; das Kruzifix ist ein Werk des begnadeten genuesischen Holzschnitzers *Maragliano* (1664–1741).

Cinque Terre
Karte S. 327

Unweit der Kirche steht in der *Via Signorini* das Haus des toskanischen Malers *Telemaco Signorini* (1835–1901). Eine Gedenktafel an der Fassade erinnert an den bekannten Cinque-Terre-Landschaftsmaler. Wer sich für Werke dieser Künstler interessiert, muss sich allerdings nach Nervi in die Museumsvilla Grimaldi begeben (→ S. 258).

Der Alltag in Riomaggiore spielt sich vor allem in der zum kleinen Hafen hinunterführenden breiten, steilen Hauptgasse *Via Colombo* ab. Die vielen liebevoll eingerichteten Bars, Geschäfte und Enoteche verströmen eine lebendige, stimmungsvolle Atmosphäre.

Ein befestigter Steiluferweg führt von der Fähranlegestelle (oberhalb davon eine Bar) zum alten Küstenwachturm *Torre Guardiola* (95 m ü. d. M., ca. 45 Min. Gehzeit). Am Endpunkt befindet sich das *Centro osservazioni naturalistiche* mit Schautafeln zur heimischen Flora und Fauna (tägl. 10–18 Uhr, Eintritt 1,50 €, mit Cinque Terre-Card frei). Vom Pfad zweigt ein Weg zur Uferlinie mit einem sehr grobkiesigen Strand ab.

Information/Diverses

• *Information* **Zentrales Infobüro** des Parco Nazionale delle Cinque Terre im Bahnhof. Tägl. 8–19.30 Uhr geöffnet, im Winter bis ca. Einbruch der Dunkelheit; umfangreiches Infomaterial, Verkauf der *Cinque Terre Card* (→ S. 326), Bücher und Souvenirs. Internetpoint. Piazza Rio Finale 26, ✆ 0187-920633 oder 0187-760515, www.parconazionale5terre.it.

I.A.T., im Ortsteil *Lavaccio* (am oberen Ortsrand), täglich 7–20 Uhr, im Winter bis ca. 19 Uhr; auch hier gibt es die *Cinque Terre Card* sowie Souvenirs, Literatur, Karten, WI-FI etc., außerdem Fahrradverleih (halber Tag 4 €, ganztägig 6 €). Via del Santuario, ✆ 0187-920440.

• *Verbindungen* → S. 325–328.

• *Parken* Am oberen Ortsrand (im Ortsteil Lavaccio) gibt es ein Parkhaus: 3 €/Std., ab der 2. Stunde schon etwas günstiger, 4 Std. 11 €, 24 Std. kosten 22 €. Als Alternative bietet sich der kostenlose Parkplatz oben in Zorza (an der Abzweigung von der Küstenstraße) an, zwischen Zorza und Lavaccio verkehren zwischen 7 und 22.45 Uhr etwa alle 30 Minuten **Shuttle-Busse**, einfache Fahrt 1,50 €.

• *Gepäckaufbewahrung* Im Bahnhof, 0,50 €/Std. pro Gepäckstück.

• *Feste* **Patronatsfest** Ende Juni zu Ehren des Kirchenheiligen San Giovanni Battista (Johannes der Täufer).

• *Tauchen/Wassersport* **Diving Center 5 Terre**, *die* Kontaktadresse für Tauchgänge im Küstengewässer des Nationalparks; auch Tauchkurse, Schnorcheln, Schlauchboot- und Kajakverleih. Via San Giacomo (in der Unterführung zum Hafen). ✆/℻ 0187-920011, www.5terrediving.it.

Wandertipp: Ein sehr schöner, aber auch recht anstrengender Wanderweg verbindet Riomaggiore mit Portovenere. Der Weg ist meist rot/weiß markiert, zunächst als Wanderweg Nr. 3, dann ab dem *Colle Telegrafo* (hier Bar/Restaurant, ✆ 0187-760561) als Nr. 1. Eine weitere Bar findet sich beim Kirchlein *Sant'Angelo*, einziger Ort auf dem Weg ist *Campiglia* (hier Bars und Restaurants → S. 350). Die Tour ist allerdings allein aufgrund ihrer Länge anspruchsvoll, für die 14 km sollte man gut 4,5 Stunden einkalkulieren.

Übernachten/Essen

• *Übernachten* **Locanda Ca' dei Duxi**, in einem hübschen, restaurierten, 300 Jahre alten Haus im Ortszentrum. Sechs klimatisierte Zimmer mit Bad und TV, z. T. auch mit Balkon, außerdem gibt es noch eine Dependance (Zorza), ebenfalls in der Via Colombo. Parkplatz 10 €. Ganzjährig geöffnet. DZ 110–130 € inkl. Frühstück. Via Colombo 36/Via Pecunia 19, 19017 Riomaggiore (SP), ✆/℻ 0187-920036, www.duxi.it.

Locanda dalla Compagnia, oberhalb des Bahnhofs an der Hauptgasse gelegen, neben der kleinen Parrocchia di San Giovanni Battista. Noch recht neue Unterkunft mit nur fünf Zimmern, freundlich und hilfsbereit, sehr zentrale Lage. Ganzjährig geöffnet. DZ mit Frühstück 100 €, kleines Appartement für 2 Personen ebenfalls 100 €. Via del Santuario 32, 19017 Riomaggiore (SP), ✆ 0187-760050, ℻ 0187-760700, www.dallacompagnia.it.

** **Villa Argentina**, gepflegter Neubau in der Nähe des Parkhauses im Ortsteil Lavaccio, schöne Lage hoch über dem Ort. Ein gepflegtes Hotel, hübsch eingerichtet, die Zimmer mit Balkon und Blick aufs Meer, schöne Terrasse. Parkplatz/Garage 10-12 €/Tag. Hunde sind hier erlaubt! Ganzjährig geöffnet. EZ 105 €, DZ 139 €, jeweils inkl. Frühstück. Via De Gasperi 170, 19017 Riomaggiore (SP), ✆ 0187-920213, ℻ 0187-760531, www.hotelvillargentina.com.

Das örtliche **Privatzimmerangebot** hat sich in den letzten Jahren vergrößert, überall machen Anbieter mit „Affitta-camere"-Schildern auf sich aufmerksam oder haben kleine Büros in der Hauptgasse Via Colombo eröffnet, z. B.:

Edi, Vermietung von Zimmern (ab ca. 70 €/2 Pers.) und Appartements (ab ca. 120 €/2 Pers.) im Ort. Das Büro ist in der Saison tägl. 8.30–20 Uhr geöffnet. Via Colombo 111, ✆/℻ 0187-920325.

• *Essen & Trinken* **Ripa del sole**, im oberen Ortsteil, Nähe Hotel Villa Argentina; unschöner Neubau, innen heller, geräumiger Speisesaal, außen Terrasse mit Ausblick, freundliche Wirtsfamilie. Ausgezeichnete Fischküche mit Frischegarantie, in den letzten Jahren von Osterie d'Italia ausgezeichnet; es lohnt sich, nach dem Tagesangebot fragen; mittleres bis leicht gehobenes Preisniveau, lokale und regionale Flaschenweine, auch glasweise. Mittags und abends geöffnet, Mo Ruhetag. Via De Gasperi 282, ✆ 0187-920143.

La Lanterna, nettes kleines, alteingesessenes Lokal an der Hafenbucht mit einladender Sonnenschirmterrasse, innen ein schöner, alter Gastraum; leckere Antipasti, gute Fischküche zu moderaten Preisen, das 3-Gang-Menü kostet 28 €. Mittags und abends geöffnet. Via San Giacomo 46, ✆ 0187-920589.

Wie gestapelt: Häuserfront in Riomaggiore

La Lampara, am unteren Ende der Hauptgasse, etwas erhöht an der Via Colombo gelegen, mit verglaster Fensterfront; regionaltypische Fischküche und Pizza (auch mittags), letztere vergleichsweise teuer. Das Menu Turistico (*di Mare* oder *di Carne*) kostet je 20 €. Mittags und abends geöffnet, Di Ruhetag. Via Malborghetto 2, ✆ 0187-920120.

A Piè de Ma, schöne Bar mit toller Terrasse am Anfang der Via dell'Amore. Caffè, Gelato, Snacks, Wein, Cocktails, für was man sich auch entscheidet, auf der Terrasse lässt es sich stundenlang aushalten. Anfang April bis Ende Okt. geöffnet, im Sommer täglich 10–20 Uhr, Fr/Sa bis 24 Uhr, in der Nebensaison Mi geschlossen. Via dell'Amore 55, ✆ 0187-921037.

Cinque Terre Karte S. 327

Riomaggiore/Umgebung

Santuario Madonna di Montenero

Wie in den anderen Cinque-Terre-Küstenorten liegt auch Riomaggiores Wallfahrtskirche weit oberhalb der Ortschaft, direkt am Küstenwanderweg nach Portovenere. Schon im 8. Jh. stand hier ein frühchristlicher Kirchenbau. Der Legende nach beherbergte er eine Madonnenfigur aus dem Morgenland, die der heilige Lukas höchstpersönlich angefertigt haben soll. Die heutige Kirche (19. Jh.) präsentiert als Gnadenbild eine Maria mit Sternenkranz.

Der weite Kirchenvorplatz ist auf das Meer gerichtet und ermöglicht ein atemberaubendes Panorama, das seinesgleichen sucht. Man staunt und lässt den Blick über die gesamte Cinque Terre schweifen: von der *Punta Mesco*, der Steilküste an der Westspitze hinter Monterosso bis zur Isola Palmaria und der Isola del Tino, den Felseninseln vor Portovenere.

Beim Santuario befindet sich eine Bar samt Herberge und Restaurant (die Übernachtung kostet 37 €/Pers. einschließlich Frühstück). Dazu gehört auch ein Infopoint des Nationalparks sowie ein Fahrradverleih, ✆ 0187-760528.

Auf der Straße nach Portovenere: Biassa, Campiglia und Le Grazie

Obwohl die Cinque-Terre-Küste aus touristischer Sicht vor allem ein Wandergebiet ist, kommen selbst eilig durchreisende Autofahrer auf ihre Kosten und können mühelos einige Postkartenansichten entlang der Küstenstraße nach La Spezia/Portovenere genießen. Hinter Riomaggiore verschwindet die Panoramastraße dann allerdings in einem Straßentunnel, anschließend taucht der fjordartige Golfo di La Spezia auf. Im Hintergrund sieht man bereits die Apuanischen Alpen der Toskana mit ihrem hell schimmernden Dolomitgestein.

Kurz nach dem Tunnel zweigt eine Straße nach *Biassa* ab. Das hübsche, kleine Bergdorf klammert sich nur wenige Kilometer von La Spezia entfernt an den Hang, sogar der Stadtbus klettert mehrmals täglich die vielen Kurven hinauf, dennoch glaubt man sich hier abgeschieden wie im abseitigsten ligurischen Seealpental. Es gibt ein Bar, einen Alimentari, ein Pizzeria und vor allem – viel Ruhe.

Während man von Biassa aus hinab in den Golf von La Spezia blickt, öffnen sich in *Campiglia* herrliche Aussichten in beide Richtungen, sowohl auf die weite Bucht vor La Spezia, als auch über die südliche Küste der Cinque Terre. Prächtig ist vor allem der weite Blick vom Belvedere aus, bei der kleinen, hübschen Kirche mit dem vereinzelt stehenden Campanile. Mit dem Pkw fährt man von La Spezia Richtung Portovenere, bevor man auf die Stichstraße abbiegt, die sich hinauf in den beschaulichen Ort schlängelt. Auch das auf fast 400 m gelegene Campiglia ist abgeschieden, die kleine Ortschaft bietet sich dennoch auch für einen etwas längeren Aufenthalt an. Mehrere Wanderwege treffen sich hier, über einen davon erreicht man auch eine abgelegene Badestelle. Auf halbem Weg zwischen Riomaggiore und Portovenere, einer aussichtsreichen, aber anstrengenden Wanderung, gelegen, wird Campiglia ein sehr willkommener Zwischenstopp.

• *Verbindungen* Der **Stadtbus** Nr. 20 fährt von La Spezia aus (Piazza Chiodo) mehrmals täglich hinauf nach Campiglia, mit der Nr. 19 gelangt man von der Via Veneto aus nach Biassa.

• *Übernachten/Essen* **Piccolo blu**, *food& rooms* in *Campiglia*, (ca. 7 km von La Spezia) heißt: Restaurant, Lounge, Bar/Café, Picknickplatz und B & B. Im Hintergrund (und im Sommer auch im großen Garten) läuft lässige Lounge-Musik. U. a. wechselnde Tagesgerichte, hausgemachte Focaccia und köstliche Quiche. Sehr freundlich. Geöffnet von 10–18 Uhr, Abendessen sonntags sowie Fr/Sa auf Anfrage. Es gibt auch vier farbenfrohe Zimmer (DZ 90 € mit Frühstück). Direkt neben der Kirche von Campiglia. Piazza della Chiesa 4, Loc. Campiglia, 19132 La Spezia, ✆/℻ 0187-758517, www.piccoloblu.it.

Locanda Tramonti, kleine, komfortable Pension am Kirchplatz von *Campiglia*; hübsches Landhaus mit Dachterrasse, nur wenige, sehr schöne Zimmer, daher rechtzeitig buchen. Leser bemängelten allerdings das karge, abgepackte Frühstück mit Automatenkaffee. DZ 100–120 € inkl. Frühstück. Via della Chiesa 56, 19020 Campiglia (SP), ✆ 0187-758514 und 335-6161227 (mobil), ℻ 0187-750126, www.locandatramonti.it.

Trattoria La Lampara in Campiglia, gehört zur Locanda Tramonti, tolles Panorama, gutes Essen, bekannt für Fischgerichte. Menü 25–30 €. Mittags und abends geöffnet, Jan. bis März und zwei Wochen im Okt. geschl. Mo Ruhetag. Via Tramonti 4, ✆ 0187-758035.

Lesertipp **Le Ville Relais**, "von der Stichstraße nach Campiglia nach ca. 1 km links abzweigend ist das schöne, kleine Hotel mit Restaurant ausgeschildert, das in der zu La Spezia gehörenden, aber im Grünen liegenden Streusiedlung Salita al Piano zu finden ist. Zimmer, Pool und Restaurantterrasse bieten einen großartigen Blick auf den Golf von La Spezia. Das sehr gute Restaurant bietet eine moderne, gehobene Küche, basierend auf den regionalen Spezialitäten, nicht billig, aber für das Gebotene sehr preiswert." Salita al Piano 18/19, 19131 La Spezia, ✆ 0187-735299, ℻ 0187-015041, www.levillerelais.it.

Ein atemberaubendes Panorama eröffnet sich bei Campiglia

An der Straße nach Portovenere liegt die Ortschaft *Le Grazie* in einer stillen Bucht, ein idealer Standort zwischen dem hektischen La Spezia und dem viel besuchten Nachbarort Portovenere. Sehenswert ist hier das archäologische Ausgrabungsgelände der *Villa Romana del Varignano*; die freigelegten Mosaikfußböden der alten Römervilla sind kunstvolle Einlegearbeiten aus bunten Glasstücken und kleinen, farbigen Steinen. Zu sehen sind zudem die Fundamente einer antiken Ölmühle. Von der Uferstraße führt ein ausgeschilderter Fußweg ca. 200 m hinauf zum Ausgrabungsgelände; Besichtigung nur nach Voranmeldung unter ✆ 0187-790307: Mitte Juni bis Mitte Sept. tägl. 13.30–19.30 Uhr, im Winterhalbjahr 9–15 Uhr; Eintritt frei.

• *Übernachten/Essen* ***Nardini**, Locanda und Trattoria, kleine, freundliche Familienpension an der Uferstraße von Le Grazie; die Küche serviert solide Hausmannskost mit Akzent auf Fisch; Ganzjährig geöffnet. Schlichte, saubere DZ mit und ohne Bad 70–80 €, Frühstück 6 €; im Sommer nur HP für 75 €/Person. Via Libertà 67–69, 19022 Le Grazie (SP), ✆/℻ 0187-790006, www.albergonardini.it.

Cinque Terre
Karte S. 327

Der Hafen der Venus

Portovenere

ca. 3950 Einwohner

Schmale, hoch aufragende Häuser mit bunten Fassaden am Hafen, eine sich quer durch den Ort ziehende, heimelige Gasse, darüber ein trutziges Castello und an der äußersten Landspitze hoch über den schroffen Klippen eine malerische alte Kirche: Portovenere zählt zweifellos zu den schönsten Ortschaften Liguriens.

Bevor die Ausläufer der Cinque-Terre-Küste endgültig ins Meer eintauchen, bäumen sie sich noch einige Male dramatisch auf, zerklüften und hinterlassen Klippen und die kleinen Felseninseln *Palmaria, Tino* und *Tinetto*. Der letzte exponierte Ort auf dem Festland wurde von den Römern verheißungsvoll *Portovenere, Hafen der Venus,* getauft. Der Ort bildet das schroffe Ende der Riviera di Levante und das Tor zur Bucht von La Spezia, die mit dem schillernden Beinamen *Golfo dei Poeti*, Bucht der Dichter, gleichermaßen vielversprechend klingt. Benannt wurde der Golfo dei Poeti nach den *Shelleys* (Mary und Percy Bysshe) und *Lord Byron*, die sich hier Anfang der 1820er Jahre kurzzeitig niedergelassen hatten – ihnen folgten später weitere Dichtergrößen wie *Henry James* und *D. H. Lawrence*.

Schon der erste Anblick von Portovenere ist einfach großartig. Schlanke, farbenprächtige Häuser flankieren den breiten Hafenkai und formen eine bühnenreife Kulisse. Am Ortseingang, im Rücken des winzigen Sandstrands, öffnet sich die runde Hauptpiazza *Bastreri* mit restauriertem Wehrturm (12. Jh.) und intaktem Stadttor. Innen im Portalfresko begrüßen die drei Stadtheiligen – Madonna, heiliger Petrus und heiliger Lorenz – die Besucher. Die enge Hauptgasse zieht sich durch den malerischen, gut erhaltenen mittelalterlichen Ortskern, in dem hübsch hergerichtete Geschäfte, Osterien, Backstuben und bunte Souvenirläden auf die zahlreichen Tagesbesucher warten.

Am Ende dieser engen, gepflegten Altstadtgasse gelangt man zur äußersten Felsspitze von Portovenere, über deren schroffen Klippen sich die kleine Kirche *San*

Pietro erhebt. Rechter Hand steigt ein Treppenweg hinauf zur Hauptkirche *San Lorenzo* und weiter zum *Castello*. Der Uferweg hingegen führt zur *Arpaia-Grotte* hinunter, dem überlieferten Lieblingsplatz von *Lord Byron*. Die Legende erzählt, dass der englische Dichter mehrmals von hier zur gegenüberliegenden Ortschaft Lerici, seinem zeitweiligen Sommerwohnsitz, quer durch die weite Bucht geschwommen sei – eine beachtliche Strecke.
Ein Besuch von Portovenere ist eher wochentags ratsam, an den Wochenenden wird der Ort von unzähligen Tagesausflüglern bevölkert.

Information/Diverses

• *Information* **Pro-Loco-Büro**, an der runden Hauptpiazza Bastreri, im Wachturm der Festungsmauer; tägl. außer Mi 10–12 und 16–19 Uhr geöffnet, in der Nebensaison nachmittags 15–18 Uhr, auch im Winter geöffnet. Infos zu aktuellen Ausstellungen und Veranstaltungen, auch Bustickets. Piazza Bastreri 7. ✆ 0187-790691, ✆ 0187-790215, www.prolocoportovenere.it.

• *Anfahrt/Verbindungen* **Auto/Parken**, die Stichstraße von La Spezia ist bei dem Besucherandrang an Wochenenden schon einige hundert Meter vor dem gebührenpflichtigen Parkplatz am Ortseingang (1 Std. 1,50 €) zugeparkt; besser also gleich die Alternativen Bus oder schöner noch die Fähre von La Spezia in Erwägung ziehen – oder noch besser Portovenere unter der Woche besuchen. Wer es trotzdem versuchen will: nordöstlich vom Centro storico gibt es an der Uferpromenade (Via Aldo Moro) zahlreiche gebührenpflichtige Parkplätze (1,50 €/Std.).

Bus, mehrere ATC-Linienbusse ab La Spezia, Piazza Domenico Chiodo, häufige Verbindungen.

Schiff, 3–4 x tägl. Fährboote der Reederei *Navigazione Golfo dei Poeti* von La Spezia, Fahrtdauer ca. 30 Minuten; einfache Fahrt 4 €, hin/zurück 7 €.

Von Lerici kommt die Fähre bis zu 5 x tägl. nach Portovenere (retour ebenfalls 5 x tägl.), Fahrtdauer 30 Min.; einfach 6 €, hin/zurück 10 €. Beide Linien fahren weiter in die Cinque Terre (Tageskarte 21–23 €). Weitere Infos unter ✆ 0187-967676 und www.navigazionedolfodeipoeti.it. Tickets in der Bude an der Anlegestelle.

Außerdem verkehren in der Hochsaison durchgehend Pendelboote des *Consorzio Barcaioli Portovenere* zur Ausflugsinsel Palmaria (hin/zurück 4 €, in der Nebensaison eingeschränkt); zudem Wassertaxi-Service: La Spezia/Lerici 10 €/Pers. (ab 4 Pers.), zu den Cinque-Terre-Dörfern 15–20 €/Pers. (ab 4 Pers.), auch halb- bzw. ganztägige Rundfahrten mit dem Wassertaxi. ✆ 347-8024817, www.barcaioliportovenere.com. Tickets beim Stand am Hafen.

• *Bootsverleih* Zwei Anbieter an der Calata Doria, Schlauchboote mit Außenborder oder kleine Motorboote, 25–30 €/Std., 120–140 €/Tag, Sprit extra. **Noleggio Natanti**, ✆ 380-3902756; **Palmaria Noleggio**, ✆ 338-8548957.

• *Markt* Montagvormittag kleiner Markt auf der Piazza Bastreri.

• *Feste & Veranstaltungen* **Festa della Madonna Bianca** am 17. August: Patronatsfest zu Ehren der Weißen Madonna, das religiöse Hauptfest der Stadt mit Fackelzug und Leuchtfeuern.

Festa di San Venerio am 13. Sept. mit Bootsprozession zur kleinen Felseninsel Tino.

Man kann sich dem Trubel auch entziehen

Coppa Byron, am letzten Sonntag im August, Schwimmwettbewerb von Portovenere nach Lerici in Erinnerung an Lord Byrons vermeintliche Schwimmleistungen in der „Bucht der Dichter".

• _Baden_ Portovenere besitzt den vielleicht kleinsten Stadtstrand der Levanteküste. Dagegen ist das Felsbaden an den Klippen des Kaps von San Pietro nicht wirklich zu empfehlen. Dafür gibt es regelmäßig Fährverbindungen zur Insel Palmaria mit ihren schönen Stränden (bei Terrizzo und Pozzale); Hin- und Rückfahrkarte 4 €.

Übernachten

** **Genio**, unser Tipp: direkt an der Festungsmauer bzw. in diese integriert. Freundlicher Familienbetrieb, sieben gemütliche, kleine Zimmer; kein Restaurant, aber mit netter Terrassenbar am Turm. EZ 90 €, DZ 120 €, Dreibett-Zimmer 135 €, Frühstück inkl. Piazza Bastreri 8, 19025 Portovenere (SP), ✆/℻ 0187-790611, www.hotelgenioportovenere.com.

**** **Royal Sporting**, herrliche Uferlage, an der oberen Ortsausfahrt; groß, modern, komfortabel, mit Pool und sehr gutem Hotelrestaurant, diverse Sportangebote etc. Mitte März bis Ende Okt. geöffnet. EZ ab 110 € (Gartenblick ohne Balkon) bis 160 € (Meerblick mit Balkon), DZ 170 € (Gartenblick ohne Balkon) bis 250 € (Meerblick mit Balkon), Frühstück ist jeweils inkl. Via Olivo 345, 19025 Portovenere (SP), ✆ 0187-790326, ℻ 0187-777707, www.royalsporting.com.

**** **Gran Hotel Portovenere**, Nobelherberge am Rand des Centro storico, schöner Blick über den Hafen, sehr freundlich. Gehobenes Restaurant. Garagenstellplatz ca. 15 €. EZ 129–139 €, DZ zwischen 157 € (ohne Meerblick) und 275 € (Meerblick und Balkon), Frühstück inkl., Halbpension 38 € pro Person. Via Garibaldi 5, 19025 Portovenere (SP), ✆ 0187-792610, ℻ 0187-790661, www.portovenerehotel.it.

*** **Paradiso**, stattlicher, älterer, aber renovierter Palazzo, am Ortseingang, recht komfortabel, freundlicher Service. Gehobenes Restaurant. DZ 170 €, Frühstück 12 € pro Person, DZ mit Halbpension ca. 220–240 €. Via Garibaldi 34–40, 19025 Portovenere (SP), ✆ 0187-790612, ℻ 0187-792582, www.hotelportovenere.it.

Affitacamere La Lanterna, mittendrin im Centro Storico, gegenüber der Osteria del Carugio. Nur zwei Zimmer und ein Appartement, nett hergerichtet und sogar mit Balkonen zum Hafen. Frühstück auf Anfrage. DZ 85 €, Dreibett-Zimmer 110 €, Vierbett-Zimmer 145 €, Appartement für 2–4 Personen 95–160 €. Via Capellini 109, 19025 Portovenere (SP), ✆/℻ 0187-791395, www.lalanterna-portovenere.it.

Locanda Lorena → *Isola Palmaria*.

Essen & Trinken

Iseo, beliebtes, gehobenes Lokal am Anfang der Uferpromenade, gehört zur Locanda Lorena auf Palmaria; die vielleicht beste Wahl im Ort, gute Fischküche mit Frischegarantie, Tische im Freien mit Hafenblick, akzeptables Preis-Qualitäts-Verhältnis. Oft voll, am besten reservieren, mittags und abends geöffnet, Mi Ruhetag. Calata Doria 9, ✆ 0187-790610.

La Medusa, nettes Lokal am kleinen Brunnenplatz des Altstadt-Carrugio; solide Land- und Meeresküche, von jüngeren Leuten geführt, mittleres Preisniveau. Mittags und abends geöffnet Mo abends und Di Ruhetag. Via Capellini 74, ✆ 0187-790603.

Antica Osteria del Carugio, uriges Lokal in der Hauptgasse, man sitzt kommunikativ auf Bänken an langen, dunklen Holztischen, die Wände zieren alte Fotografien, sehr freundlicher Service, von älteren Leuten geführt, Traditionslokal. Keine Reservierung möglich, daher möglichst früh kommen! Mittags und abends geöffnet, Do Ruhetag. Via Capellini 66, ✆ 0187-790617.

Baracco, rustikale, nicht allzu teure kleine Osteria im Ortskern; nette Stimmung und passable Küche. Mittags und abends geöffnet, Di Ruhetag. Via Capellini 24, ✆ 0187-791741.

La Pizzaccia, eine der appetitlichen Altstadtbackstuben; Tische auch draußen. Pizza, Focaccia, Farinata und andere Leckereien, köstlich die Focaccia mit Nutella und Birne. In der Hochsaison tägl. geöffnet, Do Ruhetag. Via Capellini 94, ✆ 0187-792722.

Locanda Lorena, → *Isola Palmaria*.

• _Bar/Aperitivo_ Zum Aperitivo natürlich am besten an den Hafen, hier trifft man sich allabendlich zu Bellini und Nüsschen, z. B. in der **Bar/Gelateria Doria** am Lungomare Calata.

Sehenswertes in Portovenere

Chiesa San Pietro: In fantastischer Lage thront die gotische Streifenkirche auf dem äußersten Felssporn von Portovenere hoch über dem Meer. Wie ein Leuchtturm in der Brandung markiert sie zusammen mit der gegenüberliegenden Isola Palmaria die Einfahrt in die Bucht von La Spezia. San Pietro ist steinalt. Zwar stammt die Kirche mit der schwarzweißen Fassade aus der Mitte des 13. Jh.; rechts vom Eingang aber befindet sich der integrierte frühchristliche Vorgängerbau aus dem 6. Jh., ein rechteckiger, kleiner Raum mit halbrunder Apsis und Fußbodenfragmenten aus Marmor. Und unterhalb dieses frühen Baukerns wurden Säulen- und Altarreste eines heidnischen Tempels entdeckt. Wahrscheinlich handelte es sich um eine antike Kultstätte, die der Göttin Venus geweiht war, der mythologischen Namenspatronin von Portovenere.

Tägl. 8–19 Uhr.

Malerisch: Portovenere

Chiesa San Lorenzo: Die romanisch-gotische Hauptkirche erhebt sich malerisch über die Ortschaft. Die rege Baugeschichte begann im frühen 12. Jh. unter den Genuesern, doch ein verheerender Brand im Jahr 1340 zog eine vollständige Erneuerung bereits im 14. Jh. nach sich. Der Sakralbau zeigt neben romanischen und gotischen Formen auch Stilelemente der Renaissance (Kuppel und Glockenturm). Ein Marmorrelief mit dem Martyrium des heiligen Laurentius ziert das gelungene Portal der gotischen Fassade. Über dem Portal setzt sich ein schwarz-weiß gestreiftes Stück Fassade vom Grau der restlichen Fassade ab. Auch der abwechslungsreiche Innenraum des Gotteshauses ist sehenswert. Hauptanziehungspunkt für die Gläubigen ist die *Madonna Bianca* rechts neben dem Altar, eine weiß gewandete Muttergottes auf Pergament (14. Jh.).

Tägl. geöffnet, 12–15 Uhr geschlossen.

Castello Doria: Dieses schier uneinnehmbare Bollwerk mit dem wuchtigen Mauerring steht im krassen Kontrast zur friedlich-bunten Hafenkulisse. Im frühen 12. Jh. begannen die Genueser mit dem Bau der Festung, die bis ins 16. Jh. zu ihren heutigen Ausmaßen erweitert wurde. Das Innere des Castello kann größtenteils besichtigt werden; zudem wird die Festung regelmäßig für Ausstellungen und Kulturveranstaltungen genutzt. Auf dem Weg hinauf und von der Festung selbst öffnen sich herrliche Ausblicke auf die spektakuläre Küstenlinie und die malerische Kirche San Pietro, allein das lohnt den mühsamen Aufstieg. Direkt unterhalb des Kastells lädt ein schattiges Areal unter Pinien mit Parkbänken und herrlichem Blick zum Verweilen ein.

Im Sommer tägl. 10.30–13.30 und 14.30–18.30 Uhr; Nov. bis Ostern nur Sa/So 10.30–18.30 Uhr. Eintritt 2,20 € (bei Ausstellungen 3 €), ermäßigt 1,20 € (2 €). ✆ 0187-793042.

Karte S. 327

Die Inseln Palmaria, Tino und Tinetto

Die drei Felseninseln in der Bucht von La Spezia sind beispielhaft für die frühgeschichtliche Besiedlung der ligurischen Küste und für die Gründung frühchristlicher Einsiedeleien und Mönchsgemeinschaften in einer geografisch geschützten Lage.

Die Hauptinsel *Isola Palmaria* war wegen ihrer günstigen geologischen Beschaffenheit (zahlreiche Kalksteingrotten) schon in der Jungsteinzeit von Menschen bewohnt. In der *Grotta dei Colombi* (Taubengrotte) wurden Spuren menschlicher Anwesenheit entdeckt, die bis ins fünfte vorchristliche Jahrtausend zurückreichen. Einige dieser Fundstücke zeigt das sehenswerte Archäologische Museum im Castello von La Spezia (→ S. 361).

Die dicht begrünte Felseninsel ist ein beliebtes Ausflugsziel für Badeurlauber und Wanderer gleichermaßen. Zu erreichen ist sie mit Fährbooten von Portovenere und La Spezia. Der schönste Strand (Kies/Stein/Sand) befindet sich am Südostufer beim winzigen Weiler *Pozzale* (im Sommer Barbetrieb). *Terrizzo*, das kleine „Inselhauptdorf" am ruhigen Nordufer vis-à-vis von Portovenere, bietet ebenfalls gute Badestellen sowie ein schönes Restaurant mit Übernachtungsmöglichkeit.

• *Anfahrt* Pendelboote des *Consorzio Barcaioli Portovenere* verbinden die Insel mit Portovenere, hin/zurück 4 €. ✆ 347-8024817, www.barcaioliportovenere.com. Ausflugsboote in der Saison auch nach La Spezia, natürlich auch Wassertaxis (10 €/Pers., ab 4 Pers.).

Locanda Lorena, auf der Felseninsel Palmaria (in Terrizzo); kleines, gemütliches Strandhotel (Boot-Shuttle-Service von Portovenere), nur sechs Zimmer. Gutes Restaurant mit schöner Terrasse über dem Strand. Geöffnet von März bis Nov. mittags und abends, Mi Ruhetag. Reservierung ratsam. DZ 120 € inkl. Frühstück. Via Cavour 4, Isola Palmaria, 19025 Portovenere (SP), ✆ 0187-792370, 📠 0187-766077, www.locandalorena.com.

Steil: die Westküste von Palmaria

In frühchristlicher Zeit entdeckten Einsiedler und kleine Mönchsgemeinschaften die Inseln auf der Suche nach geeigneten Niederlassungen. Auf der *Isola del Tino* lebte und starb beispielsweise der Eremit *San Venerio* (7. Jh.). Auf den Resten seiner Grabkapelle entstand später eine der ältesten frühromanischen Kirchen (11. Jh.) der Levanteküste. Die Insel ist ausschließlich am Patronatstag von San Venerio zugänglich (→ „Portovenere/Feste & Veranstaltungen").

Auch auf dem kleinen Felseiland *Isola del Tinetto* (ebenfalls nicht zugänglich) sind noch Überreste einer frühchristlichen Einsiedelei und der später darüber errichteten Abteikirche erhalten.

La Spezia und sein Golf

La Spezia

Provinzhauptstadt, ca. 95.000 Einwohner

In fantastischer Lage am tiefsten Punkt des fjordartig geschnittenen Golfo di La Spezia liegt eine der schönsten Hafenbuchten an der gesamten italienischen Mittelmeerküste. La Spezia ist ein großer Marine- und Handelsstützpunkt. Sehenswert sind vor allem die Museen des etwas hektischen Provinzzentrums.

Das heutige Stadtbild trägt im Wesentlichen die architektonischen Züge des späten 19. und frühen 20. Jh. Als angenehm lebhaftes Zentrum zeigt sich das alte Stadtviertel *Quartiere Prione* zwischen Bahnhof und Meer. Die palmengesäumte, weitläufige Uferpromenade hingegen ist abends nahezu menschenleer. Ein Besuch des *Museo civico archeologico* im restaurierten Castello San Giorgio lohnt allein wegen der frühgeschichtlichen „Lunigiana-Stelen", und auch das *Museo Civico „Amedeo Lia"* mit seiner hochkarätigen Gemäldesammlung gehört zu den kunsthistorischen Höhepunkten der Stadt, die nebenbei auch noch ein städtisches *Museum für Zeitgenössische Kunst* und ein *Marinemuseum* zu bieten hat. Wer sich nach langem Wandern in den Cinque Terre zur Abwechslung geballte Kultur gönnen will, ist in La Spezia richtig.

Der *Golfo di La Spezia* bildete im Mittelalter so etwas wie die natürliche Grenzlinie zwischen den Erzrivalen Genua und Pisa. Die Festung *San Giorgio* war zusammen mit dem Castello von Portovenere eine Zeit lang die südlichste Bastion Genuas. Schon im benachbarten Lerici ragte Pisas erstes Bollwerk bedrohlich auf. Beide Seerepubliken kontrollierten die strategisch wichtige Bucht also gleichermaßen und beantworteten jede Grenzüberschreitung mit Waffengewalt oder zumindest Säbelrasseln. Erst als Pisa im 13. Jh. an Bedeutung verlor, wurde es wieder friedlicher am malerischen Golf.

Karte S. 327

Mit der französischen Vorherrschaft in der Revolutionszeit und unter Napoleon blühte La Spezia wirtschaftlich auf und wurde von seinen Besatzern zu einem wichtigen Handels- und Kriegshafen ausgebaut. Nach der italienischen Einheit (1860/61) erhöhte sich die strategische und wirtschaftliche Bedeutung der Hafenstadt weiter. Die beiden Weltkriege unterbrachen die städtische Entwicklung jäh, Luftangriffe richteten im Zweiten Weltkrieg erhebliche Schäden an. Beim Wiederaufbau verschwendeten die Verantwortlichen kaum eine Lira mit sentimentalen Restaurierungsarbeiten, sondern stampften eine moderne, funktionale Industriestadt aus den Weltkriegstrümmern, deren touristische Attraktivität sich naturgemäß in Grenzen hält. Als Ausgangpunkt für Ausflüge nach Portovenere und in die Cinque Terre eignet sich La Spezia jedoch bestens, zumal diese Orte von hier mit Ausflugsbooten angesteuert werden. Beste Busverbindungen bestehen auch in den beliebten Ferienort Lerici an der Ostseite des Golfo di La Spezia.

Informationen/Diverses

• *Information* **I.A.T.-Büro**, quasi an der Ecke Viale Italia und Via Persio, unweit der Bushaltestelle Piazza Chiodo und nahe dem Fähranleger. April bis Ende Sept. Mo–Sa 9–19 Uhr, So 9–13 Uhr, im Winter Mo–Sa 9–17 Uhr, So 9–13 Uhr. Auch deutschsprachige Broschüren zur gesamten Provinz. Viale Italia 5, ✆ 0187-770900, ℻ 0187-770908, www.turismoprovincia.laspezia.it.

I.A.T.-Infoschalter im Bahnhof, gleiche Öffnungszeiten wie das Hauptbüro (s. oben).

Infoschalter des Nationalparks Cinque Terre, ebenfalls im Bahnhofsgebäude (am Bahnsteig 1), täglich 5.15–21.15 Uhr; hier wird auch die *Cinque Terre Card* (→ S. 326) verkauft.

• *Anfahrt/Verbindungen* **Auto**, die A 12 führt bis an den östlichen Stadtrand, vorbei an den imposanten Bergdörfern des westlichen Magra-Tals. Auf der Via Aurelia gelangt man direkt in die südwestliche Neustadt, ebenso auf der Cinque-Terre-Verbindungsstraße S 370.

Parken, gute (gebührenpflichtige) Möglichkeiten am südlichen Ende des breiten Viale Italia parallel zum Hafen; kostenlose Parkplätze am Viale Amendola (Museo Navale).

Bahn, von den beiden Bahnhöfen ist nur die *Stazione Centrale* von touristischer Bedeutung; von hier sind es wenige Schritte in die Innenstadt. Mindestens stündlich Regionalzüge über Riomaggiore und Monterosso (Cinque Terre) und an der Levante-Küste entlang nach Genua, Halt in fast allen Orten; ebenfalls etwa stündlich mit dem IC nach Genua, einziger Stopp auf der Strecke ist Sestri Levante. In südöstliche Richtung ca. halbstündlich Regionalzüge nach Vezzano Ligure und Sarzana, etwa stündlich mit Halt in Luni, halbstündlich nach Carrara, Massa und weiter nach Viareggio und Pisa.

Bus, ATC-Linienbusse etwa halbstündlich über Le Grazie nach Portovenere (Linie 11 P); 4 x tägl. nach Campiglia; ebenfalls etwa halbstündlich nach Lerici ans Ostufer des Golfo (Linie L/S); dort umsteigen nach Tellaro (ca. stündlich). Busbahnhof an der

großen Arkaden Piazza *Domenico Chiodo* in der westlichen Neustadt. Genaue Fahrpläne unter www.atclaspezia.it

Schiff, Ausflugsfahrten in die Cinque Terre sowie Pendelfähren nach Portovenere und zur Isola Palmaria: Ganztagesfahrt Cinque Terre 21 € (Wochenende im Sommer 23 €), Kinder 6–11 Jahre 13 €, nur hin 13 € (mit Zwischenstopps 16 €); Halbtagesfahrt Cinque Terre 17 €. Pendelfähre von La Spezia nach Portovenere 3 x tägl. (Sa/So 5 x), Dauer ca. 30 Min., Erw. 7 €, Kinder 4 € (jeweils hin/zurück), einfach 4 €. 2 x tägl. zur Insel Palmaria, gleiche Preise wie Portovenere. *Abfahrt der Schiffe* ab der Banchina Morin/Revel (Südende des Viale Italia). Consorzio Marittimo Turistico 5 Terre – Golfo dei Poeti, Via Don Minzoni 13, 19121 La Spezia. ✆ 0187-732987, ℻ 0187-730336, www.navigazionegolfodeipoeti.com.

• *Einkaufen* **Markthalle**, jeden Vormittag (außer So) an der Piazza Cavour; zeitgleich gibt es in den Nebenstraßen des Prione-Viertels **Haushalts- und Textilmärkte**.

Haupteinkaufsstraßen sind die Fußgängerzonen Via del Prione und Corso Cavour, hier zahlreiche **Boutiquen** und **Geschäfte**.

• *Feste & Veranstaltungen* Hauptfest ist die **Festa del Mare** mit dem **Palio del Golfo** am 1. Augustsonntag: Nach einer festlichen Parade am Hafenkai gibt es eine historische Regatta vor der Banchina Morin, an der Boote aus verschiedenen Stadtteilen und Nachbarorten teilnehmen.

Übernachten

**** **Jolly Hotel (5)**, Hochhaus, Nähe Molo Italia und Cattedrale (Piazza Europa); zentrales, komfortables Haus, voll klimatisiert, vor allem von Geschäftsleuten und internationalen Reisegruppen besucht. Hotelrestaurant. EZ ab 90 €, DZ um 170 €, Frühstücksbüfett 16 €. Via XX Settembre 2, 19124 La Spezia, ✆ 0187-739555, ℻ 0187-22129, www.nh-hotels.it.

Golfo di La Spezia
Karte S. 327

MY Hotels La Spezia (4), noch recht neues Hotel beim Castello San Giorgio, Treppen führen hinunter ins Prione-Viertel (Fußgängerzone). Moderne, sachliche Einrichtung. EZ ca. 150 €, DZ ca. 170 €, inkl. Frühstück. Via XX Settembre 81, 19124 La Spezia, ✆ 0187-738848, ✆ 0187-258685, laspezia@myhotels.it.

*** **Genova (3)**, modernisierter Altbau, gute Adresse und Lage, Nähe Markthalle und Prione-Viertel, Parkmöglichkeit. EZ 90 €, DZ 125 €, inkl. Frühstück. Via Fratelli Rosselli 84, 19121 La Spezia, ✆ 0187-732972, ✆ 0187-731766, www.hotelgenova.it.

*** **Corallo (2)**, gepflegter Neubau, gut geführt, noch relativ zentral gelegen (Ecke Viale Italia), mit Garage (18 €/Tag). EZ 80 €, DZ 106 €, Dreibett-Zimmer 136 €, Vierbettzimmer 150 €, Familienzimmer 175 €, jeweils inkl. Frühstück. Via Crispi 32, 19124 La Spezia, ✆ 0187-731366, ✆ 0187-754490, www.hotelcorallospezia.com.

* **Il Sole (7)**, preisgünstig und zentral, mitten im lebhaften Prione-Viertel (Seitenstraße der Fußgängerzone Via del Prione); ordentlich und sauber, man sollte jedoch keine zu hohen Ansprüche stellen. Zimmer mit und ohne Bad. EZ (nur ohne Bad) 36 €, DZ 45–55 €, Dreibett-Zimmer 61–74 €, Vierbett-Zimmer 77–92 €, Frühstück ca. 5 €/Person. Via F. Cavallotti 31, 19121 La Spezia, ✆ 0187-735164, ✆ 0187-1877517, www.albergoilsole.com.

Ostello Tramonti (10), Jugendherberge außerhalb von La Spezia im ca. 6 km entfernten Bergdorf Biassa (→ S. 350) in einer umgebauten ehemaligen Grundschule; insgesamt 60 Betten in schlichten 2- bis 4-Bett-Zimmern, ATC-Busse von La Spezia (Nr. 19), Haltestelle direkt am Ostello. Übernachtung 18–20 € im Vierbettzimmer, 18–24 € im Dreibett-Zimmer, 25–30 € im DZ und 35–50 € im EZ. Frühstück extra. Via F. Filzi 110, Fraz. Biassa, 19133 La Spezia, ✆/✆ 0187-758507, www.ostellotramonti.it.

Essen & Trinken (siehe Karte S. 358/359)

Antica Trattoria Dino (8), in ruhiger Lage unweit der Uferpromenade; alteingesessen, eine der besten Adressen in La Spezia, geräumiger, schicker Speisesaal und große Terrasse. Gute ligurische und toskanische Land- und Meeresküche zu gehobenen Preisen, Kellner der alten Schule, täglich wechselnde Gerichte, Menü um 35 €. Mittags und abends geöffnet, So abends und Mo geschlossen. Via Cadorna 18, ✆ 0187-736157.

Pizzeria La Pia – La Centenaria (6), eine echte Pizza-Institution, sehr beliebt, mitten im Prione-Viertel, auch Sitzgelegenheiten draußen; voll, laut, stimmungsvoll, kleine Preise. Nebenan Straßenverkauf (Pizza, Farinata), an dem die Leute Schlange stehen. So Ruhetag. Via Magenta 12, ✆ 0187-739999.

Fratelli D'Angelo (1), nettes Ristorante im Prione-Viertel, großer, klimatisierter Speiseraum, oft voll, gute Stimmung und lange geöffnet; solide Land- und Fischküche, auch Pizza, Menü ab ca. 18 €. So Ruhetag. Via del Prione 268, ✆ 0187-737203.

Focacceria Pane e Tulipani, gleich nebenan, empfehlenswert: Focaccia und Farinata immer frisch vom Blech; Sitzgelegenheiten.

• *Essen/Außerhalb* **Aütedo (9)**, ca. 3 km außerhalb, an der Straße nach Portovenere; ehemaliges, zur freundlichen Osteria umgestaltetes Hafenarbeiterlokal mit Terrasse; verfeinerte ligurische Fischküche mit vielen Überraschungen, täglich wechselnde Gerichte, Menü um 25–30 €. Mittags und abends geöffnet, Mo Ruhetag. Viale Fieschi 138, ✆ 0187-736061.

Sehenswertes

Chiesa Santa Maria Assunta: Die ehemalige Kathedrale an der Piazza Beverini, ursprünglich aus dem 13. Jh., im 15. Jh. neu erbaut, wurde von dem modernen, runden Nachkriegsbau der *Cattedrale Cristo Re* (1956–76) an der Piazza Europa als Bischofssitz und erste Kirche der Stadt abgelöst, obwohl die altehrwürdige Santa Maria Assunta erst 1954 eine neue Fassade erhalten hatte. Die große, fünfschiffige Kathedrale beherbergt einige kostbare Kunstwerke aus verschiedenen Epochen, darunter mehrere Altäre, Heiligenskulpturen und Gemälde. Von kunstgeschichtlicher Bedeutung ist vor allem die „Marienkrönung", eine farbige Terrakottaskulptur des toskanischen Renaissancekünstlers *Andrea della Robbia.*

Ganztägig. Piazza Beverini, zwischen Corso Cavour und Via del Prione im Zentrum.

Am Hafen von La Spezia

Castello San Giorgio mit **Museo civico archeologico Ubaldo Formentini:** Das in imposanter Hügellage thronende Kastell war einst Genuas südlichste Festung gegen die mächtige mittelalterliche Seerepublik Pisa. Seit dem 14. Jh. beschäftigte der Aus- und Wiederaufbau der mehrfach zerstörten Stadtburg den Genueser Doria-Clan. Noch Anfang des 17. Jh. erweiterten die Militärarchitekten den oberen Teil der Verteidigungsanlage sowie den Stadtwall. Wer den etwas mühsamen Aufstieg nicht scheut, wird mit einem herrlichen Panoramablick belohnt. Das restaurierte Castello beherbergt heute das *Archäologische Museum.*

Den Schwerpunkt der interessanten archäologischen Sammlung bilden frühgeschichtliche und antike Fundstücke. Zu den eindrucksvollsten Exponaten gehören die steinernen *Stelenstatuen* aus der Bronze- und Eisenzeit; vermutlich dienten sie den sesshaft gewordenen ligurischen Stämmen als Grabsteine, auf denen vorwiegend arbeitende bzw. bewaffnete Frauen und Männer dargestellt sind. Die Stelenstatuen bestehen aus einem Rumpf- und einem Kopfteil; von den insgesamt 19 Exemplaren trägt die *Statua stele Verrucola* sicherlich den anmutigsten Kopf. Ebenfalls herausragend ist die Sammlung antiker Architekturfragmente, Büsten und Kleinkunst aus der *Römerstadt Luni.* Die Ausstellung überzeugt durch sorgsame Präsentation und nicht zuletzt durch die Unterbringung in den fast labyrinthischen Räumen und Gängen des Castello.

Mi–Mo 9.30–12.30 und 17–20 Uhr (im Winter 15–17 Uhr), Di geschlossen. Eintritt 5 €, erm. 4 €; Kombi-Ticket mit dem Museo Amedeo Lia (→ unten) 8 €. Sammelticket für alle städtischen Museen 12 € (außer Museo Navale). Via XXVII Marzo, ✆ 0187-751142.

Museo Tecnico Navale: Das städtische Schifffahrtsmuseum an der Piazza Chiodo am Ende der Via Domenico Chiodo befindet sich auf dem Gelände des unter Napoleon errichteten Marine-Arsenals. Dokumentiert wird die Geschichte der Kriegsmarine von ihren Anfängen bis zur Gegenwart, u. a. ist eine stattliche Sammlung von Galionsfiguren, Seekarten und Navigationsgeräten zu sehen sowie mehrere Schiffsmodelle. Wer sich für Seefahrt begeistert, kommt hier auf seine Kosten.

Mo–Sa 8–18.45 Uhr, So 8–13 Uhr. Eintritt 1,55 €. Viale Amendola 1. ✆ 0187-784693 oder 0187-783016.

Museo Civico „Amedeo Lia" (MAL): Im Jahr 1992 schenkte der Elektrounternehmer und Mäzen *Amedeo Lia* seine umfangreiche Kunstsammlung (fast 1000 Gemälde, Skulpturen, Objekte etc.) der Stadt, die daraufhin das ehemalige Konventsgebäude der *Frati Paolotti* (17. Jh.) zum Museum umbaute. In 13 Sälen sind hier Kunstwerke aus verschiedenen Epochen vom 13. bis zum 18. Jh. zu sehen, darunter Werke von Pietro Lorenzetti, Pontormo, Giovanni Bellini, Gentile Bellini, Benedetto da Maiano, Tizian, Tintoretto, Paolo Veronese und Canaletto.

Di–So 10–18 Uhr, Mo geschlossen. Eintritt 6 €, ermäßigt 4 €, Sammelticket für alle städtischen Museen 12 € (außer Museo Navale). Via del Prione 234, ✆ 0187-731100.

Museo Civico del Sigillo: Direkt neben dem Museo Civico „Amedeo Lia" in der Fußgängerzone. Zu sehen sind unzählige Siegel aus aller Welt, das älteste aus der Zeit um 4000 v. Chr., dazu eine interessante Sammlung orientalischer Siegel.

Mi–So 10–12 und 16–19 Uhr, Di nur 16–19 Uhr, Mo geschlossen. Eintritt 3 €, ermäßigt 2 €, Sammelticket für alle städtischen Museen 12 € (außer Museo Navale). Via del Prione 236, ✆ 0187-778544.

Centro di Arte Moderna e Contemporea (CAMeC): Im *Tribunale,* dem ehemaligen Gerichtsgebäude an der Piazza Cesare Battisti im Zentrum, ist seit 2004 eine überaus sehenswerte Sammlung moderner Kunst untergebracht (u. a. *De' Chirico* und *Kandinsky*) sowie einige zeitgenössische Installationen. Weite Teile des vierstöckigen Gebäudes sind wechselnden Ausstellungen vorbehalten. Großer, gut sortierter Buchladen im Erdgeschoss.

Di–Sa 10–13 und 15–19 Uhr, So 11–19 Uhr, Mo geschlossen. Eintritt 6 €, ermäßigt 4 €, Sammelticket für alle städtischen Museen 12 € (außer Museo Navale). Piazza Cesare Battisti 1, ✆ 0187-734593.

Chiesa Santa Maria della Neve: Bei dieser bildschönen Wallfahrtskirche am Viale Garibaldi handelt es sich um einen Kirchenbau des späten 19. Jh. Bauformen der Romanik wie auch der Renaissance wurden hier harmonisch umgesetzt.

Tägl. 8.30–12.30 und 16–18 Uhr.

La Spezia/Umgebung

Vezzano

ca. 7300 Einwohner

Das bildschöne Bergdorf liegt hoch über dem Zusammenfluss von Magra und Vara. An den umliegenden Hängen gedeihen ertragreiche Wein- und Olivenpflanzungen. *Vezzano Basso* und der erhöht gelegene Ortsteil *Vezzano Alto* blieben von der ligurischen Landflucht relativ verschont und konnten ihr mittelalterliches Stadtbild bis heute bewahren. Höhenluft und malerische Gassen, fantastische Aussicht, verwitterte Ziegeldächer – einfach schön. Wer jahrhundertealte Bergdorfatmosphäre genießen möchte, ist hier richtig. Den schönsten Platz des Ortes findet man an der *Piazza Castello* in Vezzano Basso, enge Treppengassen führen hinauf zu der kleinen Aussichtsterrasse.

• *Anfahrt/Verbindungen* **Auto**, Vezzano liegt ca. 10 km nordöstlich von La Spezia an der Via Aurelia, zunächst Richtung Parma, dann rechts ab (beschildert).

Bahn, die schnellste Art der Anfahrt, Vezzano ist die erste Nahverkehrsstation an der Strecke nach Pisa; allerdings liegt der Bahnhof weit unterhalb von Vezzano.

Buc, ATC-Busse ab Piazza Chiodo in La Spezia, nur werktags, 14 x tägl. bis Vezzano Alto, 6 x tägl. bis Vezzano Basso (direkt von La Spezia, es gibt auch aber eine Verbindung zwischen den Ortsteilen, die öfter fährt).

• *Fest* **Festa dell'uva e del Vino** Ende Sept. in Vezzano – ein ausgelassenes Weinfest auf der Dorfpiazza; genauer Termin im I.A.T.-Büro von La Spezia.

*** **Albergo al Convento**, in Vezzano Basso, *unser Tipp*: An der wunderbar lauschigen Piazza Regina Margherita eröffnete 2006 dieses stilvolle 12-Zimmer-Hotel mit empfehlenswertem Restaurant (nur abends geöffnet, kein Ruhetag, mittleres Preisniveau). Komfortable Zimmer in sorgfältig restauriertem Gemäuer; von der Terrasse herrlicher Blick auf den Golfo, das Magra-Tal und die Ebene der Magra-Mündung an der Grenze zur Toskana. EZ 75 €, DZ 110–120 €, Dreibett-Zimmer 135–150 €, inkl. Frühstück, Halbpension plus 20 € pro Person. Piazza Regina Margherita 1, 19020 Vezzano Ligure (SP), ✆ 0187-994444, ℻ 0187-994447, www.albergoalconvento.it.

Am Ostufer des Golfo di La Spezia

Die schillernde Bezeichnung „Golfo dei Poeti" – Bucht der Dichter – hat der Golfo di La Spezia seinem reizvollen Ostufer zu verdanken, an dem sich die internationale Künstlerboheme des 19. Jh. bevorzugt aufhielt.

Unter anderen weilten hier Percy Bysshe Shelley, Mary Shelley, Lord Byron, John Keats, später Arnold Böcklin und auch D. H. Lawrence. Das Ehepaar Shelley (Mary Shelley wurde als Autorin des „Frankenstein" berühmt) lebte in der Villa Magni in San Terenzo. Der Lyriker Percy Bysshe Shelley fand vor der toskanischen Küste den Tod, als sein Segelboot kenterte.

Die Küstenorte *San Terenzo*, Lerici und *Tellaro* gehören zwar geografisch nicht mehr zur Riviera di Levante, können es in punkto Exklusivität aber mit den weiter nördlich gelegenen Orten durchaus aufnehmen. Während Lerici eher das Flair eines extrovertierten Ferienorts mit Hang zum Mondänen besitzt, besticht Tellaro durch Zurückhaltung und seine versteckte Lage im felsigen Küstensaum – eine echte Entdeckung am Golfo di La Spezia. Am schroffen Ostufer verstecken sich zudem herrliche kleine Badebuchten, und hoch darüber erstreckt sich das Naturschutzgebiet des *Parco di Montemarcello*, dessen bewaldeter Rücken sanft zur anschließenden Schwemmlandebene der Magra-Mündung abfällt.

Freizeitpirat am Golfo di La Spezia

Abendstimmung: Zeit für eine Passeggiata

Lerici und San Terenzo

ca. 10.600 Einwohner

Größter und beliebtester Ferienort an der Golfbucht, ein Hauch mondän, dazu extrovertiert und schön. Einige Hotelnamen erinnern noch an die exzentrischen Dichter, die sich hier wohl fühlten und zu romantischen Versen inspirieren ließen.

Oben, an der Zufahrtsstraße nach Lerici, liegt einem fast die gesamte Bucht des Golfo di La Spezia zu Füßen. Flächendeckend zieht sich der große Sport- und Fischerhafen über das spiegelglatte Wasser. Und in frischem Glanz thront das uneinnehmbare Castello über dem Geschehen.

Unten, von der breiten, mit Kiefern und Palmen bestandenen Uferpromenade betrachtet, wirkt die stille Bucht wie ein Bergsee, den die gewaltigen Ausläufer der Cinque-Terre-Küste zusammen mit der Insel Palmaria nahezu einschließen. Auch die ausufernden Hafenanlagen von La Spezia werden vom Felsufer weitgehend verdeckt – die fast perfekte Idylle.

An der schön geschwungenen Uferpromenade kommt kaum Hektik auf: Boots- und Hafenmaler stellen ihre Ölbilder und Aquarelle aus, man flaniert im Schatten mächtiger Pinien, Parkbänke laden zum Verweilen ein, während an der lang gestreckten Mole die Touristenfähren hinüber nach Portovenere starten. Diese beachtliche Strecke soll seinerzeit *Lord Byron* geschwommen sein. Am Nachmittag, wenn die kleinen Fischerboote und mittelgroßen Kutter am Kai entladen werden, kommt ein wenig Marktstimmung auf, dann versorgen sich Händler und Restaurantbesitzer mit dem frischen Tagesfang. Schmale Gassen führen durch die friedliche Altstadt hinauf zum tadellos restaurierten Castello, in dem heute ein geopaläontologisches Museum untergebracht ist.

Der Nachbarort *San Terenzo* ist sozusagen die Fortsetzung von Lerici in nordwestliche Richtung. Vor der Hafenpromenade liegt ein kleiner, im Hochsommer allerdings hoffnungslos überfüllter Sandstrand; im Zentrum hinter der Uferpromenade geht es etwas bodenständiger zu als im benachbarten Lerici.

Zwischen beiden Orten erstrecken sich weitere Strände, manche sind von Hotels in Beschlag genommen, andere aber sind frei und entsprechend beliebt. Hier findet sich sicherlich die passende Strandbar für einen Cappuccino in der Morgensonne, eine Erfrischung zwischen den Schwimmeinheiten oder den Cocktail zum Sonnenuntergang. Wer gerne bequem (sonnen-)badet, kann sich hier zudem Liegestuhl und Sonnenschirm leihen.

Information/Diverses

• *Information* **I.A.T.-Büro**, Container am großen Parkplatz an der Uferpromenade zwischen San Terenzo und Lerici; Juni bis Sept. tägl. 9–12.30 und 15–18 Uhr, außerhalb der Saison tägl. 9–12 und 15–17 Uhr, im Winter stark eingeschränkt. Via Biaggini, ✆ 0187-967346 oder 0187-969164, 📠 0187-969417.

I.A.T.-Container am Großparkplatz *La Vallata* oberhalb von Lerici/San Terenzo, in der Hochsaison tägl. 9–13 und 16–22 Uhr geöffnet, in der Nebensaison nur Sa/So 9–19 Uhr, im Winter geschlossen. Von hier fährt auch der Girobus ins Zentrum (→ unten).

Pro Loco-Büro im Zentrum von *San Terenzo* an der Piazza Ferro. In der Hochsaison tägl. 9–19 Uhr geöffnet, in der Nebensaison nur Sa/So 9–19 Uhr, im Winter geschlossen. ✆ 0187-971597.

• *Anfahrt/Verbindungen* **Auto**, Autobahnabfahrt Sarzana, dann auf der Via Aurelia über den breiten Magra-Fluss, anschließend auf der S 331 weiter nach Lerici. Von La Spezia kommend am besten durch das endlose Hafengebiet (immer der Ausschilderung „Lerici" folgen).

• *Parken* Seit einigen Jahren ist ganz Lerici alljährlich vom 1. Juni bis 30. Sept. verkehrsberuhigt (also für auswärtige Fahrzeuge nicht zugänglich), eine drastische Maßnahme gegen die endlose Blechlawine entlang der Uferpromenade, die dem Ort zu noch mehr Attraktivität verhalf. Wer mit dem eigenen Fahrzeug anreist, muss am gebührenpflichtigen **Großparkplatz La Vallata** ca. 1 km oberhalb zwischen San Terenzo und Lerici parken (Ausnahmegenehmigung für Hotelgäste): Auto 1,50 €/Std., 9 €/Tag, 35 €/Woche, Wohnmobil 13,50 €/Tag. Vom 1. Juni bis 30. Sept. verkehrt der kostenlose **Girobus** ab La Vallata nach Lerici: tägl. 7.30–21 Uhr (Fr/Sa bis Mitternacht), im Juli/August durchgehend 7.30–1 Uhr alle 12 Minuten, außerhalb der Hochsaison alle 20 Minuten. Auch nach San Terenzo fährt im Sommer vom Großparkplatz ein kostenloser **Shuttle-Bus**: tägl. 10–14 und 15–21 Uhr.

Bahn, Lerici besitzt keinen Bahnanschluss.

Bus, häufig ATC-Busse (Linie L/S), etwa halbstündlich ab Piazza Domenico Chiodo in La Spezia nach San Terenzo und Lerici und zurück (Piazza Garibaldi im Zentrum).

Schiff, Pendelfähren verkehren im Sommer bis zu 5 x tägl. nach Portovenere und Palmaria (Pozzale-Strand), einfach 6 €, hin/zurück 10 €; außerdem Bootstouren zur Cinque-Terre-Küste (Ganztagesausflug 21–23 €, halber Tag 13 €, nur hin 13–16 €). Consorzio Marittimo Turistico 5 Terre – Golfo dei Poeti, Via Don Minzoni 13, 19121 La Spezia. ✆ 0187-732987, 📠 0187-730336, www.navigazionegolfodeipoeti.com.

• *Fest* Wichtigster Termin im Feiertagskalender von Lerici ist die **Festa di San Erasmo** am 1. Juliwochenende. Feuerwerk, festlich geschmückte Stadt und als Höhepunkt eine nächtliche Bootsprozession.

• *Markt* **Wochenmarkt** jeden Samstagvormittag an der Uferpromenade von Lerici – bunt und stimmungsvoll.

Übernachten

In Lerici herrscht ein recht hohes Preisniveau; in San Terenzo hingegen finden sich einige günstige Hotels.

*** **Venere Azzurra**, empfehlenswertes Hotel auf halbem Weg zwischen Lerici und San Terenzo, nahe dem zentralen Parkplatz, nur durch die Uferpromenade vom gleichnamigen Strand getrennt. Fast alle Zimmer mit Meerblick, viele mit Balkon, herrlicher

Karte S. 327

Blick auf die Bucht und Portovenere, auch vom schönen Frühstücksraum im obersten Stock hat man einen weiten Meerblick. Die Zimmer sind gepflegt, der Service sehr freundlich. EZ 100 €, DZ 130–150 €, einschl. reichhaltigem Frühstücksbuffet. Lungomare Biaggini 29, 19032 Lerici (SP), ✆ 0187-966792 und 0187-965334, ℻ 0187-966107, www.hotelvenereazzurra.com.

*** **Doria Park**, konkurrenzlos schön oberhalb von *Lerici* gelegen, die meisten Zimmer mit Blick auf die Bucht; der graue Neubau selbst ist allerdings weniger ansehnlich; große, komfortable Zimmer, Hotelrestaurant. An der oberen Durchgangsstraße Richtung Tellaro. EZ 130 €, DZ 170 €, inkl. Frühstücksbüfett. Via Doria 2, 19032 Lerici (SP), ✆ 0187-967124, ℻ 0187-966459, www.doriaparkhotel.it.

*** **Shelley & Delle Palme**, in *Lerici*; angenehmes, nicht mehr ganz neues Hotel an der Uferpromenade Richtung San Terenzo, zahlreiche Zimmer mit Meerblick. Außerdem Saunabereich, Panorama-Terrasse auf dem Dach und Restaurant. EZ 120 €, DZ 150–185 €, Suite ab 170 €, jeweils inkl. Frühstück. Halbpension zusätzlich 15–20 €/Person. Via Biaggini 5, 19032 Lerici (SP), ✆ 0187-968204, ℻ 0187-964271, www.hotelshelley.it.

*** **Byron**, Strandhotel in Lerici, ähnlich wie das Shelley & Delle Palme, scheint aber doch etwas in die Jahre gekommen, in der Lounge versinkt man in schweren, dunkelbraunen Ledersesseln... An der Uferstraße Via Biaggini Richtung San Terenzo, etwas oberhalb der Straße; mit Restaurant. EZ 90 €, DZ 160 €, inkl. Frühstück. Via Biaggini 19, 19032 Lerici (SP), ✆ 0187-967104, ℻ 0187-967409, www.byronhotel.com.

*** **Italia**, farbloser Neubau in *Lerici* an der oberen Straße Richtung Tellaro; mit Restaurant. EZ 90 €, DZ 150 € inkl. Frühstück. Via Carbognano 19, Loc. Carbognano, 19032 Lerici, ✆ 0187-967192, ℻ 0187-967272.

* **Trieste**, preisgünstiges, älteres Hotel in San Terenzo, am Stadtstrand. Zimmer nur ohne Bad. Mit Ristorante (Di Ruhetag). EZ 35 €, DZ 60 €, Frühstück 5 €, DZ inkl. Halbpension 90 €. Via Mantegazza 13, 19036 Lerici – San Terenzo (SP), ✆/℻ 0187-970610.

Essen & Trinken/Nachtleben

Zu den lokalen Spezialitäten gehören Tintenfisch-Antipasti *(Polpo* bzw. *Polipo)*, pikante Muschel- und Fischsuppen sowie gefüllte Miesmuscheln.

Golfo dei Poeti, großes Fischrestaurant in *Lerici* mit hübsch hergerichteter Terrasse, direkt auf dem breiten Hafenkai neben dem Fischmarkt und unterhalb des Castello, innen jung und modern eingerichtet, außen klassische Restaurantterrasse. Fisch- und Meeresfrüchte mit Frischegarantie; leckere Muschelsuppen, Fisch-Secondi um 16 €. Mittags und abends geöffnet, Montagmittag geschl., in der Nebensaison Di Ruhetag. Calata Mazzini 19, ✆ 0187-967414.

Il Piccolo Mondo, *unser Tipp!* Freundliche Osteria in einer Gasse hinter der Uferpromenade von *San Terenzo*. Ein Schild verspricht: *con cucina di Nonna Carla*, und tatsächlich kocht hier hauptverantwortlich eine ältere Dame, die auch mal die Küche verlässt und zu ihren Gästen kommt, um sich nach deren Wohlbefinden zu erkundigen. Wir probierten eine nahezu perfekte *insalata di polpo* (mit Fenchel) und ein nicht minder gelungenes *baccalà*, danach schmeckten *spaghetti al tonno pesto* und pikante *penne all'arrabiata*, kurzum: Nonna Carla kann kochen! Dazu gab es einen prickelnd jungen, guten Weißwein. Auch die Preise sind anständig (Antipasti ab 7 €, Primi um 9 €). Ein paar wenige Tische stehen auch draußen auf der Gasse. Ganzjährig mittags und abends geöffnet, Mo Ruhetag. Via Mecconi 14, ✆ 0187-972467.

Vecchia Lerici, alteingesessenes Schlemmerlokal im Zentrum von Lerici, hinter der Hafenpiazza; modern-elegant gestylt, ausgezeichnete Fischküche, erlesene Flaschenweine, gehobene Preisklasse. Mittags und abends geöffnet, Mi Ruhetag. Piazza Mottino 10, ✆ 0187-967597.

Il Brigantino, unspektakuläres Ristorante mit großer Terrasse auf der Piazza Battisti in *Lerici*, etwas günstiger als die Lokale an der nahen Pizza Garibaldi. Bodenständige Küche, gute *trofie al pesto*, danach hatte wir einen köstlichen warmen Kuchen mit Eis, der Hauswein günstig. Der Service war aufmerksam, aber von etwas herbem Charme. Zur Saison mittags und abends geöffnet. Piazza Cesare Battisti 12, ✆ 0187-969012.

La Palmira, freundliche, rustikale Trattoria in San Terenzo, lokaltypische Fischküche, angemessene Preise, Menüs zu 19 und 25 €; Spezialität des Hauses sind die *Spaghetti al cartoccio*; besser rechtzeitig reservieren, mittags und abends geöffnet, Mi Ruhetag. Via Trogu 13, ✆ 0187-971094.

• *Gelatoria* Sehr leckeres Eis gibt es in Lerici bei der **Gelateria del Lungomare**, erkennbar an der langen Schlange davor. Kleines Eis 2 €. An der Uferpromenade.

• *Nachtleben/Wein* **Bar Corona**, an der Hafenpiazza in Lerici; hier trifft man sich zum Aperitivo und nach dem Essen, vorwiegend junges Publikum, lange geöffnet.

Sehenswertes in Lerici

Castello mit Museo Geopaleontologico: Von der Hafenpiazza Garibaldi führt die Via Zanelli steil hinauf zur Stadtfestung, die im Mittelalter zur Seerepublik Pisa gehörte, später aber an den Genueser Doria-Clan fiel – sogar *Andrea Doria* soll sich hier aufgehalten haben. Die alte Festung wurde erst jüngst vollständig restauriert und beherbergt seitdem das Paläontologische Museum. Die Sammlung hat einige sehenswerte Fossilien- und Skelettfunde zu bieten – und einen Dinosaurierpark, in dem neben Modelldinos auch noch andere Urviecher zu sehen sind. Darüber hinaus gibt es einen Raum für seismische Simulation – Erdbeben ohne Lebensgefahr.

Unbedingt sehenswert ist die **Burgkapelle Sant'Anastasio** von 1250, ein seltenes Beispiel reinster ligurischer Gotik. Und wer sich bis auf die Dachterrasse des Castello wagt, sollte wirklich schwindelfrei sein.

Juli/August Di–So 10.30–13 und 18–23 Uhr, Mo geschlossen; Frühling/Herbst Di–So 10.30–13 und 14.30–18 Uhr, Mo geschlossen; im Winter Di–Fr 10.30–12.30 Uhr, Sa/So 10.30–12.30 und 14.30–17.30 Uhr, Mo geschlossen. Eintritt 5 €, ermäßigt 3,50 € (Kinder 5–12 J.), Familienticket 13,50–22,50 €. Piazza San Giorgio. ✆ 0187-969114, www.castellodilerici.it.

Chiesa San Francesco: üppig verzierte barocke Pfarrkirche aus dem 17. Jh., geschmückt mit zahlreichen Kunstwerken des mittelalterlichen Vorgängerbaus, darunter ein seltener Flügelaltar aus Marmor. In der Via San Francesco im oberen Teil des Zentrums.

Villa Magni (Casa Bianca) in San Terenzo: Diese Anfang des Jahres 1822 vom *Ehepaar Shelley* angemietete Ferienresidenz steht an der Uferpromenade von San Terenzo – eine elegante weiße Villa mit fünf Arkadenbögen in der Fassade. Die Freude über die schöne Residenz währte jedoch nicht lange, im Juli 1822 ertrank *Percy Bysshe Shelley* im Meer vor der toskanischen Küste. Die Villa ist nicht zugänglich.

Villa Marigola: Das weitläufige Parkgrundstück erstreckt sich auf einer Hügelkuppe kurz vor San Terenzo. Im Herrschaftshaus war einst der schweizerische Maler *Arnold Böcklin* zu Gast. Ihm zu Ehren wurde hier der *Giardino Böcklin* angelegt, dessen schattenreiche Anlage der düsteren Stimmung von Böcklins Spätwerk entsprechen soll.

Besichtigung nur nach Voranmeldung; für Gruppen ab 10 Personen. ✆ 0187-77231.

Fischer in Lerici

Zwischen Lerici und Tellaro/Fiascherino

Zwischen Lerici und Tellaro erstreckt sich zwar eine hübsche Landschaft entlang der schroffen, dicht bewachsenen Felsküste, die von zahlreichen kleinen Badebuchten zergliedert ist. Doch leider gibt es entlang dieser Strecke viele private Villengrundstücke und deshalb kaum Zugang zum Meer.

Erst in Fiascherino, einem Ferienvorort von Tellaro, führt ein öffentlicher Treppenweg hinunter zur idyllischen Sandbucht mit Bagno, hier allerdings finden sich kaum öffentliche Parkplätze. Über eine weitere Treppe, die „Scalinata Shelley“, erreicht man die so genannte *Spiaggia libera* mit kleinem Strand und Badefelsen.

Prominentester Gast in Fiascherino war *David Herbert Lawrence* (1885–1930), der Autor der „Lady Chatterley“, der hier am Strand ein bescheidenes Haus bewohnte.

• Übernachten/Essen In Fiascherino haben sich einige Hotels und Ausflugsrestaurants der anspruchsvolleren Kategorie angesiedelt.

*** **Fiascherino Villaggio Albergo**, traumhaft schön gelegene, stilvolle Hotelanlage an der Felsküste von Fiascherino, viel Grün, Swimmingpool, Hotelrestaurant. EZ 140 €, DZ 200 €, Dreibett-Zimmer 280 €, jeweils inkl. Frühstück. Via Byron 13, 19030 Fiascherino di Lerici (SP), ✆ 0187-967283, 📠 0187-964721, www.hotelfiascherino.it. Etwas günstiger ist die dazugehörige, direkt am Strand gelegene *** **Locanda Il Senatore**, hier kommt das DZ auf 135 €. Via Byron 11, 19030 Fiascherino di Lerici (SP), ✆ 0187-967236, 📠 0187-942810, www.locandailsenatore.com.

Tellaro

Ortsteil von Lerici

Die Entdeckung am Golfo di La Spezia: Wie in den Fels gemeißelt, balanciert das bildhübsche, stimmungsvolle Küstenörtchen auf einer zerklüfteten Landzunge. Darunter schmiegt sich ein winziger Hafen malerisch an eine kleine Bucht.

Die handtuchschmalen Häuserfronten im Ortskern scheinen sich gegenseitig zu stützen – anmutige ligurische Baukunst wie vom Zuckerbäcker. Enge, kaum 2 m breite Treppengassen winden sich hinunter zum winzigen Hafenbecken, an dem gemauerte Uferwege am Meer entlangführen. Auf der untersten Felsspitze, dicht am Wasser, steht die kleine Kirche *San Giorgio* (17. Jh.). Insgesamt ein perfektes Idyll – doch ein etwas trügerisches, denn ein normales Dorfleben findet kaum noch statt: Zahlreiche Häuser und Wohnungen befinden sich im Besitz wohlhabender Städter und werden nur als Feriendomizile genutzt.

An Wochenenden kann hier mächtig Hochbetrieb herrschen, doch von diesen Stoßzeiten abgesehen ist Tellaro ein friedliches Plätzchen, an dem man es einige Tage aushält. Wen es zu Weihnachten hierher verschlägt, der erlebt eine für die Jahreszeit ungewöhnliche Prozession: Taucher holen am 24. Dezember um 24 Uhr eine Figur des Jesuskindes aus dem Meer und tragen sie zur Kirche, die ganze Ortschaft stahlt dabei im Kerzenlicht.

• Anfahrt/Verbindungen **Auto/Parken**, die Stichstraße von Lerici endet abrupt auf der friedlichen Dorfpiazza von Tellaro, soweit kommt man als Ortsfremder aber gar nicht: Im Sommer ist der Ort verkehrsberuhigt, man muss dann oberhalb an der Zufahrtsstraße parken und hinunterlaufen.

Bus, ATC-Busse ab Lerici; werktags zwischen 7 Uhr und 20 Uhr etwa stündlich, So und feiertags 8 x tägl.

• Übernachten Für jeden Geschmack und Geldbeutel etwas: Eine Luxusherberge im nahen Fiascherino in herrlicher Küstenlage (s. o.), ein bescheidenes Albergo im Ortskern, ein gepflegter Campingplatz im Grünen und ein paar Privatzimmer. Letztere machen mit „Affita camere“-Schildern auf freie Betten aufmerksam.

Miranda, Restaurant und Locanda; Spitzenküche und prallvoller Weinkeller für Genie-

Keine Hektik: Tellaro

ßer; schöner, stilvoll eingerichteter Gastraum. Der Service ist sehr freundlich, der Padrone verfügt über einen angenehm herben Charme. Außerdem gibt es im Haus sieben antik eingerichtete und in gedeckten Farben gehaltene Zimmer. Das Restaurant hat montags Ruhetag. DZ 100 €, Halbpension (mit mehrgängigem Menü) 90 €/Person. Via Fiascherino 92, 19030 Tellaro di Lerici (SP), ✆ 0187-968130, ℻ 0187-964032, www.miranda1959.com.

** **Miramare**, Pension in ruhig gelegenem Neubau mit großem Ausflugsristorante (Primo 7–10 €, Secondo ab 9–15 €) beim Belvedere von Tellaro; freundlicher Familienbetrieb, geöffnet April bis Mitte Okt. EZ 65 €, DZ 95 €, 4-Bett-Zimmer 130 €, jeweils einschl. Frühstück, Halbpension 80 €/Person. Via Fiascherino 22, 19030 Tellaro di Lerici (SP), ✆ 0187-967589, ℻ 0187-966534, www.miramaretellaro.com.

* **Albergo delle Ondine**, älteres Haus, direkt an der Dorfpiazza von Tellaro, könnte deshalb etwas laut werden; hübsch altmodische Zimmer, angeschlossener Barbetrieb, tagsüber und auch abends ein beliebter Treffpunkt. Schnelles Frühstück günstig in der Bar. EZ ohne Bad 35 €, DZ ohne Bad 55 €, DZ mit Bad 65 €. Via Fiascherino 1, 19030 Tellaro di Lerici (SP), ✆ 0187-965131.

*** **Gianna**, schöner Platz im Oliven- und Mischwäldchen, kurz vor Tellaro links den Hang hinauf. Gepflegt und recht teuer, mit Pool, Strand und Restaurant. Die Umgangsformen lassen aber zu wünschen übrig. Geöffnet Ostern bis Ende Sept., für die Hauptsaison früh reservieren. Person 10 €, Kinder (2–6 Jahre) 6 €, Zelt 7–10 €, Caravan/Wohnwagen 10–12 €. Via Fiascherino 7, 19030 Tellaro di Lerici (SP), ✆/℻ 0187-966411, www.campeggiogianna.com.

• *Essen* **N Ta' Grita**, Ristorante an der Dorfpiazza von Tellaro (unscheinbarer Eingang), alteingesessen und mehrfach ausgezeichnet; gemütlicher Speiseraum und halb offene Innenhofterrasse; lokaltypische Fischküche nach traditionellen Rezepten, auch offener Wein, Preise im Rahmen, Primi 7–12 €, Fisch-Secondi 14–18 €. Mittags und abends geöffnet, Di Ruhetag. Piazza Figoli 3, ✆ 0187-964713.

Osteria del Borgo, die nette Osteria liegt in der Gasse, die hinunter zum Hafen führt. Insbesondere Fischküche bei gehobenem Preisniveau Primi um 12 €, Fisch-Secondi 12–20 €. Innen gemütlich, außen drei kleine Tische für zwei auf der Gasse. Im Sommer mittags und abends geöffnet (Mi Ruhetag), in der Nebensaison eingeschränkt, im Winter nur am Wochenende. Via Gramsci 22/24, ✆ 0187-969014.

Wandern im Naturschutzgebiet Parco di Montemarcello

Der schönste Teil dieses frei zugänglichen Naturschutzgebiets liegt in dem Dreieck, das die Ortschaften Tellaro, Montemarcello und Ameglia bilden.

Das helle Kalksteinmassiv des Parco di Montemarcello erstreckt sich wie eine Halbinsel zwischen dem *Golfo di La Spezia* und dem breiten Unterlauf des *Magra*-Flusses. In seiner Mitte erreicht es eine Höhe von gut 370 m und fällt zur südöstlichen Spitze *Punta Bianca* schroff ab, zum Magra-Ufer hingegen gleitet es sanft aus. Ein dichter Wald mit Steineichen, Aleppokiefern, Esskastanien, Ginster, Erdbeer- und Mastixbäumen überzieht das zerklüftete Küstenbergland, durch das sich mehrere Wanderwege schlängeln. Ein markierter *Wanderpfad* verbindet beispielsweise Lerici (mit Abstecher Tellaro) über Montemarcello mit Bocca di Magra (Gehzeit ca. 4 Std., Markierung: rot/weiß/rot, Nr. 3). Weniger ambitioniert und gemütlicher, aber nicht minder empfehlenswert ist in umgekehrter Richtung das Teilstück Montemarcello hinab nach Lerici (etwas mehr als 1 Std.) zu spazieren. Ein weiterer markierter Weg führt von Ameglia quer über die Halbinsel nach Lerici (ca. 3 Std. Markierung: rot/weiß/rot, Nr. 2). Man läuft teils auf alten, holprig gepflasterten Wegen durch eine nahezu unversehrte Naturlandschaft.

Montemarcello

Ortsteil von Ameglia

Das hübsche Bergnest thront hoch über der Punta Bianca, der Südspitze des Parco di Montemarcello.

Zwar hat sich nur wenig touristische Infrastruktur in Montemarcello angesiedelt – ein, zwei Trattorien, eine Bar und ein kleiner Lebensmittelladen –, dafür aber führen malerische enge Gassen durch ein kleines Centro storico mit viel Atmosphäre. Auch im Sommer geht es hier rund um die zentrale Piazza ruhig zu, Grund zur Hektik will sich in dem hübschen Bergdorf einfach nicht einstellen.

Südlich von Montmarcello liegt eine kleine Badebucht. Da das Dorf aber auf gut 260 m Höhe liegt, sind diese nicht nur hinab, sondern nach dem Bad auch wieder hinaufzusteigen. Gegenüber der *Bar Il Giardino* an der westlichen Umgehungsstraße, der Via Nuova, die hinunter nach Bocca di Magra führt, beginnt der Weg (rot/weiß/roter Wegweiser, *3d Punta Corvo*), der hinunter zur *Spiaggia di Punta Corvo* mit Sand-/Kiesstrand führt. Der anfangs gepflasterte Weg, die Via Don Calisto dei Marchi, ist recht steil und anstrengend, etwa 20 Min. für den Abstieg und gut 40 Min. für den Aufstieg sollte man einkalkulieren.

• *Information* **I.A.T.** und **Centro Visite Parco** in Montemarcello an der Durchgangsstraße, Via Nuova 48; zuletzt nur sehr unregelmäßig geöffnet, ✆ 0187-691071 und 0187-670910.

• *Verbindungen* Mehrmals tägl. fährt ein Bus nach Lerici, und ein weiterer über Ameglia nach Sarzana (jeweils nur werktags, So stark eingeschränkt).

• *Parken* Am nördlichen Ortseingang findet sich neben der Straße, die hinunter nach Ameglia führt, ein geräumiger Parkplatz. Hier hält auch der Bus.

• *Essen & Trinken* **Dai Pironcelli**, *unser Tipp!* Zwei freundliche junge Frauen leiten diese sympathische Trattoria. Der gemütliche, kleine Gastraum ist sorgsam hergerichtet, man sitzt romantisch bei Kerzenschein an hübsch gedeckten Tischen. Eine dicke, getigerte Katze schnurrt im Kindersitz. Und das Beste: Das Essen ist köstlich – und dabei nicht teuer. Wir hatten *Antipasto misto* (9 €), das locker für zwei reicht und uns freundlicherweise auf zwei Tellern angerichtet wurde. Auch im Folgenden waren wir mit den mit Spinat und Ricotta gefüllten *Tortelli* an *Pesto Rosso* (9 €) und dem Geschnetzelten mit Zwiebeln und Pflaumen in Rotweinsauce (13 €) durchaus angetan.

Nimmt man den Weg von Parkplatz und Bushaltestelle aus in den Ort, geht man direkt auf die Trattoria zu. Nur abends geöffnet, Mi geschl. Via delle Mura 45, ✆ 0187-601252.

Bar Il Giardino, sympathischer Barbetrieb gegenüber der I.A.T. am südlichen Ortsrand in der Via Nuova, kleiner Garten, leckere Focaccia.

Auf der Straße nach Bocca di Magra

Von Montemarcello schlängelt sich die Straße um die Südspitze des Parco di Montemarcello. Kurz bevor es nach Bocca di Magra hinuntergeht, öffnet sich plötzlich die Aussicht auf den Mündungstrichter des *Magra*-Flusses mit der anschließenden breiten Schwemmlandebene und den hell schimmernden *Apuanischen Alpen* im Hintergrund. Parallel dazu verläuft die schnurgerade Küstenlinie der toskanischen Versilia – ein malerisches Landschaftsbild. Kürzer ist die direkte Verbindung von Montemarcello nach Ameglia. Von der Straße öffnen sich immer wieder spektakuläre Panoramablicke über Magra-Tal und Apuanische Alpen.

Nach der Siesta geöffnet: Trattoria in Montemarcello

Bocca di Magra

Ortsteil von Ameglia

Der Ort direkt an der Magra-Mündung ist weder besonders aufregend noch badetauglich. Das trübe Fluss- und Meerwassergemisch verdirbt schon beim Anblick den Badespaß, außerdem steht es auf der Liste der belasteten Küstengewässer.

Ganz unbeeindruckt davon erstreckt sich am Mündungstrichter ein *Jacht- und Sporthafen* von überwältigenden Ausmaßen. Kilometerweit ziehen sich die Bootsstege zu beiden Seiten des Ufers landeinwärts, Segelboote dicht an dicht. Die Römer unterhielten hier einen der größten Kriegsflottenstützpunkte der Antike, der von Luni (→ S. 373) aus befehligt wurde.

Im Val di Magra (Magra-Tal)

Östlich des Parco Naturale Montemarcello erstreckt sich die südöstlichste, vom Magra-Fluss durchschnittene Landschaft der Region Ligurien. Die breite, fruchtbare Schwemmlandebene, die von den Ausläufern der Apuanischen Alpen begrenzt wird, gehört zur ehemaligen Lunigiana,dem alten Grenzland zwischen Ligurien und der Toskana.

Zur Zeit der römischen Expansion in Richtung Gallien und der bevorstehenden Unterwerfung Liguriens gründeten die Römer hier *Luni* eine ihrer größten befestigten Siedlungen mit Handelshafen und Flottenstützpunkt. Lange Zeit war Luni das militärische, wirtschaftliche, kulturelle und religiöse Zentrum der Region. Bedeutend blieb es bis ins 12. Jh., dann versank die Stadt langsam in den Anschwemmungen des Magra-Flusses. Das *archäologische Ausgrabungsgelände von Luni* (→ S. 373) ist heute eine der bedeutendsten antiken Fundgruben auf ligurischem Territorium.

Nach dem endgültigen Untergang Lunis im 13. Jh. begann die Blütezeit der leicht erhöht liegenden Nachbarstadt *Sarzana*. Der mächtige Bischof von Luni verlegte seinen Amts- und Regierungssitz dorthin und ließ die beiden wichtigsten mittelalterlichen Bauten der Lunigiana errichten: den Vorgängerbau der noch immer gut erhaltenen *Sarzanella*-Festung und die strahlend weiße Marmorkathedrale *Santa Maria Assunta.*

Ameglia

ca. 4500 Einwohner

Wie ein kompakter Häuserkranz sitzt das herausgeputzte Vorzeigedorf auf einer Hügelkuppe am Rande des Magra-Tals. Im Hintergrund erhebt sich das Küstengebirge des Parco di Montemarcello.

Hier kommen auch Freunde mittelalterlicher Architektur wieder auf ihre Kosten, denn es gibt viel anzuschauen und zu fotografieren: verwittertes Mauerwerk, schmale winklige Gassen, liebevoll gepflegte Fassaden mit rankendem Grün, schmiedeeiserne Balkone mit üppiger Blütenpracht ...

Von der Piazza della Libertà führt eine Gasse in weitem Bogen hinauf zum höchsten Punkt, dem *Rundturm* einer Festung aus dem 11. Jh. (nicht zu besichtigen). Sehenswert ist auch die *Chiesa Santi Vincenzo e Anastasio* aus dem späten 15. Jh., die ein kostbarer Flügelaltar aus Marmor schmückt. Von der Kirchenpiazza hat man eine herrliche Aussicht über das weite Magra-Tal mit der imposanten Gebirgskulisse.

Trotz fortschreitender Zersiedlung gibt es im westlichen Magra-Tal für ligurische Verhältnisse noch endlose landwirtschaftliche Nutzflächen. Ameglia lebt deshalb auch vorwiegend vom Wein- und Olivenanbau sowie von den ertragreichen Obstkulturen und Gemüsepflanzungen.

*** **River**, gepflegter, gut ausgestatteter Platz fast direkt am Flussufer (ausgeschildert, bei Ameglia von der S 1 abbiegen); bestens organisiert, flaches Terrain, Schatten spendet ein niedriger Laubwald; viele Dauercamper. Pool, Restaurant, auch Bungalows. Fahrrad-, Kanu- und Motorbootverleih, Volleyball- und Fußballfeld. Geöffnet Ende März bis Anfang Okt. Person 10 €, Kinder ab 8 €, Auto 7 €, Platz für drei Personen, Zelt/Caravan und oder Auto 46 €, auch Bungalows. Loc. Armezzone, 19030 Ameglia (SP), ✆ 0187-65920, ℻ 0187-65183, www.campingriver.com.

Fiumaretta und Marinella di Sarzana

Von Ameglia führt eine Straßenbrücke über den Unterlauf des Magra-Flusses, dahinter öffnet sich eine völlig andere Welt: Südöstlich des Mündungstrichters krümmt sich ein kilometerlanger, breiter Sandstrand und verbindet die beiden ausufernden Ferienorte Fiumaretta und Marinella di Sarzana miteinander. In den Sommermonaten herrscht hier Badebetrieb total. Alles ist dann mit der üblichen Strandarchitektur zugebaut: endlose Parkplatzreihen mit Sonnendächern aus Strohmatten, unmittelbar dahinter Bretterbuden, Strandbars, Liegestühle und Sonnenschirme in Hülle und Fülle. Aber Ende September ist alles schon wieder verschwunden, dann erkennt man auch die Ortschaften Fiumaretta und Marinella di Sarzana wieder, die den urwüchsig schönen Küstenorten der Riviera di Levante allerdings nicht im Geringsten ähneln – dicht an dicht drängen sich hier Hotels, Ferienhäusern und Ristoranti, die alljährlich im Sommer von den badehungrigen Massen heimgesucht werden.

• *Übernachten/Essen* *** **Locanda delle Tamerici**, am Ortsrand von Fiumaretta; komfortables, hazienda-artiges Strandhotel, der einzige architektonische Lichtblick an diesem Küstenabschnitt. Empfehlenswertes, mit Michelinstern geadeltes (aber entsprechend kostenintensives) Ristorante (Mo/Di Ruhetag), Hotel ganzjährig geöffnet. EZ 150 €, DZ 195 € (in der Luxusversion 250 €), jeweils inkl. Frühstück. Via Litoranea 106, Loc. Fiumaretta, 19030 Ameglia – Fiumaretta (SP), ✆ 0187-64262, 📠 0187-64627 www.locandadelletamerici.com.

Ausgrabungsgelände von Luni (Zona archeologica Luni)

Das flache, weitläufige Ausgrabungsgelände der versunkenen Römerstadt lässt die Ausmaße der alten Stadtanlage deutlich erkennen. Doch dass Luni eine Hafenstadt war, ist nicht sofort ersichtlich, denn das archäologische Areal liegt mitten in der von Äckern, Feldern und Gärten umgebenen Schwemmlandebene, ca. 3 km von der heutigen Küstenlinie entfernt.

Seit 1837 graben Altertumsforscher in dieser größten ligurischen Fundgrube der Antike nach Überresten. Das *Museo archeologico Luni* zeigt die wichtigsten Fundstücke: von Kunst- und Gebrauchsgegenständen wie einer filigranen Schale aus Millefiori-Glas über eine kleine Münzsammlung, Kapitelle, Architektur- und Fußbodenfragmente, Grenzsteine mit Inschriften bis zu Büsten und übermannsgroßen Marmorstatuen.

Unmittelbar um das Museumsgebäude herum erstreckt sich die *Zona archeologica*, die Reste der ca. 500 x 500 m großen Stadtanlage. Ein Stück außerhalb liegen das *Amphitheater* und die *Nekropole*. Die wichtigsten Straßenzüge und Gebäudefundamente sind inzwischen freigelegt, so die Grundmauern des Großen Tempels, des Theaters, des Forums und der unterirdischen Getreidespeicher. Ein Höhepunkt ist das römische Stadthaus *Domus dei Mosaici* mit seinen sehenswerten Mosaikfußbodenfragmenten.

Für die Besichtigung des weitläufigen archäologischen Geländes samt Amphitheater sollte man sich etwas Zeit nehmen, aber nicht allzu viel erwarten. Ohne erkennbaren Rundgang steht man ein bisschen verloren zwischen den zahlreichen Grundrissen (Beschilderung nur auf Italienisch).

Weitläufiges Ausgrabungsgelände: die Römerstadt Luni

Die Gründung von Luni fällt ins 2. Jh. v. Chr., von hier aus eroberten die Römer ganz Ligurien. Über 50.000 gefangene Ligurer wurden von Luni aus nach Süditalien zwangsumgesiedelt. Aber nicht nur als Kriegshafen machte die Römerstadt an der einstigen Magra-Mündung von sich reden. Luni war zudem ein wichtiger Handelshafen, von dem der kostbare weiße Marmor aus den nahe gelegenen Steinbrüchen Carraras in die gesamte Mittelmeerwelt verschifft wurde. Seine Blütezeit erlebte Luni im 3. und 4. Jh., dagegen war es im frühen Mittelalter wegen seiner strategischen Bedeutung ein beliebtes Angriffsziel langobardischer, normannischer und sarazenischer Eindringlinge. Doch noch bevor sich die erstarkenden Republiken Genua und Pisa um die Hafenstadt streiten konnten, versumpfte und versandete sie in den Anschwemmungen des über die Ufer getretenen Magra-Flusses.

• *Öffnungszeiten* Tägl. außer Mo 9–19 Uhr, Eintritt 2 € (inkl. Geländebesichtigung), erm. 1 €, Kinder frei. Vor dem Eintritt ist ein Ticketautomat zu überwinden. Dieser nimmt nur Münzen. Daneben steht ein Wechselautomat, der zwar Scheine nimmt, aber nicht immer Münzen hat. Es empfiehlt sich also zum Luni-Besuch ausreichend moderne *sestertii* mitzubringen.

• *Anfahrt* Autobahnabfahrt Carrara, dann Küstenstraße Richtung Marinella di Sarzana und noch vor Fiumaretta wieder landeinwärts (Wegweiser „Luni"). Oder auf der Via Aurelia in Richtung Carrara und kurz vor Ortonovo rechts zur Küste (Wegweiser „Luni"). Luni ist sowohl von Sarzana als auch von Ameglia aus beschildert.

• *Parken* Ein Stück vor dem Eingang befindet sich ein neuer, gebührenfreier Parkplatz (hier auch die Bar). Von diesem aus geht es linker Hand an der Mauer entlang zum Eingang des Ausgrabungsgeländes.

ATC-Busse ab Sarzana/Busbahnhof zum Ausgrabungsgelände, in den Sommermonaten halbstündlich.

• *Essen & Trinken* **Taberna Lunae**, neue Bar am Parkplatz des Ausgrabungsgeländes. Ideal für eine Erfrischung nach dem Archäologie-Marathon.

Sarzana

ca. 20.000 Einwohner

Größere Stadt am hügeligen Ostufer des Magra-Flusses und hektischer Verkehrsknotenpunkt an der ligurisch-toskanischen Regionalgrenze – hier kreuzen sich Autostrada, Via Aurelia und die Hauptlinie der Bahn.

Sarzanas Neustadt ist nicht der Rede wert, doch innerhalb der alten Stadtmauern öffnet sich ein sympathisches, verkehrsberuhigtes Zentrum mit gepflasterten Straßenzügen und einigen sehenswerten Baudenkmälern.

Als die Römerstadt Luni noch existierte, war Sarzana eine kleine, unbedeutende Ansiedlung am Magra-Ufer – vielleicht damals schon umgeben von Ackerland, so wie heute. Im 12. Jh. kamen die ersten Flüchtlinge aus Luni, denn die benachbarte Hafenstadt entfernte sich durch Verlandung immer weiter vom Meer, und bereits Anfang des 13. Jh. hatte Sarzana die verlassene Römerstadt vollständig ersetzt. Der ebenfalls umgesiedelte Bischof von Luni ließ im 13. Jh. die Bischofsburg errichten, den Vorgängerbau der *Festung Sarzanello* (15. Jh.), und begann mit dem Bau einer neuen, repräsentativen Kathedrale. Als die erstarkende Seerepublik Pisa die Stadt Mitte des 13. Jh. besetzte, endete die weltliche Macht des Bischofs, der bis dato auch Graf von Sarzana gewesen war. Die Pisaner zogen die Stadtmauern samt *Zitadelle Firmafede* hoch. Als Grenzstadt zwischen Genua und Pisa erlebte Sarzana in der Folgezeit zahlreiche turbulente Machtwechsel, die sich jeweils in architektonischen Veränderungen manifestierten.

So zeigen sich in Sarzanas gepflegter Altstadt bis heute Bauten aus allen Jahrhunderten: Stadttore aus dem Mittelalter, Turmhäuser und mehrgeschossige Arkadenhöfe der Renaissance, herrschaftliche Palazzi des 17. und 18. Jh. oder klassizistische

Hübsch und ruhig: Sarzana

Prachtbauten aus dem frühen 19. Jh., wie z. B. das Theater. Die gepflasterte Hauptgasse der Altstadt, der *Viale Mazzini,* zieht sich wie ein Rückgrat durch Sarzana; er verbindet fast alle wichtigen Plätze und Baudenkmäler und ist zudem die Shoppingmeile der Stadt mit schicken Geschäften und alteingesessenen Cafés. Vor allem an Samstagen wird hier gerne flaniert, dann lohnt ein Besuch in Sarzana umso mehr.

Information/Diverses

• *Information* **I.A.T.-Kiosk**, auf der Piazza San Giorgio, am Eingang zur Altstadt, unregelmäßige Öffnungszeiten (zuletzt Mo–Sa 9–12.30 Uhr und 15.30–19 Uhr). ✆ 0187-620419.

• *Anfahrt/Verbindungen* **Auto**, Autobahnabfahrt Sarzana am südlichen Stadtrand. Der Fernverkehr auf der *Aurelia* wird um das Zentrum geleitet; die Durchgangsstraße führt direkt ins Zentrum. Gebührenpflichtige **Parkplätze** an den Eingängen zur verkehrsberuhigten Altstadt, z. B. an der Piazza San Giorgio.

Bahn, der Bahnhof liegt günstig am südlichen Altstadtrand: 5 Min. zu Fuß über den Viale XXV Luglio zur Piazza Garibaldi. Etwa halbstündlich Züge nach La Spezia, etwa stündlich über Carrara und Viareggio nach Pisa.

Bus, ATC-Busbahnhof am Bahnhof, Piazza Roma. Busse zum Ausgrabungsgelände von Luni (im Sommer halbstündlich); gute Verbindungen auch nach Montemarcello, Bocca di Magra und Fiumaretta/Marinella.

• *Einkaufen* Großer **Wochenmarkt** jeden Donnerstagvormittag in der Altstadt.

Antiquitätenmarkt *La Soffitta nella Strada* jedes vierte Wochenende im Monat (nicht im Hochsommer) auf den Straßen und Plätzen der Altstadt sowie Mitte August zwei Wochen lang in der Zitadelle Firmafede.

Übernachten/Essen

• *Übernachten*: ** **La Villetta**, gepflegtes älteres Haus am südlichen Altstadtrand; kann wegen der Durchgangsstraße allerdings etwas laut werden. Eingang über den Hinterhof (hier auch Parkplätze). EZ 50 €, DZ 70–90 €, Frühstück 5 €. Via Sobborgo Emiliano 24, 19038 Sarzana (SP), ✆ 0187-620195, lavilletta@luna.it.

• *Essen & Trinken* In der Altstadt gibt es nur wenige Ristoranti und Trattorien, dafür

Golfo di La Spezia
Karte S. 327

umso mehr **Backstuben** mit Pizza, Farinata und Focaccia zum Mitnehmen (teilweise auch Steh- und Sitzplätze); außerdem mehrere alteingesessene **Cafés**, **Pasticcerie** und **Gelaterie**.

Osteria dei Sani, schönes, gemütliches Altstadtrestaurant, freundlicher Service, köstliches *Risotto al Barolo*, knackig frische Salate, günstige Preise. Am Stadttor bei der Zitadelle in die Altstadt hinein, dann gleich links hinunter. Mittags und abends geöffnet, Di Ruhetag. Via Torrione Testa Forte 11, ✆ 0187-620829.

Café Costituzionale, seit 1833 *das* Kaffeehaus am Rathaus, sehr nett, Tische auch auf der Piazza, nebenan empfehlenswerte Gelateria mit hausgemachtem Eis. Piazza Matteotti 65, ✆ 0187-620051.

• *Feinkost* **La Nicchia**, Feinkostladen, Pasta, Öl, etc. Dazu köstliche Backwaren und Quiche. Via Castruccio 2, Di bis So mittags und abends geöffnet.

Sehenswertes in Sarzana

Fortezza Firmafede: Die pisanische Zitadelle von 1250 steht nach wie vor wehrhaft in der nordöstlichen Altstadtecke. Die Florentiner Medici erweiterten sie im 15. Jh. im Stil der Renaissance. In den beiden Innenhöfen finden regelmäßig Veranstaltungen und Ausstellungen statt, beispielsweise ein Antiquitätenmarkt (→ „Einkaufen").

Cattedrale Santa Maria Assunta: Prächtige Bischofskathedrale aus dem 13. Jh., deren Fertigstellung fast 200 Jahre dauerte. Die schlichte, strahlend weiße Marmorfassade wird von einem gotischen Stufenportal und einer filigranen Fensterrose durchbrochen. Über dem Giebelfeld schweben drei überlebensgroße Heiligenstatuen. Der Glockenturm (13. Jh.) befindet sich noch im Originalzustand.

Im Innern leuchtet der weiße Carrara-Marmor an Altären, Kanzeln, Skulpturen, Nischenfiguren und Reliefs; die Holzdecke ist eine Barockarbeit. In der linken Chorkapelle hängt das kunsthistorisch interessanteste Werk: ein bemaltes toskanisches Holzkreuz mit dem Namenszug des Meisters *Guglielmo* und der Jahreszahl 1138; die betont heldenhafte Jesusdarstellung bestätigt die frühe Entstehung dieses Kruzifixes. Mit Sicherheit stammt es noch aus der alten Bischofskirche von Luni.

Fortezza di Sarzanello: Die uneinnehmbare Festung Sarzanello steht auf einem Hügel am nordöstlichen Stadtrand. Diese imposante Wehranlage sollte die Stadt im Hochmittelalter gegen die Sarazenen schützen. Ihre heutige Form stammt im Wesentlichen aus dem 15. Jh. und entsprach damals dem modernsten Stand florentinischer Militärarchitektur. Die fast unversehrt gebliebene Burg ist auf ihrem wuchtigen Mauerwerk ringsum begehbar. Die Fortezza ist vom Zentrum aus in ca. 30 Min. zu Fuß zu erreichen. Mit dem Auto sind es knapp 5 Min. (ca. 2,5 km), Wegweiser ab Porta Romana (südliches Altstadttor).

Innenbesichtigung mit Gefängnis, Turm und Panoramaterrasse Juli bis Okt. Di–Sa 17–19 Uhr, So 10–12 Uhr und 17–19 Uhr, April bis Juni Di–Fr 16–18 Uhr, Sa/So 10–12 Uhr und 16–19 Uhr, Mo geschlossen; im Winter nur Sa/So 15–18 Uhr. Eintritt 3,50 €, ermäßigt 3 €. Via alla Fortezza, ✆ 0187-622080.

Castelnuovo di Magra

ca. 8000 Einwohner

Castelnuovo ist ein friedliches Bergdorf und kleines Winzerzentrum am nordöstlichen Rand des Magra-Tals. Der lang gezogene Ortskern erstreckt sich auf einem 200 m hohen Bergrücken zwischen den beiden ältesten Bauten der Ortschaft: der kleinen, halb verfallenen *Bischofsburg* aus dem 13. Jh. und der Pfarrkirche *Santa Maria Maddalena* im Stil der Spätrenaissance (16. Jh.). Breite, parallel laufende Gassen verbinden die beiden historischen Bauwerke miteinander, die eher dunklen Quergassen werden durch farbige Wandmalereien etwas aufgehellt. In den örtlichen Enoteche verkaufen die Winzer aus dem kleinen DOC-Gebiet *Colli di Luni* ihre Erzeugnisse. Und auf dem Vorplatz der Burg winkt bereits die nahe Toskana.

Etwas Italienisch

Aussprache (Hier nur die Abweichungen von der deutschen Aussprache)

c: vor e und i immer „*tsch*", sonst wie „*k*".

cc: gleiche Ausspracheregeln wie beim einfachen **c**, nur betonter.

ch: wie „*k*".

cch: immer wie ein hartes „*k*".

g: vor e und i „*dsch*", vor a, o , u als „*g*".

gh: immer als „*g*" gesprochen.

gi: wie in *giorno* (Tag) = „*dschorno*", immer weich gesprochen.

gl: wird zu einem Laut, der wie „*lj*" klingt, z. B. in *moglie* (Ehefrau) = „*mollje*".

gn: ein Laut, der hinten in der Kehle produziert wird, z. B. in *bagno* (Bad) = „*bannjo*".

h: wird am Wortanfang nicht mitgesprochen. Sonst nur als Hilfszeichen verwendet, um c und g vor den Konsonanten i und e hart auszusprechen.

qu: im Gegensatz zum Deutschen ist das u mitzusprechen.

r: wird kräftig gerollt!

rr: wird noch kräftiger gerollt!

sp und **st**: gut norddeutsch zu sprechen, z. B., *stella* (Stern) = „*s-tella*" (nicht „*schtella*").

v: wie „*w*".

z: immer weich sprechen wie in *Sahne*, z. B. *zucchero* (Zucker) = „*sukkero*".

Elementares

Frau ...	*Signora*
Herr ...	*Signor(e)*
Guten Tag	*Buon giorno*
Guten Abend (ab nachmittags!)	*Buona sera*
Gute Nacht	*Buona notte*
Auf Wiedersehen	*Arrivederci*
Hallo/Tschüss	*Ciao*
Bis später	*A più tardi!*
Wie geht es Ihnen?	*Come sta?*
Wie geht es dir?	*Come stai?*
Danke, gut.	*Molto bene, grazie*
Danke!	*Grazie*
Entschuldigen Sie	*(Mi) scusi*
Entschuldige	*Scusami/Scusa*
Entschuldigung, können Sie mir sagen...?	*Scusi, sa dirmi...?*
Ich suche nach...	*Cerco...*
Wo ist bitte...?	*Per favore,dov'è..?*
... die Bushaltestelle	*...la fermata*
... der Bahnhof	*...la stazione*
Ich möchte	*Vorrei*
ja	*si*
nein	*no*
Tut mir leid	*Mi dispiace*
Macht nichts	*Non fa niente*
Okay, geht in Ordnung	*va bene*
Bitte! (*gern geschehen*)	*Prego!*
Bitte (als Einleitung zu einer Frage oder Bestellung)	*Per favore...*
Sprechen Sie Englisch/Deutsch?	*Parla inglese/ tedescso?*
Ich spreche kein Italienisch	*Non parlo l'italiano*
Ich verstehe nichts	*Non capisco niente*
Könnten Sie langsamer sprechen?	*Puo parlare un po` più lentamente?*
Ich heiße ...	*Mi chiamo ...*
Wie heißt du?	*Come ti chiami?*
Von woher kommst du?	*Di dove sei tu?*
Ich bin aus München/Hamburg	*Sono di Monaco, Baviera/di Amburgo*
Warte/Warten Sie!	*Aspetta/Aspetti!*
groß/klein	*grande/piccolo*
Geld	*i soldi*
Ich brauche ...	*Ho bisogno ...*
Ich muss ...	*Devo ...*
in Ordnung	*d'accordo*
Ist es möglich, dass ...	*È possibile ...*
mit/ohne	*con/senza*
rechts/links	*a destra a sinistra*
immer geradeaus	*sempre diritto*
offen/geschlossen	*aperto/chiuso*
heute/morgen	*oggi/domani*
Toilette	*bagno*
verboten	*vietato*
Wie heißt das?	*Come si dice?*
bezahlen	*pagare*
Ich möchte gern zahlen	*Il conto, per favore*

Fragen

Gibt es/Haben Sie...?	*C'è ...?*	**Wo? Wo ist?**	*Dove?/ Dov'è?*
Was kostet das?	*Quanto costa?*	**Wie?/Wie bitte?**	*Come?*
Gibt es (mehrere)	*Ci sono?*	**Wieviel?**	*Quanto?*
Wann?	*Quando?*	**Warum?**	*Perché?*

Hotel/Camping

Haben Sie ein Einzel/Doppelzimmer?	*C'è una camera singola/doppia?*
Können Sie mir ein Zimmer zeigen?	*Può mostrarmi una camera?*
Ich nehme es/ wir nehmen es	*La prendo/ la prendiamo*
Zelt/ kleines Zelt	*tenda/canadese*
Schatten	*ombra*
mit Dusche/Bad	*con doccia/ bagno*
ein ruhiges Zimmer	*una camera tranquilla*
Wir haben reserviert	*Abbiamo prenotato*
Schlüssel	*la chiave*
Vollpension	*pensione completa*
Halbpension	*mezza pensione*
Frühstück	*prima colazione*
Hochsaison	*alta stagione*
Nebensaison	*bassa stagione*

Zahlen

0	*zero*	13	*tredici*	60	*sessanta*
1	*uno*	14	*quattordici*	70	*settanta*
2	*due*	15	*quindici*	80	*ottanta*
3	*tre*	16	*sedici*	90	*novanta*
4	*quattro*	17	*diciassette*	100	*cento*
5	*cinque*	18	*diciotto*	101	*centuno*
6	*sei*	19	*diciannove*	102	*centodue*
7	*sette*	20	*venti*	200	*duecento*
8	*otto*	21	*ventuno*	1.000	*mille*
9	*nove*	22	*ventidue*	2.000	*duemila*
10	*dieci*	30	*trenta*	100.000	*centomila*
11	*undici*	40	*quaranta*	1.000 000	*un milione*
12	*dodici*	50	*cinquanta*		

Restaurant

Haben Sie einen Tisch für x Personen?	*C'è un tavolo per x persone?*
Gabel	*forchetta*
Messer	*coltello*
Löffel	*cucchiaio*
Mittagessen	*pranzo*
Abendessen	*cena*
Es war sehr gut	*Era buonissimo*
Trinkgeld	*mancia*
Extra-Preis für Gedeck, Service und Brot	*coperto/pane e servizio*
Vorspeise	*antipasto*
erster Gang	*primo piatto*
zweiter Gang	*secondo piatto*
Beilagen	*contorni*
Nachspeise (Süßes)	*dessert*
Obst	*frutta*
Käse	*formaggio*
pane	*Brot*
aceto	*Essig*
olio	*Öl*
Mineralwasser	*acqua minerale*
mit Kohlensäure	*con gas (frizzante)*
ohne Kohlensäure	*senza gas*
Wein	*vino*
Bier	*birra*
Saft	*succo di ...*
Milch	*latte*
Zucker	*zucchero*
(einen) Kaffee	*un caffè*
(einen) Eiskaffee	*un caffè freddo*

Register

Abbazzia di Sant'Andrea di Borzone 297
ACI, ital. Automobilclub 47
ADFC (Allgemeiner Dt. Fahrradclub) 45
Adressen 69
Agriturismo 57
Alassio 160
Albarola (Rebsorte) 67
Albenga 165
Albisola 207
Albula-Linie 43
Algen 72
Alpi Marittime (Seealpen) 15, 21
Alpicella 212
Alta Via dei Monti Liguri 85, 212, 305
Altare 206
Altsteinzeit 25
Ambulanz 70
Ameglia 372
Andersen, Hans Christian 300
Andreotti, Giulio 32
Anreiserouten 35
Antike 26
Anzo 310
Apotheken 70
Appennino Ligure (Ligurischer Apennin) 15, 21
Apricale 107
Architektur 17
Arenzano 213
Argentina-Tal 135
Arma di Taggia 132
Ärztliche Versorgung 69
Aurelia 46, 91
Auslandskrankenversicherung 70
Autobahnen 49
AutoZüge 34
Aveto-Tal 298
Azienda agrituristica (Ferienbauernhof) 57

Badalucco 135
Baden 70
Badia di Tiglieto 209
Bagni 71
Bahn 41
Baia delle Favole (Märchenbucht) 300
Baia del Silenzio (Bucht des Schweigens) 299
Baia del Sole (Sonnenbucht) 155
Baiardo 111
Balestrino 176
Balzi Rossi, Grotte dei 100
Bar 63
Bardineto 191
Barock 234, 236
Barrierefrei 73
Basura-Höhle 26
Baukunst 17
Bed & Breakfast 57
Beigua, Monte (Berg) 212
Beigua, Parco Naturale del Monte (Naturschutzgebiet) 212
Benzinpreise, Italien 47
Bergdörfer 18
Bergell, Tal 37
Berlusconi, Silvio 32
Bernina-Linie 43
Biasini, Sébastien-Marcel 118
Bicknell, Clarence 116
Bier 68
Bignone, Monte (Berg) 130
Birreria 63
Blumenriviera (Riviera dei fiori) 90
Blumenzucht 18
Bocca di Magra 371
Boccanegra, Simone 221
Böcklin, Arnold 363, 367
Bogliasco 261
Bonassola 312
Bordighera 112
Borghetto Santo Spirito 177
Borgio 181
Borgo 206
Borzonasca 297
Bosco (Rebsorte) 67
Brea, Ludovico 106, 134
Bregaglia, Val (Bergell) 37
Bronzezeit 25, 104
Bungeejumping 138
Bus 44
Bussana Vecchia 131
Bußgelder, Italien 49
Byron, Lord 353, 363

C*abotto, Giovanni (John Cabot)* 218
Calizzano 191
Calvino, Italo (Autor) 80
Cambiaso, Luca 296, 308
Camogli 265
Campi 254
Camping 58
Campodonico, Caterina 253
Canova, Antonio 248
Carasco 296
Carbone, B 236
Card Musei 233
Carpasio 135
Casella 254
Castagnola 310
Castel Vittorio 110
Castellari 26
Castellaro 134
Castello di Andora, 154
Castello, Valerio 234
Castelvecchio di Rocca Barbena 176
Castenuovo di Magra 376
Castiglione, Benedetto 234
Cavi 297
Celle Ligure 210
Cento Croci, Passo (Pass der hundert Kreuze) 305
Centovalli-Bahn 43
Ceriale 177
Ceriana 131
Cervo 152
Chiavari 293
Chiusanico 149
Chiusavecchia 149
Cicagna 292
Cinque Terre 322
Cinque Terre Card (Carta Cinque Terre 326
Cinque-Terre-Wein 66
Cleve, Joos van 248
Colla Micheri 155
Colletta di Castelbianco 174
Cooperativa Agricola Cinque Terre (Winzergenossenschaft) 346
Corniglia 341
Craxi, Bettino 32

d*e Ferrari, Gregorio* 234
Deiva Marina 309
della Robbia 360
Della Rovere, Adelsfamilie 208
Deutsche Touring 44
Diano Castello 149, 152
Diano Marina 149
Diplomatische Vertretungen 73
Diskotheken 75

Dogentum 221
Dolceacqua 106
Dolcedo 147
Dolcetto (Rebsorte) 67
Doria, Andrea 28, 220, 221, 246
Dosso 318
Dyck, Anton van 234, 235, 236

Einkaufen 74
Eintrittspreise 75
Einzelzimmer 54
Emigration 30
Enoteca 68
Ericson, Leif 218
Essen (allgemein) 59
Esskastanie (Castagno) 20
Etrusker 25

Fahrpläne 50
Fahrrad 45
Fattori, Giovanni 261
Fauna 19
Feiertage 75
Ferien auf dem Bauernhof 57
Ferienhäuser 55
Ferragosto 22
Fiascherino 368
Fieschi, Basilica dei 296
Finalborgo (Finale Ligure) 183
Finale Ligure 183
Finale Marina (Finale Ligure) 183
Finalpia (Finale Ligure) 183
Fiumaretta 372
FKK 73
Flora 19
Flugzeug 44
Focacceria 64
Fontanabuona, Val (Tal) 292
Forno 64
Framura 310
Französische Revolution 30
Fruchtsaft 68
Frühgeschichte 25
Frühstück 60
Fungo di pietra (Felsformation) 206

Gallinara, Isola 174
Garibaldi, Giuseppe 30, 69, 253
Garlenda 167
Gazzelli 149
Gebirgszone 21
Gelateria 63
Geld 76
Geldautomaten 76

Genua 216
- Accademia Ligustica di Belle Arti 249
- Acquario 241
- Acquaverde, Piazza 237
- Antarktismuseum 242
- Balbi-Senarega, Palazzo 236
- Banchi, Piazza 239
- Basilica Santa Maria di Castello 247
- Belvedere di Castelletto 243, 251
- Bianco, Palazzo 235
- Bigo 242
- Campo, Via del 238
- Cappella San Giovanni Battista 244, 245
- Caricamento, Piazza 241
- Carlo Felice, Teatro 249
- Carrugio Lungo 238
- Castelletto, Belvedere di 243, 251
- Castello-Viertel 247
- Cattedrale San Lorenzo 244
- Centurione Doria, Villa (Park und Schifffahrtsmuseum in Pegli) 215
- Chiesa del Gesù 246
- Chiesa San Donato 247
- Chiesa San Matteo 246
- Cimitero di Staglieno (Stadtfriedhof) 252, 253
- Città dei bambini, La (Erlebnispark) 243
- Corvetto, Piazza 250
- De Ferrari, Piazza 248, 249
- Doria, Piazza 246
- Doria-Tursi, Palazzo 234
- Ducale, Palazzo 245
- Durazzo-Pallavicini, Palazzo 236
- Feste, Piazza delle 240
- Galleria di Palazzo Bianco 235
- Galleria di Palazzo Reale 236
- Galleria di Palazzo Rosso 235
- Galleria di Palazzo Spinola 239
- Galleria Mazzini (Ladenpassage) 249
- Granarolo-Hügel 237
- Hafen 240
- Jesuitenkolleg 236
- Kollegiatskirche 236
- Kolumbusdenkmal 237
- Kreuzfahrtterminal 243
- Kunstakademie 249
- Largo della Zecca 251
- Loggia dei Mercanti 239
- Lungo, Carrugio 238
- Mazzini, Galleria (Ladenpassage) 249
- Meerwasseraquarium 241
- Mercato del Porto 224
- Mercato orientale 224, 250
- Museo archeologico (Archäolog. Museum in Pegli) 215
- Museo d'Arte Orientale Chiossone 250
- Museo del Tesoro (Domschatz) 245
- Museo dell'Antartide 242
- Museo di Sant'Agostino 248
- Museo navale (Schifffahrtsmuseum in Pegli) 215
- Oberstadt 251, 252
- Palazzo Balbi-Senarega 236
- Palazzo del Principe 237
- Palazzo Ducale 245
- Palazzo Durazzo-Pallavicini 236
- Palazzo Raggio 236
- Palazzo Reale 236
- Palazzo Rosso, Galleria di 235
- Palazzo Spinola 239
- Palazzo San Giorgio 241
- Parco Villetta Di Negro 250
- Piazza Acquaverde 237
- Piazza Banchi 239
- Piazza Caricamento 241
- Piazza Corvetto 250
- Piazza De Ferrari 248, 249
- Piazza del Portello 251
- Piazza della Vittoria 249
- Piazza delle Feste 240
- Piazza Doria 246
- Ponte Monumentale 249
- Porta dei Vacca 238

Porta Soprana 248
Portello, Piazza del 251
Porto antico 240
Prè, Via di 238
Principe, Palazzo del 237
Raggio, Palazzo 236
Reale, Palazzo mit Galleria 236
Righi-Hügel 243, 251
Roma, Via 249
Rosso, Palazzo 235
San Donato, Chiesa 247
San Giorgio, Palazzo 241
San Giovanni Battista, Cappella 244, 245
San Lorenzo, Cattedrale 244
San Luca, Via 239
San Matteo, Chiesa 246
Santa Maria di Castello, Basilica 247
Skulpturenmuseum 248
Sottoripa, Uferstraße 239
Staglieno, Cimitero di (Stadtfriedhof) 252, 253
Teatro Carlo Felice 249
Terminal Crociere 243
Torre della Lanterna (Leuchtturm) 243
Vacca, Porta dei 238
Via Balbi 236
Via del Campo 238
Via di Prè 238
Via Roma 249
Via San Luca 239
Via XX Settembre 248, 249
Villetta Di Negro, Parco 250
XX Settembre, Via 248, 249
Zecca, Largo della 251

Geografie 15
Gepäckaufbewahrung 50
Getränke 68
Giacometti, Alberto 37
Giardino esotico Pallanca (Parkanlage) 116
Giro d'Italia 138
Glasmacherei 24, 206
Golf 85
Golfo di La Spezia (Golfo dei Poeti) 352, 357
Grazie, Le 351
Groppo 346
Guglielmo 376

Hanbury, Sir Thomas 100
Hanbury-Gärten 100
Hexenverfolgung 137
Heyerdahl, Thor 155
Höchstgeschwindigkeit 47
Höhenstufen 19
Hotels 53
Hügelstufe 20
Hunde 77

Imperia 142
Industrialisierung 30
Informationen 78
Ingauni (ligur. Volksstamm) 25, 166
Innozenz VIII. 221
Innsbruck 36
Internet 79
Isola del Tinetto 356
Isola del Tino 356
Isola Palmaria 356

Jugendherbergen 57

Kaffee 68
Kanu 85
Kap Ampelio 112
Karl V. 221
Kartenmaterial 79
Kastanie 20
Keats, John 363
Kelten 25
Keramik 24
Kinder 79
Kino 75
Kirchen 80
Kirchweih (Sagra) 22
Klettern 190
Klima 15
Kolumbus, Christoph 28, 218
Korallenfischerei 153
Kreditkarte, Verlust/Sperrung 76
Kreuzzüge 27
Kulturlandschaften 17
Kunsthandwerk 24

L'Unità 69
La Spezia 357
Laigueglia 155
Lampedusa, Santuario di (Wallfahrtsort) 134
Lavaggiorosso 318
Lavagna 294, 297
Lawrence, David Herbert 363, 368
Le Grazie 351
Lemeglio 307, 309
Lerici 364
Levante, Riviera di 256
Levanto (Ort) 313
Ligurischer Apennin (Appennino Ligure) 15
Limonade 68
Linienflüge 44
Literatur 80, 338
Loano 178
Lokale 62
Loreto 138
L'ulivo (Mitte-Links-Bündnis) 32
Luni 21, 371, 373
Lunigiana 26, 361, 371
L'Unità 30

Macchia 19
Madonna di Montenero, Santuario (Wallfahrtskirche) 350
Madonna di Reggio, Santuario (Wallfahrtskirche) 341
Madonna di Soviore, Santuario (Wallfahrtskirche) 338
Magra-Tal (Val si Magra) 371
Malocello, Lanzarotto 211
Manarola 343
Manie (bei Varigotti) 192
Manierismus 234
Maragliano 347
Mariä Himmelfahrt 22
Marina di Andora 154
Marinella di Sarzana 372
Markthallen (Mercati coperti) 74
Maut (Italien) 49
Mazzini, Giuseppe 30, 253
Menu turistico 62
Mesolithikum 25
Mietwagen 44
Mikroklima 15
Mindestaufenthalt, Ferienhäuser 55
Hotels/Pensionen 54
Mineralwasser 68
Mitfahrzentralen 45
Mittelalter 27
Mittelmeerhandel, frühneuzeitlicher 27
Molini di Triora 136
Moneglia 307
Montale, Eugenio 80, 338

Montallegro, Santuario di (Wallfahrtskirche) 290
Montalto Ligure 135
Monte Bego 116
Monte Bignone 112, 130
Montemarcello 370
Montemarcello, Parco di (Naturschutzgebiet) 370
Monterosso 334
Motorboote 85
Motorradfahren 34
Mountainbike 84
Muretto (Wein) 67
Museen 81
Musikclubs 75
Mussolini, Benito 142

N*apoleon, Bonaparte* 30
Naturparks 20
Naturschutz 19
Naturschutzgebiete 20
Nervi 258
Nervia-Tal 105
Neva-Tal 174
Nobel, Alfred 128
Noli 195
Nostra Signora del Sepolcro (Wallfahrtskirche) 138
Nostra Signora della Salute, Santuario (Wallfahrtskirche) 346
Nostra Signora delle Grazie, Santuario (Wallfahrtskirche) 343
Notruf 47, 70, 81
Notrufnummern/Kreditkartensperrung 76

Öffnungszeiten 82
Olivenanbaugebiet 149
Olivenbaum 20
Olivenholzverarbeitung 24
Oneglia (Imperia) 142
Oresine 175
Ospedaletti 117
Osteria 62

P*aganini, Niccolò* 235
Pallanca, Giardino esotico (Gartenanlage) 116
Palmaria (Insel) 356
Palmenriviera 154
Pane e Coperto 62
Pannenhilfe 47
Papiere 83
Paradiso, Golfo 263
Paraggi 284
Parco naturale di Potofino (Naturschutzgebiet) 263, 280
Parco di Montemarcello (Naturschutzgebiet) 370
Parco Nazionale delle Cinque Terre 322, 348
Parken 48
Passo di Cento Croci 304
Passo di Teglia 138
Pasticceria 63
Pegli 214
Pensionspflicht 54
Perinaldo 109
Perti 190
Pertini, Sandro 205
Pflanzenwelt 19
Piana Crixia, Parco Naturale (Naturschutzgebiet) 206
Piani (Celle Ligure) 210
Piano, Renzo 240
Piazza 310
Pietra Ligure 180
Pietre Strette 269
Pieve di Teco 139
Pigato (Rebsorte) 67
Pigna 109
Piraten 27
Pizzeria 63
Platzkarten 50
Pompeiana 135
Ponente, Riviera di 90, 93
Pontedassio 149
Pontevecchio 206
Porto Maurizio (Imperia) 142
Portofino 284
Portofino Vetta (Gipfel) 269
Portofino-Halbinsel, (Promontorio di Portofino) 263, 280
Portofino, Monte di (Berg) 271
Portovenere 352
Porträtmalerei 234
Post 82
Postbank 76
Pozzale 356
Pra Riondo, Rifugio (Berghütte) 212
Privatzimmer 56
Prodi, Romano 32
Promillegrenze 48
Punischer Krieg 26
Punta Bianca 370
Punta Chiappa 264, 270

Quittung (= ricevuta fiscale) 55

Radarkontrollen 49
Rapallo 286
Rapallovertrag 286
Rathenau, Walter 286
Rauchen 82
Rebsorten 66
Recco 262
Rechnungen 83
Reiserouten 35
Reiseveranstalter (Ferienwohnungen) 55
Reisezeit 16
Reiten 57, 84
Renzo Piano 231
Repubblica Ligure (Ligurische Republik) 30
Reservierung 53
Rezzo 138
Rezzoaglio 298
Ricevuta fiscale (= Quittung) 55
Riomaggiore 347
Risorgimento 30
Ristorante 62
Ritzzeichnungen 25, 116
Riva Ligure 140
Riva Trigoso 306
Riviera dei fiori 90
Riviera di Levante 256
Riviera di Ponente 90, 93
Rocca di Drego 138
Roia-Tal 103
Rokoko 234
Römisches Reich 26
Rossese (Rebsorte) 67
Rossi, Aldo 249
Rosticceria 63
Rubens, Peter Paul 234, 235
Ruffini, Giovanni 80
Ruta 264, 266

Sabatier (ligur. Volksstamm) 25
Saint Dalmas de Tende 104
Samtweberei 24
San Bartolomeo al Mare 152
San Bernardino 343
San Fruttuoso (Bucht mit Kloster) 277
San Giacomo, Monte (Berg) 292
San Lorenzo al Mare 141
San Michele di Pagana 291
San Remo 119
San Rocco 270

San Romolo 130
San Salvatore 292
San Terenzo 365
Santa Lucia 180
Santa Margherita Ligure 279
Santo Stefano al Mare 141
Santo Stefano d'Aveto 298
Santuario di Lampedusa 134
Santuario Madonna di Montenero (Wallfahrtskirche) 350
Santuario Madonna di Reggio (Wallfahrtskirche) 341
Santuario Madonna di Soviore (Wallfahrtskirche) 338
Santuario Nostra Signora della Salute (Wallfahrtskirche) 346
Santuario Nostra Signora delle Grazie (Wallfahrtskirche) 343
Sarazenen 27
Sardinien-Piemont, Königreich 30
Sarzana 374
Sassello 208
Savona 200
Schiefer 292
Schlaf- und Liegewagen 50
Schlauchboote 85
Schmalspur 254
Sciacchetrà (Wein) 67
Scrivia-Tal 254
Seealpen (Alpi Marittime) 15
Segeln 85
Selfservice 63
Sentiero degli Alpini (Wanderweg) 138
Sentiero dell'Ardesia (Schieferlehrpfad) 292
Servizio 62
Sestri Levante 299
Setta 310
Shelley, Mary 363
Shelley, Percy Bysshe 363, 367
Signorini, Telemaco 261, 348
Sklavenhandel 27
Soglio 37
Soldano 117
Spaghetteria 63
Spezialitäten 64
Sport 84
Spotorno 198
Sprache 85
Stabilimenti balneari 71
Stampa 37
Steinzeit 25
Stella (bei Savona) 205
Straßennamen 69
Strisce (Anbauterrassen) 18
Strom 86
Strozzi, Bernardo 234
Surfen 85

Taggia 133
Tal der Wunder 104
Tanken (Cinque Terre) 326
Tankstellen 47
Tauchen 85, 264
Tavola calda 63
Teglia, Passo di (Pass) 138
Telefonieren 86
Telefonkarten 86
Tellaro 368
Tenda-Schmalspurbahn 103
Tende 104
Tennis 84
Terrassen 18
Terrizzo 356
Tierwelt 19
Tigullier (ligur. Volksstamm) 25
Tigullio, Golfo del 263
Tino (Insel) 356
Toirano (Ort) 179
Toirano, Grotte di (Höhlen von) 179
Topografie 15
Torrazza 254
Torri 105
Torri Superiore 105
Torria 149
Trattoria 62
Trenino di Casella, Schmalspurbahn 254
Trinkgeld 62
Triora 137

Übernachten 52
Unabhängigkeitsbewegung 30

Vado Ligure 200
Vaga, Perino del 237
Val Bormida 206
Val d'Aveto 298
Val di Magra (Magra-Tal) 371
Valdemino, Grotta di (Tropfsteinhöhle) 182
Vall delle Meraviglie 104
Vallecrosia 117
Vallecrosia Alta 117
Vallée des Merveilles 104
Valloria 148
van Dyck 337
Varazze 211
Varese Ligure 304
Varigotti 191
Vendita diretta (Direktverkauf) 68
Ventimiglia (Xxmiglia) 93
Verdeggia 138
Verezzi 181
Verkehrsschilder 47
Verkehrsvorschriften 48
Vermentino (Rebsorte) 67
Vernazza 338
Veronese, Paolo 235
Vezzano 362
Via dell'amore (Küstenweg) 346
Viacard (ital. Mautkarte) 49
Vicomorasso 254
Vignette 36, 38
Vittorio Emanuelle II, 30
Volastra 346
Volksfeste 22
Vorgeschichte 25
Vorwahl 103

Wale 21
Wanderkarten 79
Wandern 84
Wasserqualität 71
Windsurfen 85
Winter, Ludwig 90, 100
Wirtschaft 18
Wochenmarkt (Mercato settimanale) 74

Xxmiglia (Ventimiglia) 93

Zeitschriften 87
Zeitungen 69, 87
Zeltplätze 58
Zierpflanzen 19
Zimmerpreise 53
Zoagli 291
Zoll 87
Zona archeologica Luni 373
Zuccarello 175